HEYNE BÜCHER

LEBENSHILFE

Ellie McGrath

Mein Ein und Alles

Ein Plädoyer für das Einzelkind

Wilhelm Heyne Verlag
München

HEYNE LEBENSHILFE
Band 17/98

Aus dem Amerikanischen übersetzt
von Anke Grube

Titel der Originalausgabe:
MY ONE AND ONLY
William Morrow and Company, Inc., New York

Wilhelm Heyne Verlag GmbH & Co. KG, München
Printed in Germany 1993
Umschlagillustration: Mark Graham/The Image Bank, München
Umschlaggestaltung: Christian Diener, München
Satz: Kort Satz GmbH, München
Druck und Bindung: Presse-Druck Augsburg

ISBN 3-453-06103-9

Für Julie Holloran McGrath

Inhalt

Einleitung

Als ich eines Morgens in meinem Büro saß und abwechselnd auf den Hudson sah und in die *New York Times,* klingelte das Telefon. Eine Frau, die ich vom Joggen im Central Park kannte, wollte mich etwas fragen. Sie hatte ihr erstes Kind bekommen, als sie Ende Dreißig war; jetzt war sie vierzig. »Soweit ich weiß, sind Sie Einzelkind«, sagte sie. »Ich bin so unsicher, ob ich ein zweites Kind bekommen soll oder nicht. Ich weiß nicht, ob es fair wäre, mein Kind als Einzelkind aufwachsen zu lassen. Wie haben Sie Ihre Kindheit erlebt?«

Fair. Was für eine interessante Idee. Jeder, der älter ist als zehn Jahre, weiß, daß das Leben alles andere als fair ist. Es war mir auch neu, daß es irgend etwas mit Fairneß zu tun hatte, ob man ein Einzelkind war oder nicht. Ich hatte nie die Möglichkeit in Betracht gezogen, eine Frau könne ein zweites Kind bekommen, nur weil sie nicht wollte, daß ihr erstgeborenes als Einzelkind aufwuchs.

Zu der Zeit war mir nicht klar, daß diese Frau mit ihrer Anfrage etwas durchaus Bemerkenswertes getan hatte. Die meisten Menschen sind in einer Familie mit zwei oder mehr Kindern großgeworden und gehen ganz selbstverständlich davon aus, daß eine Familie mit nur einem Kind keine richtige Familie ist. Diese Frau war zumindest bereit, sich zu überlegen, was es heißt, ein Einzelkind zu sein.

Ich bemühte mich, ihre Frage so objektiv wie möglich zu beantworten. Ich hatte mich nie ernsthaft damit beschäftigt, wie ich mich als Einzelkind gefühlt hatte, nie eine Bilanz meiner Kindheit gezogen. Meine Mutter war nach langer Krankheit an Krebs gestorben, als ich sechs Jahre alt war. Der Verlust meiner Mutter hat mein Leben und meine Psyche so geprägt, daß ich der Frage, was es für mich hieß, ein Einzelkind zu sein, nie sehr viel Bedeutung beigemessen hatte.

Als ich darüber nachdachte, was für Vor- und Nachteile ich in meiner Kindheit gehabt hatte, fielen mir auf Anhieb mehr Vorteile als Nachteile ein. Ich war gut versorgt worden, und ich war geliebt worden. Ich hatte es genossen, im Mittelpunkt der

Aufmerksamkeit zu stehen, jedenfalls meistens. Ich hatte immer alles gehabt, was ich brauchte. Ich war dankbar dafür, daß meine Familie beträchtliche Geldmittel aufgewendet hatte, um mich auf ein sehr gutes privates College zu schicken, wo ich meine Persönlichkeit entfalten und meine Fähigkeiten entwickeln konnte.

Hatte ich mich einsam gefühlt? Diese Frage lag vielleicht nahe. Und tatsächlich hatte ich gelegentlich die Gesellschaft eines Gleichaltrigen in unserer Familie vermißt. Manchmal hätte ich bei diesen periodisch auftretenden Auseinandersetzungen mit den Erwachsenen einen Verbündeten gebrauchen können. Aber in der Nachbarschaft hatte es mehrere Kinder meines Alters gegeben. Manchmal dachte ich, ich hätte es wirklich am besten getroffen: Tagsüber hatte ich Spielkameraden und nachts eine sichere Zuflucht. Als ich älter wurde, suchte ich mir Freunde, von denen ich überzeugt war, sie würden Freunde fürs Leben bleiben; einige von ihnen waren selbst Einzelkinder. Ich war nicht einsam, abgesehen von dieser tiefen, schmerzenden Einsamkeit, die uns alle gelegentlich überfällt, wenn die Dinge besser laufen könnten.

Nichtsdestoweniger fühlte ich mich verpflichtet, dieser Frau einen wohlüberlegten Rat zu erteilen. Ich hatte nicht vor, sie zu überreden, kein zweites Kind zu bekommen, obwohl ich überzeugt war, daß sie es bei einem Kind belassen sollte. Meine Erfahrungen sind vielleicht nicht unbedingt repräsentativ, dachte ich, also versuchte ich, mich so ausgewogen zu äußern, wie es nur ging. Ich erwähnte, daß Freunde von mir gesagt hatten, es sei ein Nachteil, das einzige Kind älterer Eltern zu sein. Und ich bemerkte, daß ein Einzelkind möglicherweise eine schwere Last tragen müßte, wenn die Eltern krank oder gebrechlich wurden.

Als ich die Frau das nächste Mal sah, war sie schwanger.

Ich habe mich entschlossen, dieses Buch zu schreiben, weil ich die Wahrheit über Einzelkinder herausfinden wollte. Daß mein Leben verhältnismäßig glücklich verlaufen war, schloß ja nicht aus, daß es Tausende von Einzelkindern gab, die an einem einsamen Feuer kauerten und sich nach dem Klang einer menschlichen Stimme sehnten. Da ich Journalistin bin und die größte Zeit meines Berufslebens für das Time-Magazin gearbeitet habe, ging ich bei den Recherchen für das Thema so vor, wie es im Journalismus üblich ist.

Ich begann, wissenschaftliche Aufsätze und Forschungsarbeiten zu lesen. Einzelkinder waren ein recht kontroverses Thema, wie ich feststellte. Die Aufsätze, die Einzelkinder positiv sahen, beteuerten zu angestrengt, daß mit nur einem Kind die Erfahrung der Elternschaft möglich sei, ohne daß die Belastung der Eltern zu groß würde. Die negativ eingestellten Autoren wiederholten die alten Klischees: Einzelkinder seien einsam, egoistisch und verhaltensgestört. Als ich mit meinen eigenen Recherchen begann und mit anderen Leuten über Einzelkinder sprach, stellte ich überrascht fest, wie viele Vorurteile es ihnen gegenüber gibt. Einmal fragte ich eine Freundin, ob sie redegewandte Einzelkinder kennen würde, die mir ein gutes Interview geben könnten. Sie erwiderte: »Oh, du solltest mal mit Susan reden, sie ist ein Einzelkind par excellence – egozentrisch, introvertiert, zwanghaft ehrgeizig.« Großartig, dachte ich. So denken also meine *Freunde.*

Ich beschäftigte mich mit dem, was Psychologen, Pädagogen und Sozialwissenschaftler mit Hilfe von Fragebögen, Beobachtungen und Untersuchungen über Einzelkinder herausgefunden hatten. Dann versuchte ich festzustellen, ob es bekannte und interessante Menschen gab, die Einzelkinder waren. Fasziniert stellte ich fest, daß einige berühmte Leute, die sonst absolut nichts gemein hatten, dazu zählten: William Randolph Hearst, Jean-Paul Sartre, Frank Sinatra, die Herzogin von Windsor, Leonardo da Vinci und Indira Gandhi, um nur ein paar zu nennen. Ich hatte immer gedacht, daß es nicht besonders viele Einzelkinder gäbe, bis ich bemerkte, daß viele der in der *New York Times* erscheinenden Nachrufe Einzelkindern gewidmet waren – Mary Astor, Cary Grant und Roy Cohn, zum Beispiel. Aber so faszinierend diese Leute auch sein mochten, ich mußte und wollte mit den Lebenden reden.

Am faszinierendsten fand ich das, was die Einzelkinder selbst zu erzählen hatten. Ich bezeichne einen Menschen als Einzelkind, wenn er ohne Brüder und Schwestern aufgewachsen ist – auch wenn er Stief- oder Halbgeschwister hat, zu denen aber ein beträchtlicher Altersunterschied (zehn Jahre oder mehr) besteht oder kaum Kontakt vorhanden ist. Bei einigen meiner Interviewpartner war das der Fall.

Ich habe weit über hundert Einzelkinder interviewt; viele Interviews wurden mit einem Tonbandgerät dokumentiert, andere entstanden aus zwangloseren Gesprächen. Einige Einzelkinder wurden mir von Freunden oder von Psychologen genannt; andere haben auf Anzeigen geantwortet. Obwohl mein Vorgehen den Standards einer wissenschaftlichen Untersuchung nicht entsprechen würde, ist die Auswahl meiner Interviewpartner doch repräsentativ. Ich habe mit Einzelkindern aller Altersstufen gesprochen, mit Sechsjährigen und mit Sechzigjährigen. Die Mehrheit meiner Interviewpartner hatte ein College besucht (die meisten Einzelkinder haben das), aber einige hatten keinen Abschluß, und einige waren noch auf der Suche. Ihr Eifer und ihre Ehrlichkeit machten mir klar, wie wichtig es ist, Einzelkinder auch mal selbst zu Wort kommen zu lassen.

Viele Faktoren prägen das Leben eines Menschen: Familientraditionen, Kindheitserfahrungen, Bildung und Erziehung, gute Bücher, enge Freunde, Beruf und Ehe, ergriffene und verpaßte Gelegenheiten und natürlich Glück. Wie wichtig dem einzelnen seine Geschwister sind, ist von Fall zu Fall verschieden; aber für alle, die keine Geschwister haben, ist diese Tatsache sehr bedeutsam. Während meiner Gespräche mit Einzelkindern stellte ich fest, daß es ein entscheidender Faktor im Leben ist, das einzige Kind zu sein.

Wie ich feststellte, ist eine der wichtigsten Fragen die, *warum* jemand ein Einzelkind ist. Wenige Leute, die keine Einzelkinder sind, machen sich jemals Gedanken über die Anzahl ihrer Geschwister. Wie selten fragen die Erstgeborenen zum Beispiel ihre Eltern, warum sie noch mehr Kinder bekommen haben? (War ich euch nicht genug? Wolltet ihr noch einen Jungen? – Solche Gespräche finden kaum statt.) Aber Einzelkinder, die so oft mit den Klischeevorstellungen fremder Menschen konfrontiert werden, müssen nach einer Rechtfertigung für ihr Einzelkinddasein suchen.

Während meine Interviewpartner mir erklärten, warum sie

ihrer Meinung nach Einzelkinder waren, wurde mir bewußt, daß mein Fall durchaus typisch war. Ich war das einzige Kind geblieben, weil meine Eltern spät geheiratet hatten und meine Mutter jung gestorben war. Späte Ehen oder Probleme mit der Fruchtbarkeit wurden oft erwähnt. Diejenigen, die während der Weltwirtschaftskrise der dreißiger Jahre geboren worden waren, betonten, daß in Anbetracht der wirtschaftlichen Lage die Entscheidung ihrer Eltern, nur ein Kind zu bekommen, durchaus nichts Ungewöhnliches gewesen war. Viele Einzelkinder sind aufgrund von zeitgeschichtlichen Krisen oder nonkonformistischen Eltern die einzigen Kinder geblieben. All dies ist natürlich mittlerweile im Wandel begriffen. Es gibt viele gute Gründe dafür, daß die Ein-Kind-Familie immer beliebter wird. Die Entwicklung sicherer Verhütungsmittel ermöglicht es Frauen und ihren Partnern, bewußt zu entscheiden, wann sie Kinder haben wollen und wieviele. Manche Experten schätzen, daß es in den USA heutzutage 150 000 Dollar kostet, ein Kind großzuziehen – die Universitätsausbildung nicht mitgerechnet –, eine Tatsache, die große Familien in unserem Land immer seltener werden läßt. Zudem sind Frauen, die eine Menge in ihre Ausbildung und ihren Beruf investiert haben, häufig nicht bereit oder in der Lage, ihren Beruf gegen das Hausfrauendasein einzutauschen. Viele Firmen verlangen, daß ihre Mitarbeiter, egal ob Mann oder Frau, den Beruf vor die Familie, vor Freunde und persönliche Interessen stellen, wenn sie Karriere machen wollen. Flexible Arbeitszeit, Job-Sharing oder Teilzeitarbeit werden immer noch selten angeboten; außerdem werden diese Tätigkeiten meistens schlechter bezahlt, sind gesellschaftlich weniger angesehen und bieten keine Aufstiegsmöglichkeiten. Ich habe von vielen Frauen gehört, daß sie den komplizierten Balanceakt, Beruf und Familie miteinander zu vereinbaren, mit *einem* Kind noch bewältigen können, während es mit einem zweiten Kind unmöglich wird.

Soziologische Forschungen zeigen, daß die Tatsachen positiver sind als die Fiktionen. Eine Reihe von Untersuchungen ist zu dem Ergebnis gekommen, daß Einzelkinder in der Schule besser abschneiden, zu engen Freundschaften fähig und oft beruflich äußerst erfolgreich sind. Auch die Dinge, die nicht so leicht greifbar sind, scheinen zu stimmen. Die große Mehrheit der Einzelkinder, die ich interviewt habe, war zufrieden mit ihrem Leben. Das gilt auch für deren Eltern.

Aber es ist eine unbezweifelbare Tatsache, daß die Gefühle der Menschen sich mit der Zeit ändern. Jetzt, mit Mitte Dreißig, bin ich glücklich, ein Einzelkind zu sein. Ich bin überzeugt, daß einige der Charakterzüge, die ich am meisten an mir schätze – Unabhängigkeit und Phantasie, zum Beispiel –, unmittelbar darauf zurückzuführen sind, daß ich als Einzelkind aufgewachsen bin. Ich sehne mich nicht nach Brüdern oder Schwestern, zum Teil auch deswegen, weil ich überzeugt bin, daß meine Beziehungen zu meinen Freunden enger sind als viele Beziehungen zwischen Geschwistern.

Dennoch – während ich dieses Buch schrieb, stieß ich zufällig auf einige alte Aufsätze aus meiner Collegezeit. Einer der Essays hatte den nicht sehr originellen Titel »Autobiographische Skizzen«. Offensichtlich hatte einer der Professoren uns aufgefordert, etwas über uns selbst zu schreiben. Ich konnte mich überhaupt nicht mehr daran erinnern, daß ich jemals etwas darüber geschrieben hatte, daß ich ein Einzelkind war. Dennoch lag ein ziemlich negativer kleiner Essay vor mir auf dem Tisch. Ich hatte geschrieben: »Immer wurde mir erzählt, wie glücklich ich doch sei, zu allen Urlaubsreisen, Festessen und Hochzeiten mitgenommen zu werden, während andere Kinder bei einem Babysitter abgeladen würden. Unglücklicherweise war ich als Teenager die Gesellschaft von Erwachsenen so leid, daß ich nichts anderes wollte, als mir selbst überlassen zu werden, so wie die Kinder und Jugendlichen, deren Eltern ›sich nicht um sie kümmerten‹.« Dann hatte ich geschrieben, wie glücklich ich sei, mit jemandem das Zimmer teilen zu können, obwohl ich gelegentlich das Alleinsein vermissen würde. Aber wenn ich jetzt, fünfzehn Jahre später, an diese Zeit zurückdenke, kann ich mich deutlich daran erinnern, was für eine traumatische Erfahrung das für mich gewesen war und was für ein Glück ich gehabt hatte, daß meine Zimmergenossin ebenfalls ein Einzelkind war. Und ich kann mich meiner enormen Erleichterung entsinnen, als ich endlich ein Zimmer für mich allein bekam.

Die Sache ist die, daß Erinnerungen so wandelbar sind wie Dünen in einem Nordoststurm. Im Laufe der Zeit verändert sich unsere Sichtweise der Geschehnisse. Ich habe in den folgenden Kapiteln viele der Geschichten niedergeschrieben, die mir von Einzelkindern erzählt worden sind. Dabei habe ich mich auf die zuverlässige Genauigkeit von Erinnerungen verlassen, was etwas riskant ist. Der Talk-Showmaster und Autor Dick Cavett, den ich für dieses Buch interviewt habe, faßt das Problem folgendermaßen zusammen: »Erst als mein erstes Buch erschien, merkte ich, daß ich eine meiner Geschichten dort völlig falsch wiedergegeben hatte; es war jemand anderes daran beteiligt gewesen, nicht die Person, die ich in Erinnerung hatte. Ich hatte auch eine ganz bestimmte Vorstellung von meinem Großvater, und dann freundete ich mich mit einem seiner Söhne, meinem Onkel, an, den ich vorher kaum gekannt hatte. Sein Eindruck von dem alten Mann war ein ganz anderer. Ich fragte mich, kann ich mich wirklich so geirrt haben?«

In den mehr als hundert Interviews tauchten bestimmte Themen immer wieder auf. Sicher spiegeln diese Aussagen die Ansichten bestimmter Menschen in einem bestimmten Stadium ihres Lebens wider. Aber es wird auch ein klares, eindeutiges Muster, eins, das der Wahrheit nahezukommen scheint, sichtbar. Es gibt keine einheitliche, »autorisierte« Version davon, was es heißt, ein Einzelkind zu sein; es gibt nur viele verschiedene Interpretationen.

Ein Einzelkind zu sein, ist nicht ideal. Es gibt, wie überall, einige Nachteile. Aber es kann auch ganz wundervoll sein, das einzige Kind zu sein. Dieses Buch ist keine Werbung für Einzelkinder, das würde mir ebenso widerstreben, wie es mir widerstrebt hat, meine Bekannte zu drängen, es bei einem Kind zu belassen. Ich würde einfach gern einige der Vorurteile, die viele Leute gegenüber Einzelkindern hegen, abbauen. Mit diesem Buch will ich versuchen, einige Wahrheiten über Einzelkinder, die nicht unbedingt zum Allgemeinwissen gehören, bekannt zu machen – und ich möchte den ganz besonderen Erfahrungen von Einzelkindern nachgehen.

Der Mythos

Das Foto ist mit einer Kodak aufgenommen worden, einer dieser quadratischen Boxen mit Kristallsucher. Alle, die jünger sind als fünfundzwanzig, können sich unmöglich an diese Fotoapparate erinnern. Ich bin in der Mitte des Bildes zu sehen, angetan mit einem Wintermantel und Leggings, obwohl kein Schnee liegt. Mein Vater steht neben mir auf der obersten Stufe, und meine Mutter, die am größten ist, auf der Stufe darunter.

Das Bild ist 1956 aufgenommen worden. Wir stehen vor unserem neuen blauen, einer Ranch nachempfundenen Haus in Gloucester in Massachusetts. Wo der Gehweg hinkommen soll, liegen noch Bretter. Aber sonst sieht das Haus fertig aus. Es ist fertig gestrichen, und es ist ein Türklopfer da. Es hängen sogar Gardinen an den Fenstern. Wir sehen aus wie eine Illustration des amerikanischen Traums.

Nach den Maßstäben der fünfziger Jahre sind meine Eltern etwas zu alt, um ein vierjähriges Kind zu haben. Meine Mutter ist fünfunddreißig und mein Vater siebenundvierzig. Und so sehr meine Eltern es sich auch gewünscht haben mögen – es ist uns nicht bestimmt, eine »normale« amerikanische Familie zu werden. Meine Mutter hat gerade erfahren, daß sie Krebs hat. Die Chancen für eine Genesung sind nicht sehr gut. Also hat mein Großvater, ein Architekt, die Bauunternehmen zur Eile angetrieben, damit meine Mutter noch Freude an dem fertigen Haus haben kann. Häuser im Ranch-Stil sind sehr beliebt, aber mein Großvater hat dieses Haus ebenerdig konzipiert, weil er weiß, daß meine Mutter eine Invalidin sein wird, falls sie die Krankheit überlebt.

Sie hat die Krankheit nicht überlebt, obwohl sie erst zwei Jahre später starb. Aber unsere Familie sollte sich nie mehr vergrößern: Ich blieb das einzige Kind. Und ich sollte immer das Gefühl haben, anders zu sein als die anderen. Im Kindergarten und in der Grundschule würde ich entdecken, daß alle anderen eine Mutter hatten. Alle anderen hatten einen Bruder oder eine Schwester.

Es ist gut möglich, daß Einzelkinder Opfer des letzten unhinterfragten Vorurteils der amerikanischen Gesellschaft sind. Es ist nicht die Art Vorurteil, die einen im Berufsleben hindert oder von Clubs ausschließt. Dieses Vorurteil ist viel subtiler. Der amerikanische »Way of Life« verlangt zwei Kinder oder lieber gar keine. Zumindest öffentlich hatten die Amerikaner immer eine sehr romantische Vorstellung von Kindern. Eine »wirkliche« Familie hatte zwei oder mehr Kinderchen zu haben. Die beliebte Fernsehserie *Leave it to Beaver,* in der ein Vater, eine Mutter und zwei Söhne vorkommen, mag ein Relikt aus den fünfziger Jahren sein. Aber in dem heutigen Äquivalent dieser Serie, der *Cosby Show,* kommen noch mehr Huxtables vor. Und die Werbung benutzt immer noch die Familie mit zwei Kindern, um alles Erdenkliche, vom Würstchen bis zum Computer, zu vermarkten.

Da die Familie mit zwei Kindern als »normal« gilt, gelten in unserer Kultur Einzelkinder bestenfalls als anders und schlimmstenfalls als anormal. Der allgemeinen Ansicht nach sind Einzelkinder einsam, verhaltensgestört, unglücklich und egoistisch. Sie sind verzogene Gören, die Wutanfälle bekommen, wenn sie ihren Willen nicht durchsetzen können, oder die Superkinder, die Trigonometrie lernen, bevor sie fahrradfahren können, oder die verschüchterten Einzelgänger, die an Mamas (oder Papas) Schürzenbändern hängen.

Ruth Ainslie, eine New Yorker Rechtsanwältin und Mutter von zwei Kindern, die während des Babybooms als Einzelkind aufwuchs, fühlte sich in ihrer Kindheit wie eine Außenseiterin. »Ich hatte immer das Gefühl, wir wären keine richtige Familie«, erinnert sie sich. »Zwei Erwachsene und ein Kind: Da stimmte etwas nicht. Ich wollte immer einen Bruder und eine Schwester haben. Ich hatte wirklich das Gefühl, wir wären unamerikanisch.«

Ich finde es erstaunlich, wie sehr unsere Gesellschaft sich während meines relativ kurzen Lebens verändert hat. Ich war Zeuge, wie die Bürgerrechtsbewegung Minderheiten mehr Gerechtigkeit verschafft hat. In der Schule habe ich zugesehen, wie die NASA einen Mann auf den Mond brachte, und zwanzig Jahre später habe ich geweint, als die Challenger-Rakete explodierte. Ich habe von den neuen Möglichkeiten profitiert, die die Frauenbewegung den Frauen eröffnet hat. Ich habe mich durch George Lucas' Film *Star Wars* unterhalten lassen und hatte Angst vor Ronald Reagans Sternenkriegstechnologie. Die Einstellungen haben sich in so vielen Lebensbereichen geändert: Wir denken heute anders über Liebe und Krieg, Sex und Ehe, Rassendiskriminierung und Frauendiskriminierung. Aber eins scheint gleich geblieben zu sein: Die ideale Familie besteht nach allgemeiner Ansicht aus zwei Erwachsenen und zwei Kindern.

Meinungsumfragen belegen das Ausmaß des Widerstandes gegen Familien mit nur einem Kind. Circa 78 Prozent der Amerikaner glauben, daß Einzelkinder ernsthaft benachteiligt sind. Das hat sich seit 1950 nicht geändert. 1973 war nur ein Prozent der Bevölkerung der Ansicht, daß eine Familie mit einem Kind ideal sei; 1986 waren es 5 Prozent. Dagegen halten 59 Prozent der Amerikaner eine Familie mit zwei Kindern für ideal.*

Die Vorurteile gegenüber Einzelkindern sind tief in der Psyche verwurzelt; es ist höchste Zeit, daß sie einmal ausgetrieben werden. Roberta Graham, eine in Alaska lebende Autorin, die sich fragt, warum sie sich gezwungen fühlt, ein zweites Kind zu bekommen, versucht, dieses Vorurteil in Worte zu fassen. »Ich hatte einen Bruder und zwei Schwestern«, erklärt sie. »In unserer Straße lebte eine Familie, die nur ein Kind hatte, und meine Mutter tat immer so, als ob das sehr traurig wäre, als ob sie nicht normal seien. Ich habe nur ein Kind, und eigentlich fände ich es ganz gut, wenn Katie ein Einzelkind bleiben würde. Aber ich kann mich nur schwer von der Vorstellung lösen, daß ein Kind Geschwister haben muß; das ist wie eine katholische Erziehung: Man kann sie nur schwer abschütteln.«

Es ist durchaus möglich, daß die Vorstellung von dem benachteiligten Einzelkind erst von der Psychologie in die Welt

---

* In der Bundesrepublik Deutschland existiert keine Meinungsumfrage zur Benachteiligung von Einzelkindern. Eine Studie des Bundesinstituts für Bevölkerungsforschung hat jedoch ergeben, daß 71 % der befragten, seit 1974/ 75 verheirateten deutschen Frauen nach einjähriger Ehedauer eine Familie mit zwei Kindern für ideal halten, während Ein-Kind-Familien von 14% der Befragten als ideal angesehen wurden. (Vgl. *Familien heute*, hrsg. vom Statistischen Bundesamt, Wiesbaden 1990)

gesetzt worden ist. G. Stanley Hall, der um die Jahrhundertwende viele der ersten amerikanischen Psychologen ausgebildet hat, hat einmal folgendes gesagt: »Ein Einzelkind zu sein, ist an sich schon eine Krankheit ... Die unangemessene Aufmerksamkeit, die das Einzelkind verlangt und gewöhnlich auch erhält, macht es selbstsüchtig, egoistisch, abhängig, aggressiv, herrschsüchtig oder streitsüchtig.« Ein Zeitgenosse Halls, A. A. Brill, pflichtete ihm bei: »Es wäre besser für die Einzelnen und für die Menschheit, wenn es keine Einzelkinder gäbe.«

Das ist ziemlich starker Tobak. Dennoch, als Psychologen in den zwanziger Jahren begannen, Studien über Einzelkinder zu erstellen, kamen sie sogar damals schon zu dem Ergebnis, daß Einzelkinder im Vergleich mit anderen Kindern durchaus positiv abschnitten. Zum Beispiel stellten zwei 1927 veröffentlichte Studien fest, daß Einzelkinder intelligenter seien und sich sprachlich besser ausdrücken könnten. Eine andere in den zwanziger Jahren veröffentlichte Studie belegte, daß Einzelkinder in der Schule seltener Verhaltensstörungen zeigten.

Heute gibt es eine Vielzahl von Informationen über Einzelkinder. Ursprünglich wollten die Psychologen den Einfluß von Geschwistern auf die Kindesentwicklung untersuchen; die Einzelkinder dienten als Vergleichsbasis. Aber in den siebziger Jahren begannen Psychologen und Sozialwissenschaftler, sich direkt mit dem Thema Einzelkind zu befassen. Toni Falbo, Professorin für Erziehungspsychologie an der Universität von Austin in Texas, und Denise Polit, die Leiterin des Instituts Humanalysis in Saratoga Springs bei New York, haben mehr als fünfhundert psychologische Studien, die sich mit Einzelkindern befassen, ausgewertet und sind zu folgender Schlußfolgerung gelangt: »Die üblichen negativen Ansichten über Einzelkinder treffen nicht zu. Sie sind gegenüber Kindern mit Geschwistern nicht entscheidend benachteiligt.«

Dennoch bestehen die Vorurteile weiter. Judith Blake, Demographin an der Universität von Kalifornien in Los Angeles, hat Umfragen, die sich mit der Größe von Familien befassen, entnommen, daß die Mehrheit der Amerikaner überzeugt ist, daß es ein ernsthaftes Handikap sei, ein Einzelkind zu sein.

Mehr als die Hälfte der Bevölkerung glaubt, daß Einzelkinder unter Verhaltensstörungen leiden, etwa ichbezogen, verzogen oder ängstlich sind. Ungefähr ein Viertel ist überzeugt, daß Einzelkinder einsam sind. Ironischerweise glauben »nur zwei Prozent der Befragten, daß Einzelkinder hauptsächlich durch Vorurteile von Lehrern, Nachbarn, Verwandten und anderen Kindern benachteiligt würden – auch durch direkte Nachfragen änderte sich dieser Prozentsatz nicht«, schreibt Blake.

Die Mißbilligung anderer kann Einzelkindern schon früh vermittelt werden. Die Psychologen Phyllis A. Katz und Sally L. Boswell kamen in einer Studie, die sich mit Familien mit ein oder zwei Kindern beschäftigte, zu dem Ergebnis, daß schon Kinder Einzelkinder oft für »einsamer, verwöhnter und verhaltensgestört halten« und denken, daß sie »von Freunden herumkommandiert« würden. Sie stellten fest: »Es ist offensichtlich, daß acht oder neun Jahre alte Kinder sich der Klischeevorstellungen über Einzelkinder sehr bewußt sind und sie auch glauben.«

Bei meinen Gesprächen mit Einzelkindern hörte ich immer wieder den Wunsch, die Sache aus ihrer Sicht darzustellen. »Ich betrachte mich nicht als verzogen«, sagt Christine McManus, Studentin an der Universität von Tulane. »Ich hasse diese Legende. Sie wird von den Leuten verbreitet, die Geschwister haben.« Ann Fisher, die in der Werbebranche tätig ist und in der Gegend von San Francisco lebt, war zwar gern Einzelkind, hat aber unter den Klischeevorstellungen der Leute gelitten. »In den fünfziger Jahren, als ich aufgewachsen bin, war ich das einzige Einzelkind in meinem Bekanntenkreis. Ich war anders als die anderen. Alle gingen davon aus, daß ich verzogen war. Ich fühlte mich ständig genötigt, gegen diese Vorurteile anzukämpfen.«

Auch ich kann mich an unbeabsichtigte Unfreundlichkeiten erinnern. Gelegentlich kam ein anderes Kind zu mir und fragte mich: »Bist du verzogen?« Und ich dachte dann: »Warum sagen sie das? Was hab ich nur falsch gemacht?« Mittlerweile bin ich überzeugt, daß diese Kinder nur die Redensarten ihrer Eltern wiederholt oder ihre Ansichten aus Büchern und dem Fernsehen übernommen haben.

Viele der klassischen Kinderbücher spiegeln die Vorurteile unserer Gesellschaft gegenüber Einzelkindern wider. Als ich Kind war, gehörte das Buch *Der geheime Garten* von Frances Hodgson Burnett zu meinen Lieblingsbüchern. Mir gefiel das Geheimnisvolle, denke ich, nicht so sehr die Aussage des Buches, die ich mittlerweile sehr offensichtlich finde. In dem Buch zieht Mary Lennox, ein kurz zuvor verwaistes Einzelkind, zu ihrem Onkel in das geheimnisvolle Herrenhaus Misselthwaite Manor. Zuerst ist sie widerlich, schwierig und anspruchsvoll, ein klassisches verzogenes Gör. Aber schließlich entdeckt sie ihren kränklichen Cousin Colin, ebenfalls ein Einzelkind, der im selbsterwählten Exil in einem verborgenen Teil des Hauses lebt. Colin, die höchstmögliche Steigerungsform des verzogenen Görs, erklärt ihr: »Alle sind verpflichtet, mir zu gefallen.« Mary weist ihn natürlich zurecht, was die Zustimmung von Colins geplagter Kinderfrau findet: »Das Beste, was diesem kränklichen verwöhnten Bengel passieren konnte, ist, daß jemand, der ebenso verzogen ist wie er selbst, sich ihm gegenüber behauptet.« Die Moral von der Geschichte: Indem sie wie Bruder und Schwester werden, gelingt es Mary und Colin, ihre Selbstsucht abzulegen und zu guten Menschen zu werden.

Die Heldin von Kay Thompsons 1955 erschienenem Kinderbuchklassiker *Eloise* benimmt sich wahrlich empörend. Eloise, reich und pseudo-weltklug, ist der Inbegriff einer Range, die Königin der Schelme. Sie lebt im Plaza-Hotel, und dem Zimmerservice ist jede ihrer Launen Befehl. Ihre Mutter ist nie da, und ihr Kindermädchen ist immer müde, müde, müde. Folglich bringt Eloise ihre Zeit damit zu, Erwachsenen Streiche zu spielen und sie zu schockieren. Ihre Verwegenheit macht sie liebenswert, aber sie kann auch halsstarrig und garstig sein. Eloise ist amüsant, aber ziemlich unerträglich.

Natürlich wird das Bild des verzogenen Einzelkindes nicht nur durch die Literatur vermittelt. Ich war neugierig, was Dr. Benjamin Spock, der »Moses der Mütter«, über Einzelkinder zu sagen hat. In den verschiedenen Ausgaben seines Buches *Säuglings- und Kinderpflege,* das über 30millionenmal verkauft worden ist, werden Einzelkinder hauptsächlich im Zusammenhang mit dem Verziehen von Kindern erwähnt. In der

Einleitung der revidierten Ausgabe von 1976 schreibt Spock, der übrigens der älteste von sechs Geschwistern ist: »Das Hauptziel dieser dritten Neubearbeitung war es, sexistische Tendenzen zu beseitigen, die Vorurteile gegenüber Mädchen und Frauen entstehen lassen und die Diskriminierung von Frauen festschreiben.« Das ist eine sehr lobenswerte Absicht. Dennoch sind auch heute noch, in der vierzigsten Jubiläumsausgabe, Einzelkinder und das Verziehen von Kindern so unausweichlich miteinander verbunden wie Siamesische Zwillinge.

Der Kinderarzt Murray Kappelman hat ein Buch mit dem Titel *Raising the Only Child* geschrieben. Kappelman, selbst Einzelkind, greift neben seinem beruflichen Wissen auch auf persönliche Erfahrungen zurück, aber er scheint von der Voraussetzung auszugehen, daß Einzelkinder nicht nur besondere Probleme haben (was stimmt), sondern daß sie irgendwie ganz anders sind als andere Kinder (was nicht stimmt). Zum Beispiel schreibt er an einer Stelle: »Am Abend sieht sich das Einzelkind oft einer freudlosen, einsamen Welt gegenüber ... Die gesteigerte Reizbarkeit des Einzelkindes im Kleinkindalter in den Stunden vor dem Schlafengehen ist oft ein Ausdruck dafür, daß ihm die Gesellschaft anderer Kinder fehlt, und gleichzeitig ist sie ein Versuch, als Ersatz dafür eine gesteigerte Eltern-Kind-Vertrautheit zu erzwingen.« Kein sehr ermutigendes Bild.

Auch die Medien tragen nicht viel zur Aufklärung bei. Positive Forschungsergebnisse erscheinen selten in der Presse, und wenn sie veröffentlicht werden, sind die Artikel defensiv. »Einzelkinder sind nicht einsam (oder verzogen oder egoistisch)«, verkündet *Psychology Today* in einer Ausgabe von 1981. »Manchmal hat es Vorteile, ein Einzelkind zu sein«, erklärt die Zeitschrift *Parade* – und impliziert damit, daß es meistens nicht schön ist, das einzige Kind zu sein. Jeder positive Artikel über Einzelkinder wird von Dutzenden von Artikeln aufgewogen, die zur Erhöhung der Kinderzahl aufrufen. Trotz der gegenwärtigen niedrigen Geburtenrate – oder vielleicht gerade deswegen – werden wir mit Informationen bombardiert, wie auch Frauen über vierzig noch Kinder bekommen können oder wie man am besten Kinder adoptiert.

Ein Großteil der Vorurteile gegenüber Einzelkindern wird nie offen ausgesprochen. Aber manchmal gibt es auch direkte Angriffe gegen Einzelkinder. Ich war schockiert, als ich einen marktschreierischen Artikel entdeckte, der 1986 in einer Chicagoer Zeitung veröffentlicht worden war. Die Überschrift lautete: »Das Einzelkind-Syndrom bedroht die amerikanische Gesellschaft«. Der am konservativen Rockford-Institut tätige Autor Bryce J. Christensen verkündete: »Die meisten Menschen erwerben in ihrer Kindheit durch das zwischen Geschwistern übliche Nehmen und Geben die Fähigkeit zu Kooperation und Verantwortung für die Gemeinschaft.« Er verurteilt dann die Leute, die »Konsum einem zweiten Kind vorziehen«, und erklärt, daß Einzelkinder meist nur schlecht darauf vorbereitet seien, mehr als nur ein Kind großzuziehen. Er befürchtet, daß der Trend hin zu Ein-Kind-Familien zu einer überalterten Gesellschaft führen und die Renten gefährden könnte. Christensen schließt mit dem Satz: »Wird eine Generation von Einzelkindern, die nur halb so groß ist wie vorige Generationen, fähig sein, diese Lasten zu tragen, oder werden sie alle zu beschäftigt mit ihren Privatangelegenheiten sein? Wenn die Ein-Kind-Familie tatsächlich die Familie der Zukunft ist, sollten wir uns auf eine ernste Bedrohung unserer Gesellschaft einstellen.«

Christensens Verunglimpfung einer Liliputaner-Generation von Einzelkindern ist vielleicht zum Teil in unausgesprochenen religiösen Glaubenssätzen begründet (»Gehet hin und mehret euch.«). Aber er ist auch aus wirtschaftlichen Gründen gegen Einzelkinder und eine niedrige Geburtenrate eingestellt. Alle, die Zeitung lesen, wissen, daß es in Zukunft eventuell nicht genug Arbeitnehmer geben wird, um das Rentenwesen und das Sozialversicherungswesen aufrechtzuerhalten, wenn die geburtenstarken Jahrgänge in Rente gehen. Ben J. Wattenberg, Dozent am American Enterprise Institute und Autor des Buches *The Birth Dearth,* vertritt die These, daß die gegenwärtige amerikanische Geburtenrate, die mit 1,74 Geburten die niedrigste seit der Gründung des Staates ist, Auswirkungen auf den Weltmachtstatus der USA haben wird. Seiner Ansicht nach wird die niedrige Geburtenrate nicht nur ernste wirtschaftliche Probleme, sondern letztendlich den Verfall westlicher Macht und westlichen Einflusses mit sich bringen.

Das schlechte Image des Einzelkindes ist jedoch nicht nur auf die USA oder die westliche Welt beschränkt. Ich fand es sehr interessant, daß die Ein-Kind-Politik Chinas in der amerikanischen Presse derartig negativ bewertet wurde. Die Überschrift eines 1982 in der *New York Times* erschienenen Artikels des Journalisten Christopher Wren lautete: »Eine Nebenwirkung der Geburtenkontrolle in China: Das verzogene Gör«. Der Artikel erläutert, daß die Bevölkerung Chinas, die bereits jetzt auf über eine Milliarde geschätzt wird, bis zum Jahre 2000 1,2 Milliarden nicht übersteigen dürfe. Das Überleben des Landes und seine Fähigkeit, seine Bevölkerung zu ernähren, kann von der Durchsetzung der Ein-Kind-Familie abhängen. Dennoch heißt es im ersten Absatz: »Chinas Bemühungen um Bevölkerungskontrolle – Ehepaare dürfen nur ein Kind haben – hat einen unbeabsichtigten Nebeneffekt gehabt – das verzogene Gör.«

Toni Falbo hat sich intensiv mit Einzelkindern beschäftigt, sowohl in den USA als auch in China, wo sie als eine von elf ausländischen Experten am chinesischen Zentrum für Entwicklungspsychologie in Beijing mitgearbeitet hat. »Die Chinesen denken ähnlich wie wir über Einzelkinder«, erläutert Falbo, »aber es gibt doch Unterschiede. Manche der typischen Charaktereigenschaften von Einzelkindern wie zum Beispiel Selbständigkeit halten wir für positiv. Bei den Chinesen gelten sie als negativ. Chinesische Einzelkinder verstoßen mehr gegen die traditionellen chinesischen Verhaltensnormen als amerikanische Einzelkinder gegen die Normen unserer Gesellschaft. Lehrer und Funktionäre sind beunruhigt darüber, daß Einzelkinder tun, was sie wollen, daß sie weinerlicher sind, daß sie nicht so selbstbeherrscht sind. In den USA ist Egoismus etwas durchaus Positives. Das Verhalten der chinesischen Einzelkinder wäre bei uns ganz normal.«

Natürlich ist es ein Problem, daß die chinesische Regierung vielen Chinesen die Ein-Kind-Familie aufgezwungen hat. In manchen Städten gibt es Geburtenbeschränkungen. Es wird nicht gern gesehen, wenn Frauen, die jünger sind als vierundzwanzig Jahre, heiraten. Eine Frau, die ein Kind möchte, muß erst ein behördliches Antragsformular ausfüllen, bevor sie schwanger werden darf. Wenn sie sich bereit erklärt, nur ein Kind zu bekommen, wird ihr Mutterschaftsurlaub um drei Monate verlängert. Wenn eine Familie mehr als ein Kind hat, verlieren die Eltern ihren Status als »vorbildhafte Arbeiter«. Ein weiterer Versuch, die Ein-Kind-Familie durchzusetzen, ist die sogenannte Großmutter-Polizei, alte Frauen, die die Familien in ihren Häusern aufsuchen, um sicherzustellen, daß die Verhütungsmittel richtig angewendet werden.

Diese Politik der Regierung steht in einem fundamentalen Widerspruch zu den alten chinesischen Traditionen, die im Volk noch sehr viel Einfluß haben. Es gibt Wandtafeln, die Slogans tragen wie »Bekommt weniger Kinder« oder »Ein Einzelkind ist ein Grund, stolz zu sein«. Aber diese Slogans kommen gegen den alten chinesischen Segen »Mögest du hundert Söhne und tausend Enkel haben« nicht an. Da der Sohn und seine Frau im Alter für die Eltern sorgen, wird es als eine Katastrophe betrachtet, wenn das einzige Kind ein Mädchen ist. Folglich häufen sich in China Fälle von Kindesmord.

Es ist bezeichnend, daß die USA im Frühjahr 1988 drei chinesischen Ehepaaren Asyl gewährten, die Verfolgung fürchteten, da sie gegen die Regel der Ein-Kind-Familie verstoßen hatten. Tausenden von Menschen aus aller Welt wird jährlich trotz politischer Verfolgung und wirtschaftlicher Not die Einreise in die Vereinigten Staaten verweigert. Dennoch erließ das Justizministerium unter Reagan 1988 neue Richtlinien, die die Einwanderungsbehörde anwiesen, Chinesen, die gegen die Ein-Kind-Politik ihres Landes waren, bevorzugt einreisen zu lassen.

Die amerikanische Geburtenrate war im Lauf der Zeit deutlichen Wandlungen unterworfen. Als die USA noch eine Kolonie war, hatte die junge Nation eine der höchsten Geburtenraten der Welt. 1820, als die Staatsgrenzen einigermaßen fest standen, wurden die Geburten zum ersten Mal statistisch erfaßt. Damals bekamen die Frauen durchschnittlich sieben bis acht Kinder, von denen gewöhnlich fünf überlebten. Als die

Vereinigten Staaten um die Jahrhundertwende von einer agrarischen zu einer urbanen Gesellschaft wurden, begann die Geburtenrate zu sinken. Frauen, die 1908 geboren wurden und in den späten zwanziger Jahren eine Familie gründeten, bekamen durchschnittlich 2,2 Kinder, und mehr als 20 Prozent blieben kinderlos. Während der Weltwirtschaftskrise heirateten viele Ehepaare später oder entschlossen sich, aus wirtschaftlichen Gründen nur ein Kind zu bekommen. Folglich gibt es viele Einzelkinder, die während dieser Zeit aufgewachsen sind.*

Zu Beginn des Zweiten Weltkriegs stieg die Geburtenrate wieder an. 1942 überstieg die Zahl der Geburten erstmals die Drei-Millionen-Grenze. Nach Beendigung des Krieges wurde die Mehr-Kind-Familie für so gut wie jede soziale Schicht und ethnische Gruppierung zur Norm. Es war einem Ehepaar nicht einmal erlaubt, nur ein Kind zu adoptieren, weil ein einsames einziges Kind als Gefahr für sich selbst und seine Familie betrachtet wurde. Dann kam der Babyboom. Zwischen 1946 und 1964 wurden circa 76 Millionen Babys geboren.** Dabei spielten viele soziale und gesellschaftliche Faktoren eine Rolle: die Nachkriegseuphorie, eine stabile Wirtschaft, ein hoher Lebensstandard. Zudem mußte Rosie die Nieterin, die während des Krieges Männerarbeit geleistet hatte, dazu bewogen werden, jetzt lieber wieder etwas anderes zu machen. Die Frauen zogen also in die Vororte, wo sie Babys »produzierten«. In dem gesellschaftlichen Klima war ein Einzelkind einfach nur peinlich.

Während es zur Zeit der Weltwirtschaftskrise üblich war und allgemein akzeptiert wurde, nur ein Kind zu bekommen, verschärfte der Babyboom latente Vorurteile gegenüber Einzelkin-

---

* In Deutschland ergeben sich bis zum 2. Weltkrieg ähnliche Zahlen. In den zwischen 1919 und 1930 geschlossenen Ehen wurden durchschnittlich 2,3 Kinder geboren, und 17 % der Ehen blieben kinderlos. (Vgl. *Datenreport 1985*, Bd. 226, hrsg. vom Statistischen Bundesamt, Wiesbaden 1986)

** Die deutsche Entwicklung unterscheidet sich zeitlich. Hier steigt die Geburtenrate erst Mitte der 50er Jahre wieder auf Vorkriegsniveau, und erst Mitte der 60er Jahre erreicht der Babyboom seinen Höhepunkt. (Vgl. W. H. Hubbard, *Familiengeschichte.* Materialien zur deutschen Familie seit dem Ende des 18. Jh., München 1983)

dern. »In meiner Kindheit war ich die absolute Ausnahme«, sagt die fünfunddreißigjährige Laura Stein-Stapleford, die in Williamsburg in Virginia eine eigene Public-Relations-Firma leitet. »Ich ging in eine katholische Schule und kam aus einer gut katholischen Familie, nur mein Nachname klang nicht katholisch. In der vierten Klasse sagte eine Busfahrerin etwas zu mir, das ich nie vergessen habe. Sie sagte: ›Deine Eltern können keine guten Katholiken sein, wenn du das einzige Kind bist.‹« Lauras Mutter hatte ohne Erfolg versucht, noch mehr Kinder zu bekommen.

Teilweise liegt der Grund für die Selbstsucht, die dem Einzelkind zugeschrieben wurde, vielleicht in der Annahme, daß eine Mutter, die nur ein Kind bekommt, selbstsüchtig ist – eine Projektion also. Früher galt es als ein auf physische oder wirtschaftliche Ursachen zurückzuführender Unglücksfall, nur ein einziges Kind bekommen zu können. Nach der Einführung effektiver Verhütungsmethoden wurde dagegen angenommen, daß es die bewußte Entscheidung der Frau war, es bei einem Kind zu belassen. »In den fünfziger Jahren konnte man sich plötzlich dafür entscheiden, nur ein einziges Kind zu bekommen«, sagt Mary Catherine Bateson, das einzige Kind der Anthropologen Margaret Mead und Gregory Bateson. »Und diese Entscheidung galt als die selbstsüchtige Wahl übler, egoistischer Frauen, wahrscheinlich Karrierefrauen oder Frauen, die weder Zeit noch Geld für Kinder aufwenden wollten.« Margaret Mead, die vor der Geburt ihrer Tochter mehrere Fehlgeburten hatte, hat immer ihren Wunsch nach Kindern betont. Ihre Tochter sagt rückblickend: »Eigentlich wollte Margaret damit sagen, ›ich bin keine dieser selbstsüchtigen Frauen, die keine Kinder bekommen wollen‹.«

Bateson, die selber Anthropologin ist, vertritt den Standpunkt, daß die Kleinfamilie der fünfziger Jahre tatsächlich sehr gefährlich für ein Einzelkind war. »Die Frauen waren ganz und gar auf das Haus beschränkt«, sagt sie. »Sie waren in ihren Vororten den ganzen Tag allein mit einem Baby und dem Staubsauger. Diese Isolation der Frauen war eine Brutstätte für ödipale Dreiecksbeziehungen. Ein Einzelkind war dieser emotionalen Konzentration der Mutter auf ihr Kind wehrlos ausgeliefert, während mehrere Kinder einen gewissen Schutz davor hatten.«

Obwohl viele der Vorurteile gegen Einzelkinder irrational sind, gibt es zwei ernstzunehmende Gründe, die die Menschen davon abhalten, nur ein Kind zu bekommen. Viele Ehepaare wollen sowohl einen Jungen als auch ein Mädchen haben – »einen Jungen für dich, ein Mädchen für mich«, wie es in einem Lied heißt. Tatsächlich belegen Statistiken, daß eine Familie häufiger drei Kinder bekommt, wenn zunächst zwei Jungen oder zwei Mädchen geboren werden.

Und Eltern wollen mehrere Kinder haben, damit sie beim Tod eines Kindes nicht gleich ganz allein dastehen. Da das emotionale Engagement von Eltern bei der Gründung einer Familie so stark ist, kann ihr Schmerz beim Tod eines Einzelkindes unerträglich sein.

Jedoch ist der Tod eines Kindes immer eine Tragödie, ob es nun ein Einzelkind ist oder noch sechs Geschwister hat. Adam Clymer, Redakteur bei der *New York Times,* verlor sein einziges Kind, Jane Emily, bei einem Verkehrsunfall. Jane Emily, die gerade ins College gekommen war, wurde Opfer eines betrunkenen Autofahrers. Clymer, der selbst ein Einzelkind ist, konnte erst ein Jahr später über ihren Tod sprechen. »Nach dem, was ich von anderen Eltern gehört habe, ist der Tod eines Kindes nicht leichter zu ertragen, wenn mehrere Kinder da sind«, sagt er. »Es könnte höchstens insofern leichter für die Eltern sein, weil sie einen Grund haben, zu versuchen, weiterzuleben: Man kann nicht zusammenbrechen, wenn drei Kinder da sind, die einen brauchen. Ich glaube nicht, daß wir mehr gelitten haben als andere Eltern. Wenn wir jünger gewesen wären, hätten wir vielleicht versucht, noch ein Kind zu bekommen. Aber so häufig passiert es ja nicht, daß Kinder vor ihren Eltern sterben.«

Obwohl nach Ansicht vieler Menschen erhebliche Nachteile damit verbunden sind, ein Einzelkind zu sein oder nur ein Kind zu haben, gibt es erstaunlich viele Einzelkinder. Nach Angaben des Statistischen Bundesamtes leben heute in den USA circa achtzehn bis zwanzig Millionen Einzelkinder. Während der

Weltwirtschaftskrise wuchs eins von vier bis fünf Kindern ohne Geschwister auf. Während des Babybooms war es noch eins von zehn Kindern.*

Heute steigt die Anzahl der Einzelkinder wieder. Die Geburtenrate hat sich auf einem niedrigen Stand eingependelt, da viele Frauen die Möglichkeit der Berufstätigkeit wahrnehmen, wobei sie durch verläßliche Empfängnisverhütungsmethoden unterstützt werden. Die neue Beliebtheit der Ein-Kind-Familie ist also vermutlich die Folge später Heiraten und späten Kinderbekommens, und keine bewußte Entscheidung für Einzelkinder.

»Alles spricht dafür, daß die Anzahl der Einzelkinder weiter zunehmen wird«, sagt Charles Westoff, der Leiter der Forschungsabteilung für Bevölkerungswachstum an der Universität von Princeton. »Es werden weniger Kinder geboren, da viele Frauen das Kinderbekommen aufschieben. Wenn nun das erste Kind sehr viel später geboren wird, als es früher üblich war, vermindert sich aus vielerlei Gründen die Wahrscheinlichkeit, daß noch ein zweites Kind geboren wird. Einer dieser Gründe ist, daß die Frauen ihren Kinderwunsch auch ohne das zweite Kind bereits befriedigt haben. Und die anfallenden Kosten aller Art würden durch ein zweites Kind immens ansteigen.«

Wenn es mehr Einzelkinder gibt, wird sich dann auch das Image der Einzelkinder verbessern? Es ist zu früh, um das beurteilen zu können. Sharryl Hawke, eine Pädagogin, die sich viel mit Einzelkindern beschäftigt hat und selbst nur ein einziges Kind hat, sagt dazu: »Ich denke nicht, daß die Leute all die Mythen über Einzelkinder nicht mehr glauben. Es sind die Bedingungen unserer heutigen Gesellschaft, die diese Menschen bewogen haben, es bei einem Kind zu belassen.«

---

* In der Bundesrepublik waren es 1980 5 Millionen, was bedeutet, daß fast jedes zweite Kind in unserem Land ohne Geschwister aufwächst. (Vgl. E. Rossberg, *Einzelkinder,* Reinbek bei Hamburg 1981)

Eine Geschichte
Susan Shwartz, Ende Dreißig, Science-fiction-Autorin, New York:

Daß ich Einzelkind bin, hat zweifellos mein Leben sehr stark geprägt. Meine Eltern haben spät geheiratet, und meine Mutter konnte nur ein Kind bekommen. Sie war damals siebenunddreißig oder achtunddreißig, was für die damaligen Verhältnisse sehr alt war. Ich erinnere mich, wie es war, als ich ein kleines Mädchen war. Wenn die anderen Kinder sich wie ungezogene Bälger benahmen, war das ganz okay. Wenn ich mich wie ein ungezogenes Gör aufführte, was natürlich auch vorkam, sagten die anderen Mütter, die alle jünger waren als meine Mutter: »Verzogenes Gör! Natürlich ist sie ein Einzelkind!« Vielleicht waren sie einfach neidisch. Mein Vater war Rechtsanwalt und verdiente besser als die Männer dieser Frauen. Wir waren Juden, die anderen nicht. Ich begriff damals nur, daß ich irgendwie als verzogenes Gör abgestempelt war, und das ist höllisch viel Mißbilligung für eine Sechs- oder Siebenjährige. Ich fühlte mich als Außenseiterin.

Aber mit meinen Eltern habe ich mich sehr gut verstanden, als ich Kind war. Ich hatte mir immer große Sorgen gemacht, weil es in meiner Generation keine männlichen Shwartz' gab, und einmal fragte ich meinen Vater, ob er darunter leiden würde. Schließlich würde der Familienname mit mir aussterben. Er sagte, nein, er hätte gewußt, daß meine Mutter wahrscheinlich nur ein Kind bekommen könne, und er hätte sich ein Mädchen gewünscht. Das war ein großartiges Gefühl für mich. Väter behandeln die älteste Tochter oder die einzige Tochter oft so, als wäre sie ein Sohn, aber ich war die erwünschte und langerwartete Tochter. Das war wirklich sehr schön.

Trotzdem wurde ich als einziges Kind in mancher Hinsicht wie eine Puppe behandelt. Es war nicht so, als ob ich Macht über meine Eltern gehabt hätte, aber sie erwarteten von mir, so vollkommen zu sein wie Lady Jane Grey. Ich war das einzige und kostbare Ei im Korb, und ich durfte einfach nichts falsch machen. Meine Kleidung mußte perfekt sein, meine Frisur, mein Gesicht, meine Manieren. Ich bin immer noch unfähig, jemanden anzubrüllen, wenn ich wütend bin. Ich glaube, ich war gut als kleine Puppe. Als Mensch war ich nicht so gut. Als Teenager wurden mir zwei Dinge bewußt. Das erste wurde mir klar, als ich mit den beiden norwegischen Hirtenhunden unserer Nachbarn spazierenging, zwei sehr großen Hunden. Ich beobachtete, wie sie miteinander umgingen, immer zwickten sie sich, fochten Scheinkämpfe aus, spielten miteinander. Manchmal kam ein anderer Hirtenhund dazu, ein Einzelhund. Er war größer als die anderen, aber meine beiden Hunde konnten ihn ohne weiteres unterbuttern, weil er nicht wußte, wie man zum Spaß kämpft. Und ich begriff, daß ich das auch nicht wußte. Ich hatte drei Methoden, mit Angriffen umzugehen: Ich erstarrte, ich lief weg, oder ich sprang den Angreifern an die Kehle. Und die üblichen Streitereien zwischen Geschwistern jagten mir eine Heidenangst ein, weil ich wußte, daß es einen Kampf auf Leben und Tod geben würde, wenn ich mich erst einmal derartig mit jemandem zerstritten hatte.

Mit fünfzehn begriff ich, daß ich fähig war, mich zu wehren. Damals gab es eine große Feier an meiner Schule, und meine Eltern kauften mir ein schönes Kleid dafür. Wir nahmen ein Mädchen, das in der gleichen Straße wohnte, zu der Feier mit. Ihre Eltern hatten ein Feinkostgeschäft und mußten beide hart arbeiten. Also, wir fuhren das Mädchen zu dem Feinkostgeschäft, damit ihre Mutter sie sich ansehen konnte, bevor sie zu der Feier ging. Das tat sie, und dann sah sie mich an und fragte: »Ist das Kleid neu?« Ich sagte: »Ja.« Sie sagte: »Es muß nett sein, ein Einzelkind zu sein.« Ich sah sie an und sagte: »Wissen Sie, die Leute behandeln Bastarde besser, als sie Einzelkinder behandeln. Ich kann nichts dafür. Und es gefällt mir nicht, wie Sie reden.« Sie war eine Erwachsene, und meine Eltern hatten mich immer strikt angehalten, höflich zu Erwachsenen zu sein. Ich stehe in ihrem Laden, und mein Vater steht neben mir. Er sagte nichts. Es war also okay für mich, so zu handeln. Danach war mir klar, daß jeder, der in Zukunft in meiner Gegenwart schlecht über Einzelkinder redete, sich in acht nehmen mußte.

Ich fand es gut, ein Einzelkind zu sein, weil ich meinen Eltern sehr nahestand, obwohl es problematisch werden konnte, wenn sie beide wütend auf mich waren. Da ich das einzige Kind war, haben meine Eltern mich an vielen Dingen, die sie interessierten, teilhaben lassen. Meine Liebe zur Science-fiction-Literatur habe ich von meinem Vater. Jetzt bin ich Science-fiction-Autorin. Es war großartig, ein Einzelkind zu sein, weil ich früh den Umgang mit Erwachsenen gelernt habe. Und wenn ich Wert auf gleichaltrige Freunde legte, mußte ich mir ihre Freundschaft verdienen, und das heißt, daß ich früh soziale Fähigkeiten entwickeln und lernen mußte, zu teilen. Es waren keine Kinder da, die mit mir spielen mußten, weil ich ihre Schwester war. Es war sehr, sehr gut für mich, Einzelkind zu sein.

Dennoch war es grausam von den anderen Eltern, die, wie ich jetzt weiß, einfach neidisch waren, einem kleinen Mädchen so viel Ablehnung entgegenzubringen. Es war wirklich ein Geschenk des Himmels, daß das Ziel des Nullwachstums der Bevölkerung propagiert wurde, weil ich dann sagen konnte, daß meine Eltern mehr am Wohl der Gemeinschaft interessiert gewesen waren als alle anderen. Ich bin jetzt siebenunddreißig. Aber wenn jemand in meiner Gegenwart »Was für ein Gör! Natürlich ein Einzelkind« sagt, werde ich immer noch wütend.

Die bleibende Bindung

Gelegentlich sehe ich mir mein Babyalbum an. Der Einband besteht aus rosa Satin, und vorne ist eine kleine Schleife. Wenn ich es aufmache, sehe ich eine Karte, die an der Innenseite befestigt ist. Auf der Karte steht: »Gott segne dich, wenn du schläfst, Gott segne dich, wenn du wach bist, er segne dich am Abend und auch in der kalten Morgendämmerung.« Das Band ist vergilbt, aber die Karte ist noch nie herausgefallen.

Auf der nächsten Seite folgt die offizielle Geburtsanzeige und noch eine Karte. Auf dieser Karte steht: »Eleanor Burns McGrath, auch bekannt als Torie (Tornado), ist glücklich zu Hause angekommen.« Einer Familienlegende zufolge bin ich während einer der wenigen Tornados, die jemals in Massachusetts bekanntgeworden sind, geboren worden. Glücklicherweise blieb der Name Torie nicht hängen. Auf der nächsten Seite steht, daß ich nach meiner Großmutter Eleanor, »Licht«, genannt wurde. Meine Mutter schreibt, daß ich bei meiner Taufe »nicht ein einziges Mal geweint habe, ganz die kleine Dame«. Auf einer anderen Seite steht mein Geburtsgewicht, und auf der nächsten steht, wann ich meine Zähne bekommen habe. »Erst drei Monate alt! Sie hat ihren ersten Zahn bekommen, als Eisenhower zum Präsidenten gewählt wurde.« Auf einer der letzten Seiten ist ein kleines Motto aufgedruckt: »Was kann schöner sein auf Erden, als ein Elternpaar zu werden, das sich jedes Jahr erneut auf Familienzuwachs freut.«

Nach elf Monaten hörten die Einträge auf; sie beginnen erst wieder, als ich fünf Jahre alt bin. Sie sind in einer anderen Handschrift geschrieben. Meine Mutter lebt noch, aber ich wohne jetzt bei ihrer Schwester, meiner Tante Mary, und meinem Onkel Jerry. Sie sind Mitte Vierzig und haben keine Kinder. Ein paar Jahre lang bin ich das einzige Kind zweier Elternpaare.

Meine Tante und mein Onkel überschütteten mich mit Zuwendung und Aufmerksamkeit. Sie hatten immer Kinder gewollt, aber nie welche bekommen können. Mein Onkel war wie der Rattenfänger von Hameln; er liebte Kinder und hätte am liebsten vier oder fünf gehabt. Er und ich waren sehr gute Freunde; wir brachten Stunden bei der Gartenarbeit zu oder gingen am Strand spazieren. Ich durfte jederzeit meine Freunde mit nach Hause bringen, und oft spielte er mit uns. Er war ebenso begeistert vom Tauziehen oder Versteckspielen wie wir. Ich war glücklich, daß ich meinen Onkel und meine Tante hatte, und schließlich wurde mir bewußt, daß auch sie glücklich waren, mich zu haben.

Meine Mutter starb, als ich sechs Jahre alt war. Danach besuchte ich meinen Vater ein- oder zweimal die Woche. Meine Großeltern mütterlicherseits lebten genau gegenüber, so daß ich beide gleichzeitig besuchen konnte. Ich glaube, er fühlte sich einsam. An den Wochenenden machten mein Vater und ich Ausflüge, wir fuhren nach Boston und gingen ins Kino oder machten Waldspaziergänge im Ravenswood Park. Er diskutierte oft mit mir, ganze Nachmittage lang. Später sagte er mir, er hätte das getan, damit ich lernte, für mich selbst einzustehen.

Meine Mutter lebte während meiner ganzen Kindheit im Geiste weiter. Für die anderen war sie eine liebe Frau, die zu früh gestorben war. Für mich war sie eher eine Idee und ein Ideal. Ich beschwor ihr Bild aus den Erzählungen anderer herauf. Sie war geistreich und beliebt, schlank und attraktiv gewesen. Sie war die Abschiedsrednerin ihres Collegejahrgangs gewesen. Sie war eine großartige Lehrerin gewesen, all ihre Schüler hatten sie geliebt. Aber mehr als alles andere, so sagten sie, wollte sie Mutter werden. Sie wollte meine Mutter sein.

Das höchste Kompliment, daß mir jemand machen konnte, war die Feststellung, ich sei genau wie meine Mutter. Ich frisierte meine Haare so, wie sie es gewünscht hätte. Wenn ich im Wohnzimmer saß und ein Buch las, hörte ich manchmal ein Flüstern. Wenn ich dann aufsah, sagte meine Tante: »Oh, jetzt ist es vorbei. Eine Sekunde lang hast du genau so ausgesehen wie deine Mutter.« Nach ihrem Tod ging ihr ganzer Besitz an mich über: ihre Kleidung, ihre Bücher, ihre Diamantohrringe, sogar ihr Unterrichtsmaterial. Als ich älter wurde, zog ich manchmal ihre Abendkleider an und tat so, als wäre ich sie. Ich verkündete, ich würde Lehrerin werden, so wie sie.

Ich fühlte mich allen meinen vier Eltern eng verbunden. Es wäre schwer gewesen, mich ihnen nicht verbunden zu fühlen. Drei meiner Eltern waren immer für mich da, beobachteten mich, sorgten für mich. Meine Mutter war im Himmel und behütete mich von dort. Sie lebte weiter. Ich sorgte dafür. Ich war ihr Vermächtnis.

In mancher Hinsicht ist die Kindheit eine Traumwelt, die zum größten Teil von Erwachsenen bestimmt wird. Eltern versuchen immer, ihren Kindern ein vollkommenes Leben, eine ideale Kindheit, zu ermöglichen. Jedoch nimmt ein Kind buchstäblich alle Lebensumstände einfach als gegeben hin. Einzelkind Gloria Vanderbilt, um die vor Jahren ein berühmt-berüchtigter Kampf um das Sorgerecht ausgefochten wurde, findet in ihrer Autobiographie sehr treffende Worte dafür: »Am Anfang glaubt ein Kind, daß alle Kinder in derselben Welt leben wie es selbst. Ein armes Kind hält alle anderen Kinder für arm, ein reiches Kind hält alle anderen Kinder für reich. Früher bin ich nie auf die Idee gekommen, daß meine Lage in irgendeiner Weise besonders war, daß nicht jedes andere Kind genauso lebte wie ich.«

Die Beziehung zwischen Eltern und Kind ist wahrscheinlich die fundamentalste, die es in unserem Leben gibt. Keine andere Bindung ist so komplex. Sie kann von leidenschaftlicher Zuneigung bestimmt sein, sie kann distanziert sein und geprägt von unrealistischen Erwartungen. Aber ein Kind ist, jedenfalls eine Weile, völlig abhängig und akzeptiert seine Eltern fraglos. Bei meinen Interviews mit Einzelkindern wurde mir sehr deutlich, daß eine Kindheit nur dann glücklich sein kann, wenn die Eltern adäquat mit ihrer Enttäuschung – oder ihrer Freude –, nur ein einziges Kind zu haben, umgehen können.

Wer sind die Eltern von Einzelkindern? In ihrer 1977 erstellten Studie kamen Sharryl Hawke und David Knox zu dem Ergebnis, daß circa 40 Prozent der Mütter und 23 Prozent der Väter von Einzelkindern aus großen Familien mit mindestens fünf Kindern stammten. Ungefähr 10 Prozent der Mütter und 18 Prozent der Väter waren selbst Einzelkinder gewesen. Hawke und Knox stellten fest, daß zwar nicht alle Ein-Kind-Familien so geplant waren – einige waren durch eine Scheidung oder sonstige unvorhersehbare Umstände entstanden –, aber dennoch gaben viele Eltern an, sehr zufrieden mit ihrer Ein-Kind-Familie zu sein. Als Gründe dafür wurden finanzielle Vorteile genannt, mehr Zeit für das Kind und eine enge Beziehung zu ihm sowie eine geringere Belastung in der Ehe und im Beruf durch die Elternschaft. Dennoch war über die Hälfte der befragten Eltern von Verwandten, Freunden oder Nachbarn für ihren Entschluß, es bei einem Kind zu belassen, kritisiert worden. Ich habe festgestellt, daß es vier Hauptgruppen von Einzelkindern gibt. Da sind zunächst einmal die Einzelkinder, die ohne den Willen und die Absicht der Eltern die einzigen Kinder geblieben sind. Diese Eltern mögen sich genug Kinder gewünscht haben, um ein eigenes Baseballteam zu gründen, sind dann aber aus wirtschaftlichen Gründen an der Verwirklichung dieser Absicht gehindert worden oder konnten einfach keine weiteren Kinder bekommen. Oder sie haben spät geheiratet oder das Kinderbekommen zu lange aufgeschoben. Wenn diese Eltern sich ihrem Kind gegenüber ihre Frustration anmerken lassen, kann es vorkommen, daß es sich unzulänglich fühlt. Kinder von Eltern, die sich eigentlich mehr Kinder gewünscht haben, können sich aber auch umsorgt und sicher fühlen. Das hängt von der Reaktion der Eltern ab. »Ich wollte immer viele Kinder haben, doch das gesundheitliche Risiko wäre zu groß gewesen«, sagt Bella Bankoff, eine Angestellte aus New York. »Aber ich habe dieses eine Kind bekommen. Ich hielt es nie für einen Vorteil, nur ein Kind zu haben, und ich habe nie daran gedacht, daß ein Einzelkind weniger Arbeit macht oder nicht so teuer ist. Ich war einfach nur sehr glücklich, dieses eine Kind zu haben. Als ich Lisa bekam, war ich so dankbar. Vielleicht war es auch besser so. Mein Mann war Vertreter und ständig unterwegs, es war allein meine Aufgabe, Lisa großzuziehen.«

Einige Kinder sind, so wie ich, wegen des Todes eines Elternteils Einzelkinder. Diese Kinder haben natürlich ganz andersgeartete Probleme als die obengenannten. Die Probleme sind allerdings eher auf die Verlusterfahrung zurückzuführen als darauf, ohne Geschwister aufzuwachsen.

Viele Kinder haben keine Geschwister, weil ihre Eltern geschieden sind. Heute werden, sowohl in den USA als auch in der Bundesrepublik, mehr als ein Drittel aller Ehen geschieden, und überdurchschnittlich viele Einzelkinder kommen aus diesen Familien. Diese Kinder sind dann vielleicht das Strandgut einer abgewrackten Ehe oder der Siegespreis im Kampf um das Sorgerecht. Nach Angaben der Volkszählungsbehörde gibt es mehr alleinstehende Mütter mit einem Kind als mit zwei Kindern. Jill Schwin, eine Personalchefin Ende Dreißig, bekam ihr erstes und einziges Kind mit achtzehn. »Mein Mann hat mich eine Zeitlang richtig bedrängt, noch ein Kind zu bekommen«, sagt sie. »Aber ich wollte nicht. Er wußte genausogut wie ich, daß unsere Ehe am Zerbrechen war, und er wollte sie mit einem weiteren Kind kitten. Ich wußte es besser. Ich wußte, daß ich ihn am Ende doch verlassen würde, und dann hätte ich mit zwei kleinen Kindern dagestanden anstatt mit einem. Ich wußte, daß es auch mit nur einem Kind schwierig genug sein würde, mich allein durchzuschlagen.«

Schließlich sind da die Einzelkinder, deren Eltern sich bewußt für nur ein Kind entschieden haben. Diese finden es meist recht positiv, Einzelkind zu sein, für sie ist das ebenso natürlich wie für andere Leute ihre Brüder und Schwestern. Es gibt die verschiedensten Gründe, sich für ein Einzelkind zu entscheiden, etwa finanzielle Probleme, der Wunsch nach einer beruflichen Karriere oder das Bedürfnis nach Unabhängigkeit. Manchmal ist die Geburt des ersten Kindes auch so schwierig, daß die Mutter zögert, diese Tortur noch einmal durchzumachen. Patricia Dalzell aus Massachusetts hat nur ein Kind, obwohl sie erst Mitte Zwanzig war, als sie ihre Tochter Pammy bekam, weil diese bei der Geburt fast gestorben wäre. »Es war ein Trauma«, sagt Dalzell, die jetzt vierzig ist. »Ich hatte entsetzliche Angst. Ein paar Jahre später wurde mir endgültig klar, daß ich das einfach nicht noch mal durchmachen konnte. Ich war glücklich, Pammy zu haben, die Zeit verging, und es schien einfach nicht notwendig zu sein, noch mehr Kinder zu bekommen.«

In ihrem Buch *Up Against the Clock: Career Women Speak on the Choice to Have Children* untersuchen die Autorinnen Marilyn Fabe und Norma Wikler die Probleme berufstätiger Mütter und die Vorteile, die die Frauen darin sehen, Berufstätigkeit und Mutterschaft miteinander zu vereinbaren. Die Autorinnen schreiben: »Wir haben wiederholt von Frauen gehört, daß es mit einem Kind zu schaffen sei, daß aber nichts mehr gehen würde, wenn ein zweites Kind käme.« Dasselbe höre auch ich oft von Frauen meines Alters, tüchtigen Frauen, denen viel an ihrem Beruf liegt und ebensoviel an ihren Familien, Frauen, die von den Medien »Superfrauen« genannt werden und wahrscheinlich letztendlich eben diesen Medien Interviews zum Thema Überlastung geben werden.

Während meiner Recherchen fiel mir auf, wie viele berühmte Frauen Mütter von Einzelkindern waren. Es ist kaum eine Überraschung, daß Schauspielerinnen, die wegen ihrer Neigung zu Scheidungen und ihrem ständigen Bemühen um ein jugendliches Aussehen bekannt und berüchtigt sind, nur wenige Kinder bekommen. Liv Ullmann, Susan Sarandon und Bette Midler, um nur ein paar zu nennen, haben alle nur ein Kind geboren. Dennoch war ich überrascht, als ich in dem 1987 erschienenen Buch *Starring Mothers* las, daß von den dreißig ausgewählten bekannten Frauen einundzwanzig Mütter von Einzelkindern waren. In dem Buch geht es übrigens keineswegs nur um Schauspielerinnen. Auch die Designerinnen Donna Karan und Betsey Johnson, die Astronautin Anna Fisher, die Geschäftsfrau Georgette Klinger und die Schriftstellerin Erica Jong wurden als Mütter von Einzelkindern aufgeführt. Einige der dreißig Frauen waren jung genug, um noch mehr Kinder bekommen zu können, aber die meisten waren über das gebärfähige Alter hinaus.

Als ich mich näher mit den Familienstrukturen von Personen des öffentlichen Lebens zu beschäftigen begann, entdeckte ich sehr viele Ein-Kind-Familien. Michail Gorbatschow und seine Frau Raissa Gorbatschowa gehören dazu. Jimmy Swaggart, der mittlerweile als Betrüger entlarvte Fernsehprediger, und seine Frau Frances sagten, sie hätten keine weiteren Kinder bekommen, weil ihr Sohn Donnie durch ihr ständiges Herumreisen gezwungen gewesen wäre, einunddreißig verschiedene Schulen zu besuchen, und sie ein schlechtes Gewissen deswegen hatten. Als der Gouverneur von Arkansas, Bill Clinton, 1988 öffentlich bekanntgab, daß er sich nicht für die Präsidentschaftswahl aufstellen lassen würde, begründete er diesen Entschluß mit den Belastungen, die eine Kandidatur für seine Familie, seine Frau und sein einziges Kind bedeuten würde.

Alice Walker, die Autorin des Romans *Die Farbe Lila,* sprach sich vor zehn Jahren in einer am Sarah-Lawrence-College gehaltenen Rede sehr eloquent für die Entscheidung aus, nur ein Kind zu bekommen. Sie hatte sich immer dagegen gewehrt, »Kinder« zu bekommen, weil sie fürchtete, daß sie als Mutter nicht mehr in der Lage sein würde, zu schreiben. »Mein Fehler war es, ›Kinder‹ zu denken und nicht ›Kind‹«, sagte sie und erinnerte sich daran, wie hart es für ihre Mutter gewesen war, acht Söhne und Töchter großzuziehen. Die Geburt ihrer Tochter Rebecca war für Walker eine wichtige und einschneidende Erfahrung. Die Geburt sei, so sagte sie, wahrscheinlich »das einzige wirkliche Wunder, das es im Leben gibt«. Und warum hat sie dann nur ein Kind? »Weil du mit einem Kind beweglich bist«, sagte sie. »Mit mehreren bist du hilflos, eine leichte Beute.«

Es wird oft behauptet, daß Eltern von Einzelkindern Kinder eigentlich gar nicht mögen und daß sie nicht bereit sind, die Verpflichtungen der Elternschaft auf sich zu nehmen. Ich habe jedoch eher den Eindruck, daß das Gegenteil zutrifft. Diese Eltern haben oft eine sehr enge Beziehung zu ihrem einzigen Kind, auch wenn sie beruflich stark eingespannt sind (oder vielleicht gerade deswegen). Dianne Feinstein, die frühere Bürgermeisterin von San Francisco, sagt, daß sie eigentlich mehr Kinder haben wollte, aber keine mehr bekommen konnte. Als ihre Tochter Katherine in den Kindergarten kam, wurde sie wieder berufstätig, und als Katherine in die Grundschule kam, fing sie an, sich politisch zu engagieren. Feinstein, die noch zwei jüngere Geschwister hat, ist überzeugt, daß es im Grunde nicht so sehr darauf ankommt, ob eine Mutter für drei Kinder sorgen muß oder für eins. Aber sie räumt ein, daß es sehr vorteilhaft für sie war, nur Katherine zu haben. »Wenn ich mehrere Kinder gehabt hätte, wäre es erheblich schwieriger für mich gewesen, politisch aktiv zu werden«, sagt Feinstein. »Daß ich nur ein Kind hatte, hat es mir ermöglicht, sehr viel mehr Sachen zu machen.«

Katherine, die jetzt dreißig ist, erinnert sich: »Früher war ich immer wütend auf meine Mutter. Als kleines Mädchen war ich das einzige Kind, dessen Mutter nicht nur geschieden war, sondern auch berufstätig. Und ich war das einzige Einzelkind. Ich hatte eine regelrechte Wut auf sie. Sie beteiligte sich nie an den Fahrgemeinschaften der anderen Eltern. Sie ging nicht zu den Elternabenden. Es gab immer Fertiggerichte. Es machte mich wahnsinnig, daß sie so anders war.«

Heute bezeichnen beide ihre Beziehung als sehr eng. »Ich denke, wir sind uns in vielem sehr ähnlich«, sagt die ehemalige Bürgermeisterin. ››Jetzt, wo Katherine verheiratet und als stellvertretende Bezirksstaatsanwältin tätig ist, drückt sich das in Freundschaft aus und auch in einem Gefühl der Kameradschaft.« Und Katherine stellt fest: »Meine Beziehung zu meiner Mutter ist ganz anders als die anderer Leute zu ihren Müttern. Meine Mutter und ich können uns gegenseitig zum Wahnsinn treiben. Und wir empfinden Kameradschaft füreinander. Das hängt auch damit zusammen, daß meine Mutter früher Bürgermeisterin war. Die Leute sind in ihrer Gegenwart manchmal richtig eingeschüchtert. Sie wollen ihr gefallen, sie wollen die richtigen Sachen sagen. Mir geht das nicht so, natürlich. Für mich ist sie meine Mutter; sie ist immer meine Mutter gewesen. Wir sind sehr offen miteinander, wir respektieren einander, und wir können uns gegenseitig zum Lachen bringen.«

Die meisten Einzelkinder können sich einer grundlegenden Tatsache ganz sicher sein: Sie waren erwünscht. Die Wissenschaftler Sharryl Hawke und David Knox haben das im Laufe ihrer Untersuchungen eindeutig festgestellt. Sie schreiben: »Während in Familien mit mehreren Kindern die Babys oft ungeplant kommen oder zu einem ungelegenen Zeitpunkt, sind Einzelkinder gewöhnlich Wunschkinder, und der Zeitpunkt ihrer Geburt war sorgsam geplant.«

Dieses Geplant- und Erwünschtsein sichert einem Einzelkind gewöhnlich die ungeteilte Liebe der Eltern. »Ich war wahnsinnig gern Einzelkind«, sagt Elizabeth Clark, eine Frau Mitte Zwanzig, die in Irving in Texas lebt. »Ich stehe meinen Eltern wirklich sehr, sehr nahe. Meine Mutter sagte immer, sie hätte nur ein Kind gewollt, und wenn ich kein Mädchen gewesen wäre, hätte sie mich im Krankenhaus gelassen. Sie war auch Einzelkind, und es hat ihr sehr gefallen. Ich glaube, wenn die Leute nur ein Kind bekommen, haben sie sich wirklich Gedanken darüber gemacht.«

Eine Gymnasiallehrerin, die in einem ländlichen Gebiet bei New York aufgewachsen ist, bestätigt dies. »Das Wichtigste für mich war, glaube ich, daß ich immer gewußt habe, daß ich erwünscht war, daß ich geliebt wurde und immens viel Zuwendung bekam«, sagt sie. »Und ich bekam so viel Liebe, daß das alle anderen Probleme mehr als aufgewogen hat. Ich wollte immer, daß meine Eltern mit mir zufrieden waren, also habe ich versucht, die Beste zu sein, sei es beim Schultheater, beim Sport oder im Unterricht. Aber ich glaube nicht, daß sie das wirklich so wichtig nahmen. Sie waren einfach nur glücklich, daß ich da war.«

Ein Freund von mir, ein Sportjournalist, erinnert sich noch daran, wie bewegt er war, als Roger Staubach 1963 den Heisman-Pokal bekam. Als Quarterback des Football-Teams der Marinemilitärakademie der Vereinigten Staaten in Annapolis war Staubach ein Phänomen; er erschien auf den Titelseiten von *Time* und verschiedener Sportillustrierten. Als sein Vater auf dem Festbankett gebeten wurde, ein paar Worte zu sagen, erhob er sich und sagte: »Gott hat uns nur ein Kind gegeben, aber Er hat uns ein gutes Kind gegeben.«

Rückblickend sagt Roger Staubach, daß die Beziehung zu seinen Eltern phantastisch gewesen sei. »Ich hatte schon immer die Eigenschaft, einfach niemals aufzugeben, ob es nun darum ging, einen tyrannischen Rüpel auf dem Spielplatz zu bekämpfen oder um irgendwas anderes«, sagt er. »Beim Footballspielen habe ich bereits als Kind hart um den Sieg gekämpft. Wenn ich entmutigt war, habe ich um so härter gekämpft. Ich weiß nicht, warum das so war. Teilweise habe ich es getan, weil ich wollte, daß meine Eltern stolz auf mich waren. Ich habe sie sehr geliebt. Um ihretwillen wollte ich gut abschneiden. Ich wußte auch, daß man hart arbeiten muß, wenn man der Beste sein will. Ich war einfach eher bereit, diesen Preis zu zahlen als andere Kinder.«

Als Antwort auf meine Frage nach dem größten Vorteil und dem größten Nachteil des Aufwachsens als Einzelkind nannten viele meiner Interviewpartner interessanterweise die gleiche Sache: ihre enge Bindung an die Eltern. In mancher Hinsicht ist diese vertraute Beziehung positiv, weil sie den Kindern ein Gefühl der Geborgenheit vermittelt, aufbauend ist und den Kindern die Gewißheit ihrer Wichtigkeit gibt. Diese enge Bindung kann sie aber auch einengen und die Entwicklung zur Selbständigkeit entscheidend beeinträchtigen. Doch viele der Einzelkinder, mit denen ich gesprochen habe, hielten die enge Bindung an ihre Eltern für natürlich und aufbauend. Einzelkindern ist schon früh bewußt, daß sie im Mittelpunkt der Aufmerksamkeit ihrer Eltern stehen. Der sechsjährige Frederick Bouchardy, der in New York lebt und die erste Klasse besucht, gab zu, daß er zwar manchmal gern Geschwister hätte, daß er aber auch wüßte, daß ein Bruder oder eine Schwester die Aufmerksamkeit seiner Eltern von ihm ablenken würde. »Es wäre schrecklich, wenn meine Eltern ein Baby hätten und Besuch käme und niemand mich und meine Eltern beachten würde«, sagt Frederick. »Wenn sie nur das neue Baby angucken würden, wäre ich unsichtbar. Ich wäre der Unsichtbare.«

Ein ausgewogenes Trio kann so gut aufeinander eingespielt sein wie die drei Musketiere. Ann Fisher aus San Francisco erinnert sich: »Wir drei standen uns sehr nahe. Wir bezeichneten uns immer als Dreiergruppe, als Trio. Manchmal war ich eifersüchtig, wenn sie mich von irgend etwas ausschlossen. Ich hatte immer das Gefühl, daß ich besser mit meinen Eltern auskam als die meisten anderen Kinder. Meine Eltern behandelten mich, als wäre ich ihnen ebenbürtig.«

Oft verliert ein Einzelkind dieses Gefühl der Sicherheit und der Geborgenheit ein ganzes Leben lang nicht. Ruth Brine, eine ehemalige Redakteurin aus New York, hatte eine enge, fast schon schwesterliche Beziehung zu ihrer Mutter. »Mutter wollte Opernsängerin werden, und deshalb hat sie nicht noch mehr Kinder bekommen«, sagt Brine. »Auch nach meiner Geburt fuhren sie und ihre Mutter gelegentlich für sechs bis acht Wochen nach New York. Sie hat es nicht geschafft, Opernsängerin zu werden, aber sie arbeitete trotzdem weiter an ihrer

Stimme. Wenn sie wegen ihrer Klavierstunden und ihres Gesangsunterrichts nach Chicago fuhr, dachten wir immer zur gleichen Zeit aneinander. Wir haben immer eine bestimmte Zeit ausgemacht, zum Beispiel achtzehn Uhr, wo wir aneinander denken wollten. Mein Vater war Arzt und hatte nicht viel Zeit für uns. Als ich drei Jahre alt war, gab meine Mutter mir morgens immer Klavierstunden. Jahrelang habe ich täglich eine Stunde Klavier und eine Stunde Geige gespielt. Ich habe erst damit aufgehört, als ich aufs College ging. Das beweist doch, wieviel ihr an mir lag. Ich spiele schon lange kein Instrument mehr, aber ich bin ihr dankbar, weil die Musik ein wichtiger Teil meines Lebens geworden ist.«

Der Regisseur und Produzent Bill Brennan, der jetzt Mitte Sechzig ist, sagt, daß er sehr darunter leidet, daß seine Eltern nicht mehr leben. Obwohl er fünf Kinder und elf Enkelkinder hat, scheint ihm die Beziehung zu seinen Eltern am meisten am Herzen zu liegen. »Mein Vater war mein bester Freund«, versucht er zu erklären. »Ich sah ihn nie als Autoritätsperson; er war mein Freund. Mein Problem bestand darin, daß ich meinen Eltern absolut ergeben war. Ich habe später oft gedacht: Gott sei Dank, daß mein Vater so ein starker Mann war. Er war ein kluger Mann, und er schlug sich immer auf meine Seite. Wenn etwas Schlimmes passiert war, ging er Arm in Arm mit mir die Straße entlang. Wir haben uns oft geküßt, so richtig auf die Lippen. Wir blieben eng miteinander verbunden. Als ich in den fünfziger und sechziger Jahren viel zwischen New York und Los Angeles hin- und herfliegen mußte, habe ich manchmal einen Abstecher nach Omaha gemacht und einen Tag mit meinen Eltern verbracht. Sie kamen zum Flughafen, und wir nahmen uns ein Hotel in Omaha oder fuhren nach Hause, nach Waterloo. Wir haben so viel Zeit wie möglich miteinander verbracht.«

Eine Geschichte ist Brennan besonders lebhaft im Gedächtnis geblieben. Er arbeitete damals bei CBS in New York, und sein Vater war Vorsitzender der Verbindung der Rechtsanwälte von Iowa. Er forderte Brennan auf, vor den Mitgliedern dieser Verbindung eine Rede über das Fernsehen zu halten. »Es war eine große Sache«, erinnert sich Brennan. »Die Männer spielten Golf, und die Frauen spielten Bridge. Abends bei dem Galadinner sollte ich dann die Festrede halten. Nach dem Golfspiel wurden im Umkleideraum die ersten Drinks ausgeschenkt. Mein Vater sagte: ›Nein, Bill, du trinkst nichts.‹ Er machte sich große Sorgen wegen meiner Rede. Ich hatte ein Koaxialkabel mitgebracht, das damals für das Sendernetz gebraucht wurde, heute wird es ja mit Dezimeterwellen gemacht. Als ich es aus dem Kofferraum holte, kam mein Vater mit. Er sagte: ›Wenn du eine gute Rede hältst, gebe ich dir hundert Dollar.‹ Das war typisch mein Vater. Er wollte so sehr, daß ich Erfolg hatte. Es hätte mir auch nichts ausgemacht, wenn er zehn Cent gesagt hätte – wichtig war, daß ich wußte, wieviel ihm mein Erfolg bedeutete.«

Brennans enge Bindung an seine Eltern wurde allerdings zu einem Problem, als er in Kalifornien aufs College gehen sollte. »Es war einfach zu weit weg«, erinnert er sich. »Sie müssen bedenken, das war 1938. Große Entfernungen waren damals ein viel größeres Problem als heute. Meine Eltern hatten Schwierigkeiten in ihrer Ehe, und mein Vater sagte zu meiner Mutter: ›Er geht nur, wenn du auch gehst.‹ Ihm paßte das gut in den Kram. Freunde der Familie sagten, daß meine Mutter mir im Weg sein würde. Sie fragte mich, ob ich auch so dächte. Ich hätte mich schuldig gefühlt, wenn ich ›ja‹ gesagt hätte. Also kam meine Mutter mit mir nach Kalifornien. Verglichen mit vielen anderen Leuten hatte ich ein wirklich angenehmes Leben. Ich hatte eine schöne Wohnung, ich war gut angezogen und bekam gute Sachen zu essen. Aber die typischen College-Erfahrungen konnte ich so nicht machen. Das gefiel mir überhaupt nicht. Meine Eltern haben nicht viel falsch gemacht, aber diese Entscheidung hielt ich für einen Fehler.«

In der Literatur kommt die intensive Beziehung zwischen Einzelkindern und ihren Eltern nicht sehr gut weg. Erich Segals Pop-Klassiker *Love Story* spiegelt das übliche Stereotyp der ungesund engen Eltern-Kind-Beziehung bei Einzelkindern wider. Bevor der charmante Oliver Barrett IV Jenny Cavilleris Vater treffen soll, denkt er: »Die Sache war doch so: Ich würde dort gegen das Wir-wollen-uns-alle-recht-Liebhaben des italomediterranen Syndroms antreten müssen; dies wurde dadurch erschwert, daß Jenny ein Einzelkind war, weiter dadurch erschwert, daß sie die Mutter verloren hatte, was natürlich extrem enge Vaterbindungen bedeutete.« Und Oliver hat recht. Nachdem er Phil Cavilleri die Hand geschüttelt hat, begrüßen sich Jenny und ihr Vater: »Für den Bruchteil einer Sekunde geschah nichts. Dann umarmten sie einander. Fest. Sehr fest. Sie schaukelten hin und her … Ich war entschieden überflüssig.«

Die Frage ist natürlich, ob die Bindung zwischen Einzelkindern und ihren Eltern so eng ist, daß sie destruktiv wird. Und das hängt ganz von der jeweiligen Familie ab. Es gibt legendäre Beispiele für zu enge Bindungen zwischen Vater oder Mutter und einem Einzelkind. Elvis Presley, der »King«, war ein Einzelkind; sein Zwilling war bei der Geburt gestorben. Der Rock 'n' Roll-Rebell lebte mit seiner Mutter Gladys zusammen, bis sie starb. Einer seiner Biographen schrieb: »Von der ersten Sekunde an bis zu ihrem Tod dreiundzwanzig Jahre später sorgte sich Gladys Presley ohne Unterbrechung um Elvis … Sie hatte ein intuitives Wissen, wenn es um ihr Kind ging, und verschiedene Leute, die sie damals kannten, schrieben ihr übersinnliche Kräfte zu, wenn es um Elvis ging.« Nach ihrem Tod sprach Elvis niemals mit irgend jemandem außer seinem Vater über seine Mutter, und er weigerte sich, seinen zweiten Film *Loving You* je wieder anzusehen, weil Gladys dort einen kurzen Auftritt hat.

Roy Cohn, der berüchtigte Rechtsanwalt, der McCarthy bei seinen Hexenjagden zur Hand ging und schließlich an AIDS starb, scheint wenig mit Elvis gemein zu haben. Aber auch er war Einzelkind, und auch er hatte eine ungewöhnlich enge Bindung an seine Mutter. Als er noch ein junger Mann war, bezeichnete sich Cohn selbst oft als »Muttersöhnchen«. Tatsächlich lebten Cohn und seine Mutter Dora zusammen, »bis sie starb, zweiundvierzig Jahre nach seiner Geburt. Roy wurde neunundfünfzig Jahre alt«, schreibt sein Biograph Nicholas Von Hoffman.

Die Schauspielerin Brooke Shields, ebenfalls Einzelkind, ist quasi die Obsession ihrer Mutter. Mehr als ein Jahrzehnt lang konnte die Öffentlichkeit in den Medien verfolgen, wie Mutter / Svengali Terri Shields dafür gesorgt hat, daß ihr hübsches Baby in Werbefilmen und Kinofilmen auftauchte. Auch jetzt noch, nachdem sie in Princeton ihren College-Abschluß gemacht hat – was meistens mit sich bringt, daß die jungen Erwachsenen selbst die Kontrolle über ihr Leben übernehmen –, scheint Brooke Shields sich immer noch den Wünschen ihrer Mutter zu fügen.

Die meisten Einzelkinder erleben die intensive Bindung an ihre Eltern nicht ganz so kraß. Wenn zwei Erwachsene und nur ein Kind da sind, kann es zu einer ungleichen Verteilung der Machtverhältnisse kommen, die Dynamik des täglichen Umgangs miteinander kann problematisch werden. Carmelita Thomson, eine Psychotherapeutin aus Eugene in Oregon, wurde während der Weltwirtschaftskrise in Oklahoma geboren. Ihre Mutter war gerade erst achtzehn geworden. Wegen des vergleichsweise geringen Altersunterschieds waren Mutter und Tochter fast wie Schwestern. Gleichzeitig fühlte Thomson sich jedoch durch die vertraute Beziehung zu ihrer Mutter eingeengt. »Es war unmöglich, irgend etwas geheimzuhalten«, erinnert sie sich. »Meine Mutter wußte immer ganz genau, was ich tat. Meiner Meinung nach ist es ein Problem, wenn Eltern die Grenzen nicht respektieren, und bei Einzelkindern ist so etwas leichter möglich. Es war eine ungleichgewichtige Sache, weil ich andererseits von der Beziehung meiner Eltern ausgeschlossen war.«

Manchen Einzelkindern ist es entschieden zuviel, immer im Zentrum der Aufmerksamkeit zu stehen. Die Eltern einer Frau Anfang Dreißig, die bei ihrer Geburt siebenunddreißig bzw. dreißig Jahre alt waren, hatten vorher ein mongoloides Kind gehabt, das im Alter von einem Jahr gestorben war. »Ich glaube, sie mußten allen Mut aufbringen, um es noch einmal zu versuchen«, sagt sie. »Als ich dann da war, haben sie sich sehr intensiv um mich gekümmert. Wir blieben praktisch immer unter uns. Ja, ich habe mit anderen Kindern gespielt. Es war nicht schlecht, aber ich fühlte mich sehr eingeengt. Ich hatte immer das Gefühl, unter einem Vergrößerungsglas zu leben. Alles, was ich gut gemacht hatte, war in ihren Augen viel, viel besser, als es wirklich war. Und alles, was ich falsch gemacht hatte, wurde über jedes Maß hinaus übertrieben.«

Es ist nicht angenehm, in der Minderheit zu sein, besonders nicht als Kind. Sherri Elliott, eine Handelsvertreterin aus Kalifornien, ist überzeugt, daß Einzelkinder auch zu kurz kommen können. »Es ist überhaupt nicht so, daß ein Einzelkind mehr Aufmerksamkeit kriegt«, sagt sie, »es ist genau umgekehrt. Die beiden Erwachsenen tun, wozu sie Lust haben, und das Kind geht leer aus. Es wird mitgeschleift oder einfach in die Pläne der Eltern mit eingebaut. Nimm Disneyland, zum Beispiel. Wenn drei Kinder da sind, sagen die Eltern vielleicht, ›laß uns mit den Kindern nach Disneyland fahren‹. Wenn die Eltern nur ein Kind haben, planen sie keine Extraausflüge für das Kind. Sie machen das, was sie gern möchten, und das Kind muß mitkommen. Es ist relativ leicht für die Eltern, zu vergessen, was für ein Kind wichtig ist.«

Wenn ein Elternteil problematische Eigenarten hat, kann ein Kind gezwungen sein, diese zu ertragen, während das Vorhandensein mehrerer Kinder eine Lösung des Problems erzwingen konnte. Ein vierzigjähriger Englischprofessor hatte wegen der zwanghaften Reinlichkeit seiner Mutter eine ausgesprochen unangenehme Kindheit. Er erinnert sich: »Der Haushalt wurde nach sehr strikten Regeln geführt, alle Aspekte des Lebens, wichtige und unwichtige, waren strikt reglementiert. Zum Beispiel mußte man die Schuhe ausziehen, bevor man das Haus betrat, und alle Kleidungsstücke hatten einen ganz bestimmten Platz. Niemand, auch nicht mein Vater, durfte den Kühlschrank auch nur anrühren. Ich tue es immer noch nicht, wenn ich meine Eltern besuche. Der Kühlschrank ist einfach tabu. Ich habe mir niemals auch nur ein Glas Wasser geholt, weil die Küche ihr Reich war. All diese Rituale der Reinlichkeit wären für einen Psychiater bestimmt sehr interessant. Aber meine Mutter hat sich nie an einen Psychologen gewandt, weil ihre Generation das eben nicht tat. Ich mußte damit leben, und ich glaube, es hat eine Rolle gespielt, daß ich Einzelkind war – es stand zwei zu eins. Ich mußte deswegen leiden. Ich glaube nicht, daß meine Mutter ihre Routine hätte aufrechterhalten können, wenn sie zwei oder drei Kinder gehabt hätte. Sie hätte das nicht durchgestanden. Und ich hätte einen Verbündeten gehabt, anstatt von meinem Vater zu seinem Bundesgenossen gemacht zu werden.«

Der Professor ist überzeugt, daß die Probleme seiner Familie dadurch verstärkt wurden, daß sein Vater vierundvierzig und seine Mutter vierzig Jahre alt waren, als er geboren wurde. Heutzutage ist es nicht ungewöhnlich, daß Männer und Frauen mit vierzig ihr erstes Kind bekommen, aber in den vierziger Jahren war das etwas Unerhörtes, Nochniedagewesenes, ganz besonders in einem Arbeiterviertel. »Meine Eltern waren alt genug, um meine Großeltern zu sein«, sagt der Professor. »Mit zehn Jahren wurde mir das erst so richtig bewußt. Die Eltern meiner Freunde waren ungefähr zweiunddreißig, meine Eltern aber schon Mitte Fünfzig. Bei den Kinderfesten der Pfadfinder habe ich mich ihrer immer geschämt, wie ich zu meiner Schande gestehen muß. Alle anderen Väter tobten mit ihren Kindern herum und spielten Fußball mit ihnen, und mein Vater konnte das nicht. Ironischerweise haben sowohl mein Vater als auch meine Mutter alle anderen überlebt. Sie sind jetzt achtzig, und es geht ihnen blendend.«

Da viele während des Babybooms Geborene sich mit der Ehe und dem Kinderbekommen Zeit lassen, steigt die Zahl der älteren Eltern zunehmend. Zur Zeit bekommen jährlich circa 150 000 Mütter zwischen dreißig und vierunddreißig ihr erstes Kind.* Viele dieser Kinder werden Einzelkinder sein. Monica Morris, Soziologin an der California State University in Los Angeles, hat in ihrem Buch *Last-Chance Children* die Probleme von Kindern älterer Eltern untersucht. Sie hat zweiundzwanzig Personen interviewt, deren Eltern bei ihrer Geburt zwischen fünfunddreißig und zweiundfünfzig Jahre alt waren. Ein großer Teil der zweiundzwanzig befragten Personen äußerte sich positiv über die Zuwendung der Aufmerksamkeit, die sie von ihren Eltern bekommen hatten, und über die vielfältigen Möglichkeiten, die ihnen offenstanden. Jedoch gab es auch allen gemeinsame Klagen: Sie waren anders als andere Kinder, sie machten sich Sorgen um Leben und Gesundheit ihrer Eltern, und der Generationsunterschied war zu groß. In einem Kapitel, das sich mit einzigen Kindern älterer Eltern beschäftigt, stellt Morris fest, daß diese Einzelkinder sich isoliert fühlen können, insbesondere während der Adoleszenz, wenn ihre Eltern zu alt sind,

* In der Bundesrepublik waren 1988 23,4 % der erstgebärenden Mütter über 30 Jahre alt. (Vgl. *Familien heute,* hrsg. vom Statistischen Bundesamt, Wiesbaden 1990)

um sich in die Sorgen ihrer heranwachsenden Kinder einfühlen zu können.

In seiner Autobiographie beschreibt Adam Hochschild, der Gründer des liberalen Magazins *Mother Jones,* seine unterkühlte Beziehung zu seinem Vater, einem reichen und konservativen Kapitalisten, der fast fünfzig war, als sein einziges Kind geboren wurde. »Wir sind immer so steif miteinander umgegangen, als ob wir uns gerade zum erstenmal begegnet und einander noch nicht vorgestellt worden wären«, schreibt Hochschild. Aber seine Mutter, die bei seiner Geburt zweiundvierzig gewesen war, war immer für ihn da, sie machte seine kindliche Welt behaglich. Hochschild schreibt weiter: »In all diesen Jahren war meine größte Furcht, die ich nie auszusprechen wagte, daß sie sterben und mich allein mit Vater zurücklassen könnte.«

Es ist grundfalsch, anzunehmen, daß die einzigen Kinder älterer Eltern automatisch benachteiligt sind. Ältere Eltern sind oft innerlich gefestigt und leben in finanziell gesicherten Verhältnissen. Es kann durchaus sein, daß sie nicht mehr die Energie haben, die sie zehn oder zwanzig Jahre früher gehabt hätten, aber sie haben oft mehr Zeit für ihr Kind. Betty Ann Byerly, eine Programmiererin aus Greensboro in North Carolina, sagt, daß sie eine wunderbare Kindheit hatte. Bei ihrer Geburt war ihr Vater zweiundvierzig und ihre Mutter dreißig. »Weil meine Eltern schon älter waren, denke ich, hat meine Mutter sehr viel Zeit mit mir verbracht«, erinnert sich Byerly. »Wenn es regnete, wanderten wir im Haus herum und sangen. Sie hat mir beigebracht, wie man pfeift. Ich habe immer gespielt, ich wäre ein Cowboy. Wenn ich morgens herunterkam, sagte sie immer ›Guten Morgen, Sheriff‹, und ich sagte ›Guten Morgen, Ma'am‹. Sie goß dann Cola in ein Schnapsglas und sagte: ›Das Übliche?‹ Es war toll. Einmal habe ich mir sogar einen Football-Helm zu Weihnachten gewünscht, und ich habe ihn bekommen.«

Ältere Eltern wissen ihre Kinder manchmal mehr zu schätzen als junge Erwachsene, die selbst noch dabei sind, die Welt zu entdecken. Die 37jährige Helen L. Mamarchev, Lehrbeauftragte an der Universität von Florida, glaubt, daß es ein großer Vorteil für sie war, das einzige Kind älterer Eltern zu sein. »Sie waren innerlich ausgeglichener und wußten, was sie wollten«, sagt sie. »Sie haben mir erlaubt – mich ermutigt –, unabhängig zu sein. Ich dachte damals, es gäbe nichts, das ich nicht erreichen könnte.«

Dennoch gibt es ein gravierendes Problem, das auftauchen kann, wenn die Eltern schon älter sind: Sie sterben möglicherweise, wenn ihre Kinder noch relativ jung sind. Mamarchevs Vater starb, als sie fünfzehn war. »Es ist schon problematisch, erst so spät Kinder zu bekommen«, räumt sie ein. »Ich beginne jetzt erst, meine Mutter richtig zu würdigen. Sie war ein großartiges Rollenvorbild für mich. Ich wünschte, sie würde nicht so weit weg wohnen. Sie ist am Ende ihres Lebens angelangt, und wir werden nicht mehr viel Zeit miteinander haben.«

Ungefähr 35 Prozent aller Einzelkinder sind Kinder geschiedener Eltern. Man hört oft, daß es einem Einzelkind schwerer fällt, mit der Scheidung der Eltern fertig zu werden, als Kindern, die Geschwister haben, mit denen sie, wie angenommen wird, ihren Kummer teilen können. Die Scheidung der Eltern ist eine unglaubliche Belastung für jedes Kind, aber es ist durchaus nicht sicher, ob die Belastung tatsächlich größer ist, wenn das Kind sie allein durchstehen muß.

Es gibt Forschungsergebnisse, die darauf hindeuten, daß Einzelkinder mit dieser Belastung etwas besser fertig werden als Kinder mit Geschwistern. Denise Polit, die Leiterin von Humananalysis, einer nicht-gewinnorientierten Forschungsstelle, befragte 1980 110 Mütter mit ihren Kindern, die vor weniger als drei Jahren geschieden worden waren. Ihr Ziel war es, die Erfahrungen von Einzelkindern mit denen anderer Kinder zu vergleichen. Die Mütter waren durchschnittlich 32 bis 35 Jahre alt, die Kinder zehn bis zwölf.

Polit stellte fest, daß es Einzelkindern offensichtlich leichter fiel, sich nach der Scheidung an das Leben mit einem alleinerziehenden Elternteil zu gewöhnen, als Kindern mit Geschwistern. Einzelkinder schienen eher fähig zu sein, in dieser belastenden Zeit ihre Freunde, gleichaltrige und erwachsene, nicht zu verlieren. Zudem wirkten sie unabhängiger, hatten ein hohes Selbstbewußtsein und wurden von ihren Eltern öfter als reif und einfühlsam beschrieben als Kinder mit Geschwistern.

Da alleinerziehende Frauen häufig über die geringsten Einkommen verfügen, ist es einleuchtend, daß es ihnen leichter fällt, ein Kind zu ernähren, als zwei oder drei Kinder. Aber Einzelkinder sind nicht nur deshalb besser dran, weil das vorhandene Geld nicht für so viele reichen muß. Polit stellte fest, daß alleinerziehende Mütter mit zwei oder drei Kindern oft gezwungen sind, von Sozialhilfe zu leben, während Mütter von Einzelkindern eher ganztags arbeiten konnten. Frauen mit nur einem Kind waren fähig, sich schneller an die neue Lage, an das Leben ohne einen Ehemann anzupassen, und zwar sowohl psychologisch als auch finanziell. Folglich kehrten in diesen Familien früher wieder stabile Verhältnisse ein.

Es gibt nur sehr wenige Betroffene, die über die Scheidung ihrer Eltern irgend etwas Positives zu sagen haben. Dennoch, die Scheidung der Eltern läßt ein Einzelkind oft selbständiger werden. Harriet Benson, eine Frau in den Vierzigern, die in der Pharmaindustrie tätig ist, ist nie der Ansicht gewesen, daß die Vorteile des Aufwachsens als Einzelkind durch die Scheidung ihrer Eltern aufgehoben wurden. »Mein Vater und meine Mutter waren geschieden, und meine Mutter war berufstätig«, erklärt sie. »Soweit ich mich erinnern kann, war das nie ein Problem für mich. Seit ich in die Grundschule ging, war ich viel mir selbst überlassen. Ich habe viel gelesen und viel Radio gehört. Ich habe mich nie einsam gefühlt. Meistens habe ich meinen Vater zweimal in der Woche gesehen, aber für mich waren das keine aufregenden Höhepunkte. Abends haben meine Mutter und ich manchmal etwas zusammen unternommen, aber ich glaube nicht, daß ich als Kind sehr viel Aufmerksamkeit und Zuwendung bekommen habe. Meine Mutter und ich haben uns nie darüber gestritten, was ich tun sollte, weil ihr gar nichts anderes übrigblieb, als darauf zu vertrauen, daß ich alles alleine schaffen konnte. Und ich schaffte es.«

Manche Einzelkinder fühlen sich jedoch verraten, wenn ihre Eltern sich scheiden lassen. Sherri Elliotts Eltern haben sich getrennt, als sie ein Teenager war. Obwohl sie Trauzeugin bei der zweiten Hochzeit ihres Vaters war, hat sie nicht das Gefühl, zu der neuentstandenen Familie dazuzugehören. »Ich bin sehr traditionell erzogen worden«, sagt sie. »Zu Thanksgiving waren wir immer bei meinen Großeltern. Und Weihnachten wurde immer auf eine ganz bestimmte Art und Weise gefeiert. Jetzt ist alles ganz anders. Meine Eltern haben mir beigebracht, was heilig und wahr im Leben ist – worum es im Leben geht –, und jetzt gilt das alles nicht mehr. Es ist erstaunlich, wie schnell einem der Boden unter den Füßen weggezogen werden kann, wenn es die Familie, so wie sie war, nicht mehr gibt. Plötzlich mußt du feststellen, daß du unabhängig und allein bist.«

Die Wiederheirat eines Elternteils kann ein besonders großes Problem aufwerfen, weil das Kind nicht nur den Vater oder die Mutter verliert, sondern auch einen Stiefvater oder eine Stiefmutter bekommt. Käthe Roth, eine in Deutschland geborene Kanadierin, ist der Ansicht, daß ihre Eltern ihr einen schlechten Dienst erwiesen haben, indem sie erst nur ein einziges Kind bekamen und sich dann scheiden ließen. Ihr Stiefvater war sehr streng und autoritär. Und sie räumt ein, daß sie eifersüchtig auf ihn und seine Beziehung zu ihrer Mutter war. »Wir haben miteinander um die Aufmerksamkeit meiner Mutter konkurriert«, erinnert sie sich. »Meine Mutter hat mir damals oft gesagt, wie hin- und hergerissen sie sich fühlte, weil mein Stiefvater und ich uns immer so heftig gestritten haben. In dieser Dreiecksbeziehung habe ich eine sehr aktive Rolle gespielt.«

Das vielleicht größte Problem, mit dem sich ein Einzelkind nach der Scheidung seiner Eltern auseinandersetzen muß, ist die Frage, wieviel Zeit es mit welchem Elternteil verbringen soll. Die Dramatikerin Barbara Graham hat sich von ihrem Mann scheiden lassen, als ihr Sohn Clay McLachlan zwei Jahre alt war. Eines ihrer Stücke, *Jacob's Ladder,* thematisiert die Belastungen, die der Streit der Eltern dem Kind auferlegen kann. In dem Stück sagt Will, der Vater: »So, wie es jetzt ist, ist es sauschlecht. Zwei Eltern, ein Kind. Mutti und Vati wollen beide das Kind. Gesetz der Psychologie: Das Kind will beide Eltern. Physikalisches Gesetz: Das Kind kann nicht an zwei Orten zugleich sein.«

Das Drama setzte sich im wirklichen Leben fort. »Ich werde niemals Clays Mittlere-Reife-Feier vergessen«, sagt Graham. »Er hatte ein ganz unglaubliches Gefolge: seinen Vater und seine neue Stiefmutter, seine Mutter und seinen Bald-Ex-Stiefvater sowie den Mann, der demnächst sein neuer Stiefvater werden würde. Er tat mir so leid mit all den Erwachsenen, die um ihn herumgluckten.« Obwohl Graham das Sorgerecht zugesprochen bekommen hatte, erlaubte sie Clay später, die Hälfte der Zeit bei seinem Vater zu wohnen. »Manchmal hatte ich Angst, daß das eine zu große Belastung für ihn wäre. Sein Vater und ich hatten ganz unterschiedliche Wertvorstellungen und Lebensstile. Ich habe mein Bestes getan, damit er sich nicht gespalten fühlte. Bis jetzt ist alles ganz gut gegangen, weil Clay eigene Vorstellungen entwickelt hat, und er weiß, daß sein Vater und ich ihn sehr lieben und sein ganzes Leben lang immer für ihn dagewesen sind. Und das ist es, worauf es ankommt.«

Clay selbst ist sich der ungewöhnlichen Situation bewußt. »Ich habe es nicht anders gekannt, als ich kleiner war«, sagt er. »Ich habe die Kinder beneidet, die Eltern hatten und in einem Haus mit ihnen leben konnten. Es kommt nicht oft vor, daß Kinder ständig von ihrer Mutter zu ihrem Vater ziehen und umgekehrt. Es ist gar nicht so einfach, jede Woche umziehen zu müssen.« In den Ferien ist es besonders schwierig für ihn, weil er da den Vormittag mit seiner Mutter verbringt und den Nachmittag mit seinem Vater. »Es war schon komisch«, sagt er. »Ich wollte eigentlich nicht vier Eltern haben, aber ich wollte auch nicht, daß einer von ihnen sich ausgeschlossen fühlte.« Jetzt, wo er siebzehn ist und bald aufs College geht, freut er sich auf die Selbständigkeit. »Ich habe mich nie für meinen Vater oder für meine Mutter entschieden«, sagt Clay. »Ich habe sie beide gleich gern. Man könnte sagen, ich habe es mir leicht gemacht. Aber andererseits war es auch schwerer für mich. Ich glaube nicht, daß es mit Geschwistern irgendwie leichter gewesen wäre.« Mittlerweile hat Clay Geschwister, ein dreijähriges Zwillingspaar, Kinder seines Vaters aus zweiter Ehe. Die Vorstellung, Geschwister zu haben, gefällt ihm. »Wir werden bestimmt Kontakt halten«, sagt er.

Wenn Vater oder Mutter eines Einzelkindes stirbt, ist das eine besonders schwere Belastung für das Kind. Der Sozialpädagoge David Giveans, der in San Francisco die pädagogische Zeitschrift *Nurturing Today* herausgibt, fühlt sich seiner Mutter immer noch sehr nahe, obwohl sie vor vierzig Jahren starb, als er gerade neun Jahre alt war. »Die ersten neun Jahre meines Lebens waren außerordentlich schön«, sagt Giveans. »Meine Ankunft war ein freudiges Ereignis. Alles drehte sich nur um mich. Besonders meine Mutter behandelte mich wie einen kleinen Gott. Ich ging immer mit ihr zu den Treffen des Frauenvereins, und da habe ich gelernt, eine Platte mit Sandwiches in der Hand zu balancieren und ›bitte‹ und ›danke‹ zu sagen, Fähigkeiten, die mich in meinem ganzen späteren Leben nie im Stich gelassen haben. Ich fühlte mich sehr geborgen.«

Aber Giveans' Mutter erkrankte, als er noch klein war. »Ich glaube, meine Mutter ahnte, daß sie sterben mußte«, sagt er, »weil sie immer mit mir zu dem Friedhof ging, wo sie dann begraben wurde. Wir gingen zwischen den Grabsteinen spazieren. Ich habe an den Grabinschriften lesen gelernt. Was steht auf diesem Stein, pflegte sie zu sagen, was auf jenem, sind die Blumen nicht hübsch? Eines Tages schlug sie vor, wir sollten welche pflücken und mit nach Hause nehmen. Da mir immer beigebracht worden war, nichts mitzunehmen, ohne den Eigentümer vorher zu fragen, sagte ich zu meiner Mutter: ›Wie können wir das, sie gehören doch nicht uns.‹ Und ich erinnere mich, daß sie sagte: ›Ich glaube nicht, daß es den Leuten hier etwas ausmacht, wenn wir uns an ihrem Garten erfreuen.‹ Nachdem Mutter gestorben war, hatte ich nie das Gefühl, zum Friedhof zu gehen. Ich ging in den Garten, um Mutter zu besuchen.«

Giveans' Vater heiratete wieder, noch ehe das Jahr um war. Seine Stiefmutter lehnte den Jungen ab. »Als meine Stiefmutter bei uns einzog, war die schöne Welt, die ich gekannt hatte, plötzlich dunkel geworden. Sie mißbilligte alles, was Mutter mir beigebracht hatte. Manchmal hatte sie schrecklich schlechte Laune und prügelte mich durchs ganze Haus. Aber am schlimmsten fand ich es, wenn ich mit anhören mußte, wie sie sich abends meinetwegen stritten. Mein armer Vater war zwischen Skylla und Charybdis geraten. Er hatte meiner Mutter auf dem Totenbett versprochen, immer für mich zu sorgen.

Und das hat er getan, aber unter großen persönlichen Opfern. Meine Stiefmutter hat nie erfahren, daß mein Vater mich finanziell unterstützt hat, als ich aufs College ging. Sie wäre sonst wahnsinnig wütend geworden.«

Giveans hat den Tod seiner Mutter immer noch nicht überwunden. Er hat ein altes Fotoalbum aufbewahrt. Die Widmung lautet: »Dies ist eine liebevolle Dokumentation Deines Lebens, zusammengetragen von Deiner Dich liebenden Mutter. Du und Dein Vater wart mein ganzes Leben.« Giveans sagt traurig: »Ich glaube, Mutter hat so viel Kreativität und Neugier in mir geweckt, weil sie ahnte, daß sie früh sterben mußte. Wenn sie am Leben geblieben wäre, hätte sie nie zugelassen, daß aus mir ein erwachsener Mensch wird. Sie hätte mir nie erlaubt, der Mensch zu sein, den sie geschaffen hat.«

Die Geschichte einer Familie
Deborah Carey, Anfang Fünfzig, Lehrerin,
Amherst, Massachusetts:

Wir haben uns nicht bewußt dafür entschieden, nur ein Kind zu bekommen. Als Merritt geboren wurde, waren wir zehn Jahre verheiratet, und wir hatten die Hoffnung auf ein Kind schon fast aufgegeben. Ich war damals zweiunddreißig, also nach heutigen Maßstäben noch gar nicht so alt. Bei Merritts Geburt mußte in letzter Sekunde ein Kaiserschnitt gemacht werden, und irgend etwas ist dabei schiefgelaufen. Wir haben später überlegt, ob wir noch ein Kind adoptieren sollten, aber wir haben uns dagegen entschieden. Wir haben das hauptsächlich in Erwägung gezogen, glaubte ich, weil wir nicht sicher waren, ob Merritt nicht besser dran wäre, wenn sie noch Geschwister hätte.

Ich fand es gut, nur ein Kind zu haben. Ich glaube, daß mit nur einem Kind eine viel engere Eltern-Kind-Beziehung möglich ist, und es stimmt, daß man mit einem Kind mehr machen kann. Dein Leben wird nicht ausschließlich von dem Kind bestimmt; du kannst einfach das Kind nehmen und irgendwohin gehen. Mit einem Kind ist es wesentlich leichter als mit mehreren. Auch nach Merritts Geburt habe ich meinen Beruf nicht aufgegeben. George war damals Professor an der Universität von Maryland; er hatte vormittags frei. Er hat sich an drei Vormittagen in der Woche um Merritt gekümmert, und an den restlichen zwei Vormittagen kam diese wunderbare Frau der alten Schule. Ihr Mann war lange im Ausland gewesen, und sie war damals ungefähr achtzig. Sie brachte Merritt immer kleine mexikanische Stühle mit. Sie pflegte zu sagen: »Merritt muß lernen, wie man sich in einem Restaurant benimmt«, und sie schleppte sie mit zu Howard Johnson.

Als wir nach Amherst zogen, war Merritt zwei Jahre alt. Ich war der Ansicht, daß es besser für mich wäre, ganztags zu arbeiten als überhaupt nicht. Ich würde wahnsinnig werden, wenn ich überhaupt nicht berufstätig wäre. Und mir war klar, daß ich keine Teilzeitstelle als Lehrerin bekommen würde, weil die wirklich nur sehr schwer zu kriegen sind. Also kam Merritt zu einer Tagesmutter. Nach einigen Wochen fiel mir auf, daß Merritt oft weinte. Und sie war sonst eigentlich ein fröhliches Kind. Also sagte ich mir, irgend etwas läuft nicht so, wie es sollte. Mir wurde bewußt, daß ich immer mit einem ganzen Stapel zu korrigierender Arbeiten nach Hause kam, so zwischen halb vier und vier. Und Merritt war daran gewöhnt, viel Zeit mit ihren Eltern zu verbringen. Also habe ich beschlossen, zu Hause keine Arbeiten mehr zu korrigieren, und an diesen Entschluß habe ich mich auch immer gehalten. Dadurch mußte ich auf die langen Gespräche mit meinen Kollegen verzichten, aber das war es mir wert. Als ich die Entscheidung erst einmal getroffen hatte, war es leicht, sich an sie zu halten.

Als Merritt in die siebte Klasse der Schule kam, in der ich selbst unterrichtete, wußte ich erst nicht, wie das für sie sein würde. Aber sie kam manchmal hereingelaufen und umarmte mich vor der ganzen Klasse. Das war eine Überraschung, weil Jugendliche in diesem Alter eher dazu neigen, ihre Eltern abzulehnen.

Sie bespricht auch ihre Beziehungen zu Jungen mit mir, während ich nie mit meiner Mutter darüber gesprochen habe. Wir haben uns auch über die Empfängnisverhütung unterhalten. Ich kann mir kaum vorstellen, daß sie mit George ausführlich über dieses Thema redet. Aber mir vertraut sie sich an. Ich nehme alles, was sie sagt, immer sehr ernst, weil es für sie eben ernst ist.

Wenn sie mich um Rat fragt, sage ich, was ich denke. Sie hat im allgemeinen sowieso ziemlich vernünftige Ansichten. Ich finde das Ganze erstaunlich, weil ich meiner Mutter nie irgend etwas erzählt hätte.

Im Juni waren wir in Albany, wo Merritt an einem Galopprennen teilnahm. Während wir darauf warteten, daß sie an die Reihe kam, begann ein Mädchen eine Geschichte zu erzählen. Dann sagte sie zu mir irgend etwas in der Richtung, daß man Müttern sowieso nichts erzählen könne. Und Merritt sagte: »Doch, meiner Mutter schon. Sie ist echt cool.« Ich fand das großartig von ihr, vor all ihren Freunden.

Mit George bespricht sie andere Dinge – persönliche Wertvorstellungen oder das Alleinsein. Dieses Jahr hat sie eine schwere Zeit durchgemacht, als sie und ihr Freund versucht haben, sich zu trennen. Sie kam tränenüberströmt nach Hause und ging dann allein aus. Sie wollte klarstellen, daß sie eine eigenständige Person ist. In einem Brief hat sie George geschrieben, daß sie Kraft in sich selbst finden will. Über solche Dinge redet sie mit George: darüber, wie man selbständig werden kann, nicht von anderen Menschen abhängig. Sie will verstehen, warum er gern allein ist.

Ich tue grundsätzlich alles für Merritt, was in meiner Macht steht. Ich glaube nicht, daß ihr das geschadet hat. Meiner Ansicht nach trifft sie gewöhnlich sehr gute Entscheidungen, und ich sehe keinen Sinn darin, mich da einzumischen. Und soweit ich sie bei irgend etwas unterstützen kann, werde ich das tun; es gibt keinen Grund, warum ich das nicht sollte. Durch ihr Turnierreiten hat sie viel Selbstdisziplin gewonnen. Daß Kinder verdorben werden, wenn sie verwöhnt werden, halte ich für absoluten Blödsinn.

George Carey, Mitte Fünfzig, Volkskundler, Amherst, Massachusetts:
Um ganz offen zu sein – der größte Vorteil, nur ein Kind zu

haben, ist finanzieller Natur. Da Merritt keine Geschwister hat, müssen wir uns keine Sorgen über ihre Schulbildung und Berufsausbildung machen. Wir können sie auf eine gute Schule und eine gute Universität schicken. Sie braucht nicht zu borgen, zu betteln oder zu stehlen, um eine ordentliche Ausbildung zu erhalten. Für uns ist dieser Gedanke eine große Erleichterung, denn Merritts Ausbildung ist uns wirklich sehr wichtig. Es ist ein befriedigender Gedanke, daß sie im Rahmen unserer Möglichkeiten nur das Beste bekommen wird. Ich fand es gut, nur dieses eine Kind zu haben, weil ich mich voll und ganz auf sie konzentrieren konnte. Aber natürlich fehlen mir die Vergleichsmöglichkeiten. Leute mit zwei oder drei Kindern scheinen genauso zufrieden mit ihren Familien zu sein. Das Problem bei Einzelkindern ist, daß die Eltern ihre sämtlichen Energien darauf verwenden können, dieses Kind zu verziehen. Das Kind steht zweifellos im Mittelpunkt, es muß das Gute nicht mit Geschwistern teilen, ist aber auch den schlechten Seiten der Eltern ausgeliefert.

Deborah und Merritt stehen sich sehr nahe. Meine Beziehung zu Merritt ist ganz anderer Natur. Deborah sagt immer, ich sei Merritts spiritueller Ratgeber, während sie mehr für das alltägliche Leben zuständig sei. Ich belehre sie nicht, aber zum Beispiel spreche ich mit ihr darüber, was mein Elternhaus in Maine für mich bedeutet – und was es einmal, wie ich hoffe, für sie bedeuten wird. Und sie schreibt mir Briefe über diese Themen, die ich sehr schön finde. Als ich eine Zeitlang hier allein in Maine gewohnt habe, habe ich Merritt manchmal lange Briefe voller väterlicher Ratschläge geschickt, anstatt Tagebuch zu schreiben. Ich habe einen ganz wundervollen Brief von ihr, die Art Brief, die ein Vater sich von seiner Tochter wünscht. Sie schrieb: »Ich verstehe jetzt, warum du nach Maine gegangen bist. Du wolltest einmal ganz für dich sein. Ich habe nie wirklich den Wunsch gehabt, allein zu sein, aber ich weiß, daß das Alleinsein wichtig ist. Ich kann nachvollziehen, daß Einsamkeit etwas Positives sein kann.«

Ich hatte eine ziemlich feste Vorstellung, wie ich mein

Kind erziehen wollte. Ich wollte es auf keinen Fall so erziehen, wie ich erzogen worden bin, ich wollte nicht, daß es in einem konventionellen und reglementierten Zuhause aufwächst. Mein Zuhause war eher eine Widerspiegelung des damaligen Zeitgeistes als irgendwas anderes. Zu Hause zu fluchen ist okay, finde ich. Ich habe oft gesagt, daß ich nicht will, daß meine Tochter das Fluchen von irgendeinem jungen Blödmann lernt, ich will, daß sie es von einem Meister lernt. Und das hat sie! Auf meine eigene Art habe ich Merritt in die Richtung gedrängt, die ich für richtig halte. Vielleicht wird sie einmal dagegen rebellieren und sehr viel konventioneller werden. Ich weiß es nicht. Ich habe Merritt nicht die typische Mädchenerziehung angedeihen lassen, und sie war niemals ein feminines Mädchen. Ich schätze, daß einige ihrer Klassenkameradinnen, die genau das sind, sie deshalb verspottet haben. Aber sie haben Merritt nur leid getan, weil sie nicht ihr Selbstvertrauen haben.

Deborah und ich haben natürlich damals überlegt, ob wir nicht noch mehr Kinder bekommen sollten. Aber ich glaube, ich hatte fast Angst davor. Es war gut so, wie es war. Ich hatte immer Angst davor, ein behindertes Kind zu bekommen. Wir haben uns überlegt, ein Kind zu adoptieren, aber damals waren wir beide beruflich ziemlich engagiert. Ein zweites Kind war uns nicht wirklich wichtig. Mit mehreren Kindern wäre es schwierig geworden, da wir beide berufstätig waren. Natürlich ist es zu schaffen, und meine Frau hätte es sicher geschafft. Sie ist sehr energisch. Aber es wäre eine große Belastung gewesen. Ich habe nie bedauert, daß wir nur ein Kind haben. Ich habe nie einen Sohn gewollt.

Merritt Carey, Schülerin, Amherst, Massachusetts :
Ich sage meiner Mutter einfach alles. Die meisten Leute tun das nicht. Ich habe meiner Mutter immer alles erzählt, weil, wenn ich es ihr erzähle, weiß sie Bescheid und braucht sich keine Sorgen zu machen. So ist es viel besser, sie braucht dann nicht zu denken: »O Gott, vielleicht ist das Kind drogensüchtig.« Sie schafft eine Atmosphäre, die es mir möglich macht, ihr alles zu erzählen. Wenn sie versuchen würde,

mich völlig unter Kontrolle zu halten, würde ich ihr nie irgendwas erzählen.

Meinem Vater erzähle ich nicht alles. Aber ich habe ein wirklich gutes Verhältnis zu meinem Vater, und ich respektiere ihn. Wir stehen uns sehr nahe, aber nicht so, also meine Mutter ist wie meine beste Freundin. Ich bin meinem Vater dankbar, daß er mich wie einen Jungen aufgezogen hat, weil ich dadurch körperlich und seelisch stark geworden bin. Er hat nicht zugelassen, daß ich einfach nur herumsaß. Ich habe ihm zum Beispiel geholfen, Holz zu schleppen, das war für mich ganz normal.

Als Einzelkind muß man selbst herausfinden, wie alles läuft. Viele Jugendliche, die ich kenne, sind durch das Beispiel ihrer älteren Geschwister drogensüchtig geworden. Als Einzelkind wird man nie gedrängt, so bald wie möglich erwachsen zu werden. In der Schule wird man starkem Leistungsdruck ausgesetzt, aber wenn ich dann nach Hause gehe, versucht niemand, mich zu irgend etwas zu zwingen. Es ist ein richtiges Zuhause.

Meine Eltern haben mich nie wegen meiner Zensuren unter Druck gesetzt. Sie unterstützen mich in allem, was ich tue. Sie haben zugelassen, daß ich mich frei entfalte, sie haben mich nicht in eine bestimmte Ecke gedrängt. Ich glaube, daß Einzelkinder viel freier sind als andere Kinder und viel fähiger, ihr eigenes Ding zu machen. Aber andererseits hängt das auch sehr von den Eltern ab. Wenn meine Eltern nicht so gewesen wären wie sie sind, wenn sie mich schon als Kleinkind gedrängt hätten, hübsche Kleidchen zu tragen, wäre ich ganz offensichtlich nicht die, die ich jetzt bin. Als ich fünf Jahre alt war, hat meine Großmutter mir immer diese wirklich schicken Kleider von Saks in der Fifth Avenue gekauft, und sie hingen immer nur im Schrank.

Ich glaube, als Einzelkind ist es leichter möglich, man selbst zu werden. Klar, mein Vater hat mich wie einen Jungen aufgezogen. Ich war wirklich zäh, als ich klein war. Bis ich in die sechste Klasse kam, war ich so. Aber als ich in die siebte Klasse kam, mußte ich mich anpassen. In dem Alter fängt man an, sich für Jungen zu interessieren. Es ist eine harte Zeit. Ich hatte das Gefühl, als würde mein Wesen sich gegen meinen Willen verändern. Ich hatte damals eine Phase, in der ich unbedingt beliebt sein wollte, und ich habe mich verändert, damit die anderen mich mochten. Ich war gar nicht mehr ich. Dann kam ich ins Internat und wurde wieder etwas mehr ich selbst.

Immer an erster Stelle: privilegiert und altklug

Laut meinem Vater habe ich nicht als erstes »Mama« gesagt. Das erste Wort, das ich je gesagt habe, lautete »mehr«. Er war mit mir spazierengegangen und hatte beschlossen, daß es an der Zeit war, umzukehren und nach Hause zu gehen. Anscheinend wollte ich aber weitergehen und sagte »mehr«. Auch von anderen höre ich, daß »mehr« in dem Alter eines meiner Lieblingswörter war, obwohl sie nicht beschwören können, daß es mein erstes Wort war. Als ich in die Grundschule kam, konnte ich sehen, daß ich in der Tat mehr hatte als viele andere Kinder. Ich besaß so ziemlich alles Kinderspielzeug, das auf dem Markt erhältlich war.

Ich wurde überallhin mitgenommen: in den Urlaub, auf Einkaufstrips und zu Festessen. Ich wurde nur zweimal in meinem Leben der Obhut eines Babysitters überlassen. Tatsächlich habe ich immer darum gebettelt, einmal bei einem Babysitter, irgendeinem Babysitter, gelassen zu werden. Weil ich so viel Zeit mit Erwachsenen verbrachte, tat ich alles, was in meiner Macht stand, um so früh wie möglich erwachsen zu werden. Als ich in der vierten Klasse erfuhr, daß ich kurzsichtig war und eine Brille tragen mußte, war ich begeistert. Die Brille würde mich älter und würdevoller aussehen lassen, dachte ich.

Da meine Mutter sich immer nach der neuesten Mode gekleidet hatte, war meine Tante durchaus bereit, meine Vorliebe für edle Kleidung zu finanzieren. Bevor ich aufs College kam, habe ich nie ein T-Shirt oder Jeans angezogen. Meine Sachen waren von bester Qualität – irische Wollstoffe, Leinen, Baumwollpikee, Wildleder. Ich hatte eine Menge Kilts. Aber seit ich in die fünfte Klasse ging, trug ich auch Kostüme.

Meine Tante und ich gingen oft zusammen einkaufen, und meistens entschieden wir uns für ähnliche Modelle. Wir gingen immer in die Damenabteilung, nie in die Kinderabteilung. Alle drei Monate ließ ich mir beim Friseur eine Dauerwelle machen. An Ostersonntagen trugen meine Tante und ich unsere gleichaussehenden Outfits. Wenn sie eine mit Orchideen be-

druckte Korsage trug, trug ich auch eine. Ich sah aus wie eine Miniaturdoppelgängerin meiner Tante.

Ich war wie eine Erwachsene angezogen, und folglich verhielt ich mich auch wie eine Erwachsene. Ich trat mit einer gewissen Autorität auf. Einmal fuhr ich übers Wochenende mit meinem Cousin und meiner Cousine zum Skilaufen. Meine Cousine Beth, die älter ist als ich und damals ins Gymnasium ging, sagte einige chemische Formeln auf. Da wir kurz vorher den gleichen Stoff durchgenommen hatten, legte ich los und korrigierte sie. Ihr Vater lobte mich. Aber danach herrschte im Auto bedrückendes Schweigen. Ich begriff, daß ich etwas falsch gemacht hatte, etwas, das die beiden abstieß. Meistens fand mein blasiertes Benehmen jedoch Anklang. Jeden Sonntag fuhren meine Tante, mein Onkel, mein Großvater und ich zum Essen in ein Restaurant. Wir schwebten in dem silbernen Pontiac Tempest meines Großvaters zu Landolphe, einem Restaurant, das mir die Verkörperung des Erwachsenenseins zu sein schien. Ich erinnere mich, wie dunkel es dort war und wie das Sonnenlicht auf den roten Ledersesseln spielte. Selten sah ich dort ein anderes Kind, und eine Kinderkarte gab es nicht. Manchmal wäre ich natürlich lieber an den Strand gegangen. Aber meistens fühlte ich mich privilegiert, weil ich zu dieser Welt gehören durfte. Die Kellnerinnen behandelten mich wie eine Person von Bedeutung. Wenn mich je eine Kellnerin herablassend behandelte, wie manche Leute grundsätzlich alle Kinder behandeln, setzte ich mich gerade hin, sah sie kühl an und bestellte mein Essen. Aber ich wurde so gut wie immer für älter gehalten als ich war. Und das schmeichelte mir. Ich habe meine erwachsene Persona so sorgfältig konstruiert wie manche Kinder ihre Modellflugzeuge.

Wer zuerst kommt, mahlt zuerst. Das gilt für Restaurants, Banken, Bushaltestellen – und in Familien. Es gibt wahrscheinlich kein einziges Einzelkind auf dieser Welt, das sich des Privilegs, das Erste und Einzige zu sein, nicht bewußt ist. Psychologen weisen seit langem darauf hin, daß die Reihenfolge der Geburt einer der prägenden Faktoren des Lebens sein kann. Das älteste Kind ist zum Beispiel oft ein Bahnbrecher, eine geborene

Führungspersönlichkeit. Das jüngste Kind ist gewöhnlich das verhätschelte Baby der Familie. Mittlere Kinder müssen sich oft mehr anstrengen, um die Aufmerksamkeit ihrer Eltern zu gewinnen, und sie sind oft die, die zwischen den Geschwistern vermitteln.

Es bringt viele Vorteile mit sich, das erstgeborene Kind zu sein. Früher, in den Tagen der Primogenitur, waren diese Vorteile ganz konkreter Natur: Der erstgeborene Sohn erbte den Besitz und den Titel. Auch heute noch ist das erste Kind immer etwas Besonderes für die Eltern. Sie haben noch nie zuvor ein Kind gehabt, alles ist neu und aufregend. Das Erstgeborene erfreut sich der ungeteilten Aufmerksamkeit und Zuwendung seiner Eltern. Joan Parker, eine Soziologin, die sich auf Stadtentwicklung spezialisiert hat, spricht vielen Eltern von Einzelkindern aus der Seele, wenn sie sagt: »Man hat nur einen Versuch, also ist es wirklich von entscheidender Wichtigkeit, bei der Erziehung des Kindes alles richtig zu machen.« Viele Eltern, mit denen ich gesprochen habe, machten sich große Sorgen darüber, ob sie auch alles »richtig machten«.

»Ein Einzelkind bekommt als Kleinkind mehr individuelle Zuwendung«, sagt Molly Colgan, eine Grundstücksmaklerin, Anfang Vierzig, die eine kleine Tochter hat. »Ich habe so mehr Zeit für Belinda.« Colgans Mann hat drei erwachsene Kinder aus einer früheren Ehe. »Ich wollte unbedingt ein Kind, und wenn wir jünger wären, würde ich noch mehr Kinder wollen«, räumt Molly ein. »Aber wenn nur ein Kind da ist, können beide Eltern berufstätig sein, und man ist nicht so angebunden, man kann einiges unternehmen. Ein einziges Kind kann man an die Hand nehmen und gehen, wohin man will. Ich habe viele Sachen zusammen mit Belinda gemacht, zum Beispiel Schlittschuhlaufen, die ich nicht hätte machen können, wenn ich noch ein Baby hätte. Ich würde festsitzen, und das jahrelang. Ich würde einen wesentlichen Teil von Belindas Entwicklung versäumen.«

Colgan ist entschlossen, Belinda so viele Vorteile wie irgend möglich zu verschaffen. »Privatschulen sind sehr teuer«, sagt sie. »Schon der Kindergarten kostet 5000 Dollar. Und das ist noch nicht alles. Dazu kommen noch 200 Dollar für Tanzstunden und weitere 200 für Musikunterricht. Wenn man nicht will, daß das Kind in eine öffentliche Schule geht und nur eine einzige Freizeitbeschäftigung hat, ist die Kindererziehung eine teure Angelegenheit.« Die Colgans sind vor kurzem von Brooklyn nach Connecticut gezogen, was nach Mollys Überzeugung für die ganze Familie am besten ist, vor allem aber für Belinda.

Bei meinen Gesprächen mit den Eltern von Einzelkindern habe ich den Eindruck gewonnen, daß es bei ihnen eher so ist, daß ihr Kind ihnen wichtiger ist als alles andere als bei Eltern von zwei oder mehr Kindern. Patricia Dalzell ist der Ansicht, daß sie wahrscheinlich nicht in der Lage gewesen wäre, eine so enge Bindung zu ihrer Tochter Pammy aufzubauen, wenn sie noch andere Kinder gehabt hätte. »Finanziell gesehen ist alles sehr viel leichter mit einem Kind«, sagt sie. »Ich hätte nicht arbeiten gehen müssen. Ich bin seit letztem Jahr wieder berufstätig, obwohl es finanziell nicht notwendig gewesen wäre. Ich hatte acht Jahre mit Pammy. Mit unserer finanziellen Situation hatte mein Entschluß eigentlich nichts zu tun, wir können von Pauls Gehalt sehr gut leben. Ich bin wieder berufstätig geworden, weil ich will, daß Pammy die beste Ausbildung bekommt, die es gibt. Ich arbeite nur für Pammy, in gewisser Weise.«

Es gibt verschiedene Wege der Aufopferung für ein Kind, und manche dieser Wege haben mit Geld nichts zu tun. Annie Edwards, eine Dokumentarfilmerin, bekam ihr einziges Kind, Shauna, als sie noch nicht einmal zwanzig war. Da sie keine Collegeausbildung hat, weil sie so früh zu einer alleinerziehenden Mutter wurde, war das Leben weder für sie noch für Shauna besonders einfach. »Als Shauna eingeschult wurde, war sie schrecklich unglücklich in der Schule, in der sie gelandet war«, sagt Edwards. »Die Kinder haben sich da Messerkämpfe geliefert. Also sind wir umgezogen, und kurz darauf sind wir noch mal umgezogen. Es hat lange gedauert, bis wir endlich eine gute Schule gefunden haben, wir sind sehr oft umgezogen. Da ich kein eigenes Haus habe – ich hatte mein Haus verkauft, als Shauna drei Jahre alt war –, war eine gute Schule für Shauna immer das Wichtigste für mich. Es war nicht unbedingt notwendig, daß ich in einer bestimmten Stadt lebte, aber Shauna sollte in eine gute Schule gehen. Und sie sollte sich nicht ständig neue Freunde suchen müssen. In der Zeit, in der sie nicht bei mir sein konnte, sollte sie glücklich sein können.«

Edwards hat große Belastungen auf sich genommen, um Shauna alles geben zu können, was sie ihrer Ansicht nach braucht. »Ich verwöhne Shauna, so weit es nur geht«, sagt sie. »Es war eine Überkompensation, weil sie mir so leid tat. Wir hatten nie viel Geld, es drehte sich also nicht um materielle Dinge. Es ist eine heikle Sache, und ich glaube, daß es vielen Alleinerziehenden mit nur einem Kind so geht: Es ist furchtbar schwer, nein zu sagen. Es ist schwer, dem Kind etwas zu verweigern.«

Einzelkinder sind transportabel. Man kann sie überallhin mitnehmen. Dr. Elizabeth Whelan, die geschäftsführende Direktorin des American Council on Science and Health und Autorin des Buches *A Baby? ... Maybe* stand früher dem Gedanken, ein Kind zu bekommen, sehr ambivalent gegenüber. Jetzt, wo sie Mutter einer zehnjährigen Tochter ist, kann sie gar nicht mehr glauben, daß sie einmal solche Bedenken hatte. »Wir nehmen unsere Tochter überallhin mit«, sagt Whelan. »Wir würden nicht im Traum daran denken, ohne sie in Urlaub zu fahren, weil wir ohnehin so wenig Zeit mit ihr zusammen verbringen können.« Als Whelan aufgefordert wurde, eine Rede zu Ehren des Vorsitzenden der Ärztekammer, Dr. C. Everett Koop, zu halten, kam ihre Tochter mit nach Washington. »Ich habe sie ein paar Stunden eher aus der Schule abgeholt, und sie kam am nächsten Tag ein paar Stunden zu spät. Aber sie hat Senator Orrin Hatch getroffen, und der Vorsitzende der Ärztekammer hat ihr einen Kuß gegeben. Mit mehreren Kindern ist so etwas nicht möglich.«

Dr. Whelan sieht keinerlei Nachteile darin, nur ein Kind zu haben, jedenfalls nicht aus der Sicht der Eltern. »Ich denke, für das Kind selbst gibt es Vorteile und auch Nachteile«, räumt sie ein. »Meine Mutter sagt immer, daß wir unsere Tochter nicht Kind sein lassen. Wir behandeln sie wie eine Erwachsene, sie ist immer ein Teil unseres Lebens.«

Wie Annie Edwards schon aufgezeigt hat, werden Einzelkinder leicht verwöhnt. Dieses Verwöhnen kann vielerlei Formen annehmen: Geschenke, Aufmerksamkeit und Zuwendung, Unterstützung, größere Chancen. Fast alle Einzelkinder, die ich interviewt habe, sogar die, die davon nicht begeistert waren, gaben zu, daß sie als Einzelkind viele Vorteile gehabt hatten. So gut wie jedes Einzelkind weiß, daß es mehr Weihnachtsgeschenke bekommt als seine Freunde, die noch Geschwister haben. Viele Einzelkinder fahren mit ihren Eltern in Urlaub, während ihre Klassenkameraden noch nicht einmal im Ferienlager der Pfadfinder waren. Und die meisten Einzelkinder wissen, daß sie die bestmögliche Schulbildung bekommen werden. Sie wissen, daß sie es nur zu sagen brauchen, um den bestmöglichen Nachhilfeunterricht zu bekommen, und wenn sie es wollen, werden sie nach Princeton geschickt. Dennoch basiert das Gefühl des Privilegiertseins, das Einzelkinder oft haben, im Grunde nicht auf diesen materiellen Vorteilen; es basiert auf der Sicherheit, die das Wissen gibt, daß ihre Eltern alles in ihrer Macht Stehende tun werden, damit das Kind sein Potential voll entfalten kann. Dean Watson, der Vater von Jill Watson, die bei der Olympiade von 1988 die Bronzemedaille im Eiskunstlauf gewann, sagte, daß er nie in der Lage gewesen wäre, das kostspielige Training seiner Tochter zu finanzieren, wenn sie kein Einzelkind gewesen wäre. »Meine Frau und ich haben das größtmögliche Opfer gebracht«, sagt er. »Jill und ihre Mutter waren fünf Jahre lang in Lake Placid und zwei Jahre in Costa Mesa (Kalifornien). Meine Frau und meine Tochter waren sieben Jahre von zu Hause weg.«

Dieses Wissen, daß ihre Eltern »für« sie sind, führt oft zu dem gesunden Gefühl, einen berechtigten Anspruch auf vieles zu haben, ein Gefühl, das nichts mit materieller Zuwendung oder einer Erbschaft zu tun hat. Baron Bates, der für Public Relations zuständige Vizepräsident einer Automobilfirma, sagt, daß er als Junge wie »Bonnie Prince Charlie« behandelt wurde. Sein Vater verließ seine Mutter, als er sieben Jahre alt war, und er und seine Mutter hatten nie viel Geld. »Die Familie meiner Mutter gehörte zum Bildungsbürgertum, aber sie waren nicht reich. Meine Mutter benahm sich immer so, als hätte sie jede Menge Geld«, lacht Bates. »Sie konnte nie sehr gut mit Geld umgehen. Aber sie hat immer so getan, als hätte ich ein unveräußerliches Recht auf bestimmte Privilegien. Natürlich hätte sie mir dieses Gefühl auch vermitteln können, wenn sie nicht nur ein Kind gehabt hätte. Aber ihre Haltung mir gegenüber war: Du bist der gesetzliche Erbe; du solltest nach Exeter und nach Princeton gehen. Ich habe jedes Jahr die Sommerferien in einem Ferienlager verbracht. In der kleinen Stadt Boonton, in der ich aufgewachsen bin, kam keins der anderen Kinder jemals in ein Ferienlager. Ich hatte keine Probleme damit. Ich hatte immer das Gefühl, ich wäre zu Großem bestimmt.«

Hans Christian Andersen, der dänische Autor der Märchen »Das häßliche Entlein« und »Das Mädchen mit den Schwefelhölzern«, die von vielen Kindern sehr geliebt werden, ist ein gutes Beispiel für ein Einzelkind, das sich trotz großer Armut wie gesegnet fühlt. Andersens Vater war Schuhmacher und so arm, daß seine Familie nicht immer genug zu essen hatte. Aber er bastelte Spielzeug für seinen Sohn und baute ihm ein kleines Theater, las ihm jeden Abend vor und drängte ihn, etwas zu lernen. Der junge Hans Christian gewann durch seine Dichtung schließlich König Friedrich VI. als Mäzen. 1833, im Alter von siebenundzwanzig Jahren, schrieb Andersen: »Das Leben scheint mir ein wundervolles poetisches Märchen zu sein. Ich habe das Gefühl, daß eine unsichtbare und liebende Hand uns alle lenkt; daß mir nicht der blinde Zufall geholfen hat, sondern daß ein unsichtbares und väterliches Herz für mich schlägt.«

Viele Einzelkinder, aus welcher sozio-ökonomischen Schicht sie auch kommen mögen, fühlen sich in ihrer Kindheit und Jugend vom Glück begünstigt, weil sie wissen, daß ihre Eltern sie unterstützen und Opfer für sie bringen werden. Obwohl ihr Vater starb, als sie noch klein war, hatte Marjorie Irwin, eine pensionierte Lehrerin aus Michigan, immer das Gefühl, gegenüber anderen Kindern im Vorteil zu sein, und zwar hauptsächlich, weil sie das einzige Kind war. »Man liest heute so viel darüber, wie schrecklich es ist, mit nur einem Elternteil aufzuwachsen«, sagt sie. »Aber Mann, mir hat es überhaupt nichts ausgemacht. Ich meine, ich war traurig, daß ich keinen Vater hatte und mich kaum an ihn erinnern konnte, aber wir kamen wirklich sehr gut zurecht. Ich fühlte mich bevorzugt. Ich bekam Theaterunterricht, Musikstunden, Tanzstunden, ich hatte Unterricht in allem nur Vorstellbaren. Mutter machte es Freude, mir diese Dinge zu ermöglichen, und ich hab einfach mitgemacht. Ich hatte eine sehr glückliche Kindheit.«

Ein Kind kann sich auch privilegiert fühlen, wenn es in die Unternehmungen der Eltern mit einbezogen wird. Betty Ann Byerly, Programmiererin aus Greensboro in North Carolina, erinnert sich: »Meine Eltern haben mich immer in den Urlaub mitgenommen. Ich habe viel von den USA gesehen. Sie waren so großzügig in dieser Beziehung. Manche Kinder wurden nie irgendwohin mitgenommen, aber meine Eltern haben das sehr oft getan. Einmal sind wir nach Colorado geflogen und haben dort gecampt. Meine Eltern haben mir viele Möglichkeiten eröffnet.«

Die materiellen Vorteile, die Einzelkinder genießen, sind längst nicht so wichtig wie die Aufmerksamkeit und Zuwendung, die ihnen zuteil werden. In vielen Studien über das kindliche Verhalten sind Erstgeborene und Einzelkinder einfach über einen Kamm geschoren worden. Aber schon zu Beginn dieses Jahrhunderts wies der Psychiater Alfred Adler auf zumindest einen gewichtigen Unterschied zwischen ihnen hin: Wenn ein zweites Kind kommt, verliert das erstgeborene seine privilegierte Stellung. Ein Einzelkind dagegen wird nie entthront.

Die Ankunft eines neugeborenen Geschwisterkindes führt immer zu Schwierigkeiten. Psychologen, die die Mutter-Kind-Beziehung beobachtet haben, haben festgestellt, daß die Bindung der Mutter an das Erstgeborene schwächer wird, sobald ein zweites Kind da ist. Die Mutter konzentriert ihre Aufmerksamkeit auf das Neugeborene, das sie dringender braucht. Sie spielt weniger mit dem älteren Kind, redet weniger mit ihm und sagt öfter »Nein«. Die Folge: Das erstgeborene Kind entwickelt Schlaf- oder Eßstörungen, oder die Entwicklung zur Sauberkeit wird gestört.

Candice Feiring und Michael Lewis vom Institut für Kinderpsychologie an der Rutgers Medical School in New Jersey haben in einer Langzeitstudie die Unterschiede in der Entwicklung von Erstgeborenen und Einzelkindern im Kleinkindalter untersucht. Sie kamen zu dem Ergebnis, daß Erstgeborene, die Geschwister bekommen, bevor sie zwei Jahre alt sind, eine größere Abhängigkeit von ihren Müttern zeigen als Einzelkinder und eher dazu neigen zu weinen, wenn sie von ihnen getrennt sind. Andererseits sind Erstgeborene eher in der Lage, selbständig soziale Fähigkeiten zu entwickeln, während Einzelkinder dabei eher von der Mutter unterstützt werden.

Für Einzelkinder verläuft das Leben also ganz anders als für erstgeborene Kinder. Die Erstgeborenen werden in den Hintergrund gedrängt, die Einzelkinder bleiben für den Rest ihres Lebens im Mittelpunkt. Aber Zuwendung und Aufmerksamkeit sind nicht immer nur positiv. Sie können das Selbstvertrauen eines Kindes stärken, sie können es aber auch untergraben. Es ist nicht immer leicht, zwischen Überfürsorglichkeit und Fürsorge zu unterscheiden. Ob die Auswirkungen positiv sind oder negativ, hängt davon ab, wie die Eltern dem Kind ihre Zuwendung zeigen, und auch davon, wie das Kind die Zuwendung aufnimmt.

Margo Howard, einziges Kind der bekannten Kolumnistin Ann Landers, schreibt in ihrer Biographie ihrer Mutter, daß »etwas im Status des einzigen Kindes eine sonderbare Mischung aus Wachsamkeit und Anbetung herausfordert«. An ihrem vierten Geburtstag wurde Margo zu einer Show in einem Nachtclub mitgenommen. »Man kann darüber denken, wie man will«, schreibt sie, »aber ich war eines dieser Kinder, von denen man sagt, sie seien nicht von den Achtzehnjährigen zu unterscheiden.« Ironischerweise durfte Margo nicht fahrradfahren, und ihre Mutter erlaubte ihr nicht, mit dem Bus zur Schule zu fahren. »Mutter wollte mich beschützen, und da sie in der Beziehung ziemlich ängstlich war, wurden meine Betätigungsmöglichkeiten eingeschränkt«, schreibt Margo Howard.

Joan Steiger, die Rechtsanwältin wurde, nachdem ihr einziger Sohn alt genug war, um aufs College zu gehen, räumt ein, daß sie anfänglich einiges falsch gemacht hat. »Dein einziges Kind bleibt immer dein erstes Kind«, sagt sie. »Und all die Ängste und Sorgen, die dazu führen können, daß man es mit der Fürsorge übertreibt, werden auf dieses eine kleine Kind konzentriert. Mir wurde bewußt, daß ich mich zu intensiv um Jeff gekümmert hatte, als er zu stottern begann. Er hat ein, zwei Wochen lang gestottert. Mein Mann und ich hatten geplant, übers Wochenende wegzufahren. Wir hatten eine sehr nette, mütterliche Frau engagiert, die sich übers Wochenende um Jeff kümmern sollte, und als wir zurückkamen, stotterte er nicht mehr. Ich war begeistert. Ich wußte nun, wie ich mich verhalten mußte, damit er nicht wieder anfing. Später passierte nochmal etwas ähnliches; Jeff fing an, am Daumen zu lutschen. Es war einfach so, daß meine Intensität und meine Konzentration auf seine Person zuviel für ihn waren. Und das war eine Sache, die sich leicht genug beheben ließ.«

Als Jeff älter wurde, hat seine Mutter viel mit ihm zusammen unternommen. »Ich habe ihm das Skifahren beigebracht«, sagt Steiger. »Außerdem habe ich mich bemüht, sein Interesse für die Kunst zu wecken, womit ich auch Erfolg gehabt habe. Ich habe Sachen mit ihm zusammen gemacht, die Kinder normalerweise mit ihren Geschwistern unternehmen, Kleinigkeiten, wie zum Beispiel Kekse backen im Advent. Normalerweise überläßt eine Mutter ihre Kinder dabei einfach sich selbst, aber Jeff und ich haben es immer zusammen gemacht, es war unser gemeinsames Projekt. Ich hatte Zeit genug dazu, ich hatte Spaß daran, ich war fasziniert von seiner Entwicklung. Es bereitete mir einen Riesenspaß, ihm vorzulesen oder mit ihm zusammen Kinderspiele zu spielen. Ich hatte die Zeit dazu, also habe ich es gemacht. Schließlich hat er es sich strikt verbeten und gesagt, er wäre kein Muttersöhnchen. Ich hatte das nie so gesehen.«

Besonders bei Kleinkindern kann die besorgte Aufmerksamkeit der Eltern, die ihr einziges Kind beschützen wollen, übertrieben werden. Marni Weil, die zusammen mit ihrem Ehemann ein Textilunternehmen besitzt, hat als Kind sehr unter der ihrer Meinung nach übertriebenen Aufmerksamkeit ihrer Eltern gelitten. »Ich stand ständig unter Beobachtung«, erinnert sie sich. »Als ich klein war, hat meine Mutter mich immer aus dem Fenster beobachtet. Es gab da einen Felsen, auf dem ich sehr gern saß, und sie hat mich unweigerlich dabei erwischt. Sie rief dann: ›Geh von dem Felsen runter, du wirst dich erkälten!‹ Mein Vater hat mich immer aus dem Fenster beobachtet, wenn ich von Verabredungen nach Hause kam. Ich habe zum ersten Mal woanders geschlafen, als ich aufs College kam. Nein, das stimmt gar nicht, im Sommer war ich öfters im Ferienlager. Ich habe mir immer gedacht, daß es besser wäre, wenn ich noch Geschwister gehabt hätte. Dann hätte sich diese ganze Intensität, dieses ständige Beschützenwollen nicht allein auf mich konzentriert. Ich fühlte mich erdrückt, eingeengt, all dieses Sich-um-mich-Sorgen machte mich ganz krank.« Wie hat sich all das letztendlich für sie ausgewirkt? »Ich habe rebelliert und bin frei geworden.«

Flip Spiceland, der in Atlanta als Meteorologe für das Fernsehen arbeitet, ist ebenfalls der Ansicht, daß intensive elterliche Aufmerksamkeit auch gravierende Nachteile mit sich bringen kann. »Für meine Eltern war ich das Zentrum ihres Universums, das steht fest. Ich bin nicht ein einziges Mal einem Babysitter übergeben worden. Ich erinnere mich noch daran, wie schwer es mir fiel, die Uhr lesen zu lernen. Ich brauchte es nicht zu wissen. Wenn ich irgendwohin mußte, kam jemand, holte mich ab und brachte mich dorthin.«

Spicelands Eltern haben all seine Aktivitäten mit Enthusiasmus unterstützt. Sein Vater war Manager seines Baseballteams und seine Mutter Vorsitzende der Eltern-Lehrer-Vereinigung. »Als ich größer wurde, habe ich zu spüren bekommen, daß ein Einzelkind stärkerem elterlichen Druck ausgesetzt ist«, sagt er. »Mit zwölf Jahren hatte ich ein Magengeschwür. Das Merkwürdige ist, daß sie gar keinen Hehl daraus machen, mich als Kind sehr stark gefordert und zu Höchstleistungen angetrieben zu haben. Sie kennen weder Zweifel noch Skrupel. An allem, was ich tat, waren sie fast noch mehr interessiert als ich selbst. Ich mußte alles können. Ich war ihr einziges Kind, der einzige, der all das, was sie sich einmal vom Leben erträumt hatten, verwirklichen konnte.«

Margaret Truman Daniel, die Tochter von Bess und Harry S. Truman, ist ein interessantes Beispiel für ein Einzelkind, das es geschafft hat, die ungeteilte Aufmerksamkeit der Eltern zu seinem Vorteil zu wenden. Während ihrer Kindheit in Independence in Missouri wurde sie zu sehr behütet, sie durfte sich nie weit von zu Hause entfernen. Im Winter fuhr Bess, während der arme Harry in Missouri zurückblieb, oft mit »Maggie« für mehrere Monate in den Süden, weil sie überzeugt war, daß das wärmere Klima der Gesundheit ihrer Tochter förderlich sei. Wenn Bess und Harry sich in Washington aufhielten, hinterließ Bess ihrem Haushaltspersonal immer sehr genaue Instruktionen hinsichtlich der Behandlung ihrer Tochter.

Als Harry Truman Präsident der Vereinigten Staaten wurde, wurde Margaret Truman offensichtlich sehr gut damit fertig, im Mittelpunkt des öffentlichen Interesses zu stehen, während es anderen leicht hätte zuviel werden können. Es ist eine Frage des Zeitgeistes, daß der Sohn des späteren Präsidenten, Ron Reagan, in der Sendung *Saturday Night Live* in seiner Unterwäsche herumtollen kann. Margaret Truman ergriff die Gelegenheit, im Rampenlicht zu stehen, mit ebenso großer Unverfrorenheit, wenn auch mit größerer Eleganz. 1947 debütierte sie als Koloratursopran mit dem Detroit Symphony Orchestra. Niemals zuvor war einer unerprobten Sängerin derartig viel seriöse Publicity zuteil geworden. Die Zeitschrift *Time* schrieb 1951 in einer Titelgeschichte über Margaret Truman: »Freunde der Familie haben den Verdacht, daß Bess niemals gewollt hat, daß Margaret öffentlich auftritt. Ihrer Ansicht nach ist es der nachgiebige Harry, der seiner Tochter nie etwas abschlagen konnte, der sie dazu ermutigt hat.«

Tatsächlich zeigt das Verhalten des »nachgiebigen« Harry, daß er willens war, seine Tochter vorbehaltlos zu unterstützen. In ihrer Biographie ihrer Mutter, *Bess W. Truman,* schreibt Margaret, wie ihr Vater reagierte, als Paul Hume, der Musikkritiker der *Washington Post,* ihren Auftritt verriß. »Ohne mir oder Mutter – die ihn davon abgehalten hätte – ein Wort zu sagen, warf er einen Brief an Mr. Hume hin, in dem er diesem in echt Trumanscher Sprache mitteilte, was er von ihm hielt. Neben anderen bildhaften Anspielungen beschrieb er Mr. Hume als ›Pestbeule‹ und ›eitriges Geschwür‹. Dad ließ den Brief durch einen der Diener des Weißen Hauses aufgeben und umging so seinen Mitarbeiterstab, der immer versuchte, ihn dazu zu bewegen, solche Briefe vor dem Abschicken noch einmal zu überdenken. Mr. Hume gab den Brief augenblicklich an die Presse weiter, und daraufhin brach ein Aufruhr los, der eine Zeitlang sogar den Koreakrieg aus den Schlagzeilen verdrängte.« Ein paar Tage später notierte Harry: »Man hat mir vorgeworfen, mein ›Baby‹, meinen ›Augapfel‹, in eine ziemlich schiefe Position gebracht zu haben. Ich glaube das nicht. Sie glaubt es Gott sei Dank auch nicht.«

Da Einzelkinder mehr Zeit mit Erwachsenen verbringen als Kinder, die Geschwister haben, können sie sich meistens schon früh sprachlich gut ausdrücken. Sie verbringen auch mehr Zeit alleine, in der sie Bücher lesen. Folglich sind Einzelkinder in ihrer geistigen Entwicklung anderen Kindern oft voraus. Judy Anderson-Wright, Einzelkind und Expertin für Pädagogik im Kleinkindalter am Metropolitan State College in Colorado, sagt, daß Eltern von Einzelkindern mehr Zeit aufwenden, um ihre Kinder intellektuell zu stimulieren. »Daß diese Zeit sich bezahlt macht, wird an der Sprachentwicklung der Kinder und an ihrem Vokabular deutlich«, schreibt sie. »Wenn diese Kinder sich mit Erwachsenen unterhalten, ahmen sie deren Sprachmuster nach. Dadurch fällt es ihnen leichter, Lesen und Schreiben zu lernen.« Die von ihr untersuchten Einzelkinder hatten meistens auch überlegene motorische Fähigkeiten, was zum Teil daran liegt, daß es ihnen ermöglicht wird, Gymnastikstunden zu nehmen oder ähnliche Aktivitäten zu entwickeln. Anderson-Wrights abschließende Schlußfolgerung: »Einzelkinder sind weiter in ihrer Entwicklung.«

Tatsächlich waren viele der berühmten ››Wunderkinder« Einzelkinder: der Pianist Van Cliburn zum Beispiel oder Jean-Paul Sartre, um nur zwei zu nennen. Natürlich sind nicht nur Einzelkinder hochbegabt, und natürlich sind nicht alle Einzelkinder intelligent. Aber statistisch gesehen scheinen sie ihren Altersgenossen in ihrer Entwicklung voraus zu sein.

Der Hauptvorteil der meisten Einzelkinder liegt auf intellektuellem Gebiet. Im allgemeinen gilt die Regel: je kleiner die Familie, desto intelligenter die Kinder. Lillian Belmont und Francis A. Marolla haben die Ergebnisse eines Intelligenztests miteinander verglichen, den die niederländische Armee bei über 386 000 zwischen 1944 und 1947 geborenen Männern durchgeführt hatte. Sie stellten fest, daß der älteste Sohn aus einer Familie mit zwei Kindern die besten Testergebnisse erzielt hatte und der jüngste Sohn einer Familie von neun Kindern die schlechtesten. Auch unter Berücksichtigung der sozialen Stellung der Testteilnehmer kamen die Wissenschaftler zu dem Ergebnis, daß die Anzahl der Geschwister eine entscheidende Auswirkung auf das Abschneiden der einzelnen Testteilnehmer hatte. Der älteste

Sohn aus einer wohlhabenden Familie mit zwei Kindern schnitt besser ab als der älteste Sohn einer ebenso wohlhabenden Familie mit vier Kindern.

Robert Zajonc und seine Mitarbeiter von der Universität Michigan untersuchten die Ergebnisse von Intelligenztests in den USA, um herauszubekommen, warum erstgeborene Kinder dabei besser abschneiden. Sie entwickelten eine Methode, die als das Konfluenz-Modell bekannt geworden ist, eine mathematische Gleichung, die es möglich machen soll, den Intelligenzquotienten einer Familie zu berechnen. Zajonc setzt für den Intelligenzgrad der Eltern die Zahl 100 ein, für den eines Neugeborenen setzt er 0. Wenn eine Familie aus zwei Erwachsenen besteht, wird der Intelligenzgrad folgendermaßen berechnet: 100 plus 100 geteilt durch 2, also 100. Wenn ein Baby dazu kommt, lautet die Gleichung 100 plus 100 plus 0, geteilt durch 3; das macht 67. Wenn ein weiteres Baby dazu kommt, sinkt der Intelligenzquotient der Familie noch weiter ab (100 + 100 + 15 für das ältere Kind + 0 = 215, geteilt durch 4: 54). In diesem Modell beeinflußt also sowohl die Anzahl der Kinder als auch der zeitliche Abstand zwischen den Geburten den Gesamtintelligenzgrad der Familie. Zajonc belegt seine Theorie mit den Ergebnissen der schulischen Leistungstests, die über eine Aufnahme aufs College entscheiden. 1976, als die während des Babybooms geborenen Kinder und ihre Geschwister sich aufs College vorbereiteten, lag das Durchschnittsergebnis bei 445 Punkten. 1963, als die Familien noch kleiner gewesen waren, lag das Durchschnittsergebnis jedoch bei 490 Punkten. Wie Zajonc vorhergesagt hat, sind die Durchschnittsergebnisse seit 1976 wieder angestiegen, da die Familien wieder kleiner geworden sind.

Einzelkinder erbringen bessere schulische Leistungen als andere Kinder. Das psychologische Forschungsprojekt TALENT, eine Untersuchung, die 1960 begonnen wurde, verfolgte die Einstellungen, Fähigkeiten und schulischen Leistungen von 4,5 Prozent der insgesamt 400 000 amerikanischen Oberschüler über elf Jahre hinweg. Obwohl TALENT nicht als Studie über Einzelkinder konzipiert war, erstellten John Claudy und seine Mitarbeiter von den Research Associates of Palo Alto zusätzlich eine Studie all der Familien, die ein oder zwei Kinder hatten. Da die

Kinder alle aus intakten Familien kamen und einen vergleichbaren sozio-ökonomischen Status hatten, ist diese Studie eine der verläßlichsten Informationsquellen über Einzelkinder, die es gibt. Das Forschungsprojekt TALENT stellte fest, daß Einzelkinder bei fünfundzwanzig von zweiunddreißig Intelligenztests besser abschnitten als Kinder mit Geschwistern. Die Psychologen bemerkten abschließend: »Die von uns untersuchten Einzelkinder scheinen den Kindern aus Zwei-Kind-Familien hinsichtlich ihrer kognitiven und intellektuellen Fähigkeiten zumindest ebenbürtig, wenn nicht überlegen zu sein.«

Der häufige Umgang mit Erwachsenen kann einem Kind einen echten Vorsprung verschaffen, zumindest was oberflächliches Wissen, Geist und Witz angeht. Der Talkmaster Dick Cavett, der sogar als Erwachsener noch eine Verkörperung von Altklugheit zu sein scheint, erinnert sich: »Meine Eltern erwarteten von mir, zu ihrem Freundeskreis dazuzugehören. Erwachsene waren mir vertrauter als Kinder meines Alters. Als Kind in einer Gruppe von Erwachsenen fühlte ich mich keineswegs fehl am Platz. Ich erinnere mich, daß ich manchmal Bemerkungen machte, die ausgesprochen frühreif gewesen sein müssen. Eines Tages sagte zum Beispiel jemand: ›Ich habe Jims Schwester schon gekannt, als sie noch ein Baby war.‹ Ich sagte: ›Und jetzt liegt das Baby bei einem Mann im Arm.‹ Ich kann mich erinnern, daß alle mich ansahen, als wollten sie sagen, was hat dieses Baby da bloß gesagt? Ich hatte diese Wirkung auf andere Leute: Wo kam *das* jetzt her? Hat *er* das gesagt? Wenn ich noch einen Bruder und eine Schwester gehabt hätte, hätte man uns drei wahrscheinlich irgendwo abgestellt.«

Wenn Kinder viel mit ihren Eltern zusammen sind, können sie unter Umständen auch Erfahrungen machen, die einem Kind ihrer Altersgruppe normalerweise verschlossen bleiben. Elizabeth Clark hat nie vergessen, daß sie mit ihrer Mutter Modenschauen besucht und bei Neiman-Marcus gegessen hat, als sie noch zur Schule ging. Ihr Vater, ein Privatdetektiv, nahm sie oft mit, wenn er in einem Fall ermittelte. Elizabeth sagt: »Ich habe das immer für eine gute Sache gehalten. Ich kam viel rum, ich konnte alles mögliche machen, ich habe die Realität kennengelernt. Ich mußte nie um Zuwendung oder Aufmerksamkeit kämpfen. Und meine Eltern haben nie versucht, mich vom Leben abzuschirmen.«

Diejenigen Einzelkinder, die ihre besonderen Beziehungen zu Erwachsenen positiv fanden, haben oft im späteren Leben davon profitiert. Ann Fisher sagt dazu: »Wenn Leute mich fragen, ob ich gern ein Einzelkind gewesen bin, antworte ich, daß ich es dadurch weit gebracht habe. Ich fühlte mich in der Gesellschaft von Erwachsenen wohl, ich war gelassen. So stand mir eine ganz andere Altersgruppe offen.« Harriet Benson sieht es unbedingt als vorteilhaft für sich an, daß ihre Mutter berufstätig war. »Ich habe wirklich das Gefühl, daß ich schon zur Arbeitswelt gehöre, seit Mutter mich zu Feiern in ihrem Büro mitgeschleppt hat«, sagt sie. »Der Umgang mit Erwachsenen bereitete mir überhaupt keine Schwierigkeiten. Wenn meine Mutter mich mitnahm, rief sie mir vorher in Erinnerung, wer wer war, wie die Ehepartner und Kinder hießen und worüber ich jeweils reden sollte. Ich hatte das Gefühl, schon früh sehr gut auf gesellschaftliche Anlässe dieser Art vorbereitet zu sein.«

Es kann aber auch problematisch sein, wenn ein Einzelkind zu viel Zeit mit Erwachsenen verbringt. Oft finden Erwachsene einen eindrucksvollen Wortschatz und ein Pseudo-Erwachsensein erstrebenswert, während die Kinder selbst davon nicht gerade begeistert sind. Kathy Gay, IBM-Managerin in Maryland, war ausgesprochen ungern Einzelkind, da sie, wie sie sagt, wie eine »kleine Erwachsene« behandelt worden ist. »Meine Freunde habe ich nur in der Schule getroffen«, erinnert sie sich. »Ich wurde dazu erzogen, eine kleine Intelligenzbestie zu sein, der Liebling der Lehrer. Ich sollte mich wie eine kleine Erwachsene benehmen, und was für mein Alter normal gewesen wäre, wurde überhaupt nicht in Betracht gezogen. Es hieß immer nur: Wie schnell kann sie erwachsen werden? Wie lange dauert es noch, bis sie berufstätig sein kann? Ich mußte mit dem Verkaufen anfangen, als ich in der sechsten Klasse war.« Ihre Freundschaften mit anderen Kindern wurden nicht wichtig genommen, und sie hatte auch kaum Zeit dafür. »Meine Eltern erlaubten nicht, daß ich Besuch von Freunden bekam«, erinnert sie sich. »Es gab immer Wichtigeres. Ich sollte Hausaufgaben machen, Klavier spielen oder mit meiner Mutter zu Versammlungen gehen.«

Gay glaubt, daß die Aufmerksamkeit, die sie von ihren Eltern bekam, einfach zu stark an den Bedürfnissen der Erwachsenen orientiert war. »Mein Intellekt war ihnen sehr wichtig. Ich war nun mal intelligent, und sie haben das hochgespielt. Sie haben Reisen mit mir gemacht, und wir sind oft in Museen gegangen, aber ich durfte nie spielen. Ich war das kleine Wunderkind. Natürlich fängt man an, die Erwachsenen nachzuahmen, wenn man so viel mit ihnen zusammen ist. Man lernt eine ganze Menge. Man wird immer intelligenter und fängt an, wie eine Erwachsene zu reden. Den anderen Kindern war ich viel zu erwachsen. Ich hatte ein besseres Verhältnis zu den Lehrern als zu meinen Klassenkameraden, und für Schulkinder ist das nicht schön. Heute nehme ich das meinen Eltern noch mehr übel, als ich es damals getan habe. Es gibt absolut keinen Grund, einem Kind so etwas anzutun. Laßt die Kinder doch ihren Spaß haben. Sie müssen früh genug Verantwortung tragen.«

Der existentialistische Philosoph Jean-Paul Sartre schreibt in seiner Autobiographie *Die Wörter* mit bitterem Zorn über seine Kindheit. Seine Mutter und sein strenger, fordernder Großvater, bei dem sie nach dem Tod seines Vaters wohnten, betrachteten ihn als kindliches Genie. »Ich also bin ein Zukunftsköter; ich prophezeie«, schreibt er. »Ich spreche Kindermund, man merkt sich die Aussprüche, man wiederholt sie vor mir: Ich lerne, neue zu produzieren. Ich produziere auch Erwachsenenwörter: ich bin in der Lage, ohne große Mühe etwas zu sagen, was ›weit über mein Alter hinausreicht‹.« Bücher waren Sartres erste Freunde. Als er anfing zu schreiben, überschüttete seine Mutter ihn mit bewundernder Ermutigung. »Meine Mutter sparte nicht mit Ermunterungen und lockte die Besucher ins Eßzimmer, damit sie sehen konnten, was der junge Schöpfer an seinem Kinderpult trieb; ich tat so, als wäre ich viel zu beschäftigt, als daß ich die Gegenwart meiner Bewunderer auch nur bemerkt hätte; auf den Zehenspitzen schlichen sie wieder hinaus und murmelten, ich sei doch zu reizend und es sei doch zu charmant.« Wenn Sartre sich bei seiner Mutter über seine Isolation beklagte, erinnerte sie ihn an all die Vorteile, die er genoß. Sartres Schlußfolgerung: »Ein verwöhntes Kind ist nicht traurig; es langweilt sich königlich. Hündisch.«

Dennoch wuchs Sartre mit dem Gefühl auf, prädestiniert und zu Großem bestimmt zu sein. »Meine Familie … hatte mir oft gesagt, daß ich ein Geschenk des Himmels sei«, schreibt er, »daß mein Kommen mit Ungeduld erwartet worden sei, daß ich für meinen Großvater und meine Mutter unentbehrlich sei. Ich glaubte das nicht länger, aber ich war weiterhin überzeugt, daß ein Mensch umsonst geboren worden ist, wenn er nicht eine Zukunftserwartung zu erfüllen hat.«

Es ist nichts Neues, daß Eltern das Beste für ihre Kinder wollen, und eine altehrwürdige Tradition, seinen Söhnen und Töchtern ein besseres Leben ermöglichen zu wollen. Wenn nur ein Kind da ist, kann der Ehrgeiz der Eltern noch größer und zugespitzter sein. Wenn Eltern von ihren Kindern erwarten, große Leistungen zu vollbringen, kann das anspornend auf die Kinder wirken. Aber die Sache hat auch eine Kehrseite: Die hohen Erwartungen der Eltern können die Kinder sehr belasten.

Die sechsunddreißigjährige Michelle, die in Indiana lebt, erzählt: »Ich glaube, meine Mutter muß gedacht haben, ich hätte magische Kräfte. Sie erwartete von mir, groß und hübsch zu sein und im Leben all das zu erreichen, was sie selbst nicht erreicht hatte. Sie erwartete große Dinge von mir. Als ich Anfang Zwanzig war, mußte sie sich schließlich eingestehen, daß ich all das, was sie so gern wollte, nicht tun würde. Ich glaube, sie war wirklich sehr enttäuscht.«

Michelle, früher Verwaltungsangestellte bei der Landesregierung von Arizona, geht jetzt wieder zur Schule, um »ein Stück Papier zu bekommen, auf dem steht, daß ich fähig bin zu tun, was ich fähig bin zu tun«. Was hatte ihre Mutter von ihr erwartet? »Ich glaube, sie wollte, daß ich hingehe und mich gut verheirate und weiße Handschuhe trage und das Leben führe, das sie eigentlich selbst hat führen wollen«, sagt Michelle nachdenklich. »Ich habe bis heute nicht herausbekommen, was genau sie eigentlich von mir erwartete. Sie hat es nie offen gesagt. Sie hat mir immer nur gesagt, wo ich überall versagt hatte.«

Einzelkinder, von denen absolute Perfektion erwartet wird, können unter Umständen in dem Bewußtsein aufwachsen, daß nichts, was sie tun, gut genug ist. Robin Bruna, eine pensionierte Lehrerin aus Kentucky, erinnert sich noch gut an die Strenge, mit der ihre Mutter und ihre Tante sie erzogen haben. »Mein Leben bestand nur aus Unterricht«, sagt sie. »Meine Mutter brachte mich dazu, klavierspielen zu lernen. Ich hatte keine Begabung dafür, aber ich war fest entschlossen, es zu lernen. Ich habe das beste Abitur gemacht und die Abschlußrede gehalten, was nicht so schwer war, da nur dreißig Schüler zu meinem Jahrgang gehörten. Ein paar Wochen später fand meine Mutter heraus, daß irgend jemand in der Nachbarstadt einen besseren Notendurchschnitt hatte. Sie sagte zu mir, so gut hätte ich es doch nicht gemacht.«

Aber manchmal sind die Erwartungen der Eltern nicht ganz so hochfliegend. Mary Kay Shaw, Verwaltungsangestellte bei der Vereinigung der Ehemaligen des Mount Holyoke College in Massachusetts, ist der Ansicht, daß ihre Eltern nur wollten, daß sie glücklich sei. Sie sagt: »Ich war ein Einzelkind, weil meine Eltern schon zwei Kinder verloren hatten. Ich hatte immer das Gefühl, ich dürfte auf keinen Fall krank werden, weil meine Eltern immer panische Angst bekamen, wenn ich krank wurde. Also habe ich mich sehr bemüht, nach außen hin immer glücklich zu erscheinen, weil ich wußte, daß meine Eltern sich schrecklich aufregen würden, wenn sie merkten, daß ich nicht glücklich war.«

Vielen Einzelkindern ist schon früh bewußt, daß sie für ihre Eltern von existentieller Wichtigkeit sind. Dick Cavett sagt nachdenklich: »Ich frage mich, ob Einzelkinder über den Tod nachdenken, darüber, was es für ihre Eltern bedeuten würde, wenn sie sterben würden. Als ich im Gymnasium war, starb einer meiner Klassenkameraden an Kinderlähmung, und alle Leute sagten: ›Oh Gott, und er war ihr einziges Kind.‹ Und ich glaube mich daran zu erinnern, daß ich dachte: Wenn ich an Kinderlähmung sterben würde und meine Eltern noch ein Kind hätten, wäre es dann nicht so schlimm für sie, würde es ihnen nicht so viel ausmachen? Ist es das, was die Leute meinen? Fühlen Einzelkinder sich verpflichtet, um ihrer Eltern willen am Leben zu bleiben?«

Angesichts der Tatsache, daß für Eltern ihr einziges Kind immer an erster Stelle kommt, erhebt sich natürlich die Frage, ob das

Kind dann auch immer zuerst an sich selbst denkt. Die Vorstellung, daß Einzelkinder verzogen und egoistisch seien, liegt ganz wesentlich in dieser Annahme begründet. Und wieder hängt die Antwort auf diese Frage von dem Wesen und der Veranlagung des Kindes und der Eltern ab. »Ich denke wahrscheinlich zuerst an mich selbst«, gibt Ruth Brine, ehemalige Redakteurin und Mutter von drei Kindern, zu. »Ich versuche, mich gut zu benehmen, doch im Grunde denke ich zuerst an mich selbst. Aber vielleicht sind Kinder, die mit zwei oder drei Geschwistern aufwachsen, noch ichbezogener.«

Es gibt zweifellos Einzelkinder, die die Vorteile ihrer Situation ausnutzen, aber wahrscheinlich gibt es sehr viel mehr, die versuchen, sich ihrer Privilegien würdig zu erweisen. Ob ein Kind verzogen ist oder nicht, ist meistens Ansichtssache. Manche Leute halten ein Kind für verwöhnt, wenn es zu viele Spielsachen hat, oder zuviel Zuwendung und Beachtung, oder zu viele Chancen und Möglichkeiten. Judy Anderson-Wright dagegen definiert ein verzogenes Kind als »ein Kind, das keine Grenzen oder Beschränkungen kennt«.

»Man könnte sagen, daß ich verzogen worden bin«, erklärt Renée Franklin, selbst Einzelkind und Mutter eines Einzelkindes. »Nun, irgend jemand sagte neulich zu mir: ›Kinder sollten verwöhnt werden.‹ Er meinte damit, daß ein Kind gar nicht genug Liebe, Fürsorge und Zuwendung bekommen kann, daß man ein Kind als etwas sehr Kostbares betrachten sollte.« Und Robin Bruna, die pensionierte Lehrerin, die Einzelkind und selbst Mutter eines einzigen Kindes, einer Tochter, ist, fügt hinzu: »Ich bin nicht der Ansicht, daß Einzelkinder verzogen sind. Meistens sind Eltern von Einzelkindern strenger und achten mehr darauf, was das Kind tut – es sei denn, sie waren bei der Geburt ihres Kindes schon älter.«

Jedenfalls hat Bruna ihr einziges Kind, Lynne Humkey, so erzogen. »Sie war tatsächlich manchmal sehr fordernd«, erinnert sich Humkey. »Ich mußte klavierspielen lernen. Ich sollte eine voll entwickelte Persönlichkeit werden. Sie sagte immer, probier erst mal alles aus, dann hast du die Wahl und weißt, was du wirklich willst. Dieses Prinzip galt sogar beim Essen. Ich durfte nicht aufstehen, bis ich alles aufgegessen hatte, was auf meinem Teller war, egal, was es war. Sie war der Ansicht, daß man nie wüßte, wohin es einen verschlagen würde, und daß man leicht in die Lage käme, etwas Ungewohntes essen zu müssen. Ich erinnere mich noch ganz deutlich an ein Essen in unserer Kirchengemeinde. Ein Junge weigerte sich, von dem Chili zu essen, und ein anderer trank nur eine Cola. Ich ging nach Hause zu meiner Mutter und sagte: ›Ich bin froh, daß du mir beigebracht hast, alles zu essen, was auf den Tisch kommt.‹«

Charles Pelton, ein Journalist aus San Francisco, dessen Eltern aus Großbritannien in die USA einwanderten, als er sieben Jahre alt war, weist darauf hin, daß es von den Eltern abhängt, ob sie ihr Kind verziehen wollen oder nicht. »Ich hatte Glück, weil meine Eltern nichts davon hielten, Kinder zu verziehen«, meint er. »Als ich eine Reise nach Europa machen wollte, sagten sie mir, ich solle genug Geld zusammensparen, dann hätten sie nichts dagegen. Ich meine, sie waren außer sich vor Angst. Ich habe Eis verkauft, ich hatte ziemlich viel Unternehmungsgeist. Als ich mit der Schule fertig war, hatte ich genug Geld zusammen, um eine Reise durch Europa und Nordafrika machen zu können. Meine Eltern haben mir die Kleidung gekauft, die ich brauchte, einen Rucksack und einen Schlafsack, aber alles andere mußte ich selbst bezahlen.«

Wichtig ist auch, wie ein Kind damit umgeht, verwöhnt zu werden. Tina Laskaris, eine Graphikerin aus Virginia, sagt, daß sie für ihren Vater das Wichtigste auf der Welt ist. »Ich bin in Jamestown bei New York aufgewachsen. Mein Vater war Barkeeper im Golfclub und hatte viele sehr reiche Freunde. Also durfte ich eine ganze Reihe von Swimmingpools benutzen und bekam viele teure Geschenke. Als ich mit der Schule fertig war, kaufte mein Vater mir ein Auto. Vielleicht bin ich verzogen, aber ich habe meine Eltern nie ausgenutzt.«

Während die meisten Einzelkinder sich mit Dankbarkeit an die materiellen Privilegien ihrer Kindheit erinnern, sind manchen ihre damaligen Reichtümer heute peinlich. Laura Stein-Stapleford, die Public-Relations-Beraterin aus Williamsburg in Virginia, hat festgestellt, daß die materiellen Vorteile, die sie genoß, auch Nachteile mit sich brachten. »Sowohl meine Mutter als auch mein Vater stammten nicht gerade aus wohlhabenden

Verhältnissen«, erklärt sie. »Mein Vater war der Älteste von sechs Geschwistern, und meine Mutter hatte noch zwei Geschwister. Es war nie genug Geld da, um ihnen das zu kaufen, was sie gern haben wollten. Weil sie selbst nur ein Kind hatten, hatten sie viel mehr frei verfügbares Einkommen. Zudem bin ich während der fünfziger und sechziger Jahre aufgewachsen, als jeder eine Menge Geld machte und es ausgab, als würde es bald keins mehr geben. Ich bekam all die Sachen, die meine Mutter gern haben wollte, als sie Kind war. Und ich bekam alles, was mein Vater sich damals gewünscht hatte. Nicht nur hatte ich mehr Sachen zum Anziehen, als ich jemals tragen konnte, ich bekam auch ein Auto, noch bevor ich überhaupt den Führerschein hatte. Ich brauchte nur zu sagen: ›Wäre es nicht nett, wenn ich das oder das hätte‹, und sofort bekam ich es.«

Obwohl sie diesen Überfluß als Kind genossen hat, sieht sie heute auch die Nachteile. »Ich hatte immer das Gefühl, ich müßte den anderen etwas beweisen«, sagt sie nachdenklich. »Oder vielleicht mußte ich es mir selbst beweisen. Als ich Erfolg hatte, wurde mir das nicht als Verdienst angerechnet, weil alle sagten: ›Natürlich, sie ist mit einem silbernen Löffel im Mund geboren worden, ihre Eltern haben getan, was sie nur konnten, um ihr den Erfolg zu ermöglichen.‹ Aber wenn ich ein Steine werfender Hippie geworden wäre, hätten sie gesagt: ›Natürlich, was kann man von jemandem erwarten, der alles auf einem silbernen Tablett serviert bekommt.‹ Es war eine schwierige Situation. Für meine Eltern stellte ich die Rechtfertigung für ihr Leben, die nächste Generation, die Erbin, dar. Ich war absolut verzogen. Manchmal wundere ich mich darüber, daß ich zu einem halbwegs anständigen Menschen geworden bin.«

Die materiellen Vorteile eines Einzelkindes können mit noch weiteren Nachteilen verbunden sein. Ruth Ainslie, die Rechtsanwältin aus Manhattan, erinnert sich, immer gewußt zu haben, daß ihre Eltern ihr alles geben würden, was sie wollte – aber das war oft ein zweifelhafter Vorzug. Sie hatte nie den Eindruck, diese materiellen Privilegien um ihrer selbst willen zu erhalten. »Meine Eltern haben immer gesagt: ›Wenn du noch Geschwister hättest, könnten wir dich nicht in dieses teure Ferienlager schicken.‹ Sie haben nicht gesagt, du bist wundervoll, also hast du dieses wundervolle Ferienlager verdient. Auch bei dem College war es so. Sie haben gesagt: ›Du kannst frei wählen, auf welches College du gehen willst, aber wenn wir noch mehr Kinder hätten, müßtest du dich mit dem staatlichen College von Ohio begnügen.‹ Meine Eltern haben mir viele Dinge ermöglicht, die ich sonst nicht gehabt hätte. Aber in gewisser Weise hatte alles immer einen negativen Beigeschmack. Ich sollte mich nicht zu gut dabei fühlen.«

Eine Geschichte
Betty Rollin, Anfang Fünfzig,
Fernsehautorin und Korrespondentin, New York:

Ich bin eine Pollyanna – eine von diesen Leuten, die überzeugt sind, alles würde im Grunde zu ihrem Besten sein. Ich war entschlossen, nur die Vorteile des Aufwachsens als Einzelkind zu sehen und nicht die Nachteile, und meine Mutter dachte genauso. Das sagt möglicherweise mehr über unser Wesen aus als darüber, wie es wirklich gewesen ist.

Manchmal war ich unglücklich, weil ich Einzelkind war. Ich bin in einer irisch-katholischen Gegend aufgewachsen. Ich war das einzige Einzelkind – alle anderen hatten fünf oder sechs Geschwister. Ich fühlte mich einsam, und ich hatte das Gefühl, anders zu sein, und ein Kind möchte nicht anders sein als die anderen. Außerdem waren wir Juden. Das verstärkte das Gefühl des Andersseins noch.

Ich hatte ein eigenes Zimmer. Die irischen Kinder in unserer Straße hielten mich für das glücklichste Mädchen der Welt. Aber ich dachte, Mann, die können sich nachts unterhalten und miteinander spielen. Ich war der Ansicht, daß diese Kinder, die ihre Spielkameraden zu Hause wohnen hatten, vom Glück begünstigt waren. Aber während die irischen Kinder miteinander spielten und Spaß hatten, saß ich in meinem Zimmer und malte oder las ein Buch. Ich fühlte mich ein bißchen einsam, aber es ist kein Zufall, daß ich Schriftstellerin geworden bin.

Als ich erwachsen wurde, war mir sehr bewußt, daß

meine Eltern nicht viel Geld hatten. Und ein Großteil des Geldes, das da war, wurde für mich ausgegeben. Ich wußte genau, daß das ganz anders ausgesehen hätte, wenn ich Geschwister gehabt hätte. Da ich das einzige Kind war und all diese Sachen bekam, hatte ich das Gefühl, wir wären reich. Das war gut so, denke ich. Ich fühlte mich privilegiert. Und ich habe mir nie Sorgen wegen des Geldes gemacht.

Meine Beziehung zu meinen Eltern war sehr intensiv. Sie haben nur für mich gelebt, ich war der Mittelpunkt ihres Lebens. Das hat sich nie wirklich geändert, nicht einmal, als ich aufs College ging. Ein Psychotherapeut hat einmal zu mir gesagt: »Viele Leute halten sich für neurotischer, als sie wirklich sind, oder sie denken, daß sie sich aufgrund ihrer Erfahrungen ungewöhnlicher benehmen als sie es tun, aber als Sie mir erzählten, daß Ihre Mutter in die Nähe Ihres Colleges gezogen ist, um bei Ihnen sein zu können, war mir klar, daß Sie ein Problem haben.« Meine Mutter war sehr auf mich fixiert, und mein Vater war mit allem einverstanden, was sie tat.

Ich habe ihnen viel verschwiegen. Ich habe es ihnen nicht erzählt, wenn ich mit einem Mann zusammenlebte. Ich dachte, sie würden es nicht ertragen können, weil sie ja keine anderen, »guten« Kinder als Gegengewicht hatten. Es war sehr belastend für mich, aber ich hatte keine andere Wahl. Ich dachte – fälschlicherweise –, daß sie daran zerbrechen würden.

In gewisser Weise hatte ich das Gefühl, ich müßte zugleich Junge und Mädchen sein. Natürlich war das eine Sache, die nie offen ausgesprochen wurde. Manchmal denke ich, wenn ich einen Bruder gehabt hätte, hätte er etwas leisten müssen, und ich hätte häuslich sein müssen. Meine Mutter sagt, das sei nicht wahr. Aber Tatsache ist, daß ich, weil ich das einzige Kind war, gedrängt wurde, beide Rollen auszufüllen: Ich sollte heiraten und Kinder bekommen; und ich sollte Karriere machen, etwas leisten, jemand sein. In gewisser Weise bin ich dankbar dafür, denn damals gab es noch keine Frauenbewegung. Dieser Vorteil des Aufwachsens als Einzelkind wurde mir erst bewußt, als ich vierzig war.

Meine Identität und der Mensch, der ich geworden bin, haben eine Menge mit meiner Mutter zu tun, mit meiner Reaktion auf sie und auf das, was sie von mir erwartete. Es war verwirrend, weil die Botschaften, die ich von ihr bekam, so widersprüchlich waren. Sei unabhängig. Sei abhängig. Sei außergewöhnlich. Sei wie alle anderen. Aber letztendlich hat sie es sehr anständig aufgenommen, daß ich keine Kinder habe. Ich habe erst mit sechsunddreißig geheiratet; sie waren mittlerweile froh und dankbar, daß ich überhaupt heiratete. Mein erster Mann und ich konnten keine eigenen Kinder bekommen. Außerdem gehörte ich nie zu den Frauen, die ein starkes Bedürfnis nach Mutterschaft haben. Sie hat mir nie vorgeworfen, daß ich keine Kinder hatte, aber ich weiß, daß sie darunter gelitten haben muß. Mein erster Mann hatte ein adoptiertes Kind aus erster Ehe, und meine Mutter war wie eine Großmutter zu diesem Kind. Es war irgendwie witzig. Auch nach meiner Scheidung hat sie den Kontakt zu ihm nicht abgebrochen. Sie stellte ihn immer leicht belustigt als »Matthew, der Sohn von Bettys Ex-Mann von seiner Ex-Frau« vor. Als ich einmal in einem Artikel geschrieben habe, daß Mutterschaft sehr überschätzt wird, war meine Mutter ausgesprochen unglücklich. Sie hat es persönlich genommen. Als ich als Autorin immer erfolgreicher wurde und es klar war, daß ich nicht vorhatte, Kinder zu bekommen, dachte ich, meine Eltern wären stolz auf mich, weil ich Karriere gemacht hatte. Aber vielleicht hat meine Mutter auch gedacht, daß ich eher Kinder gewollt hätte, wenn sie eine bessere Mutter gewesen wäre. Manchmal frage ich mich, ob die Tatsache, daß sie so leidenschaftlich Mutter war, mich veranlaßt hat zu denken, daß ich in dieser Rolle nie so gut sein würde wie sie, und ob ich es deshalb nie versucht habe. Ich weiß nicht, ob es so war; es ist nur eine Frage, die ich mir manchmal stelle.

Ich habe oft gehört, wie sie zu anderen Leuten gesagt hat, daß es wundervoll wäre, eine Tochter zu haben. Sie sagt mir oft, daß die Mutterschaft das Wichtigste in ihrem Leben gewesen ist. Ich habe ihre Intensität etwas negativ geschildert, aber in einer Hinsicht war sie positiv. Es ist keine schlechte

Sache, sich ganz auf ein Kind zu konzentrieren, besonders da das Gegenteil wesentlich häufiger vorkommt. Ich habe mehrere Sendungen über Kinder gemacht, die von niemandem besonders beachtet werden. Die Zuwendung, die Aufmerksamkeit, die Liebe und die Schmeichelei, die ich bekommen habe, waren gut für mich, sie haben mich nicht zu einem Ungeheuer werden lassen. Sicher bin ich ichbezogen. Ich schreibe viel über mich, und ich denke viel über mich nach. Aber alle sagen, ich könnte sehr gut zuhören, und ich interessiere mich sehr für andere Menschen. Ich habe gute Bekannte und enge Freunde. Ich glaube, ich habe als Kind so viel Aufmerksamkeit und Zuwendung bekommen, daß ich es jetzt nicht nötig habe, im Mittelpunkt zu stehen.

Ich habe meiner Mutter gegeben, was sie von mir wollte. Das hat sie selbst gesagt. Ich habe immer versucht, mich von ihr zu lösen, ich habe einerseits gegen sie rebelliert und ihr andererseits doch das gegeben, was sie von mir wollte. Und mir ist klargeworden, daß etwas, das sich meine Mutter für mich wünschte, durchaus auch mein eigener Wunsch sein konnte. Zum Beispiel habe ich schließlich einen Mann geheiratet, den sie für das wundervollste Wesen auf der Welt hielt. Sie betete meinen Mann an. Und das tue ich auch. Ich glaube, früher hätte ich niemanden heiraten können, den sie so sehr bewunderte, weil ich immer noch darum kämpfte, mich von ihr zu lösen.

Ich glaube, man fühlt sich immer verpflichtet, seinen Eltern zu gefallen; du bist alles, was sie haben. Andererseits mußt du dir selbst gefallen, weil du ein menschliches Wesen bist und du alles bist, was du hast. Einzelkinder geraten sehr leicht in diesen Konflikt, glaube ich. Es gab eine Zeit, in der ich mich sehr bemüht habe, so zu sein, wie meine Eltern mich haben wollten. Sie haben nie genau gesagt, wie sie mich nun haben wollten, aber ich hatte eine ungefähre Vorstellung davon. Andererseits hatte ich ein genauso starkes Bedürfnis, ich selbst zu sein, obwohl ich auch keine klare Vorstellung davon hatte, was das hieß. Ich wußte nur, daß ich anders sein wollte. Schließlich stellte sich heraus, daß das, was meine Eltern von mir wollten, genau das war, was ich selbst von mir wollte, weil meine Eltern wirklich in Ordnung sind und gute Wertvorstellungen haben. Ein großer Teil meines Seelenfriedens rührt daher, daß ich meine Eltern zufriedengestellt habe, denn ich bin alles, was sie haben – und daß auch ich selbst mit mir zufrieden bin. Wenn ich das nicht geschafft hätte, würde ich unter schrecklichen Gewissensqualen leiden.

Geschwister und soziale Fähigkeiten

Mein Bruder war ein Hund. Ich weiß, daß eine ganze Menge Leute das sagen könnten. Aber mein Bruder hatte ein schwarz und weiß geflecktes Fell. Mein erster Bruder war ein Terrier, der nach einem bekannten Baseballspieler Torgie genannt wurde. Er war älter als ich und hatte seinen Namen schon, als ich geboren wurde. Sonst hätte ich ihn bestimmt Tuggs oder Cupcake oder so ähnlich genannt, jedenfalls nicht nach einem Sportler.

Torgie und ich standen uns sehr nahe. Er begleitete mich jeden Tag zum Schulbus. Er wartete schon an der Tür, wenn ich aus der Schule kam. Wir gingen zusammen rodeln. Oft umarmten wir uns. Und Bostonterrier sind keine Schoßhunde. Torgie hatte ein gereiftes und würdevolles Auftreten; er war ein passender Gefährte für mich. Als er zwölf Jahre alt war und ich zehn, starb er, was eine traumatische Erfahrung für mich war. Ich hatte das Gefühl, meinen besten Freund verloren zu haben. Wieder und wieder spielte ich das Lied »Smoke Gets in Your Eyes«.

Dann kam André (den Namen hatte ich ausgesucht), ein Silberpudel. Andy (das war sein Spitzname) mußte viel Anzieherei über sich ergehen lassen. Weihnachten mußte der Arme sich ein Weihnachtsmannkostüm aus Filz und einen langen grauen Bart anziehen lassen. Ich kaufte ihm sogar kleine rote Gummistiefel. Er war kein Spielverderber. Er behielt das Kostüm mindestens fünfzehn bis zwanzig Minuten an.

Andy und ich rauften sehr oft miteinander. Ich fand es sehr unterhaltsam. Eines Abends waren wir mitten in einem heftigen Kampf, wir jagten uns gegenseitig durchs Wohnzimmer. Einmal bekam er unbeabsichtigt, glaube ich, den Ärmel meines Baumwollhemds zu fassen und riß ein Loch hinein. Gerade in dem Augenblick kam meine Tante ins Zimmer. »Wir haben dir diesen Hund gekauft, damit du jemanden zum Liebhaben hast«, sagte sie. Es wäre mir nie in den Sinn gekommen, daß Raufen und Liebhaben einander ausschlossen. Danach ließen Andy und ich das Kämpfen bleiben.

Ich kann mich nicht erinnern, mir je eine Schwester gewünscht zu haben. Ich nehme an, daß ich, wie die meisten kleinen Mädchen, von einem großen Bruder geträumt habe, der später Verabredungen für mich arrangieren oder mich vor Schlägertypen beschützen würde. Dennoch glaube ich nicht, daß mich die Vorstellung, Brüder und Schwestern zu haben, besonders begeisterte. Eine Freundin von mir hatte eine vier Jahre ältere Schwester, die uns noch nicht einmal die Uhrzeit verraten hätte. Sie war so abweisend wie eine Prinzessin. Eine andere Freundin hatte zwei jüngere Geschwister, die uns wie tölpelhafte Detektive ständig verfolgten. Wir versuchten immer, ihnen zu entkommen.

Meine Tante erlaubte mir nicht, bei Freundinnen zu übernachten, also habe ich nie erfahren, wie Geschwister nach der Schlafenszeit miteinander umgehen. Die Pyjama-Party, diese große gemeinschaftsstiftende Einrichtung, war für mich tabu. Meine Tante war der Ansicht, daß Kinder in ihren eigenen Betten schlafen sollten. Als ich mir in meinem letzten Schuljahr einige Colleges ansah, erlaubte sie mir zum allerersten Mal, woanders zu übernachten. Ich freute mich darauf, selbständig zu werden.

In meinem ersten Semester im Mount Holyoke College teilte ich das Zimmer mit einem anderen Einzelkind. Das war eine Erleichterung für mich, trotz der Tatsache, daß wir sehr verschieden waren. Holly ging früh zu Bett; ich war eine Nachteule. Sie hatte die Fenster gern offen, ich hatte es lieber, wenn sie zu waren. Sie war extrovertiert und beliebt. Ich war gern allein. Wie das gegensätzliche Paar in dem Lied von Gershwin hätten wir die ganze Sache abblasen können (zumindest im zweiten Semester). Aber tatsächlich waren wir begeistert, uns gefunden zu haben. Wir tauschten Kleider und Schallplatten aus. Unsere Vertrautheit war uns sehr wichtig, aber wir wußten beide, wie wichtig es ist, sich auch zurückziehen zu können.

Einmal fragte uns eine Verkäuferin, ob wir Schwestern seien. Da ich gut zehn Zentimeter größer war als Holly und wir beide gleich alt waren, verblüffte mich das zunächst. Aber bei näherem Hinsehen stellten wir eine ganze Reihe von Gemeinsamkeiten fest. Wir hatten beide braunes Haar und eine helle

Haut, und wir hatten eine ähnliche Art zu reden. Man konnte uns durchaus für Schwestern halten! Damals wußten wir schon, daß wir Freundinnen fürs Leben bleiben würden. Meiner Ansicht nach war das besser, als eine Schwester zu haben. Wir hatten uns bewußt füreinander entschieden.

Viele Leute scheinen der Ansicht zu sein, daß das Aufwachsen mit Geschwistern automatisch zum Erlernen sozialer Spielregeln führt. Einzelkinder gelten oft als sonderbar oder verhaltensgestört, weil sie angeblich die wichtigen Lektionen nicht gelernt haben, die uns durch unsere Geschwister vermittelt werden.

Aber wie sehen die Beziehungen zwischen Geschwistern wirklich aus? Und was genau lernen die Menschen durch das Aufwachsen mit Geschwistern? Die Psychologen Stephen P. Bank und Michael D. Kahn haben die Beziehungen zwischen Geschwistern untersucht. Wenn Geschwister zum Beispiel ungefähr gleichaltrig sind und das gleiche Geschlecht haben, sind sie häufig sehr vertraut miteinander. Sie gehen oft in dieselbe Schule und kennen dieselben Leute. Manchmal müssen sie sich sogar ein Zimmer teilen. Wenn der Altersunterschied jedoch vier Jahre oder mehr beträgt, stehen Geschwister sich meistens nicht so nahe. Bank und Kahn stellen folgende Behauptung auf: »Wie jeder Bruder oder jede Schwester an sich selbst erlebt hat, können die Beziehungen zwischen Geschwistern sowohl das Beste als auch das Schlechteste im Menschen wachrufen.«

Zunächst die guten Seiten. Es ist viel Wahres an der Vorstellung einer besonderen Bindung zwischen Geschwistern, daran, daß Blut dicker ist als Wasser. Es gibt Geschwister, die ihr ganzes Leben lang zueinander halten, die sich gegenseitig Erinnerungen an vergangene glückliche Tage ins Gedächtnis rufen, die nach den gleichen Familientraditionen leben. Geschwister können ein erstklassiges Sicherheitsnetz sein. Ich kenne viele Leute, die sich zuerst an ihren Bruder oder ihre Schwester wenden, wenn sie Hilfe brauchen – sei es nun um Geld, Trost oder, sogar noch besser, Unterhaltung. Anita Fiorello, Mutter eines Einzelkindes, erinnert sich, daß für sie der größte Vorteil von Geschwistern darin bestand, jemanden zum Spielen zu haben. »Mein Bruder und ich«, sagt Fiorello, »spielten sehr komplizierte Spiele miteinander. Sie dauerten oft stundenlang, und wir brauchten keine Erwachsenen dafür. Allerdings will ich nicht verschweigen, daß wir manchmal tagelang überhaupt nicht miteinander geredet haben.«

Aber die Beziehungen zwischen Geschwistern werden oft auch glorifiziert. Nicht alle kommen aus der sprichwörtlich »großen glücklichen Familie«. Kathy Viscardi-Martin, eine Rechtsanwältin aus Rochester im Staat New York, hatte sechs Geschwister und ist Mutter eines Einzelkindes. »Manchmal stehen Geschwister sich sehr nahe«, sagt sie, »und manchmal tun sie es nicht. Meine Mutter hatte einfach physisch nicht genug Energie für sieben Kinder. Ich frage mich, warum sollte ich ein zweites Kind bekommen und mein erstes für jemanden opfern, den ich nicht kenne. Es wird immer behauptet, das zweite Kind sei ein faszinierender Spielgefährte für das erste, aber daran glaube ich nicht.«

Wenn das Wohl der Familie sehr stark betont wird, können einzelne Familienmitglieder durchaus das Gefühl haben, zu kurz zu kommen. Eine meiner Freundinnen, die jetzt Mitte Sechzig ist, ist auf einem Bauernhof in Minnesota aufgewachsen. Sie hatte fünf Geschwister, und sie denkt nicht gern an ihre Kindheit zurück. »Einmal habe ich mir ein altes Fotoalbum angesehen«, sagt sie, »und mir fiel auf, daß das einzige Foto, auf dem ich allein zu sehen bin, mein Abschlußfoto von der High School ist. Als ich meine Mutter daraufhin ansprach, sagte sie: ›Wieso, wir konnten es uns wirklich nicht leisten, ein Foto nur von dir allein zu machen!‹«

Nachdem sie geheiratet hatte, entschloß sich diese Frau, lieber zwei Kinder zu adoptieren als eigene zu bekommen, weil »es bereits so viele Kinder gibt, die ein Zuhause brauchen«.

Und auch wenn die Eltern es schaffen, jedem Kind genügend Zuwendung und Aufmerksamkeit zu schenken, besteht die Gefahr, daß die Kinder in bestimmte Rollen gedrängt werden: die Intellektuelle, der Sportler, die Schönheit, der Clown. Oder, was fast noch schlimmer ist, es wird von den jüngeren Geschwistern erwartet, dem Beispiel des erstgeborenen Kindes zu folgen. Die Anthropologin Mary Catherine Bateson bemerkt: »In manchen Kulturen gibt es in Familien mit vielen Kindern bestimmte vorgeprägte Rollen für die einzelnen Kinder. Mein Mann ist Armenier, und die Vorstellung, daß es in armenischen Familien immer einen Sohn geben muß, der das spirituelle Erbe weiterträgt, immer ein schwarzes Schaf und immer den Verantwortungsbewußten, der Geld macht, finde ich faszinierend. Und es wird davon ausgegangen, daß eine Tochter schön ist und die andere häßlich. Von Amerikanern kenne ich eher die Erwartung, daß die Kinder einander ähnlich sein sollen. Wenn du auf die Schule gehst, wo dein älterer Bruder der Football-Star war, fragt jeder: ›Und warum bist du kein Football-As?‹ Wenn alle erwarten, daß du so bist wie deine Geschwister, kann leicht das Gefühl entstehen, in ein Schema gepreßt zu werden.«

Wenn man das Gefühl hat, an die Geschwister nicht heranreichen zu können, kann das ebenso schmerzlich sein. Marilyn Malkin, Literaturagentin aus New York und Mutter eines Kindes, erinnert sich: »Ich hatte einen Bruder, der zwei Jahre jünger war als ich. Ich habe ihn angebetet, aber mir war immer bewußt, daß er besser aussah als ich, daß er intelligenter und sportlicher war. Er war der Liebling meiner Eltern, und ich stand immer in seinem Schatten. Während meiner Kinderzeit war er mein bester Freund. Es ist seltsam, aber jetzt, wo wir erwachsen sind, sehen wir uns kaum noch.«

Natürlich gibt es auch offene Rivalität zwischen Geschwistern, ein Problem, das seit Kain und Abel bekannt ist. Diese Rivalität kann unter Umständen in blinden Aggressionen zum Ausdruck kommen. Mein Mann, der sich sehr gut mit seiner Schwester versteht, erinnert sich immer noch an die panische Angst, die er als kleiner Junge empfand, als sie ihn fast mit einer Bettdecke erstickt hätte. Ein Freund von mir erinnert sich, daß er einmal seine kleine Schwester aus einem Ruderboot geworfen hat, obwohl er wußte, daß sie nicht schwimmen konnte. Er ist nicht sehr stolz darauf. Wenn sie erwachsen sind, fassen diese Menschen sich an den Kopf, wenn sie an diese üblen »Kinderstreiche« zurückdenken.

Manchmal verschwinden die Aggressionen jedoch auch

nicht. Vor ein paar Jahren heiratete einer meiner Freunde. Es war eine großartige Feier, es wurde viel gesungen und getanzt. Aber zum Schluß der Feier prügelte sich der Freund mit seinem Bruder. Wir fanden das Ganze ziemlich absonderlich, bis wir darauf kamen, daß es ein Fall von fortbestehender Geschwisterrivalität sein mußte. Und es gibt tatsächlich zahlreiche bekannte Beispiele von Geschwistern, die sich ihr ganzes Leben lang gegenseitig unterminieren: Billy Carter läßt sich von libyschen Lobbyisten einspannen, während Jimmy gerade eine Kampagne für die Durchsetzung der Menschenrechte in Libyen durchführt; Donald Nixon nimmt zweifelhafte Anleihen auf, während »Tricky Dicky« gerade versucht, sich wieder das Image eines Saubermanns zu verschaffen; Abby und Ann Landers sprechen zwar mit aller Welt, aber nicht miteinander. Geschwisterrivalität ist ein Kreuz, das Einzelkindern immer erspart bleiben wird.

Obwohl ihnen tagtäglich bewiesen wird, daß die Beziehungen zwischen Geschwistern äußerst problematisch sein können, malen sich Einzelkinder gern aus, wie es wohl sein würde, einen Bruder oder eine Schwester zu haben. Manchmal haben sie idealistische Vorstellungen von den Geschwistern, die sie nie hatten. Auf die Frage der Wissenschaftler Sharryl Hawke und David Knox, ob sie sich jemals Geschwister gewünscht hätten, antworteten 64 Prozent der von ihnen befragten Einzelkinder mit »ja«. Ein Drittel der Befragten sagte, daß der Wunsch nach Geschwistern bei ihnen am dringendsten gewesen wäre, als sie in die Grundschule gingen und alle ihre Freunde kleine Brüder und Schwestern bekamen.

Einer meiner Interviewpartner, ein Mann von Mitte Vierzig, weiß, daß irgendwo in der Welt ein Halbbruder von ihm lebt. »Mein Vater hat einen Sohn aus erster Ehe, der sehr viel älter sein muß als ich – wenn er überhaupt noch lebt«, erklärt er. »Mein Vater nimmt an, daß er tot ist. Aber ich male mir manchmal in Tagträumen aus, wie ich meinen lange verlorenen Bruder suche und finde. Vielleicht bin ich sentimental, ich weiß ja, wie die Beziehungen von Geschwistern oft aussehen. Meine Frau spricht kein Wort mit ihrer Schwester. Und mein Vater, der seinen Bruder fünfzig Jahre lang nicht gesehen hatte – nach dem Ersten Weltkrieg wurde unsere Familie in alle Winde verstreut, wie in einem Roman von Dostojewski –, fuhr vor ungefähr zehn Jahren nach Israel, um ihn wiederzusehen. Als er zurückkam, sagte er, er hätte den Scheißkerl nie ausstehen können, und er könne ihn immer noch nicht ausstehen. Alles spricht dafür, daß die Beziehungen zwischen erwachsenen Geschwistern keine reine Freude sind. Aber trotzdem würde ich meinen verlorenen Bruder gern finden.« Es ist ganz natürlich, von einem glücklichen Familienleben zu träumen. Die fünfunddreißigjährige Bankkauffrau Holly Mak aus Washington D. C., Mutter von zwei Kindern, spricht sehnsüchtig von einem idealen Familienleben. »Immer, wenn ich eine Familie mit vielen Kindern sah, habe ich gedacht: Ich wünschte, ich hätte Brüder und Schwestern; eine große Familie ist eine so freundliche und warme Sache. Mir gefiel einfach die Atmosphäre großer Familien. Ich bin Einzelkind, und ich habe nie erfahren, wie es ist, wenn in einer großen Familie alle aufeinander achtgeben, sich einer um den anderen kümmert. Ich bin nie gern Einzelkind gewesen, und ich glaube, daß dieses Gefühl nicht nur oberflächlich ist, sondern ganz tief sitzt. Ich weiß natürlich, daß es Geschwister gibt, die sich überhaupt nicht verstehen. Vielleicht habe ich eine idealisierte Vorstellung vom Familienleben.«

Einzelkinder haben sehr genaue Vorstellungen davon, was Geschwister für sie hätten sein können – die Skala reicht von Verbündeten bis zu Rollenvorbildern. Auf einer sehr elementaren Ebene wünschen sich Einzelkinder häufig einfach nur einen Spielgefährten. Laura Stein-Stapleford, die oben darüber sprach, wie reich sie von ihren Eltern in materieller Hinsicht bedacht worden ist, hat sich immer gewünscht, ihre Spielsachen mit jemandem teilen zu können. »Meine Eltern kauften jede Menge Spiele für mich, und meistens lagen sie dann herum, weil man sie nur zu zweit spielen konnte«, sagt Stein-Stapleford. »Ob es nun ›Mensch ärgere Dich nicht‹ ist oder ›Halma‹ – all diese Spiele sind für zwei oder mehrere Spieler konzipiert. Meine Klassenkameraden machten im Urlaub vielleicht nicht so großartige Sachen wie ich – manchmal fuhren sie nur in ein gemietetes Ferienhaus nach Wisconsin –, aber dafür hatten sie bestimmt mehr Spaß als ich. Ich weiß nicht, ob das stimmt oder nicht, aber ich habe immer das Gefühl gehabt, daß andere Kinder mehr Spaß am Leben hatten, weil sie mit jemandem spielen konnten.«

Kathy Gay, die IBM-Managerin, sagt: »Ein Einzelkind hat niemanden, dem es sich anvertrauen kann. Es hat niemanden, mit dem zusammen es sich wehren kann. Wenn du Geschwister hast, hast du automatisch einen Verbündeten. Jeder hat bestimmte Probleme in seiner Kindheit und Jugend, aber als Einzelkind kann man leicht introspektiv werden, denke ich, einfach weil niemand da ist, mit dem man seine Gefühle austauschen kann. Niemand sonst macht genau das durch, was du durchmachst.«

Es gibt keinen wirklichen Ersatz für Geschwister, wenn Einzelkinder sich nach einem Bruder oder einer Schwester sehnen. Ralph Bermudo, ein Wirtschaftsprüfer Ende Zwanzig, ist mit seinen Eltern aus Kuba emigriert, als er gerade acht Monate alt war. Wie viele kubanische Emigranten bekamen Ralphs Eltern keine weiteren Kinder mehr, vielleicht wegen des Streß der Auswanderung und des Neuanfangs. Ralph hat eine Kusine, ebenfalls ein Einzelkind, der er sehr nahesteht. »Für sie war ich der Bruder, den sie nie hatte, und für mich war sie die Schwester, die ich nie hatte«, sagt Ralph. Aber so nahe sie sich auch standen – Ralph hatte nie das Gefühl, daß sie ein wirklicher Ersatz für richtige Geschwister war. »Es ist etwas ganz anderes«, erklärt er. »Wir sind Weihnachten nicht im gleichen Haus aufgewacht. Wir hatten nicht die gleichen Eltern. Meine Kinder werden wahrscheinlich Onkel haben, aber ich werde nie selber Onkel sein.«

Wie viele Einzelkinder glaubt Ralph, daß Geschwister einem das Erwachsenwerden erleichtern können. »Brüder und Schwestern sind in gewisser Weise die Vertreter der Welt dort draußen. Wenn du keine Geschwister hast, mußt du alles alleine herausfinden. Du mußt dir im Umgang mit anderen Leuten mehr Mühe geben und dich mehr bemühen, sie so zu akzeptieren, wie sie sind.«

Frederick Golden, Autor naturwissenschaftlicher Bücher

und Artikel, ist überzeugt, daß eine Schwester seine Beziehungen zum anderen Geschlecht erleichtert hätte. »Die Kindheit und die Jugend sind eine Art Übung, du kannst herumexperimentieren, sehen, wie du dein Leben leben willst«, sagt er. »Wenn du in einer geschützten Treibhausatmosphäre aufwächst, kann es sein, daß du zu der Zeit blühst und gedeihst, aber im späteren Leben wirst du vielleicht deswegen Schwierigkeiten haben. Meine Beziehungen zu Frauen sind wahrscheinlich entscheidend von der Beziehung zu meiner Mutter geprägt worden. Es wäre gut gewesen, wenn in meiner Kindheit noch ein anderer weiblicher Einfluß spürbar gewesen wäre. Ich hätte gern eine Schwester gehabt.«

Aber viele Einzelkinder stehen dem, was sie verloren – oder gewonnen – haben mögen, weil sie keine Geschwister hatten, eher gelassen gegenüber. »Mein Vater hat mir erzählt, daß ich mir als Kind einen Bruder oder eine Schwester gewünscht habe«, erinnert sich Lenore Rogers, eine Lehrerin aus Steilacoom bei Washington. »Es hätte auch ein roter Leiterwagen sein können. Alle meine Freunde hatten kleine Geschwister, also habe ich mir auch welche gewünscht. Als ich keine bekam, entschloß ich mich, mir statt dessen Rollschuhe zu wünschen.«

Einzelkinder, die mit sich selbst zufrieden sind, sehen ihren Status als Einzelkind zumeist als natürlich, ja sogar als vom Schicksal bestimmt an. In dem Buch *Five Boyhoods* beschreibt John Updike seine Kindheit in Pennsylvania, wo er während der Weltwirtschaftskrise mit seiner Mutter, seinem Vater und seinen Großeltern aufwuchs. »Ich erinnere mich nicht, je gedacht zu haben, daß im Haus noch genug Raum für einen Konkurrenten gewesen wäre«, schreibt er. »Die fünf Menschen, die bereits da waren, bildeten einen engverbundenen Stern, der beim Erscheinen eines sechsten wie Kristall zersprungen wäre.« Dick Cavett behauptet, daß er sich nicht bewußt ist, je einen Bruder oder eine Schwester gewollt zu haben. »Ich bin nie auf die Idee gekommen, daß meine Eltern noch jemand wollen würden«, sagt er. »Ich vermute, daß mir nie in den Sinn gekommen ist, daß sie es wagen würden, noch jemanden außer mir haben zu wollen.«

Es gibt sogar Einzelkinder, die es ausgesprochen positiv finden, ohne Geschwister aufzuwachsen. Jim Shaw, stellvertretender Dekan des Colleges für Geistes- und Naturwissenschaften der Universität Massachusetts, sagt: »Ich erinnere mich, daß ich als Kind einmal ganz bewußt gedacht habe, wie froh ich war, keine Geschwister zu haben, weil die es meinen Eltern bestimmt eher recht gemacht hätten als ich. Jedenfalls gab es so keine ärgerlichen Vergleichsmöglichkeiten – nur mich und ihre Vorstellung von einem vollkommenen Kind. Andernfalls hätte es mich, ihre Vorstellung von einem vollkommenen Kind, und Harold oder Susie gegeben. Das schien mir ein Vorteil zu sein. Während meiner ganzen Kindheit und Jugend habe ich nie erlebt, daß irgend jemand je etwas Nettes über einen Bruder oder eine Schwester gesagt hätte. Das einzige, was ich versäumt habe, waren Kopfschmerzen oder ein verdorbener Magen, davon bin ich überzeugt.«

Susan Shwartz, die Schriftstellerin, die es so verletzt hat, daß sie automatisch als verzogenes Kind galt, gibt zu, daß sie die Frage nach Geschwistern nicht sachlich und unvoreingenommen beantworten kann, weil sie in ihrer Kindheit so oft von Erwachsenen mit der Frage bedrängt worden ist, ob sie sich nicht Geschwister wünschen würde. »Ich kenne Geschwister, die sich überhaupt nicht verstehen, die nicht einmal miteinander sprechen, die sich gegeneinander wenden, die sich verraten, und ich bin lieber Einzelkind, als das mitmachen zu müssen«, sagt sie. »Sicher gibt es auch Geschwister, die sich wunderbar verstehen. Aber ich kann schlecht etwas vermissen, was ich nie gehabt habe.«

Ob Einzelkinder es nun bedauern, keine Geschwister gehabt zu haben oder nicht: Sie neigen dazu, streng mit sich selbst ins Gericht zu gehen, wenn es um ihre sozialen Fähigkeiten geht.

Die meisten Einzelkinder, mich selbst eingeschlossen, sind überzeugt, daß sie es schneller und problemloser gelernt hätten, mit anderen Menschen umzugehen, wenn sie mit Geschwistern aufgewachsen wären. Sie haben das Gefühl, daß es ihnen nicht so leicht fällt, die Feinheiten zwischenmenschlicher Beziehungen zu durchschauen wie anderen.

John Updike sagte einmal, als er zu seinem Aufwachsen als

Einzelkind befragt wurde: »Die positive Seite ist sicherlich die ungeteilte Zuwendung und Liebe der Eltern, die dem Kind ein Selbstvertrauen verleiht, das es entweder befähigt, es weit zu bringen, oder das dazu führt, daß das Kind sich beim Zusammenprall mit der grausamen Welt eine größere Beule holt als üblich. Die negative Seite ist vielleicht eine gewisse Unsicherheit oder Zaghaftigkeit bei der alltäglichen Balgerei, die der Kontakt mit anderen Menschen gewöhnlich bedeutet.«

Psychologen sind bei ihren Untersuchungen der sozialen Fähigkeiten von Einzelkindern zu ganz unterschiedlichen Ergebnissen gekommen. Die Psychologen des Forschungsprojektes TALENT, der schon erwähnten weitreichenden Studie amerikanischer Oberschüler, forderten die Schüler auf, sich selbst neben anderen Charaktereigenschaften auf ihre Kontaktfreudigkeit, ihre Sensibilität und ihre Reife hin einzuschätzen. Jeder der Schüler bekam 150 Aussagen vorgelegt und mußte sich selbst auf einer Skala von eins bis fünf einordnen. Einige Beispiele: »Ich lerne gern neue Leute kennen«; »Ich gelte als ein Mensch mit gutem Geschmack«; »Ich gehe lieber mit Ideen um als mit konkreten Dingen«. Die Selbsteinschätzungen der Einzelkinder unterschieden sich hinsichtlich der Fragen über Impulsivität, Führungsqualitäten, Selbstvertrauen und Vitalität nicht wesentlich von den Antworten der Kinder, die aus einer Zwei-Kind-Familie kamen. Jedoch schätzten Einzelkinder sich selbst als gereifter, gebildeter, sensibler und ordentlicher ein als die Kinder, die Geschwister hatten.

Schüler, die einen Bruder oder eine Schwester hatten, erzielten jedoch höhere Punktzahlen bei den Fragen, die die Soziabilität betrafen. Als die Psychologen dann mittels der Häufigkeit von Verabredungen und der Intensität der sozialen Beziehungen das Sozialleben der einzelnen Schüler einschätzten, schienen Einzelkinder auch tatsächlich im Nachteil zu sein. Kinder mit Geschwistern begannen im allgemeinen früher, sich zu verabreden, sie verabredeten sich häufiger und hatten ein aktiveres Sozialleben. Es wies also einiges darauf hin, daß es zumindest bei Schülern zutrifft, daß Menschen mit Geschwistern mehr Spaß im Leben haben.

Es gibt Menschen, die eine natürliche Begabung für den

Umgang mit anderen Menschen besitzen. Aber die meisten Menschen, ob sie nun Einzelkinder sind oder nicht, müssen sich ihre sozialen Fähigkeiten hart erarbeiten. Der Prozeß des Erwerbs der sozialen Fähigkeiten beginnt meistens erst richtig, wenn wir in die Schule kommen. Viele der von mir befragten Einzelkinder können sich noch genau erinnern, wie gern sie zur Schule gegangen sind, weil sie in der Schule mit anderen Kindern zusammensein konnten. Carmelita Thompson, die Psychotherapeutin aus Eugene in Oregon, wuchs während der Weltwirtschaftskrise auf einer Farm in Oklahoma auf. »Ich hatte ein brennendes Verlangen danach, mit anderen Kindern zusammenzusein«, sagt sie. »Als ich zur Schule kam, änderte sich meine Lage erheblich. Ich hatte Schwierigkeiten damit, das Spielen zu lernen. Sogar noch als junge Erwachsene fiel es mir schwer, einfach locker zu sein. Ich glaube, es lag daran, daß ich schon als kleines Kind sehr kontrolliert und übertrieben erwachsen war.«

Manche Einzelkinder sind wirklich scheu und introvertiert. Die Bankkauffrau Carol Barron aus Tempe in Arizona sagt: »Es fiel mir nicht leicht, mit einer Gruppe zu interagieren. Es dauerte sehr lange, bis es mir gelang, aus meinem Panzer herauszukommen. Ich war immer sehr ruhig, meine ganze Schulzeit hindurch sagten die Lehrer immer, wie ruhig ich doch sei. Jetzt habe ich viele Freunde, aber es fällt mir immer noch schwer, die Leute wirklich an mich heranzulassen. Ich weiß nicht, ob es daran liegt, daß ich ein Einzelkind bin. Aber da ist immer eine Mauer, die mich umgibt.« Die siebenunddreißigjährige Verwaltungsangestellte Beverly Agniel aus Burbank in Kalifornien sagt: »Ich weiß nicht, ob die Tatsache, daß ich Einzelkind bin, dazu beigetragen hat, daß ich ein introvertierter Mensch bin, oder ob das einfach meine Natur ist. Wenn ich auf einer Party den ganzen Abend gemütlich mit jemandem in einer Ecke sitzen und reden kann, dann tu ich das. Ich muß nicht unbedingt alle möglichen Leute kennenlernen.«

Ruth Brine erinnert sich, daß sie es als Kind vorzog, nicht zu reden. »Ich erinnere mich, daß ein Mädchen einmal zu mir sagte: ›Sag was, oder ich erwürge dich‹«, erzählt sie lachend. »Ich habe mich geweigert, auch nur ein einziges Wort zu sagen.

Einmal habe ich auf dem Schulweg gelesen und wäre fast überfahren worden, als ich über die Straße ging. Wenn ich aus der Schule nach Hause kam, habe ich gelesen oder Musik gemacht.« Aber Brines Schüchternheit verschwand, als sie heranwuchs. »Mit fünfzehn habe ich mich zum erstenmal verliebt. Er kam aus einer großen irischen Familie, und ihr Haus war immer voller Leute. Es kam mir so vor, als wäre ich in ein fremdes Land gekommen. Ich konnte gar nicht genug davon kriegen. Praktisch bin ich von zu Hause ausgezogen und zu seiner Familie gezogen. Unser Haus schien so steril und ruhig zu sein, auch wenn meine Mutter manchmal ein ganzes Footballteam einlud. Ich fand es wundervoll, von dieser großen irischen Familie adoptiert zu werden.«

Während manche Einzelkinder scheu und schüchtern sind, sind andere übereifrig. Charles Pelton erinnert sich, daß er sich als Kind in Freundschaften regelrecht hineingestürzt hat. »Ich glaube, daß man als Einzelkind im Umgang mit anderen ein bißchen zurück ist«, erläutert er. »Man ist so sehr damit beschäftigt, die Erfahrungen, die man mit Geschwistern gehabt hätte, aufzuholen, daß einem die wahre Bedeutung von Freundschaft ganz entgeht. Ich war dermaßen interessiert daran, etwas zusammen mit anderen zu machen, daß ich zu intensiv auf andere Kinder zuging. Als ich begann, mich für Mädchen zu interessieren, hatte ich anfangs wirkliche Schwierigkeiten. Sie blieben immer Schwestern für mich. Ich wollte das gar nicht, ich wollte sie küssen. Es war so schwierig, weil mir ein gleichaltriges weibliches Rollenvorbild gefehlt hatte. Es fiel mir schwer, mir vorzustellen, wie ich eine junge Frau in meinem Leben unterbringen sollte.«

Die Teenagerzeit ist für jeden eine harte Zeit. Ein Einzelkind kann als Teenager unter Zweifeln und Ungewißheit leiden und das Bedürfnis haben, sich Rat außerhalb der Familie einzuholen. Chelsea Coan, eine Jugendliche aus Neenah in Wisconsin, sagt, daß es eins ihrer größten Probleme ist, jemanden zu finden, dem sie sich anvertrauen kann. »Ich habe keine Geschwister, und ich will nicht immer meiner Mutter oder meinem Vater alles erzählen«, sagt sie. »Das ist ein wirklicher Nachteil, manche Sachen sollen sie nicht wissen. Ich bin gern etwas geheimniskrämerisch, aber da ich Einzelkind bin, ist das manchmal so gut wie unmöglich. Sie wollen immer wissen, was ich tue. Die meisten meiner Freunde vertrauen sich ihren Geschwistern an. Meistens haben sie einen Bruder oder eine Schwester, mit dem oder mit der sie sich besonders gut verstehen. Natürlich rede ich mit meinen Freundinnen. Aber meistens gehe ich dann doch zu meinen Eltern.«

Während Mädchen keine Schwierigkeiten zu haben scheinen, mit Freundinnen über ihre Probleme zu reden, scheinen viele Jungen anzunehmen, daß sie ihr Gesicht verlieren würden, wenn sie sich einem Freund anvertrauen. Ein Mann, der als Einzelkind in einem ziemlich rauhen Viertel in der Bronx aufwuchs, beschreibt dieses Dilemma: »Wenn du keine älteren Geschwister hast, die dir Sachen beibringen können, wird das manchmal zum Problem, weil niemand da ist, an den du dich wenden kannst, wenn du einen Rat in sexuellen Dingen oder in Sportfragen brauchst. Das kann ziemlich blöd sein, weil man ja nicht zu irgendeinem Gleichaltrigen gehen will, um ihn zu fragen, wie man Fußball spielt. Ich hatte weder einen Vater noch einen Bruder, also mußte ich versuchen, all diese Sachen selbst herauszukriegen. Ein Junge würde doch niemals zu seinem besten Freund gehen und sagen: ›Ich gehe heute mit diesem Mädchen aus, also, wie macht man es?‹ Natürlich kommt es auch auf das Milieu an, in dem man aufwächst. In einem etwas härteren Milieu würde man so etwas niemals auch nur zu denken wagen. Alle würden dich auslachen. Bei mir war es so, daß mich diese Schwierigkeiten nur motiviert haben, mich noch energischer zu bemühen, diese Dinge zu lernen.«

Ganz offensichtlich gibt es Einzelkinder mit den unterschiedlichsten Charaktereigenschaften. Ob Einzelkinder scheu oder kontaktfreudig sind, hängt von vielen Faktoren ab: ihrer Veranlagung, ihren Interessen, den Gelegenheiten, andere Menschen kennenzulernen. Bei dem Erwerb der sozialen Fähigkeiten spielen die Eltern eine ganz zentrale Rolle. Als ich klein war, fuhren meine Tante und ich zum Beispiel immer zu einem Laden in der Nähe, um zusätzliche Lebensmittel einzukaufen.

Sie verlangte immer, daß ich in den Laden ging, um die Sachen zu besorgen. Damals dachte ich, sie wäre einfach faul. Später sagte sie mir, sie hätte mich allein in den Laden gehen lassen, um mir zu helfen, meine Schüchternheit zu überwinden.

Die Psychologin Toni Falbo, die selbst Einzelkind ist, erinnert sich, daß sie in ihrer Kindheit alles mögliche unternommen hat. »Meine Eltern waren bestrebt, mir alle möglichen Erfahrungen zu vermitteln«, sagt sie. »Sie bestanden darauf, daß ich bei den Pfadfindern mitmachte, dem Sportverein beitrat und mit Freunden spielte. Schon bei meiner Geburt haben sie mir die Mitgliedschaft in zahlreichen Organisationen gesichert. Sie haben meine Teilnahme am sozialen Leben wirklich gefördert. Ich saß also nie gelangweilt, einsam und passiv zu Hause herum.«

Viele Eltern von Einzelkindern sagen, daß sie sich sehr um Spielkameraden für ihr Kind bemühen. Joan Starker, die Stadtplanerin aus Portland in Oregon, betont, daß das keine leichte Aufgabe ist. »Ich finde es ganz wichtig, daß mein Sohn mit anderen Kindern spielen kann«, sagt sie. »Das erfordert eine Menge Organisation, es macht ziemliche Mühe, die Kinder hierherzuschaffen.« Joan Steiger, die Rechtsanwältin aus Massachusetts, sagt: »Wenn wir etwas Besonderes unternommen oder einen Ausflug gemacht haben, haben wir immer noch ein anderes Kind mitgenommen. Wir fanden, daß es dann viel mehr Spaß macht. Kinder genießen einen Ausflug viel mehr, wenn sie miteinander spielen können. Wir haben oft den Sohn von Freunden mitgenommen. Er ist ihr drittes Kind. All die Sachen, die man mit Kindern unternehmen kann, hatten sie also schon bis zum Überdruß durchexerziert. Sie wollten nicht, daß ihr Sohn all diese wichtigen Erfahrungen versäumt, aber sie hatten keine besonders große Lust, selbst mit ihm überallhin zu fahren. Ihr Sohn war seit der Kindergartenzeit ein sehr enger Freund von Jeff. Ich kann gar nicht alles aufzählen, was wir zusammen unternommen haben.«

Viele Einzelkinder erinnern sich daran, daß ihre Freunde immer willkommen waren. »Meine Eltern führten ein offenes Haus«, sagt Ellen Stone, eine leitende Angestellte aus San Francisco. »Die Kinder, die gegenüber wohnten, waren wie

Geschwister für mich. Ihre Eltern haben Weihnachten und Ostern nie besonders aufwendig gefeiert. Ostern kamen diese Kinder deshalb zu uns, und wir haben im Garten Ostereier gesucht.« Stone sagt von sich selbst, sie sei »im Grunde ein schüchterner Mensch«. »Mein Modus operandi war immer, erst mal alles genau zu beobachten und dann weiterzusehen«, erklärt sie. »Ich habe eine Art sechsten Sinn entwickelt, ich weiß meistens, was die Menschen denken.«

Jonathan Bulkeley, ein leitender Verlagsangestellter aus New York, sagt, daß seine Eltern es ihm gewöhnlich erlaubten, einen Freund mitzunehmen, wenn die Familie in Urlaub fuhr. »Ich hatte viele Freunde in der Nachbarschaft, die zum Spielen zu mir kamen«, erinnert er sich. »Meine Eltern hatten nie etwas dagegen, daß die Bude voll war. Und wenn wir in Urlaub gefahren sind, durfte ich immer einen Freund mitnehmen. Ich fand es schön, nicht allein reisen zu müssen, sondern einen Spielgefährten dabei zu haben.« Bulkeleys Eltern werden das gewußt haben: Sie sind beide Einzelkinder.

Die Anthropologin Mary Catherine Bateson, Mutter einer Tochter, ist auch der Ansicht, daß es wichtig ist, den Kindern Spielgefährten zu verschaffen. Aber sie fügt hinzu: »Es ist ein großer Fehler, anzunehmen, daß diese Spielgefährten gleichaltrig sein müssen. Unser Schulsystem ist so aufgebaut, daß immer Kinder gleichen Alters in einer Klasse sind. Aber in einer Familie gibt es Kinder verschiedenen Alters. Wenn man also nach einem Kind Ausschau hält, das mit dem eigenen Kind spielen soll, sollte man bedenken, daß Kinder mehr von Kindern lernen können, die älter oder jünger sind als sie selbst. Auf diese Art kann man auch die Gefahr des Konkurrenzdenkens und nachteiliger Vergleiche vermindern.«

Die Art, wie jemand mit anderen Menschen umgeht, kann auf subtile Weise davon beeinflußt werden, ob er ein Einzelkind ist oder nicht. Für viele Einzelkinder ist es ein Schock, wenn sie erfahren, daß die Leute nicht immer die Wahrheit sagen und daß sie nicht immer das sagen, was sie meinen. Während ein Mensch mit Geschwistern das spätestens begreift, nachdem einer von ihnen ihn zum ersten Mal bei den Eltern angeschwärzt hat, kann einem Einzelkind die Möglichkeit der Unaufrichtigkeit anderer zum ersten Mal klarwerden, wenn es schon fast erwachsen ist. Einzelkinder können ziemlich naiv sein. Bis heute bin ich einer der leichtgläubigsten Menschen, den man sich vorstellen kann. Mein Mann, der anderen sehr gern Streiche spielt, versucht es bei mir nicht einmal mehr. Es ist so leicht, daß es ihm keinen Spaß macht. Ich bin ein sehr vertrauensvoller Mensch. Ich halte die Leute immer für unschuldig, bis ihre Schuld erwiesen ist.

Das geht nicht mir allein so. In seiner Autobiographie beschreibt der Sänger Sammy Davis jun., wie seine Kindheit als einziges Kind eines Varietékünstlers aussah. Er war oft wochenlang mit seinem Vater auf Tournee und trat mit ihm zusammen auf. Obwohl er ein alter Hase im Showgeschäft war, mokierten sich die anderen Kinder über ihn, wenn er nach Harlem kam, wo er mit seinen Eltern wohnte, weil er ihre Welt von Kaugummi- und Baseball-Sammelbildchen nicht verstand. Eines Abends, als er und sein Vater Karten spielten, ertappte er seinen Vater beim Mogeln. »Ja, Sohn, ich hab's zu deinem Besten getan«, sagte sein Vater. »Ich hab dich angeschmiert, damit du die Tricks lernst. Also, wenn du groß bist und ich nicht mehr da bin, um dich zu beschützen, wird dich niemand beim Kartenspielen reinlegen können, ohne daß du es merkst. Ich tu dir einen Gefallen, Sohn, also setz dich hin und spiel.«

Die vierzigjährige Ann Beattie, Autorin unter anderem von *Amerikanischer Sommer,* sagt, daß sie als Kind extrem schüchtern war. Ihre Romane drehen sich oft um desillusionierte junge Erwachsene, die versuchen, mit einer feindlichen Welt fertig zu werden, und das ist zum Teil eine literarische Aufarbeitung eigener Erfahrungen. Sie war das einzige Kind zweier »selbstgenügsamer, zurückgezogen lebender Leute«. Als kleines Kind mußte sie sich einer Nierenoperation unterziehen, was zur Folge hatte, daß sie lange im Krankenhaus war und ziemlich isoliert aufwuchs. Beattie gibt zu, daß sie durch ihre Erziehung hypersensitiv geworden ist. »Als ich der wirklichen Welt ausgesetzt wurde, war ich immer ganz überrascht, wenn die Leute willkürliche Grausamkeiten begingen oder Vorurteile hatten«, sagt sie. »Bis heute bin ich völlig perplex, wenn ein Literaturkritiker sich in einer Kritik meiner Bücher über meine Frisur ausläßt. In meiner Familie ging es sehr zivilisiert zu. Das war nicht repräsentativ für unsere Gesellschaft, das ist mir jetzt bewußt, und ich weiß nicht, was ich tun soll, um das zu überwinden. Meine Familie hielt mich für wundervoll, solange ich nicht irgend etwas Schreckliches angestellt hatte.«

Einzelkinder sind oft sehr offen und ehrlich, da ihre Beziehungen zu den erwachsenen Mitgliedern des Haushalts meist von relativer Gradlinigkeit und Aufrichtigkeit geprägt sind. Lyn St. James, eine der führenden Rennfahrerinnen der Vereinigten Staaten, fiel auf die Frage, ob es irgendwelche Schwierigkeiten in ihrem Leben gegeben habe, die sie darauf zurückführen würde, daß sie Einzelkind ist, nur eine einzige Sache ein: das Problem des Taktierens. Laut St. James ist es schwierig, »die Tricks, die man im Leben braucht, zu lernen, weil man als Einzelkind nicht so viele Überlebensstrategien gelernt hat. Kinder bekommen Übung im Taktieren, wenn sie mit anderen Kindern zusammen sind. Sie lernen, ihre Geschwister rumzukriegen, sie lernen, wie sie das bekommen können, was sie haben wollen. Sie können taktieren. Ich bin so direkt. Wenn ich etwas will, sage ich es. Normalerweise akzeptiere ich ein Nein – wenn es keinen anderen Weg gibt, das zu bekommen, was ich will. Ich habe all das durch meinen Beruf gelernt, aber die meisten Leute lernen das während des Heranwachsens.«

Es kann gut sein, daß Einzelkinder direkter und offener sind als andere Leute. William M. Kelly, der ehemalige Herausgeber der Zeitschrift *Money,* erinnert sich: »Bevor ich aufs College ging, hatte ich nie darüber nachgedacht, daß ich Einzelkind bin.«

Auf dem College lernte er dann, was Diplomatie ist. »Ich fand es immer gut, daß ich offen und direkt war«, sagt er. »Ich sagte, was ich dachte; ich hielt das für richtig. Ich erinnere mich noch genau an die maßlos verblüfften Blicke, die mir mein Verhalten einbrachte, als ich auf dem College einer Studentenverbindung beitrat und eine ganze Gruppe neuer Leute kennenlernte. Sie haben mir sehr deutlich gesagt, was sie von mir und meinem Verhalten hielten. Ich habe diese Lektion nie vergessen: Man darf die Gefühle anderer Leute nicht verletzen.

Vielleicht haben Einzelkinder es nicht nötig, diese Lektion früher zu lernen.«

Das Bedürfnis von Einzelkindern, sich auszuzeichnen, ist durch zahlreiche Untersuchungen belegt worden, aber dieses Bedürfnis ist nicht unbedingt mit Konkurrenzdenken gleichzusetzen. Joseph Mawson, Professor der Forstwirtschaft an der Universität von Massachusetts in Amherst, sagt, daß es ihm nicht besonders leid getan hat, keine Geschwister zu haben. Er bemerkt allerdings, daß er seiner Ansicht nach deshalb bis heute weniger Konkurrenzgeist hat als andere. »Früher habe ich Football gespielt, und ich war ein ganz passabler Spieler«, sagt er. »Mein Trainer sagte mir einmal, daß aus mir nie ein wirklich guter Spieler werden würde. Ich hatte nicht das richtige Format dafür. Heute weiß ich, daß er recht hatte. Ich spielte sehr gern Football, aber für mich war es nur ein Spiel. Ich hatte nicht das Verlangen, jemandem Schaden zuzufügen, ich wollte nie unbedingt und um jeden Preis gewinnen. Ich habe das getan, was mir Spaß machte. Das tue ich immer noch. Ich denke, daß das damit zusammenhängen könnte, daß ich Einzelkind bin.«

Viele Einzelkinder neigen dazu, eine gewisse Distanz zu wahren. Eine Frau, die anonym bleiben möchte, umschreibt ihre Haltung gegenüber anderen Menschen folgendermaßen: »Ich habe mich immer sehr wohl dabei gefühlt, so zu sein wie der Junge, der mitten im Baseballspiel einfach seinen Ball nimmt und geht. Die anderen sagen dann vielleicht: ›Aber wir können doch nur gemeinsam spielen.‹ Und ich sage: ›Vielen Dank, aber ich brauche das nicht.‹«

Es ist eine interessante Tatsache, daß Einzelkinder in der Politik und im Sport unterrepräsentiert zu sein scheinen. Das soll nicht heißen, daß Einzelkinder die dazu notwendigen Fähigkeiten nicht haben – schließlich sind der Senator von New Jersey, Bill Bradley, und die ehemalige Gouverneurin von Kentucky, Martha Layne Collins, Einzelkinder – es heißt einfach, daß Einzelkinder sich im allgemeinen nicht zu diesen Tätigkeitsbereichen hingezogen fühlen. Das Forschungsprojekt TALENT hat untersucht, welchen Freizeitbeschäftigungen Einzelkinder am liebsten nachgehen. Die befragten Oberschüler sollten angeben, welche von neunundzwanzig verschiedenen Hobbys ihnen am meisten zusagen würden. Es kristallisierten sich klare Verhaltensmuster heraus. Einzelkinder zogen eindeutig Hobbys wie Lesen, Briefmarken- oder Münzensammeln, Tierzucht oder die Beschäftigung mit Haustieren, Singen, Theaterspielen und Tanzen, Musik und Fotografie vor. Kinder mit Geschwistern neigten dagegen zu robusteren Freizeitbeschäftigungen. Sie trieben gern Sport und erlernten praktische Tätigkeiten wie zum Beispiel Kochen, Holzarbeiten und Angeln. Tatsächlich neigen diejenigen Einzelkinder, die zu bekannten Sportlern geworden sind, dazu, individualistischere Rollen einzunehmen: Zum Beispiel Joe Montana, der Quarterback der San Francisco '49er; Ivan Lendl, einer der besten Tennisspieler der Welt; Bret Saberhagen, der preisgekrönte Werfer der Kansas City Royals, und Christopher Bowman, ein Eiskunstläufer, der es zu olympischen Ehren gebracht hat.

Viele Einzelkinder erwähnen, welche Schwierigkeiten es ihnen macht, mit Konflikten oder Streitigkeiten angemessen umzugehen. Käthe Roth, Sekretärin bei der kanadischen Regierung, nimmt an, daß man diese Konfliktfähigkeit erwirbt, wenn man gezwungen ist, sich mit Gleichaltrigen wirklich auseinanderzusetzen – wenn man nicht einfach die Tür zuknallen und nach Hause gehen kann. »Ich mußte viele Reaktionsmuster wieder verlernen, die schon für ein Kind nicht angemessen waren und die bei einem erwachsenen Menschen ganz sicher fehl am Platze sind«, gibt sie zu. »Zum Beispiel mußte ich erst lernen, daß man sich nach einem Streit auch wieder vertragen kann. Diese Vorstellung war mir ganz neu. Wenn ich mich als Kind mit jemandem gestritten hatte, ging ich einfach nach Hause. Wenn ich diese Kinder nie wiedersah, machte mir das überhaupt nichts aus. Doch wenn du dich mit deinen Geschwistern gestritten hast, kannst du zwar in dein Zimmer gehen und die Tür zumachen, aber spätestens beim Abendbrot siehst du sie wieder. Du mußt also lernen, dich wieder mit ihnen zu vertragen.«

In seiner Autobiographie *Giant Steps* räumt der Basketballspieler Kareem Abdul-Jabbar, ebenfalls Einzelkind, ein, daß es nicht leicht ist, mit ihm auszukommen. »Wenn du noch drei

Brüder hast und ihr euch nach einem Streit alle wie die Pest haßt, müßt ihr trotzdem im selben Haus schlafen, und am nächsten Tag sind die Brüder immer noch da. Man lernt so, miteinander umzugehen, man entwickelt eine größere Toleranz gegenüber anderen Menschen, und man lernt, Entschuldigungen anzunehmen und die eigenen Fehler zuzugeben. Ein Einzelkind kann sich dagegen in sein Zimmer zurückziehen und bis in alle Ewigkeit über seinem Haß brüten.« Einzelkinder, deren Eltern autoritär sind, können unter Umständen besondere Probleme mit der Konfliktfähigkeit haben. Robin Smith aus La Habra in Kalifornien weist auf einen sehr wichtigen Punkt hin. »Ich hatte als Kind nie Umgang mit wirklich Gleichgestellten«, sagt sie. »Ich hatte zwar Freunde, aber man geht mit Freunden nicht so um wie mit Geschwistern, glaube ich jedenfalls. Auch wenn man seine Geschwister ausgesprochen mies behandelt, können sie nicht weglaufen. Aber zu seinen Freunden muß man nett sein, weil man sie sonst nie wiedersieht. Wenn man ein Kind ist, gibt es immer Leute, die über einem stehen, Eltern und Lehrer und so weiter. Aber die Kinder, die einem ja gleichgestellt sind, muß man mit Samthandschuhen anfassen. Man lernt so nicht, wie man sich streitet.«

Natürlich gibt es auch subtilere Formen des menschlichen Umgangs, die gelernt werden müssen. Viele Einzelkinder sind erst das intellektuell früh entwickelte kleine Kind und dann die besten Schüler der Schule. Ein Vater zweier Kinder bemerkt: »Wenn du dann als Teenager oder junger Erwachsener aufs College gehst oder einen Job annimmst, wirst du mit dem wirklichen Leben konfrontiert, und du mußt einige sehr wichtige Dinge lernen. Du mußt lernen, daß du nicht so großartig bist, wie du immer gedacht hast. Es gibt viele Leute, die besser, fähiger, intelligenter, schöner oder erfolgreicher sind als du. Das ist auch ganz in Ordnung so. Du mußt lernen, mit diesem Gedanken fertig zu werden. Wenn du Geschwister hast, lernst du eher, auch mal zurückzustehen. Ich kann das bei unseren Kindern beobachten.«

Für Kathy Gay war es eine Art Schock, als sie feststellen mußte, daß es in der Geschäftswelt viele Leute gab, die mindestens ebenso gut waren wie sie, nachdem sie jahrelang überall die Beste gewesen war. »Es ist mir am schwersten gefallen, den Umgang mit Kollegen und Untergebenen zu lernen«, sagt sie. »Wenn ich Geschwister gehabt hätte und zu Hause Konflikte mit ihnen hätte austragen müssen, hätte ich jetzt etwas mehr Übung darin, dann würde ich es jetzt besser können, denke ich. Ich arbeite daran, diese Schwierigkeiten zu überwinden. Aber es hat ein hartes Training erfordert, bis ich gelernt hatte, mit anderen Leuten zusammenzuarbeiten. Ich bin sehr gut in der Zusammenarbeit mit Vorgesetzten, aber ich bin nicht gut im Umgang mit Untergebenen. Und ich bin überzeugt, daß das an meiner Kindheit liegt. Die Zusammenarbeit mit Kollegen klappt inzwischen besser, weil meine Firma ein sehr intensives Training in mich investiert hat. Aber wirklich leichtfallen wird es mir nie, fürchte ich.«

Es gibt jedoch auch soziale Fähigkeiten, bei denen Einzelkinder besser abschneiden. Die Psychologin Toni Falbo von der Universität von Texas untersuchte in den frühen siebziger Jahren die Kooperationsbereitschaft von Kindern. Sie forderte Gruppen, die aus Einzelkindern bestanden auf, verschiedene Aufgaben zu erfüllen, zu deren Lösung sowohl Kooperationsbereitschaft als auch Konkurrenzdenken erforderlich waren. Dieser Test basierte auf einem von der NASA benutzten Spiel. Nachdem die Kinder die Aufgaben gelöst hatten, fragte Falbo die Teilnehmer, wie gut ihnen die anderen Gruppenmitglieder gefallen hätten und wie sie die Kooperationsbereitschaft der anderen einschätzten.

»Die Einzelkinder schnitten dabei sehr gut ab«, sagt Falbo. »Sie schienen selbstloser, vertrauensvoller und vertrauenswürdiger zu sein als die Kinder, die Geschwister hatten.« Falbo stellte fest, daß beide Gruppen ursprünglich die gleichen Strategien anwandten, um die ihnen gestellte Aufgabe zu erfüllen. Jedoch neigten Einzelkinder eher dazu, positiv auf die Vorschläge anderer zu reagieren und darauf einzugehen. »Vielleicht liegt das daran, daß Einzelkinder, die innerhalb ihrer Familie mit niemandem konkurrieren müssen, den Motiven anderer Menschen mehr Vertrauen schenken«, kommentiert Falbo.

Einzelkinder sind nicht nur vertrauensvoll, sondern oft teilen sie auch gern. Patricia Dalzell aus Gloucester in Massachusetts hat festgestellt, daß ihre Tochter Pammy sehr großzügig mit ihren Besitztümern umgeht. »Wenn du Geschwister hast, empfindest du eher das Bedürfnis, zu sagen: ›Das gehört aber mir‹«, sagt Dalzell, die zwei Geschwister hat. »Als Einzelkind hast du es nicht nötig, anderen etwas wegzunehmen oder deinen Besitz zu horten.«

Die Fähigkeit zu teilen ist nicht immer angeboren, manchmal muß sie mühsam erlernt werden. Frances, eine Frau Ende Fünfzig, erinnert sich: »Es fiel mir schwer, zu lernen, anderen Kindern etwas zukommen zu lassen. Als ich ungefähr zehn oder elf war, nahmen meine Eltern den Sommer über ein armes Kind bei uns auf. Es fiel mir sehr schwer, mit ihm zu teilen. Ich hatte es nie nötig gehabt, abgelegte Sachen zu tragen. Meine Eltern waren sehr verärgert, aber ich wollte meine Sachen für mich. Besonders gut fühlte ich mich auch nicht dabei.« Seit der Zeit hat Frances sich immer sehr bemüht, mehr an andere zu denken. »Besitz bedeutet mir mittlerweile nicht mehr viel«, sagt sie. »Ich verschenke gern Dinge. Ich habe dieses Bedürfnis nach Besitz verloren. Ich nehme an, das kommt daher, daß ich so viel hatte, als ich klein war.«

Bill Brennan, der Regisseur und Produzent, der über seine enge Vaterbindung sprach, sagt, daß sein Vater ihm geholfen habe, die Dinge in der richtigen Perspektive zu sehen. Sein Vater, ein Rechtsanwalt, hatte einmal zu ihm gesagt: »Ich weiß, daß du kritisiert wirst, weil du ein Einzelkind bist, ich weiß, daß die Leute behaupten, du seist verzogen und könntest nicht teilen, aber laß mich dir eins sagen: Du bist ein sehr großzügiger Mensch, und das wirst du immer sein. Es ist eins der unwürdigsten Schauspiele, das man sich vorstellen kann, wenn man sieht, wie diese liebenden Familien sich über die Aufteilung der Erbschaft streiten. Die unbedeutendsten, unwichtigsten Kleinigkeiten führen oft zu jahrelangen erbitterten Rechtsstreitigkeiten. Diese Familienfehden sind geradezu obszön. Und die reden über Selbstsucht! Man hört immer von diesen großen, liebenden Familien, die so gut teilen können. Was für ein Stuß. Die Mitglieder dieser Familien können die selbstsüchtigsten Menschen der Welt sein.«

Eine Geschichte
Renée Franklin, Mitte Vierzig, Rechtsanwältin, New York

Ich fand es in vieler Hinsicht einfach wundervoll, Einzelkind zu sein. Ein Einzelkind erhält sehr viel Zuwendung und Aufmerksamkeit, die Eltern kümmern sich intensiver um einen. Andererseits habe ich mich manchmal einsam gefühlt. Es wäre wundervoll gewesen, Geschwister oder einen Zwilling zu haben, weil ich dann einen Freund gehabt hätte, mit dem zusammen ich die Probleme, die es ja manchmal in Familien gibt, gemeinsam hätte durchstehen können. Leute mit Geschwistern haben mir schon oft gesagt, daß es höchstwahrscheinlich nicht so gewesen wäre, oder sie sagen: »Ich hatte einen Bruder, der zwei Jahre älter war als ich, und er hat mich immer mies behandelt.« Als Kind habe ich davon geträumt, Brüder oder Schwestern zu haben, denen ich meine Geheimnisse erzählen könnte, die die gleichen Eltern hätten und dieselben Kindheitserfahrungen, dasselbe Zuhause. Niemand, der nicht alles selbst miterlebt hat, kann wirklich verstehen, wie es war. Als Einzelkind hast du niemanden, mit dem du Kindheitserinnerungen austauschen kannst.

Ich bin in Los Angeles aufgewachsen, und ich hatte einige enge Freunde, die ich ziemlich regelmäßig traf. Meine Mutter war sehr darauf bedacht, mich zu beschützen, sie wollte mich bei sich behalten und mich nicht gehen lassen, während ich versuche, meine Tochter zu ermutigen, sich möglichst viel mit anderen Kindern zu treffen. Meine Mutter war in mancher Hinsicht recht repressiv, und das hielt mich davon ab, so aktiv zu sein, wie ich hätte sein können, weil ich immer Angst hatte, mich zu verletzen. Fahrradfahren habe ich erst mit vierunddreißig gelernt, und erst auf der Universität habe ich angefangen, Tennis zu spielen. So gesehen, ist es mir immer noch nicht ganz gelungen, die Nachteile meines Aufwachsens als Einzelkind zu überwinden.

Rückblickend würde ich sagen, daß mir zwei Dinge entgangen sind: Der Sport – meine Mutter sagte immer, ›wenn du den Ball nicht fangen kannst, laß es einfach bleiben‹ –

und die Sozialisation, der Umgang mit Geschwistern. Aber das letztere ist ein zweischneidiges Schwert. Ich war immer ein unabhängiger Mensch, und meine Freiheit, meine Unabhängigkeit und meine eigene Sichtweise der Welt waren mir immer sehr wichtig. Das ist etwas, das mir niemand nehmen kann. Andererseits wird dadurch die Interaktion mit anderen Menschen erschwert. Ich war als Schülerin nicht so beliebt wie andere. Das kann allerdings auch damit zusammenhängen, daß ich in einer Arbeiterwohngegend aufgewachsen bin und ziemlich intelligent war. Die Freunde, die ich hatte, wurden auch von Anfang an in speziellen Förderkursen aufs College vorbereitet, während es klar war, daß der größte Teil meiner Mitschüler nicht aufs College gehen würde. Da ich diese speziellen Förderkurse für Hochbegabte besuchte und außerdem nicht besonders gesellig war, fühlte ich mich bei den schulischen Tanzveranstaltungen nie besonders wohl, obwohl sich da wohl niemand besonders wohl fühlt, wie mir jetzt klar ist. Wenn man ältere Geschwister hat, die all das schon mal durchgemacht haben, ist es vielleicht nicht so schlimm.

Ich bin sehr gern zur Schule gegangen. Der Unterricht faszinierte mich. Rückblickend denke ich, daß ich wahrscheinlich gar nicht so scheu und introvertiert und zurückhaltend war, wie ich damals dachte. Ich hatte immer eine Gruppe von vier oder fünf engen Freundinnen. Wir waren dick befreundet und haben uns oft getroffen. Ich war auch bei den Pfadfinderinnen, denen ich eine Reihe sehr positiver Erfahrungen verdanke. Diese Gruppe ersetzte mir die Geschwister, die ich nicht hatte. Vielleicht war die Gruppe sogar besser, da die Rivalität und die Feindseligkeit, die manchmal zwischen Geschwistern auftreten, völlig fehlte. Rückblickend denke ich, daß es wirklich am besten für mich war, Einzelkind zu sein. Mir war das nur zu der Zeit nicht bewußt. Damals – ich bin 1944 geboren – gab es weniger Einzelkinder als heute. Die meisten Kinder, die ich kannte, hatten Geschwister, oder so kam es mir jedenfalls vor. Da ich Einzelkind war, trennte ich mich von den anderen. Ich war in vielerlei Hinsicht anders. In der Schule war ich die Beste.

Meine Eltern waren zehn oder zwölf Jahre älter als die Eltern der anderen Kinder. Mein Alleinsein, mein Aufwachsen ohne Geschwister, wurde durch meine sozialen Erfahrungen noch unterstrichen. Zu der Zeit fühlte ich mich durch mein Anderssein isoliert.

Daß ich Einzelkind bin, hat für mich die Wichtigkeit von Familie und das Bedürfnis, eine Familie zu haben, noch verstärkt. Ich fand die Feiertage, die wir zusammen mit der ganzen Familie, das heißt, mit meiner Großmutter und meinem Großvater, meiner Tante, ihrem Mann und ihren beiden Kindern verbrachten, immer sehr schön. Ich erinnere mich mit Glück und Freude an diese Gelegenheiten. Ich habe jetzt eine Tochter, und sie macht mich sehr glücklich. Ich hatte einige Bedenken, nur ein Kind zu bekommen, obwohl ich glaube, daß es in unserer heutigen Gesellschaft ökonomisch gesehen eine erhebliche Erleichterung ist, ein Einzelkind großzuziehen. Und da ich eine alleinerziehende Mutter bin, ist es auch praktisch eher machbar. Ich hatte einige Bedenken, meine Tochter ohne Geschwister aufwachsen zu lassen, ich habe sie ja praktisch der gleichen Situation ausgesetzt, unter der ich als Kind gelitten habe. Andererseits weiß ich, was mir als Kind Probleme bereitet hat, und kann es vermeiden, die gleichen Fehler noch einmal zu machen.

Eine der Hauptkonsequenzen, die ich aus diesem Gedanken gezogen habe, ist es, meine Tochter von zwei Tagesmüttern betreuen zu lassen, zwei sehr netten, mütterlichen Frauen, die ihre Kinder gemeinsam großgezogen haben und jetzt drei bis vier Kinder betreuen. Und diese Kinder wachsen praktisch zusammen auf, sie sind fast wie Geschwister. Sie haben tagsüber die gleichen »Mütter«, also haben sie viele gemeinsame Erfahrungen.

Da sie fast gleichaltrig sind, können sie diese Erfahrungen auch wirklich miteinander teilen. Bis jetzt scheint die Sozialisation meiner Tochter sehr gut verlaufen zu sein; wenn sie neue Kinder kennenlernt, geht sie unbefangen auf diese zu, und sie kann sich auch in einer fremden Umgebung behaupten. Ich denke, daß es förderlich für sie war, so viel mit anderen Kindern zusammenzusein.

Ich habe immer sehr auf eine ideale Ehe gehofft, und ich wollte in dieser Ehe ein Kind großziehen. Aber ich frage mich manchmal, inwieweit die Tatsache, daß ich Einzelkind bin, dazu geführt hat, daß ich mich absondere, so sehr, daß ich sogar ein Kind allein großziehe. Natürlich liegt es nicht nur daran, andere Faktoren spielen auch eine Rolle. Ich bin einmal verheiratet gewesen, habe mich scheiden lassen, sieben Jahre mit einem anderen Mann zusammengelebt und ihn dann verlassen. Ich bin immer ein sehr unabhängiger Mensch gewesen, und mein Beruf war mir immer wichtiger als alles andere, die ganzen sechziger Jahre hindurch, während des Vietnamkrieges, der Frauenbewegung, den siebziger Jahren. Ich habe das Gefühl, einen Punkt in meiner Entwicklung erreicht zu haben, wo es ganz natürlich für mich war, ein Kind allein und ohne Partner großzuziehen, in einer Gesellschaft, in der das plötzlich akzeptiert wurde, während es diese Möglichkeit früher nicht gab oder sie doch mit extremen Vorurteilen belastet war. Obwohl ich jetzt ein Kind habe, und obwohl ich durchaus das Bedürfnis nach einer Beziehung zu einem Mann habe, ist dieses Bedürfnis nicht so stark, wie es bei vielen anderen ist. Ich bin ganz zufrieden so. Viele Ehen zerbrechen, also werden sowieso viele Kinder nur von der Mutter großgezogen. Ich habe mein Ziel einer »idealen Ehe« noch nicht aufgegeben, aber ich finde es besser, aus freiem Willen und eigener Entscheidung eine alleinerziehende Mutter zu sein, als durch eine kaputte Ehe dazu gezwungen zu werden.

Allein (aber nicht zwangsläufig einsam)

Ich kann mich nicht erinnern, mich oft einsam gefühlt zu haben, aber an einem Samstagnachmittag im Herbst war ich es. Mein Onkel und ich waren im Garten und damit beschäftigt, die Überreste der Fülle des Sommers zu beseitigen. Es gab immer noch reife Flaschenkürbisse und Patisson-Kürbisse, aber der Mais war schon abgeerntet, und es hingen nur noch ein paar Bohnen an den Stäben. Die Nachbarskinder machten einen Tagesausflug mit ihren Eltern. »Als du klein warst, hattest du da auch manchmal niemanden zum Spielen?« fragte ich meinen Onkel. Er war wie ich als ein einziges Kind aufgewachsen, wenn er auch ältere Stiefgeschwister hatte. »Sicher«, antwortete er. »Es waren oft keine anderen Kinder da.«

»Und was hast du dann gemacht?« jammerte ich.

»Ach, ich bin rumgelaufen und habe gewartet, ob jemand auftauchen würde. Oder ich habe im Garten geholfen«, sagte er und zeigte auf den Rechen.

Meine Lösung des Problems bestand dagegen meistens darin, zu lesen. Ich ging auf die »Lane School«, eine kleine, aus Holz erbaute Schule, die hundert Jahre alt war. Dort gab es im zweiten Stock einen Raum, der abwechselnd als Cafeteria, Turnhalle und Bücherei verwendet wurde. Wenn wir Sport hatten, nahmen wir die Turnmatten, die in einer Ecke des Raumes aufgestapelt waren, und breiteten sie auf dem Boden aus, damit wir unsere Bodenturnübungen machen konnten. Mittags brachte ein kleiner Lastwagen unser warmes Mittagessen. Aber mir gefiel der Raum nachmittags am besten, wenn die Bücherschränke, die an den Wänden standen, aufgeschlossen wurden. Ich hatte eine Reihe von Lieblingsbüchern, die ich mir ein paarmal im Jahr auslieh. Und gelegentlich stellte uns das Amt für Schule für ein, zwei Monate neue Bücher zur Verfügung. Ein Lehrer stellte diese Bücher immer auf einem langen Holztisch aus, damit alle sie sich ansehen konnten. Ich betrachtete sie genau, sah mir die Illustrationen an und alles andere, so als würde ich einen neuen Freund wählen. In der Grundschule war ich ganz wild auf Detektivgeschichten. Eine

Zeitlang mochte ich Judy Bolton am liebsten. Als ich diese Reihe durchhatte, entdeckte ich Nancy Drew. Sie war ein wunderbares Rollenvorbild. Nancy Drew war das einzige Kind von Carson Drew, einem wohlhabenden Rechtsanwalt in einer Stadt im Mittelwesten. Da Nancy schon als Kleinkind die Mutter verloren hatte, entwickelte sie sich früh zu einer einfallsreichen und verantwortungsbewußten Person. Ihr Talent zum Detektivspielen, das sie entwickelt hatte, weil sie mit den Fällen ihres Vaters so vertraut war, war weithin bekannt und wurde von allen bewundert. Sie war hübsch, höflich, aufgeweckt und beliebt, und sie kutschierte in einem blauen Roadster herum. Für mich war sie der personifizierte Glamour. Ihre Fälle waren gefährlich genug, um spannend zu sein, aber ich konnte mir beim besten Willen nicht vorstellen, selbst einmal eine verborgene Treppe zu finden oder in einer Juwelenschatulle nach versteckten Hinweisen auf ein Verbrechen zu suchen. Wenn ich herumschnüffelte, beschränkte ich mich dabei auf die Geschichte meiner Familie. (Mit wem war meine Mutter als junges Mädchen ausgegangen? Welche Häuser in der Stadt hatte mein Großvater als Architekt entworfen?)

Ich war keinerlei Gefahren ausgesetzt. Als ich fahrradfahren lernte, fuhr mein Onkel mich immer zu einer zwei Meilen entfernten Schule, damit ich auf dem leeren Parkplatz üben konnte. Die Straßen in der Nähe unseres Hauses waren schmal, und mein Onkel und meine Tante befürchteten, ich könnte von einem Auto angefahren werden. Alle waren bestrebt, mich vor jeglichem Schaden zu bewahren.

Aber ich war durchaus fähig, mein Leben aufregend zu gestalten. Im Wald, ungefähr eine Meile von unserem Haus entfernt, gab es einen Brunnen. Wir Kinder nannten ihn den Brunnen der Indianer, und wir durchsuchten das Gehölz um ihn herum nach Spuren. Wir haben nie welche gefunden, aber wir stellten uns Krieger in Mokassins vor, die uns heimlich auflauerten, und flohen dann aus dem Wald. Wir hatten alle die Fernsehserie U.N.C.L.E. gesehen, und wir entwarfen Geheimpläne, überlegten, wer diesmal Napoleon Solo und wer Illya Kuryakin sein sollte. Meistens glaubte ich am Schluß schon selbst, daß wir die Geheimpläne von den Raketen nach Washington durch-

bringen müßten. Mein Herz schlug bei diesem Spiel wie rasend. Ich schrie immer laut auf, wenn eins der anderen Kinder mich aus dem Hinterhalt überfiel. In meinen Phantasien war ich stark, tapfer und klug. In Wirklichkeit war ich ziemlich schreckhaft.

Obwohl ich nie Schauspielerin werden wollte, spielte ich doch meine eigenen kleinen Dramen durch, wenn ich allein war. Es wird oft gesagt, daß viele Kinder, insbesondere Einzelkinder, sich einen imaginären Spielgefährten schaffen; das habe ich nie getan. Aber ich führte imaginäre Gespräche mit Lehrern, Fußballspielern oder Filmschauspielern. In diesen Gesprächen war ich witzig und geistreich und nie um die richtige Antwort verlegen. Diese einsamen Unterhaltungen sind eine Angewohnheit, die in der Familie liegt. Mein Vater pflegt zu sagen: »Wenn ich das Bedürfnis nach einer intelligenten Unterhaltung habe, gehe ich ins Wohnzimmer und rede mit mir selbst.« Und er hatte elf Geschwister.

Ich bin immer noch gern allein, und so wird es wohl auch bleiben. Es ist nicht so, daß ich die Menschen nicht mag. Aber wenn ich allein bin, steht es mir frei, mich so zu fühlen, wie ich gern sein würde: charmant, anmutig und brillant. Alleinsein kann sehr schön sein.

Für mich ist die Szene, in der Charles Foster Kane, einer der reichsten Männer Amerikas, allein in seinem Schloß Xanadu stirbt, einer der eindrucksvollsten Momente der Filmgeschichte. Kurz vor seinem Tod sagt er noch ein letztes Wort: »Rosebud«. Ein Journalist bringt den Rest des Films damit zu, einem Leben von gewaltigem Reichtum und gewaltiger Leere nachzuspüren, um herauszubekommen, wer oder was Rosebud ist. Da Kane weder eine Familie noch enge Freunde besaß, muß er seine Suche schließlich ohne Erfolg einstellen.

Orson Welles' 1941 entstandener Film *Citizen Kane* ist eine meisterhafte Darstellung der Einsamkeit. Der Film basiert auf dem Leben des Zeitungsmagnaten William Randolph Hearst, der Einzelkind war.

Allein sterben, allein leiden, allein leben: Diese Zukunftsaussichten jagen den Menschen entsetzliche Angst ein. Louise

Bernikow schreibt in ihrem Buch *Alone in America* : »Die meisten Menschen schämen sich ihrer Einsamkeit. Sie leugnen, einsam zu sein. Sie vertuschen es. Unsere erste Reaktion ist, uns von einsamen Menschen abzuwenden, die irgendwie drohen, uns in tiefen Treibsand zu ziehen, und wir neigen dazu, die eigene Einsamkeit nicht einmal vor uns selbst zuzugeben.«

Eine der Mythen über Einzelkinder, die sich mit am hartnäckigsten gehalten hat, ist die Annahme, daß Einzelkinder per definitionem einsam sind. »Viele Leute sagen, daß sie mehr als ein Kind haben möchten, weil sie nicht wollen, daß ihr Kind einsam ist«, sagt Ann O'Sullivan, Lehrerin aus New Hampshire, die selbst Einzelkind ist. »Was für ein schrecklicher Grund, ein Kind zu bekommen. Es ist, als würde man zwei Katzen kaufen, damit sie sich gegenseitig Gesellschaft leisten können.«

Die Einsamkeit kennt keine Grenzen. Sie ist ohne Zweifel nicht nur auf Einzelkinder beschränkt. Im heutigen Amerika gibt es mindestens neunzehn Millionen Menschen, die allein leben. Das ist ein enormer Anstieg gegenüber 1950, wo noch circa fünf Millionen Menschen allein lebten. Wer kann schon beurteilen, ob diese Leute einsam sind oder nicht? Ganz offensichtlich einsam sind sicherlich die alten Menschen, die exiliert von ihrer Familie und alten Freunden leben, oft in warmen Klimazonen. Aber es gibt keinerlei Mangel an einsamen Menschen jeden Alters. Jugendliche, ob sie nun Geschwister haben oder nicht, leben oft in einer Unterwelt der Entfremdung, sie haben die Kindheit hinter sich gelassen, sind aber noch nicht wirklich erwachsen. Es gibt Menschen, die sich von ihrem Ehepartner nicht verstanden fühlen und sich nach einer engeren und tieferen Beziehung sehnen. Mütter fühlen sich nach der Geburt ihres ersten Kindes oft von der Welt isoliert, wenn sie allein mit dem Kind zu Hause sitzen. Und dann sind da die Workaholics, Männer und Frauen, die sich selbst eine Fünfzig- oder Sechzig-Stundenwoche auferlegen, um Karriere zu machen – oder um ihrem leeren Zuhause zu entgehen. Einsamkeit ist ein Gemütszustand, eine Sehnsucht, ein Verlangen nach Nähe, das oft sehr wenig mit Alleinsein zu tun hat.

Dennoch werden wir von frühester Kindheit an vor der Gefahr gewarnt, ausgeschlossen zu sein, uns selbst überlassen zu werden. Aschenputtel, ein Einzelkind, ist ihrer bösen Stiefmutter und ihren bösen Stiefschwestern hilflos ausgeliefert. Rotkäppchen geht allein durch den Wald, eine leichte Beute für den großen bösen Wolf. Schneewittchen ist allein und schutzlos, bis der Prinz sie rettet.

Als ich über die Darstellung von Einzelkindern in der Literatur und den Medien nachdachte, fiel mir eines Abends plötzlich auf, daß Einzelkinder bemerkenswert häufig im Mittelpunkt der Handlung von Horrorfilmen und Thrillern stehen. Norman Bates, der Antiheld in Hitchcocks Film *Psycho,* ist eine der unheimlichsten Filmgestalten, die es gibt. Hitchcock läßt uns glauben, daß es seine dominierende Mutter ist, die ihn zu einem Mörder werden läßt. Und seine Isolation von der Gesellschaft bewirkt, daß er ungeschoren davonkommt. Sonderbarerweise ist Anthony Perkins, der Darsteller des Norman Bates, ebenfalls Einzelkind.

Aber häufig sind Einzelkinder nicht die Täter, sondern die Opfer von Gewalt. In dem Film *Der Exorzist* wird das Einzelkind Regan McNeil zu einer leichten Beute für den Teufel, da die Mutter, eine Schauspielerin, oft nicht da ist und der Vater völlig durch Abwesenheit glänzt. In Brian de Palmas Film *Carrie* wird ein Einzelkind, ein Mädchen im Teenageralter, von anderen Jugendlichen schikaniert und gedemütigt. Da sie weder Geschwister noch Freunde hat, die sie beschützen können, muß sie auf übernatürliche Kräfte zurückgreifen, um sich verteidigen zu können. In Stanley Kubricks Film *Shining* besitzt Danny, der einzige Sohn, ebenfalls übernatürliche Fähigkeiten. Er, seine Mutter und sein gewalttätiger Vater werden allein in einem Spukhotel auf dem Gipfel eines Berges eingeschneit. Als er die übernatürliche Botschaft erhält, daß sein Vater ihn und seine Mutter töten wird, versucht er, Hilfe zu holen.

Gelegentlich ist das einsame und intuitiv begabte Einzelkind auch der Held oder die Heldin des Films. In dem 1986 gedrehten Film *The Stepfather* ahnt das Einzelkind Stephanie Maine schon früh, daß ihr neuer Stiefvater ein Killer sein könnte. Die Geschichte dreht sich um Stephanies Verdacht und um ihre Unfähigkeit, ihrer Mutter, einer jungen Witwe, die mit verzweifelter Hartnäckigkeit am Glauben an ihre neue Ehe festhält, ihre Ängste zu vermitteln. Die findige und intelligente Stephanie kommt gerade noch rechtzeitig hinter das Geheimnis um ihren Stiefvater. Nachdem Kate Miller in *Dressed to Kill* in einem Fahrstuhl zu Tode geprügelt worden ist, versucht ihr einziger Sohn, ein wissenschaftliches Genie im Teenageralter, unter Lebensgefahr den Mörder zu finden. In dem Film *Begegnung der dritten Art* entführen Besucher aus dem Weltraum ein Kind, das allein mit seiner Mutter lebt. Unschuldig und ohne Angst akzeptiert es die Außerirdischen und bringt schließlich seine Mutter, die schreckliche Angst vor ihnen hat, dazu, die Schönheit der Fremden zu erkennen. Frank Beaver, Professor an der Universität von Michigan, stellt fest: »Das Einzelkind im Film erscheint oft als einsam, als ein Einzelgänger, und oft ist es fähig zur Nachdenklichkeit und zur Introspektion. Ein Einzelkind kann eine intensivere Ausstrahlung haben, ebenso wie die Gestalt des verlorenen Sohnes.«

Sogar in Filmen, die keine Thriller sind, kann die Isolation des Einzelkindes zur Erhöhung der Dramatik des Films beitragen. Zumindest zum Teil liegt die Anziehungskraft des preisgekrönten Films *Kramer gegen Kramer* darin, daß Vater und Mutter um das Sorgerecht für ihr einziges Kind kämpfen. Besonders aufschlußreich ist ein Vergleich des neuseeländischen Films *Smash Palace* mit dem früher entstandenen amerikanischen Film *Shoot the Moon* mit Albert Finney und Diane Keaton in den Hauptrollen. Die Handlung, der langsame Zerfall einer Ehe, ist bei beiden Filmen identisch. Professor Beaver kommentiert: »In *Shoot the Moon* ist die Darstellung der Kinder viel klischeehafter. Es ist die typische Situationskomödie. Eines der Kinder bemuttert die anderen, eins ist das Großmaul und das dritte reagiert aggressiv. Der Film *Smash Palace* ist viel eindringlicher. Da nur ein Kind da ist, konnten die Autoren gar nicht anders, als ihm introspektive Züge zu verleihen. Der Film ist eine der besten filmischen Darstellungen der Scheidung und der Auswirkungen einer Scheidung auf die einzelnen Familienmitglieder. Und teilweise ist das darauf zurückzuführen, daß mit einem Einzelkind gearbeitet wurde.«

Da das Einzelkind in den Medien als so extrem gefährdet erscheint, ist es weiter kein Wunder, daß der Glaube, daß Einzelkinder einsam sind, sich so hartnäckig hält. Und die Einsamkeit, die Einzelkindern zugeschrieben wird, ist keineswegs die gewöhnliche, alltägliche Einsamkeit, sie ist tragischer und beängstigender. Die Leute fragen sich, wie das allein in der Welt stehende Einzelkind eine Familienkrise überleben soll; freudlos und ohne Geschwister scheint es allem völlig hilflos gegenüberzustehen. Wie wir später sehen werden, sind Einzelkinder oft besser in der Lage, mit solchen Situationen fertig zu werden als andere Kinder. Das Alleinsein kann einem Menschen durchaus Kraft und Stärke verleihen. Aber ein legendärer Fall eines jeder Unterstützung beraubten und extrem isoliert dastehenden Einzelkindes ist vielen im Gedächtnis geblieben.

Das Schicksal von Gloria Vanderbilt, der tragische Kampf um das Sorgerecht für sie, lieferte vor fünfzig Jahren Schlagzeilen für die Titelseite jeder amerikanischen Zeitung. Sie wurde 1924 geboren, ironischerweise im selben Jahr, in dem auch die Comicfigur der kleinen Waise Annie, mit der Gloria sich später identifizieren sollte, das Licht der Welt erblickte. Der Vater der kleinen Gloria starb, als sie noch ein Kleinkind war, und hinterließ ihr 2,5 Millionen Dollar, eine ungeheure Summe für die damalige Zeit. Ihre Mutter, die knapp zwanzigjährige Gloria Morgan Vanderbilt, verbrachte ihre Zeit in einer Gesellschaft, die heute als Jet-set bezeichnet werden würde, und ließ die kleine Gloria bei ihrem Kindermädchen Dodo zurück. Glorias Großmutter, Naney Morgan, mißbilligte den glanzvollen Lebensstil ihrer Tochter und fing an zu behaupten, daß sie ihr Kind vernachlässige und deren Vermögen verschleudere. Mrs. Morgan drängte Gertrude Vanderbilt Whitney, die Tante der kleinen Gloria und eine der reichsten Frauen der Welt, das Sorgerecht für die kleine Gloria zu beantragen. So stand Gloria Vanderbilt im Alter von zehn Jahren im Mittelpunkt der Aufmerksamkeit der Öffentlichkeit, während ihre Mutter und ihre Tante erbittert um das Sorgerecht für sie kämpften. Die kleine Gloria unterminierte die Bemühungen ihrer Mutter, das Sorgerecht zu behalten, indem sie dem Richter erzählte, sie hätte Angst vor ihrer Mutter. Ein Brief, den sie ihrer Großmutter geschrieben hatte, wurde zu einem erdrückenden Beweis der Anklage.

Gloria Vanderbilt wurde unter Amtsvormundschaft gestellt, und Gertrude Whitney wurde zu ihrem Vormund ernannt. In ihrer Biographie von Gloria Vanderbilt schreibt Barbara Goldsmith: »Die Isolation der kleinen Gloria hatte bewirkt, daß Furcht an die Stelle von Liebe getreten war. Niemand begriff, daß sie buchstäblich um ihr Leben kämpfte ...« Gloria äußerte sich später: »Ich kann mich erinnern, daß ich immer dachte, ich müßte sehr vorsichtig mit dem sein, was ich sagte, weil ich wußte, daß ich allein dastand.« Und sie war schließlich tatsächlich sehr allein. Ihre Tante war immer sehr distanziert, ihre geliebte Kinderfrau Dodo wurde entlassen, und Gloria wuchs unter der Obhut von Dienstboten auf. Als sie Abitur machte, trompetete eine Zeitung: NUR DER CHAUFFEUR NIMMT AN GLORIA VANDERBILTS ABITURFEIER TEIL. Im Amerika der Weltwirtschaftskrise wurde ihr Leben zu einem Moralitätenspiel für die Bevölkerung aufgebauscht. Shirley Temple spielte die Hauptrolle in der Verfilmung von Glorias Leben, dem Film *Das arme kleine reiche Mädchen.* Sogar der heruntergekommenste Penner konnte sich reicher fühlen als Gloria Vanderbilt.

In ihrer Autobiographie *Once Upon a Time* gibt Gloria Vanderbilt zu, daß sie genau wußte, sogar als Kind, daß sie manipuliert wurde, als sie ihre Mutter in Mißkredit brachte.

Sie enthüllt, daß ihre geliebte Kinderfrau Dodo ihr auf Geheiß ihrer Großmutter befahl, den bewußten Brief zu schreiben, und daß sie weinte, als sie ihn schrieb. Vanderbilt verriet ihre ferne Mutter, weil sie Angst hatte, von ihrer Kinderfrau und ihrer Großmutter, den beiden einzigen Menschen, die ihr die Einsamkeit erträglich machten, getrennt zu werden. Gloria erklärt ihre damalige Handlungsweise: »Was machte es schon aus, daß ich die Einzelheiten ihres Plans nicht kannte und nicht wußte, worin der Plan überhaupt bestand? Ich wußte nur, daß ich nicht von Dodo Elephant und Naney Morgan getrennt werden würde, wenn ich mitmachte. Wir drei würden zusammenbleiben, und wie sollte ich ohne sie leben können?«

Gloria Vanderbilts Geschichte ist das schlimmstmögliche Szenario eines einsamen Kindes, das von skrupellosen Erwachsenen als Schachfigur mißbraucht wird. Hätte sie gleichaltrige Geschwister gehabt (Gloria hatte eine Halbschwester, die sie zum erstenmal traf, als sie schon ein Teenager war), wäre sie vielleicht nicht zu solchen Verzweiflungstaten getrieben worden. Vielleicht hätte sie einen Verbündeten gehabt.

Vanderbilt war in diese außergewöhnliche Notlage geraten, weil es bei dem Kampf um sie um außerordentlich viel Geld ging. Aber es gibt zahlreiche andere Familienprobleme, die zur Isolation eines Einzelkindes führen und bleibende Schäden verursachen können. Die Eltern von Katherine, einer Frau, die anonym bleiben möchte, waren beide Schauspieler und beide Alkoholiker. Katherine, die jetzt Anfang Zwanzig ist, geht aufs College und versucht, ihr Leben in den Griff zu bekommen. »Ich hatte immer Angst, verlassen zu werden«, sagt Katherine. »Das liegt daran, daß ich Einzelkind bin und daß meine Eltern Alkoholiker sind. Es war unmöglich, sich darauf zu verlassen, daß jemand für mich sorgen würde. Meine Eltern haben immer geleugnet, daß sie krank sind. Es gab niemanden, den ich um Hilfe hätte bitten können. Ich stand allein gegen Vater und Mutter.«

Katherine sagt, daß ihre Eltern nicht viel Geld hatten, bis ihre Mutter eine Hauptrolle in einem Film ergatterte, der sich als Kassenschlager entpuppte. Damals war Katherine zwölf Jahre alt. »Ich bin auf viele verschiedene Schulen gegangen«, erklärt sie. »Ich hatte immer das Gefühl, anders zu sein als die anderen, als Einzelkind mit Eltern, die Alkoholiker waren. Ich hatte Angst wegen meiner Eltern. Manchmal haben sie mir sehr viel Liebe gegeben, und dann wieder war nichts. Schon mit drei Jahren vermittelten sie mir das Gefühl: Geh du deinen Weg und ich gehe meinen. Ich glaubte, allein gegen die ganze Welt zu stehen. Ich wußte genau, wer ich war. Aber meine Eltern hat es eigentlich überhaupt nicht interessiert, wer und was ich war.«

Als Teenager suchte Katherine anderswo nach Sicherheit und Geborgenheit, nach Unterstützung. »Es war verrückt«, erinnert sich Katherine. »Ich war auf der Suche nach Sicherheit, nach einem festen Halt. Ich bekam ein Stipendium fürs Joffrey Ballet. Ich wurde katholisch. Ich trat der ›Legion of Mary‹ bei und ging in Altersheime und Krankenhäuser. Dort bekam ich wenigstens Anerkennung. Jetzt hatte ich Gott, das Ballett und meine Eltern.

Ich wollte Ballerina werden. Ich hatte ein spirituelles Leben und einen Beruf gefunden.« Schließlich half Katherine ihren Eltern, indem sie mit ihnen zu den Treffen der Anonymen Alkoholiker ging.

Heute sagt Katherine, daß sie Angst vor dem Alleinsein hat. »Meine Eltern hatten keinen Familiensinn«, sagt sie. »Wir waren drei Menschen, die einander liebhatten, aber wir waren keine Familie. Mein Freund kommt aus einer Familie mit sieben Kindern, und ich finde es wunderbar, Thanksgiving, Weihnachten und Silvester mit ihnen zu feiern. Aber ich kann es nur ungefähr einen Tag aushalten. Die Vorstellung, eine Familie zu haben, hat mir immer sehr viel bedeutet. Ich war immer auf der Suche nach einer Gruppe, zu der ich gehören konnte. Ich brauche Nähe, ich möchte mit anderen Menschen zusammenleben. Ich möchte zu jemandem gehören.«

Laut einer Definition, der Katherine zweifellos zustimmen würde, ist Einsamkeit der Zustand freudlosen Alleinseins. Natürlich gibt es Einzelkinder, die über ein Gefühl der Entfremdung klagen und darüber, daß sie zu oft allein sind. Diese einsamen Einzelkinder sind jedoch meistens Kinder, die in schwierigen Familienverhältnissen leben und irgendwie isoliert sind. Die meisten Einzelkinder scheinen die Zeit, in der sie für sich sein können, sehr hoch zu schätzen; für sie ist das eine Zeit des glücklichen Alleinseins.

Tatsächlich spricht vieles dafür, daß es den Menschen guttut, manchmal allein zu sein. Der britische Psychotherapeut Anthony Storr untersucht in seinem Buch *Solitude: A Return to the Self* die Vorzüge des Alleinseins. Er weist darauf hin, daß in unserer Gesellschaft das Glücklichsein vor allem über die persönlichen Beziehungen zu anderen Menschen definiert wird, während der Selbsterkenntnis viel zuwenig Wert beigemessen wird. Er schreibt: »Die Fähigkeit, allein sein zu können, verbindet sich so mit der Entdeckung des eigenen Ich, mit Selbstverwirklichung, mit einem Bewußtwerden der eigenen tiefinnersten Bedürfnisse, Gefühle und Impulse ... Wenn wir davon ausgehen, daß es ein erstrebenswertes Ziel ist, die Phantasie des Kindes zu fördern, sollten wir dafür sorgen, daß unsere Kinder Zeit und Gelegenheit zum Alleinsein erhalten, wenn sie das richtige Alter dafür erreicht haben.«

Viele Einzelkinder haben genug Zeit, in der sie allein sein können. »Du wachst morgens auf und bist allein und hast keinen zum Spielen«, erinnert sich Flip Spiceland, der Fernsehmeteorologe. »Du denkst dir Spiele aus, du erfindest imaginäre Freunde. Als Einzelkind bist du zwangsläufig viel allein. Anstatt mit jemandem zu reden, redest du mit dir selbst, und du denkst viel nach. Ich glaube, daß ich daher ein eher introspektiver Mensch geworden bin und eine sehr reiche Phantasie habe.«

Einzelkinder können Meister der Kunst sein, sich selbst zu unterhalten. William M. Kelly, der ehemalige Herausgeber der Zeitschrift *Money,* sagt: »Ich habe mir viele Sachen ausgedacht. In meinen Phantasien war ich immer allein. Manchmal war ich ein Texas Ranger, dann habe ich stundenlang Gangstern aufgelauert und mich hinter Büschen versteckt. Ich glaube nicht, daß ich anders war als andere Kinder. Aber ich erinnere mich, daß ich mir ohne weiteres selbst die Zeit vertreiben konnte. Ich bezweifle, daß ich mich je einsam gefühlt habe. Ich meide die Menschen nicht. Es stört mich, wenn ich meine Kinder zu lange nicht sehe. Aber es fällt mir nicht schwer, allein zu sein.«

Merritt Carey, die Schülerin, die bereits vorgestellt wurde, sagt, daß es ein Vorteil für sie war, Einzelkind zu sein, weil sie so gelernt hat, sich nachmittags selbst zu beschäftigen. »Ich habe mir Sachen überlegt, die ich machen konnte«, sagt sie. »Ich bin stundenlang am Strand entlanggegangen oder habe Krebse gefangen. Oder ich bin Boot gefahren. Viele Leute, die ich kenne, sind ungern allein, aber ich bin froh, wenn ich gelegentlich allein sein kann.«

Weil sie es von Kindheit an gewohnt sind, öfter allein zu sein, ist es Einzelkindern manchmal ein regelrechtes Bedürfnis, auch mal für sich sein zu können. »Mein Bedürfnis nach Alleinsein ist überdurchschnittlich hoch«, sagt Christine McManus, Studentin im ersten Semester, die schon einmal zitiert wurde. »Ich habe nur einen kleinen Freundeskreis. Ich bin gern für mich. Manchmal möchte ich einfach nur nach Hause gehen, den Fernseher anmachen und allein sein. Wenn im Studentenheim viel los ist, bin ich es oft einfach leid, ständig Leute zu sehen und mit ihnen zu reden.«

Marjorie Irwin, die pensionierte Lehrerin aus Michigan, sagt, daß sie immer um halb fünf aufgestanden ist, als ihre beiden Kinder noch klein waren. »Ich mußte einfach manchmal allein sein, um meine Gedanken zu sammeln«, erklärt sie. »Ich suchte die Einsamkeit. Ich nehme an, das kommt daher, daß ich mich als Kind so an die Einsamkeit gewöhnt hatte, auch wenn mir das damals nicht bewußt war.« Irwin ist überzeugt, daß Einzelkinder sich selbst eher akzeptieren können als der Durchschnittsmensch: »Einzelkinder sind daran gewöhnt, sich selbst zu unterhalten. Sie können sich selbst annehmen, und deshalb macht es ihnen nichts aus, allein zu sein. Viele Kinder aus großen Familien können nichts allein tun, sie brauchen immer Leute um sich. Ich nehme an, sie brauchen das Feedback oder vielleicht auch die Anerkennung.«

Manche Einzelkinder nehmen große Unbequemlichkeiten in Kauf, nur um Zeit für sich haben zu können. Marni Weil, die in New York lebt und ein Kind hat, bleibt immer bis spät in die Nacht auf, nur um für sich selbst Zeit zu finden. »Ich habe ein ausgesprochen heftiges Verlangen danach, allein zu sein«, sagt sie. »Ich bleibe jede Nacht bis weit nach Mitternacht auf, nur damit ich allein sein kann. Ich brauche das zum Überleben. Es macht mir nichts aus, wenn ich nur drei oder vier Stunden schlafe, ich bleibe oft bis zwei oder drei Uhr nachts wach, damit ich wenigstens einmal am Tag für mich bin. Mein Leben ist so hektisch. Ich arbeite, ich gehe nach Hause, ich mache Abendessen, Frederick muß ins Bett gebracht werden, und dann gehen alle schlafen. Endlich habe ich dann ein paar Stunden für mich, wo ich lesen, an die Decke starren oder fernsehen kann. Ungefähr viermal im Jahr, wenn ich wirklich erschöpft bin, schlafe ich um Mitternacht ein. Aber sonst muß ich mir diese Zeit einfach nehmen.«

Das Alleinsein bietet dem Einzelkind die Gelegenheit, nachzudenken, die emotionalen Batterien wieder aufzuladen. Es ist eine Gelegenheit zum intellektuellen Wachstum. Wenn Einzelkinder sagen, daß sie das Alleinsein genießen, meinen sie damit nicht, daß sie nicht gern andere Menschen um sich haben. Petra

Clayton aus Kalifornien, Schadenssachverständige bei einer Versicherung, erläutert: »Ich finde es anregend, mit anderen Menschen zusammenzusein, weil ich meine Erfahrungen und Ansichten mit ihnen austauschen kann. Aber es kann einen auch vom Wesentlichen ablenken. In einer Gruppe von Menschen können so leicht Disharmonien auftreten, die mich immer sehr belasten. Der Umgang mit dir selbst ist dagegen immer harmonisch.«

Die Entwicklung der Phantasie scheint eng mit dem Alleinsein zusammenzuhängen. Sicherlich sind Einzelkinder nicht die einzigen, die über eine ausgeprägte Phantasie verfügen, aber sie scheinen eindeutig ein reiches und schöpferisch-buntes Phantasieleben zu haben. Sich selbst überlassen, erfinden sie sich Freunde und Spiele. Wenn sie allein in ihrem Zimmer sind, lesen sie. Samantha Drab, die im Nachkriegsengland aufgewachsen ist und jetzt in New Jersey lebt, meint, daß die Förderung der Entwicklung ihrer Phantasie einer der Hauptvorteile ihres Aufwachsens als Einzelkind war. »Mir war der Unterschied zwischen der realen Welt und meiner Phantasiewelt immer bewußt, aber ich konnte ohne weiteres zwischen beiden hin- und herwechseln«, erinnert sie sich. »Als Einzelkind war ich nicht gezwungen, bei den Spielen mitzumachen, die meine Geschwister hätten spielen wollen. Vielleicht hätten sie die ganze Zeit nur ferngesehen, und ich hätte nichts im Kopf gehabt als Superman, Batman und Spiderman.« Drab pflegte sich vorzustellen, sie wäre eine von der Isle of Wight entflohene Gefangene, die Angehörige eines Kommandotrupps, ein Mitglied der französischen Résistance oder eine Geheimagentin. »Die Leute, die ich mir vorstellte, waren alle Einzelpersonen, die allein arbeiteten«, stellt sie fest. »Ich hatte niemals auch nur das geringste Verlangen, mir vorzustellen, ich wäre das Mitglied einer Tanzgruppe, einer Zirkustruppe oder irgendeiner anderen Gruppe.« Drab, die von sich behauptet, übersinnliche Kräfte zu haben, ist, wie auch ihr Mann, Parapsychologe. Sie fügt noch hinzu: »Ich habe es immer genossen, faszinierend auf Menschen zu wirken.«

Das Alleinsein kann die Kreativität eines Menschen sehr fördern. Der Schriftsteller John Updike stellt fest: »Ich war eins der glücklichen Einzelkinder; mein Eigendünkel und meine Fähigkeit, mich selbst zu unterhalten, haben sich bezahlt gemacht.« Es ist nicht überraschend, daß viele Schriftsteller Einzelkinder sind: Robert Louis Stevenson, Hans Christian Andersen, Ann Beattie, Edward Albee, Christopher Durang, Walter Lippmann, James Michener, Anthony Burgess, Lillian Hellman, Iris Murdoch, um nur ein paar zu nennen.

»Einer der Gründe für die Seltenheit großer literarischer Werke ist darin zu suchen, daß die Fähigkeit zu nachsinnender Einsamkeit nur bei sehr wenigen Menschen mit der Fähigkeit der Beobachtung verbunden ist«, schrieb Walter Bageshot, ein sehr produktiver englischer Autor des neunzehnten Jahrhunderts. Vielleicht sind Einzelkinder besonders geeignet dafür, die Fähigkeit der Beobachtung mit der Fähigkeit der »nachsinnenden Einsamkeit« zu verbinden.

Die Romane und Kurzgeschichten des Einzelkindes Ann Beattie drehen sich hauptsächlich um die Beziehungen zwischen Familienmitgliedern. Warum hat sie ausgerechnet dieses Thema gewählt? »Ich nehme an, daß Familien mich interessierten, weil ich nicht genau wußte, wie es in Familien zugeht«, erklärt sie. »Außerdem habe ich außerhalb von Westport in Connecticut gelebt, und ich bin oft im Zug mit den ganzen Pendlern nach New York gefahren. Im Zug habe ich immer die Kids beobachtet. Ich hatte nicht vor, sie als Material für ein Buch zu verwenden, ich habe nicht einmal angenommen, daß da viel zu entdecken sei. Aber im Laufe dieser beiden Jahre, in denen ich diese Jugendlichen dauernd gesehen habe, habe ich angefangen, über sie nachzudenken, und ich habe mich gefragt, wie in aller Welt sind sie so geworden, wie sie sind?«

»Ich habe mich als Kind nicht einsam gefühlt«, fügt Beattie hinzu. »Ich denke, ich habe mich Büchern und anderen Dingen, die für mich erreichbar waren, zugewandt, weil meine Familie zum Beispiel niemals Ski gelaufen ist. Bücher waren eine logische Alternative. Warum ich dann selbst Bücher geschrieben habe, ist eine andere Frage, aber ich denke, man gerät in manche Sachen einfach hinein. Wenn sie einem gefallen, bleibt man dabei.«

Beattie behauptet, nicht phantasievoller gewesen zu sein als alle durchschnittlich intelligenten Kinder. Und sie spricht eher wegwerfend von ihren Motiven, Schriftstellerin zu werden. »Ich hatte nichts anderes gelernt«, erläutert sie. »Um die Wahrheit zu sagen, hatte ich nie vor, die Schriftstellerei zu meinem Beruf zu machen. Ich versuchte so zu tun, als wäre ich Literaturwissenschaftlerin, weil das einzige, was ich wußte, war, daß ich nicht von neun bis fünf in einem Büro arbeiten wollte. Ich hätte alles getan, auch für einen Hungerlohn als wissenschaftliche Assistentin an einer Uni gearbeitet, um das zu vermeiden. Tatsächlich war ich fünf Jahre lang als wissenschaftliche Assistentin an der Universität von Connecticut tätig. Während dieser Zeit sollte ich auch meine Doktorarbeit schreiben, was ich nie getan habe. Ich hatte keine große Auswahl, es gab nicht so furchtbar viel, was ich hätte tun können. Ich befand mich in einer Art Exil. Zufälligerweise habe ich während dieser Zeit angefangen zu schreiben, mehr so als Hobby.«

Eine ausgeprägte Phantasie kann für alle Menschen bereichernd sein, nicht nur für Schriftsteller. Baron Bates, der Geschäftsmann, erinnert sich, als Kind stundenlang im Wald hinter dem Haus seiner Familie gespielt zu haben. Er stellte sich immer vor, er wäre ein Cowboy. »Meine Phantasie war sehr wichtig für mich«, sagt er. Auch als Erwachsener hat er von seiner reichen Phantasie profitiert; es hat ihm sein Leben lang große Freude gemacht, Theater zu spielen. Aber Bates ist der Ansicht, daß seine reiche Phantasie ihm zudem im Geschäftsleben sehr nützlich war. »Wenn ich nicht an die Probleme denken will, die ich momentan im Geschäft habe, denke ich darüber nach, was ich in ein, zwei Jahren tun werde«, erklärt Bates. »Wahrscheinlich denke ich öfter darüber nach, als ich eigentlich sollte. Ich halte diese Angewohnheit für eine reife Form des phantasievollen Träumens, und sie bringt gewisse Vorteile mit sich. Man kann die Fähigkeit zum Vorausdenken als Flucht vor der Realität bezeichnen. Man kann aber auch sagen, es sei eine Fähigkeit der Vorhersehung.«

Natürlich kann man das Träumen auch zu weit treiben. Barbara Polk, eine Musiklehrerin, die bei ihren Eltern und ihrer Großmutter in einer kleinen Stadt in Wisconsin aufwuchs, stand immer im Zentrum der Aufmerksamkeit der drei Erwachsenen. Sie gebrauchte ihre Phantasie, um der ständigen Beobachtung zu entgehen. »Ich habe mich oft in eine Phantasiewelt zurückgezogen«, erinnert sie sich. »Mein Leben mit diesen drei Erwachsenen hat mich früh gelehrt, mich in meine eigene kleine Welt zu flüchten. Dort war ich sicher und geborgen. Oft habe ich nachmittags stundenlang nur dagesessen, völlig in Träumereien verloren.« Sie stellte sich vor, sie hätte mehrere Geschwister, oder sie träumte davon, ihrer Tante, die sechs Söhne hatte, im Haushalt zu helfen. Etwa Mitte Dreißig, als sie verheiratet war und drei Kinder hatte, wurde sie valiumabhängig. Ein Arzt hatte ihr das Valium verschrieben, weil sie unter Schlafstörungen litt. »Es ging sehr schnell«, erinnert sie sich. »Ich habe das Valium wahnsinnig gern genommen. Zum einen konnte ich wieder schlafen, was schön war. Und das Valium half mir dabei, mich in eine Welt zurückzuziehen, wo ich mich einfach treiben lassen konnte. Als ich dann wirklich drogenabhängig war, habe ich den ganzen Nachmittag auf dem Bett gelegen. Ich war wieder in der Phantasiewelt, die mir von meiner Kindheit so vertraut war, und Bilder fluteten durch meinen Kopf.« Polk, die seit fünf Jahren drogenfrei lebt, fährt jetzt bevorzugt Fahrrad, wenn sie allein sein will.

Viele Einzelkinder sind der Ansicht, daß sie besser mit der Einsamkeit fertig werden können als manche ihrer Freunde – und jeder ist letztendlich einsam. Joe und Robin Bruna, zwei Einzelkinder, die miteinander verheiratet sind, geben zu, daß sie jetzt, wo sie älter geworden sind, ziemlich »allein in der Welt« dastehen. Sie haben zwar eine Tochter, die in Kentucky wohnt, nicht weit weg von ihnen. Aber sie sehen ihre Tochter und deren Mann recht selten. Für die Brunas ist das Alleinsein kein Problem. »Wenn man Einzelkind ist, muß man schon als kleines Kind lernen, alleine zu spielen, sich selbst zu beschäftigen, und das ist ein sehr wichtiger Aspekt«, sagt Robin. »Ich denke, daß einem das im Alter zugute kommt. Wenn ich allein zu Hause bin, fühle ich mich wohl dabei. Ich lese, oder ich werkele im Haus herum. Und Joe hat alle möglichen Hobbys.« Robin muß nicht unbedingt Menschen um sich haben. »Ich meine, ich liebe es, Gesellschaft zu haben«, fügt sie rasch hinzu. »Ich würde gern häufiger mit Menschen zusammensein. Aber ich bin keineswegs am Boden zerstört, weil ich so selten andere Leute sehe. Manche Menschen, die an eine große Familie gewöhnt sind, die daran gewöhnt sind, daß es bei ihnen zugeht wie auf dem Hauptbahnhof, können einfach nicht allein sein. Sie machen das Radio an oder den Fernseher, nur damit es nicht so still ist. Ich habe das nicht nötig, ich brauche keinen Lärm. Ich habe ja meine Gedanken. Ich meine, daß Joe und ich so anders sind, weil wir Einzelkinder sind, und ich halte es immer noch für einen Vorteil, Einzelkind zu sein.«

Der Gedanke an das Alleinsein oder das Alleinleben scheint für Einzelkinder nicht mit so panischer Angst belastet zu sein wie für andere Menschen. »Ich nehme an, ich hätte mich als Kind gelangweilt oder frustriert fühlen können, wenn ich andere Eltern gehabt hätte«, sagt Ann Beattie, »aber ich wußte, daß die Menschen um mich herum mich liebten und wollten, daß ich glücklich war. Es hat mir nie etwas ausgemacht, mir selbst Gesellschaft zu leisten. Als ich mich vor vielen Jahren habe scheiden lassen, sagten die Leute zu mir: ›Warte ab, bis du merkst, wie schrecklich es ist, allein zu leben.‹ Ich habe nie etwas dergleichen bemerkt. Ich konnte nie fest damit rechnen, jemanden außer mir selbst zur Gesellschaft zu haben, noch nicht einmal als Kind. Meine Eltern haben nicht pausenlos Fangen mit mir gespielt. Ich denke, das war gut so, jedenfalls für mich. Ich bin gern allein. Ich werde nicht paranoid, wenn das Telefon nicht klingelt oder wenn ich einmal keine Verabredung habe. Ich denke dann: ›Großartig. Heute habe ich mal meine Ruhe.‹ Das ist in der Tat etwas, was mir persönlich sehr geholfen hat, diese Fähigkeit, es mit mir selbst aushalten zu können. Viele Leute, die schon als Kind daran gewöhnt sind, immer unterhalten und viel beachtet zu werden, erwarten, daß das später immer so weitergeht. Ich habe das nie erwartet. Diese Einstellung hat mir sehr geholfen, ganz besonders in einem so einsamen Beruf wie dem einer Schriftstellerin. Das mag abgedroschen klingen, aber ich kann mir keine Situation vorstellen, in der ich nicht arbeiten könnte. Ich bin von nichts abhängig. Ich habe Bindungen an andere Menschen. Aber das Traurige ist, daß ich überzeugt bin, daß im Grunde jeder Mensch allein ist.«

Eine Geschichte

Margot Adler, Anfang Vierzig, Rundfunkjournalistin, New York:

Ich war ein Wunschkind. Ich wurde zu früh geboren und wäre fast bei der Geburt gestorben. Meine Mutter war bei meiner Geburt neununddreißig Jahre alt und hatte schon zwei oder drei Fehlgeburten gehabt. Ich habe nur sehr wenige Verwandte. Ich bin ein Einzelkind, und die drei Schwestern meines Vaters sind alle kinderlos. Also bin ich die Letzte der ganzen Familie.

In meinen beiden allerfrühesten Erinnerungen kommen überhaupt keine Menschen vor. Vielleicht hat das nichts damit zu tun, daß ich ein Einzelkind bin, aber andererseits vielleicht doch. Diese Erinnerungen haben etwas Utopisches. In einer dieser Erinnerungen bin ich anderthalb, und wir leben noch in Croton-on-Hudson. Ich gehe eine Treppe hoch, eine Treppe mit hohen Stufen; ich habe gerade erst gehen gelernt. Überall sind Rosen, und alles ist einfach wunderschön. Die andere Erinnerung ist ähnlich. Ich laufe auf einen Rasen hinaus, und ich jage einen Schmetterling. Wieder ist es absolut wundervoll. Und wieder sind keine Menschen da.

Tatsächlich sagen mir Verwandte, daß ich erst spät sprechen gelernt hätte, so, als hätte ich es nicht nötig gehabt. Meine Verwandten erklären das damit, daß ich immer alles hatte, was ich brauchte, so daß es nicht notwendig für mich war, zu sprechen. Aber ich denke, es lag daran, daß ich im Grunde zufrieden war, allein zu sein und nichts zu tun. Ich konnte immer gut allein sein, ich brauche keine anderen Menschen, um meine Welt real zu machen.

Ich hatte eine unglaublich lebhafte Phantasie, und die habe ich heute noch. Als Kind war ich oft stundenlang in einer Traumwelt versunken. Fast alle meine Phantasien waren romanhaft, historisch oder Science-fiction-artig. Ich stellte mir vor, ich wäre eine ägyptische Sklavin, eine telepathiebegabte Geheimagentin oder eine verfolgte Quäkerin des siebzehnten Jahrhunderts. Die Ideen zu meinen Phantasievorstellungen entnahm ich Büchern; mit sieben Jahren hatte ich angefangen zu lesen. Ich versetzte mich in die Bücher hinein und lebte sie aus. Ich bin sicher, daß das damit zusammenhing, daß ich ein Einzelkind war; ich war so oft allein. Ich bin mir nie ganz sicher, ob ich diese Träumereien als Zeitverschwendung oder als kreativen Prozeß sehen soll.

In all meinen Phantasien versuchte ich im Grunde, Freunde zu finden. Aber die Charaktere, die ich mir ausmalte, waren alle irgendwie anders, und alle wurden sie verfolgt, wie ein Quäker, der darum kämpft, in einer feindlichen Welt akzeptiert zu werden. Jede einzelne meiner Phantasievorstellungen hing mit diesem Grundthema, dem Anderssein, zusammen. Ich habe diese Phantasien gehabt, seit ich sieben Jahre alt war. Ich erinnere mich sogar noch an die erste dieser Phantasien.

Mit viereinhalb Jahren nahmen meine Eltern mich auf eine Europareise mit. Ich war zu jung dafür, weil ich keine Fremdsprachen sprechen konnte. Ich erinnere mich, daß ich ein paar Tage in einem Sommerlager für österreichische Kinder zugebracht habe. Ich bekam ein Dirndl zum Anziehen, und dieses österreichische Dirndl habe ich zu Hause noch ein paar Jahre lang getragen. In meiner Phantasie stellte ich mir vor, ich wäre ein Kind, das in die Schule geht und kein Wort Englisch spricht: ich ging durch die Gänge der Schule, distanziert, irgendwie anders. Das ist die erste meiner Phantasievorstellungen, an die ich mich erinnern kann. Alle weiteren waren nur ausgefeiltere und literarischere Versionen dieser ersten. Es ging immer um die eine Frage: Wie kann man Freunde finden, wenn man sicher ist, im tiefsten Inneren völlig anders zu sein als die anderen. Mein ganzes Leben habe ich immer irgendwie das Gefühl gehabt, anders und fremd zu sein.

Als schlimm empfand ich, daß ich eine Zeitlang nicht sehr beliebt in der Schule war. Als die Ehe meiner Eltern zu zerbrechen begann – sie haben sich scheiden lassen, als ich dreizehn war –, änderte sich alles drastisch. Unglaubliche Dinge geschahen. Meine Mutter kam ins Krankenhaus, nachdem sie versucht hatte, Selbstmord zu begehen. Ich lebte ein paar Monate bei meinem Vater und dann wieder bei meiner Mutter. Interessanterweise fielen diese Ereignisse damit zusammen, daß ich in der Schule begann, Frieden zu stiften und plötzlich beliebt wurde. Ich versuchte, meine Eltern miteinander zu versöhnen, was aber nicht geklappt hat. Und ich trat wie gesagt auch in der Schule als Friedensstifterin auf. Plötzlich wurde ich geschätzt, plötzlich hatte ich Freunde. Aber die Gymnasialzeit wurde dennoch eine absolute Katastrophe. Das lag zum einen an der Scheidung meiner Eltern und zum anderen daran, daß ich vorher auf eine kleine progressive Schule gegangen war und jetzt auf eine riesige öffentliche Schule gehen mußte, wo ich mich überhaupt nicht zurechtfand. Ich wurde dick und saß zu Hause herum.

Der Tatsache, daß ich Einzelkind bin, habe ich einige der schönsten und einige der schlimmsten Erfahrungen meines Lebens zu verdanken. Das schlimmste war für mich, daß ich nur sehr schwer gelernt habe, sozial zu sein. Natürlich kann ich nicht beurteilen, ob das wirklich so war oder ob es mir nur so vorkam, weil ich die Enkeltochter von Alfred Adler war. Mein Vater ist ein Psychiater der Adlerschen Richtung. In der Psychologie Adlers wird der sozialen Einstellung eine sehr große Bedeutung beigemessen. Meine Eltern bestraften mich unter anderem dadurch, daß sie mir sagten, ich wäre selbstsüchtig und hätte nicht an andere gedacht. Noch heute bekomme ich die schlimmsten Schuldgefühle, wenn ich jemanden vergesse oder nicht an die Bedürfnisse anderer denke.

Als Einzelkind hat man die Chance, den vorgegebenen Geschlechtsdefinitionen und Rollenbildern zu entgehen. Das ist für mich der wichtigste Vorteil des Aufwachsens als Einzelkind. Meine Mutter hat mir erzählt, daß meine Eltern mich vor meiner Geburt, bevor sie wußten, ob ich ein Junge oder ein Mädchen werden würde, Pago genannt haben, eine Abkürzung für Peter oder Margot. Von Anfang an wurde mir gestattet, so zu sein, wie ich sein wollte. Von mir wurde erwartet, beides zu sein, Junge und Mädchen. Ich bekam nie eine Eisenbahn, obwohl ich eine haben wollte, aber eine

Zeitlang habe ich von dem Sexismus, der in unserer Gesellschaft herrscht, nicht viel zu spüren bekommen. Meine Mutter lebte so ziemlich gemäß der traditionellen Frauenrolle, aber in den dreißiger Jahren, als sie volljährig wurde, hatte sie ein Bohème-Leben geführt. Mit achtzehn hat sie einen Dichter-Musiker geheiratet und ist von zu Hause weggelaufen. Sie hat alle möglichen verrückten Dinge angestellt. Und obwohl sie in den fünfziger Jahren in der traditionellen Hausfrauenrolle endete, konnte man doch in unserem Haus die Bücher von Simone de Beauvoir finden. Mein Vater stand dem Marxismus nahe, also trat er immer, jedenfalls verbal, für die Gleichberechtigung der Frau ein, wenn auch keineswegs für den Feminismus. Ich wurde auf progressive Schulen geschickt, bis ich in die Oberschule kam.

Meine Eltern waren Atheisten; sie glaubten an die Gemeinschaft der Menschen, an die Brüderlichkeit, wie sie mir sagten. Als ich zwölf Jahre alt war, nahmen wir in der Schule ein ganzes Jahr lang das antike Griechenland durch. Ich beschloß, daß der Glaube an die griechischen Götter und Göttinnen die richtige Religion für mich war. Im tiefsten Innern hegte ich den Wunsch, Artemis oder Athene zu sein. Das muß 1958 oder '59 gewesen sein. Verglichen mit den Frauenbildern, die in den späten fünfziger Jahren propagiert wurden, waren Artemis und Athene wunderbare Rollenvorbilder. Ich finde es ziemlich aufschlußreich, daß diese Göttinnen so autonome Wesen sind. Bis heute sind die jungfräulichen Göttinnen des antiken Griechenlands meine Rollenvorbilder geblieben.

Ich führe auch die Tatsache, daß ich zum Rundfunk gegangen bin, darauf zurück, daß ich Einzelkind bin. Das Radio, insbesondere die an keine feste Form gebundenen Lifesendungen, die ich seit 1972 mache, ist eine sehr adäquate Ausdrucksform für ein Einzelkind. Als Rundfunkjournalistin ist man in der Position des außenstehenden Beobachters. Manchmal sitze ich in dem völlig abgedunkelten Studio und beobachte die blinkenden Kontrollampen. Ich habe dann das Gefühl, als säße ich in einem Raumschiff, das durch die Galaxien rast. Ich spreche zu der Welt, die

Schallwellen gehen durch den Äther, und wenn das Telefon klingelt, weiß ich nie, wer oder was am anderen Ende der Leitung ist – ich weiß nicht einmal, ob überhaupt noch irgend jemand dort draußen ist.

Jetzt bin ich zweiundvierzig und glücklich verheiratet, und ich bin sogar fähig, einige wirklich enge Freunde zu haben. Aber ich denke oft, daß mein Innenleben, mein Werdegang und meine Art des Umgangs mit anderen Menschen unwiderruflich dadurch bestimmt worden sind, daß ich Einzelkind bin.

Unabhängigkeit und Individualismus

Ich habe den ersten Teil meines Lebens mit dem Versuch zugebracht, mich anzupassen, aber irgendwann entschied ich, daß es nicht nur in Ordnung ist, anders zu sein, sondern sogar erstrebenswert. Ich kann mich nicht erinnern, ab wann ich dachte, daß ich einzigartig und ungewöhnlich sei. Ich nehme an, es war während der Adoleszenz, wo die meisten Jugendlichen die Unterschiede zwischen sich und der älteren Generation betonen.

Ich bin in den stürmischen späten Sechzigern volljährig geworden. Ich ging auf eine öffentliche Schule, die Gloucester High School, wo von den Jungen erwartet wurde, daß sie ein Training für Reserveoffiziere mitmachten. Das offizielle gesellschaftliche Leben der Schule drehte sich um »militärische« Ereignisse: die Feier der Offiziere, die Feier der Feldwebel, der Tag des Feldes, an dem die Jungen (und die Mädchenexerziergruppe) durch die Innenstadt von Gloucester marschierten. Neu an der Schule und kurzsichtig, aber zu eitel, um eine Brille zu tragen, ging ich inmitten eines Meers von olivgrünen Uniformen durch die Schulkorridore, unfähig, einen Jungen von dem anderen zu unterscheiden, weshalb ich auch nie mit einem sprach. Anstatt attraktiver zu wirken, wirkte ich blöde. Niemand verabredete sich mit mir, weil ich keine Brille trug, aber ich hatte einen Rufals Snob weg. Mein einziger Versuch, zu einer uniformierten Gruppe zu gehören – ich versuchte tatsächlich, in die Mädchenexerziergruppe aufgenommen zu werden –, scheiterte kläglich, weil ich mir nie schnell genug darüber klarwerden konnte, wo rechts und wo links war.

Wenig später schienen alle alles in Frage zu stellen. Wir protestierten dagegen, daß das militärische Training obligatorisch war. Es wurde für freiwillig erklärt. Als Redakteurin der Schulzeitung schrieb ich einen Leitartikel, in dem ich forderte, daß die Kleiderregeln aufgehoben werden sollten. Sie wurden aufgehoben – und die Röcke wurden kürzer. Ich dachte nicht mehr ständig darüber nach, was die anderen wohl von mir denken mochten. Obwohl ich es schließlich geschafft hatte, meinen

Führerschein zu machen, begann ich in meinem letzten Schuljahr die vier Meilen zur Schule mit dem Fahrrad zu fahren. Ich boykottierte sowohl den Schulbus als auch das Auto meines Onkels, um die Umwelt zu schonen. Ich hatte erwartet, daß die anderen mit verächtlichem Gelächter reagieren würden, aber statt dessen wurde ich von vielen zu meiner Handlungsweise beglückwünscht, und einige Schüler stiegen ebenfalls aufs Fahrrad um, um etwas für die Umwelt zu tun.

Es hat seine Vorteile, anders zu sein, stellte ich fest. Ich hatte mich entschlossen, auf ein Frauen-College zu gehen, obwohl in den siebziger Jahren in den Elite-Colleges die Koedukation eingeführt wurde. In der Oberschule hatte ich Jahr für Jahr zugesehen, wie Jungen zu Klassensprechern gewählt wurden. Mädchen hatten damals keinerlei Aussichten auf einen derartigen Posten. Ich wußte, daß etwas daran grundlegend falsch war, obwohl ich das Vokabular, in dem sich solche Dinge ausdrücken lassen, erst später erwarb. Ich ging nach Mount Holyoke, weil das ein Frauen-College war. Ich wollte mich frei entfalten können, ohne von der männlichen Konkurrenz erdrückt zu werden.

Obwohl ich in einem traditionellen Haushalt groß geworden war – traditionellin dem Sinn, daß der Mann den Großteil des Geldes verdiente und die Frau sich um den Haushalt kümmerte –, wurde von mir erwartet, jemand zu sein, etwas zu tun. Meine Tante hatte mir auch schon früh die Vorstellung nahegebracht, daß ich fähig sein müsse, mich selbst zu ernähren; sie hatte mir sogar gesagt, daß ich einen ordentlichen Beruf erlernen solle. Das war eine sehr progressive Vorstellung für die fünfziger Jahre, wo die meisten Mädchen auf nichts als auf Ehe und Mutterschaft vorbereitet wurden. Meine Tante wollte, daß ich Lehrerin wurde, aber ich hatte ein ganz anderes Ziel. Als ich meiner Tante erzählte, daß ich Journalistin werden wolle, sagte sie, ich sei wie ein Kind, das bei einer Schulaufführung mitgespielt hatte und jetzt Filmstar werden wolle.

Als ich nach meinem ersten Semester am College mit meinem Vater von Boston nach Hause fuhr, sagte er, daß er mir wünschen würde, ein »normales« Leben zu führen, zu heiraten und Kinder zu bekommen. Ich wurde so wütend, daß ich fast mit hundert Stundenkilometern in den Straßengraben gefahren wäre. Ich erklärte ihm, ich hätte nicht so hart gearbeitet, nur um zu sein wie alle anderen. Daraufhin sagte er, aus mir könnte eine sehr gute Rechtsanwältin werden, ob ich mich nicht um einen Studienplatz für Jura bewerben wolle.

Aber meine Berufung war der Journalismus. Was ich mehr als alles andere wollte, war, als Journalistin für Time *zu schreiben. Ich hatte keine Vorstellung davon, wie schwer dieses Ziel zu verwirklichen sein würde, bis ich zu einem Vorstellungsgespräch nach New York fuhr. Der Personalchef sagte mir, daß ich einen Universitätsabschluß brauchen würde, um auch nur in der Dokumentation angestellt zu werden, und daß eine gewisse Reife und Berufserfahrung absolut notwendig sei, um als Journalistin für das Magazin zu arbeiten. Ich war hellauf begeistert, als ich nach meinem Collegeabschluß eine Stelle in der Dokumentation der Time-Life-Buchreihe bekam. Nach zwei Jahren überzeugten meine Leistungen den Dokumentationsleiter des Time-Magazins, mich in seiner Abteilung anzustellen. Es gab nur sehr wenige Frauen, die es geschafft hatten, dort Journalistin zu werden, aber ich hielt an meinem Ziel fest. Meine Arbeit in der Dokumentation war oft öde und langweilig, aber ich lieferte das Hintergrundmaterial für viele Artikel. Zu meinem Glück wurde ich einer der vier Journalistinnen des Magazins zugeteilt, und sie ermöglichte mir, selbst ein paar Sachen zu schreiben. Als ich mich um eine Anstellung als Journalistin bewarb, waren bereits sechs meiner Artikel veröffentlicht worden. Die neunmonatige Probezeit verlief sehr gut. Mit sechsundzwanzig erhielt ich eine feste Anstellung als Journalistin bei* Time. *Mein Traum war also doch nicht so unrealistisch gewesen.*

Ungefähr zur gleichen Zeit tat ich noch einen weiteren Schritt nach vorn. Ich hatte mich immer für unsportlich gehalten, und das mit gutem Grund. In der Schule hatte ich im Sportunterricht immer die demütigende Erfahrung machen müssen, als letzte ausgewählt zu werden, wenn die Mannschaften zusammengestellt wurden. In meinem ersten Winter in New York nahm ich ungefähr fünf Pfund zu. Als im Central Park die ersten Narzissen herauskamen, dachte ich ernsthaft darüber nach, wie ich diese Pfunde wieder loswerden könnte. Ich ent-

schied mich fürs Laufen, weil mir das am billigsten und am effektivsten zu sein schien. Es gab noch ein paar andere Jogger im Central Park, und wir kannten uns alle vom Sehen, wenn wir auch die Namen der anderen nicht wußten. Damals war es bei den Joggern noch nicht üblich, nach der Uhr zu laufen – es gab noch nicht einmal richtige Laufkleidung für Frauen –, und so nahm ich an einem Wettrennen teil, einfach nur, um zu sehen, wie schnell ich war. Ich schnitt recht gut ab, und bald darauf »trainierte« ich mit ein paar anderen Leuten, hauptsächlich Männern, für das Marathon.

Allmählich begann ich, mich selbst für eine gute Sportlerin zu halten. Noch vier Jahre zuvor war es Frauen nicht erlaubt gewesen, an einem Marathon teilzunehmen. Jetzt gab es eine kleine Gruppe von Sportlerinnen, die mit Leib und Seele bei der Sache waren. 1976, als das New Yorker Marathon zum erstenmal abgehalten wurde, war ich unter den achtundachtzig Frauen, die mitliefen. Die Urschreie, die ich von Frauen am Straßenrand hörte, verblüfften mich völlig. »Los, schlag ihn, Herzchen«, brüllte eine Frau mit rosa Lockenwicklern im Haar, die auf ihrer Brooklyner Haustreppe auf und ab hüpfte. Es war beängstigend und gleichzeitig berauschend. Obwohl ich auf den letzten paar Meilen beinahe zusammengebrochen wäre, behielt ich ein gefrorenes Lächeln auf dem Gesicht. Ich hatte das Gefühl, beweisen zu müssen, daß Frauen so etwas schaffen können. Und vor allem wollte ich beweisen, daß ich es schaffen konnte.

Heute gibt es mehr Journalistinnen bei Time als damals, als ich anfing, und es gibt wesentlich mehr Frauen, die beim Marathon mitlaufen, aber ich hatte etwas erreicht, was für Frauen ungewöhnlich war. Es war mein besonderer Stolz, mein geheimer Weiblichkeitswahn, daß ich etwas wirklich Außergewöhnliches geleistet hatte. Ich hatte für die Schlußredaktion zwanzig Stunden am Tag gearbeitet, am Samstag zwölf Stunden geschlafen und am Sonntag einen Preis in einem Zwanzig-Meilen-Marathon gewonnen. Jeder einzelne kann sich einmalig vorkommen, wenn man Einmaligkeit entsprechend definiert. Als Kind hatte ich mich anders gefühlt. Jetzt, wo ich erwachsen bin, empfinde ich mich als etwas Besonderes.

Zunehmende Unabhängigkeit von den Eltern ist das entscheidende Kennzeichen des Erwachsenwerdens. Manche Menschen – ob sie nun Einzelkinder sind oder noch viele Geschwister haben – gelingt es nie, sich von ihren Eltern zu lösen. Viele Eltern benutzen Liebe, Schuldgefühle, Geschenke, ja sogar Hypothekenzahlungen, um ihre Kinder zu halten. Neigen die Eltern von Einzelkindern eher dazu, sich an ihre Kinder zu klammern? Und können Einzelkinder sich schwerer von ihren Eltern lösen als andere Kinder? Die Antwort auf diese Fragen hängen von der Veranlagung und den Lebensumständen von Eltern und Kindern ab.

Jonathan Bulkeley, der bereits vorgestellte junge Verlagsangestellte, sagt, daß er immer zwischen Abhängigkeit und Unabhängigkeit hin- und herschwankt. Er ist das einzige Kind zweier Einzelkinder, und diese Tatsache hat ihn und seine Eltern noch enger miteinander verbunden. Manchmal fiel es ihm jedoch schwer, seine Selbständigkeit zu bewahren. »Als ich überlegte, auf welche Vorbereitungsschule ich gehen sollte, entschieden meine Eltern für mich, nach Hotchkiss zu gehen, was mir eigentlich auch ganz recht war. Mein Vater und mein Großvater waren auch schon auf dieser Schule gewesen. Ich denke, es war keine schlechte Entscheidung, denn wie soll ein Dreizehnjähriger in der Lage sein zu entscheiden, auf welche Schule er gehen will? Bei der Frage, auf welches College ich gehen wollte, haben sie mich nicht beeinflußt. Ich wollte nach Yale. Die Söhne meiner Familie sind seit sieben Generationen nach Yale gegangen. Diese Tradition wollte ich fortsetzen.«

»Ich glaube, daß ich sowohl abhängig als auch unabhängig bin«, sagt er. »Ich sehe meine Eltern sehr oft, und ich bespreche vieles mit ihnen, aber ich weiß selbst, was ich tue.« Bulkeley sagt, daß seine Eltern ihn nicht gedrängt haben, einen bestimmten Beruf zu ergreifen. Trotzdem machen sie sich immer noch große Sorgen um ihn. »Da ist zum Beispiel diese Reise zum Amazonas, die ich vorhabe«, sagt er. »Meine Mutter ist wie gelähmt vor Angst. Sie befürchtet, daß ich am Amazonas umkomme; daß ich von einer Giftschlange gebissen werde, in einen Fluß falle, für immer verschwinde, Malaria bekomme, von Kannibalen überfallen werde. Alles Schreckliche, was man sich nur vorstellen kann, ist ihr bestimmt schon durch den Kopf gegangen. Was alles noch schlimmer macht, ist, daß sie im Moment in Kenia ist. Also sage ich immer, daß ich eigentlich mehr Grund hätte, mir um sie Sorgen zu machen.« Bulkeley sagt abschließend: »Es ist nett, zu wissen, daß meinen Eltern viel an mir liegt, aber wenn man erwachsen ist, wünscht man sich etwas Selbständigkeit. Manchmal muß ich richtiggehend um meine Eigenständigkeit kämpfen.«

Daß Einzelkinder allzusehr von anderen Menschen abhängig seien, insbesondere von ihren Eltern, ist eine weit verbreitete, jedoch falsche Vorstellung. Es spricht vieles dafür, daß das Gegenteil zutrifft. 1974 stellte der Psychologe Kenneth W. Terhune anhand von kinderpsychologischen Studien fest, daß Kinder aus großen Familien abhängiger von ihren Familien waren als Einzelkinder. Sharryl Hawke und David Knox entdeckten, daß 38 Prozent der von ihnen befragten Einzelkinder überzeugt waren, ein größeres Selbstbewußtsein zu haben als andere Kinder. Ganz offensichtlich fühlen sich Einzelkinder, die es nicht nötig haben, mit ihren Geschwistern um die Liebe und Zuwendung ihrer Eltern zu konkurrieren, sicherer.

Dorothy Gale, die Heldin des Kinderbuches *Der Zauberer von Oos,* ist eine der selbstbewußtesten literarischen Gestalten, die es gibt. Das Einzelkind Dorothy, die bei ihrer Tante Em und ihrem Onkel Henry in Kansas aufwächst, wird von einem Tornado erfaßt und im Lande Oos fallengelassen. Begleitet von ihrem Freund und Gefährten Toto, einem Hund, macht sie sich auf die lange Reise zurück nach Hause. Selbst wenn sie in Gefahr ist, begegnet sie jedem mit Liebenswürdigkeit und Höflichkeit. Sie hat sehr hohe Wertmaßstäbe und weist zum Beispiel den Feigen Löwen zurecht, als er diesen Wertmaßstäben nicht gerecht wird. Als ihr Überleben davon abhängt, ist sie fähig, die Böse Hexe des Westens zu töten. Auch nachdem sie zur Ehrenprinzessin ernannt worden ist, bleibt sie ihren moralischen Werten treu. Dorothy glaubt an sich selbst.

Ich denke, daß es viele Einzelkinder gibt, die wie Dorothy an sich selbst glauben. Da sie von frühester Kindheit an im Mittelpunkt der Aufmerksamkeit stehen, fällt es ihnen leichter, ein Bewußtsein der eigenen Bedeutsamkeit zu erwerben. Da Einzelkinder mit ihren Gedanken und Träumen oft allein sind, kommen sie leichter zur Selbsterkenntnis.

Es gibt viele Einzelkinder, die wie Dorothy sehr verantwortungsbewußt sind. Manchmal sind sie aus schierer Notwendigkeit so geworden, aber manchmal ist es ihnen ein inneres Bedürfnis. Shirley Pettijohn aus Kalifornien, die jetzt Mitte Fünfzig ist, mußte als Kind schon früh viele Haushaltspflichten übernehmen, weil ihre Familie sehr arm war. »Mit vier Jahren war es meine Aufgabe, die Holzspäne aufzusammeln, wenn mein Vater Holz hackte«, sagt sie. »Mit sechs Jahren war mein Verantwortungsbereich schon größer. Ich trug die leichteren Holzscheite ins Haus, gab den Hühnern Wasser und fütterte sie. Als ich neun Jahre alt war, kam der Krieg, und meine Mutter arbeitete in einer Munitionsfabrik. Mein Vater war auf dem Feld. Also kochte ich, wusch die Wäsche, bügelte sie. Ich machte jeden Tag die Betten. Ich erledigte die gesamte Hausarbeit, und ich versorgte die Hühner. Ich wußte, wie man mit allem fertig wird.«

Margaret Mead gab ihre Tochter Mary Catherine Bateson zu einer Ersatzfamilie, wenn sie anthropologische Feldstudien betrieb. »Ich habe mich immer für mich selbst verantwortlich gefühlt«, erinnert sich Bateson. »Ich fühlte mich unabhängig und autonom. Die Verantwortung für sich selbst zu übernehmen, ist ein Zeichen von Unabhängigkeit. Die Verantwortung für andere zu tragen, ist eine Bürde.«

Es ist durchaus möglich, daß Einzelkinder eher selbständig werden als andere Kinder und daß ihre Selbständigkeit tiefer geht. Viele Eltern, die nur ein einziges Kind haben, fördern bewußt den Unabhängigkeitsgeist ihres Kindes, besonders wenn sie das Kind erst spät bekommen haben. Judy Anderson-Wright, die bereits zitierte Pädagogin, ist bei ihren Großeltern aufgewachsen, die ihr beigebracht haben, daß sie fähig sein müsse, für sich selbst zu sorgen. »Meine Eltern haben sich scheiden lassen, als ich drei Jahre alt war«, sagt sie. »Mein Vater war beim Geheimdienst; meine Mutter ist verschwunden. Ich habe sie zum letztenmal gesehen, als ich fünf Jahre alt war, und ich habe nie wieder etwas von ihr gehört.« Auch als ihr Vater wieder heiratete, entschied sich Anderson-Wright, bei ihren Großeltern zu bleiben. »Sie brachten mir bei, unabhängig zu sein«, sagt sie. »Ich war oft allein zu Hause, und weil ich so viel Zeit allein verbringen mußte, entwickelte ich eine lebhafte Neugier, ich ging den Sachen gern auf den Grund. Ich bin sehr kreativ geworden, um mich immer selbst beschäftigen zu können. Ich bin ein starker Mensch, und diese Stärke habe ich von meinem damaligen Streben nach Kreativität und Unabhängigkeit. Meine Großeltern haben oft zu mir gesagt: ›Du hast nur dich.‹ Sie haben sehr großen Wert darauf gelegt, daß ich das ganz klar sah.«

Aber den meisten Einzelkindern ist das ohnehin bewußt. »Ich habe immer schon gewußt, daß ich für mich selbst dasein mußte, daß ich etwas leisten mußte. Ich wußte, daß niemand für mich sorgen würde«, sagt Renée Franklin. »Wenn du eine große Familie hast, ist es relativ wahrscheinlich, daß du immer ein Dach über dem Kopf hast und immer wird dir jemand ein Darlehen geben, damit du durchkommst. Ein Einzelkind hat diese Gewißheit nicht.«

Kathleen Meenehan, die beim Jugendgericht für Bewährungsfragen zuständig ist, setzt den Schwerpunkt etwas anders: »Im tiefsten Innern weiß ich, daß ich nur mir selbst gehöre«, sagt sie.

Die Unabhängigkeit kann auch unfreiwillig kommen. Für Frances, eine Frau Mitte Fünfzig, war die Scheidung ihrer Eltern eine traumatische Erfahrung. »Ich habe nie bezweifelt, daß es gut war, ein Einzelkind zu sein, bis meine Eltern sich scheiden ließen. Ich war damals ein Teenager«, sagt sie. »Bis dahin war ich immer mit mir und der Welt zufrieden gewesen. Wir hatten ein schönes Leben. Ich hatte eine ganze Menge Sachen, jedenfalls eine ganze Menge dafür, daß wir aus der unteren Mittelklasse kamen. Ich war besser angezogen als alle anderen Kinder. Meine Mutter kaufte immer bei Filene's, die Sachen waren preiswert, aber von sehr guter Qualität. Dann, nach der Scheidung, hatte ich fast nichts mehr.«

»Die Scheidung meiner Eltern war eine ausgesprochen häßliche Angelegenheit«, sagt sie. »Meine Mutter hatte meinen Vater verlassen, und er sagte immer zu mir: ›Wenn du dich besser benommen hättest, hätte sie uns nicht verlassen.‹ Wenn zwei oder drei Kinder da sind, treffen solche Vorwürfe die einzelnen vielleicht nicht so stark. Aber so hatte ich das Gefühl, ich sei dafür verantwortlich, daß meine Mutter gegangen war. Ich wußte, daß das nicht stimmte, aber irgendwie dachte ich doch, ich hätte fähig sein sollen, die beiden zusammenzuhalten. Einmal haben sie sich im Korridor des Gerichts gestritten, fast schon geprügelt. Es war wie im Film. Ich weinte, sie schrien sich an, und ein großer Gerichtsdiener mit irischem Akzent kam und sagte: ›Schämen Sie sich denn überhaupt nicht? Ich gehe jetzt mit dem Kind den Korridor entlang, und inzwischen nehmen Sie sich gefälligst zusammen.‹« Frances' Eltern kämpften heftig um das Sorgerecht, aber dennoch lebte sie, als sie vierzehn war, eine Zeitlang allein in einer Pension in Boston, weil sie nicht bei ihrem Vater bleiben wollte, und ihre Mutter war aus dem Bundesstaat weggezogen. Ihr Vater erlangte schließlich eine gerichtliche Verfügung, und Frances blieb nichts anderes übrig, als zu ihm und seiner neuen Frau zu ziehen. »Weil ich ein Einzelkind war, war ich superklug und frech, und meine Eltern hatten mich immer darin bestärkt«, sagt sie. Aber ihr Verhalten und die Tatsache, daß sie gelegentlich die Schule schwänzte, bewogen ihren Vater, wieder vor Gericht zu gehen, diesmal, um Frances für »schwer erziehbar« erklären zu lassen. Laut Frances war das das beste, was ihr passieren konnte, denn so begegnete sie einem sehr netten Sozialarbeiter, der ihr eindringlich nahelegte, ihr Leben nicht zu verpfuschen.

Eine Zeitlang lebte Frances in einem Heim in Boston, das eine Art Auffangstelle für weggelaufene Mädchen war. Aber sie hatte ein eigenes Zimmer und las viel. Im Sommer arbeitete sie in einem Urlaubsort als Kellnerin. »Weil ich Einzelkind war, wußte ich sehr genau, was ich wollte und was ich nicht wollte. Als ich in diesem Urlaubsort arbeitete, entschloß ich mich, mit der Schule aufzuhören. Aber dieser großartige Sozialarbeiter sagte: ›Das kannst du machen. Du kannst dich aber auch für ein Stipendium für eine Privatschule in New Hampshire bewerben.‹«

Frances machte nicht nur ihr Abitur, sie erhielt auch eine Zulassung für das Pembroke College, das damalige Frauencollege der Brown-Universität. »Es war ein gutes College, und mir war es immer wichtig, nur das Beste zu bekommen«, sagt sie. »Die tiefgehende Überzeugung, daß es wichtig und bedeutsam war, was aus mir wurde, hat mir über die zehn oder fünfzehn wirklich ziemlich harten Jahre nach der Scheidung meiner Eltern hinweggeholfen.«

Es gibt noch eine andere, weniger offensichtliche Art von Unabhängigkeit, die mir bei meinen Gesprächen mit Einzelkindern gelegentlich aufgefallen ist. Sie sind oft zu unabhängigem oder unkonventionellem Denken fähig. Wiederum sind die Gründe dafür leicht einsehbar. Viele Einzelkinder betonen das Ungewöhnliche ihrer Erfahrungen. Im schlimmsten Fall kann dies dazu führen, daß ein Kind sich sonderbar vorkommt; im besten Fall führt es dazu, daß das Einzelkind sich als etwas Außergewöhnliches empfindet. Viele Einzelkinder sind sich bewußt, daß sie anders sind als andere Kinder, jedenfalls was die Art ihres Aufwachsens angeht. Es scheint dann darauf anzukommen, ob das »Anderssein« für sie positive oder negative Konnotationen hat.

Das Bewußtsein, anders zu sein, ist am schmerzlichsten, wenn das Kind gleichzeitig abgelehnt und als Außenseiter betrachtet wird. Perle, das einzige Kind Esther Prynnes in Nathaniel Hawthornes Roman *Der scharlachrote Buchstabe,* ist die Personifikation der Sünde ihrer Mutter, der Leidenschaft. Die in die Wälder vertriebene Esther lebt ein asketisches Leben der guten Werke, während sie Perle mit wunderschönen, prächtigen Kleidern ausstattet. Perle ist ein wildes, aber weises Kind. Hawthorne schreibt: »Das Kind ließ sich keiner Regel unterwerfen. Durch seinen Eintritt ins Leben war ein wichtiges Gesetz gebrochen worden, und das Ergebnis war ein Wesen, dessen Elemente wohl schön und schimmernd waren, aber sich alle in Unordnung oder in einer ihnen eigentümlichen Ordnung befanden ...« Als Perle größer wird, wehrt sie sich gegen die sie verhöhnenden Kinder. Reverend Arthur Dimmsdale, der Mann, der sich niemals dazu bekannt hat, ihr Vater zu sein, lehnt sie instinktiv ab. »Von Anfang an konnte man aus dem kleinen Chaos des Charakters Perlens die Grundsätze eines unerschütterlichen

Mutes, eines unbezähmbaren Willens, eines standhaften Stolzes, der zum Selbstrespekt geschult werden konnte – und einer bitteren Verachtung vieler Dinge, die bei näherer Untersuchung den Makel der Lüge an sich trugen, hervortreten sehen.«

Perles Außenseitertum ist extrem. Aber es gibt viele Einzelkinder, denen die Rolle des Außenseiters nicht fremd ist. Bonnie Ernst, eine Aerobic-Lehrerin aus Seattle, hat immer Probleme mit anderen gehabt. »Es fiel damals sehr auf, daß ich Einzelkind war«, erinnert sie sich, »in den fünfziger Jahren war das einfach bizarr. Alle Kinder aus meiner Klasse hatten Geschwister. Die Lehrer hatten einen ganz anderen Bezug zu ihnen, weil sie ihre Brüder und Schwestern kannten. Diese Verbindung fehlte mir. In der Schule fühlte ich mich als Außenseiterin, und bei Familientreffen auch. Ich war diejenige, die meine Cousins immer verprügelten.« Sogar heute noch hat Ernst das Gefühl, daß es ihr an festen persönlichen Beziehungen mangelt. »Die Leute kommen und gehen«, seufzt sie. »Ich werde wohl nie eine Familie haben. Mir fehlt einfach der Hintergrund dafür.«

Bei manchen Einzelkindern wirkt sich das Bewußtsein, anders zu sein, nachteilig aus. Aber bei anderen, wie zum Beispiel bei Hawthornes Perle, kann das Gefühl des Andersseins letztendlich den Charakter stärken. Renée Franklin hat als Kind oft darunter gelitten, Einzelkind zu sein. »Aber dennoch bin ich mir, weil ich anders war, als etwas Besonderes vorgekommen, sogar wenn ich mich am allerunsichersten fühlte«, sagt sie. »Ich finde auch heute noch, daß ich etwas Besonderes bin. Ich werde immer die Probleme haben, die damit zusammenhängen, daß ich frei, unabhängig und anders bin. Aber das hat auch positive Seiten, die ich nie würde missen wollen. Wenn man Einzelkind ist, bekommt man das Gefühl vermittelt, wundervoll und einmalig zu sein, und dieses Gefühl bleibt einem das ganze Leben hindurch erhalten. Ich habe auch nur ein einziges Kind, und ich finde, sie ist wundervoll und einmalig und etwas Besonderes. Sicher sind alle Menschen etwas Besonderes, und ich würde auch versuchen, all meinen Kindern dieses Gefühl zu vermitteln, wenn ich noch mehr hätte – aber ich frage mich, ob es bei mehreren Kindern nicht doch irgendwie verloren gehen würde.«

Wenn man das Gefühl hat, etwas Besonderes zu sein, kann

das das Selbstvertrauen sehr stärken. Am hilfreichsten ist es, wenn dieses Gefühl eine innere, für andere nicht zu offensichtliche Überzeugung ist. Laura Stein-Stapleford sagt: »Wenn nur ein einziges Kind da ist, erzählen die Eltern dir wieder und wieder, daß du etwas ganz Besonderes bist. Und irgendwann glaubst du es. Andere Kinder mögen das meistens nicht. Dennoch denke ich, daß ich dadurch sehr motiviert worden bin. Ich ziehe häufig gar nicht in Betracht, daß ich auch versagen könnte. Ich glaube, daß ich so gut wie alles schaffen kann, was ich mir vorgenommen habe. Ich setze meinem Ehrgeiz keine zu engen Grenzen. Wenn ich in der Firma etwas machen soll, wovon ich eigentlich nicht viel Ahnung habe, bin ich überzeugt davon, daß ich die Aufgabe irgendwie bewältigen werde.«

Dorothy, eine Hausfrau aus Michigan, die vier erwachsene Kinder hat, sagt, daß das Bewußtsein, etwas Besonderes zu sein, ihr ihr ganzes Leben hindurch Kraft gegeben hat. Ihr Vater starb, als sie sieben Jahre alt war. Kurz danach kam Dorothy ins Internat. Beim Abschied sagte ihre Mutter zu ihr: »Dorothy, bu bist etwas ganz Besonderes. Du wirst alles erreichen, was du erreichen willst.« Fünfzig Jahre später versetzte Dorothy nach einer Hüftoperation die Ärzte und Schwestern in Erstaunen, weil sie sich so schnell erholte. Dorothy sagt: »Ich saß im Bett und dachte: ›Danke, Mutter.‹ Die Vorstellung, etwas Besonderes zu sein, hat mir bei vielen Krisen und Unglücksfällen geholfen.«

Einzelkinder scheinen weniger an die Konventionen der traditionellen Männer- und Frauenrollen gebunden zu sein. Es ist bemerkenswert, wie viele Mädchen sich sowohl die Lebensziele setzen, die für Frauen typisch sind, als auch die, die für Männer typisch sind. Der Grund dafür ist einleuchtend: Ein Einzelkind muß sowohl die Erwartungen der Mutter als auch die des Vaters erfüllen. Deshalb gibt es so viele weibliche Einzelkinder, die sowohl beruflich erfolgreich sind, als auch eine Familie haben.

In weniger aufgeklärten Zeiten gab die Tatsache, daß Einzelkinder den Männer- bzw. Frauenrollen flexibler gegenüberzustehen schienen als Personen, die aus größeren Familien kamen, wo die Mutter für den Haushalt zuständig war und der Vater das Geld verdiente, einigen Anlaß zur Besorgnis. Den Psychologen fiel auf, daß weibliche Einzelkinder gelegentlich Charaktermerkmale aufwiesen, die als männlich galten, und daß männliche Einzelkinder gelegentlich »weibliche« Charaktereigenschaften an den Tag legten.

1984 verglichen die Psychologinnen Phyllis A. Katz und Sally L. Boswell in einer Studie die geschlechtsspezifische Erziehung in Familien mit einem Kind mit der von Familien mit mehreren Kindern. Die ausgewählten Familien hielten sich im großen und ganzen an die traditionellen Geschlechterrollen, die Väter verdienten das Geld oder doch den Großteil des Geldes, die Mütter waren Hausfrauen oder halbtags berufstätig. Trotz dieser traditionellen Arbeitsteilung aller befragten Familien stellten die Psychologinnen fest, daß Familien mit einem Kind oft politisch liberaler eingestellt waren.

Eltern mit einem Kind legten weniger Wert auf eine geschlechtsspezifische Erziehung als Eltern mehrerer Kinder. Das scheint einleuchtend, da Menschen, die das Bedürfnis haben, sich selbst zu reproduzieren, meistens versuchen werden, zumindest zwei Kinder, nämlich einen Jungen und ein Mädchen, zu bekommen. Dennoch stellten Katz und Boswell bei der Untersuchung elterlicher Reaktionen auf nichtgeschlechtsgebundenes Spielverhalten von Kindern (zum Beispiel dem Spielen von Jungen mit Puppen) fest, daß Väter eines einzigen Jungen dem ablehnender gegenüberstanden als Väter mehrerer Kinder. Andererseits neigten Väter eines einzigen Mädchens eher dazu, ein nicht-geschlechtsgebundenes Spielverhalten ihrer Tochter zu akzeptieren. Die Väter mochten durchaus wünschen, daß ihre Töchter sie nachahmen, aber sie hatten eine deutliche Aversion gegen »Weichlinge« und »Waschlappen« als Söhne. Die Mütter von Einzelkindern hingegen nahmen die Frage des geschlechtsgebundenen Spielverhaltens bei beiden Geschlechtern nicht so wichtig. Mädchen, die die einzigen Kinder sind, sind also weniger an die traditionellen Geschlechterrollen gebunden als männliche Einzelkinder, die sich in mancher Hinsicht traditioneller verhielten als Jungen, die Geschwister hatten.

Katz und Boswell stellten fest, daß alle Eltern gleichermaßen wenig von der Idee angetan waren, daß ein Sohn sich für einen traditionell weiblichen Beruf, wie zum Beispiel den des Sekretärs, entscheiden könnte. Aber die Eltern, insbesondere die Mütter, standen der Vorstellung, daß ihre Töchter einen traditionell männlichen Beruf ergreifen könnten, sehr positiv gegenüber. Es ist denkbar, daß Eltern von Einzelkindern Tätigkeiten, die als männlich gelten, höher bewerten als Tätigkeiten, die als weiblich gelten, und deshalb ihr einziges Kind ermutigen, einen traditionell männlichen Beruf zu ergreifen. Die Psychologinnen kamen zu folgender Schlußfolgerung: »Eltern, deren einziges Kind ein Mädchen war, waren hinsichtlich einer nicht-geschlechtsspezifischen Erziehung am aufgeschlossensten.«

»Ich habe schon immer gedacht, daß das Schlimmste, was einem Mädchen passieren kann, ist, einen Bruder zu bekommen. Sie bekommt dann ihre ganze Kindheit hindurch das Gefühl vermittelt, daß es auf sie nicht so ankommt, daß er viel wichtiger ist als sie«, sagt die Anthropologin Mary Catherine Bateson. »Es würde ihr früh eingeprägt werden, daß Männer immer den Vorrang haben. Frauen, die sich etwas zutrauen, die Unternehmungsgeist haben, sind oft von ihrem Vater als Ersatz für die Söhne, die er nicht hatte, akzeptiert worden.

Eine Freundin von mir hat zwei Schwestern, und alle drei sind Ärztinnen geworden. Wenn auch nur ein Sohn dagewesen wäre, wäre keine dieser Frauen Ärztin geworden, das wette ich.«

»Als Kind habe ich mir immer gewünscht, ich wäre ein Junge«, sagt Samantha Drab. Sie ist in England aufgewachsen und fand immer, daß die Jungen die Möglichkeit hatten, viel aufregendere Sachen zu machen. »Die Mädchen waren so langweilig«, erinnert sie sich. »Sie haben immer gestickt, und sie mußten tun, was ihre Mütter ihnen sagten. Ich war eine wilde Range, ich war abenteuerlustig. Ich saß stundenlang neben meinem Vater, wenn er sein Motorrad reparierte. Den Geruch von Öl fand ich höchst aufregend. Ich wollte lernen, wie die Dinge funktionieren und warum sie so funktionieren.«

Die Frauen, mit denen ich gesprochen habe, wiesen oft darauf hin, daß sie ihrem Vater ihr Selbstbewußtsein zu verdanken hatten. »Wenn ich irgend etwas nicht konnte, hat mein Vater sich immer bemüht, mir zu verdeutlichen, daß ich es nicht etwa nicht konnte, weil ich ein Mädchen war. Ich konnte es nicht, weil ich einfach persönlich nicht dafür begabt war oder weil ich nicht zulassen konnte, darin gut zu sein«, erinnert sich eine Frau. »Dabei war es keineswegs so, daß mein Vater einen Jungen aus mir machen wollte – es ist schon komisch, denn mein zweiter Vorname ist Anthony. Meine Mutter war dagegen immer ziemlich von Ängsten geplagt. Im Laufe der Jahre hat sie sich verändert. Damals hatte sie eine Einstellung, die sehr typisch für die fünfziger Jahre war.« Petra Clayton, Schadenssachverständige bei einer Versicherung, die kurz nach dem Zweiten Weltkrieg in Deutschland aufgewachsen ist, sagt: »Für meine Eltern war ich gleichzeitig Junge und Mädchen, weil ihre ganzen Hoffnungen sich auf mich konzentrierten. Ich führe meine befreitere Einstellung darauf zurück, daß meine Eltern immer den Wunsch hegten, daß ich in beiden Rollen Erfolg hatte. Wenn ich erwachsen war, wollte ich unabhängig sein.«

»Meine Mutter hat mir bewußt gemacht, was Frauen in der Vergangenheit alles verwehrt war«, erinnert sich Elizabeth Clark. »Mein Vater hat mir gezeigt, was ich alles erreichen konnte. Sie haben mir sehr gute Ratschläge fürs Leben mitgegeben. Mein Vater sagte immer, ich könne alles erreichen, was ich wollte, wenn ich nur an mich selber glaubte. Meine Mutter sagte immer, ich könne alles tun, was ich wolle, aber es würde sich auf jeden Fall bezahlt machen, sich wie eine Dame zu benehmen.« Clarks Vater hat eine Privatdetektei. »Früher hatten wir vor, Geschäftspartner zu werden. Clark und Clark, Anwaltsbüro und Privatdetektei. Ich weiß nicht, vielleicht kommt es ja eines Tages doch noch dazu.«

In vielen Ein-Kind-Familien scheinen die Geschlechterrollen nicht ganz so festgelegt zu sein wie in anderen Familien. Die Studentin Christine McManus sagt, daß sie und ihr Vater sich sehr nahestehen. »Als ich klein war, haben wir viele einfache Sachen zusammen gemacht: Wir haben Lebensmittel eingekauft, sind durch die Autowaschstraße mit den großen Bürsten gefahren, einmal die Woche ins Kino gegangen. Jetzt unternehmen wir nicht mehr so viel zusammen, aber wir reden immer noch gern miteinander, und oft sehen wir uns gemeinsam ein Fußballspiel im Fernsehen an.«

Ann O'Sullivan, eine Lehrerin Mitte Vierzig, die vorhat, noch Medizin zu studieren, hält es für eine sehr positive Sache, Einzelkind zu sein. Als junge Erwachsene schloß sie sich der Frauenbewegung an und trat einer Selbsterfahrungsgruppe bei. »In der Gruppe ist mir bewußt geworden, daß meine Familie anders war als andere Familien, die Geschlechterrollen waren längst nicht so festgelegt«, sagt sie. »Ich meine, ich habe alles gemacht, was sonst nur Jungen machen.« Die Familie ihres Vaters, eines Rechtsanwalts, war reich gewesen, bis die Weltwirtschaftskrise kam. Als Kind war er an Dienstboten im Haus gewöhnt gewesen. »Als ich ungefähr sieben oder acht Jahre alt war, habe ich gelernt, ein Auto aufzubocken und Dachbalken einzusetzen. Und es war meine Mutter, die mir das beigebracht hat. Mein Vater war ein guter Rechtsanwalt, aber von diesen typisch männlichen Dingen verstand er gar nichts. Meine Mutter dagegen machte so was sehr gern. Als Kind fand ich es seltsam, daß unsere Nachbarin bügelte. Bei uns bügelte immer mein Vater. Es machte ihm Spaß.«

Da mittlerweile sowohl Männern als auch Frauen mehr alternative Möglichkeiten der Lebensgestaltung offenstehen, sind auch männliche Einzelkinder eher bereit, unkonventionelle Rollen auszuprobieren. Zwei bekannte Einzelkinder, der verstorbene John Lennon und der Nachrichtensprecher Ted Koppel, zogen sich für eine gewisse Zeit aus dem öffentlichen Leben zurück, um sich ganz ihren Kindern zu widmen. Es kann sein, daß die weniger traditionsgebundene Erziehung von Einzelkindern dazu führt, daß sie eher bereit sind, zu ihrer Individualität zu stehen. Ein Einzelkind muß schließlich seinen eigenen Weg gehen, es kann nicht einfach dem Weg folgen, den seine Geschwister schon gegangen sind oder noch gehen werden. Das Einzelkind, das bis zu einem gewissen Grad von Tradition und Autorität befreit ist, kann so vielleicht als eine Verkörperung der persönlichen Unabhängigkeit gelten, die der Idee der amerikanischen Demokratie zugrunde liegt.

Es gibt eine Reihe realer oder fiktiver Einzelkinder, die zu einem Symbol des amerikanischen Ideals der Originalität geworden sind. Charles Lindbergh, der Sohn eines Kongreßabgeordneten und seiner ihm entfremdeten Frau, wurde zum Helden der zwanziger Jahre, als er allein den Atlantik überflog. Superman kann mit fünfzig Jahren immer noch den Lauf mächtiger

Flüsse ändern, Stahl mit bloßen Händen biegen und für Wahrheit, Gerechtigkeit und den amerikanischen »Way of Life« kämpfen. Und was könnte amerikanischer sein als Huckleberry Finn, der sich auf der Suche nach Abenteuern den Mississippi hinabtreiben läßt?

Der heroische Einzelgänger ist eine literarische Tradition. Hamlet muß versuchen, die Wahrheit zu finden und Weisheit zu erlangen, nachdem Claudius seinen Vater ermordet und seine Mutter geheiratet hat. Homers Odysseus steht niemandem nahe, weder in der *Odyssee* noch in der *Ilias*, niemandem außer seinem Vater und seinem Sohn. Der an der Universität von Harvard lehrende Psychiater Bennett Simon stellt in seiner Analyse des Charakters des Odysseus die Frage: »Hängt die ›Einzelkind‹-Phantasie in irgendeiner Weise mit der Entstehung einer bestimmten Art des Individualismus zusammen, eines Individualismus, der als das bestimmende Kennzeichen der westlichen Zivilisation bezeichnet werden kann?«

In seinem Buch *Solitude: A Return to the Self* schreibt der britische Psychiater Anthony Storr: »Es ist denkbar, daß ein Individuum, je weniger es in eine Familie und einen sozialen Zusammenhang eingebettet ist, um so stärker den Wunsch verspürt, durch Individualität Spuren seiner Existenz zu hinterlassen. (...) Originalität setzt immer den Mut voraus, sich über die allgemein akzeptierten Normen hinwegzusetzen. (...) Denjenigen Menschen, die nicht zu sehr von anderen abhängig sind oder die zu niemandem eine wirklich enge Beziehung haben, fällt es leichter, die Konventionen zu ingnorieren.«

Bei meinen Gesprächen mit Einzelkindern hatte ich durchaus den Eindruck, als hätten sie in der Tat weniger Bedenken, außerhalb der Regeln zu leben. Renée Franklin ist immer ihren eigenen Weg gegangen und fühlt sich wohl dabei. »Ich habe mich nie um die Konventionen geschert«, sagt sie, »jedenfalls nicht, wenn es darum ging, wann man was im Leben machen sollte. Ich habe getan, was für mich zu der Zeit richtig war. Ich habe geheiratet, als ich noch nicht mal mit der Schule fertig war, und ich habe mich scheiden lassen, als alle anderen Leute dann heirateten. Ich habe mit einem Mann zusammengelebt, bevor das gesellschaftlich akzeptabel wurde. Schließlich habe ich ein Kind allein großgezogen. In den späten sechziger Jahren war ich politisch liberal eingestellt, meine Verwandten bezeichneten mich als ›Hippie‹. Ich habe an Demonstrationen gegen den Krieg teilgenommen, aber ich habe mich ebenso geweigert, mich der Anti-Kriegs-Bewegung und ihrer Kleiderordnung anzupassen, wie ich es ablehnte, mich der etablierten Gesellschaft anzupassen.«

»Nachdem ich versucht hatte, in New York als Schauspielerin Karriere zu machen und eine Boutique zu eröffnen, studierte ich Jura. Ich konnte nur abends zur Uni gehen, weil ich tagsüber arbeiten mußte. Ich glaube, daß ich mich für die Arbeit am Gericht entschied, weil ich so das Ungewöhnliche meines Werdeganges am besten in meinen Beruf integrieren konnte. Meine Freunde – Künstler, Schauspieler und Polizisten, die ich vom Studium her kannte – dachten alle, ich würde zur Verteidigung gehen. Zu ihrer aller Überraschung wurde ich Staatsanwältin. Ich bin Staatsanwältin geworden, weil ich meine Arbeit liebe und weil ich an unsere Regierung und an die Gesetze unseres Landes glaube. Aber es liegt schon eine gewisse Ironie darin, daß ich zur Vollstreckerin der Regeln der Gesellschaft geworden bin. Und in vielerlei Hinsicht war ich immer etwas anders als die anderen Staatsanwälte. Meine engsten Freunde sind immer noch Künstler, Therapeuten oder Verteidiger. Ich arbeite ständig daran, mich selbst und den von mir gewählten Beruf miteinander in Einklang zu bringen. Ich bemühe mich immer noch, mir einen eigenen Platz im Leben zu schaffen und mich diesem Platz anzupassen. Jetzt, wo ich ein Kind habe und älter werde, scheine ich immer konventioneller zu werden. Das, was ich vom Leben will, ist genau das, was alle anderen Menschen auch wollen. Ich habe mich immer sehr wohl dabei gefühlt, anders zu sein als der Rest der Gesellschaft, aber ich habe eine Wende durchgemacht. Ich möchte jetzt im Einklang mit der Gesellschaft leben.«

Viele Einzelkinder, die befreit sind von den Begrenzungen der traditionellen Rollen und den Einschränkungen, die einem eine große Familie auferlegt, sind nicht nur »frei, sie selbst zu sein«. Sie haben auch die Freiheit, sich selbst wieder neu zu definieren, wenn sie älter werden. Einzelkinder werden immer wieder auf sich selbst zurückgeworfen. Viele sind in einer ständigen Weiterentwicklung begriffen, einer Art Revision ihrer selbst.

In der Literatur ist F. Scott Fitzgeralds Jay Gatsby ein klassisches Beispiel für dieses Phänomen. Der anscheinend ganz allein dastehende Gatsby hat sich eine schillernde Persona erdacht. Er erzählt Nick Carroway, er sei der Sohn wohlhabender Leute aus dem Mittelwesten, die jetzt alle tot seien. Er ist ein gefeierter Gastgeber, ein berühmt-berüchtigter Mann, dem vieles nachgesagt wird. Es stellt sich jedoch heraus, daß Gatsbys wirklicher Name James Gatz ist. Seine Eltern waren »kleine Farmer in dürftigen Umständen«. Fitzgerald schreibt: »Er hatte sich nie wirklich als ihr Sohn gefühlt. In Wahrheit war Jay Gatsby aus West Egg, Long Island, seinem eigenen Kopf entsprungen, eine Ausgeburt der platonischen Idee seiner selbst. Er war ein Sohn Gottes …«

Derartige Gatsbysche Neuschöpfungen der eigenen Persönlichkeit gibt es nicht nur in der Literatur. Auch der Filmstar Clark Gable erschuf sich selbst eine neue Persönlichkeit. William C. Gable wurde 1901 in einer kleinen Stadt in Pennsylvania geboren. Seine Mutter, Addie Gable, starb, noch bevor er ein Jahr alt war. Und ihr kleiner Sohn kam zu seinen Großeltern. Obwohl die zweite Frau seines Vaters sehr liebevoll für den Jungen sorgte, brach Gable schließlich alle Verbindungen zu seiner Familie ab. »Clark Gable betrachtete sich immer als einen Mann ohne Familie«, schrieb seine Biographin Lyn Tornabene. »Er hatte keine glücklichen Erinnerungen an seine Vergangenheit; folglich besaß er überhaupt keine Vergangenheit. Clark Gable, der Filmstar, entsprang sozusagen voll ausgewachsen einem Filmprojektor.«

Es ist schwer zu sagen, wer Marilyn Monroe erschaffen hat. Auch Monroe, nach so vielen Jahren immer noch ein Sex-Symbol, ist Einzelkind, das sich sein Leben lang bemühte, einer unglücklichen Vergangenheit zu entkommen. Bei ihrer Geburt erhielt Monroe 1926 den Namen Norma Jean Mortenson. Sie hat nie erfahren, wer ihr wirklicher Vater war. Ihre Mutter war als Cutterin beim Film beschäftigt, und sie war nicht in der Lage, für ein Kind zu sorgen. Norma Jean wuchs bei einer ganzen Reihe von Pflegeeltern auf und verbrachte zwei Jahre im Waisenhaus von Los Angeles. Sie heiratete mit sechzehn, um nicht dorthin zurückkehren zu müssen.

Sie schaffte es, ganz nach oben zu kommen, sie wurde ein

großer Star, eine amerikanische Venus. Dennoch war sie ständig bestrebt, an sich zu arbeiten; sie nahm Schauspielunterricht bei Lee Strasberg, als sie bereits ein Star war. Sie heiratete den berühmten Baseballspieler Joe DiMaggio, ließ sich scheiden, heiratete den Dramatiker Arthur Miller. Einem weitverbreiteten Gerücht zufolge hatte sie eine Affäre mit dem damaligen US-Präsidenten John F. Kennedy. Sie versuchte ihr ganzes Leben lang, sich weiterzubilden, etwas aus sich zu machen, und schließlich starb sie, augenscheinlich durch Selbstmord, als unfertige Frau.

Auch Archie Leach war Einzelkind; auch er versuchte, einem unglücklichen Leben zu entfliehen. Er kam aus dem englischen Bristol, sein Vater trank, seine Mutter kam in eine psychiatrische Klinik, als ihr Sohn neun Jahre alt war. Mit dreizehn verließ Archie sein Zuhause und zog mit einer Gruppe jugendlicher Akrobaten durchs Land. Mit siebzehn trat er als Stelzenläufer in Coney Island, New York, auf. Schließlich landete er am Broadway. Als Paramount ihm 1932 einen Fünfjahresvertrag anbot, änderte er seinen Namen in Cary Grant. .

Zu seinem Glück hatte er sein Leben besser im Griff als Marilyn Monroe. Archie verwandelte sich mit Hilfe Hollywoods in den lässig-eleganten Mann, der für Millionen von Menschen Sex und Format symbolisierte. Grant sagte einmal in einem Interview: »In meinen Filmen gab ich vor, eine ganz bestimmte Art von Mann zu sein. Ich entwarf mich selbst als eine Kombination aus Jack Buchanan (einem britischen Varietéstar), Noel Coward und Rex Harrison, und schließlich wurde ich dieser Mann. Ich wurde ich. Oder er wurde ich. Oder wir haben uns in der Mitte getroffen.« Mit fünfundsechzig gab er das Filmen auf, um sich ganz um seine neugeborene Tochter, sein einziges Kind, zu kümmern.

Eine Geschichte

James E. Reynolds, Anfang Dreißig, Sportreporter, New York:

Ich denke, daß ich teilweise deshalb immer so gut damit zurechtkam, Einzelkind zu sein, weil meine Eltern verschiedenen Rassen angehörten. Ich war als Kind ziemlich isoliert und der Gesellschaft entfremdet, und Einzelkindern geht es ähnlich. Ich war eine Insel. Meine Eltern hatten nie das dringende Bedürfnis, zu einer Gruppe zu gehören. Sie sind keine Bridgespieler, und sie fühlten sich nicht zu Golfclubs hingezogen. Sie haben gelernt, in ihrer eigenen Welt glücklich zu sein.

Ich wuchs zweifellos unter Umständen auf, die die Entwicklung der Unabhängigkeit sehr begünstigten. Heute bin ich meinen Eltern dankbar dafür.

Als mein Vater noch in Georgia lebte, war er wahrscheinlich einer der ganz wenigen gebildeten Schwarzen, die es damals dort gab. Er ist auch Einzelkind. Er wurde 1913 geboren und machte in Morehouse sein Abitur. Mein Vater war Schauspieler und Sänger, in den fünfziger Jahren spielte er in dem Musical *Porgy and Bess*. Er ging mit dem Stück auf Welttournee. Er war gebildet und belesen. Aber er führte das Leben eines Schwarzen in Boston, wo er als Gefängnisaufseher arbeitete, nachdem er sein Lehrerexamen gemacht hatte. Meine Mutter stammt aus dem Süden von Boston. Sie behauptet, daß ihre Familie ursprünglich aus England kam, aber wir glauben alle, daß es wohl eher Irland war. Meine Eltern hatten es schwer genug. Ein Kind reichte, mehr Kinder hätten sie sich finanziell nicht leisten können. Mir fiel erst auf, daß etwas an unserer Familie anders war, als ich schon etwas größer war und beobachtete, wie die Leute meine Eltern anstarrten, wenn wir durch Boston fuhren. Es war absolut nichts Ungewöhnliches, daß die Leute im Auto neben uns uns anstarrten, wenn wir vor einer roten Ampel hielten. Meine Eltern waren ziemlich aggressiv, sie starrten einfach zurück.

Es tut mir in keinster Weise leid, daß ich Einzelkind bin. Mir gefielen die Verantwortung und die Unabhängigkeit. Ich bekam alle Schelte ab, aber ich wurde auch für alles und jedes gelobt. Mit sechs Jahren hatte ich meine eigenen Schlüssel. Ich war so eine Art frühes Schlüsselkind. Mein Vater arbeitete nachts und meine Mutter tagsüber, also war immer jemand im Haus, aber mein Vater schlief oft, wenn ich aus der Schule kam. Meine Eltern haben mir schon früh viel Freiheit gegeben, und dadurch bin ich ziemlich unabhängig geworden.

Mir blieb gar nichts anderes übrig, als phantasievoll zu sein, weil keine anderen Kinder zum Spielen da waren. Meine Eltern haben mich gezwungen, viel zu lesen. Mit neun Jahren habe ich eine Buchkritik geschrieben, über *Gullivers Reisen*; nicht daß ich verstanden hätte, worum es in dem Buch geht. Meine Eltern pflegten mich nach der Schule in die öffentliche Bücherei von Boston zu schicken, damit ich beschäftigt war. Wenn ich anfing, mich in der Kinderabteilung zu langweilen, durchstöberte ich die ganze Bibliothek.

Daß ich ein Einzelkind war, machte mich berechnend. Ich mußte mich schließlich verteidigen, wenn es Ärger gab. Mit neun Jahren fing ich an zu lügen, was das Zeug hielt. Ich dachte mir die unglaublichsten Geschichten aus. Meine Eltern merkten natürlich, daß ich log, und es gab Ärger, also habe ich es vielleicht getan, um ihre Aufmerksamkeit zu erringen.

Gleichzeitig machte ich mir Gedanken darüber, wie ich andere wirklich kennenlernen könnte. Ich beobachtete, daß viele Kinder aus größeren Familien all ihre sozialen Energien auf die innerfamiliären Beziehungen verwandten. Auf der Straße reagierten sie sich ab, indem sie sich mit ihren Freunden prügelten. Da ich zu Hause niemanden hatte, mit dem ich spielen konnte, mußte ich immer freundlich sein. Ich war nicht auf der Suche nach Brüdern oder Schwestern, aber es gelang mir ziemlich schnell, mich mit anderen anzufreunden. Eine Zeitlang war ich ganz wild darauf, bei Freunden zu übernachten. Ich wollte einfach mit anderen Kindern herumhängen können, das habe ich als Einzelkind sehr vermißt.

Mein Vater war ein guter Sportler gewesen, als er noch jünger war. Wir haben oft ganze Nachmittage zusammen Baseball gespielt. Ich war sehr sportlich. Ich liebte Mannschaftsspiele, aber ich war im Grunde gar nicht so sehr daran interessiert, mich mit anderen zu messen. Als Einzelkind hatte ich nie jemanden gehabt, mit dem ich mich hätte messen können. Ich versuchte einfach, so gut wie möglich zu sein – meiner Eltern wegen, nicht so sehr meinetwegen. Ich begriff später, daß mir das Zusammenspiel im Team nicht so besonders liegt. Vielleicht war ich deshalb meistens der Werfer. Ich mag es, wenn ich etwas allein tun kann. Meine Eltern waren immer erst zufrieden, wenn ich der Beste war, aber dieser Druck hat mich nie gestört.

Meine Eltern haben sehr große Erwartungen in mich gesetzt, sie haben ziemlich viel von mir verlangt. In unserer Nähe war ein Studentenwohnheim für Psychologen, und so habe ich ziemlich viele psychologische Tests mitgemacht. Jedesmal erzählten die Studenten meinen Eltern, daß ich sehr intelligent sei. Als ich in die fünfte Klasse kam und mich in der Schule nicht sehr gut machte, ließen meine Eltern zum erstenmal einen regulären Intelligenztest mit mir machen, bei einem Psychologen aus Cambridge. Sie hatten eine Menge Bücher über Kinderpsychologie gelesen und kannten sich aus. Nachdem ich zwei Tage lang getestet worden war, kamen meine Eltern zu dem Schluß, daß die öffentlichen Schulen in Boston nicht so furchtbar viel zu bieten hatten, und sie versuchten, mir ein Stipendium für eine Privatschule zu verschaffen. Zu der Zeit waren die privaten Eliteschulen sehr bestrebt, Schwarze aus den Innenstadtbezirken bei sich aufzunehmen. Der Psychologe, der gute Verbindungen zu Privatschulen hatte, sagte, daß ich zu dem einen Prozent der Zehnjährigen mit den besten Testergebnissen gehörte. Meine Eltern waren begeistert, und ich bekam ein Stipendium für die Belmont Hill-Schule.

Als Einzelkind versucht man immer, die eigenen Motive herauszukriegen; das ist, denke ich, der Fluch des Lebens als Einzelkind. Ich bin mir nicht sicher, ob ich daran interessiert wäre, zu einer Gruppe zu gehören, die bereit wäre, mich zu akzeptieren. Irgendwie gefällt es mir, ein Außenseiter zu sein. Ich bin wahrscheinlich in diese Rolle hineingedrängt worden. Ich war oft der erste Schwarze, der irgendwo aufgenommen wurde. Einmal war ich in diesem wirklich stinkvornehmen Ferienlager in Wolfeboro in New Hampshire, und ich war der erste Schwarze, der jemals seinen Fuß dort hineingesetzt hatte. Dennoch sehe ich mich selbst nicht als

Schwarzen, ich finde, ich bin eine Klasse für mich, wenn ich auch nichts dagegen tun kann, daß andere mich als Schwarzen sehen. Ich könnte die Gesellschaft nie davon überzeugen, daß ich alles andere bin als schwarz. Weil ich so aussehe, halten sie mich für einen Schwarzen. Ich bin weder ein Schwarzer noch ein Weißer. Deshalb, und weil ich Einzelkind bin, kann ich manchmal ziemlich arrogant sein.

Meine Noten in Belmont Hill waren ziemlich mittelmäßig; ich machte mir die Tatsache zunutze, daß dort auf sportliche Leistungen sehr großer Wert gelegt wurde. Als Einzelkind habe ich gelernt, scharf zu beobachten, und konnte ein gutes Auffassungsvermögen entwickeln. Ich wußte, daß ich mir als guter Sportler alles leisten konnte.

Nach dem Abitur ging ich nach Dartmouth. Ich blieb ein Jahr lang auf dem College, und dieses Jahr war die schlimmste Zeit meines Lebens. Die Studentenverbindungen spielten dort eine große Rolle, und zum ersten Mal in meinem Leben versuchte ich, mich einer Gruppe anzuschließen. Ich wählte die Afro-Amerikanische Gesellschaft, nicht weil ich diese Gruppe so gut fand, sondern weil die anderen Verbindungen mich nie im Leben aufgenommen hätten. Es gab nur drei Schwarze, die ich wirklich gut kannte, ich hatte nie welche getroffen. Wir haben nie in Roxbury gelebt. Die Schwarzen in Dartmouth taten so, als kämen sie aus den Slums, als hätten sie ein beschissenes Leben gehabt. Dabei hatten diese Leute mindestens zehnmal soviel Geld wie ich. Ihre Eltern waren Ärzte, gebildete Leute. Das Ganze machte mich völlig fertig, ich konnte es überhaupt nicht verstehen.

Nach einem Jahr bin ich abgegangen. Ich glaube, mein Vater hat danach nichts mehr von mir erwartet. Es war eine große Enttäuschung für ihn. Meine Eltern hatten große Opfer gebracht, damit ich aufs College gehen konnte. Ich hatte ein Stipendium, aber meine Eltern mußten trotzdem noch eine ganze Menge dazuzahlen, mehr, als sie sich eigentlich leisten konnten. Sie hatten das Gefühl, ich hätte sie ins Gesicht geschlagen, als ich von Dartmouth wegging. Sie gaben mir fünfhundert Dollar und wünschten mir viel Glück. In Boston hatte ich in einem Jeansladen gearbeitet, und aus irgendeinem Grund wußte ich einfach, daß ich einen Job bei den Brooks-Brothers bekommen würde, wenn ich nach New York ging. Ich bekam den Job sofort, ich kann mich gut verkaufen. Das ist es, was ich mit berechnend meine. Später habe ich bei *Time* als Bürogehilfe gearbeitet.

Erst fünf Jahre später bin ich wieder aufs College gegangen. Als ich so spät meine Ausbildung wieder aufnahm, war ich zum erstenmal wirklich beeindruckt von mir selbst. Ich habe kein wirklich hohes Selbstbewußtsein. Ich halte viel von mir selbst, aber meine Psyche ist im Grunde nicht so stabil. Als Einzelkind ist man so voller Potential, daß es zum Fluch wird. Ich ging zuerst auf die Pace-Universität, nur um zu sehen, wie es mir gefallen würde, wieder zu studieren. Ich machte mich ganz gut, also beschloß ich, auf die Columbia-Universität zu wechseln. Mittlerweile war ich fünfundzwanzig, und ich wollte wirklich etwas lernen, ich wollte eine Ausbildung. Da ich so viel älter war als die anderen, war ich ein Außenseiter. Es ist leicht, sich von einem Haufen Teenager fernzuhalten, wenn man fünfundzwanzig ist. Ich konnte zur Uni gehen und mysteriös tun. Ich konnte beim Mittagessen mit den Leuten klönen und trotzdem eine gewisse Distanz bewahren und mich dabei wohl fühlen. Obwohl ich drei Jahre dort war, kenne ich nicht einmal zehn Leute aus meinem Semester.

Ich hasse Traditionalismus. Meine Eltern haben nie geheiratet, also habe ich zwölf Jahre lang einen Namen getragen und ihn dann zwischen der siebten und der achten Klasse geändert. Früher hieß ich Jimmy Williams. Familiengeschichte interessiert mich nicht. Ich denke, das liegt zum Teil daran, daß ich Einzelkind bin und außerdem der Sohn eines Einzelkindes. Auf väterlicher Seite habe ich weder Tanten noch Onkel. Ich glaube, die Mutter meines Vaters war vierzehn, als er geboren wurde. Vermutlich liegt meinem Vater nicht viel daran, seine Geschichte zu erzählen. Meine Mutter hatte sich mit all ihren Geschwistern entzweit, außer mit einem Bruder. Also habe ich eigentlich auch keine Tanten und Onkel auf mütterlicher Seite.

Aber mein Sohn Matt wird sich mit Familiengeschichte

beschäftigen, und zwar wegen der Familie seiner Mutter, den Fulhams. Meine Frau Mary hat noch vier Geschwister. Große Familien legen Wert auf den Familienstammbaum. Letztes Jahr waren wir über Weihnachten bei meinen Eltern in Boston, und innerhalb von zehn Minuten wußte Mary alles über meine Eltern. Meine Mutter suchte sogar alte Fotos heraus. Ich bin gern verheiratet, und ich liebe meinen Sohn. Aber es macht mir Unbehagen, zur Familie der Fulhams zu gehören. Für meinen Geschmack ist die Familie zu groß, und sie wissen zu viel voneinander. Sie sind sich zu nahe. Ich will nicht die Rolle leugnen, die meine Eltern in meinem Leben gespielt haben, aber ich war immer der Überzeugung, es ganz allein geschafft zu haben. Ich liebe sie, aber ich melde mich sehr selten bei ihnen. Wenn Mary nicht daran denken würde anzurufen, oder wenn meine Eltern es nicht tun würden, würde ich oft monatelang nichts von ihnen hören. Jetzt, wo sie einen Enkel haben, rufen sie ständig bei uns an. Ich überlege mir gelegentlich, wie mein Leben wohl aussähe, wenn meine Eltern nicht mehr da wären. Ich verspüre dann ein unmittelbares Gefühl des Verlustes, aber davon abgesehen ist meine erste instinktive Reaktion der Gedanke: Dann könnte ich endlich ich selbst sein.

Mein Leben hat sich bis jetzt durch diametrale Gegensätzlichkeit ausgezeichnet. Meine Eltern gehören zur unteren Mittelklasse, aber ich habe Ferienlager besucht, bin auf Privatschulen gegangen und habe in Dartmouth studiert. Alles war so widersprüchlich, nichts paßte zusammen.

Ich denke, ich bemühe mich wirklich zu sehr darum, zu beweisen, daß ich von allen anderen unabhängig bin und allein zurechtkomme. Es ist nicht so, daß ich kein guter Team-Spieler bin, weil ich nicht weiß, wie man in einem Team spielt. Aber wenn ich in einer Mannschaft mitspiele, bemühe ich mich immer, irgendwie anders zu sein als meine Mitspieler, so, daß sie es mitkriegen, auch wenn der Trainer es nicht merkt. Es fällt mir leicht, anders zu sein. Es ist mein Ziel, anders zu sein. Ich denke, wenn man als Einzelkind aufwächst, in dem Bewußtsein, der einzige zu sein, hat man auch später den Wunsch, einzigartig und anders zu sein.

Das Einzelkind und der Erfolg

Am besten war ich darin, gut zu ein. In allem. Von der Grundschule an wurde ich für gute Zensuren belohnt. Eine Eins brachte mir einen Dollar von meiner Tante und meinem Onkel, einen von meinem Vater und einen von meinen Großeltern. Das Lob, das ich bekam, war mir fast genausoviel wert. Ich wollte vollkommen sein. Ich konnte es nicht ertragen, etwas falsch zu machen – oder etwas zu versuchen und zu scheitern.

Als ich ungefähr zehn Jahre alt war, beschloß ich, Klavier spielen zu lernen, obwohl wir keins hatten. Es gab einen Verein in der Nähe, den Verein der Brüderlichkeit; die hatten ein Klavier. Ich ging immer dahin, um zu üben. Nachdem mein Vater mir zu Weihnachten ein Klavier geschenkt hatte und ich bequem zu Hause üben konnte, benutzte ich diese Jahre des Übens in einem leeren Gebäude als Rechtfertigung dafür, daß ich niemandem etwas vorspielen wollte. In Wirklichkeit hätte ich es einfach nicht ertragen, wenn jemand all die Fehler gehört hätte, die ich machte. Jedesmal, wenn ich gezwungen war, in der Gegenwart anderer Menschen Klavier zu spielen, zitterten meine Hände, mein Herz schlug schneller und ich hackte auf den Tasten herum.

Was die Schule anging, so wußte ich, daß es so etwas wie Perfektion nicht gab (außer in Mathematik), nur gute Leistungen. Aber ich setzte mir schon früh hohe Ziele. Was ich wollte, war eine Sawyer-Medaille, ein kleines Abzeichen, das mit dem Abbild des Gründers der Bibliothek von Gloucester geschmückt war. Jedes Jahr wurden den zehn besten Schülern der achten Klassen diese Medaillen verliehen; zwei Medaillen gab es jedes Jahr für die besten Schüler der Oberstufe. Ich bemühte mich unerschütterlich um einen hohen Notendurchschnitt und wartete auf den Tag meines Triumphes. Und tatsächlich, im letzten Jahr der Mittelstufe ging ich während der Feierlichkeiten nach vorn, um meine Medaille in Empfang zu nehmen. Für mich war dieses Ereignis wahrscheinlich noch bedeutsamer als für die anderen Medaillengewinner. Meine Mutter hatte ihre Medaille erst in der Oberstufe gewonnen; ich hatte meine ein

Jahr eher bekommen. So hatte ich schließlich doch meine Mutter übertroffen, etwas, was ich schon seit geraumer Zeit versucht hatte.

Solche Sachen wurden sehr wichtig für mich, nachdem ich die Sawyer-Medaille gewonnen hatte. Ich begann sie zu sammeln. In der Oberschule war ich Redakteurin der Schülerzeitung und des Literaturmagazins. Ich machte es mir zur Gewohnheit, nur die Fächer zu belegen, in denen ich erwartete, gut abzuschneiden. Ich wählte Französisch ab, weil es eventuell meinen Notendurchschnitt verschlechtert hätte. Ich belegte den Kurs in Meeresbiologie nicht, weil mir Chemie so schwergefallen war. Ich zog nicht einmal in Erwägung, Physik zu belegen. Ich wollte mich mit einem wirklich beeindruckenden Notendurchschnitt bei den Colleges bewerben. Aber meine wahre Liebe galt der Schülerzeitung. Ich habe während der ganzen Zeit an der Oberschule nur einen Tag gefehlt, und zwar nicht, weil ich keine Fehlstunden eingetragen haben wollte oder weil ich alle Fächer so gern mochte, sondern weil ich nicht an der Zeitung arbeiten konnte, wenn ich nicht zur Schule ging.

Auch auf dem College belegte ich die Fächer, von denen ich annahm, daß ich in ihnen gut sein würde. Im Einführungsseminar für englische Literatur ließ uns der Dozent, ein junger, uriger Mann, der von allen bewundert wurde, einen Essay schreiben. In der nächsten Woche teilte er der Klasse mit, alle wären ziemlich nahe am Analphabetentum, mit einer möglichen Ausnahme. Er meinte mich. Ich habe Talent, dachte ich. Ich belegte Englisch als Hauptfach, obwohl ich eigentlich vorgehabt hatte, Politik zu studieren. Als ich für die Collegezeitung Choragos *eine Rezension schrieb, nahm der Chefredakteur mich zur Seite und sagte, der Artikel wäre der beste, der bis jetzt in allen fünf Collegezeitungen erschienen wäre. Ich verschrieb mich dem Journalismus. Lob ließ mich aufblühen.*

Bei meiner Graduierung wurde ich von den Studentinnen meines Jahrgangs ausgewählt, die Bakkalaureatsrede zu halten. Das Thema war »Vortrefflichkeit«. Auch zwei Fakultätsmitglieder sollten sprechen. Einer der beiden, der gerade emeritierte Tom Reese, war einer der beliebtesten Professoren des Colleges. An seiner einführenden Psychologievorlesung nah-

men regelmäßig auch Studenten teil, die gar nicht Psychologie belegt hatten. Die Abschlußvorlesung mußte immer in einen größeren Vorlesungssaal verlegt werden, damit die riesigen Mengen an Studenten hören konnten, was er über die Psychologie und das Leben zu sagen hatte. Leider betrat er direkt vor mir das Podium, königlich anzusehen in seinem hermelingesäumten Talar. Seine Rede war selbstverständlich viel besser als meine. Er erhielt donnernden Applaus. Mir wurde flau im Magen, und ich begann zu schwitzen. Ich hoffte nur noch, von einem Blitz getroffen zu werden. Ich konnte unmöglich gewinnen, unmöglich die Beste sein, also versuchte ich einfach, es so gut wie möglich zu machen. Nachdem der höfliche Beifall verklungen und die Zeremonie vorbei war, sagte mir mein Freund, dem ich die Rolle des Kritikers zugeschoben hatte, daß ich zwei Wörter falsch ausgesprochen hätte. Später, als bekanntgegeben wurde, daß ich mein Examen mit Magna cum laude bestanden hatte, eine Leistung, die mich mehr gekostet hat, als je irgend jemand wissen wird, sagte meine Tante nonchalant: »Ach, das hat mich gar nicht überrascht. Von dir habe ich erwartet, daß du ein gutes Examen machst.« Mir war nicht besonders nach Feiern zumute.

Dann fuhr ich nach New York, um Karriere zu machen. Ich habe immer mein Bestes gegeben. Wenn ich hervorragende Leistungen erbringe, dann bin ich in Sicherheit, dachte ich, wenn ich gute Arbeit leiste, werde ich immer einen Job haben. Und wenn ich Arbeit hatte, konnte ich mir selbst den Lebensunterhalt verdienen. Zum Teil lag meiner Entschlossenheit das Wissen zugrunde, daß letztendlich niemand für mich sorgen würde, wenn ich es nicht konnte, ein Wissen, das mir Angst machte. Und im tiefsten Innern wollte ich etwas leisten, damit ich, wenn ich wie meine Mutter mit achtunddreißig sterben würde, wenigstens ein ausgefülltes Leben, das mir zur Ehre gereichte, gehabt hatte.

Vor einigen Jahren wurde mir von Mount Holyoke eine Auszeichnung verliehen, die das College jedes Jahr an vier ehemalige Studentinnen vergibt, die in ihrem Beruf erfolgreich waren. In diesem Jahr hatten die Auszeichnung außer mir eine Bankerin, eine Science-fiction-Autorin und eine Opernsängerin ent-

gegengenommen. Es stellte sich heraus, daß drei von uns vieren Einzelkinder waren. Wir sprachen über unser Aufwachsen als Einzelkind und darüber, was der Erfolg uns bedeutet – und über den Preis des Erfolges. Als ich den Campus verließ, wurde mir bewußt, daß die größte Leistung darin besteht, zu wissen, wann es zuviel wird.

Daß Einzelkinder oft sehr erfolgreich sind, ist eine der wenigen positiven Klischeevorstellungen, die über Einzelkinder im Umlauf sind. Diese Vorstellung ist zum größten Teil auf die Apollo-Astronauten zurückzuführen. In den späten sechziger Jahren wurde bekannt, daß von den dreiundzwanzig Apollo-Astronauten einundzwanzig erstgeborene Kinder oder Einzelkinder waren. Diese Männer waren die Helden der Nation, von der Presse gefeiert und von der Öffentlichkeit bewundert. Sie waren die Besten und die Intelligentesten. Sie waren das Zeug, aus dem Helden gemacht werden. Sie waren alles, was Einzelkinder angeblich nicht sind. 1968 wurden die Apollo 8-Astronauten William Anders, Frank Borman und James Lovell von *Time* zu den »Männern des Jahres« gewählt. Alle drei sind Einzelkinder.

»Wenn ich kein Einzelkind wäre, wäre ich wahrscheinlich nicht da, wo ich jetzt bin«, sagt William Anders, der jetzt Vizepräsident der Textron Corporation auf Rhode Island ist. »Wahrscheinlich wäre ich dann nicht auf die Marine-Akademie gegangen. Mit einem älteren Bruder hätte ich dem unausgesprochenen, aber nicht zu übersehenden Wunsch meines Vaters, daß ich in seine Fußstapfen trete und Marineoffizier werde, vielleicht nicht so aufgeschlossen gegenübergestanden. Komischerweise bin ich dann zur Luftwaffe gegangen. Aber zumindest war ich beim Militär. Irgend etwas hat mich zur Luftfahrt hingezogen. Vielleicht hatte ich weniger Angst, zum Beispiel allein in eine Höhle zu gehen, als, sagen wir, zwei kleine Brüder. Ich mußte immer alles allein erforschen, deshalb war ich nicht ängstlich. Außerdem bin ich Ingenieur geworden, und das vielleicht deshalb, weil ich allein gespielt habe, weil ich Brücken entworfen habe, anstatt mit meinen Geschwistern Fangen zu spielen. All das hat wahrscheinlich einen Einfluß gehabt, es ist unmöglich zu sagen, was nun ausschlaggebend war.«

Anders sagt, daß den Astronauten und Piloten des Raumfahrtprogramms all die psychologischen Untersuchungen, die sich mit den Auswirkungen der Geburtsreihenfolge auf den Charakter beschäftigen, durchaus bekannt waren. »In den sechziger Jahren war das absolut in«, erinnert sich Anders. »Viele der Kampfflieger, die ich kenne, sind entweder erstgeborene Söhne oder miese Schweine. Erstgeborene Söhne, die zudem miese Schweine sind, sind die besten Kampfflieger, die es überhaupt gibt. Natürlich würde kein Kampfflieger jemals zugeben, ein mieses Schwein zu sein.«

Haben die drei Apollo 8-Astronauten sich über ihre Erfahrung, Einzelkind zu sein, unterhalten, als sie die Erde umkreisten? »Wir haben derartig philosophische Themen so weit wie möglich vermieden«, sagt Anders. »Über so was redete man nicht. Machos würden noch nicht mal andeutungsweise von etwas anderem reden als davon, was für göttliche Wesen sie doch sind. Introspektives Gerede galt als Zeichen von Schwäche. Da damals so viel in der Presse über das Thema geschrieben wurde, wäre es auch schwierig gewesen, wirklich zu wissen, ob das, was man dachte und fühlte, aus einem selber kam oder ob man es nur von irgend jemandem übernommen hatte.«

Der ehemalige Astronaut James Lovell, jetzt Vizepräsident der Centel Corporation in Chicago, ist der Ansicht, daß es so viele Einzelkinder im Raumfahrtprogramm gab, weil ein Großteil der Männer während der Weltwirtschaftskrise geboren worden waren, also zu einer Zeit, als Einzelkinder sehr häufig waren. »Wir haben uns darüber unterhalten, daß wir alle Einzelkinder sind«, erinnert er sich. »Aber wir haben keinerlei Gemeinsamkeiten entdeckt. Wir drei sind völlig unterschiedliche Charaktere und haben völlig verschiedene Herangehensweisen, obwohl wir alle sehr erfolgreich in unserer zweiten Karriere gewesen sind.« Frank Borman, der dritte der Apollo 8-Astronauten, ist Präsident einer Luftfahrtgesellschaft. »Wenn Sie nach Gemeinsamkeiten suchen – wir alle hatten einen sehr starken Drang, erfolgreich zu sein, nicht nur als Astronaut, sondern auch danach. Manche Astronauten versuchen immer noch, ihren Weg im Leben zu finden. Aber wir haben ihn ohne weiteres gefunden«, bemerkt Lovell abschließend.

Es gibt mehr und mehr psychologische Studien, die darauf hinzudeuten scheinen, daß Einzelkinder und Erstgeborene erfolgreicher im Leben sind. Walter und Eleonore Toman von der Brandeis-Universität stellten in einer Untersuchung fest, daß von den 215 Männern, die in der Zeit von 1957 bis 1968 auf dem Titelblatt von *Time* zu sehen waren, 59 die ältesten Kinder waren; 58 waren Einzelkinder. 14 der 36 Frauen, die auf dem Titelblatt erschienen waren, waren die ältesten Kinder und 7 waren Einzelkinder. Die Wissenschaftler schlossen daraus, daß es kein Zufall sein konnte, daß Erstgeborene und Einzelkinder mit überproportionaler Häufigkeit auf den Titelblättern erschienen. Mittlere Geschwister waren eindeutig unterrepräsentiert. »Wir vermuten«, schrieben die Tomans, »daß sowohl die ältesten Kinder als auch Einzelkinder sich stärker mit ihren Eltern identifizieren. Dieses Training der Identifikation mit Eltern und elterlichen Zielvorstellungen könnte einer Karriere durchaus förderlich sein. Einzelkinder und Erstgeborene sind besser als ihre jüngeren Geschwister in der Lage, sich mit Autoritäten, mit gesellschaftlichen Institutionen und den internalisierten Werten, auf die Autoritäten und gesellschaftliche Institutionen Wert legen, zu identifizieren.«

So unterschiedliche weltbekannte Regierungsoberhäupter wie Alexander der Große, Josef Stalin, Königin Victoria, Indira Gandhi und Franklin D. Roosevelt waren Einzelkinder. Die Zeitschrift *Esquire,* in der amerikanische Führungspersönlichkeiten unter vierzig gefeiert werden, schrieb 1985, daß die Hälfte der von ihnen ausgewählten Personen entweder Erstgeborene oder Einzelkinder waren. Korn/Ferry International, eine Firma, die anderen Firmen bei der Suche nach Managernachwuchs behilflich ist, und die UCLA Graduate School of Management haben eine Untersuchung erstellt und herausgefunden, daß 14 Prozent aller Manager der größten Firmen der USA Einzelkinder sind. Noch überraschender ist die Tatsache, daß die beiden führenden Börsenspekulanten der USA, T. Boone Pickens und Carl Icahn, Einzelkinder sind.

Es scheint, daß Einzelkinder sich schon früh auf Erfolg konzentrieren, eine Neigung, die sowohl durch ihre Natur als auch durch ihre Erziehung bedingt ist. Das Forschungsprojekt TALENT, die bedeutende Studie, die den Werdegang von Oberschülern verfolgt hat, stellte fest, daß Einzelkinder den entschiedenen Wunsch hatten, einen naturwissenschaftlichen, musischen, mathematischen oder literarischen Beruf zu ergreifen, während Kinder mit Geschwistern mehr Interesse an Sport, an einer Tätigkeit im Freien, dem Handwerk, der Fabrikarbeit und der Arbeit im Büro zeigten.

Warum wenden sich Einzelkinder eher den Angestellten- und den akademischen Berufen zu, während Kinder, die Geschwister haben, mehr Interesse am Handwerk und an einer Arbeit im Freien zeigen? Das Forschungsprojekt TALENT begründet dies mit bestimmten Verhaltensmustern von Einzelkindern, mit »höheren intellektuellen Fähigkeiten, insbesondere verbaler Natur, und einem weitaus stärkeren Bedürfnis, gute schulische Leistungen zu erbringen«. Die Psychologen schreiben anschließend: »Zum einen hatten die Einzelkinder ein höheres intellektuelles Niveau als die anderen Kinder. Es war also zu erwarten, daß sie eher Berufe wählen würden, die geistige Arbeit erfordern. Zum anderen erhalten Einzelkinder nicht nur ein übertriebenes Maß an elterlicher Zuwendung, sondern werden auch sehr stark von den Eltern gefördert, wie schon seit langem postuliert worden ist. Dies kann negative Auswirkungen haben, aber es kann in den Einzelkindern auch den dringenden Wunsch erwecken, die bestmögliche Ausbildung zu bekommen, und es kann eine Hinwendung zu Berufen mit größerem sozialen Prestige fördern.« Die Studie stellte ebenso fest, daß Mädchen, die Einzelkinder waren, eher eine Collegeausbildung anstrebten als andere Mädchen. Als zehn Jahre später untersucht wurde, was aus den befragten Schülerinnen geworden war, stellte sich heraus, daß diese Bestrebungen Wirklichkeit geworden waren, die weiblichen Einzelkinder hatten ihre Ziele erreicht.

Eltern von Einzelkindern scheinen oft bereit zu sein, ihren

Kindern die optimale Ausbildung zu ermöglichen. Judith Blake, Professorin am UCLA, fand heraus, daß die Eltern von Einzelkindern durchschnittlich bereit sind, die Ausbildung ihrer Kinder drei Jahre länger zu finanzieren, als Eltern, die mehrere Kinder haben. Natürlich spielt diese bessere Ausbildung eine erhebliche Rolle beim beruflichen Erfolg der Einzelkinder.

Toni Falbo, eine Erziehungswissenschaftlerin und Psychologin, die Spezialistin für Einzelkinder ist, vertritt die Ansicht, daß niemals wirklich auf angemessene Art und Weise analysiert worden ist, ob es tatsächlich eine überproportionale Anzahl bekannter Persönlichkeiten gibt, die Einzelkinder sind. »Leute, die einen hohen sozioökonomischen Status haben, haben meist nur wenige Kinder; folglich gibt es in dieser gesellschaftlichen Schicht eine höhere Anzahl von Einzelkindern als in anderen Schichten«, sagt Falbo. »Und Menschen, die aus einer Familie mit hohem sozioökonomischen Status kommen, machen weitaus häufiger Karriere als andere Leute. Und was für einen Grund haben die Leute, nur ein Kind zu bekommen? Es ist durchaus möglich, daß die Eltern von Einzelkindern sehr leistungsorientiert und deshalb nicht sonderlich daran interessiert sind, einen Haufen Kinder zu bekommen, weil sie anderweitig beschäftigt sind. Und wenn dem so ist, werden sie ihrem einzigen Kind beibringen, daß es im Leben einzig darauf ankommt, Erfolg zu haben. Die Frage der Wertevermittlung muß bei dieser Frage unbedingt berücksichtigt werden.« Falbo ist überzeugt, daß Einzelkinder aufgrund einer Kombination all dieser gesellschaftlichen und sozialen Faktoren oft mehr Erfolg haben als andere Kinder. Einfach zu behaupten, daß sie mehr leisten und erfolgreicher sind, weil sie Einzelkinder sind, findet Falbo entschieden zu einfach. »Einzelkinder machen Karriere, weil ihre Eltern ein höheres Einkommen haben und genug Geld für Privatunterricht, für ein gutes College und den Aufbau des ersten eigenen Betriebes zur Verfügung steht«, faßt Falbo zusammen.

George Gallup und Alec M. Gallup haben in ihrem Buch *The Great American Success Story* anhand der Lebensgeschichten erfolgreicher Personen, die sie aus Marquis Nachschlagewerk *Who's Who in America* auswählten, untersucht, welche Charaktereigenschaften und sonstige Merkmale für beruflichen Erfolg ausschlaggebend sind. Sie kamen zu dem Ergebnis, daß elterliche Förderung und Unterstützung ein Schlüssel zum Erfolg ist, ebenso wie Selbstsicherheit, das starke Bedürfnis, hervorragende Leistungen zu erbringen und die Fähigkeit, sich selbst Ziele zu setzen. Sie stellten auch fest, daß erfolgreiche Menschen oft eifrige Leser sind.

Im besten Fall kann die Unterstützung und Förderung der Eltern dem Einzelkind das Handwerkszeug und das Selbstvertrauen geben, das es braucht, um sein Potential voll zu entfalten. Dr. Walter Bortz, Facharzt für Geriatrie, der in Palo Alto in Kalifornien praktiziert, ist der Sohn eines bekannten Arztes aus Philadelphia. Bortz sagt, daß er Arzt geworden sei, weil er nie etwas anderes in Erwägung gezogen habe. »Ich habe meinen Vater verehrt«, erklärt Bortz. »In meinen Augen war er ein Gott.« Die Schule ist ihm leichtgefallen. »Ich war in allen Fächern Klassenbester«, sagt er. »Ich war sehr aggressiv und dynamisch. Meine Eltern haben nie zu viel von mir gefordert, sie haben mich nicht gedrängt. Es war wie ein innerer Antrieb, ich wollte überall der Beste sein. Die Technik meiner Eltern war, mich zu loben, mir zu sagen, wie gut ich alles machen würde, wie großartig ich wäre. Sie haben mir nie mit irgend etwas gedroht.«

Bortz meint, es sei kein Zufall, daß er sich auf Geriatrie spezialisiert hat; seine Eltern waren schon älter, als er geboren wurde. Er hatte immer das bestimmte Gefühl, daß sein Erfolg ihm vorherbestimmt war. »Ich wußte, daß ich ein erfolgreicher Arzt werden würde«, sagt er. »Ich wußte, daß ich ein hübsches Mädchen heiraten und Kinder haben würde. Ich wußte, wie mein Leben aussehen würde. Ich denke, ich hätte ohne weiteres mit zehn Jahren meine Biographie schreiben können.«

Es war ein Glück für Bortz, daß seine Lebensplanung mit der seiner Eltern übereinstimmte. Aber andere Einzelkinder können sich durch die hohen Erwartungen ihrer Eltern überfordert und belastet fühlen. »Wenn du nach Exeter gehst, wird von dir erwartet, daß du erfolgreich bist. Und du gehst nach Princeton, weil große Dinge von dir erwartet werden«, sagt ein Einzelkind. Manche Eltern erlauben keinerlei Versagen des Kindes. Flip Spiceland, der Fernsehmeteorologe, sagt: »Als ich einmal 98 Punkte erreicht hatte, sagte mein Vater, und warum hast du keine 100 Punkte? Das war typisch für meine Eltern, und sie sind heute noch so. Ich war nie besonders ehrgeizig, ich war meistens ganz zufrieden mit dem, was ich hatte. Aber ihnen war nie etwas gut genug. Sie haben mich immer gedrängt, sie haben von mir gefordert, der Beste zu sein, bei allem, was ich machte, ganz egal was.«

Tatsächlich erbringen viele Einzelkinder so gute Leistungen, weil so viel von ihnen erwartet wird. Das kann schon im Kleinkindalter anfangen. »Ich war immer dem starken Druck ausgesetzt, besser zu sein als alle anderen«, sagt ein Einzelkind. »Als ich fünf oder sechs Jahre alt war, bekam ich bereits Unterricht in Sprechtechnik an der bekannten Curtis School of Elocution in der Commonwealth Avenue in Boston. Einmal wurde dort das Märchen *Schneewittchen und die sieben Zwerge* aufgeführt, und ich sollte einen der Zwerge spielen. Dann bekamen all die anderen Zwerge die Grippe, und ich spielte alle sieben Zwerge. Ich war ausgesprochen verärgert, daß ich nicht aufgefordert worden war, auch noch Schneewittchen zu spielen. Ich war bereit, jede Rolle anzunehmen.« Viele Eltern investieren zu viel von ihrem eigenen Selbstwertgefühl in ihr einziges Kind, von dem sie erwarten, der Botschafter der Familie in der Welt zu sein. Und wie von jedem Diplomaten wird von dem Kind ein untadeliges Verhalten verlangt. Obwohl er sehr gern Einzelkind gewesen ist, erinnert sich der Regisseur Bill Brennan daran, daß Perfektion ein nur sehr schwer zu erreichendes Ziel ist. »Von mir wurde erwartet, daß ich perfekt war, daß ich immer der Beste war«, sagt er. »Ich konnte nie verrücktspielen, so wie es die anderen Kinder taten, weil mein Vater schließlich Rechtsanwalt war. Das setzte mich ziemlich unter Druck. Wenn jemand anders etwas versaute, war das eine Sache, aber bei Billy Brennan durfte so was nicht vorkommen. Einmal wurde ich zum Beispiel für ein Footballspiel gesperrt, weil ich eine Sechs in Geometrie geschrieben hatte. Und mein Vater sagte: ›Wie kann ich erwarten, daß die Leute mit mir ihre

Rechtsgeschäfte abwickeln, wenn mein Sohn für ein Spiel gesperrt wird?‹ Es war eine schreckliche Woche. Meine Lehrerin war entsetzt. Sie sagte, wenn sie gewußt hätte, daß mein Vater so reagieren würde, hätte sie mich nie sperren lassen. Sie wollte nur erreichen, daß ich mehr arbeite. Ich durfte nie etwas vermasseln, nie Mist bauen.«

Manche Eltern fordern viel von ihren Kindern, ob sie nun drei haben oder eins, aber Einzelkinder scheinen doch einem stärkeren Druck ausgesetzt zu sein. Die hohen Erwartungen von Eltern beschränken sich auch keineswegs auf die schulischen Leistungen ihrer Kinder. Die Rechtsanwältin Ruth Ainslie sagt: »Ich war ernormem Druck ausgesetzt. Weil ich Einzelkind war, sollte ich gut in einfach allem sein. Ich sollte eine gute Schülerin sein, sollte Erfolg im Beruf haben. Ich sollte heiraten, sollte Kinder bekommen. Es ist, als ob die Eltern für ihr einziges Kind alles wollen, während derartig hohe Erwartungen lieber auf viele Kinder verteilt werden sollten. In der Familie meines Mannes hat jedes der Kinder eine andere Rolle: eines ist geschickt in dem-und-dem, ein anderes macht das-und-das großartig. Solange eins der Kinder gut in der Schule ist, brauchen die anderen es nicht auch noch zu sein. Eins der Kinder ist kreativ, ein anderes sportlich. Bei vier Kindern konnten alle Ansprüche der Eltern erfüllt werden. Ich war dagegen dem furchtbaren Druck ausgesetzt, in allem gut zu sein.« Bill Brennan stimmt dem zu. »Ich habe Football gespielt, Basketball und Baseball. Ich habe in der Schulmannschaft gespielt. Schließlich beschloß ich, es einfach bleiben zu lassen. Mutter sagte: ›Aber Schatz, du warst doch so gut!‹ Meine Freunde hören die Geschichte über Lucille Ball immer wieder gern. Sie inszenierte damals ein Musical in New York. Ein Freund von mir, ein Schauspieler, erzählte mir von dem Musical und beschrieb eine der Rollen. Ich sagte, nur zum Scherz, daß ich diese Rolle gern spielen würde. Er stimmte mir zu. Er rief Lucy an, die ich gut kannte. Kurz darauf rief Lucy mich an und sagte, ich solle rüberkommen. Also ging ich zu ihr, und sie gab mir das Skript. Natürlich konnte ich die Rolle nicht übernehmen, ich bin kein Schauspieler. Der Punkt ist, daß meine Mutter später sagte: ›Ach, Schatz, wenn du nur nicht mit dem Singen aufgehört hättest!‹«

Manche Eltern sind nie zufriedenzustellen. Das Einzelkind kann unter Umständen bei dem Versuch, immer erfolgreicher und erfolgreicher zu werden, in eine lebenslange Tretmühle geraten. Sogar wenn die eigenen Erwartungen erfüllt sind, und das Einzelkind eigentlich ganz zufrieden mit sich selbst ist, kann es vorkommen, daß die Eltern immer noch mehr fordern. Eine erfolgreiche Journalistin hat zum Beispiel ein Buch geschrieben, das sie eigentlich gar nicht schreiben wollte, weil ihre alternden Eltern nie müde wurden, zu erwähnen, wie glücklich sie wären, wenn sie ihnen ein Buch widmete, bevor sie sterben würden.

Der Apollo-Astronaut William Anders lacht in sich hinein, als er von dem starken Interesse spricht, das seine Eltern immer noch an seiner Karriere haben. »Ich bin bereits Mitte Fünfzig, aber meine Eltern schenken mir immer noch ungeheure Aufmerksamkeit und erwarten sehr viel von ihrem Jungen«, sagt er. »Ich bin zufrieden mit meinem Leben. Auch wenn ich jetzt aufhören würde, wäre ich den anderen immer noch weit voraus. Ich nehme an, das wissen meine Eltern auch. Aber sie sind immer noch stolz, wenn ich mich beruflich verbessere. Sie haben die Angewohnheit, mich zu fragen, warum ich mich nicht da und da bewerbe, und ich sage immer, der Job wäre gar nicht so besonders.«

Viele Einzelkinder sind aufgrund einer subtilen Kombination von hohen elterlichen Erwartungen und einem stabilen Selbstwertgefühl erfolgreich. Das Beispiel der Eltern kann für die Kinder sehr positiv sein. »Ich komme aus einer Familie von Akademikern, und für mich war es ganz selbstverständlich, daß ich ebenfalls einen akademischen Beruf ergreifen würde«, sagt Katherine Feinstein, stellvertretende Bezirksstaatsanwältin aus San Francisco. »Ich hatte einige entscheidende Vorteile, was die Schule angeht. Vieles habe ich erreicht, weil meine Eltern mich sehr gefördert und einfach von mir erwartet haben, diese Dinge zu erreichen. Aber der Punkt ist, sie mußten mich nie zu etwas zwingen. Ich war eins von den Kindern, die man nicht extra auffordern muß, Schularbeiten zu machen. Meine Eltern brauchten mir nie zu sagen, ich dürfe nicht fernsehen, bevor ich meine Hausaufgaben gemacht hätte, weil ich das gar nicht vorhatte. Ich war von ganz allein motiviert, etwas zu lernen.«

Einzelkinder, die sich schon früh bewußt sind, daß sie einmal auf sich selbst angewiesen sein werden, bemühen sich manchmal besonders intensiv darum, sich einen Platz in der Welt zu sichern. Das Bestreben, hervorragende Leistungen zu erbringen, besser zu sein als die anderen, dient dann der Selbsterhaltung. Joseph Mawson, Professor für Forstwirtschaft, ist der erste seiner Familie, der je ein College besucht hat. »Meine Eltern haben mich nicht unter Druck gesetzt«, sagt er. »Ich wollte aufs College gehen. Ich habe mir gedacht, ich sollte lieber etwas aus meinem Leben machen, weil ich das einzige Kind bin. Ich bin der einzige, habe ich gedacht, ich muß aufs College gehen, ich muß Erfolg haben, mein Vater erwartet das von mir. Er hat nie gesagt, daß er es erwartet. Aber durch sein Beispiel, durch die Art, wie er sein Leben gelebt hat, konnte ich gar nicht anders, als so zu denken. Er hat hart gearbeitet, und Loyalität war ihm sehr wichtig. Meine Mutter hat mir immer gesagt, ich solle selbständig denken lernen.« Was Mawson dachte, war: »Man wird besser bezahlt, wenn man mit dem Kopf arbeitet anstatt mit den Muskeln.« Also machte er sein Examen als Forstwirt an der Universität von Maine. »Sie bezahlen dich nicht dafür, daß du durch den Wald wanderst«, lacht er. »Sie bezahlen dich dafür, Abhandlungen zu schreiben und zu forschen.«

Manchmal zwingen sich Einzelkinder selbst zu hohen Leistungen, weil sie das Gefühl haben, daß in ihrem Leben etwas fehlt. Sie versuchen, sich auszuzeichnen, weil sie ein komplexes Bedürfnis dazu treibt, überzukompensieren. Gail Roper, die in der Disziplin Brustschwimmen an der Olympiade von 1952 teilnahm, hatte jahrelang darunter gelitten, daß ihr Vater ihre Mutter verlassen hatte, als Roper sechs Monate alt war, und daß ihre Mutter nur wenig Interesse an ihren Fähigkeiten aufbrachte. »Ich war immer sehr empfindlich«, sagt Roper. »Ich habe immer gedacht, ich sei weniger wert als die anderen Kinder.«

Roper lernte schwimmen, als sie zwei Jahre alt war, aber sie wurde in keiner Weise gefördert, bis sie in die Oberschule kam.

Erst als sie mit der Schule fertig war, begann ihre Siegesserie bei Schwimmwettkämpfen. »Nach dem Abitur beschloß ich, wieder an Schwimmwettkämpfen teilzunehmen. Ich durfte das Schulbecken benutzen, aber ich habe mich selbst trainiert. Ich verstand eigentlich nicht allzuviel vom Schwimmtraining. Am Tag des großen Schwimmwettkampfes kam mein Vater nach Hause. Ich muß irgendwie gedacht haben, daß er bleiben würde, wenn ich nur gewann. Meine Mutter und mein Vater kamen, und meine Großeltern. Aber ich wurde nur Vierte. Ich war so niedergeschlagen, ich ging in den Umkleideraum und weinte und weinte. Der Hausmeister brachte mich schließlich nach Hause. Mein Vater war nicht mehr da, und meine Mutter sprach nicht mit mir. Ich fühlte mich wie eine Versagerin. Ich beschloß, etwas dagegen zu tun.«

Also begann Roper, alles übers Schwimmen und übers Schwimmtraining zu lesen, was sie finden konnte. »Ich habe nie auch nur im entferntesten damit gerechnet, daß ich einmal an der Olympiade teilnehmen oder Landesmeisterin werden würde«, sagt sie. »Niemanden kümmerte es, was ich machte. Niemand sagte, du kannst es schaffen. Es war nicht so, daß ich sonderliches Vertrauen in meine Fähigkeiten gehabt hätte. Aber wenn eine andere Schwimmerin ein bißchen schneller war als ich, dachte ich, ich wette, diese Zeit kann ich auch schaffen. Es war immer ein Ansporn da, noch ein kleines bißchen schneller zu werden.« Roper war dreiundzwanzig, als sie an der Olympiade teilnahm. Sie gewann keine Medaille, aber 1953 brach sie den Weltrekord im Brustschwimmen.

Roper heiratete mit siebenundzwanzig und bekam sieben Kinder. »Mein Mann wollte, daß ich Hausfrau wurde«, sagt sie. »Also beschloß ich, als Hausfrau so gut wie irgend möglich zu sein. Ich lernte, das Haus einzurichten, ich lernte kochen. Ich war eine gute Ehefrau. Ich nähte meiner Tochter Kleider, ich nähte Gardinen. Jeder sollte wissen, was für eine gute Mutter, Ehefrau, Köchin und Inneneinrichterin ich war. Aber ich war nicht glücklich. Es war nie genug. Ich dachte immer, ich müßte noch mehr tun. Ich dachte, je besser ich als Hausfrau wäre, um so glücklicher würde ich sein. Es war eine Tretmühle. Jedes Jahr bekamen die Kinder zu Weihnachten mehr Geschenke, und jedes Jahr mußte der Truthahn noch größer sein als das Jahr davor.«

1970, mit einundvierzig Jahren, nahm Roper den Leistungssport wieder auf, teilweise, um wieder ihr eigenes Leben zu führen. Seitdem hat sie in ihrer Altersstufe mehr als fünfzig Rekorde aufgestellt. Mit sechsundfünfzig schaffte sie den Butterfly schneller als jemals zuvor. »Ich wollte immer etwas ganz Großes erreichen«, sagt Roper. »Als ich damals die Landesmeisterschaften gewann, habe ich es keinem erzählt. Ich habe mehrmals den Weltrekord gebrochen. Ich habe es geschafft, und niemand wußte davon. Aber *ich* wußte es.«

Für viele Einzelkinder ist das Verlangen nach Erfolg so selbstverständlich wie das morgendliche Aufstehen. Roger Staubach, der legendäre Quarterback der Dallas Cowboys, sagt, daß sein Drang nach Erfolgen in keiner Weise von außen beeinflußt wurde. »Ich war irgendwie anders«, sagt er. »Ich denke, daß Beharrlichkeit und Ausdauer in jedem Fall die Schlüssel zum Erfolg sind, die Fähigkeit, einfach niemals aufzugeben. Wenn etwas schiefläuft, treten viele Leute den Rückzug an. Ich habe dann immer nur noch härter gekämpft.«

Als Staubach älter wurde, begann er seine zweite Karriere zu planen. »Es gibt viele Charaktereigenschaften, die man im Geschäftsleben ebenso braucht wie beim Sport«, erklärt er. »Aber das allein nützt noch gar nichts. Man muß sich eine geschäftliche Grundlage aufbauen, ebenso wie man für eine Karriere als Sportler ein solides Fundament braucht. Es ist schwer, so weit vorauszuschauen, wenn man so viel Geld verdient, wie man das als Profisportler tut. Als Profisportler wird man ziemlich verhätschelt, es ist wirklich für alles gesorgt. Man lebt von einer Saison zur nächsten. Natürlich ist irgendwann Schluß. Ich war auf das Ende meiner Footballkarriere sehr gut vorbereitet. Ich bin ins Immobiliengeschäft eingestiegen. Mir war klar, daß ich mich frühzeitig auf einen anderen Beruf würde vorbereiten müssen. Also habe ich mich elf Jahre lang außerhalb der Saison mit dem Immobiliengeschäft befaßt. Meine Firma war ziemlich erfolgreich. Wir haben etliche Neubaugebiete hochgezogen, die uns im Moment große Probleme bereiten. Meiner Ansicht nach kommen die Fähigkeiten eines Menschen erst in schwierigen Situationen voll zur Geltung. Der Wohlstand verschleiert sie eher. Erst wenn die Zeiten am härtesten sind, findet man heraus, wie gut man wirklich ist.«

Staubach hat die hohen Erwartungen seiner Eltern nie als Belastung empfunden. »Einige meiner Charaktereigenschaften, auf die ich sehr stolz bin, habe ich vielleicht, weil ich Einzelkind bin«, sagt er. »Zum Beispiel Tatkraft, Kampfgeist und den Wunsch, es meinen Eltern recht zu machen. Als ich als Kind Football, Baseball und Basketball gespielt habe, hatte ich immer das ganz starke Bedürfnis, alles, was ich tat, so gut wie irgend möglich zu machen. Wenn ich all diese Dinge für zwei oder drei Geschwister eintauschen könnte, würde ich es nicht tun. Ich bin zufrieden mit meinem Leben, so wie es war.«

Vielen Einzelkindern ist es durch ihren Unabhängigkeitsgeist möglich, den Erfolg nicht überzubewerten. Katherine Feinstein, deren Mutter einmal Bürgermeisterin von San Francisco war, räumt ein, daß ihre Eltern der Ansicht waren, sie würde »glücklich sein, mehr aus meinem Leben gemacht zu haben, als ich es ohne ihre Förderung vielleicht getan hätte«. Jetzt, wo sie verheiratet ist und einen Beruf hat, der sie herausfordert, ist sie wirklich glücklich. »Ich arbeite gern in meinem Garten, und ich gehe gern mit Freunden essen«, sagt sie. »Ich will auf keinen Fall Richterin am Obersten Bundesgericht werden. Ich habe nicht den Ehrgeiz, das größte Haus oder die schönsten Kleider zu besitzen. Ich will nur nicht verhungern. Meine Mutter macht das ganz verrückt. Sie sagt immer, ich solle doch zu ihr rüberkommen und Soundso kennenlernen. Und ich sage dann, ich wüßte überhaupt nicht, was ich mit Soundso reden sollte. Ich finde, Berühmtheiten sind dazu da, daß man in der Zeitung etwas über sie liest, ich will sie gar nicht persönlich treffen. Ich freue mich an meiner Katze und meinem Garten. Mein kleines Leben macht mich sehr glücklich. Meine Mutter sagt, diese Einstellung sei purer Mangel an Ehrgeiz. Sie will, daß ich mich für verschiedene Ämter aufstellen lasse, sie hat schon alles geplant und organisiert. Aber ich bin nicht sehr ehrgeizig. Wenn es Menschen, die ich persönlich kenne, durch etwas, was ich getan habe, etwas besser geht, bin ich zufrieden. Das ist alles, was ich wirklich will.«

Eine Geschichte
*Clint *, Mitte Vierzig, Fotograf, New York:*

Ich hatte als Kind ganz entschieden das Gefühl, anders zu sein als die anderen. In der Gegend, in der ich aufwuchs, lebten hauptsächlich Iren und Italiener. Alle Familien hatten zumindest drei Kinder, einige hatten sogar neun. Zudem war mein Vater gestorben, als ich gerade achtzehn Monate alt war. Unsere Familie bestand also nur aus mir und meiner Mutter. Sie hat nie wieder geheiratet. Sie war immer berufstätig, ich war als Kind also wirklich ziemlich einsam.

Ich hatte eindeutig das Gefühl, allein in der Welt zu stehen. Und das hat mich auf verschiedenste Weise motiviert, ein harter Bursche zu werden, ums Überleben zu kämpfen, ums Vorankommen zu kämpfen, der Anführer der Gang zu werden, der beste Baseballspieler zu werden, der beste Footballspieler zu werden.

Ich hatte immer das Bedürfnis, mich hervorzutun, der Beste zu sein. Vielleicht lag das daran, daß ich mich benachteiligt fühlte. Vielleicht wollte ich, daß meine Freunde zu mir aufsahen, weil ich so wenig Unterstützung von zu Hause bekam und kaum Verwandte hatte.

Es war nicht immer harmlos. Zum Beispiel gab es da einen Platz in der Nähe von Baker Field an der Spitze von Manhattan, wo wir immer im Fluß gebadet haben. Es gab da einen Einschnitt, von dem wir heruntergesprungen sind. Irgendwann haben wir alle versucht, von einer noch höheren Stelle zu springen. Ich versuchte immer, von der allerhöchsten Stelle aus zu springen, nur damit die anderen zu mir aufschauten. Das Ganze war ziemlich gefährlich. Eines Tages sprang ein Junge herunter und kam nie wieder hoch. Sie fanden ihn am Grunde des Flusses, er steckte in einer Abfalltonne fest. Aber das hielt mich nicht davon ab, mir eine noch höhere Stelle zu suchen, von der ich springen konnte. Wir waren noch ziemlich klein damals, wir gingen noch in die Grundschule. Wenn ich daran zurückdenke,

* Ein Pseudonym.

finde ich, daß das bezeichnend für meinen Charakter war. Es hat mir später geholfen, mich selbst besser zu verstehen.

Als ich Teenager war, war die Bronx zu einer ausgesprochen gefährlichen Gegend geworden. Die damals so berüchtigten Gangs, die von allen gefürchtet wurden, operierten alle von der Bronx aus. Ich wohnte in der West-Bronx, in der Nähe der Fordham Road. Wenn man zu der Zeit in dem Viertel lebte, hatte man nicht gerade viele Möglichkeiten der Lebensgestaltung. Die meisten hingen mit Kriminalität zusammen, Kleinkriminalität manchmal nur. Die Leute nahmen Heroin. Viele waren mit siebzehn schon Alkoholiker. An den Wochenenden betranken wir uns. Wir haben alle mit zehn Jahren mit dem Rauchen angefangen; als wir vierzehn waren, rauchten wir Marihuana. Einige kamen wegen Diebstahl ins Gefängnis. Meistens ging es um Autodiebstahl. Es war eine ganz andere Sache, in ein Geschäft einzubrechen. Wenn man erst einmal im Gefängnis oder in der Besserungsanstalt gelandet war, hatte man keine Chance mehr. Ich habe viele solcher Fälle gesehen.

Mit achtzehn habe ich mich mit einem sechzehnjährigen Mädchen verlobt. Ihr Vater war bei der Mafia. Wenn man in der Bronx aufwuchs, träumte man davon, eines Tages zur Mafia gehören zu dürfen. So war das eben, die Mafia war ein ganz alltäglicher Bestandteil des Lebens in der Bronx. Den Männern, die zur Mafia gehörten, ging es besser als allen anderen. Sie hatten protzige Autos, protzige Juwelen und schöne Frauen, und sie führten ein aufregendes Leben. Das wußten wir aus den Zeitungen oder aus dem Fernsehen, aus der Serie *Die Unberührbaren.* Sie hatten das Große Los gezogen. Mit der Zeit lernte ich die Familie dieses Mädchens immer besser kennen. Nachdem wir uns verlobt hatten, nahm ihr Vater mich auf einige seiner Runden mit. Wir kassierten bei den Kredithaien und bei den Leuten, die auf den Straßen bettelten, blinden Leuten, die in Wirklichkeit gar nicht blind waren. Er bekam auch einen Gewinnanteil von den Zeitungskiosken, die in seinem Distrikt lagen. Er besaß Nachtclubs und Schwulenlokale, und er hatte große Pläne mit mir. Er beschaffte mir eine Stelle bei einem Bauunternehmer, mit dem er geschäftlich zu tun hatte. Als ich achtzehn war, arbeitete ich tagsüber auf dem Bau, und nachts begleitete ich ihn auf seinen Runden. Ich verdiente sieben- bis achthundert Dollar die Woche. Damals war das eine Menge Geld. Ich fuhr ein großes, protziges, schwarz-gelbes Kabriolett. Ich war auf dem Weg nach oben. Auf dem Weg, auf dem ich war, konnte ich entweder in die harte Kriminalität einsteigen und mit großer Wahrscheinlichkeit verhaftet werden, mit Drogen handeln – oder in die Mafia aufgenommen werden.

Was mich wahrscheinlich von dieser Art des Lebens abgebracht hat, war die Angst, erwischt zu werden. Einmal saß ich eines Sonntags nachmittags mit der Tochter dieses Mannes und ihren beiden Schwestern in einem Auto, als uns eine rivalisierende Bande bedrohte. Fast wäre es ihnen gelungen, das Auto, in dem wir saßen, umzuwerfen. Wir waren zu viert, und sie waren zehn. Einige Tage später wurde ich zu einem Treffen beordert. Ich sollte mit einigen Leuten mitgehen und ihnen zeigen, wer uns bedroht hatte. Ich war ziemlich wütend auf diese Typen. Wir fuhren mit acht Autos zu dieser Spielhalle. Ich stieg aus, sah hinein, ging zum Auto zurück und sagte, daß alle zehn da drin wären. Daraufhin gingen die Fenster von vieren der Autos herunter, und ich dachte, eine Atombombe wäre hochgegangen. Sie haben den ganzen Laden hochgehen lassen. Es war eine Schlächterei. Einer der Typen starb, und ein anderer verlor ein Bein. Das Ganze jagte mir ziemliche Angst ein. Ich dachte: Es muß doch noch eine andere Art zu leben geben. Diese Geschichte war der Wendepunkt meines Lebens. Ich hatte oft davon geträumt, wie Edward G. Robinson oder George Raft zu sein oder ein Mafioso zu werden, aber diese Geschichte hat mich wirklich ziemlich mitgenommen.

Ich fuhr erst einmal für eine Weile von zu Hause weg, was ich ziemlich häufig machte. Ich verschwand dann einfach, nur um mal rauszukommen. Ich fuhr für eine Woche ans Meer und dachte über mein Leben nach und darüber, was ich eigentlich machen wollte, und warum ich überhaupt in die ganze Sache hineingeschlittert war. Und ich entschied: Ich will einfach nicht sein wie alle anderen. Ich bin immer anders gewesen, und ich werde jetzt nicht anfangen, mich anzupassen. Ich hatte eine ganze Menge Geld gemacht und hätte noch mehr machen können, aber das war mir eigentlich gar nicht wichtig. Ich wollte nicht ins Gefängnis kommen oder in einem Bandenkrieg umgebracht werden. Also löste ich meine Verlobung. Danach mußte ich New York für eine Weile verlassen. Als ich zurückkam, lernte ich ein anderes italienisches Mädchen kennen, das ich sechs Monate später heiratete. Acht Monate darauf kam unser Kind zur Welt.

Ich war ohne Abschluß von der Schule abgegangen, und jetzt ging ich wieder zur Schule und machte Abitur. Dann besuchte ich die Abendkurse an der Columbia-Universität, und nebenbei arbeitete ich ziemlich hart, um meine Frau und mein Kind zu ernähren. Ich hatte einen Job in einem Verlag, und ich verkaufte telefonisch Zeitschriften. Am Wochenende arbeitete ich bei der Post. Dreimal in der Woche ging ich zur Uni. Diese Veränderung in meinem Leben war ziemlich schwer zu verkraften. Vorher hatte ich ein freies und leichtes Leben geführt, und jetzt hatte ich eine Familie und kein Geld. In den ersten Jahren habe ich mich immer wieder gefragt, warum ich das gemacht hatte, warum ich all das aufgegeben hatte, um ein ehrliches Leben zu führen. Ich denke, es liegt wirklich daran, daß ich Einzelkind bin. Ich bin immer sehr unabhängig gewesen. Ich habe immer das getan, was ich wollte. Das, wozu andere mich bringen wollten, meine Mutter oder die Nonnen und Priester an der Katholischen Schule, die ich besuchte, hat mich nicht interessiert. Meine Freunde konnten das überhaupt nicht begreifen. Sie sagten immer wieder: »Aber du hattest es doch geschafft, und jetzt wird Tony dich umbringen.« Sie haben mich nicht verstanden. Ich hatte Geld und einen ziemlich hohen Status gehabt. Ich denke, es war mein Unabhängigkeitsgeist, der mich denken ließ: Das ist nicht das, was du eigentlich machen solltest; zur Hölle mit den anderen; zur Hölle mit Tony. Ich habe auf meine innere Stimme gehört. Ich glaube nicht, daß ich so gehandelt hätte, wenn ich während meiner Kindheit nicht völlig auf mich selbst gestellt gewesen wäre. Ich hatte keine Brüder und Schwestern, keinen Vater, niemanden, an den ich mich hätte wenden können. Also mußte ich auf meine innere Stimme hören. Und deshalb habe ich es getan, deshalb habe ich meine Gangsterkarriere aufgegeben.

Mein Unabhängigkeitsgeist und das Bewußtsein, für mich selbst verantwortlich zu sein, haben auch viel mit meinem frühen Erfolg als Bildjournalist zu tun. Andere Fotografen aus meiner Generation hatten die gleichen Möglichkeiten wie ich oder sogar noch bessere, und sie haben sie nicht genutzt. Vielleicht wußten sie auch nicht, wie sie sie hätten nutzen sollen. Ich habe es niemals bedauert, Einzelkind zu sein. Weil ich ein Einzelkind bin, bin ich so ehrgeizig und entschlossen, Erfolg zu haben. Um nach oben zu kommen, bin ich alle möglichen Risiken eingegangen und habe alle günstigen Gelegenheiten, die sich mir boten, beim Schopf ergriffen.

Ehe und Kinder

Früher dachte ich immer, es sei am besten, allein durchs Leben zu gehen, frei und ohne Kompromisse. Enge Freundschaften bedeuteten mir viel, aber die Ehe sah ich als Bedrohung. Ich hatte so viele Jahre versucht, unabhängig zu sein, daß ich fürchtete, ich würde nie mehr ich selbst sein können, wenn ich den falschen Mann heiratete. Zwischen zwanzig und dreißig hatte ich einige lange Beziehungen, die in schmerzhaften Trennungen endeten. Als ich Ende Zwanzig war, begann ich jedoch zu wünschen, ich hätte jemanden, mit dem ich mein Leben teilen konnte.

Im Grunde war ich auf der Suche nach einem Mann, der aus der Art Familie kam, die ich nie gehabt hatte. Ich war neugierig, wie die Beziehungen zwischen Geschwistern aussehen mochten.

Immer wenn ich mich mit einem Mann traf, erkundigte ich mich nach seiner Familie. Ich verglich die Mütter meiner Freunde mit dem Bild, das ich von meiner Mutter hatte. Ich fragte mich, ob ihre Schwestern die Schwester für mich werden könnten, die ich nie gehabt hatte. Und immer, wenn ich mich von einem Mann trennte, schien ich am meisten zu bedauern, daß seine Familie für mich verloren war.

Aber mehr als alles andere wollte ich jemanden finden, der sich ebenfalls nach einer Partnerschaft sehnte, in der sowohl Platz für Nähe als auch für Eigenständigkeit war. Ich fand diesen Menschen in einem Mann, den ich schon seit einigen Jahren kannte, mit dem ich aber nie ausgegangen war. Er hatte eine Persönlichkeit wie ein Golden Retriever, freundlich und sanft und sehr liebenswert. Zudem hatten wir vieles gemeinsam. Wir waren beide Journalisten. Wir wußten beide, wie gefährdet das Leben ist. Er hatte als Kind seinen Vater verloren. Wir waren sehr verschieden, aber wir hatten die gleichen Wertvorstellungen, wir dachten ähnlich über die Arbeit und das Leben. Er war ein Feminist, unter anderem auch deswegen, weil seine Mutter eine sehr starke und unabhängige Frau war. Seine Schwester kam mir mit warmer Herzlichkeit entgegen.

Später sagte sie, daß auch sie sich gewünscht hatte, in mir eine Schwester zu finden.

Paul und ich schienen uns über die wichtigen Dinge des Lebens einig zu sein. Aber eines Abends sprachen wir beiläufig über Kinder. Ich sagte, ich wolle, wenn überhaupt, nur ein Kind haben. Er sagte, er würde lieber überhaupt kein Kind haben als ein Einzelkind, weil Einzelkinder verzogen seien. Ich weigerte mich mehrere Stunden lang, mit ihm zu sprechen, so wütend war ich darüber, daß jemand, der mich so gut kannte, etwas so Gedankenloses sagen konnte. Am nächsten Tag entschuldigte er sich und versprach, in Zukunft Einzelkindern gegenüber aufgeschlossener und vorurteilsloser zu sein.

Als wir verkündeten, daß wir heiraten wollten, waren meine Freunde außer sich vor Freude. Sie hatten mir schon jahrelang von den Freuden der Ehe vorgeschwärmt. Meine Familie war erleichtert, daß ich endlich, mit einunddreißig, bereit war, eine feste Bindung einzugehen. Sie hatten mich deswegen nie ernsthaft unter Druck gesetzt. Ich glaube, insgeheim waren sie froh, daß ich mit meinem Leben und meiner Arbeit in New York so glücklich war. Aber, wie meine Stiefmutter einmal sagte, das Leben macht mehr Spaß, wenn man es mit jemandem teilen kann.

Als wir heirateten, lebte Paul in Detroit und ich in New York. Ich hielt das für eine gute Sache. Wir konnten beide in der Woche hart arbeiten und uns an den Wochenenden füreinander Zeit nehmen. Wir machten eine wunderschöne Hochzeitsreise nach Italien. Als wir zurückkamen, fuhren wir vom Flughafen aus mit dem Taxi in meine Wohnung. (Es war immer noch meine Wohnung, Paul hatte ja seine Wohnung in Detroit.) Wir packten die Koffer aus und teilten die Sachen auf. Dann nahm er ein Taxi zurück zum Flughafen und flog nach Detroit. Einen Augenblick lang war ich traurig, einen ganzen Tag lang sogar. Aber so hatten wir etwas Zeit, uns an den Gedanken zu gewöhnen, verheiratet zu sein, bevor wir uns der schwierigen Herausforderung stellen mußten, nach langen Jahren des Alleinlebens mit jemandem zusammenzuziehen.

Ein paar Monate später erhielt ich ein Forschungsstipendium von der Universität von Michigan und ließ mich von Time *beurlauben. Jetzt lebten wir allen Ernstes zusammen, aber die Umstellung war nicht so schwer, wie ich immer befürchtet hatte. Paul ließ mir die freie Wahl bei den Kleiderschränken, und da ich mehr Kleidung hatte als er, nahm ich den größten. Das Arrangieren der Mahlzeiten war da schon etwas schwieriger. Ich hatte immer früh zu Abend gegessen, also aß ich jetzt eine Kleinigkeit um sieben, und um neun aßen wir zusammen. Ich nahm ein paar Pfund zu, was mir überhaupt nicht gefiel. Bald wurde mir jedoch bewußt, daß Paul gar nicht erwartete, daß wir alles gemeinsam machten. Ich kehrte also zu meinem eigenen Tagesrhythmus zurück, und wir aßen zusammen, wenn es sich so ergab. Ich fand es großartig, einen Gefährten zu haben, wann immer ich wollte.*

Als das Stipendium auslief, pendelten wir wieder. Diesmal war ich ziemlich unglücklich dabei. Wenn es bei der Arbeit eine Krise gegeben hatte, konnte ich mich nur telefonisch trösten lassen. Mit der Zeit entwickelte ich eine heftige Abneigung dagegen, mich freitags abends während der Rush-hour zum Flughafen durchzukämpfen, und ich haßte den 19 Uhr 30-Flug nach Detroit, wo zum Abendessen nur Erdnüsse serviert wurden. Aber ich wollte nicht in Detroit leben, und Paul wollte nicht in New York leben. Also einigten wir uns auf San Francisco.

Jetzt, da wir zusammen in einem Haus leben, stelle ich fest, daß wir beide großen Wert darauf legen, uns auch mal zurückziehen zu können. Ganz offensichtlich muß man kein Einzelkind sein, um ein Zimmer für sich allein haben zu wollen. Paul ist oft stundenlang im Hobbykeller, und ich habe ein Arbeitszimmer, das er nur betritt, um seinen Mantel zu holen. Es ist eine faire Abmachung. Ich habe ihn kürzlich gefragt, ob er immer noch denkt, daß Einzelkinder verzogen sind. Er sagte, nein, mit mir könne man sehr gut auskommen.

Einzelkinder gelten nicht gerade als ideale Ehepartner. Schließlich sind sie nicht von Kindheit auf gewohnt, ihre Zimmer und Besitztümer mit jemandem zu teilen. Und sie legen oft sehr viel Wert auf ihre Privatsphäre und ihre Unabhängigkeit; Eigenschaften, die einer engen Vertrautheit der Ehepartner potentiell entgegenstehen. Trotz dieser Neigung zur Unabhängigkeit scheinen Einzelkinder jedoch ebenso gute Ehepartner und Eltern zu sein wie alle anderen Leute. Sie nehmen ihre Beziehungen zu anderen Menschen nicht als selbstverständlich hin und bemühen sich darum oft mehr um ihre Ehe. Es kommt auch relativ häufig vor, daß es Einzelkindern ein stärkeres Bedürfnis ist, eine Ehe einzugehen, weil sie sich nach einer größeren Familie sehnen. In seinem Buch *Raising the Only Child* schreibt Dr. Murray Kappelman: »Das Einzelkind kann ein wunderbarer Ehepartner sein ... Die Möglichkeit, einem anderen Menschen nach langen Jahren des Alleinseins so nahe sein zu dürfen, macht das Einzelkind oft zu einem eifrigen, liebevollen, fast allzu fürsorglichen Ehepartner.«

In ihrer Untersuchung stellten Sharryl Hawke und David Knox den von ihnen befragten Einzelkindern auch die Frage, ob ihre Beziehung zu ihren Ehepartnern in irgendeiner Weise davon beeinflußt worden wäre, daß sie als Einzelkinder aufgewachsen sind. Die Mehrheit verneinte die Frage, aber 41 Prozent der Befragten bejahte sie. Es wurden sowohl positive als auch negative Auswirkungen genannt. Ein Teil der Befragten sagte, sie würden ihre Ehepartner und ihre Kinder mehr zu schätzen wissen, weil sie allein aufgewachsen waren. Andere wiesen auf Probleme in ihrer Ehe hin, die auf ihr Bedürfnis nach Zeit für sich selbst, nach Alleinsein und Unabhängigkeit zurückzuführen waren.

Wie die meisten anderen Menschen gehen auch Einzelkinder davon aus, daß sie irgendwann heiraten werden. Die Psychologen des Forschungsprojektes TALENT befragten die Oberschüler auch nach ihren Zukunftserwartungen. Es stellte sich heraus, daß Kinder mit Geschwistern vorhatten, früher zu heiraten als Einzelkinder, und daß sie planten, mehr Kinder zu bekommen. Als dieselben Personen elf Jahre später noch einmal befragt wurden, ergab sich, daß die Nicht-Einzelkinder ihre Pläne auch ausgeführt hatten: Sie hatten früh geheiratet und mehrere Kinder bekommen. Jedoch stellten die Psychologen auch fest, daß die Nicht-Einzelkinder mit neunundzwanzig Jahren prozentual häufiger geschieden waren als die Einzelkinder. Die Einzelkinder hatten dagegen häufig doch früher geheiratet als eigentlich geplant. Sie hatten jedoch tatsächlich weniger Kinder bekommen.

Einzelkinder heiraten aus den gleichen Gründen, aus denen alle anderen Leute auch heiraten: Liebe und Geld und das Glück spielen eine Rolle. »Ich hatte immer vor, irgendwann zu heiraten«, sagt Marni Weil, die den Sprung mit dreißig Jahren wagte. »Ich hatte es nicht eilig damit. Und ich hätte nie geheiratet, nur um verheiratet zu sein. Ich bin gern allein, und ich vermisse das Alleinsein sehr. Aber ich dachte, es wäre schön, jemanden zu haben, mit dem ich mein Leben teilen kann.«

Manche Einzelkinder haben noch einen anderen Grund, eine Ehe einzugehen: Sie möchten zu einer größeren und besseren Familie gehören. Einzelkindern ist die Familie, die sie durch ihre Heirat mitgeliefert bekommen, oft sehr viel wichtiger als anderen Menschen, für die Brüder, Schwestern, Nichten und Neffen etwas Selbstverständliches sind. »Wenn ich einen Mann geheiratet hätte, der ebenfalls ein Einzelkind ist, hätten meine Kinder keine Cousins und Cousinen gehabt«, sagt Ruth Ainslie. »Diese Überlegungen habe ich schon angestellt, als ich etwa zehn Jahre alt war. Es würde sehr einsam sein für die Kinder, und es wäre nicht fair ihnen gegenüber.«

»Mein Mann hat sechs Geschwister, mir war also sehr bewußt, daß ich in eine Familie hineinheiraten würde«, sagt Ann Fisher aus San Francisco. »Steven und ich fühlten uns sofort zueinander hingezogen. Wir sind uns sehr ähnlich: Wir sind beide die Ältesten, und wir neigen beide dazu, eine Sache tatkräftig in die Hand zu nehmen. Bevor wir heirateten, hatte ich mir ausgemalt, wie diese Art des Familienlebens wohl sein würde. Und seine Familie hat mich nicht enttäuscht. Es macht einfach Spaß, zu beobachten, wie sie miteinander umgehen.« Aber einem Einzelkind kann es schwerfallen, sich von der ursprünglichen Familie zu lösen, wenn es in die neue Familie hineinheiratet, insbesondere wenn das Einzelkind die Hypotenuse des Familiendreiecks ist. Dr. Walter Bortz, der in Kalifornien praktiziert, sah keinen anderen Ausweg, als von seiner Geburtsstadt Philadelphia wegzuziehen. »Als wir geheiratet haben, war Ruth Anne gerade zweiundzwanzig und ich war dreiundzwanzig«, sagt Bortz. »Ich war immer noch sehr das Kind meiner Eltern. Ich hatte mich nicht von ihnen gelöst. Es ist nicht einfach, mit meiner Mutter zurechtzukommen. Ich bewundere sie, aber sie ist ziemlich streng und schwierig. Sie hat Ruth Anne immer vernichtend kritisiert. Und ich stand zwischen ihnen. Und das Krankenhaus, in dem ich gearbeitet habe, hatte mein Vater aufgebaut; er war da sehr bekannt und angesehen. Als wir vor fünfzehn Jahren von Philadelphia weggezogen sind, wollten wir zum Teil auch der Macht meiner Mutter entgehen.«

Männern und Frauen kann es gleichermaßen schwerfallen, sich von hingebungsvollen Eltern zu lösen. »Meine Eltern haben sich sehr an mich geklammert«, erinnert sich eine Frau, die jetzt Ende Dreißig ist. »Und auch ich hatte Schwierigkeiten, mich abzunabeln. Als wir frisch verheiratet waren, wurde mein Mann richtig wütend, wenn wir vorhatten, meine Eltern zu besuchen, und ich sagte: ›Am Wochenende fahren wir nach Hause.‹ Er sagte immer: ›Verdammt, das ist nicht dein Zuhause. Dein Zuhause ist bei mir.‹ Ich habe eine ganze Weile gebraucht, um mich von meinen Eltern zu lösen.«

Eine Frau, die Lehrerin im Staat New York ist, sagt, daß ihre Eltern sehr lange gebraucht haben, bis sie ihre mittlerweile vierzehnjährige Beziehung zu einer anderen Frau akzeptieren konnten. »Am Anfang war es einfach schrecklich«, erinnert sie sich. »Und das Komische ist, es hätte auch keinen Unterschied gemacht, wenn ich eine Beziehung zu einem Mann gehabt hätte. Das Problem war, daß wir drei ein so gutes Team gebildet hatten. Wir waren immer wie die drei Musketiere gewesen, und ich denke, jeder, der dieses Trio aufgebrochen hätte, wäre von meinen Eltern zunächst abgelehnt worden. Aber da ich lesbisch bin, werden meine Eltern niemals Enkel haben, und so fiel es ihnen besonders schwer, das zu akzeptieren.«

Noch weitere Probleme treten auf, wenn Einzelkinder heiraten. Es kann für sie besonders schwierig sein, die Gefühle, Interessen und Sorgen eines anderen Menschen wirklich zu teilen. Wie alle Menschen, die eine Ehe eingehen, müssen Einzelkinder sich anpassen. So kann es einem unabhängigen Einzelkind zum Beispiel durchaus schwerfallen, das Schlafzimmer und den Kleiderschrank mit jemandem zu teilen. Oder es kann ihm schwerfallen, auf einmal alles gemeinsam zu machen.

Die meisten Einzelkinder freuen sich darauf, eine größere Familie zu bekommen, aber manchen sind die vielen neuen Verwandten auch einfach zuviel. Lynne Humkey aus Wilmore in Kentucky empfindet die Zusammenkünfte der Familie ihres Mannes als zu hektisch. »Mein Mann ist einer von sieben Brüdern«, sagt sie. »Er hat einen Zwillingsbruder, und die beiden stehen sich außerordentlich nahe. An Feiertagen, wenn die ganze Familie aufeinandertrifft, habe ich manchmal nur noch den Wunsch, wegzukommen. Alle reden und niemand hört zu. Ich möchte mich dann nur noch zurückziehen und einen Spaziergang machen.«

Katherine Feinstein, die seit ein paar Jahren verheiratet ist, gibt zu, daß ihr ihre Privatsphäre extrem wichtig ist. »Ich bin ziemlich eigen darin, wen ich in mein Haus lasse«, sagt sie. »Ich lade nur Leute hierher ein, denen ich wirklich vertraue. Es geht überhaupt nicht darum, daß ich annehme, jemand könne meinen Fernseher oder die Stereoanlage stehlen. Mein Haus ist meine ureigene kleine Welt. Wenn mein Mann jemals anrufen würde, um mir zu sagen, daß er jemanden zum Abendessen mitbringt, wäre ich nicht zu Hause, wenn sie kämen, und ich würde nie wieder zurückkommen. Ebensogut könnte er mir mitteilen, er würde sich mit einer achtzehnjährigen Blondine nach Hawaii absetzen.«

Die meisten Einzelkinder heiraten irgendwann, aber die Frage des Kinderbekommens ist ein wirklich heikles Problem. Bei meinen Gesprächen mit Einzelkindern habe ich festgestellt, daß die Meinungen, was Kinder angeht, ausgesprochen geteilt sind. Einige wollten unbedingt zumindest ein Kind, weil es ihnen ein großes Bedürfnis war, einen Blutsverwandten zu haben. Anderen fehlte die Motivation, Mutter oder Vater zu werden, gänzlich.

Für Einzelkinder, die das Gefühl plagt, in ihrer Kindheit etwas versäumt zu haben, ist es von entscheidender Wichtigkeit, Kinder zu bekommen, meist mehrere Kinder. »Ich hatte keine schöne Kindheit«, sagt Laura Stein-Stapleford. »Kurz nachdem mein erstes Kind geboren worden war, habe ich zwei Dinge beschlossen. Erstens: Ich wollte auf gar keinen Fall nur ein Kind. Zweitens: Mein Kind sollte all das haben, was ich als Kind nicht hatte – ein anderes Kind, mit dem es abzischen kann, während wir im Restaurant auf einen Tisch warten, jemanden zum Versteckspielen, einen Spielgefährten.« Ihren beiden Kindern scheint all dies nicht zu fehlen, aber Stein-Stapleford räumt ein, daß auch Nachteile damit verbunden sind, mehrere Kinder zu haben. »Manchmal fühle ich mich schuldig, weil ich keinem der beiden die Aufmerksamkeit widmen kann, die ich selbst als Kind bekommen habe«, sagt sie. »Ich fördere meinen älteren Sohn nicht so, wie ich gefördert worden bin, ich nehme zuviel Rücksicht auf das Entwicklungsniveau seines jüngeren Bruders.« Auch manchen Einzelkindern, die eine glückliche Kindheit hatten, ist die Gründung einer Familie sehr wichtig. »Der Nachteil als Einzelkind ist, daß die Familie so dahinschwindet«, sagt Ruth Brine, eine Redakteurin im Ruhestand. »Als ich das College abgeschlossen hatte, hatte ich außer meiner Mutter und meinem Vater keine Verwandten mehr. Damals beschloß ich, mir eine neue Familie aufzubauen. Ich wollte Kinder haben, mehrere Kinder. Unter anderem war ich so interessiert an dem Mann, den ich dann geheiratet habe, weil er noch zwei Schwestern hatte, und die Familie war oft zusammen. Dieses Familienleben übte eine große Faszination auf mich aus. Als ich klein war, stellte Weihnachten immer eine recht mickrige Angelegenheit dar; es waren bloß meine Eltern und meine Großeltern da. Mein Vater aß immer sehr schnell, unser Weihnachtsessen dauerte nie länger als zehn Minuten. Dann ging er in seinen Club, oder er ritt aus. Mutter verschwand in ihrem Zimmer, und ich las. Ich wollte drei Kinder haben, und die habe ich auch bekommen.«

Die Entscheidung ist besonders schwerwiegend, wenn die Familie auszusterben droht. »Ich bin die letzte der Adlers«, sagt Margot Adler, die sich nicht entscheiden kann, ob sie ein Kind bekommen soll oder nicht. »Dieses ganze Gerede über Vererbung liegt mir nicht besonders. Aber andererseits gab es wirklich ungewöhnliche und interessante Menschen in meiner Familie. Ich habe eine zweiundachtzigjährige Tante, die damals in Wien eine der ersten Neurologinnen war. Sie praktiziert heute noch. Ihre Schwester nahm an der russischen Revolution teil und starb später in einem stalinistischen Konzentrationslager. Meine Familie hat viel geleistet, und der Fortbestand dieser Familie hängt allein von mir ab. Ich muß zugeben, daß ich mich irgendwie verpflichtet fühle, ein Kind zu bekommen. Außerdem werde ich nicht mehr lange die Möglichkeit dazu haben, und ich hasse es, wenn mir die Wahlfreiheit genommen wird. Und Kinder zu haben gibt einem ein tiefes Gefühl der Verbundenheit mit der Menschheit.«

Es gibt eine beträchtliche Anzahl von Einzelkindern, die mit ihrem Leben sehr zufrieden sind, es aber problematisch finden, Kinder zu bekommen. Statistisch gesehen kommen Einzelkinder häufiger als andere Menschen aus kaputten Familien, sie haben bereits eine Scheidung oder den Tod eines Elternteils miterlebt. Als Folge davon kann es ihnen wesentlich schwerer fallen, sich selbst in der Elternrolle zu sehen als diejenigen, die in einer traditionellen Kleinfamilie aufgewachsen sind. Ein Rollenvorbild zu haben, erleichtert die Sache, wie in allen Lebensbereichen. Judy Anderson-Wright, die nach dem Verschwinden ihrer Mutter bei ihren Großeltern aufwuchs, räumt ein: »Ich habe das typische Familienleben nie erlebt, ich habe kein Rollenvorbild, an dem ich mich orientieren könnte. Meine Großmutter war meine Großmutter, sie war keine Mutter. Da die biologische Uhr bei mir bald abläuft, frage ich mich seit kurzem, ob meine Entscheidung, kinderlos zu bleiben, wirklich richtig war. Ich denke, das Problem bei mir war, daß ich nie eine Frau in der Mutterrolle erlebt habe.«

Es gibt auch Einzelkinder, die gern verheiratet sind, denen ein Kind aber einfach zuviel wäre. Petra Clayton, die Versicherungsvertreterin aus Kalifornien, versucht zu erklären, warum sie zögert, Mutter zu werden. »Die Ehe war eine große Umstellung für mich«, sagt sie. »Ich dachte, ich kann mich gerade noch daran gewöhnen, mit einem einzigen anderen Menschen zusammenzuleben. Ein Kind wäre einfach zuviel. Wenn man mit jemandem lebt, auch wenn es ein Mensch ist, den man liebt, kann man nicht mehr das tun, was man will. Das Zusammenleben mit den Eltern ist etwas ganz anderes, sie setzen die Regeln fest, und man richtet sich danach. Aber bei einem gleichberechtigten Partner muß man Kompromisse eingehen. Ich habe nicht geheiratet, um Mutter zu werden.« Einige Einzelkinder, die eine glückliche und stabile Kindheit hatten, fühlen sich bei dem Gedanken, Mutter oder Vater zu werden, einfach unbehaglich. Sie sind der Ansicht, daß ihnen für den Umgang mit Kindern die Schulung und die Erfahrung fehlt. Wie viele andere Einzelkinder hatte auch ich keine kleinen Cousins oder Cousinen, um die ich mich hätte kümmern können. Ich war nur ein einziges Mal Babysitter, und zwar habe ich einmal eine Stunde lang gelegentlich nachgesehen, ob das Baby noch lebte, als die Mutter in einem Notfall weggerufen wurde. Eins der von mir befragten Einzelkinder drückte es so aus: »Ich bin der letzte Mensch, dem man ein tropfendes Wesen übergeben sollte.«

Das Vertrautsein mit Babys kann sehr hilfreich sein. Mary Catherine Bateson sagt, daß ihre Mutter Margaret Mead sie oft fotografiert und gefilmt hat, als sie klein war. »Margaret machte sich Sorgen, daß ich zuwenig über Kinder wissen könnte, weil ich keine jüngeren Geschwister hatte – eine berechtigte Sorge. Ich habe nur sehr selten mit kleinen Kindern zu tun gehabt. Als ich schwanger wurde, gab Margaret mir die Kopien all dieser Fotos und Filme, damit ich wußte, wie ein Baby aussieht und wie es sich verhält.«

Da Mädchen, die Einzelkinder sind, oft nicht mit so strikten Rollenerwartungen erzogen werden, fällt es ihnen vielleicht nicht so leicht, sich als Mutter zu sehen, wie den Mädchen, die von Kind an auf die Mutterrolle vorbereitet wurden. »Ich erinnere mich, daß ich mir als Kind immer ausgemalt habe, was ich später machen würde, wie mein Leben aussehen sollte«, sagt Katherine Feinstein. »Ich habe mir nicht ein einziges Mal vorgestellt, daß ich Kinder haben würde. In all meinen großartigen Phantasien kam auch nicht einmal ein Kind vor, was ich schrecklich finde. Ich muß ehrlich sagen, daß sich die Frage für mich stellt, ob ich ein Kind bekommen soll oder gar keins. Mehrere Kinder will ich nicht haben. Mein Mann hat zwei Geschwister. Er findet, Kinder seien das Großartigste, was es auf der Welt gibt. Er ist nicht direkt der Ansicht, man solle so viele bekommen, wie es irgend geht, aber er will mindestens zwei haben. Ich hingegen denke, man sollte ein Kind bekommen oder gar keins.«

Kinder und Beruf sind besonders für Frauen nur schwer zu vereinbaren. Eine beruflich erfolgreiche Frau Mitte Fünfzig, die nie geheiratet hat, erklärt: »Ich habe es nie bereut, keine Kinder zu haben. Ich wollte auch nie Lehrerin oder Kinderkrankenschwester werden. Meine Mutter sagt, daß ich nie mit Puppen gespielt, sondern immer lieber gelesen habe. Ich hatte nie den Wunsch, das zu tun, was alle anderen auch tun. Ich hatte nie sonderlich ausgeprägte mütterliche Gefühle. Und ich denke, es ist besser, in dem Fall keine Kinder zu bekommen. Ich bin eine Perfektionistin und ich verlange sehr viel, und für ein Kind wäre es eine schwere Last, so eine Mutter zu haben.«

Natürlich ist es möglich, Kinder und Beruf miteinander zu vereinbaren. Ruth Brine, eine der ersten Redakteurinnen des Time-Magazins, ist immer erfolgreich gewesen: Sie war Abschiedsrednerin ihrer Abiturklasse und Mitglied der studentischen Vereinigung hervorragender Akademikerinnen, Phi Beta Kappa, in Vassar. »Als ich bei *Time* anfing, war ich gar nicht so erfolgsorientiert, weil mir eine Familie immer wichtiger war. Ich hatte damals noch keine, aber für mich war die Familie immer das Wichtigste, was nicht heißt, daß andere Frauen nicht andere Prioritäten setzen könnten.« Seit sie im Ruhestand ist, arbeitet Brine an einer Anthologie von Artikeln, die in der Zeitschrift der ehemaligen Studentinnen von Vassar erschienen sind. »Wieder und wieder geht es in diesen Artikeln um die Frage, wie beruflich erfolgreiche Frauen es schaffen können, Beruf und Familie zu vereinbaren und ob sie es überhaupt tun sollten«, sagt Brine. »Es ist eine Frage, die nicht so einfach zu lösen ist. Kann eine Frau beides haben? Auch die Frauenbewegung hat dieses Problem nicht gelöst. Sie hat den Frauen viele Möglichkeiten eröffnet, aber sie kann einem die Entscheidung in dieser grundlegenden Frage nicht abnehmen. Ich habe damals gedacht, und ich denke heute noch, daß man sich entscheiden muß, ob einem die Kinder wichtiger sind oder der Beruf. Man kann beides haben, aber man muß Prioritäten setzen. Ich kann von Glück sagen, daß ich es geschafft habe, Karriere zu machen, nachdem meine Kinder aus dem Haus waren.«

Wie gehen Einzelkinder mit der Elternschaft um? 61 Prozent der von Sharryl Hawke und David Knox befragten Einzelkinder waren überzeugt, daß ihre Art, die Kinder zu erziehen, damit zusammenhing, daß sie selbst ohne Geschwister aufgewachsen waren. Manche der genannten Auswirkungen waren positiv: Die Eltern sagten, sie würden ihren Kindern größere Unabhängigkeit gewähren und mehr Zeit mit ihnen verbringen, und sie würden ihre Kinder mehr zu schätzen wissen. Die aufgezählten negativen Auswirkungen reichten von einer Aversion gegen Geschwisterstreitigkeiten bis zu der Schwierigkeit, die Kinder immer wichtiger zu nehmen als sich selbst. Der Schriftsteller Frederick Golden hat zwei erwachsene Kinder. »Man muß Opfer bringen, wenn man Kinder hat«, sagt er. »Es kommt wahrscheinlich nicht so darauf an, ob es drei, vier oder fünf sind. Aber es ist ein großer Unterschied, ob man ein Kind hat oder zwei. Wenn man einen gewissen Punkt erreicht hat, wird man freier. Ich mag Kinder, aber ich merke, daß ich nicht mehr viel Geduld mit ihnen habe. Ich habe meine Frau nie ermutigt, noch mehr zu bekommen, obwohl meine Kinder mir sehr viel Freude gemacht haben. Besonders das erste. Dem ersten habe ich sehr viel mehr Aufmerksamkeit geschenkt, das zweite ist etwas zu kurz gekommen, fürchte ich.«

True Hall, ein Immobilienmakler aus Tenants Harbor in Maine und ein Einzelkind, macht sich Sorgen darüber, wie er es schaffen kann, jedem seiner sechs Kinder gegenüber fair zu sein. »Ich habe mir früher nie viele Gedanken darüber gemacht, daß ich ein Einzelkind bin«, sagt Hall. »Aber jetzt, mit sechs Kindern, beunruhigt mich der Gedanke, daß ich als Kind so viele Vorteile hatte, die meine Kinder nicht haben. Manchmal bereue ich, daß ich so jung geheiratet habe. Ich denke oft, daß es für die Kinder vielleicht besser gewesen wäre, wenn ich älter und klüger gewesen wäre.«

Hall, der jetzt Mitte Fünfzig ist, weiß, daß er als Einzelkind den gesamten Besitz seiner Eltern erben wird. Seiner Frau und ihm wird es wesentlich schwerer fallen, ihre weltlichen Güter gerecht unter ihren Kindern zu verteilen, besonders da sie mehrere Häuser besitzen und einige schöne, am Meer gelegene Grundstücke. »Wie in aller Welt sollen wir unseren Besitz gerecht aufteilen?« fragt Hall. »Eine wirklich gerechte Verteilung ist nur bei Bargeld möglich. Und unsere Grundstücke sind einzigartig, wenn sie verkauft würden, wären sie für immer verloren. Es ist eine große Sorge für uns, weil wir nicht wollen, daß eins der Kinder benachteiligt wird.«

Ein Thema, das sehr oft zur Sprache kam, waren die Streitereien der Geschwister, die die als Einzelkinder aufgewachsenen Eltern nur schwer nachvollziehen konnten. »Ich finde manchmal, daß meine fünf Kinder nicht so dankbar für alles sind, wie sie sein sollten«, sagt Roger Staubach. »Wenn ich in einer größeren Familie aufgewachsen wäre, hätte ich vielleicht mehr Verständnis für sie.«

Barbara Polk, die zwei Töchter und einen Sohn hat, hatte sehr idealistische Vorstellungen vom Familienleben. »Manchmal fiel es mir schwer, zu verstehen, warum meine Kinder sich immerzu stritten«, sagt sie. »Wenn sie sich wieder gestritten hatten, war ich immer niedergeschlagen. Ich liebe sie alle so sehr. Ich glaube, vor meiner Heirat habe ich mich nie ernsthaft mit jemandem gestritten, weil man sich mit seinen Freunden nicht streitet. Ich konnte überhaupt nicht begreifen, warum meine Kinder sich unbedingt streiten mußten. Abends unterhielten sie sich dann ganz friedlich in ihren Betten, und ich begriff, daß es eigentlich nichts zu bedeuten hatte.«

Clem und Dorothy, die in Michigan leben, sind zwei Einzelkinder, die sich die Kindererziehung ziemlich romantisch vorgestellt hatten. Dorothy kann sich erinnern, daß sie sich als Teenager sogar schon Namen für ihre zukünftigen Kinder überlegt hat. Dorothy und Clem haben nur vier Kinder, weil »Clem sagte, mehr könnten wir nicht ernähren«.

Zunächst hatten sie sich besorgt gefragt, ob ihre Kinder nicht das Netzwerk von Tanten, Onkel, Cousins und Cousinen vermissen würden, auf das sie verzichten müßten, weil Clem und Dorothy beide Einzelkinder sind. Als ihr erster Sohn geboren worden war, kam einer von Clems Geschäftsfreunden vorbei, um sich das Baby anzusehen. Dorothy erinnert sich, daß sie zu ihm sagte: »Der arme kleine Kerl, er wird nie Cousins und Cousinen haben, er hat weder Tanten noch Onkel.« Der Besucher sagte: »Aber keineswegs, er ist ein glücklicher Mensch, er kann sich seine Freunde aussuchen. Er wird niemanden am Hals haben, den er nicht loswerden kann.« Clem und Dorothy sind in ihren hohen Erwartungen an das Familienleben nicht enttäuscht worden. Sie haben glückliche Erinnerungen an im Bett verbrachte Sonntagmorgen, an denen sie »dem Trappeln kleiner Füße« lauschten.

Dorothy erinnert sich: »Es war so eine Freude, wir konnten hören, was für einen Spaß sie miteinander hatten, und wir mußten immer daran denken, daß wir all das nicht gehabt hatten. Wir haben als Kinder so viel versäumt.« Das Ehepaar legte großen Wert auf ein harmonisches Familienleben. Sie haben sich nie vor den Kindern gestritten. »Wenn Clem mit schlechter Laune von der Arbeit nach Hause kam, schob ich ihn zur Hintertür hinaus und sagte: ›Oh, wer kann das denn nur gewesen sein? Clem war das jedenfalls nicht.‹ Er griff dann sein Stichwort auf, kam wieder zur Tür herein und begrüßte die Kinder ganz besonders herzlich. Die Kinder hielten das Ganze für einen großen Spaß. Nach dem Essen, wenn die Kinder Hausaufgaben machten, gingen wir dann nach oben und diskutierten das Problem aus. Es wäre falsch gewesen, den Kindern das Abendessen zu verderben«, erinnert sich Dorothy.

Clem und Dorothy sind stolz auf das, was sie bei der Erziehung ihrer Kinder geleistet haben. »Die Leute sagten immer, was für eine besondere Familie wir seien, wir waren so glücklich miteinander und würden so viel zusammen machen«, sagt Clem. »Wir hatten immer gedacht, alle Familien seien so, bis wir feststellten, daß es in anderen Familien normal war, daß sich alle ständig in die Haare kriegten.«

Machen Einzelkinder als Eltern irgend etwas ganz anders? Es kommt vor, daß Einzelkinder sich wie Clem und Dorothy besonders intensiv um ein harmonisches Familienleben bemühen. Anderen ist es wichtig, dafür zu sorgen, daß ihre Kinder genug Freunde zum Spielen haben. Wie alle anderen Eltern bemühen sich Einzelkinder, die Fehler ihrer eigenen Eltern nicht zu wiederholen.

Laura Stein-Stapleford, die zwei Kinder hat, war es sehr wichtig, darauf zu achten, daß sie ihre Kinder nicht auf ein Podest stellt, so wie ihre Eltern es gemacht haben. Aber gegen die frühe Entwicklung der intellektuellen Fähigkeiten ihrer Kinder hat sie nichts. »Fred und ich unterhalten uns abends immer darüber, wie unser Tag verlaufen ist, und wir lassen die Kinder sich an der Unterhaltung beteiligen, wenn sie es wollen«, sagt sie. »Und irgendwann färben diese Unterhaltungen auf die Kinder ab. John hat für einen Vierjährigen einen ganz beachtlichen

Wortschatz. Einmal habe ich ihm in einem Geschäft etwas nicht gekauft, das er haben wollte, und er sagte: ›Mutter, ich halte das für eine willkürliche Entscheidung, über die wir uns unterhalten sollten.‹ Und ich sagte, ich hoffte, das wäre eine geistige Verirrung. Die Verkäuferin bemerkte, es wäre kein Wunder, wenn das Kind so redete, wenn ich immer so mit ihm sprechen würde. Wir haben jetzt zwei Kinder, aber ich denke, daß sich mein anspruchsvolles Vokabular dadurch nicht geändert hat.«

Marni Weil, die nur einen Sohn hat, sagt, daß sie versucht, Frederick in die Unterhaltungen der Erwachsenen einzubeziehen, ohne ihm zu gestatten, im Mittelpunkt zu stehen. »Ich habe ihm beigebracht, daß er schlicht ein Teil der Gruppe ist«, erklärt sie. »Wenn wir vier Leute sind, hat er Anspruch auf ein Viertel der Aufmerksamkeit. Ich denke weder, daß Kinder gesehen, aber nicht gehört werden sollten, noch denke ich, daß sich immer alles um die Kinder drehen sollte.«

Toni Falbo, die Expertin für Einzelkinder, die selbst Einzelkind ist und nur ein einziges Kind hat, sagt, daß sie versucht, ihr Kind nicht zu sehr zu behüten. »Man muß darauf achten, nicht überfürsorglich zu sein, es ist falsch, wenn man dem Kind alle Nackenschläge erspart«, erklärt sie. »Es ist schwer, mitanzusehen, wie ein Kind leidet, aber die Kinder müssen lernen, allein zurechtzukommen. Einzelkinder sind oft etwas naiv. Aber wie soll man einem Kind Schläue beibringen? Als Mutter bekommt man in jedem Fall die Schuld. Viele Einzelkinder sind leichtgläubig, aber andere Leute sind das schließlich auch.«

Meiner Beobachtung zufolge, die natürlich nicht den Anspruch wissenschaftlicher Genauigkeit erhebt, könnte es familienspezifisch sein, nur ein Kind zu bekommen. Eine erblich bedingte geringe Fruchtbarkeit ist eine mögliche Ursache dafür, eine weitere, daß Einzelkinder meist erst spät heiraten. Es könnte auch ganz einfach sein, daß Einzelkinder, so wie andere Menschen auch, ein Ebenbild der Art Familie, in der sie aufgewachsen sind, aufbauen wollen. Für viele Einzelkinder besteht eine ideale Familie aus drei Personen.

Robin Bruna, eine pensionierte Lehrerin, deren Mann ebenfalls Einzelkind ist, war eisern entschlossen, nur ein Kind zu bekommen. »Als meine Tochter geboren wurde, mußte Joe mir versprechen, daß ich das nicht noch einmal durchmachen müßte«, sagt Robin. »Und ich bedaure diesen Entschluß nicht, obwohl wir keine Enkelkinder haben werden.« (Robins Tochter kann keine Kinder bekommen.) »Ich habe oft beobachtet, daß Eltern und Kinder sich um so näher stehen, je weniger Kinder da sind. Wenn die Eltern nur ein Kind haben, unternimmt die Familie vieles gemeinsam. Und die Eltern haben nicht so viel Anlaß zum Streiten. Wenn ein Ehepaar viele Kinder hat, scheinen Mann und Frau kaum noch etwas gemeinsam zu haben. Nachdem die Kinder aus dem Haus sind, wissen sie nicht, was sie miteinander anfangen sollen, sie haben sich nichts mehr zu sagen. Sie schaffen es erst ganz allmählich, wieder wahrzunehmen, daß der Ehepartner auch noch existiert.«

Die meisten Einzelkinder finden große Befriedigung in ihren Kindern. »Meine Tochter ist der wichtigste Mensch in meinem Leben«, sagt Renée Franklin, die Rechtsanwältin aus New York. »Jeden Tag überrascht es mich aufs neue, wie eng das Band zwischen uns ist. Es ist wie ein Wunder, daß ich sie geboren habe, daß ich ein Kind habe. Die Blutsbande gehen so tief. Es gibt auch Ehepaare, die eng miteinander verbunden sind, aber Ehen können zerbrechen. Seit der Geburt meiner Tochter habe ich ihre Tanten und Onkel häufiger gesehen. Plötzlich haben wir etwas gemeinsam, die Kinder verbinden uns.«

Ein Kind kann die Bindung des Einzelkindes an die restlichen Familienmitglieder intensivieren. Der Meteorologe Flip Spiceland sagt: »Durch den Kleinen stehen meine Eltern und ich uns wieder sehr viel näher, als es in den ganzen letzten Jahren der Fall gewesen ist. Mein Vater ist in vorzeitigen Ruhestand gegangen, nur damit meine Eltern ungehindert zwischen St. Louis und Atlanta hin- und herpendeln können.«

Einzelkinder lieben ihre Kinder nicht zwangsläufig ebenso abgöttisch wie ihre eigenen Eltern sie geliebt haben. Ruth Brine hat viel Freude an ihren Kindern und Enkelkindern, aber sie ist auch ganz glücklich, daß jetzt Ruhe und Frieden in ihrem Hause herrschen. »Die meisten Leute machen sich große Sorgen darüber, wie es sein wird, wenn die Kinder aus dem Haus sind«, lacht sie. »Ich finde es ausgesprochen erholsam. Ich bin jetzt wieder das Einzelkind, und mein Mann behandelt mich wie sein Ein und Alles.«

Die Geschichte einer Ehe
Mary Kay Shaw, Verwaltungsangestellte an einem College, und Jim Shaw, Universitätsprofessor, beide Einzelkinder, seit dreißig Jahren miteinander verheiratet, Amherst, Massachusetts:

Mary Kay: Wir kommen beide aus einer kleinen Stadt in Ohio. Wir sind uns erst in der Oberschule begegnet, wir spielten beide in der Schulband, Marschmusik. Ich spielte Klarinette, und der Dirigent schlug vor, ich solle doch Oboe spielen lernen. Mein Vater sagte, er würde sich an Rod Shaw wenden, der der beste Musiker der ganzen Gegend wäre. Also nahm ich Musikunterricht bei Jims Vater.

Jim: Ich war daran gewöhnt, oben in meinem Zimmer zu sitzen und Hausaufgaben zu machen, während unten Schlagzeuger und Saxophonisten übten; ich hörte sie überhaupt nicht mehr. Aber als dann jemand versuchte, Oboe zu spielen, war das wirklich nicht zu überhören. Es ist das schrecklichste Geräusch, das es auf der Welt gibt. Also ging ich runter, um mir das Ganze mal anzusehen. Ich habe seitdem immer gesagt, daß sie besser aussah, als sie sich anhörte.

Mary Kay: Ich glaube, ich habe mich mein Leben lang um etwas betrogen gefühlt, weil ich als Einzelkind aufwachsen mußte.

Jim: Und ich war froh darüber. Na, wie ist der Eröffnungszug?

Mary Kay: Ich war nur deshalb ein Einzelkind, weil meine Eltern zwei andere Kinder verloren hatten.

Jim: Ich vermute, daß ich aus finanziellen Gründen Einzelkind war. Kurz nach meiner Geburt wurde mein Vater arbeitslos, er hat zehn Jahre lang in einem Job gearbeitet, für den er völlig überqualifiziert war, bis die Weltwirtschaftskrise überstanden war. Ich glaube nicht, daß es an mir lag. Es war nicht so, daß sie mir einen Blick zuwarfen und sagten, nie wieder. Wir waren die Kinder der Wirtschaftskrise, ich hatte nie das Gefühl, daß es etwas Ungewöhnliches war, Einzelkind zu sein.

Mary Kay: Ich glaube, ich fühlte mich verpflichtet, alles, was ich tat, sehr gut zu machen. Ich weiß nicht, wer dafür verantwortlich ist, daß Kinder so unter Druck gesetzt werden, und ich weiß nicht, wie den Kindern dieser Druck vermittelt wird, aber ich weiß, daß es sehr wichtig für mich war, in allem gut zu sein. Meine Eltern sagten manchmal, es wäre ganz in Ordnung, wenn ich eine Drei schreiben würde. Ich spielte Basketball und Volleyball, ich schwamm und spielte Tischtennis, und ich spielte, um zu gewinnen. Auf unserer Hochzeitsreise war ich im Zweifel, ob ich Jim absichtlich gewinnen lassen sollte, wie es von mir erwartet wurde, oder nicht. Die erste Krise der Braut. Es ist schließlich dreißig Jahre her. Nein, ich habe ihn nie gewinnen lassen.

Jim: Ich habe nie rausbekommen, ob ich nun ein Mensch bin, der sehr von Konkurrenzgeist beseelt ist oder nicht. Ich habe das Kartenspielen aufgegeben, weil ich so ungern verliere. Aber ich halte mich nicht für wirklich ehrgeizig. Mir ist nicht bewußt, daß ich jemals das Ziel gehabt hätte, jemanden zu schlagen.

Mary Kay: Und warum, meinst du, warst du dann Klassenbester?

Jim: Ich denke, daß Einzelkinder oft so erfolgreich sind, weil sie von ihren Eltern unter Druck gesetzt werden. Und ein weiterer Grund könnte sein, daß Selbständigkeit und Selbstgenügsamkeit leicht zur Selbstsucht werden können.

Mary Kay: Ich wollte nie nur ein Kind haben. Wir haben drei Kinder, die sich sehr nahestehen. Sie leben alle in der Gegend von Washington. Ihre Lebenszusammenhänge sind ganz unterschiedlich, aber sie haben auch manches gemeinsam. Sie verlassen sich aufeinander, und sie sind gern zusammen. Wir legen viel Wert darauf, uns gelegentlich alle zu treffen.

Jim: Bei der Erziehung unserer drei Kinder war es ein Nachteil, daß wir nie erfahren hatten, wie die Beziehungen zwischen Geschwistern aussehen. Wir sagten immer zueinander, wir wüßten gern, was sie jetzt schon wieder aushecken. Ich rede wie Bill Cosby. Aber manchmal hatten wir wirklich nicht den richtigen Einblick. Was für eine Beziehung haben Geschwister zueinander? Ist es schlecht, wenn sie sich streiten? Sie sollten sich nicht streiten, oder? Oder sollten sie sich öfter streiten?

Mary Kay: Unser Sohn, der gerade mit dem College fertig geworden ist, fragte mich im letzten Sommer, ob Jim und ich uns je gestritten hätten. Ich war völlig perplex. Du machst Witze, sagte ich. Er sagte, er und seine Geschwister hätten sich darüber unterhalten und einstimmig festgestellt, daß sie nie gehört hätten, wie Jim und ich uns streiten, und daß sie nie erlebt hätten, daß wir uns nicht einig waren. Es war eine bewußte Entscheidung von uns, uns den Kindern gegenüber immer einig zu zeigen. Für unsere Kinder waren wir immer »die Eltern«.

Jim: Ja, darauf haben wir immer großen Wert gelegt. Wir haben den Kindern gesagt: Vertragt euch, streitet euch mit uns, streitet nicht untereinander. Wir haben ganz deutlich gemacht, daß ihre Mutter und ich uns immer einig sein würden, was Erziehungsfragen anging. Sie müßten sich also bemühen, immer gute Freunde zu sein, weil sie es nicht schaffen würden, uns bei Streitigkeiten auf ihre Seite zu ziehen. Wir haben betont, daß die verschiedenen Generationen zusammenhalten müßten.

Mary Kay: Ich arbeite in der Zulassungsabteilung unseres Colleges, und als unsere Kinder soweit waren, aufs College zu gehen, hat die Direktorin mir angeboten, mit einem unserer Kinder ein Probezulassungsgespräch zu führen. Als das Gespräch vorbei war, mußte sie lachen, weil Rhod uns immer »die Eltern« genannt hatte. Sie fand das sehr aufschlußreich. Die meisten Kinder spielen ihre Eltern gegeneinander aus. Ich denke, daß all unsere Kinder uns als Verbündete gesehen haben, als »die Eltern«. Wir waren oft unterschiedlicher Meinung und wir haben uns heftig gestritten, aber niemals in Hörweite der Kinder.

Jim: Ich bin immer davon ausgegangen, daß Mary Kay und ich uns ergänzen. Ich habe nie viel darüber nachgedacht, ob wir uns ähnlich sind. Aber vielleicht verstehen wir uns so gut, weil wir so viel gemeinsam haben, das so grundlegend ist, daß es nicht ausgesprochen werden muß. Vielleicht haben wir durchaus vieles gemeinsam, vielleicht sind wir durch eine Art Seelenverwandtschaft verbunden.

Wenn die Zeit vergeht …

Ich habe das Gefühl, daß ich in den letzten zehn oder fünfzehn Jahren immer häufiger wegen eines schweren Krankheitsfalls in der Familie eilends nach Hause fahren mußte. Mein Vater, meine Stiefmutter, meine Tante und mein Onkel sind alle mittlerweile Ende Siebzig. Sie haben schon Herzanfälle, Operationen und Amputationen überstanden, zum Teil mußten sie in die Intensivstation. Als ich noch in New York lebte, war Boston mit dem Flugzeug schnell zu erreichen. Jetzt, wo ich an der Westküste lebe, muß ich sechs Stunden im Flugzeug sitzen und mir das Schlimmste ausmalen, bis ich endlich bei ihnen bin. Ich habe versucht, mich gegen die unvermeidliche Katastrophe zu wappnen. Es ist ein schwerer Schlag, die Eltern zu verlieren, eine Prüfung, die alle Menschen irgendwann trifft. Für mich wird es besonders hart sein, weil ich diese Erfahrung allein tragen muß.

Jetzt stelle ich jedesmal, wenn ich nach Hause fahre, so viele Fragen über meine Familie und meine Kindheit wie irgend möglich. Ich möchte Fakten sammeln, manchmal fühle ich mich wie eine Archäologin. An dem letzten Weihnachtsfest, an dem es meiner Tante gut genug ging, um über die Vergangenheit zu sprechen, versuchte ich sehr eindringlich, von ihr zu erfahren, wie meine Mutter wirklich gewesen war. Hatte sie Humor? Ja. War sie unabhängig? Nun, Frauen waren damals nicht allzu unabhängig. War sie abenteuerlustig? Nun, nein, dazu hatte sie keine Gelegenheit. Die Antworten waren recht oberflächlich. Am nächsten Morgen, beim Frühstück, sagte meine Tante jedoch, sie hätte über meine Fragen etwas gründlicher nachgedacht und ihr wäre eingefallen, daß meine Mutter in den vierziger Jahren Flugstunden genommen hatte. Die Information faszinierte mich, nicht nur, weil sie viel über meine Mutter aussagte, sondern auch, weil sie fast für immer verlorengegangen wäre.

Ich versuchte dann, Genaueres über meine eigene Kindheit zu erfahren, hatte aber wenig Erfolg damit. War ich ein ängstliches kleines Mädchen gewesen? Ach, manchmal schon. War ich leicht in Wut geraten? Oh, nein, du hast dich immer sehr gut benommen. Es ist recht schwierig, die Leute dazu zu bewegen, dir ins Gesicht zu sagen, was sie von dir hielten, als du Kind warst.

Als ich begann, dieses Buch zu schreiben, war ich auf Fotos aus meiner Kindheit angewiesen. Ich habe keine Geschwister, die mit mir zusammen großgeworden sind, die mit mir in die Ferien gefahren sind. Ohne diese verblaßten Fotografien wäre ich nie in der Lage gewesen, meine Kindheit zu rekonstruieren. Ohne die Fotos würde ich mich nur an einige wenige Details erinnern. Ich könnte meine Cousine Beth und meinen Cousin Tim befragen, aber wir haben uns nur bei besonderen Gelegenheiten gesehen, Weihnachten und Thanksgiving zum Beispiel. Wenn in meinem Haus ein Feuer ausbräche, würde ich zuerst meinen Hund retten und dann die Fotoalben.

Seit meiner Teenagerzeit habe ich ganz bewußt versucht, Erfahrungen mit Menschen zu teilen, die ich mag. Ich nehme Freundschaften sehr ernst. In mancher Hinsicht sind Freundschaften besser als Familienbeziehungen, weil meine Freunde das widerspiegeln, was ich bin und was ich frei gewählt habe. Aber diese Verbindungen gehen nicht weit genug zurück. Ich habe eine gute Freundin, mit der ich Erinnerungen an unsere Schulzeit austauschen kann, mit der ich mich an unsere Kämpfe um die Übernahme der Schülerzeitung erinnern kann. Ich halte die Verbindung zu Freunden aus der Collegezeit aufrecht, die sich genauso wie ich an das Picknick am Quabbin-Reservoir erinnern können oder daran, daß wir einmal im Büro der Collegezeitung Helme tragen mußten, weil der Verputz von der Decke fiel. Dann sind da meine Sportlerfreunde, Männer und Frauen, mit denen ich meilenweit gelaufen bin, mit denen ich Wettrennen bestritten und trainiert habe, die meine besten und meine schlechtesten Seiten kennen. Und als ich zum Altar ging, begleiteten mich zwei meiner besten Freundinnen, beides Einzelkinder, die ich mir als Ersatzschwestern gewählt habe.

Ich glaube, ich verbringe mehr Zeit damit, Briefe zu schreiben, zu telefonieren, herauszufinden, wo meine Freunde gerade sind und was sie tun, als der Durchschnittsmensch. Für mich sind meine Freunde ein integraler Bestandteil meines Lebens.

Wenn mir die Verbindung zu alten Freunden verlorengeht, habe ich das Gefühl, einen Teil meines Ichs verloren zu haben. Die Zeit vergeht, und ich hoffe, daß meine Freunde auch in Zukunft noch bei mir sein werden, zumindest im Geiste, und sich an die guten Zeiten erinnern und an die schlechten, und dadurch die Bedeutung meines und ihres Lebens bestärken.

Als Betty Rollins Mutter Ida mit sechsundsiebzig Jahren an Gebärmutterkrebs starb, war Rollin an ihrer Seite. Sie war für ihre Mutter da, während des Krankenhausaufenthaltes und der Chemotherapie, erlebte die Übelkeit und die Schmerzen mit. Rollin schreibt in ihrem Buch *Last Wish,* daß Ida ihr sagte, sie hätte ein Todesurteil erwartet, aber nicht die Folter. Als die Krankheit schlimmer wurde, sagte Ida immer wieder, daß sie ihrem Leben ein Ende setzen wolle. Idas Bitten wurden eindringlicher in dem Maße, wie ihr Leben unerträglicher wurde, und schließlich stimmte Betty zu. Sie würde ihrer Mutter helfen, Selbstmord zu begehen.

Als sie versuchte, herauszufinden, welche Dosen welcher Medikamente tödlich seien, ein Thema, das für Ärzte tabu ist, befürchtete sie, ein Verbrechen zu begehen. Aber noch mehr Angst hatte sie davor, den letzten Wunsch ihrer Mutter zu mißachten. Nachdem sie ihrer Mutter geholfen hatte, sich eine tödliche Dosis der notwendigen Medikamente zu beschaffen, trafen sich Betty, ihr Mann und Ida für eine letzte Familienzusammenkunft. Sie sahen sich alte Fotoalben an, und Ida sagte ihrer Tochter, sie wäre die glücklichste Frau der Welt. Ida beging im Beisein ihrer Tochter und ihres Schwiegersohnes Selbstmord. Es war ein dramatisches Ende einer intensiven Beziehung.

Nur wenige Einzelkinder werden mit einer so qualvollen und schrecklichen Entscheidung konfrontiert wie Betty Rollin. Aber es gibt viele Einzelkinder, die zu einem Rettungsanker für ihre alternden Eltern werden, deren Beschützer. Es ist schrecklich, den Verfall und den Tod der Mutter oder des Vaters miterleben zu müssen, und Einzelkinder müssen diese Lebenskrise so gut wie allein durchstehen.

Da Einzelkinder im allgemeinen relativ alte Eltern haben,

sind sie gezwungen, sich eher als andere Kinder mit dem Gedanken der Sterblichkeit ihrer Eltern auseinanderzusetzen. Manche Einzelkinder machen sich schon relativ früh Gedanken darüber, wie sie ihre Eltern im Alter versorgen werden, so auch die noch nicht einmal dreißigjährige Betty Ann Byerly. »Wenn ich daran denke, daß ich meine Eltern verlieren könnte, steigen mir die Tränen in die Augen«, sagt sie. »Wenn meine Eltern alt geworden sind, möchte ich für sie sorgen, ihnen ein behagliches Leben ermöglichen. Ich habe schon eine gewisse Vorstellung davon, wie das aussehen könnte. Ich möchte nicht, daß meine Eltern ins Altersheim kommen. Meine Mutter hat auch für ihre Mutter gesorgt.«

Der Lebensabend der Eltern kann für einen einzigen Sohn oder eine einzige Tochter eine belastende Zeit sein. Ein Mann von Mitte Vierzig beschreibt die Schwierigkeiten, die er mit seinen Eltern hat, die beide schon über achtzig sind: »Sie verlassen sich in allen praktischen Angelegenheiten mehr und mehr auf mich. Es fällt ihnen schwer, das, was sie vorhaben, gründlich zu durchdenken. Ich muß alles in die Hand nehmen, dafür sorgen, daß sie zum Beispiel ihre Arztrechnungen bezahlen, und all den täglichen Kleinkram, der sich in fünf Minuten regeln ließe, erledigen. Meine Mutter nimmt mich regelmäßig zur Seite und erzählt mir, was für ein fürchterlicher Mensch mein Vater ist, was er alles tut, um ihr das Leben zur Hölle zu machen. Und er nimmt mich regelmäßig zur Seite und erzählt mir, wie fürchterlich meine Mutter ist. Sie sind seit fast fünfzig Jahren verheiratet, und durch diese Streitereien erhalten sie ihre Ehe lebendig. Aber jetzt werde ich da mit hineingezogen.

Meine Eltern besitzen nicht viel, aber sie haben ein Haus und ein paar Ersparnisse. Ich werde ihren ganzen Besitz erben, das sagen sie mir immer wieder. Das ist ja auch sehr schön, aber ich bin allein für sie verantwortlich, es sei denn, sie würden in ein Pflegeheim gehen. Manchmal denke ich, daß diese spezielle Phase des Familienlebens leichter zu bewältigen wäre, wenn ich Geschwister hätte. Andererseits könnte es auch sein, daß dann alles nur noch schlimmer werden würde. Wenn es um Geld geht, brechen manchmal die schlimmsten Streitigkeiten zwischen Geschwistern aus. Wer erbt was, das ist dann die Frage. Meine Großmutter wurde von ihren Kindern richtiggehend hin- und hergeschoben, und als sie starb, haßten sich meine Onkel und Tanten wie die Pest.«

Die meisten Einzelkinder fühlen sich in starker Weise verpflichtet, für ihre alternden Eltern zu sorgen. Manchmal liegt das daran, daß sie ehrliche Zuneigung für ihre Eltern empfinden. Und manchmal können Einzelkinder, deren Leben von den Erwartungen ihrer Eltern bestimmt wurde, sich auch jetzt nicht von diesen Erwartungen freimachen. Meistens trifft beides zu. Patricia Bresee, Richterin am Obersten Gericht von San Mateo in Kalifornien, leidet sehr unter der Umkehrung der Rollen. Nach der Pensionierung des Vaters verkauften Bresees Eltern ihr Haus und zogen nach Kalifornien, um in der Nähe ihrer Tochter sein zu können. Nach dem Tod des Vaters wurde Bresees Mutter sehr schwierig und begann, außerordentlich hohe Ansprüche an sie zu stellen. »Vor einigen Monaten, als meine Mutter mir erzählte, daß sie ihre Freundin Ellen beneidete, deren Sohn sie jeden Abend anrief, wurde mir plötzlich einiges klar. Ich dachte: ›Sei doch ehrlich, diese Frau wirst du nie zufriedenstellen können.‹ Also fragte ich sie direkt, was sie denn von mir erwartete. Sie sagte: ›Ich will doch nur, daß du weiterhin meine beste Freundin bist.‹ Ich sagte, ich wolle nicht ihre beste Freundin sein. Ich wolle ihre Tochter sein.«

Bresee findet es schade, daß sie ihre Eltern so in Erinnerung behalten wird, wie sie zuletzt waren. »Es fällt mir bereits sehr, sehr schwer, die Erinnerung an die wirklich guten Zeiten, die wir zusammen erlebt haben müssen, zu bewahren«, sagt sie. »Am besten kann ich mich noch daran erinnern, wie sehr ich meinen Vater immer bewundert habe. Aber im Moment ärgere ich mich nur ganz furchtbar über meine Mutter.«

Besonders wenn ein Elternteil früh gestorben ist, kann es zu einer Abhängigkeit des überlebenden Elternteils von dem einzigen Kind kommen, die viele Einzelkinder als belastend empfinden. Kathy Gay, die IBM-Verkaufsleiterin, die darüber sprach, wie sie in ein verfrühtes Erwachsensein hineingezwungen wurde, muß jetzt feststellen, daß sie schon wieder in eine Rolle gedrängt wird, für die sie nicht bereit ist. Obwohl sie gerade erst dreißig geworden ist, ist sie bereits gezwungen, für den Unterhalt ihrer Mutter zu sorgen. »Meine Mutter ist überzeugt, daß ich für sie sorgen muß, weil ich das einzige Kind bin und weil sie seit zehn Jahren Witwe ist – dabei ist sie erst sechzig«, klagt Gay. »Weil ich Karriere gemacht habe und weil ich alles bin, was sie hat, verlangt sie, daß ich ihr zumindest den Lebensstil ermögliche, den ich selbst habe. Sie denkt, sie hätte es nicht nötig zu arbeiten, sie will entweder bei mir leben oder mindestens so viel Geld von mir bekommen, wie ich für mich selbst ausgebe. Ich habe mir oft gewünscht, daß ich Geschwister hätte, mit deren Hilfe ich mit ihr über ihre Ansprüche diskutieren könnte. So setzt sie mich zu sehr unter Druck.«

»Die Eltern von Einzelkindern haben ein höheres Durchschnittsalter als die Eltern von Kindern mit Geschwistern«, erklärt die Psychologin Toni Falbo. »Das bedeutet, daß Einzelkinder in der Mitte des Lebens öfter ihre Eltern verlieren als andere Menschen dieses Alters. Aber die Bürde des Einzelkindes ist wahrscheinlich gar nicht so schwer, wie man annehmen könnte. Menschen, die nur ein Kind haben, leben oft in gesicherten finanziellen Verhältnissen, so daß sie im Alter auf ein erkleckliches Polster zurückgreifen können.« Ihren Beobachtungen zufolge bleibt auch in größeren Familien ein Großteil der Arbeit an einem der Kinder hängen. »Das Kind, das den alternden Eltern am nächsten wohnt, kümmert sich gewöhnlich am meisten um sie. Meine Eltern sind kürzlich in meine Nähe gezogen, und ich finde, es ist wirklich ein Vorteil, daß ich nicht alles und jedes mit einem Bruder oder einer Schwester ausdiskutieren muß. Ich weiß, daß die Verantwortung bei mir liegt, und ich finde diesen Gedanken sehr tröstlich.«

Wenn ein Einzelkind die Eltern verliert, verliert es einen großen Teil der eigenen Vergangenheit. Das Elternhaus, die vorige Generation, die Erinnerung an vergangene Dinge – alles ist dahin. Die Psychologen Stephen P. Bank und Michael D. Kahn schreiben: »Auch wenn sich Geschwister als Erwachsene meist voneinander gelöst haben und ihre eigenen Wege gehen, bleibt das Wissen um die jeweilige Kernidentität als Erbe und Erinnerung an die Kindheit, versunken, unausgesprochen und nur teilweise vergessen. Ein Treffen mit Geschwistern beschwört auch nach vielen Jahren noch die bittersüße Erinnerung an das eigene Kinderselbst, unberührt durch die seitdem vergangene Zeit.« Der Kern des eigenen Ichs, verglichen mit dem der Geschwister, oder mit deren Augen gesehen, bleibt also immer einer der ganz wesentlichen Bezugspunkte der persönlichen Identität. Dem Einzelkind bleibt diese Erfahrung versagt.

»Als ich Ende Dreißig war, habe ich mir zum erstenmal gewünscht, daß ich Geschwister hätte«, sagt Dick Cavett. »Ich dachte, es wäre nett, wenn jemand da wäre, mit dem ich mich über meine Kindheit austauschen könnte, jemand, mit dem ich über meine Eltern reden könnte. Ich erlebe immer wieder, wie Geschwister sich gegenseitig die Erinnerung an bestimmte Ereignisse wachrufen. Und ich würde auch gern erfahren, wie jemand anders über meine Eltern denkt. Als ich vierzig wurde, wurde ich mir meiner eigenen Sterblichkeit sehr bewußt – obwohl mir wie Woody Allen immer klar gewesen war, daß wir sterben müssen. Damals war ich plötzlich sehr daran interessiert zu erfahren, was aus meinen Mitschülern geworden war. Ich dachte bei mir: Verdammt, wenn ich bloß Geschwister hätte, mit denen ich meine Erinnerungen vergleichen könnte. Was haben wir bloß in dem Sommer damals gemacht? Als ich älter wurde, dachte ich, es könnte schön sein, Geschwister zu haben.«

Laura Stein-Stapleford sagt, daß sie immer neidisch wird, wenn sie hört, daß jemand zu einem Familientreffen geht. »Ich habe keine Familie, mit der ich ein Familientreffen veranstalten könnte«, jammert sie. »Ich bin jetzt fünfunddreißig, und meine Mutter könnte hundert Jahre alt werden. Aber wenn sie stirbt, wird mein Freund Max die einzige Verbindung zu meiner Kindheit sein, die ich noch habe, und Max kenne ich erst, seit ich vierzehn war. Manchmal finde ich das schrecklich traurig, aber ich kann nichts daran ändern. Meinen Mann habe ich erst mit fünfundzwanzig kennengelernt. Ich finde es furchtbar, wenn Leute, die schon zusammen in die Grundschule gegangen sind, eine Clique bilden und überhaupt nicht daran interessiert sind, neue Leute kennenzulernen. Ich halte das für eine eindeutige Gesichtsfeldeinengung. Aber es wäre schon nett, Leute zu haben, die einen schon so lange kennen.«

Marjorie Irwin, eine pensionierte Lehrerin, hat sich immer darum bemüht, die Verbindung zu alten Freunden nicht abreißen zu lassen. »Ich habe viele Freunde, die ich schon sehr lange kenne«, sagt sie. »Die meisten habe ich entweder in der Grundschule, im Gymnasium oder im College kennengelernt. Ich bemühe mich auch, Cousins und Cousinen nicht ganz aus den Augen zu verlieren. Mit zweien meiner Cousinen bin ich eng befreundet. Sie sind meine Generation, ich brauche sie, um meiner Kindheit willen, um des Erinnerns willen. Als Mutter noch lebte, gab es jemanden, mit dem ich Erinnerungen austauschen konnte. Und jetzt bemühe ich mich um diese Freunde und um meine Cousins und Cousinen, um mich mit ihnen erinnern zu können. Sonst ist niemand mehr da. Vielleicht liegt es an meinem Alter. Letzthin haben wir ein Klassentreffen gemacht, es sind jetzt fünfzig Jahre seit unserem Schulabschluß vergangen, und es hat mir gutgetan, wieder einmal Erinnerungen austauschen zu können.«

Mary Catherine Bateson sagt, daß ihre Mutter Margaret Mead Fotos für ein wichtiges Hilfsmittel hielt, um die Erinnerung an die Kindheit wachzurufen, insbesondere dann, wenn keine Geschwister da sind. Sie selbst hat ganz bewußt dafür gesorgt, daß ihre Tochter Vanni eine Verbindung zur eigenen Vergangenheit herstellen kann. »Man kann einiges tun, um ein Kind vor dem Verlust der Erinnerung zu bewahren«, sagt Bateson. »Spielgefährten sind wichtig, und Tanten und Onkel sind wichtig. Es müssen ja nicht unbedingt leibliche Verwandte sein. Es gibt eine ganze Menge Leute, die keine Kinder haben wollen. Eine der zwingenden Voraussetzungen für eine wirklich humane Gesellschaft ist aber, daß alle Erwachsenen eine Beziehung zu einem Kind haben. Dabei kommt es sehr auf die Initiative der Eltern an, weil es für viele Menschen ein ungewohnter Gedanke ist, eine Beziehung zu einem Kind aufzubauen, mit dem sie nicht verwandt sind. Die Eltern müssen einfach anfangen, ihre unverheirateten Freunde zum Essen einzuladen und so eine Art Wahlverwandtschaft zu stiften.« Bateson selbst lebte bei Ersatzfamilien, wenn ihre Mutter auf Expedition ging.

Bateson ist überzeugt, daß Einzelkinder – ebenso wie alle

anderen, übrigens – besser dran wären, wenn ihre Vorstellung von Familie flexibler wäre. »Im Lauf der Zeit ist mir immer bewußter geworden, wie stark die Vorstellung meiner Mutter von der Organisation des Familienlebens von den Bräuchen in Samoa geprägt worden war«, sagt sie. »Ich meine nicht in bezug auf antiautoritäre Erziehung, freie Sexualität oder Adoleszenz, sondern in bezug auf die Vorstellung, daß Familien flexible Grenzen haben. In ihrem Buch über Samoa beschreibt sie unter anderem, wie Ehepaare, die keine Kinder bekommen können, ein Kind von Verwandten großziehen. Und wenn ein Kind sich nicht mit seinen Eltern versteht, hat es die Möglichkeit, zu einer anderen Familie zu ziehen. Bei uns dagegen waren die Menschen in den fünfziger Jahren in der Kleinfamilie richtiggehend gefangen. Wenn man einmal die Erkenntnis erlangt hat, daß es für Kinder besser ist, nicht in die Kleinfamilie eingesperrt zu werden, wird deutlich, daß in unserer Gesellschaft eine massive, unbefriedigte Nachfrage nach Tanten und Onkeln besteht.«

Annie Edwards, die ihr einziges Kind als Teenager bekam, hat bewußt dafür gesorgt, daß ihre Tochter Shauna eine Anzahl von Ersatzgeschwistern hat. »Wenn man ein bißchen flexibel ist, kann man auch spontan sein«, sagt sie. »Manchmal, wenn man eine andere Familie trifft, kommt es vor, daß es funkt, daß einfach alles stimmt. Dann ist es wichtig, daß man die Freundschaft kultiviert, daß man sie merken läßt, daß man sie gern hat und gern mit ihnen zusammen ist, anstatt faul zu sein und einfach alles laufen zu lassen.« Und Edwards sieht es gern, wenn andere Kinder eine Zeitlang mit ihr und ihrer Tochter zusammenleben. »Es ist immer etwas chaotisch hier, es gehen so viele Leute ein und aus. Aber es ist wie ein Herzschlag, wie etwas Lebendiges. Und darum habe ich es immer als lebensnotwendig und dauerhaft empfunden.«

Ohne jeden Zweifel bedeutet Freundschaft Einzelkindern sehr viel. Die Freundschaften von Einzelkindern sind nicht oberflächlich. Sie sind tiefempfundene Beziehungen, die in mancher Hinsicht den Beziehungen zwischen Familienmitgliedern ähneln. Vielleicht brauchen Einzelkinder solche Freundschaften mehr als Kinder, die Geschwister haben. Enge Freundschaften bewahren das Einzelkind vor der Isolation.

Die Psychotherapeutin und Schriftstellerin Lillian B. Rubin ist überzeugt, daß Freundschaft in unserer Gesellschaft nicht wichtig genug genommen wird. In ihrem Buch *Just Friends* schreibt sie: »Der Begriff der Verwandtschaft ist so tief in uns verwurzelt, daß er unsere geläufigste Metapher für die Beschreibung von Nähe ist.« Im Laufe ihrer Untersuchung stellte sie jedoch fest, daß Freundschaften oft wichtiger sind als familiäre Beziehungen. Während viele Menschen in ihren Beziehungen zu Familienmitgliedern starr und festgefahren sind, weil diese Beziehungen dem Wachstum des Individuums nicht Rechnung tragen, spiegeln ihre Freundschaften ihr eigentliches Wesen wider. Freundschaften entstehen aufgrund gleicher Ziele, Interessen und Erfahrungen. Unsere Freunde sagen uns viel über uns selbst, sie sagen uns, wer wir an einem bestimmten Punkt unseres Lebens sind. Im besten Fall können Freundschaften uns ein Leben lang Beständigkeit und Zuwendung geben. Sherri Elliott drückt es so aus: »Ich habe keine Schwestern, die ich anrufen könnte, wenn ich in Schwierigkeiten gerate. Meine Freundinnen sind mir wirklich sehr, sehr wichtig, und ich achte sehr darauf, daß ich mir immer genug Zeit für sie nehme. Freunde zu haben gibt einem Schutz und Sicherheit.«

Elizabeth Topham Kennan, ein Einzelkind, Mediävistin und Präsidentin des Mount Holyoke Colleges, ist besonders interessiert an der Idee der Freundschaft, zum Teil auch deswegen, weil sie sich eingehend mit der Klostergemeinschaft des Mittelalters beschäftigt hat. Ihre eigenen Erfahrungen haben die Wichtigkeit von Freundschaft noch unterstrichen. Sie wurde vor über fünfzehn Jahren Witwe und trug dann die alleinige Verantwortung für ihren schwerbehinderten Sohn. Ihre Freunde waren damals lebenswichtig für sie. Obwohl sie jetzt als Präsidentin eines kleinen liberalen Colleges viele dringende Verpflichtungen zu erfüllen hat, hat Freundschaft für sie weiterhin eine hohe Priorität.

»Ich kann mich noch lebhaft daran erinnern, wie wichtig mir im Alter von ungefähr zwei oder drei Jahren mein Freund von gegenüber war«, sagt Kennan. »Als ich in die Schule kam, habe ich mich mit einem anderen Einzelkind angefreundet, einem Mädchen. Es war eine sehr enge Freundschaft, wir haben fast jeden Tag zusammen gespielt. Ich fühlte mich in ihrer Familie wie zu Hause und sie sich in meiner. Da Freunde einem nicht wie Geschwister automatisch Zuneigung schulden, mußte ich früh lernen, mich anzupassen.«

Kennan erfuhr kurz nach einem Umzug mit ihrer Familie etwas entscheidend Wichtiges über Freundschaft. »Ich hatte neue Freunde gefunden«, erinnert sie sich. »Einmal kam eine Freundin zu uns nach Hause und fragte mich, ob ich etwas für sie tun würde. Ich wollte nicht, ich hatte keine Lust. Mein Vater hatte zugehört, und er kam zu mir und sagte: ›Du begreifst nicht, daß Freundschaft bedeutet, daß du deinen Freunden helfen mußt, ob du nun Lust dazu hast oder nicht.‹ Ich hatte ihn noch nie so verärgert erlebt. Seine Worte machten großen Eindruck auf mich. Natürlich ging ich sofort los und tat das, was diese Freundin von mir wollte. Dieses Erlebnis ist eine meiner bleibenden Erinnerungen, und bei meinen Beziehungen zu Freunden oder zu Menschen, die ich liebe, lasse ich mich immer noch von den Worten meines Vaters leiten.«

Einzelkinder scheinen eine größere Sehnsucht nach engen Freundschaften zu haben als Kinder mit Geschwistern. »Vielleicht haben Einzelkinder manchmal das Bedürfnis, Freundschaften zurückzuprojizieren«, überlegt Kennan, »um so eine Vergangenheit zu schaffen, die es nie gegeben hat. Sie geben vor oder lassen zu, daß Freundschaften zu quasi familiären Beziehungen werden. Ich habe auch eine Freundin, die ich fast als Familienangehörige betrachte. Als Teenager war ich mit diesem Mädchen befreundet, sie war fünf Jahre jünger als ich. Unsere Familien waren eng befreundet. Sie ist nach Mount Holyoke gegangen, weil ich auch da war. Sie ist heute noch eine meiner besten Freundinnen, und ich stelle sie immer als meine Pflegeschwester vor. Das ist eine Bezeichnung, die ich mir ausgedacht habe. Aber wenn ich darüber nachdenke, glaube ich, daß ich dadurch versuche, die Vergangenheit umzuschreiben.«

Carmelita Thompson, eine Psychotherapeutin von Anfang Fünfzig, sagt: »Ich glaube, daß wir Einzelkinder versuchen, aus allen Freundinnen Schwestern zu machen. Einzelkinder streben vielleicht immer nach etwas – sie wollen nicht unbedingt mehr Freunde, als sie schon haben, aber sie streben oft eine innigere Beziehung zu ihnen an. Möglicherweise liegt es daran, daß Einzelkinder eine besondere Befähigung zu innigen Freundschaften haben.«

Sehr häufig schließen sich Einzelkinder am engsten an andere Einzelkinder an. »Kinder lernen von klein auf, daß sie ihren Geschwistern helfen müssen, ob sie nun wollen oder nicht«, sagt Kennan. »Wenn du einem Familienmitglied beistehst, kannst du dich darauf verlassen, daß auch dir jemand helfen wird, wenn du Hilfe brauchst. Einzelkinder handeln nach diesem Prinzip, wenn es um ihre Freunde geht, aber nicht alle Freunde revanchieren sich dann auch für diese Hilfe. Die Freunde, die ebenfalls Einzelkinder sind, handeln mit viel größerer Wahrscheinlichkeit nach dem Prinzip der Gegenseitigkeit. Freunde, die keine Einzelkinder sind, werden diese Großzügigkeit im Umgang miteinander wahrscheinlich auf ihre Geschwister beschränken. Das liegt an der unterschiedlichen Akkulturation.«

Manchmal finden Einzelkinder in ihren Freunden die Geschwister, die sie nie hatten. »Mein Freund Max, der im Grunde ein Einzelkind ist, ist fast wie ein Bruder für mich«, sagt Laura Stein-Stapleford. »Wenn ich Probleme habe, wende ich mich an ihn, und er hält es genauso, obwohl wir beide glücklich verheiratet sind. Wir sind wie Geschwister, und das ist uns beiden bewußt. Ich glaube, daß Einzelkinder sich oft am engsten an andere Einzelkinder anschließen, weil ihre Freunde dann keine Geschwister haben, mit denen sie um Zuwendung und Loyalität konkurrieren müßten. Wir Einzelkinder werden nicht durch die Bedürfnisse von Geschwistern von unseren Freunden abgelenkt. Wir konzentrieren unsere Zuwendung auf unsere Freunde, wir sind nicht der Ansicht, daß Blut unbedingt dicker sein muß als Wasser.«

Carmelita Thompson glaubt, daß Einzelkinder letzten Endes eine besondere Befähigung für enge zwischenmenschliche Beziehungen haben könnten. Sie stellt fest: »Ich denke, daß Einzelkinder potentiell die Fähigkeit haben, andere Menschen wirklich zu schätzen, weil sie die Beziehung zu ihnen nie als selbstverständlich hinnehmen. Ich halte das für sehr positiv. Meine Enkelin hat ein intensives Bedürfnis danach, mit anderen Kindern zusammenzusein, und ich glaube, das liegt daran, daß sie ein Einzelkind ist. Sie könnte dadurch die Fähigkeit erlangen, die Wichtigkeit zwischenmenschlicher Beziehungen, die Bedeutsamkeit einer Bindung an andere Menschen, wirklich zu begreifen. Und diese Fähigkeit macht letzten Endes unsere Menschlichkeit aus.«

Einzelkinder müssen, wie alle anderen Menschen auch, an irgendeinem Punkt ihres Lebens Bilanz ziehen. Wohin gehen sie? Wer geht mit ihnen? Sogar Einzelkinder mit eigenen Kindern scheinen ein starkes Bedürfnis nach wirklich engen Freundschaften zu haben. Thompson, die seit fünfzehn Jahren geschieden ist, hat vier Kinder. »Drei davon sind Söhne, und ich mag sie alle wirklich gern und kann auch mit ihnen reden, aber sie sind nicht oft hier«, sagt sie. »Sie sind meine Kinder, nicht meine Freunde, und das ist eine Beziehung, die nicht so sehr auf Gegenseitigkeit beruht. Es gibt Zeiten, wo es für mich wichtig und aufbauend ist, meine Kinder zu sehen, aber ich erwarte nicht von ihnen, meine Bedürfnisse nach Nähe und Freundschaft zu erfüllen.«

Einzelkinder, besonders, wenn sie keine Kinder haben, müssen damit rechnen, daß die Zukunft einige unerfreuliche Dinge für sie bereithält. Lynne Humkey, ein Einzelkind, dessen Eltern ebenfalls Einzelkinder sind, ist Mitte Dreißig. Sie ist verheiratet, kann aber keine Kinder bekommen. »Wenn etwas passieren würde, wenn meinem Mann etwas zustoßen sollte oder wir uns scheiden ließen, würde seine Familie mich vielleicht weiterhin als Familienmitglied betrachten, es sei denn, wir trennen uns im Streit. Aber egal, was sie sagen, egal, was mein Mann sagt, ich bin nun mal keine geborene Humkey, eine angeheiratete Familie ist nicht dasselbe. Ich mache mir Sorgen deswegen. Wenn meine Familie nicht mehr da ist, wenn Don etwas zustoßen sollte, ist seine Familie alles, was ich habe. Und wenn seine Familie zu sehr mit sich selbst beschäftigt sein sollte, was gut möglich ist, stehe ich ganz allein da.«

So unerfreulich diese Aussicht auch sein mag – Humkey hat

eine Lösung für ihr Problem gefunden, die ganz typisch für Einzelkinder ist. Wie Kennan und Stein-Stapleford ist sie eng mit anderen Einzelkindern befreundet. Sie haben darüber gesprochen, daß sie eines Tages vielleicht völlig allein dastehen werden. »Wir haben im Scherz gesagt, daß wir uns dann eine Farm kaufen und unser eigenes kleines Altersheim haben werden«, lacht Humkey leise. »Nur wir und unsere Pferde. Es klingt zwar komisch, ist es aber nicht.«

Wenn ein Einzelkind die Beziehungen zu Freunden und Verwandten sorgsam kultiviert, braucht es in Notzeiten nicht allein dazustehen. Als Elizabeth Kennan Witwe wurde und allein für ein fünfjähriges, schwer behindertes Kind sorgen mußte, kamen ihre Freunde ihr zur Hilfe. »Es war eine Zeit großer Angst und Sorge«, sagt sie. »Ich bat meine Freunde um Hilfe, ich brauchte sie mit verzweifelter Dringlichkeit. Sie haben mich aufgefangen, und diese Erfahrung hat mich außerordentlich bereichert.«

Jetzt ist sie Ende Vierzig, sie hat wieder geheiratet. Ihre Eltern leben in ihrer Nähe, ihr Sohn ist in einem Internat. »Manchmal habe ich immer noch Angst vor der Einsamkeit«, gibt sie zu. »Mir ist in den letzten Jahren verstärkt aufgefallen, wie sehr Geschwister einander schätzen können. Ich bin wirklich sehr gern mit der Familie der Schwester meines verstorbenen Mannes zusammen, die mich großzügigerweise immer noch als Familienmitglied betrachtet.« Kennan sieht das Leben, wie viele Einzelkinder, eher gelassen. »Ich bin mir bewußt, daß es einige wunderschöne Erfahrungen gibt, die ich nie gemacht habe. Aber es ist nicht so, daß ich diesen Verlust bedaure, es ist nur eine Erkenntnis der Tatsache, daß niemand in seinem Leben alles haben kann.

Ein Leben

Gail Roper, Ende Fünfzig, Schwimmtrainerin und ehemalige Olympiateilnehmerin, Menlo Park, Kalifornien:

Als Kind, als ich in die Grundschule ging, habe ich mir oft Gedanken darüber gemacht, daß ich ein Einzelkind bin. Meine Mutter war geschieden. Damals wurde nicht offen über solche Dinge geredet. Ich hatte immer das vage Gefühl, daß mit mir etwas nicht stimmt. Ich war derartig naiv damals, ich habe immer erzählt, ich hätte überhaupt keinen Vater, ich hätte nie einen gehabt. Die Leute haben mich ausgelacht. Als ich größer wurde, begriff ich, daß es etwas unklug war, so etwas zu sagen. Aber in gewisser Weise habe ich wirklich geglaubt, ich hätte nur eine Mutter. Ich war erst sechs Monate alt, als meine Eltern sich scheiden ließen.

Ich hatte Tanten und Onkel, eine Großmutter und einen Großvater. Wir lebten alle in einem Haus. Es waren keine anderen Kinder da. Alle sagten immer, ich solle doch rausgehen und spielen. Ich habe Schwimmen gelernt, als ich zwei Jahre alt war. Gegenüber unserem Haus gab es einen kleinen Fluß, einen Seitenarm des Delaware. Er war ungefähr einen Meter achtzig tief und dreißig Meter breit, und er hatte eine ziemlich starke Strömung. Er wurde Wasserkraft genannt, weil er ein Wasserkraftwerk speiste, das die Fabriken mit Strom versorgte. Etwas weiter vorn war ein breiter Damm, der zum Wasserkraftwerk gehörte. Es blieb einem gar nichts anderes übrig, als Schwimmen zu lernen, weil man sofort von der Strömung erfaßt wurde, wenn man in den Fluß sprang.

Unsere Oberschule hatte eine Schwimm-Mannschaft. Irgend jemand erzählte dem Lehrer, daß Gail Peters schwimmen könne. Ich war so aufgeregt, als ich in die Mannschaft aufgenommen wurde. Wir haben nie mehr als eine Stunde trainiert, und wir durften jeweils nur eine Runde schwimmen. Nach dem Schulabschluß hielt ich am Schwimmen fest. Meine Mutter fragte mich immer, warum in aller Welt ich das bloß täte.

Ich wußte, daß ich einen Trainer brauchen würde, wenn ich gut sein wollte, also trampte ich eines Tages zur Rutgers-Universität, wo es einen bekannten Schwimmtrainer gab. Ich fragte ihn, ob er mich trainieren würde, und er fragte, wieviel ich denn zahlen könne. Ich sagte, ich wäre hierher getrampt und hätte kein Geld. Er teilte mir mit, er würde fünfunddreißig Dollar die Woche verlangen, was eine Menge Geld war, und würde ganz bestimmt niemanden umsonst trainieren. Ich trampte ziemlich deprimiert nach Trenton zurück. Ich fing an, alles über den Schwimmsport und die besten Schwimmer zu lesen, was ich finden konnte. Ich las, wie die Sportler trainierten und von wem sie trainiert wurden. Ich gewann bei einigen Schwimm-Meisterschaften. Meine Mutter begann, sich für die sozialen Aspekte meiner beginnenden sportlichen Karriere zu interessieren. Sie hat mich nie finanziell unterstützt, aber sie fuhr mich immer zu den Meisterschaften. Sie saß dann mit den anderen Leuten zusammen und redete. Es gefiel ihr, daß sie überall als die Mutter von Gail Peters bekannt war. Aber das Schwimmen selbst interessierte sie überhaupt nicht.

Als ich an der Nationalmeisterschaft teilnahm und den dritten Platz belegte, trainierte ich mich immer noch selbst. Ich war damals zweiundzwanzig. Jim Campbell vom Walter Reed Hospital, ein sehr dynamischer, extravaganter und großmäuliger Trainer, war zu den Nationalmeisterschaften nach Detroit gekommen. Wenn Jim Campbell brüllte, konnte man ihn im ganzen Schwimmbecken hören. Ich entschied, daß es das war, was ich wirklich wollte, einen Trainer, der mich richtig anbrüllte. Meine Mutter sprach mit ihm, weil ich so schüchtern war. Er sagte, ich könne nach Washington kommen und mich bei ihm vorstellen.

Ich fuhr mit dem Greyhound nach Washington, D.C. Jim Campbell nahm nur die Besten. Er gab den Leuten, die von ihm trainiert werden wollten, am ersten Tag immer ein fürchterliches, kaum zu schaffendes Trainingspensum, um zu sehen, ob sie aufgeben würden. Ich fand es großartig. Ich zog nach Washington, besorgte mir einen Job beim geologischen Landesamt und trainierte hart.

Ich war dreiundzwanzig, als ich an der Olympiade teilnahm. Es war fast wie im Film: Mit dreiundzwanzig der Durchbruch, und das reicht dann für den Rest des Lebens. Vielen Olympiateilnehmern fällt es schwer, neue Erfolge zu erringen, besonders wenn sie keine Medaille gewinnen. Aber ich brach im folgenden Jahr den Weltrekord.

Als ich siebenundzwanzig war, heiratete ich und bekam Kinder. Insgesamt sind es sieben. Als Kind hatte ich mehrere katholische Freunde, die viele Geschwister hatten. Eine Familie mit vielen Kindern schien mir dem Idealbild der Familie zu entsprechen. Als ich Mutter wurde, tat ich, was von mir erwartet wurde, das Normale, das, was die Bibel vorschrieb. Ich erfüllte die traditionelle Frauenrolle. Ich glaubte, mein Ehemann würde mich nie verlassen, wenn ich ihm nur eine gute Frau war; ich würde nie mehr allein sein. In meinen Träumen war das Glück gleichbedeutend mit einer großen Familie.

Meine erste Ehe dauerte sieben Jahre. Mein Mann war Japaner, und wir hatten recht unterschiedliche Wertvorstellungen. Mit meinem zweiten Mann war ich vierzehn Jahre verheiratet. Er war ein Erfolgsmensch. Wir wollten beide eine große Familie haben. Er war Immobilienpromoter und ein Alkoholiker. Ich habe getan, was ich konnte, um unsere Ehe zu einem Erfolg zu machen. Aber irgend etwas schien mir immer zu fehlen. Ich hatte drei Kleinkinder, die alle noch gewickelt werden mußten. Mein Mann hat mir nie geholfen. Er konnte noch nicht einmal die Waschmaschine anstellen.

Schließlich begann ich wieder zu schwimmen. Ich hatte seit zwanzig Jahren nicht mehr trainiert und träumte jetzt von den großen Schwimm-Meisterschaften. Ich begann neue Rekorde in meiner Altersgruppe aufzustellen. Niemand hat jemals so viele Rekorde in so vielen Schwimmstilen aufgestellt wie ich. Ich war ebensogut im Langstreckenschwimmen wie im Kurzstreckenschwimmen. Einmal habe ich alle nationalen Rekorde in zwei Altersstufen gebrochen.

Als ich zum zweitenmal geschieden wurde, war ich neunundvierzig. Ich hatte sieben Kinder und keinerlei Berufsausbildung. Ich beschloß, wieder aufs College zu gehen, an die Universität von Hawaii. Ich hatte schreckliche Angst davor. Ich war immer irgendwie davon ausgegangen, daß das Gehirn aufhört zu funktionieren, wenn man über dreißig ist. Aber bei der Aufnahmeprüfung erhielt ich die zweithöchste Punktzahl.

Ich habe mich selbst ganz neu definiert. Ich entdeckte, daß man nicht gezwungen ist, das zu bleiben, was man einmal war. Ich habe Meeresbiologie studiert. Ich habe mich immer für etwas Einmaliges gehalten, ich weiß selbst nicht, warum. Als Einzelkind habe ich viel Zeit allein verbracht. Es ist erstaunlich, daß ich während meiner vielen einsamen Wanderungen durch die Wälder nie zu Schaden gekommen bin. Ich ging häufig in den Wald und setzte mich irgendwo hin. Ich hatte viel Zeit, alles um mich herum zu beobachten. Deshalb bin ich Meeresbiologin geworden, ich beobachte die Natur.

Während meiner Ehe war ich sehr einsam. Jetzt fühle ich mich nicht im mindesten einsam. Vor einem Jahr habe ich meinen Job beim Umweltministerium verloren. Seitdem nenne ich mich Schwimmtrainerin. Ich trainiere Leistungssportler in Stanford, Männer und Frauen. Ich fände es finanziell ziemlich schwierig, eine Wohnung zu halten, darum lebe ich im Wohnwagen. Ich habe einen Lagerraum für meine Sachen gemietet, wo auch ein Telefon mit einem Anrufbeantworter ist. Gelegentlich wohne ich in den Häusern von Leuten, die verreist sind, damit niemand einbricht. Und ich reise sehr viel.

Ich lebe jetzt selbstbestimmt, ich weiß, was ich will. Ich fühle mich nicht schuldig wegen meines Schwimmens. Ich mache mir allerdings Sorgen, weil ich Arthritis habe. Der Arzt hat mir das Schwimmen verboten, aber ich verließ seine Praxis mit dem festen Vorsatz, es auch weiterhin zu tun. Manchmal sind die Schmerzen so stark, daß ich meinen Arm nicht mehr aus dem Wasser heben kann. Ich mußte meine Pläne revidieren, ich mußte das Brustschwimmen und das Rückenschwimmen aufgeben, und dann auch den Butterfly. Ich konnte drei Monate nicht ins Wasser. Es fiel mir schwer, nach dieser Pause wieder an den Startblock zu gehen. Ich habe ein paar Wettkämpfe verloren. Aber ich dachte, was ist schlimmer: zu Hause zu sitzen und sich mies zu fühlen oder ein paarmal zu verlieren?

Manchmal denke ich: Das Leben ist vorbei, jetzt kommt nichts mehr. Aber ich habe angefangen zu reisen. Letztes Jahr war ich in China, und dieses Jahr fahre ich nach Südafrika. Ich habe begonnen, in Seen zu schwimmen. Ich hoffe, daß dem Umweltministerium diesmal wieder mehr

Geld bewilligt wird, damit ich meine Stelle zurückbekomme, wenn nicht hier, dann in Hawaii.

Seit ich herausgefunden habe, daß man nicht unbedingt so leben muß wie alle anderen, bin ich mit meinem Leben sehr zufrieden. Da ich nicht mehr verheiratet bin, kann ich mein Leben selbst bestimmen. Wenn jemand mich nicht so akzeptiert, wie ich bin, suche ich mir halt andere Freunde. Ich habe immer sehr viel zu tun. Die Leute fragen mich oft ganz ungläubig, ob ich wirklich in einem Wohnwagen lebe. Aber eine Wohnung bedeutet mir längst nicht so viel wie die Möglichkeit, frei zu sein und zu reisen. Menschen, die dauernd in ihren Wohnungen herumsitzen, werden leicht einsam. Ich glaube daran, daß man Risiken eingehen muß.

Meine Mutter hat sich immer große Sorgen über ihre Altersversorgung gemacht. Sie hat jahrelang Geld gespart, um sich ein Haus kaufen zu können. Dann wurde sie altersschwachsinnig, und sie lebte noch vier Jahre in einem Pflegeheim. Nach vier Monaten waren die Ersparnisse ihres ganzen Lebens weg. Ich fand das furchtbar, aber zu der Zeit lebte ich von der Sozialhilfe, und ich hatte sechs Kinder zu versorgen. Ich konnte ihr nicht helfen. Es brach mir das Herz, aber ich mußte an meine Kinder denken.

Meine älteste Tochter findet mich großartig. Sie ist jetzt zweiunddreißig. Drei meiner Kinder halten mich für einen Problemfall. Sarah, die zweiundzwanzig ist, mag mich wirklich gern. Sabrina »Sunshine« versucht, sich selbst zu finden. Mein achtzehnjähriger Sohn Jim findet mich spitze.

Ich weiß nicht, welches meiner Kinder bereit wäre, mir zu helfen, wenn ich Hilfe brauche. Wenn du älter wirst, schließt du dauerhaftere Freundschaften. Du weißt, wer du bist, und du weißt, daß du dich auf deine Freunde verlassen kannst. Ich bin für mich allein verantwortlich; wenn man allein lebt, lernt man das. Ich denke, ich bin jetzt fähig, anderen Menschen etwas zu geben, ohne eine Gegenleistung zu erwarten. Ich brauche keine Gegenleistungen. Vielleicht lernt man das, wenn man ein Einzelkind ist. Ich finde, das Leben ist schön.

Nachwort

In der Einleitung habe ich geschrieben, daß sich Gefühle, Sichtweisen und Einstellungen mit der Zeit oft ändern. Viele meiner Freunde haben mich gefragt, ob ich durch die Arbeit an diesem Buch jetzt anders darüber denke, ein Einzelkind zu sein, oder ob ich neue Einsichten über Einzelkinder gewonnen habe.

Ich hatte nie vor, in diesem Buch über mich oder meine Ansichten zu schreiben. Aber meine Lektorin legte mir eindringlich nahe, das Buch persönlicher zu machen. Wie viele andere Einzelkinder bin ich eher zurückhaltend, wenn es darum geht, öffentlich Privates preiszugeben. Und als Journalistin schreibe ich nur äußerst selten in der ersten Person. Aber meine Lektorin hatte recht. Meine eigenen Erfahrungen als Einzelkind ließen sich unmöglich heraushalten, sie bestimmten die Gestaltung des Buches mit. Schließlich überwand ich meine Bedenken. In mancher Hinsicht war die Beschäftigung mit meiner Vergangenheit ein heilsamer Prozeß, doch es war auch außerordentlich schmerzlich. Niemand erinnert sich gern daran, wie er als linkischer Jugendlicher gewesen ist.

Aber ich muß ein Geständnis machen: Während ich dieses Buch schrieb, habe ich zum erstenmal in meinem Leben bedauert, Einzelkind zu sein. Meine Tante, die wie eine Mutter für mich war, kämpfte sieben Monate lang mit dem Tod. Manchmal dachte ich, ich könnte es unmöglich schaffen, gleichzeitig dieses Buch zu schreiben und bei ihr zu sein, wenn ich gebraucht wurde. Ich wünschte mir sehnlichst, ich hätte einen Bruder oder eine Schwester, irgend jemanden, der mich manchmal hätte vertreten können. Der nahe Tod meiner Tante vermittelte mir ein Gefühl der Dringlichkeit. Sie starb, kurz nachdem ich das letzte Kapitel beendet hatte.

Ihr Heimgang machte mir bestimmte negative Aspekte des Lebens als Einzelkind noch einmal sehr nachdrücklich bewußt. Ich weiß, daß viele Erinnerungen an meine frühe Kindheit unwiederbringlich verloren sind, und daß ich manches aus der Familiengeschichte nun niemals erfahren werde. Als meine Tante starb, hatte ich das ganz starke Bedürfnis, mir eine neue Familie aufzubauen – nicht unbedingt eine Familie von Blutsverwandten, aber ganz bestimmt eine Familie, auf die ich mich würde verlassen können. Und ich dachte zum erstenmal darüber nach, wie es wäre, siebzig Jahre alt zu sein und ganz allein.

Und ich muß noch etwas gestehen: Als Einzelkind ist man mit dem Verlangen, perfekt zu sein, geschlagen. Dieser Charakterfehler lief während des Schreibens dieses Buches geradezu Amok. Ich hatte schreckliche, immer wiederkehrende Alpträume. Oft wachte ich mitten in der Nacht auf, voll panischer Angst, daß ich vergessen haben könnte, einen wichtigen Interviewpartner anzurufen, oder daß ich etwas versprochen hätte, was ich nicht einhalten konnte. Manchmal träumte ich, daß zwei Frauen vor meinem Haus stünden, die wütend auf mich waren, weil ich irgend etwas nicht geschafft hatte. Das war natürlich eine Anspielung meines Unterbewußtseins auf meine Lektorin und meine Agentin, die beide in Wirklichkeit außerordentlich geduldig und ermutigend waren.

Aber nach Abwägen aller Vor- und Nachteile bin ich immer noch überzeugt, daß die grundlegend positiven Fakten überwiegen. Wenn ich die Macht hätte, den Verlauf meines Lebens zu ändern, würde ich nicht zu meinen Eltern gehen und sie bitten, mir einen Bruder oder eine Schwester zu geben. Jedes Leben wird bestimmt von einem Mosaik persönlicher Stärken und Schwächen, von unbegrenzten Möglichkeiten. Ich nehme an, daß ich wie Betty Rollin immer positiv denke. Ich habe nie das Gefühl gehabt, benachteiligt zu sein, weil ich ein Einzelkind bin. Ich war nie Armut, Alkoholismus, Gewalttätigkeit oder einem der anderen ernsten Probleme, von denen Familien heimgesucht werden können, ausgesetzt. Ich hatte keine Lernschwäche, und ich war nie ernsthaft krank. Wenn ich an all die wirklich grausamen Dinge denke, die Menschen in diesem Leben zustoßen können, kann ich mich nur glücklich preisen.

Ich bin überzeugt, daß ich teilweise so viel Glück im Leben gehabt habe, weil ich ein Einzelkind bin. Als ich die Arbeit an diesem Buch begann, hatte ich gerade einige einschneidende Veränderungen hinter mir: Ich hatte die Zeitung verlassen, bei der ich zwölf Jahre gewesen war, meine Wohnung, in der ich zehn Jahre gelebt hatte, all meine Freunde, und bin in einen anderen Teil des Landes gezogen, um einen ganz neuen Abschnitt meines Lebens zu beginnen. Natürlich war ich nicht allein. Aber immerhin habe ich mit meinem Ehemann den ersten gemeinsamen Hausstand gegründet. Ich mußte einschneidende Veränderungen bewältigen, und manchmal habe ich daran gezweifelt, ob ich es schaffe. Ich weiß jetzt, daß meine Fähigkeit, mich an neue Lebensumstände anzupassen, eine meiner größten Stärken ist. Viele meiner Charaktereigenschaften, die ich immer als selbstverständlich hingenommen habe – Selbständigkeit, Sensibilität, Flexibilität –, habe ich erworben, weil ich als Einzelkind aufgewachsen bin. Obwohl ich durch große Entfernungen von meinen Freunden getrennt bin, sind diese Freundschaften mir eher noch wichtiger geworden.

Ich hoffe, daß ich ausgewogen dargestellt habe, was es heißt, Einzelkind zu sein. Ich halte es nach wie vor für einen Vorteil. Trotz der unglücklichen Erfahrungen, die ich im letzten Jahr machen mußte, bedaure ich nicht, ein Einzelkind zu sein. Es ist wahr, ich bin eine Perfektionistin, aber ich erwarte ganz bestimmt nicht, daß das Leben perfekt ist.

Danksagung

Es gibt eine ganze Reihe von Menschen, denen ich für ihre Hilfe bei der Entstehung dieses Buches danken möchte. Vor allem möchte ich all den Einzelkindern, die mir aus ihrem Leben erzählt haben und die mir gestatteten, an ihren Erfahrungen teilzuhaben, meine tiefe Dankbarkeit ausdrücken. Selbsterforschung ist nicht immer angenehm, und diese Menschen waren ganz uneigennützig bereit dazu.

Meine Agentin Suzanne Gluck glaubte an dieses Buch, als die meisten Leute das Thema nicht für »vermarktungsfähig« hielten. Sie hat nicht nur meine Interessen vorbildlich vertreten, sie war mir auch weit über ihre Pflichten hinaus behilflich, lokalisierte Einzelkinder, las das Manuskript mit großer Sorgfalt Korrektur und ermutigte mich, wann immer ich mich von meiner Aufgabe überfordert fühlte.

Meine Lektorin Maria Guarnaschelli hat dieses Buch in die richtige Richtung gelenkt. Ich hätte nie über mich selbst geschrieben, wenn sie mich nicht dazu ermutigt hätte. Ihre Intuition, was dieses Buch anging, war besser als meine.

Eine Reihe von Leuten hat mir ermöglicht, dieses Projekt erfolgreich zu Ende zu führen. Als ich einen toten Punkt erreicht hatte, half Barbara Graham mir, die Erinnerungen an meine Kindheit zu wecken, so daß ich schließlich fähig war, darüber zu schreiben. Sie hat das Manuskript gelesen, hat wichtige Änderungsvorschläge gemacht und war immer bereit, ihre eigene Arbeit liegenzulassen, um mir bei meiner zu helfen. Alle Schriftsteller sollten solche Freunde haben.

Denise Murphy war mir bei den Interviews, den Recherchen und der Niederschrift der Protokolle eine unschätzbare Hilfe. Sie ist klug und verläßlich, und ohne sie wäre ich verloren gewesen. Elizabeth Taylor hat das Manuskript gründlich und sachkundig korrekturgelesen und mein Selbstvertrauen gestärkt. Bei verschiedenen Entwicklungsstadien des Manuskriptes habe ich Wendy Edelstein, Alison Merrilees und Debby Wells um Hilfe gebeten, die sie mir sowohl aus Interesse am Thema als auch aus Freundschaft sofort und bereitwillig gewährten. Auch Holly Mak und David Giveans haben das Manuskript korrekturgelesen, treffendere Formulierungen gefunden und den Stil verbessert. Toni Falbo, die wahrscheinlich mehr über Einzelkinder weiß als irgend jemand sonst, war sehr großzügig bei der Informationsbeschaffung, und sie hat mich immer sehr ermutigt.

Schließlich möchte ich meiner Familie danken. Ich bin Ed und Gladys, Mary und Jerry für all ihre Beiträge zu diesem Buch großen Dank schuldig, ebenso meinem Mann Paul Witteman für seine Geduld und seine Bestätigung, und meinem Hund Scoop, der mir immer, wenn ich am Computer schuftete, Gesellschaft leistete. Ohne ihre Unterstützung hätte ich dieses Buch nicht schreiben können.

ELLIE McGRATH
San Francisco

Anmerkungen

Der Mythos

18 *Gallup Report,* Mai 1986.

19 G. Stanley Hall, *Aspects of Childhood Life and Education,* Hrsg. T.L. Smith, Boston 1907.

19 Toni Falbo und Denise F. Polit, *A Quantitative Review of the Only-Child Literature: Research Evidence and Theory Development,* Texas Population Research Center Papers, No. 7.006.

19 Judith Blake, »The Only Child in America: Prejudice Versus Performance«, *Population and Development Review* 7, Nr. 1, März 1981 .

20 Phyllis A. Katz und Sally L. Boswell, »Sex-Role Development and the One-Child Family«, *The Single-Child Family,* Hrsg. Toni Falbo. New York 1984, S. 63 –116.

21 Frances Hodgson Burnett, *Der geheime Garten,* München 1989, Erstausgabe 1911.

21 Kay Thompson, *Eloise: A Book for Precocious Grown-Ups,* New York 1955.

21 Benjamin Spock, *Baby and Child Care,* New York 1976; Dr. med. Benjamin Spock, Dr. med. Michael Rothenberg, *Säuglings- und Kinderpflege,* Frankfurt a. M. 1988.

22 John Leo, »Bringing Dr. Spock Up to Date«, *Time,* 8. April 1985.

22 Murray Kappelman, *Raising the Only Child,* New York 1975, S. 27.

22 Maya Pines, »Only Isn't Lonely (Or Spoiled Or Selfish)«, *Psychology Today,* März 1981.

23 Norman M. Lobsenz, »Sometimes it's Good to Be an Only Child«, *Parade,* 23. Februar 1986.

23 Bryce J. Christensen, »›Only Child‹ Syndrome Is a Threat to American Society«, *Chicago Sun-Times,* 12. November 1986.

23 Ben J. Wattenberg, *The Birth Dearth,* New York 1987.

24 Christopher Wren, »One Side Effect of Birth Control in China: The Brat«, *The New York Times,* 25. Dezember 1982.

24 Edward Goldwyn (Regisseur), *Only Child in China,* ein NOVA-Film, BBC, 1983.

25 Robert Pear, »Chinese Who Shun 1-Child Plan Get U. S. Asylum«, *The New York Times,* 6. August 1988.

Die bleibende Bindung

35 Gloria Vanderbilt, *Once Upon a Time,* New York 1985.

35 Sharryl Hawke und David Knox, *One Child By Choice,* Englewood Cliffs, N. J. 1977.

37 Marilyn Fabe und Norma Wikler, *Up Against the Clock: Career Women Speak on the Choice to Have Children,* New York 1979.

38 Barbara Walz und Jill Barber, *Starring Mothers,* New York 1987.

38 James Schaffer und Coleen Todd, *Christian Wives: Women Behind Evangelists Reveal Their Faith in Modern Marriage,* Garden City, N. Y. 1987.

39 Alice Walker, »*One* Child of One's Own: A Meaningful Digression Within the Work(s)«, *In Search of Our Mothers' Gardens,* New York 1983.

40 Sharryl Hawke und David Knox, *One Child By Choice,* a. a. O., S. 79.

44 Erich Segal, *Love Story,* München, 31990, S. 73, 78.

45 Dee Presley, Billy Rick und David Stanley erzählen das, in: Martin Torgoff, *Elvis: We Love You Tender,* New York 1979, S. 7– 8, 41.

45 Nicholas von Hoffman, *Citizen Cohn,* New York 1988, S. 65.

48 Monica Morris, *Last Chance Children,* New York 1988.

49 Adam Hochschild, *Half the Way Home: A Memoir of Father and Son,* New York 1986, S. 3.

49 Barbara Kantrowitz, »Only But Not Lonely«, *Newsweek,* 16. Juni 1986.

50 Denise Polit, »The Only Child in Single-Parent Families«, *The Single-Child Family,* Hrsg. Toni Falbo, S. 178–210.

52 Barbara Graham, *Jacob's Ladder,* New York 1987.

Immer an erster Stelle: Priviligiert und altklug

66 Elizabeth Whelan, *A Baby? … Maybe,* New York 1975.

68 Book, Fredrick, *Hans Christian Andersen: A Biography,* University of Oklahoma Press 1962.

69 Candice Feiring und Michael Lewis, »Only and Firstborn Children: Differences in Social Behaviour and Development«, *The Single-Child Family,* Hrsg. Toni Falbo, S. 25 – 62.

70 Margo Howard, *Eppie: The Story of Ann Landers,* New York 1982, S. 65 – 66.

73 »The Real Romance«, *Time,* 26. Februar 1951, S. 39.

73 Margaret Truman, *Bess W. Truman,* New York 1986, S. 366 – 367.

74 Lillian Belmont und Francis A. Marolla, »Birth Order, Family Size, and Intelligence«, *Science,* 1973, S. 182.

75 Robert B. Zajonc, »Dumber By the Dozen«, *Psychology Today,* Januar 1975.

76 John G. Claudy, »The Only Child As a Young Adult«, *The Single-Child Family,* Hrsg. Toni Falbo, S. 220.

78 Jean-Paul Sartre, *Die Wörter,* Reinbek bei Hamburg 1965, S. 23 , 71, 109.

Geschwister und soziale Fähigkeiten

91 Stephen P. Bank und Michael D. Kahn, *The Sibling-Bond,* New York 1982, S. 296. Die hier zitierte Textstelle ist in der 1989 unter dem Titel *Geschwister-Bindung* veröffentlichten deutschen Übersetzung durch Kürzung entfallen. Zitiert wurde deshalb nach dem amerikanischen Original.

94 Margo Howard, *Eppie,* S. 42.

97 John Updike, Essay ohne Titel zum Thema Kindheit in den vierziger Jahren, in: *Five Boyhoods,* Hrsg. Martin Levin, New York 1962, S. 159.

99 John Claudy, W. S. Farrell und C. Dayton, *The Consequences of Being an Only Child: An Analysis of Project TALENT Data, Final Report Nr. NO 1-HD-8.2854,* Washington, D. C.: Center for Population Research, National Institutes of Health, Dezember 1979, S. 32.

105 Sammy Davis, Jr., *Yes I Can,* New York 1965, S. 33.

108 Kareem Abdul-Jabbar, *Giant Steps,* New York 1983.

Allein (aber nicht zwangsläufig einsam)

118 W. A. Swanberg, *Citizen Hearst,* New York 1961 .

119 Louise Bernikow, *Alone in America: The Search for Companionship,* New York 1986, S. 5.

123 Barbara Goldsmith, *Little Gloria ... Happy at Last,* New York 1980, S. 437.

123 Gloria Vanderbilt, *Once Upon a Time,* S. 43.

125 Anthony Storr, *Solitude: A Return to the Self,* New York 1988, S. 17, 21.

Unabhängigkeit und Individualismus

143 Kenneth W. Terhune, *A Review of the Actual and Expected Consequences of Family Size,* Washington, D. C. 1974.

143 Hawke und Knox, *One Child By Choice,* S. 26.

143 Frank Lyman Baum, *Der Zauberer von Oos,* Hamburg 1984.

147 Nathaniel Hawthorne, *Der scharlachrote Buchstabe* u. *Die Blithedal-Maskerade,* München 1975, S. 102 – 103, 197–198.

150 Phyllis A. Katz und Sally L. Boswell, »Sex-Role Development and the One-Child Family«, *The Single-Child Family,* Hrsg. Toni Falbo, S. 63 –116.

154 Bennett Simon, »The Hero as an Only Child«, *International Journal of Psychoanalysis,* Band 55, 1974, S. 555 – 562.

154 Anthony Storr, *Solitude: A Return to the Self,* S. 81.

156 F. Scott Fitzgerald, *Der große Gatsby,* Zürich 1974.

156 Lyn Tornabene, *Long Live the King: A Biography of Clark Gable,* New York 1976, S. 39.

156 Anthony Summers, *Marilyn Monroe: Die Wahrheit über ihr Leben und Sterben,* Düsseldorf 1986; Fred Guiles, *Norma Jean: The Life of Marilyn Monroe,* New York 1969.

157 Brad Darrach, »The Triumph of Archie Leach«, *People,* 15. Dezember 1986.

Das Einzelkind und der Erfolg

167 Richard D. Lyons, »Each Astronaut Is an Only Child«, *The New York Times,* 21. Dezember 1968.

167 »Men of the Year: Astronauts Anders, Borman and Lovell«, *Time,* 3. Januar 1969.

169 Walter Toman und Eleanore Toman, »Sibling Positions of a Sample of Distinguished Persons«, *Perceptual and Motor Skills,* Nr. 31, 1970.

169 Lee Eisenberg und Lisa Grunwald, »A Census of America's New Leadership Class«, *Esquire,* Dezember 1985.

171 George Gallup Jr. und Alec M. Gallup, zusammen mit William Proctor, *The Great American Success Story,* Homewood, Ill. 1986.

Ehe und Kinder

195 Hawke und Knox, *One Child By Choice,* S. 140 –141.

Wenn die Zeit vergeht

207 Betty Rollin, *Last Wish,* New York 1985, S. 91.

210 Stephen P. Bank und Michael D. Kahn, *Geschwister-Bindung,* Paderborn 1989, S. 63.

214 Lillian B. Rubin, *Just Friends: The Role of Friendship in Our Lives,* New York 1985, S. 16.

Über die Autorin:

Ellie McGrath wurde in Gloucester/Massachusetts geboren. Die versierte Journalistin hat über zehn Jahre für das Time Magazine geschrieben. Sie ist verheiratet und lebt in San Francisco.

Register

G

H

I

J

K

H. G. Franciskowsky
wurde in Itzehoe geboren. Er studierte Wirtschafts- und Sozialwissenschaften und wurde schließlich Schriftsteller. In zwanzig Jahren entstanden mehrere Kinderbücher sowie unzählige Sciencefictionromane und Hörspiele.

Hans G. Franciskowsky

Wendy

Zuflucht auf Lindenhöhe

Schneider Buch

Die Deutsche Bibliothek – CIP-Einheitsaufnahme

Wendy / Hans G. Franciskowsky. – München : Egmont
Schneider

Bd. 5. Zuflucht auf Lindenhöhe. – Veränd. Aufl.. – 2001
ISBN 3-505-11647-5

Dieses Buch wurde auf chlorfreies,
umweltfreundlich hergestelltes
Papier gedruckt. Es entspricht den
neuen Rechtschreibregeln.

Der Schneider Verlag im Internet:
http://www.schneiderbuch.de

erschienen im Egmont Franz Schneider Verlag GmbH
Schleißheimer Straße 267, 80809 München

Titelfoto: Sabine Stuewer
Umschlaggestaltung: ART-DESIGN Wolfrath, München
Herstellung: Gabi König
Satz: FIBO Lichtsatz GmbH, Unterhaching
Schrift: 11˙ Garamond
Druck: Presse-Druck Augsburg
Bindung: Conzella Urban Meister, München-Dornach
ISBN 3-505-11647-5

01 02 / 8 7 6 5 4 3 2 1

Inhalt

Rätselhafter Welsh-Cob

„Tut mir Leid, Kinder“, sagte Dr. Packmoor, der Tierarzt. Er zog seinen zerknautschten Hut ein wenig tiefer in die Stirn. „Der Welsh-Cob hier macht keinen gesunden Eindruck. Er ist matt und sehr mager, wirkt nicht sehr lebhaft. Ihr seht es ja selbst. Darüber hinaus jedoch kann ich kein sichtbares Leiden bei ihm feststellen.“

Er schüttelte den Kopf und drückte den Hut wieder nach oben, sodass sich das graue Haar darunter hervorschob. Nachdenklich betrachtete er seinen Patienten.

Der Wallach hatte schwarzbraunes Fell, den für Welsh-Cobs typischen großen Kopf mit weißer Blesse und einen kräftigen Körperbau.

„Als Arzt gebe ich so etwas nicht gern zu“, gestand er dann, „aber ich weiß ja, dass es unter uns bleibt. Mir ist ein Rätsel, was diesem Pony fehlt. Ich kann es mir nicht erklären. Er scheint organisch völlig in Ordnung zu sein, soweit ich das beurteilen kann!“

Nach diesem bemerkenswerten Geständnis klopfte er dem Wallach tröstend auf die Hinterhand.

„Macht die obere Hälfte der Boxtür auf und lasst

ihn hinaussehen", empfahl er mit einem weiteren kritischen Blick auf den Welsh-Cob. Das Fell und die Mähne des Wallachs waren struppig und seine Augen trübe, er schien kaum die Kraft zu haben, den Kopf zu heben. „Frische Luft ist gut für ihn. Außerdem gefällt ihm möglicherweise der Trubel auf dem Hof. Vielleicht hat er nur Kummer und braucht ein wenig Abwechslung. Ich bin sicher, dass er auch bald wieder fressen wird!"

„Die Tür war oben offen", erklärte Wendy, „aber Caramell schlug ständig mit den Hufen gegen die untere Hälfte."

„Ja", fügte Bianca hinzu. Wendys Freundin war oft ein wenig ängstlich. „Und wir dachten, es ist besser, die Tür ganz zu schließen, als dass er sie zerschlägt und sich noch mehr aufregt!"

„Das wird er schon nicht", erwiderte der Tierarzt. „Macht die Tür wieder auf. Pferde verfolgen nun einmal gern, was draußen vorgeht – zumal wenn da so viel los ist wie heute." Er verließ den Stall und ging hinüber zu den Gästen, die der Einladung von Gunnar und Heike Thorsteeg zu einer »Begegnung zum Kennenlernen" gefolgt waren und heute den Reiterhof Lindenhöhe besuchten.

Die meisten verbrachten ihre Ferien an der Ostsee, hatten aber wohl keine Lust, jeden Tag am Strand zu liegen oder zu baden, und waren froh über eine Abwechslung.

Die Besucher durften einige der Pferde reiten, und sie nutzten diese Gelegenheit voller Eifer und Begeisterung.

Aber nicht nur sie genossen diesen Tag. Auch die Feriengäste, die in den Bungalows des Reiterhofs wohnten, und die vielen anderen, die ein Pferd auf Lindenhöhe hatten, freuten sich über das kleine Fest der Thorsteegs. Ein Dutzend bunter Stände waren auf dem Rasen zwischen den beiden Reithallen und dem reetgedeckten Haupthaus aufgebaut worden. Sie lockten mit Kuchen, Kaffee, Eis und allerlei Getränken sowie Gegrilltem zu bescheidenen Preisen.

„Na schön“, sagte Wendy ernst. „Vielleicht ist es für Caramell wirklich gut, wenn wir die Tür wieder aufmachen. Und Miss Dixie kommt nach draußen.“

„Du solltest sie auf die Weide bringen, so wie ich es mit Asta gemacht habe“, riet Vanessa ihr. Das dunkelhaarige Mädchen blickte skeptisch durch die offene Tür auf den Innenhof hinaus, wo sich die Gäste um die Stände drängten. „Wenn du Miss Dixie da draußen anbindest, kommt bestimmt irgendein Bekloppter auf den Gedanken, auf ihr reiten zu wollen.“

„Miss Dixie kommt ohne Sattel und Zaumzeug raus“, erwiderte Wendy. Sie war schlank und sportlich und ganz schön selbstbewusst. Sie hatte blondes dickes Haar, das zu widerborstig war, als dass es sich in eine geordnete Frisur hätte bringen lassen. Wendy liebte Tiere über alles, besonders aber Pferde. Sie fühlte sich in jeder Situation verantwortlich für die geliebten Vierbeiner.

Nachdem sie die obere Hälfte der Stalltür geöffnet hatte, führte sie ihr Westernpferd aus dem Stall, um es draußen anzubinden.

„Nachher reiten wir noch ein bisschen aus, Miss Dixie", verabschiedete sie sich. „Aber vorher will ich noch ein Stück Kuchen essen, später wird alles weg sein!"

Zusammen mit ihrer Cousine Vanessa und den Freunden Bianca und Oliver ging Wendy zu einem der Verkaufsstände hinüber, wo sie von einem etwa sechzehnjährigen, stillen und unauffälligen Mädchen mit Kuchen und Limonade versorgt wurden. Sie setzten sich an einen der Tische und ließen es sich schmecken.

„Wer ist diese Mia eigentlich?", fragte Vanessa plötzlich. „Ich habe sie hier noch nie gesehen!" Sie blickte zu dem schlanken Mädchen hinüber, das sie an dem Kuchenstand bedient hatte.

„Ich weiß es nicht", erwiderte Wendy. „Sie hilft seit gestern bei Frau Schormann im Reiterstübchen aus."

Mia war blass und wirkte schmächtiger, als sie war, was sicher auch an ihrer Haltung lag. Sie ließ die Schultern hängen und hob kaum einmal den Blick.

Sie schien sehr schüchtern zu sein. Das dünne Haar war kurz geschnitten. Wendy war ihr erst einige Male begegnet und hatte nur wenige Worte mit Mia gewechselt, sodass sie sie kaum kannte. Doch mit ihrer scheuen und bescheidenen Art war ihr das junge Mädchen sympathisch. Sie mochte Mia.

Jetzt verließ Mia den Kuchenstand, als sich die Gelegenheit dazu bot, und räumte einige Nebentische ab. Mit Papptellern beladen blieb sie an dem Tisch stehen, an dem Wendy, Vanessa, Bianca und Oliver saßen.

„Ich habe ein paar Knochen. Darf ich sie ihm geben?", fragte sie und zeigte auf den Mischlingshund, der an Wendys Seite saß.

Wuschel legte Wendy den Kopf auf das Knie und blickte sie mit großen, bittenden Augen an. Lachend schüttelte sie den Kopf, kraulte ihn mit der rechten Hand hinter den Ohren und streckte die linke abwehrend aus.

„Tut mir Leid", sie lehnte das Angebot für den Hund ab. „Wuschel hat genug. Er hat heute schon so viele Knochen eingeheimst, dass er alle weiteren nur noch vergräbt. Mehr braucht er nicht. Ihm wird schlecht, wenn er zu viel frisst!"

Mia schien enttäuscht zu sein, und Wuschel verstand. Er ließ den Kopf von Wendys Knie rutschen, legte sich neben ihrem Stuhl ins Gras und tat, als ob ihn nicht im Geringsten interessiere, was auf den vielen Tischen verzehrt wurde, die auf dem Innenhof von Lindenhöhe aufgestellt worden waren.

„Ich habe es nur gut gemeint“, sagte Mia leise. Ihre Lippen waren schmal, und ein Schatten schien über ihr Gesicht zu fallen. Sie nahm einen gebrauchten Pappbecher vom Tisch, zögerte plötzlich, so als ob sie nicht wisse, was sie tun sollte, wandte sich dann ab, um die Teller zu einem Müllsack zu bringen. Dabei blieb sie mit einem Fuß an einem Grasbollen hängen und verlor das Gleichgewicht.

Oliver erkannte ihre Notlage und stand auf, um sie zu halten, machte aber alles nur noch schlimmer, da er ihren Arm gerade in dem Moment traf, als sie die Teller ausbalancieren wollte. Mia schrie auf und ließ die Teller fallen. Sie polterten ins Gras und mit ihnen einige der Knochen, die von den gegrillten Karbonaden übrig geblieben waren. Wuschel schoss unter dem Tisch hervor, schnappte sich den größten Knochen und stürmte davon, während Oliver und Wendy Mia halfen, die verstreuten Teller aufzuheben.

„Es tut mir Leid“, entschuldigte Mia sich. Sie war blass geworden, und sichtlich verstört wich sie den Blicken der Freunde aus. Mit fahrigen Bewegungen nahm sie die Teller an sich und entfernte sich einige Schritte weit von ihnen.

„Ha, ha“, Oliver lachte. „Es war meine Schuld.

Ohne mich wäre nichts passiert! Es ist doch auch gar nicht schlimm!"

Doch damit tröstete er das Mädchen nicht. Sie wischte sich die mit Tomatenketschup und Senf beschmierten Hände an der Schürze ab, bemerkte dann bestürzt, wie fleckig die dadurch wurde, band sie ab, kehrte zurück und ließ sie rasch unter dem Tisch des Kuchenstandes verschwinden.

Wendy sah, dass Mias Hände zitterten, und sie wollte zu ihr gehen, um ihr zu sagen, dass sie sich über den Sturz nicht so ärgern sollte. Doch dann geschah etwas, womit weder Wendy noch ihre Freunde gerechnet hatten.

Miss Dixie und der Welsh-Cob Caramell tauchten unversehens an Mias Stand auf, und bevor irgendjemand es verhindern konnte, schnappten sie nach dem Kuchen. Caramell streckte den Kopf vor und stieß das schmale Mädchen an, als wolle er spielen. Das sah so lustig aus, dass einige der Gäste lachten und sich gegenseitig auf die Szene aufmerksam machten. Wuschel gesellte sich bellend zu den beiden Pferden. Es schien, als stimme er begeistert in das Gelächter ein.

„Da hat doch irgendein Tölpel die Pferde freigelassen!", rief Wendy und rannte zu ihrer Pintostute, um sie von dem Kuchenstand wegzuziehen.

„Ich habe ja gleich gesagt, dass es an solchen Tagen immer ein paar Schwachköpfe gibt, die so etwas für komisch halten", erklärte Vanessa. Sie biss ein großes Stück von ihrem Kuchen ab, während Oliver und Bianca Wendy nachliefen, um sich um den Welsh-Cob zu kümmern.

„He", sagte Oliver leise und klopfte Caramell freundschaftlich den Hals. „Ich glaube zwar nicht, dass dir der Kuchen schadet, aber er ist nun einmal für unsere Gäste bestimmt. Wenn du zunehmen willst, bediene dich beim Futter! Wir haben dir genug gegeben! Nun komm! Komm mit!"

Der Wallach versuchte zum Kuchenstand zurückzukehren, doch das ließ Oliver nicht zu. Er führte ihn am Halfter zu den Stallungen, um ihn dort anzubinden. Er bemerkte, dass der Welsh-Cob nun einen viel lebhafteren Eindruck machte als vorher, als er im Stall gestanden hatte. Er trug den Kopf höher, und seine Augen waren klarer geworden.

Wuschel gesellte sich zu ihnen; er trottete neben ihnen her und hob ab und zu schnüffelnd die Nase. Dann streckte Caramell ihm den Kopf entgegen und schnaubte leise. Oliver lächelte. Er freute sich darüber, dass die beiden Freundschaft miteinander geschlossen hatten, und er hoffte, dass die Zuneigung zu dem Hund dem Wallach helfen würde, wieder ganz gesund zu werden.

Welsh-Cobs stammen aus Wales im Südwesten der britischen Insel. Sie sind eine Weiterzüchtung der dort lebenden Gebirgsponys, die durch Einkreuzen größerer Halbblutpferde im Laufe der Zeit kräftiger und schwerer geworden waren. Das Wort Cob ist die englische Bezeichnung für ein kompaktes, mittelgroßes Gebrauchspferd.

„Ich möchte wirklich wissen, welcher Idiot Miss Dixie losgebunden und Caramell aus dem Stall gelassen hat", sagte Wendy. Sie war immer noch aufgebracht.

„Es ist ja nichts weiter passiert", versuchte Oliver zu beschwichtigen. „Wichtiger ist doch die Frage: Müssen wir Caramell von nun an ständig mit Kuchen füttern, damit er endlich wieder zu Kräften kommt?"

Pechvogel Mia

„Ausgezeichnet!", lobte Rechtsanwalt Bonniot. Mit einem strahlenden Lächeln blickte er Wendy an. Er trug einen silbergrauen Hut und einen formellen Anzug, was ihm ein etwas steifes Aussehen verlieh und ihn älter erscheinen ließ, als er tatsächlich war. In der linken Hand hielt er einen Pappteller mit einem gegrillten Würstchen, in der rechten ein Brötchen. „Nicht nur Petra ist von eurem Fest begeistert, wir Erwachsenen sind es auch."

Zufrieden beobachtete er, wie Wendy seiner siebenjährigen Tochter in den Sattel eines Ponys half; dann verspeiste er den Rest der Wurst und wollte Pappteller und Brötchen in eine aufgestellte Mülltüte werfen, zielte jedoch daneben. Er machte keine Anstalten, den Abfall aufzuheben.

„Halte dich gut fest", bat Wendy die rothaarige Petra, die munter und selbstbewusst nach den Zügeln giff und das Pony anzutreiben versuchte. Tatsächlich marschierte das kleine Pferd los, aber das hätte es auch getan, wenn Petra sich ganz ruhig verhalten hätte. Es war ein Schulpferd, das gehorsam auf Wendys Kommandos reagierte, ganz gleich, was die kleine Petra auf seinem Rücken tat. Ob sie hampelte oder strampelte, trieb oder zerrte, das Pony gehorchte der Reitlehrerin.

Wendy blieb stehen, als das Pferd mit dem kleinen Mädchen davonzog.

„Kann auch nichts passieren?“, fragte Vater Bonniot besorgt.

„Ach was!“, rief seine Frau. „Du kannst sicher sein, dass die Thorsteegs ihre Gäste nur auf wirklich gutmütige und ruhige Pferde setzen.“

Die kleine, sportliche Frau blickte sich unruhig um, so als fürchte sie, etwas zu verpassen. Wendy kannte sie schon lange. Sie wusste, dass sie eine gute Reiterin war, die ihrem Pferd jedoch zuweilen etwas zu viel abforderte.

„Richtig“, bestätigte Wendy. „Mein Vater ist sehr vorsichtig!“ Sie verabschiedete sich mit einem Lächeln und schlenderte zusammen mit Bianca und Oliver von Stand zu Stand, um hier und dort etwas Leckeres zu probieren. Vanessa hatte sich von ihnen getrennt, weil einige ihrer Freundinnen aus der Stadt gekommen waren, um sich von ihr die Pferde zeigen zu lassen. Wuschel aber blieb bei Wendy. Er gab die Hoffnung nicht auf, mit ihrer Hilfe hier und da noch einen Knochen oder ein Stückchen Wurst oder einen anderen Leckerbissen ergattern zu können.

„Sieh mal, wo Kater Heinrich ist“, sagte Bianca, als sie den Stand vor dem Reiterstübchen erreichten, wo Frau Schormann jetzt zusammen mit Mia Hamburger anbot. Die Spezialität fand reißenden Absatz. Wendy hatte bereits einen Hamburger gegessen, und sie war zu dem Urteil gekommen, dass niemand sonst so gute Hamburger machte wie Mutter Schormann.

Ihre Freundin zeigte ihr, dass der schwarze Kater sich auf eine der großen Linden zurückgezogen hatte und das turbulente Geschehen auf dem Reiterhof von oben herab verfolgte. Gelassen ruhte er auf einem der großen Äste und ignorierte die Bemühungen einiger Kinder, die ihn auf den Boden herablocken wollten.

Die mütterliche Frau Schormann bemerkte sie. „Na, Oliver?“, fragte sie. „Möchtest du noch einen Hamburger?“

„Vielen Dank“, wehrte er ab. „Ich kriege nichts mehr runter.“

„Und wie wär's mit ein paar Bonbons? Du könntest sie dir für später einstecken!“

„Unmöglich“, antwortete Oliver.

Die grauhaarige Wirtin vom Reiterstübchen lachte. Mia arbeitete hinter dem Tisch, auf dem Pappteller, Tomatenketschup, Senf und zwei Karaffen mit Limonade aufgestellt waren. Sie beugte sich vor, um nach Oliver zu sehen, und stützte sich dabei etwas zu kräftig auf dem Tisch ab. Er drohte umzufallen, und er wäre sicherlich gekippt, wenn Oliver sich nicht rasch von der anderen Seite dagegen gestemmt hätte. Er konnte aber nicht verhindern, dass eine der beiden Karaffen umfiel, sich die gelbe Limonade über den Tisch ergoss und von dort auf das Kleid von Frau Bonniot spritzte, die gerade in diesem Moment an den Tisch herantrat.

Erschrocken blickte Mia sie an. „Es tut mir Leid", stammelte sie. „Ich wische es wieder ab!" Sie griff nach einem Geschirrtuch und eilte um den Tisch herum, kam jedoch nicht weit. Zwei der vielen Hunde, die mit den Gästen nach Lindenhöhe gekommen waren, stürmten wild kläffend hinter Kater Heinrich her, der seinen sicheren Platz auf dem Baum nun doch verlassen hatte, und liefen ihr dabei vor die Füße. Es war, als ob ihr jemand ein Bein gestellt hätte. Sie stürzte vornüber, vergeblich versuchte sie, sich abzufangen. Sie prallte gegen die Frau des Anwalts, die unwillkürlich die Arme ausstreckte und sie festhielt, weil sie sonst beide auf dem Boden gelandet wären.

„Es tut mir Leid", stieß Mia mühsam hervor. „Entschuldigung!" Tränen schossen ihr in die Augen. Sie wandte sich ab und flüchtete zum Reiterstübchen hinüber.

Wendy nahm ein paar Papierservietten, um die verschüttete Limonade aufzuwischen. Sie versuchte auszugleichen und entschuldigte sich für den Vorfall bei der Frau des Anwalts, die empört auf ihr beschmutztes Kleid blickte. Glücklicherweise tauchte

Heike Thorsteeg in diesem Moment auf und bot der Frau ihre Hilfe an.

„Ist doch alles nicht so schlimm", lachte Rechtsanwalt Bonniot, nachdem er seinen grauen Hut wieder aufgesetzt hatte. „Das Kleid wird es schon überstehen!"

„Kommen Sie", bat Wendys Mutter. „Wir gehen ins Haus." Sie hakte Frau Bonniot unter und ging freundlich plaudernd mit ihr davon.

Sie verstand es, mit Menschen umzugehen, und Wendy war sicher, dass ihre Mutter auch die Frau des Anwalts besänftigen würde.

Wendy hob die herabgefallene Karaffe auf und stellte sie auf den Tisch. Dabei dachte sie an Mia, die vom Pech verfolgt zu sein schien, und sie beschloss, zu ihr zu gehen und sie zu trösten. Es tat ihr weh, dass dieses Mädchen solche Schwierigkeiten hatte, und sie wollte ihr das Gefühl geben, dass sie alle sie mochten und ihr keine Schuld an dem kleinen Missgeschick gaben.

Sie wollte gerade ins Reiterstübchen gehen, wo sie Mia vermutete, als lautes Gelächter vom großen Stall herüberklang. Eine große Gruppe von Besuchern hatte sich dort versammelt.

„Da ist etwas mit Miss Dixie", rief Oliver und stürmte schon los. Wendy rannte hinter ihm her. Sie befürchtete, dass sich eines der Kinder einen Streich mit ihrem Westernpferd erlaubt hatte. An den Besuchertagen zeigte sich immer wieder, dass Kinder und Erwachsene die Pferde in vermeintlicher Tierliebe falsch behandelten, ohne zu wissen, was sie damit anrichteten.

Doch ihre Sorge erwies sich als unnötig. Niemand war bei Miss Dixie. Alle Besucher waren ein ganzes Stück von ihr und Caramell entfernt.

„Was ist los?“, fragte Wendy eines der Kinder, ein kleines Mädchen mit großen, glänzenden Augen.

„Das Pferd hat die Knoten aufgemacht“, erwiderte die Kleine begeistert. Erst jetzt bemerkte Wendy, dass die beiden Pferde nicht mehr angebunden waren. „Zuerst seinen eigenen Knoten und dann den von dem anderen Pferd!“

„Was?“ Wendy schüttelte ungläubig den Kopf. „Du machst wohl Witze?“

„Nein, es stimmt“, beteuerte eine dicke Frau mit vollem Mund. Sie hielt einen Hamburger in der Hand, von dem sie gerade abgebissen hatte.

„Ein Pferd kann doch keinen Knoten aufmachen“, sagte Wendy. Sie ging zu dem Welsh-Cob und band ihn wieder an einen der Eisenringe, die an der Stallwand befestigt waren. Dann sicherte sie auch Miss Dixie auf die gleiche Weise und ging mit Bianca und Oliver zum Brunnen. Wuschel blieb bei Caramell und legte sich direkt unter seinem Kopf ins Gras, als wolle er ihn bewachen. Wendy ließ den Hund, wo er war. Sie erkannte, dass sich eine

Freundschaft zwischen Wuschel und Caramell entwickelte, und sie freute sich darüber. Sie wusste, dass sich viele Pferde nach einem Freund sehnen, einem Stallgefährten. Das konnte ein Kaninchen oder eine Katze sein, auch Esel und Ziegen waren oft enge Freunde von Pferden.

„Irgendjemand hat Miss Dixie und Caramell losgebunden", bemerkte Wendy ärgerlich, als sie bei Bianca und Oliver war. „Und die Leute amüsieren sich auch noch darüber."

Zwei Männer traten auf sie zu. Der größere der beiden trug eine hellbraune Lederjacke, ein violettes Seidenhemd und verwaschene Jeans. Der andere trug ein weißes Hemd mit großem Kragen, unter dem eine schwere, goldene Kette schimmerte. Seine Jeans steckten in sorgfältig geputzten Cowboystiefeln. Beide gaben durch goldene Uhren einer besonders teuren Marke an ihren Handgelenken zu erkennen, dass sie nicht zu den Ärmsten zählten. Und darüber hinaus hatten sie noch etwas gemeinsam: Sie riefen ein Gefühl des Unbehagens bei Wendy, Oliver und Bianca hervor. Diese Männer hatten etwas Kaltes und Hartes an sich, das alles andere als Sympathie für sie aufkommen ließ. Sie passten nicht in den Rahmen der kleinen, gastlichen Veranstaltung des Reiterhofs. In ihrer Art und ihrem Auftreten hoben sie sich von allen anderen Besuchern ab.

„Könnt ihr mir sagen, wo Mia Hoffenstock ist?", fragte der mit der Lederjacke. Er hatte eine unangenehm klingende, kehlige Stimme, so als sei ihm etwas in den Hals geraten und als müsse er sich im nächsten Moment räuspern, um sich davon zu befreien. Kalt und abschätzend blickte er Oliver an.

„Klar", antwortete der.

„Also?"

„Was also?" Oliver tat, als habe er nicht verstanden. Wendy und Bianca lächelten heimlich. Sie kannten ihn gut genug, um zu wissen, dass ihm die Art nicht passte, in der dieser Besucher mit ihm umging.

„Wo ist sie?"

Oliver blickte sich suchend um und griff dann mit beiden Händen an den Kopf.

„Ich hab's vergessen", erklärte er und tat, als sei er erstaunt, dass ihm so etwas passieren konnte.

Der Unbekannte fuhr zornig auf ihn zu, schreckte jedoch zurück, als Wuschel unversehens auftauchte und sich knurrend zwischen ihn und Oliver stellte. Der andere Mann griff nach dem Arm seines Gefährten und zog ihn zur Seite; er redete leise auf ihn ein und ging endlich mit ihm zum Haupthaus davon.

„Au weia", seufzte Oliver. „Das mochte der aber gar nicht."

„Ich möchte nur wissen, was die von Mia wollen", sagte Bianca. Sie sah noch immer erschrocken aus.

Die beiden Männer hatten etwas Bedrohliches gehabt.

„Keine Ahnung“, erwiderte Wendy. „Das geht uns auch nichts an.“

„Unangenehme Typen sind das“, bemerkte Oliver. „Solchen Leuten geht man am besten aus dem Weg!“

„Wir haben nichts mit ihnen zu tun“, stellte Wendy fest, „und das ist auch gut so. Auf jeden Fall war es gut, dass du ihnen nicht gesagt hast, wo Mia ist.“

Oliver stellte sich erstaunt auf die Zehenspitzen. Er blickte zu den Ställen hinüber. „Das halte ich doch im Kopf nicht aus“, rief er. „Miss Dixie und Caramell sind schon wieder los! Sie wollen Kuchen klauen!“

Tatsächlich bewegten sich die beiden Pferde einträchtig nebeneinander auf einen der Kuchenstände zu. Wendy zögerte keine Sekunde. Sie lief zu ihrem Westernpferd und packte es am Halfter. Oliver und Bianca kümmerten sich um den Welsh-Cob, der sich nicht ganz so leicht einfangen ließ.

„Was ist los mit dir, Miss Dixie?“, fragte Wendy ihr Pferd. „Du bist doch sonst nicht so!“

Sie führte die Stute zurück und machte dieses Mal einen Knoten, der nicht so leicht zu öffnen war.

Bianca hielt Caramell am Zügel. Beruhigend strich sie ihm mit der Hand über den Rücken, legte dann den Arm über ihn und stützte sich leicht auf ihn.

„Ich möchte jetzt wirklich wissen, wer sich einen

Spaß daraus macht, die beiden Pferde immer wieder loszubinden", sagte sie. „Ich bleibe jetzt in der Nähe und passe auf!"

„Wenn Oliver nicht die ganze Zeit bei uns gewesen wäre, würde ich sagen, er war's", entgegnete Wendy.

Oliver lachte. „War ich aber nicht", verkündete er. „Ich esse den Kuchen lieber selber!"

Mich liebt keiner

Mark Benson, der englische Reitlehrer, kam jetzt zu ihnen. Auffordernd hob er die Hände. „Wo bleibt ihr denn?“, rief er. „Es geht gleich los auf dem Parcours!“

„Schon?“, fragte Wendy. Erschrocken stellte sie fest, wie viel Zeit vergangen war.

„Vanesssa und die anderen reiten sich warm“, berichtete er. „Nur ihr fehlt noch. Geht bitte mit euren Pferden zum Abreiteplatz!“

„So ein Biest“, zischte Bianca, als Mark zu einer Gruppe von Mädchen hinüberging, die ebenfalls an der kleinen Vorführung teilnehmen sollten. „Sie hat Asta klammheimlich von der Weide geholt und gesattelt, ohne uns ein Wort zu sagen.“

Zusammen mit Oliver eilte sie in den Stall. Wendy ging in die Sattelkammer, um Zaumzeug und Sattel zu holen. Als sie zurückkam, knabberte Caramell an der Leine, mit der Wendy Miss Dixie angebunden hatte.

„He, du.“ Wendy lachte und trieb ihn mit einem freundschaftlichen Klaps zurück. „Versuch’s lieber gar nicht erst. Das schaffst du doch nicht.“

Wenig später führte sie die Pintostute hinter die

nördliche Reithalle, wo Mark Benson mit Flavio Scalini, dem italienischen Pferdepfleger, einen Parcours aufgebaut hatte. Auf einem abgezäunten Gelände davor ritten einige der Männer, Frauen und Kinder ihre Pferde warm, mit denen sie an dem Wettbewerb teilnehmen wollten. Zahlreiche Zuschauer hatten sich bereits eingefunden. Wendy bemerkte, dass auch die beiden Männer dabei waren, die nach Mia gefragt hatten. Sie standen auf einer kleinen Erhebung, von der aus sie das Gelände übersehen konnten. Sie blickten sich um und hofften offenbar, die junge Frau hier zu finden.

„Hufschlag frei", rief Vanessa, als sie Wendy bemerkte. Zugleich trieb sie ihre Holsteiner Stute Asta an, um außen auf der Bahn an den anderen Reitern vorbeizukommen, die im Schritt ritten. Gleich darauf forderte sie das Rick, das in der Mitte der Reitfläche aufgebaut war. Es war so niedrig, dass Asta kaum springen musste, um es zu überwinden. Doch auf die Höhe kam es nicht an. Es ging lediglich darum, die Pferde an die Hindernisse zu gewöhnen.

„Vanessa übertreibt mal wieder", kommentierte Oliver, der mit seinem Winterrappen Navarro zu Wendy aufschloss.

„So ist meine Cousine nun mal", gab Wendy zurück. Sie ritt nun ebenfalls in das Viereck ein, um

Miss Dixie aufzuwärmen. Oliver und Bianca folgten ihr.

„Ich finde, es war eine unheimlich gute Idee, so einen Tag zu veranstalten“, sagte Bianca, als sie mit Wendy auf gleicher Höhe war. „Alle sind begeistert!“

„Danke! Aber so ein Tag ist auch ganz schön stressig!“

„Nur weil Mia ein bisschen Limonade vergossen hat?“ Bianca lachte.

„Nein, natürlich nicht, sondern weil die meisten keine Ahnung von Pferden haben“, antwortete Wendy. Sie trieb ihre Stute an und ritt aus dem Abreiteplatz heraus. Außerhalb des Übungsvierecks blieb Miss Dixie stehen. Wendy sprang aus dem Sattel und rannte durch die Menge der Zuschauer zu einer benachbarten Weide hin, wo fünf Stuten mit ihren Fohlen standen. Einige Kinder bewunderten mit ihren Eltern die Fohlen und streichelten sie. Ein kleiner Junge war durch das absperrende Gatter geklettert und versuchte, mit dem Fohlen einer Shetlandstute zu spielen. Lachend lief er hinter dem Fohlen her, das kaum größer war als er selbst und mit seinem wolligen Fohlenfell, dem runden, kindlichen Kopf und den großen Augen wie ein Plüschtier aussah. Der Junge forderte das junge Pferd zum Spielen auf.

Wendy sprang mit einem Satz über das Gatter hinweg, lief zu dem Jungen hin, nahm ihn entschlossen an der Hand und brachte ihn zu seinen Eltern zurück.

„Ach, ist das verboten?", fragte der Vater. Er hielt eine Videokamera in der Hand und war ungehalten darüber, dass er seinen Sohn nicht mit dem Fohlen filmen konnte.

„Du brauchst keine Angst um das Fohlen zu haben", beteuerte die Mutter, eine hagere Frau mit großen, blauen Augen. „Und außerdem kann mein Junge auch allein laufen."

„Ich habe keine Angst um das Fohlen", erwiderte Wendy ebenso freundlich wie nachsichtig, „aber man muss es richtig behandeln."

„Ach", erregte sich die Frau, „und mein Erwin hat etwas falsch gemacht, ja? Na, du musst es ja wissen!"

„Dieses Nachlaufen bedeutet für so ein Hengstfohlen die Aufforderung zum Spielen." Wendy versuchte der Frau klarzumachen, um was es ging. „Aber eine Aufforderung zum Spielen nach Pferdeart. Verstehen Sie?"

„Nein"', erwiderte die Frau. Sie nahm ihren Jungen an der Hand, winkte ihrem Mann energisch zu, und dann entfernten sich alle drei.

Rechtsanwalt Bonniot streckte den Arm aus und hielt Wendy auf diese Weise davon ab, zu Miss Dixie zurückzugehen. Er hatte das Gespräch mitangehört. Freundlich lächelnd fragte er: „Was ist denn

Spielen auf Pferdeart?" Er blickte Wendy aufmerksam an.

„Die Fohlen beißen und schlagen einander und können dabei ganz schön wild sein", erklärte Wendy. „Und wenn man auf diese Art mit ihnen spielt, kann es Verletzungen geben. Die Fohlen meinen es nicht böse, aber das wissen Leute wie diese eben nicht!"

„So gefährlich sind Fohlen?", fragte Viktor Bonniot.

„Nein, sie sind überhaupt nicht gefährlich", erklärte Wendy. „Man muss sie nur richtig behandeln. Ein Fohlen ist eben kein Spielzeug, sondern eine kleine Persönlichkeit. Wenn man richtig mit ihm umgeht, ist das eine wunderbare Erfahrung!"

Der Anwalt war nicht recht überzeugt. Er schien in Sorge um seine kleine Tochter Petra zu sein, die sich irgendwo in der Nähe aufhalten mochte.

„Wenn sie gefährlich sind, hätte man uns warnen müssen", betonte er. „Woher sollen wir wissen, wie man Fohlen behandelt?"

Lächelnd deutete Wendy auf ein Schild, das an einem Baumstamm angebracht war.

„Das Schild dort habe ich selber angebracht", sagte sie. „Da steht: Bitte nicht zu den Fohlen auf die Weide gehen! Und bitte nicht füttern!"

Bonniot blickte verlegen zur Seite. „Stimmt, das hatte ich nicht gesehen – obwohl das Schild deutlich genug angebracht ist."

„Macht ja nichts", murmelte Wendy und eilte zu ihrem Pferd, um es für das kleine Turnier vorzubereiten. Als sie in den Sattel stieg, kehrte Vanessa bereits aus dem Parcours zurück. Sie war blass, und ihre dunklen Augen blitzten aufgebracht.

„Was ist los, Cousinchen?", fragte Wendy. „Hat's nicht geklappt?"

»Ich bin disqualifiziert worden, weil Asta dreimal verweigert hat", antwortete Vanessa aufgebracht.

„Ja, da hast du wohl selbst Schuld!", erklärte Wendy ungerührt. „Du weißt ja, dass so etwas am Reiter liegt und nicht am Pferd! Asta vertraut dir nicht richtig. Du bist zu verkrampft!"

„Ich weiß wirklich nicht, was los ist", sagte das dunkelhaarige Mädchen, und ihr Gesicht schien noch schmaler zu werden als es ohnehin war. „Im Training klappte alles; aber im Turnier, wenn es wirklich darauf ankommt, verweigert Asta."

Oliver schloss feixend zu Wendy auf.

„Sie soll froh sein, dass sie disqualifiziert wurde", raunte er ihr zu. „Das ist immer noch besser, als wenn ihr das Schiedsgericht vier von fünf möglichen Punkten für schlechte Haltung im Sattel abgezogen hätte!"

„Pass du bloß auf, dass es dir nicht so geht", sagte Wendy. „Alter Angeber!"

„Quatsch", rief Oliver. Er hob den rechten Arm und streckte Zeige- und Mittelfinger V-förmig aus.

„Ich bin auf Siegeskurs!" Er bog auf die Bahn in der Mitte zum Hindernis ein, während Wendy außen blieb. Sie sah Olivers Vater, den Gemeinderat Anders, unter den Zuschauern, und auch er schien an den Sieg seines Sohnes zu glauben. Er applaudierte ihm schon jetzt heftig.

Wenige Minuten später war jedoch nichts mehr von seiner Zuversicht zu sehen, denn da hatte Oliver drei Minuspunkte für seine schlechte Haltung und ein gerissenes Hindernis eingesteckt. Es hatte dem Jungen gar nichts geholfen, dass er Navarro so schnell über den Parcours getrieben hatte, als komme es vor allem auf die Zeit an.

„Ich habe natürlich absichtlich verloren", sagte Oliver später, als er zusammen mit Wendy, Vanessa und Bianca unter einem der Zeltdächer saß und eine riesige Portion Eis verzehrte.

„Das glaubst du doch selbst nicht!", protestierte Vanessa. „Ausgerechnet du!"

„Ja, echt", beteuerte Oliver mit einem so ernsten Gesicht, als meine er es tatsächlich so. „Meinem Vater, dem hochlöblichen Gemeinderat, wäre es peinlich gewesen, wenn er ausgerechnet mir, seinem Sohn, den ersten Preis hätte übergeben müssen. So hat einer der Gäste gewonnen, und das ist richtig so."

„Ich habe nur verloren, weil Mark Benson mir zu viele Punkte für Haltungsfehler abgezogen hat", erregte sich Vanessa. „Ich hätte trotz der Disqualifikation in der ersten Runde noch gewinnen können, aber ..."

„... aber mich liebt ja keiner!", ergänzte Oliver.

Caramell und der Schmied

Vanessa beruhigte sich allmählich. Sie konnte schon bald ebenso über den Ausgang des Turniers lachen wie die anderen. Nachdem sie eingesehen hatte, dass es bei dem Wettbewerb weniger darum ging, den sportlichen Ehrgeiz der Teilnehmer zu befriedigen, als vielmehr ein wenig Werbung für den Reiterhof Lindenhöhe zu machen, freute auch sie sich ausgelassen über die vielen kleinen Veranstaltungen. Und als sie sah, wie viel Spaß das Besenstielrennen den Besuchern machte, nahm sie sogar daran teil und hüpfte voller Übermut auf einem Stallbesen reitend über ein paar kleine Hindernisse.

Als sie sich später mit Wendy, Bianca und Oliver am Grill einfand, um sich von Flavio Scalini Würstchen reichen zu lassen, wollte sie sich ausschütten vor Lachen. „Eine verrückte Idee“, rief sie. „Normalerweise ist so was ja unter meiner Würde, aber für Lindenhöhe kann man schon mal über seinen eigenen Schatten springen.“

Oliver verzichtete auf eine Entgegnung, um ihr nicht den Spaß zu verderben, und machte darauf aufmerksam, dass der Schmied mittlerweile seine Arbeit aufgenommen hatte. Der Hufschmied war eigens an diesem Wochenende nach Lindenhöhe gekommen, um den Besuchern Gelegenheit zu geben, ihm bei seiner Arbeit zuzuschauen. Gunnar Thorsteeg hatte ihn dazu überreden können, nachdem er ihm klargemacht hatte, dass kaum einer der Besucher jemals gesehen hatte, wie ein Pferd beschlagen wurde.

„Ich bin gespannt, wie das ankommt", sagte Oliver. „Gehen wir rüber zum Schmied?"

Sie dankten Flavio Scalini für die Würstchen, und Oliver versprach ihm, ihn am Grill abzulösen, sobald die Vorführung abgeschlossen war.

„Lass dir ruhig Zeit", rief Flavio ihm nach. „Du weißt, ich bin gern am Grill."

Vor den Stallungen hatten sich zahlreiche Besucher eingefunden und einen Halbkreis um Caramell, zwei andere Pferde und den Hufschmied gebildet. Hinrich Godtmann hatte mit der Arbeit begonnen, Caramell bereits die alten Eisen abgezogen und die Hufe ausgeschnitten. Der nicht sonderlich große, aber ungemein kräftig wirkende Mann hatte die Eisen in die richtige Form gebracht und war nun dabei, sie auf die Hufe zu geben. Dann zischte das glühende Eisen im Wasser, und Godtmann machte sich daran, es auf die Hufe zu nageln. Drei Eisen hatte er bereits aufgeschlagen. Nun fehlte nur noch das Eisen am linken Hinterhuf von Caramell. Es schien, als könne er seine Arbeit abschließen, doch plötzlich wurde der Welsh-Cob unruhig, sein Fell zuckte nervös, und er entzog dem Schmied den Huf. Mit der in vielen Jahren erworbenen Erfahrung und Pferdekenntnis versuchte Godtmann, den Wallach zu beruhigen, und es schien ihm auch zu gelingen, doch als er das Eisen aufnageln wollte, wich Caramell wiederum aus.

Mit seinen kräftigen Händen hielt der Hufschmied das Bein, das der Welsh-Cob ihm entziehen wollte; dann aber griff er sich plötzlich ächzend an den Rücken und blieb tief gebückt neben dem Pferd stehen. Sein Gesicht verzog sich vor Schmerz, als er sich aufrichten wollte. Stöhnend gab er auf, sank wieder zusammen und verharrte in dieser Stellung. Er war blass, Schweiß stand auf seiner Stirn. Mehrere Männer eilten zu ihm, um ihm aufzuhelfen, und auch Wendy beugte sich zu ihm herab.

„Was ist denn, Herr Godtmann?“, fragte sie bestürzt.

„Der Rücken“, ächzte er. „Er will nicht mehr. Ich brauche einen Arzt!“

Als hätten sie schon etwas geahnt, schoben sich Gunnar Thorsteeg und Mark Benson durch die Menge der Zuschauer. Sie hatten eine einfache Trage dabei. Vorsichtig betteten sie den Hufschmied darauf. Er hatte offenbar starke Schmerzen und konnte sich nicht mehr aus eigener Kraft bewegen.

Wendys Vater versuchte ihn zu beruhigen und

versprach ihm zugleich, sofort einen Arzt zu verständigen.

Einige der Zuschauer waren neugierig genug, den Krankentransport noch einige Schritte weit zu begleiten, andere kamen zu der Erkenntnis, dass die Vorführung beendet war, und schlenderten davon, um sich anderen Veranstaltungen zuzuwenden. So bemerkten sie nicht, dass Mia aus dem Dunkel des großen Stalles hervortrat und zu Caramell ging.

„Da ist sie ja." Oliver machte die drei Mädchen auf Mia aufmerksam.

Und dann überstürzten sich die Ereignisse. Mia stellte sich neben Caramell und berührte sanft auffordernd seine Hinterhand. Sie nahm das linke Bein auf, legte das noch fehlende Hufeisen an und schlug es geschickt und sehr schnell an. Damit vollendete sie die Arbeit des Hufschmieds.

Wendy und ihre Freunde sahen ihr fassungslos zu. Mit allem hatten sie gerechnet, nur nicht damit, dass dieses so unbeholfen und scheu wirkende Mädchen das Handwerk eines Hufschmieds beherrschte. Wendy ging zu ihr.

„Wo hast du das gelernt?" Sie war so beeindruckt von Mias unerwarteten Fähigkeiten, dass sie sie am liebsten in die Arme genommen hätte, um ihr zu gratulieren. Doch ein unbestimmtes Gefühl ließ sie unsicher werden und hielt sie davon zurück. Sie fürchtete, von Mia abgewiesen zu werden.

Mia ließ jetzt Caramells Bein los, und erst jetzt wurde Wendy bewusst, dass der Welsh-Cob nicht den geringsten Widerstand geleistet hatte. Dem Schmied hatte er sich verweigert, Mia aber hatte er in aller Ruhe arbeiten lassen.

Wendy erkannte, dass es eine Verbindung zwischen Mia und diesem Wallach gab, von der sie bisher nichts geahnt hatten.

„Na also, da bist du ja“, sagte jemand mit unangenehm klingender Stimme. Es war der Mann mit der hellen Lederjacke. „Und jetzt kommst du mit uns!“

Mia zuckte erschrocken zusammen.

„He, was soll das?“, fragte Wendy. Sie wollte sich dem Mann in den Weg stellen, doch ihre Hilfe war unnötig, denn in diesem Moment schlug Caramell aus. Es schien, als habe er erst jetzt gemerkt, dass seine Hinterhand beschlagen worden war, und als wolle er sie ausprobieren. Zum Glück war der Mann mit der Lederjacke noch nicht sehr nahe an ihn herangetreten. So traf ihn der Huf gerade noch eben an der Hüfte. Entsetzt sprang der Mann zurück, er fluchte.

Mia nutzte ihren Vorteil. Sie flüchtete in den Stall, und als der Mann sich umdrehte, war sie auch schon verschwunden.

„Wo ist sie?“, fragte er, während er sich stöhnend die getroffene Hüfte rieb.

„Sie ist dorthin gelaufen“, antwortete Oliver voller Eifer und zeigte zur nördlichen Reithalle hinüber, die den Stallungen gegenüber lag.

„Nein, dorthin", behauptete Wendy und deutete auf das reetgedeckte Haupthaus.

„Seid ihr blöd?", fragte Vanessa, die nicht weniger schnell reagierte als sie und die Mia ebenfalls schützen wollte. „Ich habe genau gesehen, dass sie zum Teich gelaufen ist!"

Sie blickten den Mann arglos lächelnd an, als hätten sie nicht längst begriffen, welche Bedrohung von ihm und seinem Begleiter für Mia ausging.

Oliver blinzelte in die Sonne und streckte die Arme zu den Seiten aus. Er tat, als resigniere er angesichts des unlösbaren Rätsels um Mias Verschwinden.

„Kann natürlich auch sein, dass sie sich in Luft aufgelöst hat", behauptete er dann und spähte dabei zu den Störchen auf dem Reetdach des Haupthauses hinauf, so als ob das schmächtige Mädchen sich durch eine geheimnisvolle Kraft dorthin versetzt haben könnte. „Oder sie hat sich in einen großen, weißen Vogel verwandelt!"

Das Gesicht des Mannes in der Lederjacke sah aus wie aus Stein geschlagen, und das Eis in seinen Augen schien noch stumpfer und kälter zu werden.

„O Mann!", stöhnte Oliver. „Wenn Blicke töten könnten, hätte ich jetzt ganz große Sorgen!" Er fühlte sich sicher inmitten der Menge der Besucher und mit seinen Freunden vom Reiterhof im Rücken, ein bisschen unsicher war er aber doch geworden unter den durchbohrenden Blicken des Fremden. „Wir sprechen uns noch, mein Freund", sagte der Mann.

„Gebongt." Oliver gab sich einverstanden. „Telefonisch bin ich zu erreichen zwischen zwölf Uhr und Mittag."

Der Mann in der Lederjacke ließ ihn nicht aus den Augen. Er holte eine Schachtel Zigaretten aus der Tasche, zündete sich eine an und schnippte Oliver das Streichholz vor die Füße. Dann wandte er sich ab und ging zur Einfahrt hinüber, wo sein Begleiter an einem feuerroten Sportwagen einer italienischen Nobelmarke lehnte und auf ihn wartete. Sie redeten kurz miteinander, dann stiegen sie ein und fuhren davon.

„Die haben eingesehen, dass sie hier nichts erreichen", stellte Oliver fest. Er atmete hörbar auf, eine Zentnerlast schien von seinen Schultern zu fallen. Ganz so wohl, wie er tat, war ihm doch nicht in seiner Haut.

„Wow!" Bianca seufzte. „Jetzt dachte ich wirklich, dass er dir eine klebt. Ich habe richtig Angst gehabt vor diesem grässlichen Typ."

„Und das war auch berechtigt", betonte Wendy. „Diese Männer sind gefährlich. Und du warst leichtsinnig, Oliver!"

Er grinste schief. „Männer haben es schwer in unserer Gesellschaft“, sagte er und versuchte, mit einem Scherz über den Zwischenfall hinwegzugehen. „Immer müssen sie den Frauen imponieren!“

„Bei mir nicht“, erklärte Wendy ganz sanft und ziemlich leise.

War Oliver eben noch überaus mutig und unerschrocken gewesen, so wurde er nun verlegen. Seine Wangen nahmen eine tiefrote Farbe an. „Aber nun ist das Macho-Gehabe vorbei“, stotterte er. Wendys Worte hatten tiefere Gefühle bei ihm ausgelöst, als er erwartet hatte, und nun wusste er nicht so recht, was er sagen sollte. Und da er meinte, Vanessa leise kichern zu hören, rettete er sich aus der Klemme, in die er unversehens geraten war, und wandte sich einem nahe liegenden Problem zu: „Mia kann sich also wieder blicken lassen.“

Das fanden auch Vanessa und Bianca. Sie liefen mit Oliver zum Stall, um Mia zu suchen.

Wendy aber blieb bei Caramell. Leise und beruhigend sprach sie auf den Welsh-Cob ein. „Was ist los mit dir, hm?“, fragte sie. „Bist du kitzlig an dem Bein? Oder warum hast du ausgeschlagen? So was mögen wir nicht, verstehst du? Und schon gar nicht, wenn Besucher da sind.“

Der Wallach machte einen absolut friedlichen Eindruck. Er drückte Wendy die Nase gegen die Schulter und bullerte leise, wie um ihr seine Zuneigung zu zeigen.

Einige Zuschauer verharrten in der Nähe.

„Irgendetwas muss ihn geärgert haben", rief Wendy ihnen zu, während sie den Wallach losband und in den Stall führte. „So etwas passiert sonst nicht."

Sie hoffte, dass sie damit die Gäste besänftigt und ihnen die Furcht vor weiteren Zwischenfällen dieser Art genommen hatte. Sie brachte Caramell in seine Box und schüttete ihm etwas Hafer in die Krippe. Aufatmend stellte sie fest, dass er das Futter nun nicht mehr verweigerte wie am Anfang, sondern sich geradezu gierig darüber hermachte.

„Du bist mir ein Rätsel", sagte sie zu ihm, während sie ihm einen freundschaftlichen Klaps auf die Hinterhand gab. „Aber du wirst deine Gründe haben, das weiß ich!"

Oliver, Bianca und Vanessa kamen zu ihr, als sie die Box des Welsh-Cobs verließ.

„Verschwunden", sagte Wendys Cousine. „Wir haben überall gesucht, aber von Mia ist nichts zu sehen."

„Also, ich verstehe das nicht", sagte Bianca. Sie strich sich eine blonde Strähne aus der Stirn. „Was ist mit Mia los?"

„Ich weiß es auch nicht", bemerkte Oliver. „Irgendwie ist die seltsam! Sie spinnt!"

Gegen diese Beurteilung erhoben die drei Mädchen augenblicklich Einspruch.

„Das ist mal wieder typisch für dich", fuhr Vanessa ihn an. „Du machst es dir viel zu einfach! Jeder Idiot kann doch sehen, dass Mia Probleme hat!“

„Idioten haben es auch leichter als ich“, erwiderte Oliver mit todernstem Gesicht. „Sie sind intelligenter als ich.“

Vanessa blickte ihn verblüfft an, dann lachte sie vergnügt und rief: „Das ist die erste vernünftige Antwort, die ich von dir gehört habe!“

Auch Wendy und Bianca hatten zu diesem Thema etwas zu sagen. Ausgelassen miteinander redend und lachend verließen sie die Ställe und gingen zu der Koppel hinter dem Ententeich hinüber, auf der Miss Dixie, Asta und Navarro standen. Mark Benson und Flavio Scalini brachen mit einer Gruppe von Kindern auf, die schon reiten konnten und Ponys ritten, um einen kleinen Ausflug mit ihnen zu machen, während Wendys Vater und der Pferdewirt Carl Ruthfuss zu einer Dressurvorführung in eine der Reithallen baten.

„Ich möchte wissen, was diese beiden Typen von Mia wollten“, sagte Wendy nachdenklich, nachdem sie sich auf die Bank am Teich gesetzt hatten. Sie streichelte Wuschel, der sich neben ihr ins Gras legte.

„Grässliche Kerle“, befand Bianca. „ Mir haben sie Angst gemacht!“

Wendy beobachtete die Enten, die langsam auf

dem Teich schwammen und hin und wieder abtauchten, um sich ein paar Gräser oder eine Schnecke vom Grund zu holen.

„Mia braucht Hilfe“, betonte sie. „Wer so vor jemandem wegläuft wie sie vor diesen Typen, der muss gute Gründe dafür haben.“

Sie blickte zu dem überdachten Stand hinüber, an dem das schüchterne Mädchen zuvor so unglücklich ausgesehen hatte, und dann richtete sie sich plötzlich kerzengerade auf.

„Jetzt kapiere ich“, rief sie überrascht. „So war das also!“

„Gut, dass du die totale Erleuchtung hast“, bemerkte Oliver, der ebenso wenig wie Bianca und Vanessa verstand, was Wendy meinte. „Bei mir herrscht nur Dunkelheit. Könntest du mal den Laser einschalten, damit es bei mir heller wird?“

„Einverstanden“, Wendy nickte. „Es ist ganz einfach. Als Mia die Pappteller wegbringen wollte, konnte sie an uns vorbei zu den Ställen rübersehen. Und da tauchten plötzlich diese beiden Kerle auf, Lederjacke und Cowboystiefel. Wir haben davon nichts bemerkt, sie waren ja in unserem Rücken. Mia aber entdeckte sie und bekam einen furchtbaren Schrecken. Deshalb war sie auch so fahrig und so durcheinander. Mit diesen beiden Männern hatte sie hier bei uns nicht gerechnet. Was dann passierte, wisst ihr ja.“

Oliver, Bianca und Vanessa blickten zu dem Stand hinüber, an dem Mia vorher gearbeitet hatte. Frau Schormann und Wendys Mutter waren gerade dabei, einigen Jugendlichen Hotdogs zu machen.

„O Mann“, sagte Oliver. „Das ist ein Hammer! Da muss ganz schön was los sein, wenn Mia solche Angst vor diesen Typen hat!“

„Und noch etwas finde ich eigenartig“, meinte Wendy. „Warum versteht Mia sich so gut mit Caramell? Oder sah das nur so aus? Ich bin jetzt sicher, dass er nur ihretwegen zu dem Kuchenstand gedrängt hat. Er wollte zu ihr.“

Wo ist Mia?

Als alle Gäste gegangen waren, kehrte endlich Ruhe auf dem Reiterhof Lindenhöhe ein; doch es dauerte noch lange, bis die Stände abgebaut und Gläser, Tassen und Teller wieder abgeräumt waren.

Wendy half ihren Eltern auch noch, als Bianca, Vanessa und Oliver längst in die nahe Kleinstadt zurückgefahren waren. Irgendwann war dann Mia wieder da. Still und stets in einiger Entfernung von den anderen half sie, die Spuren zu beseitigen, die von den Besuchern zurückgelassen worden waren. Und das waren nicht wenige. Allzu viele Gäste hatten ihre Abfälle einfach auf den Rasen oder die Wege fallen lassen oder gar in die Büsche geworfen, ohne daran zu denken, dass irgendjemand sie wieder aufnehmen musste.

„Ich weiß nicht, ob mein Vater so etwas noch einmal macht", stöhnte Wendy, als sie eine prall gefüllte Mülltüte zu einem Container schleppte, den Flavio Scalini nach dem Abzug der Gäste vor das Reiterstübchen gestellt hatte.

Frau Schormann, die vor der Tür des Restaurants fegte, stellte ihren Besen ab und stemmte die Fäuste in die rundlichen Hüften.

„Der Tag war doch ein großer Erfolg." Sie wunderte sich über Wendys Bedenken. „Warum sollte er so etwas nicht wiederholen wollen?"

„Weil wir jetzt schon mehr als zwei Stunden dabei sind, wieder Ordnung zu schaffen", antwortete das blonde junge Mädchen. Erschöpft ließ sie sich ins Gras sinken, zog die Beine an und umschlang die Knie mit beiden Armen. Forschend blickte die Wirtin des Reiterstübchens Wendy an. In geradezu rührender Weise pflegte sich Mutter Schormann um ihre Gäste zu kümmern und erfreute sich schon aus diesem Grunde bei allen Reitern höchster Beliebtheit. Dazu trugen aber auch ihre Kochkünste bei, die bei allen Gästen von Lindenhöhe höchstes Lob fanden. „Ich hätte nie gedacht, dass die Gäste so viel Dreck hinterlassen. Ob die das zu Hause bei sich auch machen?"

„So sind die Leute nun einmal", seufzte Mutter Schormann. „Sie kommen zu uns und freuen sich darüber, wie schön es auf Lindenhöhe ist, und sie staunen darüber, dass alles so gepflegt ist. Und dann werfen sie ihre Abfälle in die Gegend, trampeln über Blumenbeete und hinterlassen ein Trümmerfeld."

„Aber nicht in böser Absicht", wandte Wendy ein. „Ganz bestimmt nicht. Sie sind einfach gedankenlos. Sie wollen eine saubere Umwelt, tun aber selber nichts dafür. Das erwarten sie immer nur von den anderen."

Frau Schormann zuckte mit den Achseln. „So ist das nun mal", sagte sie. „Du und ich ... wir werden die Leute nicht ändern."

„Darf ich Ihnen eine Frage stellen?" Wendy blickte die Frau an.

„Zu unseren Gästen? Natürlich. Warum nicht?" Frau Schormann lächelte verwundert. „Seit wann bist du so umständlich, Wendy? Du bist doch sonst immer geradeaus!"

„Wer ist Mia?"

Die Wirtin blickte zum Stall hinüber, wo ihre Helferin dabei war, einen ganzen Korb voll benutzter Gläser von einem Tisch abzuräumen. Die Frage schien sie überrascht zu haben, und sie dachte einige Zeit darüber nach. Offenbar zögerte sie, auf Wendys Frage zu antworten.

„Ein nettes und bescheidenes Mädchen", erwiderte sie schließlich ausweichend, und ein freundliches Lächeln glitt über ihr rundliches Gesicht. „Ich wünschte wirklich, alle jungen Mädchen wären so fleißig und hilfsbereit wie sie. Ich bin froh, dass ich sie habe."

„Das weiß ich", sagte Wendy. „Aber ich weiß immer noch nicht, wer Mia ist. Eine Verwandte von Ihnen?"

„Ach, Unsinn", sagte Frau Schormann. Sie griff wieder zum Besen. „Sie ist hierher gekommen und hat mich gefragt, ob sie bei mir arbeiten könne, und da ich eine Hilfe sehr gut gebrauchen kann, habe ich Ja gesagt! Sie ist sechzehn. Dein Vater hat ihr erlaubt, fürs Erste in einem der Gästebungalows zu wohnen. Es sind ja jetzt nicht alle Häuser belegt."

„Dann wissen Sie gar nicht, wer sie ist?" Wendy war enttäuscht. Sie war sich nicht klar darüber, was sie eigentlich erwartet hatte, doch diese Antwort war unbefriedigend ausgefallen. Sie hatte nichts über das scheue Mädchen erfahren.

„Hier waren zwei Typen", erklärte sie Frau Schormann und beschrieb die beiden Männer, vor denen Mia sich offenbar so fürchtete. „Sind sie Ihnen aufgefallen?"

Frau Schormann schüttelte den Kopf. Sie war nachdenklich geworden. „Tut mir Leid", erwiderte sie. „Die habe ich nicht gesehen. Mach dir keine Gedanken über sie. Sie sind ja jetzt weg. Also ist die Angelegenheit doch erledigt."

Mia kam mit dem Korb. Schweigend ging sie an ihnen vorbei und verschwand im Restaurant. Frau Schormann legte mahnend einen Finger an die Lippen. Sie wollte Wendy sagen, dass sie nicht mehr über das Mädchen sprechen wollte.

„Und nun los", sagte sie auffordernd. „Wir sind mit der Arbeit noch nicht fertig. Oder willst du, dass dein Vater einen falschen Eindruck von dir bekommt?"

Wendy sprang auf. „Ich habe heute wirklich viel

getan“, erklärte sie. „Ich war dauernd in Trab. Und dann das Turnier ...“

Frau Schormann lachte. Voller Eifer fegte sie vor der Tür des Restaurants. „Das weiß ich, Kind“, erwiderte sie, „aber du weißt ja, wie dein Vater ist. Er hatte viel um die Ohren. Du meine Güte, wenn ich nur daran denke, wie lange es gedauert hat, bis der Arzt kam und den Schmied nach Hause gefahren hat!“

„Was hatte der Hufschmied eigentlich?“, fragte Wendy neugierig.

„Der Rücken macht ihm zu schaffen“, antwortete die Wirtin. „Ein halbes Leben lang hat er gebeugt dagestanden und die Pferde beschlagen. Ein harter Beruf, der große Belastungen für die Wirbelsäule mit sich bringt. Da kann so etwas schon mal passieren. Hoffentlich gibt er seinen Beruf nicht auf.“

„Sie meinen, das könnte er tun?“ Erschrocken blickte Wendy die Frau an. „Aber Papa sagt doch, hier ist weit und breit kein anderer Hufschmied zu sehen. Was sollen wir dann tun?“

Frau Schormann ließ den Besen sinken. Sie war ernst geworden. „Das ist es ja eben!“ Sie beendete ihre Arbeit, nickte Wendy zu und ging ebenfalls ins Reiterstübchen, um Mia beim Abwaschen zu helfen.

Wendy wuchtete mit einiger Mühe den Müllsack in den Container und schlenderte dann zu den Stallungen hinüber, um noch einmal nach Miss Dixie zu sehen. Es war spät geworden, die Sonne war bereits untergegangen. Dämmerung senkte sich über den Hof herab.

Gunnar Thorsteeg, Carl Ruthfuss und Mark Benson hatten ihre Arbeiten beendet. Sie suchten das Reiterstübchen auf, um dort noch ein Bier zu trinken.

Das edle Westernpferd schnaubte freudig, als Wendy in seine Box kam, und nur zu gern ließ es sich einige Zärtlichkeiten gefallen.

„Tut mir Leid, dass ich mich heute nicht mehr um dich kümmern konnte", sagte das Mädchen. „Heute war ein bisschen zu viel los. Morgen machen wir einen schönen, weiten Ausritt!" Sie glättete die seidige Mähne der Stute. Dann gab sie Miss Dixie noch frisches Wasser und ging danach in Caramells Box hinüber. Enttäuscht stellte sie fest, dass der Wallach nur wenig gefressen hatte.

„Junge", sagte sie zu ihm, während sie ihm den Hals kraulte, „wie willst du wieder zu Kräften kommen, wenn du nur so wenig frisst? Was ist bloß los mit dir, mein Guter?"

Sie blieb noch einige Zeit bei dem Wallach, um ihn aufzumuntern, verschloss dann die Box und wollte ins Haupthaus des Reiterhofs gehen. Sie war müde und wollte ins Bett. Doch als sie auf den Rasen des Innenhofs hinaustrat, bemerkte sie den bekannten feuerroten Sportwagen. Er parkte auf der Straße, die am Reiterhof vorbeiführte.

Unwillkürlich verzögerte Wendy ihre Schritte, ging dann aber immer schneller und lief schließlich zum Reiterstübchen hinüber. Sie hatte nur noch eins im Sinn: Sie wollte Mia warnen. Doch Mia war nicht im Restaurant.

„Sie ist vor zehn Minuten rausgegangen", erklärte Frau Schormann. „Ich weiß nicht, wohin sie wollte!"

Wendy hielt sich nicht lange mit Erklärungen auf. Sie verließ das Reiterstübchen wieder und rannte zu den Gästebungalows hinüber, die zumeist hinter dem Haupthaus unter hohen Bäumen standen. Nur wenige Häuser waren nicht vermietet und kamen somit als Unterkunft für Mia in Frage, doch auch in ihnen war das Mädchen nicht.

Wendy war ratlos. Wo konnte Mia sonst noch sein? Nachdem sie sich davon überzeugt hatte, dass die beiden Männer immer noch an der Straße warteten und den Reiterhof nicht betreten hatten, sah sie sich in den Reithallen um. Vergeblich. Niemand hielt sich jetzt noch dort auf. Wendy ging hinaus und setzte sich auf einen der großen, geweißten Steine vor dem reetgedeckten Haupthaus. Sie musste daran denken, wie geschickt und sanft das scheue Mädchen mit Caramell umgegangen war und wie sie dem Wallach das Hufeisen angeschlagen hatte. Wenn sie so etwas konnte, war sie sicher auch eine gute Reiterin. Konnte es nicht sein, dass sie sich ein Pferd aus dem Stall geholt hatte und damit trotz der späten Stunde noch ausgeritten war? Vielleicht hatte sie Mark Benson sogar um ein Pferd gebeten?

Wendy stand auf; sie schob die Hände in die Hosentaschen ihrer Jeans und schlenderte zu den Ställen hinüber. Auf halbem Wege blieb sie stehen, um sich mit Kater Heinrich zu beschäftigen, der sich im Gras niedergelassen hatte.

„Hallo, alter Junge", sagte sie leise zu ihm. „Wie geht es dir? Bist du auf Mäusejagd?"

Der schwarzgraue Kater blickte unverwandt zum Teich hinüber, so als ob er Wendy nicht gehört habe. Doch Wendy ließ sich davon nicht täuschen. Sie wusste sehr wohl, wie gern es Heinrich hatte, wenn sie sich ein wenig mit ihm beschäftigte, und dass er sehr ungnädig reagieren konnte, wenn sie es nicht tat.

Verstohlen spähte sie zur Einfahrt des Reiterhofs hinüber. Die beiden Männer waren immer noch da. Sie standen am Sportwagen und warteten, als wüssten sie genau, dass ihnen nicht entkommen würde, was sie haben wollten.

Im Stall ging Wendy von Box zu Box, um sich davon zu überzeugen, dass alle Pferde da waren. Keines fehlte.

Wuschel kam herein, gefolgt von Kater Heinrich, der sich offenbar entschlossen hatte, ein gutes Plätzchen zu suchen, bevor er wieder auf Mäusejagd in seinem Revier ging. An der Box von Miss Dixie sprang er in die Höhe, zwängte sich durch die Stäbe des Eisengitters und ließ sich ins Stroh fallen. Die Pintostute begrüßte den Kater mit einem leisen Schnauben.

Der Hund kam zu Wendy und richtete sich an ihr auf, um sich den Kopf kraulen zu lassen. Nachdem sie ihn gestreichelt und kurz an sich gedrückt hatte, wandte er sich ab, strich schnüffelnd an den Boxen entlang und verharrte schließlich schwanzwedelnd vor der Box von Asta.

Wendy glaubte zunächst, dass Wuschel Vanessas Pferd begrüßen wollte, doch dann stutzte sie. Der Mischlingshund senkte den Kopf tief herab, so als befinde sich etwas für ihn höchst Interessantes hinter der Tür der Box.

„Was ist denn da, Wuschel?“, fragte Wendy. Der Hund blickte auf und bellte kurz, als wolle er ihr etwas sagen. Dann schnüffelte er erneut. Wendy schob den Riegel der Boxtür zur Seite und öffnete. Vor ihr saß Mia im Stroh und blickte sie mit großen, ängstlichen Augen an.

Ein rätselhafter Störenfried

„Was machst du denn hier?", fragte Wendy verdutzt.

Mia stand zögernd auf. Mit unruhigen Händen strich sie die Strohreste ab, die an ihren Jeans hafteten, aber sie antwortete nicht.

„Mia, ich würde dir gerne helfen", sagte Wendy jetzt ernst. „Aber du musst mir sagen, wie ich das machen soll. Was hast du?"

„Ach, lass mich in Ruhe", entgegnete Mia nun abweisend und schroff. Sie strich ihr kurzes Haar zurück und ging zum Tor des großen Stalles.

„Nicht da entlang", rief Wendy ihr nach. „Da sind diese beiden Typen! Sie können dich sehen, wenn du dort hinausgehst."

Mia blieb ruckartig stehen. Dann drehte sie sich um und blickte unentschlossen auf ihre Füße. Sie sah verloren und traurig aus, ihr Gesicht schien in dem schwachen Licht des Stalles grau und mutlos.

Wendy ging zu ihr. „Bitte, lass dir doch helfen", bat sie sanft und eindringlich. „Ich meine es ehrlich. Wirklich!"

„Wo geht's raus?", fragte Mia, ohne aufzusehen und in einem Ton, der deutlich machte, dass sie über einen solchen Hinweis hinaus keine Hilfe wollte. Wendy sah ein, dass sie nichts erzwingen konnte. Deshalb gab sie nach und führte das Mädchen zu der Tür zur Garage und von dort aus in den sich anschließenden Fahrradschuppen.

„Da hinten sind zwei Bretter lose", erklärte sie, rückte eines der abgestellten Fahrräder zur Seite und bewegte dann die bezeichneten Bretter. Eine Lücke bot sich, die groß genug für Mia war. Das junge Mädchen schob sich hindurch, ohne Wendy anzusehen oder ihr auch nur mit einem Wort zu danken. Lautlos verschwand sie zwischen einigen Johannisbeerbüschen. Wendy vermutete, dass Mia zu dem Bungalow lief, in dem sie wohnte.

Wendy kehrte in den Stall zurück, klopfte Miss Dixie noch einmal zärtlich den Hals und ging dann zusammen mit Wuschel nach draußen. Kater Heinrich lag friedlich bei der Stute in der Box, aber er schlief nicht.

Die beiden Männer standen immer noch an ihrem Wagen. Sie rauchten und blickten weiterhin zum Reiterhof herüber. Wendy empfand ihr Verhalten als bedrohend, sie wusste aber, dass ihnen niemand verbieten konnte, sich auf der Landstraße aufzuhalten. Sie wollte mit den Eltern sprechen, beschloss sie.

Während sie über die Kieswege zum Haupthaus ging, fragte sie sich, was diese Männer von Mia wollten. Was war mit Mia los? Warum fürchtete sie sich vor ihnen? Und wer waren diese Kerle?

Sie stieg die Treppe zu ihrem Zimmer hinauf, schaltete das Licht jedoch nicht an. Durch einen Spalt in den Gardinen blickte sie auf den Hof hinaus. Nun wurde es rasch dunkel, doch noch immer konnte Wendy die beiden Männer am Tor sehen.

Was hatten sie vor? Würden sie irgendwann im Lauf der Nacht auf den Hof kommen, um nach Mia zu suchen?

Wendy überlegte, ob sie ihrem Vater oder der Mutter jetzt sofort Bescheid sagen sollte, doch dann verwarf sie den Gedanken wieder. Für die Eltern war der Tag mit großen Anstrengungen verbunden gewesen. Und was hätten sie schon tun können? Solange die beiden Männer sich außerhalb des Reiterhofs aufhielten, konnten sie nichts unternehmen.

Wendy war ratlos. Da Mia nicht bereit war, ihr irgendeine Erklärung für die Vorgänge zu geben, blieben auch ihr die Hände gebunden. Müde ging sie ins Bett, konnte aber nicht einschlafen. Immer wieder musste sie an die beiden unsympathischen Besucher denken, und sie fragte sich, ob sie wohl noch am Tor standen und worauf sie warteten.

Nach einiger Zeit ertrug sie die Ungewissheit nicht mehr. Sie stand auf und schlich zum Fenster. Inzwischen war es ganz dunkel geworden, und es hatte zu regnen begonnen. Am Tor brannten zwei

Lampen, aber in ihrem Lichtschein war niemand zu sehen.

Mark Benson und Carl Ruthfuss verließen das Reiterstübchen. Sie blieben unter dem kleinen Dach stehen, das sich vor dem Eingang des Restaurants wölbte, und der Pferdewirt zündete sich eine Zigarette an. Dann blickten beide wie auf ein gemeinsames Kommando zum Tor hinüber. Dort flammten zwei Scheinwerfer auf, und dann fuhr sehr langsam ein Auto davon.

Wendy atmete auf. Die Gefahr für Mia schien vorüber zu sein. Sie gähnte und kroch wieder ins Bett. Dabei fiel ihr ein, dass sie vergessen hatte, sich die Zähne zu putzen, doch nun war sie zu müde dazu. Sie verschob die Zahnpflege auf den nächsten Morgen und nahm sich vor, dabei besonders sorgfältig vorzugehen. Trotzdem musste sie noch einmal ins Bad. Die zahllosen Becher Limonade zeigten ihre Wirkung. Endlich kehrte sie in ihr Zimmer zurück, überzeugt, nun einschlafen zu können. Ohne besondere Absicht warf sie noch einen Blick hinaus auf den Hof und stutzte.

Eine der Stalltüren stand offen. Es war das Tor, durch das sie hinausgegangen war, und sie wusste genau, dass sie es geschlossen hatte.

Während sie noch darüber nachdachte, wer es zu so später Stunde geöffnet haben könnte, bemerkte sie zwei Gestalten, die aus dem Dunkel zwischen der

Reithalle und den Ställen hervorkamen. Im ersten Moment glaubte sie, dass es zwei Frauen waren, doch dann gerieten sie in den Lichtschein der Lampe, die über der Garage brannte, und sie erkannte, dass es Mia und ein bärtiger Mann mit schulterlangem Haar waren. Das Gesicht des Mannes konnte Wendy nicht erkennen. Sie sah nur, dass er eine gelbe Windjacke trug, die ihn vor dem Regen schützte, während Mia nur mit Jeans und einer dünnen Bluse bekleidet war, die ihr nass am Körper klebten.

Vor der Garage blieben die beiden stehen und redeten heftig miteinander, dann packte der Mann Mia plötzlich an den Haaren, drehte sie herum, sodass sie mit dem Rücken an ihm lehnte, und presste sie an sich. Vergeblich versuchte sie sich zu befreien, und für einen Moment wurde ihre Stimme so laut, dass Wendy sie hören, aber nicht verstehen konnte. Mia drehte sich in den Armen des Mannes, griff dann in ihre Tasche und gab ihm etwas. Er ließ sie los und stieß sie so heftig von sich, dass sie zu Boden stürzte. Er beugte sich über sie und drohte ihr mit erhobener Faust. Sie versuchte, sich aufzurichten, aber er stieß sie zurück, beugte sich über sie und holte zu einem Schlag aus. Empört stieß Wendy das Fenster auf, um Mia zu Hilfe zu kommen, als Wuschel plötzlich aus der Dunkelheit herausschoss, sich knurrend auf den Mann stürzte und nach seinem Arm schnappte.

Blitzschnell fuhr Mia hoch und stellte sich zwischen den Hund und den Mann. Beschwichtigend hob sie die Arme und redete beruhigend auf Wuschel ein. Und es wirkte. Der Hund legte sich auf den Boden, knurrte leise und ließ Mia nicht aus den Augen, während sich der Mann rückwärts gehend ins Dunkel zurückzog.

„Braver Junge", hörte Wendy das Mädchen sagen. „So ist es gut. Lass ihn weggehen. Es ist ja alles in Ordnung."

Nach einiger Zeit blickte sie sich suchend um, endlich ging sie langsam und mit hochgezogenen Schultern zum Stall hinüber. Sie ging hinein, und Wendy wartete etwa zwei Minuten, bis sie wieder herauskam, die Tür sorgfältig verschloss und mit müden, schweren Schritten zu den Gästebungalows ging. Sie fuhr sich mit dem Handrücken über die Augen, aber Wendy konnte nicht erkennen, ob sie weinte oder ob sie nur die Regentropfen von ihrem Gesicht wischen wollte.

Eigenartig berührt schloss Wendy das Fenster und ging wieder ins Bett. Sie wusste nicht, was sie von der Szene halten sollte, die sie beobachtet hatte. Mia tat ihr Leid. Sie war zweifellos das Opfer von Gewalt geworden, aber der Mann, der ihr etwas abgezwungen hatte, war vorher noch nicht auf dem Reiterhof gewesen. Gehörte er zu den beiden anderen, die mit dem roten Wagen gekommen waren? Warum hatte

Mia sich überhaupt mit ihm eingelassen? Warum war sie nicht in ihrem Bungalow geblieben, wo sie sicher gewesen wäre? Warum hatte sie nicht um Hilfe gerufen? Wusste sie denn nicht, dass ihr alle beigestanden hätten, wenn sie etwas gesagt hätte?

Wendy nahm sich vor, noch vor der Schule am nächsten Vormittag mit ihr zu reden und ihr ihre Hilfe anzubieten. Und während sie noch darüber nachdachte, wie sie vorgehen sollte, schlief sie ein.

Am nächsten Morgen stand sie früher auf als sonst, um Zeit für Mia zu haben, doch sie suchte sie vergebens. Und da ihr niemand sagen konnte, wo Mia war, verschob Wendy das geplante Gespräch bis nach der Schule.

Als sie am frühen Nachmittag von der Schule zurückkehrte, begegnete sie ihrer Großmutter Herta. Die alte Dame kam ihr auf dem Hof entgegen. Freundlich lächelnd legte sie Wendy den Arm um die Schultern und eröffnete ihr, dass Wendy heute nicht bei ihr in der Küche, sondern im Reiterstübchen essen sollte.

„Frau Schormann hat uns alle eingeladen“, berichtete Großmutter Thorsteeg. „Kaffee und Kuchen gibt es dann später bei mir.“

Wendy war es egal, wo sie zu Mittag aß. Sowohl Frau Schormann als auch ihre Großmutter kochten gut. Wenn es jedoch um Kuchen ging, dann war Herta Thorsteeg nicht zu schlagen.

Auch Vanessa und ihre Mutter Ingrid Thorsteeg-Held hatten sich im Reiterstübchen eingefunden. Sie verbreiteten eine gereizte Stimmung, das spürte Wendy sofort, als sie eintrat. Die Tante saß neben Wendys Vater und redete auf ihn ein. Sie hatte eine ganze Menge an der Art auszusetzen, wie er den „Tag zum Kennenlernen" auf Lindenhöhe gestaltet hatte. Gunnar Thorsteeg ließ die Kritik geduldig über sich ergehen. Er kannte seine Schwester, und er wusste, dass Widerspruch ihren Eifer nur noch erhöht hätte. Also ließ er sie reden und tat, als ob er ihre Anregungen für realisierbar hielt.

Wendy kümmerte sich nicht darum. Sie begrüßte ihre Tante und die anderen und ließ sich dann das Essen geben. Kaum hatte sie die ersten Bissen gegessen, als Flavio Scalini das Reiterstübchen betrat. Er war sichtlich beunruhigt.

„Entschuldigen Sie, dass ich störe", sagte er höflich zu Wendys Vater, „aber Caramell ist verschwunden! Ich habe ihn überall gesucht. Er ist nicht da!"

Wendy war wie elektrisiert. Sie musste sofort an Mia denken. War sie daran schuld, dass der Welsh-Cob nicht mehr da war? Hatte sie ihn womöglich aus der Box geholt und war mit ihm fortgeritten? Oder waren die beiden Männer im Spiel?

„Flavio, hast du Mia gesehen?" Wendy schob ihr Essen zur Seite, weil sie mit einem Mal keinen Hunger mehr hatte.

„Mia?“ Der Italiener blickte sie erstaunt an. „Ja, natürlich. Aber was hat sie mit Caramell zu tun?“

Diese Frage wusste Wendy nicht zu beantworten. Sie war einem spontanen Gedanken gefolgt, weil sie sich daran erinnert hatte, wie gut das Mädchen mit dem Welsh-Cob zurechtgekommen war, als sie ihn beschlagen hatte. „Ach, nur so“, erwiderte sie ausweichend. „Ich dachte, sie könnte wissen, wo er ist.“

„Unsinn“, sagte Gunnar Thorsteeg. Er hatte sich erhoben und machte Anstalten, das Restaurant zu verlassen. „Woher sollte sie?“

In diesem Moment blickte Mia aus der Küche heraus. Sie hielt einen Teller in der Hand und trocknete ihn mit einem Handtuch ab. Wendy fiel auf, wie blass sie war und wie müde sie aussah, so als habe sie überhaupt nicht geschlafen.

„Haben Sie mich gerufen?“, fragte sie leise.

„Nein, nein“, entgegnete Frau Schormann besänftigend. „Es geht um den Welsh-Cob. Er ist verschwunden, und Wendy scheint zu glauben, dass du weißt, wo er ist.“

Überraschung in der Küche

„Verschwunden?“ Mia stellte den Teller zur Seite. Alle Farbe war aus ihrem Gesicht gewichen; sie klammerte sich an die Theke, als könne sie sich kaum noch auf den Beinen halten. Die Nachricht vom Verschwinden des Wallachs schien ihr einen schweren Schlag versetzt zu haben. „Wieso denn?“, stotterte sie hilflos.

„Ja, das möchte ich auch wissen“, sagte Gunnar Thorsteeg ärgerlich und in einem Ton, der keinen Zweifel daran ließ, dass er die Schuld bei dem Pferdepfleger suchte. Er merkte nicht, wie betroffen das aschblonde Mädchen war. „Da hat irgendjemand nicht aufgepasst.“

Zusammen mit Flavio Scalini eilte er hinaus. Wendy blickte Mia kurz an, dann folgte sie den beiden Männern. Sie musste an die Beobachtungen der letzten Nacht denken. Hatten die beiden Fremden etwas damit zu tun, dass der Welsh-Cob nicht mehr da war? Gab es eine viel engere Beziehung zwischen Mia und dem Wallach, als sie alle wussten? Oder war der bärtige Mann, der Mia etwas weggenommen hatte, für das Verschwinden von Caramell verantwortlich?

Zusammen mit ihrem Vater und dem Pferdepfleger eilte sie zu den Ställen hinüber, konnte jedoch auch nur feststellen, dass die Box des Welsh-Cobs leer war.

„Von wem haben wir Caramell eigentlich?", fragte Wendy jetzt ihren Vater.

„Von einem Reiterhof aus einem Vorort von Hamburg", erwiderte er. „Sie mussten den Betrieb einstellen, und da habe ich Caramell übernommen. Warum fragst du?" Er wartete Wendys Antwort nicht ab, sondern stürmte zur Garagentür hinaus, wobei er Flavio Scalini zurief, sich ins Auto zu setzen und die Umgebung des Reiterhofs auf der Suche nach dem Welsh-Cob abzufahren.

Erst jetzt bemerkte Wendy, dass auch die Box von Miss Dixie leer war. Das überraschte sie zwar ein wenig, beunruhigte sie jedoch nicht richtig, weil Flavio nur von Caramells Verschwinden gesprochen hatte. Wendy vermutete, dass ihr Pferd von Flavio auf die Weide gebracht worden war. Das tat Scalini öfter.

Als sie den Stall verließ und zum Reiterstübchen hinüberging, kam ihr Mia entgegen. Schüchtern und ein wenig verlegen, so wie immer, wich das Mädchen Wendys Blicken aus.

„Hast du etwas dagegen, wenn ich zu euch ins Haus gehe?" Sie deutete auf das reetgedeckte Hauptgebäude.

Wendy bemühte sich um ein freundliches Lächeln, aber sie spürte selbst, dass es ihr nicht gelang. Sie konnte nicht so unbeschwert mit Mia reden, wie sie es gern getan hätte. Immer wieder musste sie an ihre Beobachtungen denken und daran, dass Mia sich nicht helfen lassen wollte.

„Natürlich! Warum denn nicht? Wieso fragst du überhaupt? Alle gehen da rein, ohne erst einen schriftlichen Antrag zu stellen. Das ist hier so üblich."

Mia zögerte noch immer. „Bitte, komm mit", sagte sie leise und scheu.

Wendy stöhnte. „Weißt du, manchmal nervst du mich", gestand sie, während sie mit Mia zum Haus ging. „Sei doch nicht so ängstlich. Niemand tut dir etwas."

Mia schien sie nicht gehört zu haben. Sie trat zur Seite, um Wendy den Vortritt im Haus zu lassen, und erkundigte sich dabei nach der Küche.

„Bist du nicht satt geworden, oder willst du abwaschen?", fragte Wendy. Sie war ein wenig gereizt, weil ihr Mia auswich und außerdem so duckmäuserisch erschien. Doch dann tat es ihr Leid, dass sie so heftig gewesen war. Sie nahm sich vor, etwas geduldiger zu sein, ging voraus und stieß die Tür zur Küche auf.

Mia schrie erstickt auf. „Das habe ich geahnt", rief sie.

Wie vom Donner gerührt blieb Wendy in der Tür

stehen. Regungslos und zu keinem Wort fähig, blickte sie in die Küche, wo Caramell und Miss Dixie einträchtig am Tisch standen und den Streuselkuchen vom Blech fraßen, den Oma Herta ganz sicher nicht für die beiden Pferde gebacken hatte.

Wuschel lag ausgestreckt neben dem Herd und sah den Pferden aufmerksam zu.

Oliver und Bianca radelten an diesem Tag auf Umwegen von der Stadt zum Reiterhof hinaus. Sie hatten keine Lust, auf der Landstraße zu fahren, wo zu dieser Jahreszeit starker Verkehr herrschte und mancher Autolenker meinte, Geschwindigkeitsrekorde aufstellen zu müssen.

„Wozu ist dein Vater eigentlich im Gemeinderat?“, fragte Bianca ungewohnt aggressiv. „Er hätte längst dafür sorgen können, dass ein Radfahrweg gebaut wird. Dann brauchten wir keine Angst vor den Autofahrern zu haben.“

Sie folgten einem Waldweg, der an einem kleinen See entlangführte.

„Wenn es nach meinem Vater ginge, hätten wir den Radwanderweg schon längst“, erwiderte Oliver. „Leider kann Vater nicht allein entscheiden.“

Sie durchquerten einen Buchenwald mit hohen, alten Bäumen und bogen dann in einen Feldweg ein, der sich an mehreren Koppeln vorbei bis hin zum Reiterhof Lindenhöhe schlängelte. Plötzlich hob der vorausfahrende Oliver den Arm, um Bianca anzuzeigen, dass er bremsen wollte. Er wich ein wenig zur Seite aus, damit ihr genügend Platz blieb, neben ihm anzuhalten.

„Sieh doch mal da", flüsterte er.

Keine zwanzig Schritte von ihnen entfernt hielt ein Caravan. Ein grauhaariger Mann wuchtete einen alten Kühlschrank von der Ladefläche und kippte ihn in den Graben neben dem Feldweg. Als er die hintere Tür des Wagens schließen wollte, stieg Oliver kräftig in die Pedale, um möglichst schnell zu ihm zu kommen, und klingelte zugleich nach Kräften. Erschrocken drehte der Mann sich um.

„Guten Tag, Herr Bonniot", rief Oliver. Nun trat er so hart auf die Bremsen, dass er das letzte Stück bis zum Auto mit blockierten Reifen rutschte.

Das Gesicht des Mannes verfärbte sich, er wurde feuerrot. Der Anwalt erfasste nicht weniger schnell als Oliver, was es bedeutete, dass er in einer solchen Situation überrascht worden war. Es ging nicht nur darum, dass er eine Strafe erwarten musste, sondern dass auch sein Ruf als Rechtsvertreter auf dem Spiel stand. Mit mechanischer Bewegung schlug er die Hecktür des Wagens zu. Dabei war ihm anzusehen, dass er geradezu fieberhaft darüber nachdachte, wie er sich aus der für ihn so peinlichen Lage befreien konnte. „Ich kam gerade hier vorbei", erklärte er verlegen, wobei er abwechselnd Oliver und Bianca anblickte. „Da sah ich das alte Ding im Graben liegen. Ich wollte es in meinen Wagen heben, um es wegzubringen. Aber ich habe es nicht allein geschafft, es ist zu schwer für mich. Ja, so war das."

Oliver lachte ihm ins Gesicht, er tat aber so, als ob er auf diese Lüge hereinfalle. „Ja, das können wir bezeugen", erklärte er. „Das haben wir gesehen. Sollen wir Ihnen helfen? Das tun wir gern."

Der Anwalt atmete auf. Er nutzte die Gelegenheit, die Oliver ihm bot, um zu retten, was noch zu retten war. „Das ist wirklich sehr freundlich von euch", stotterte er. „Wollt ihr das wirklich tun?"

„Aber klar doch", entgegnete Oliver großmütig. Er stellte sein Fahrrad ab und zwinkerte Bianca zu, um ihr zu verstehen zu geben, dass er sehr wohl wusste, wie die Dinge tatsächlich lagen, und dass der Mann log. „Wissen Sie denn nicht, wie wichtig es ist, so eine Umweltverschmutzung zu verhindern? Das Kühlmittel in den älteren Schränken ist hochgiftig. Wenn es ins Grundwasser gelangt, kann das schlimme Folgen haben."

Bianca zeigte zu den Pferden hinüber, die ganz friedlich auf den Koppeln grasten.

„Vor allem für die Pferde. Wenn sie von dem vergifteten Wasser trinken, können sie sterben."

Rechtsanwalt Bonniot suchte ebenso verzweifelt wie vergeblich nach Worten, was ihm sicher sonst in seinem Beruf nicht so leicht passierte. Damit befand er sich in einer für ihn ungewohnten Notlage. Er sah aus, als würde er am liebsten im Erdboden versinken, um sich nicht noch länger anhören zu müssen, was Oliver und Bianca ihm zu sagen hatten. Doch die beiden ließen ihn nicht so ohne weiteres ziehen. Nur zu oft hatten sie bei ihren Ausritten in die landschaftlich so schöne Umgebung vom Reiterhof Lindenhöhe Abfälle aller Art gefunden – alte Autoreifen, Kühlschränke, verrottete Fahrräder, Toilettenschüsseln und viele andere Dinge mehr, von Getränkedosen und Plastikflaschen einmal ganz abgesehen. Stets waren sie achtlos irgendwo hingeworfen worden, offenbar in der Annahme, die Natur werde schon irgendwie mit diesen Dingen fertig.

„So schwer ist der ja gar nicht“, stellte Oliver fest, als er dem Anwalt half, den Kühlschrank in den Wagen zu heben. „Aber zu zweit geht so was natürlich leichter. Wenn Sie mal wieder einen Kühlschrank ... äh ... finden, sagen Sie mir doch bitte gleich Bescheid.“

„Ja, mache ich“, versprach der Anwalt. Er flüchtete förmlich ans Steuer seines Wagens. Doch noch ließ Oliver ihn nicht fahren. Er klopfte gegen die Seitenscheibe des Wagens, und der verhinderte Umweltsünder drehte die Scheibe herunter.

„Ich werde meinen Vater bitten, dass er die Leute noch viel mehr über die Sperrmüllabfuhr informiert“, bemerkte Oliver. „Und ich werde ihm berichten, in welch vorbildlicher Weise Sie sich für den Umweltschutz eingesetzt haben!"

Der Rechtsanwalt griff sich bestürzt an die Brille und rückte sie zurecht. Er kämpfte sichtlich mit sich, fuhr sich mehrere Male mit der Hand über den Mund und sagte dann leise und verlegen: „Weißt du, Junge, am liebsten wäre es mir, wenn du deinem Vater gar nichts sagen würdest." Er zögerte kurz, zog dann seine Brieftasche heraus, nahm einen Geldschein und hielt ihn Oliver hin. „Ich würde euch jetzt gern zu einem Eis oder so einladen", sagte er. „Aber ich habe keine Zeit. Bitte, nimm das Geld. Ihr könnt euch ja dann später kaufen, was ihr gern haben möchtet!"

Oliver und Bianca blickten ihn schweigend an, machten jedoch keine Anstalten, das Geld zu nehmen.

„Entschuldigt", murmelte Bonniot. „Das war wohl nicht gut. Bitte, vergesst es."

Oliver gab sich großzügig. „Okay, Herr Bonniot", erwiderte er. „Es bleibt unter uns. Sicher ergibt sich mal eine Gelegenheit, bei der wir Ihre fachliche Hilfe benötigen."

„Ja, natürlich. Wenn das der Fall sein sollte, kommt ruhig zu mir!" Der Anwalt atmete erleichtert auf; er startete den Motor und fuhr davon.

„So ein Mistkerl", schimpfte Bianca hinter ihm her. „Ich möchte wirklich wissen, warum er so etwas tut, wo es doch Möglichkeiten genug gibt, einen alten Kühlschrank loszuwerden!"

„Ich weiß nicht", seufzte Oliver. „Mir scheint, Erwachsene haben manchmal gewisse Aussetzer in ihrem Oberstübchen!"

„Meinst du?", fragte Bianca. „Nicht nur Erwachsene!"

Oliver blickte sie grinsend an. „Deshalb brauchst du keine Angst zu haben, mein Kind", entgegnete er, wobei er sich bemühte, die Stimme des Anwalts zu imitieren. „Es dauert ja noch ein paar Jahre, bis du erwachsen bist und dann mit solchen Erscheinungen zu kämpfen hast."

Bianca tippte sich an die Stirn. „Wenn du glaubst, dass ich jemals so etwas Rücksichtsloses tun werde wie dieser Anwalt, dann hast du sie nicht alle, Oliver Anders", fauchte sie ihn an.

Sag die Wahrheit, Mia!

„Miss Dixie", rief Wendy. „Wie kommst du hier herein?" Erschrocken lief sie zu ihrem Westernpferd und griff nach dem Halfter, um die Stute vom Kuchenblech fortzuziehen. Doch es war schon zu spät. Von dem Kuchen war nichts mehr übrig.

„O nein", stöhnte Mia, während sie zu Caramell ging. „Ich glaube, ich spinne! Kann man dich denn überhaupt nicht allein lassen?"

In der Küchentür erschienen nun auch Herta Thorsteeg und Wendys Mutter Heike. Die beiden Frauen blickten sich verblüfft an, dann begannen sie laut zu lachen.

„Heike, hol den Fotoapparat", rief die alte Dame. Sie ließ sich auf die Bank sinken und lachte herzlich. Wo andere Frauen entsetzt die Hände über dem Kopf zusammengeschlagen hätten, weil die Pferde die wohl gehütete Ordnung in der Küche gestört hatten, sah sie nur, mit welcher Begeisterung Miss Dixie und Caramell ihren Kuchen verschlungen hatten; sie amüsierte sich einfach über das ungewöhnliche Verhalten der Tiere. „So ein Foto wirst du nie wieder machen können!"

Heike Thorsteeg stand noch immer in der Tür,

und allmählich erlosch das Lachen auf ihren Lippen. Auf ihrem Gesicht zeichnete sich zunehmende Fassungslosigkeit ab. „Das gibt es doch nicht“, stammelte sie. „Pferde in der Küche? Wie sind sie überhaupt hereingekommen?“

„Ist doch klar“, entgegnete Oma Thorsteeg vergnügt schmunzelnd. „Durch die Hintertür! Sie steht ja noch offen. Aber nun lauf und hol den Fotoapparat, Kind, oder willst du dieses köstliche Bild verpassen?“

Endlich reagierte Heike Thorsteeg. Sie eilte ins Büro, wo sie ihren Fotoapparat verwahrte, während Wendy und Mia noch bei den beiden Pferden standen und nicht recht wussten, was sie tun sollten. Dann aber kehrte Heike Thorsteeg auch schon zurück, und mit ihr stellten sich Mark Benson, Carl Ruthfuss, der Pferdewirt, und Wendys Vater Gunnar ein.

Wuschel erhob sich und streckte sich ausgiebig. Dann trottete er zu Wendy und richtete sich an ihr auf, um die Aufmerksamkeit auf sich zu lenken und sich kraulen zu lassen. Enttäuscht wandte er sich ab, als er dabei nicht auf die erhoffte Gegenliebe stieß.

„Ich würde mich beeilen“, riet Thorsteeg seiner Frau Heike, während sie einige Fotos machte, „oder willst du warten, bis die Pferde dir in die Küche misten oder strahlen? Pferde sind nun mal nicht stubenrein!“

„Das würde ich ihnen nicht empfehlen", rief Großmutter Herta, die an eine solche Möglichkeit noch nicht gedacht hatte. Sie sprang auf und klatschte antreibend in die Hände. „Wendy, Mia, bringt sie nach draußen!"

Von der Küche führte ein schmaler Gang an der Speisekammer und einem Bad vorbei zur Rückseite des Hauses. Durch diesen Gang waren die beiden Pferde hereingekommen.

„Ich begreife das nicht", sagte Heike Thorsteeg. „So etwas ist doch noch nie passiert. Wie konnten die Pferde überhaupt wissen, dass es hier etwas zu naschen gibt?"

Oma Herta sah den Vorfall gelassener als ihre Tochter. Sie hatte längst durchschaut, wodurch er verursacht worden war.

„Der Dunstabzug ist schuld", erwiderte sie mit einem stillvergnügten Lächeln. „Er hat den Kuchenduft nach draußen befördert und die Pferde angelockt."

Gunnar Thorsteeg blickte kopfschüttelnd in den Gang, der gerade Platz genug für die Pferde bot. Auch für ihn war es kaum zu fassen, dass Miss Dixie und der Welsh-Cob diesen Weg genommen hatten. Er half Wendy und Mia, die beiden Pferde wieder nach draußen zu bringen.

„In Zukunft solltest du wenigstens eine der Türen geschlossen halten", empfahl er seiner Mutter, als es geschafft war. Oma Herta war den Pferden bis nach draußen gefolgt. „Ich habe überhaupt nichts dagegen, dass Caramell endlich wieder frisst, aber das muss ja nicht unbedingt in der Küche sein. Also achte auf die Türen!"

„Die Außentür war zu", erklärte Herta Thorsteeg. Sie warf einen prüfenden Blick auf den schon recht alten Türgriff und zog die Tür dann zu. Sie ließ sich leicht schließen, und als sie ihre Hand gegen den Griff drückte, schwang sie wieder auf. „Sie müssen sie geöffnet haben."

„Mutter!", protestierte Thorsteeg. „Du willst mir doch nicht weismachen, dass die Pferde die Tür geöffnet haben?"

Fragend blickte Wendy Mia an. Hatte sie etwas dazu zu sagen? Doch das aschblonde Mädchen wandte sich schweigend ab und führte Caramell auf die Koppel hinaus. Zögernd folgte Wendy ihr, und dabei fiel ihr wieder ein, dass Miss Dixie und der Welsh-Cob am Sonntag bei der „Begegnung zum Kennenlernen" frei herumgelaufen waren, obwohl sie vorher angebunden gewesen waren. Hatten sie sich selbst befreit? War es möglich, dass Caramell einen Knoten lösen konnte, und hatte er es getan, damit Miss Dixie und er zu den Kuchenständen gehen und dort naschen konnten?

Wendy drückte sich an ihr Westernpferd und streichelte seinen Hals. „Wie war das heute, Miss

Dixie?", fragte sie leise. „Hat jemand Caramell aus seiner Box geholfen, oder hat er die Tür selbst aufgemacht? Und hat er dich danach herausgeholt, um ein bisschen Gesellschaft zu haben?"

Die Pintostute schnaubte leise, und fast schien es, als habe sie ein schlechtes Gewissen. Wendy nahm sie am Halfter und führte sie ebenfalls auf die Koppel. Sie wusste nicht so recht, wie sie sich verhalten sollte. Auf der einen Seite fand sie es zum Lachen und sehr komisch, dass Caramell und die Stute bis in die Küche vorgedrungen waren. So etwas war noch nie vorgekommen. Auf der anderen Seite störte es sie, dass Mia den Welsh-Cob sehr viel besser kannte, als es bisher den Anschein gehabt hatte, und sie fragte sich, wie eng die Verbindung zwischen ihr und dem Wallach tatsächlich war.

„Woher kennst du Caramell?", fragte sie das stille Mädchen, als sie Miss Dixie durch das Koppelgatter ließ.

„Wieso?" Mia wich ihr offensichtlich aus.

„Ich finde, du solltest mir eine Antwort geben, anstatt mir dauernd auszuweichen", fuhr Wendy sie an, und sie war ein wenig heftiger, als sie eigentlich wollte. „Nun komm schon, sag die Wahrheit, Mia!"

Das Mädchen verschloss das Gattertor zur Koppel besonders sorgfältig.

„Muss ich?", entgegnete sie schroff und abweisend und gab Wendy zu verstehen, dass sie nicht gewillt war, etwas von ihren Geheimnissen preiszugeben. Sie presste die Lippen aufeinander, sodass sie nur noch einen schmalen Strich bildeten, und wich auch jetzt Wendys Blicken aus. Ohne Wendy die Gelegenheit für eine weitere Frage zu geben, verließ sie die Koppel.

Wendy war es nicht gewohnt, so behandelt zu werden. Verärgert lief sie zum Haupthaus zurück.

Ihre Eltern befanden sich im Büro. Als sie eintrat, unterhielten sie sich über die beiden Pferde, die in ihrer Naschsucht bis in die Küche vorgedrungen waren, und sie lachten dabei.

„Hoffentlich wird das nicht zur Gewohnheit", sagte Heike, „sonst müssen wir dafür sorgen, dass Caramell die Küchentür nicht mehr öffnen kann!"

Ihre Tochter liess sich auf einen freien Stuhl fallen. Abwechselnd blickte sie ihre Mutter und den Vater an, aber sie stimmte nicht in ihr Gelächter ein.

„Mit Mia stimmt etwas nicht", behauptete sie plötzlich.

Ihr Vater setzte sich ihr gegenüber auf einen anderen Stuhl. „Und warum nicht?", fragte er.

„Das möchte ich eben von dir wissen", erwiderte Wendy. „Mia kennt den Welsh-Cob ganz genau, jedenfalls viel besser als wir. Sie hat ihm ein Hufeisen angeschlagen, und bei ihr hat er sich nicht gewehrt. Und sie wusste genau, dass er in der Küche war. Er muss so etwas schon öfter gemacht haben."

Gunnar Thorsteeg war ein schlanker, mittelgroßer Mann mit einem schmalen, streng wirkenden Gesicht. Er war ein geradlinig denkender Mann, dessen Lebensinhalt die Pferde waren. Nachdenklich blickte er seine Tochter an. „Ja – und?“, entgegnete er. „Was ist dagegen zu sagen? Caramell kommt von einem Reiterhof bei Hamburg. Und Mias ganze Liebe gilt den Pferden. Sie hat Frau Schormann erzählt, dass sie am liebsten Pferdewirtin werden möchte. Sie hat Caramell bereits seit Jahren als Pflegepferd auf dem Hamburger Hof betreut. Das hat sie mir erzählt, als sie zu uns kam. Was ist daran so seltsam? Musst du immer hinter allem und jedem ein Geheimnis wittern?“

„Das tue ich ja gar nicht“, verteidigte sich Wendy. „Vielleicht ist es ja auch so, wie du sagst, aber dann könnte Mia es doch zugeben ... oder? Das tut sie aber nicht. Sie weicht allen Fragen aus!“ Wendy erwähnte die beiden Männer nicht, die Mia gesucht hatten; sie sagte auch nichts von dem Bärtigen, um sich nicht noch weiteren Vorwürfen auszusetzen.

Ihr Vater stand auf und begann, in der Pferdekartei zu blättern. Er zog schließlich eine Karte heraus, die er von dem Hamburger Reiterhof übernommen hatte.

„Caramell gehört uns nicht“, erklärte er. „Er ist nur zur Pflege bei uns, bis mit der Eigentümerin geklärt werden kann, was mit ihm werden soll.“

Das hörte sich eigenartig an. Was meinte der Vater damit? Wendy überlegte. „Was ist so schwierig dabei?", fragte sie. „Wer ist die Eigentümerin? Und was gibt es noch zu klären?"

Gunnar Thorsteeg las aus der Kartei vor: „Eigentümerin ist Marianne Kaptschyk, eine Jugendliche. Sie braucht die Zustimmung ihres Vormunds, wenn sie das Pferd verkaufen will."

„Vormund?"

Thorsteeg stutzte. Er hatte mehrere Pferde von dem Hamburger Reiterhof übernommen und hatte für jedes von ihnen ein Karteiblatt, auf dem alle wichtigen Daten über das Pferd festgehalten wurden. Er hatte die ganze Kartei durchgesehen, hatte aber nicht alle Informationen im Kopf. Jetzt hatte er etwas entdeckt, das er vorher offenbar übersehen hatte.

„Das hier ist eigenartig", bemerkte er. „Jemand hat mit Bleistift dazugeschrieben, dass Marianne Kaptschyk zur Zeit in einer Jugendstrafanstalt zu erreichen ist." Er war nachdenklich geworden.

„Jugendstrafanstalt?" Wendy wartete vergeblich darauf, dass ihr Vater noch mehr aus der Kartei vorlas. Zu ihrer Enttäuschung legte er das Blatt zur Seite, zuckte mit den Achseln und sagte schnell: „Das geht uns ja nichts an. Wir haben uns nur um das Pferd zu kümmern!"

„Und das fühlt sich wohl." Heike Thorsteeg lachte. „Während das arme Mädchen hinter Gittern sitzt, frisst Caramell Omas Kuchen!"

Im Gegensatz zu ihrem Vater, für den das Thema nunmehr erledigt zu sein schien, stimmte Wendy nicht in das Lachen ihrer Mutter ein. Sie stand auf und verließ das Büro, um ins Reiterstübchen hinüber zu gehen.

Wuschel auf der Spur

Frau Schormann war allein, als Wendy zusammen mit Oliver und Bianca ins Restaurant kam. Die Frau arbeitete in der Küche, um ein Essen für am Abend zu erwartende Gäste vorzubereiten. Wendy hatte ihre Freunde draußen am Fahrradschuppen getroffen, und es hatte eine ganze Weile gedauert, bis sie einander erzählt hatten, was sie in der Zwischenzeit erlebt hatten. Mehr als eine halbe Stunde war verstrichen, als sie endlich das Reiterstübchen betraten.

„Ist Mia nicht da?“, fragte Wendy sofort.

„Nein“, erwiderte die Wirtin. „Sie ist ausgeritten. Soweit ich weiß mit Caramell.“

„Wie bitte?“ Oliver staunte. „Wer hat ihr das denn erlaubt? Ich dachte, der Welsh-Cob soll noch geschont werden, solange er noch so mager ist!“

„Das weiß ich wirklich nicht. Da müsst ihr Flavio fragen!“

Wendy hielt sich nun nicht mehr mit Vorreden auf, sie steuerte direkt auf ihr Ziel los. Seit ihr Vater in die Pferdekartei gesehen hatte, wurde sie den Gedanken nicht mehr los, Mia könne auch die Eigentümerin des Welsh-Cobs sein und nicht nur seine Pflegerin.

Würde das nicht wenigstens zum Teil erklären, weshalb die beiden Männer auf Lindenhöhe gewesen waren und nach ihr gesucht hatten? Konnten sie nicht Kriminelle sein, die in irgendeiner Verbindung zu ihr standen? Und der Bärtige, der ihr am späten Abend etwas weggenommen hatte? Konnte nicht auch er zu einer Szene gehören, die einer dunklen und fremden Welt angehörte?

„Wie heißt Mia mit Nachnamen?", fragte Wendy.

„Hoffenstock", antwortete die mütterlich wirkende Frau ohne Zögern. „Habe ich dir das noch nicht gesagt?"

„Sind Sie sicher?" Wendy war enttäuscht. Ihr Verdacht hatte sich nicht bestätigt.

„Natürlich bin ich sicher", erwiderte Frau Schormann. „So hat sie sich bei mir vorgestellt!"

Wendy horchte auf. „Muss man nicht Papiere haben, wenn man arbeiten will?", erkundigte sie sich. „Eine Lohnsteuerkarte oder so etwas?"

Die Wirtin reichte ihr und ihren Freunden Coca-Cola und wandte sich dann wieder ihrer Arbeit zu.

„Natürlich", bestätigte sie. „Mia hat versprochen, mir diese Papiere ganz schnell nachzureichen!" Verwundert blickte sie auf. „Warum willst du das eigentlich wissen? Stimmt etwas nicht?"

Wendy trank die Cola. Das gab ihr Gelegenheit, noch ein wenig nachzudenken. Mias Papiere lagen nicht vor, also war auch nicht sicher, dass sie ihren richtigen Namen angegeben hatte. War sie doch die Eigentümerin von Caramell? Das würde erklären, weshalb sie das Pferd so gut kannte und besser als andere mit ihm umzugehen wusste.

Wendy beschloss, vorsichtig zu sein und nicht allzu nachhaltig zu fragen. Vielleicht war ja alles ganz anders, und Mia war vollkommen unschuldig. Man durfte sie wegen der fehlenden Papiere und einiger ungeklärter Fragen nicht einem falschen Verdacht aussetzen und sie dadurch womöglich um ihre Arbeit bringen.

„Es ist alles in Ordnung, Frau Schormann", beteuerte Wendy. „Wissen Sie, wohin Mia geritten ist?"

„Nein, tut mir Leid. Ich habe sie nur durchs Fenster gesehen, als sie mit Caramell hier vorbeikam."

Oliver erkundigte sich geschickt nach den verführerisch duftenden Speisen und danach, wer in den Genuss kommen würde, sie zu verzehren. Nur zu gern ging die Wirtin darauf ein. Küche und Rezepte gehörten ohnehin zu ihren liebsten Themen. Munter plauderte sie drauflos und erläuterte, was auf den Tisch kommen sollte. Doch Wendy, Oliver und Bianca zogen sich schon bald unter einem Vorwand zurück und verließen das Restaurant. Sie hofften, dass die Wirtin nicht allzu intensiv über die Fragen nachdenken würde, die Mia betrafen.

Die drei Freunde gingen zu den Ställen hinüber, wo sie Mark Benson und Flavio Scalini trafen.

„Mia ist mit Caramell ausgeritten“, erklärte Wendy. „Ich wollte bloß wissen, wer ihr das erlaubt hat.“

„Niemand“, antwortete der englische Reitlehrer. Er nahm die Nachricht sichtlich ungehalten auf. „Wir waren uns einig, dass Caramell noch einige Tage geschont werden sollte!“

Jetzt stellte sich heraus, dass Mia den Wallach in aller Stille aufgezäumt und gesattelt haben musste und danach fortgeritten war. Außer Frau Schormann hatte niemand etwas davon bemerkt, dass sie Caramell wieder von der Koppel geholt hatte.

„Die kann sich auf einigen Ärger gefasst machen, wenn sie zurückkommt“, kündigte Mark Benson an. „Frau Schormann sagt, dass sie eine fleißige und zuverlässige Hilfe ist, aber das heißt noch lange nicht, dass sie mit dem Pferd macht, was sie will! Schließlich ist der Cob uns anvertraut!“

„Es tut mir Leid“, bedauerte Wendy. „Ich wollte sie nicht verpetzen. Sicherlich hatte sie einen wichtigen Grund, so etwas zu tun. Ich glaube, sie kennt Caramell genau und weiß, was sie ihm zumuten darf.“

Mark Benson und der Pferdepfleger antworteten nicht. Sie machten sich ihre eigenen Gedanken über Mias Verhalten.

„Wir reiten aus“, erklärte Wendy, und jetzt tat es ihr Leid, dass sie etwas von Mias Ausritt erwähnt hatte. Sie hoffte, dass sie das Mädchen irgendwo treffen würde und dann mit ihr reden konnte. „Es kann spät werden. Okay?“

Mark Benson und Flavio Scalini hörten kaum zu. Sie gingen zum anderen Ende der Stallungen, wobei sie sich darüber unterhielten, dass eines der Pferde eine Wurmkur machen sollte. Mia und Caramell schienen wieder vergessen zu sein.

Miss Dixie wurde von der Koppel geholt, und sie wusste genau, um was es ging. Sie wartete voller Ungeduld darauf, dass sie aufbrachen. Ganz anders Navarro. Der Winterrappe war unlustig. Er blähte sich auf, als Oliver ihm den Sattel auflegte, und er versuchte, sich auf diese Weise gegen den Gurt zu wehren. Endlich gab Navarro nach. Als sie draußen im freien Gelände waren, besserte sich seine Stimmung, und er ging so willig wie die anderen Pferde auch.

Bianca hatte keine Schwierigkeiten mit ihrem Pferd: Tropic war ruhig und unkompliziert.

„Wo kann Mia nur sein?“, überlegte Wendy, nachdem sie fast zwei Stunden durch die Umgebung des Reiterhofs geritten waren und vergeblich nach der geheimnisvollen Sechzehnjährigen gesucht hatten. „Wir hätten sie doch sehen müssen!“

Sie waren zahlreichen Reitern von Lindenhöhe begegnet, die das schöne Sommerwetter ebenso zu einem Ausflug nutzten wie sie, und sie hatten fast alle nach Mia gefragt. Niemand hatte das aschblonde Mädchen mit ihrem Pferd gesehen.

Als sie am Abend auf den Reiterhof zurückkehrten, erfuhren sie, dass Mia noch nicht wieder zurück war.

„Es ist schon fast acht", bemerkte Bianca. Sie war verwundert und beunruhigt, da sie sich Mias Ausbleiben nicht erklären konnte. Mehr noch als die anderen fürchtete sie, dass Mia einen Unfall gehabt hatte und auf ihre Hilfe angewiesen war. „Ob etwas passiert ist?" Bedrückt sah sie die anderen an.

„Wir müssen sie suchen", entschied Wendy. „Die Pferde sind noch frisch genug. Wir können also noch mal raus."

Sie redeten einige Zeit darüber, wie sie nun vorgehen sollten, um Erfolg bei der Suche zu haben; und Wendy sagte im Büro Bescheid, dass sie den Ausflug noch etwas ausdehnen wollten. Ihre Mutter versprach, bei den Eltern von Bianca und Oliver anzurufen, um sie zu informieren. Dann eilte Wendy wieder nach draußen.

„Uns ist etwas eingefallen", empfing Oliver sie. Er war allein bei den Pferden auf dem Hof. „Wuschel und Caramell haben sich doch miteinander angefreundet. Vielleicht findet der Hund den Welsh-Cob, wenn wir ihn mitnehmen! Wuschel ist klug!"

Bianca kam aus dem Stall. Sie brachte eine Kardätsche mit. „Die lag in der Box von Caramell", sagte sie. „Wir sollten Wuschel daran riechen lassen. Bestimmt begreift er, was wir von ihm wollen."

Wendy pfiff auf den Fingern, und gleich darauf rannte der Mischlingshund aus den Büschen zwischen den Gästebungalows hervor. Bianca hielt ihm die Kardätsche unter die Nase, und Wendy sagte: „Such, Wuschel, such Caramell! Guter Hund!"

Wuschel war kein ausgebildeter Fährtenhund, und wenngleich er sie zunächst missverstand, begriff er doch, um was es ging. Er rannte in den Stall und führte sie zu der Box von Caramell. Wendy war klug genug, ihn dafür ausgiebig zu loben, obwohl sie mit diesem Versuch nicht zufrieden waren. Sie streichelte den Hund.

„Wir reiten ein Stückchen und nehmen ihn mit", sagte sie, „und dann zeigen wir ihm die Kardätsche noch einmal. Bestimmt begreift er dann, um was es geht!"

Sie stiegen erneut in den Sattel und entfernten sich einige hundert Meter weit von dem Reiterhof. Am Rande einer Tannenschonung erreichten sie eine Weggabelung.

„Hier könnte Mia abgebogen sein", erklärte Wendy und stieg ab. Sie ließ sich von Bianca die Kardätsche geben und hielt sie Wuschel hin. Neugierig schnüffelte der Hund daran, und er schien zu verstehen. Er umkreiste die Pferde mehrmals, wobei er die Nase tief auf den Boden senkte, strich dann an den Tannen entlang und entschied sich schließlich dafür, einem schmalen Weg zu folgen, der durch den Wald in weitem Bogen zur Ostsee führte.

„Ob er die Spur von Caramell hat?“, überlegte Oliver, während sie Wuschel auf ihren Pferden folgten.

„Ich weiß es nicht“, erwiderte Bianca, sie war unsicher. Sie hatten so einen Versuch noch nie zuvor gemacht, und sie konnte sich auch nicht recht vorstellen, dass Wuschel die Spur des Welsh-Cobs halten konnte.

„Er hat sie“, Wendy war davon überzeugt. „Darauf gehe ich jede Wette ein.“

Tatsächlich lief der Hund in recht hohem Tempo und mit tief gesenktem Kopf stets in der Mitte des Weges, wo sich die Hufabdrücke von zahlreichen Pferden abzeichneten. War aber auch die Spur des Welsh-Cobs dabei?

„Wir haben jetzt lange genug nach Mia gesucht und sie nicht gefunden“, stellte Wendy endlich fest. „Falls Wuschel es nicht schaffen sollte, werden wir sie auch nicht finden! Lasst uns umdrehen!“

Plötzlich begann der Hund laut zu bellen. Er stürmte voran und hüpfte dann voller Freude an Asta hoch, dem Pferd von Vanessa, die in diesem Moment aus einer Schneise heraus auf den Weg kam. Sie sah aus, so als ob sie sich über etwas geärgert hätte. Ein wenig unwirsch wehrte sie den Hund ab. Sie hatte keine Lust, sich mit ihm zu beschäftigen. Doch das änderte sich, als sie erfuhr, warum Wuschel an dem Ausritt teilnahm.

„Ich habe Mia gesehen", berichtete sie, „und ich habe sie gefragt, wer ihr erlaubt hat, den Welsh-Cob zu reiten, aber sie hat nicht geantwortet. Diese eingebildete Schlaffe hat einfach so getan, als hätte sie nichts gehört."

Wendy fand, dass Mia weder eingebildet noch eine „Schlaffe" war. Diese Charakterisierung war ganz und gar unpassend für sie, aber sie ging darüber hinweg, weil sie wusste, wie empfindlich ihre Cousine auf Kritik reagierte.

„Ich habe mich über Mia geärgert", gab Vanessa zu. „Deshalb habe ich diesen beiden Typen auch gesagt, wo sie ist."

Sie nahm ihre Reitkappe ab und fuhr sich mit der Hand durch die verschwitzten Haare. Dann setzte sie die Kappe umständlich wieder auf. „Aber eigentlich tut es mir jetzt Leid", fuhr sie fort. „Ich finde diese Typen richtig mies. Es sind die gleichen, die gestern schon nach ihr gefragt haben. Auf der anderen Seite finde ich, wenn Mia mit solchen Leuten zu tun hat, ist sie wahrscheinlich selbst auch nicht ganz ohne."

Wendy verschlug es die Sprache. Sie konnte nicht glauben, was ihre Cousine da so leichthin gesagt hatte.

„Du hast diese Typen auf Mia gehetzt?", rief Oliver empört. „Das darf doch nicht wahr sein! Bist du verrückt geworden?"

„Gehetzt ja nun nicht gerade", Vanessa wehrte sich. „Ich habe ihnen eine höfliche Auskunft gegeben. Dagegen ist ja wohl nichts einzuwenden – oder?"

Wendy gab Oliver und Bianca ein Zeichen, um sie davon abzuhalten, Vanessa Vorwürfe zu machen. Damit erreichten sie überhaupt nichts. Sie war sicher, dass Mia sich in Schwierigkeiten befand, und jetzt war allein wichtig, dem Mädchen zu helfen.

„Wo ist Mia?", fragte sie daher. „Wo hast du sie zuletzt gesehen?"

„Am See", erwiderte Vanessa, die nicht den geringsten Zweifel daran zu haben schien, dass sie richtig gehandelt hatte. „Ich komme mit. Schließlich möchte ich ihr Gesicht sehen, wenn wir sie wegen Caramell zur Rede stellen!"

Daran dachte Wendy nun schon gar nicht mehr. Sie fragte sich vielmehr, was geschah, wenn die beiden Kerle Mia fanden. Wer waren diese Männer überhaupt? Was wollten sie von Mia? Hielten sie sich nur deshalb seit zwei Tagen in der Nähe vom Reiterhof auf, weil sie etwas mit Mia zu regeln hatten? Warum war Mia vor ihnen weggelaufen? Warum hatte sie so große Angst vor ihnen, dass sie sich sogar im Stall versteckt hatte, um ihnen aus dem Weg zu gehen?

Wendy hoffte, dass sie bald eine Antwort auf ihre vielen Fragen erhalten und dass diese kein allzu schlechtes Licht auf das schüchterne Mädchen werfen würde. Sie gestand sich ein, dass sie ein wenig Angst vor dieser Antwort hatte. Sie mochte Mia, obwohl diese so abweisend zu ihr gewesen war, und sie war entschlossen, alles zu tun, um ihr zu helfen.

„Wir müssen uns beeilen", drängte sie. „Diese Typen könnten Mia längst gefunden haben!"

Mia in Schwierigkeiten

Durch eine Schneise in einem jungen Mischwald ging es hinab zu einem See, an dessen östlichem Ufer ein Campingplatz mit vielen Wohnwagen lag. Als sich Oliver und die drei Mädchen dem Gewässer von Westen her näherten, wurde Wuschel unruhig, er begann verhalten zu bellen.

„Lasst uns absteigen und die Pferde hier anbinden", schlug Wendy vor, „sonst sehen die Männer uns, bevor wir wissen, wo sie sind! Und das wäre nicht gut!"

Während Oliver, Vanessa und Wendy aus dem Sattel stiegen, zögerte Bianca. „Wir sind aber schneller zu Pferde, wenn wir vielleicht fliehen müssen", gab sie zu bedenken.

Oliver sah sie an. „Du kannst ja auf die Pferde aufpassen, wenn du Angst hast! Bleib nur bei ihnen. Es ist gut, wenn jemand dableibt!"

Bianca presste die Lippen zusammen und schwang sich ebenfalls aus dem Sattel. Sie mochte es nicht, wenn man ihr Ängstlichkeit vorwarf. Sie band Tropic mit den Zügeln an einen Baum. „Ich bin nur vorsichtig", erklärte sie, und keiner der anderen machte sich über sie lustig. Oft genug hatten sie erlebt, dass Bianca mutig sein konnte, wenn es wirklich darauf ankam.

Als sie der Schneise hinunter zum See folgten, legte Wendy Wuschel die Hand auf den Kopf, um ihn zu beruhigen. „Ganz leise“, sagte sie. „Nicht bellen!“

Er blickte sie an und schien sie zu verstehen. Er blieb ganz nahe bei ihr und knurrte nur hin und wieder leise, bellte jedoch nicht mehr.

Die Sonne war bereits halb hinter dem Horizont verschwunden, nur eine Lerche ließ noch ihren Gesang hören. Irgendwo raschelte es im Unterholz, als ein Kaninchen das Weite suchte. Sonst war alles still. Feuchtigkeit senkte sich herab und legte sich wie ein kühler Hauch über das Gras.

„Waren diese Typen eigentlich mit dem Auto da, Vanessa?“, fragte Oliver leise.

„Nein, sie gingen zu Fuß“, erwiderte sie. „Ihr Auto haben sie irgendwo da drüben an der Ostsee geparkt!“

Sie näherten sich einigen Büschen, die ihnen den direkten Blick auf das Gewässer und eine Anglerhütte verwehrten, die versteckt zwischen Schilf und Sträuchern am Ufer stand. Wendy und die anderen Jugendlichen vom Reiterhof Lindenhöhe kamen nur selten hierher, weil sie wussten, dass die Angler ungestört bleiben wollten.

An den Büschen verharrten die Freunde und spähten zum Wasser hinunter.

„Dort ist Caramell“, flüsterte Vanessa. „Mia hat ihn bei der Hütte angebunden!“

Von dem Welsh-Cob waren nur der Kopf und der Rücken mit dem Sattel zu sehen. Alles andere war hinter den Büschen verborgen. Von Mia und den beiden Männern war keine Spur zu sehen.

„Sie sind in der Hütte“, vermutete Wendy. „Los, wir gehen hin! Vielleicht braucht Mia unsere Hilfe.“

Sie gab den anderen gar nicht erst Gelegenheit, Einspruch zu erheben. Geduckt lief sie weiter, und Wuschel blieb an ihrer Seite. Oliver folgte ihr, Vanessa und Bianca bildeten den Schluss.

Nur wenige Schritte von der Anglerhütte entfernt blieben sie stehen. Die Hütte war aus dicken Bohlen gebaut und bot eine stabile Unterkunft, in die sich die Angler bei Regen zurückziehen konnten. Caramell war seitlich am Geländer einer kleinen Veranda angebunden, die zur Wasserseite hin lag. Dort befanden sich auch die Tür und die beiden mit Eisengittern versehenen Fenster.

Oliver legte warnend einen Finger an die Lippen. Auf der Rückseite des Holzhauses drückte er sich an die Wand und lauschte, gab dann jedoch mit einer Geste zu verstehen, dass er nichts hören konnte. So mussten Wendy und ihre Freunde wohl oder übel um das Haus herum und über die Veranda zur Tür gehen. Sie duckten sich, um vom Inneren her nicht gesehen zu werden, und schlichen sich an eines der Fenster heran. Wendy richtete sich vorsichtig auf und blickte hinein. Sie sah Mia. Das Mädchen war allein. Mit tief gesenktem Kopf saß sie auf einem Stuhl, die Arme nach hinten um die Lehne gelegt.

Wendy gab Oliver und den anderen ein Zeichen. Alle zusammen eilten sie zur Tür. Die war mit einem einfachen Riegel gesichert, der sich leicht zur Seite schieben ließ.

Oliver zog die Tür auf, und Wendy trat als Erste ein.

Von den polternden Schritten aufgeschreckt, hob Mia den Kopf; sie lächelte erleichtert, als sie die vier vom Reiterhof Lindenhöhe erkannte, sagte jedoch nichts. Sie drehte den Kopf zur Seite, um ihren Blicken auszuweichen.

„Sie haben ihre Hände an die Rückenlehne gebunden", stellte Oliver erschrocken fest. Er begann sogleich, die Fesseln zu lösen, hatte dabei jedoch unerwartete Schwierigkeiten.

„Wer hat das getan?", fragte Vanessa entsetzt.

„Das fragst du?", wies Oliver sie zurecht. „Das müsstest du doch wissen! Du hast diesen Typen schließlich gesagt, wo Mia ist!"

Endlich gelang es ihm, die Stricke zu lösen. Mia dankte ihm mit einem scheuen Lächeln. Sie stand auf und massierte ihre Handgelenke. Schnell sah sie aus dem Fenster nach Caramell. Dann sah sie Wendy unsicher an. „Ich glaube, ich muss einiges erklären", sagte sie zögernd.

„Das wäre nicht schlecht", erwiderte das Mädchen von Lindenhöhe. „Wer sind die beiden Männer, die hinter dir her sind? Was wollen sie von dir? Waren sie es, die dich gefesselt haben? Und warum haben sie es getan?"

Mia setzte sich wieder auf den Stuhl. Sie stützte ihr Kinn in die Hände und blickte ins Leere, bevor sie antwortete. Vanessa dauerte es zu lange, sie wollte Mia schon ungeduldig anfahren, um sie zum Reden zu bringen, doch Wendy hielt sie sanft mahnend zurück.

„Ich weiß eigentlich gar nicht, wo ich anfangen soll", sagte Mia endlich leise. Sie sah niedergeschlagen aus und wirkte sehr verloren.

Wendy spürte, wie einsam sie war. „Wer sind diese Typen?", fragte sie energisch.

„Kriminelle", erwiderte Mia. „Berufsverbrecher. Sie haben bei einem großen Pferderennen das Wettbüro überfallen und eine Menge Geld geraubt."

Oliver staunte. Er setzte sich Mia gegenüber auf den Boden. „Und was hast du damit zu tun?"

„Eigentlich gar nichts", betonte Mia, „aber ich habe einen Bruder, der diesen Kerlen die Beute abgenommen hat und damit verschwunden ist. Sie suchen ihn, und jetzt haben sie ihn wohl gefunden."

„Dein Bruder ist also hier in der Nähe“, stellte Wendy fest.

„Ja, das stimmt“, bestätigte die Sechzehnjährige. „Er hat sich drüben in einem der Campingwagen versteckt. Ich weiß nicht, in welchem. Während der Woche stehen ja viele leer. Die Leute kommen fast alle nur am Wochenende, wie ihr wisst ...“

„Und da ist er in einen der Wagen eingebrochen und hat es sich darin gemütlich gemacht“, bemerkte Vanessa verächtlich. „Einfach so!“

„Wie heißt er?“, fragte Wendy, ohne auf die Bemerkung ihrer Cousine einzugehen. Es war ganz sicher nicht richtig, was Mias Bruder getan hatte, aber es führte zu nichts, ihr jetzt Vorwürfe zu machen. Sie war für ihren Bruder nicht verantwortlich.

„Bernd!“

„Kaptschyk?“

Mia blickte Wendy bestürzt an. Ihre Wangen röteten sich, und sie krampfte die Hände nervös ineinander. Mit diesem Namen hatte Wendy sie überrascht. „Woher weißt du das?“, stammelte sie.

„Ich habe es nur vermutet“, erwiderte Wendy einfach. „Dann gehört Caramell also dir?“

Dieses Mal ließ Mia sie nicht so lange auf eine Antwort warten. Sie richtete sich auf, und ihre Augen begannen zu leuchten. Der Gedanke an das Pferd veränderte sie und ließ sie lebhafter und zuversichtlicher erscheinen als sonst.

„Ja, und seinetwegen bin ich nach Lindenhöhe gekommen. Ich erfuhr, dass er zu euch gebracht worden ist, und da konnte ich nicht anders. Ich musste zu ihm. Er bedeutet mir alles. Fast noch mehr als mein Bruder. Außerdem wollte ich schon immer mal auf einem Gestüt arbeiten. Ich möchte Pferdewirtin werden."

„Aber diese beiden Typen wissen, was dir Caramell bedeutet", erkannte Wendy, der plötzlich klar geworden war, warum sich die Dinge auf unseren Hof konzentrierten. „Sie haben herausgefunden, dass der Welsh-Cob bei uns ist, und sie haben sich gesagt, dass du früher oder später zu ihm gehen wirst. Also sind sie zu uns gekommen und haben hier in der Hoffnung auf dich gewartet, dass du sie zu deinem Bruder führst."

„Tut mir Leid", mischte Vanessa sich ein. „Ich habe keinen Bruder, aber wenn ich einen hätte, und der hätte Geld gestohlen, dann wäre ich mit ihm fertig. Wie kannst du den schützen? Einen Dieb?"

„Das verstehst du nicht", erwiderte Mia. Ihre Stimme zitterte, sie fuhr sich verlegen mit dem Handrücken über die Augen, um die Tränen abzuwischen, die sie nicht mehr zurückhalten konnte. „Er ist krank. Er ist behindert. Und er braucht Hilfe!"

Sie zögerte lange, bis sie sehr leise und kaum verständlich hinzufügte: „Geistig behindert."

„Ach, aber es reichte immerhin, den beiden Gangstern das Geld zu klauen“, fuhr Vanessa hitzig auf. „Oder hast du ihm dabei geholfen?“

Jetzt konnte Mia sich nicht mehr beherrschen. Sie ließ den Kopf sinken, schlug die Hände vors Gesicht und schluchzte hemmungslos. Wendy blickte ihre Cousine vorwurfsvoll an. Sie nahm sich vor, Vanessa später, wenn sie allein waren, gehörig die Meinung zu sagen. Es war jetzt nicht angebracht, einen solchen Verdacht auszusprechen.

„Dann ist dein Bruder also hier, weil er irgendwie Hilfe von dir erwartet?“, fuhr Wendy fort.

„Bernd wusste, dass ich Caramell nicht allein lassen würde“, erwiderte Mia. „Er sollte auf ihn aufpassen, aber das hat er nicht getan. Er ist zu schwach dazu. Und als der Hamburger Reiterhof schließen musste, ist Bernd Caramell gefolgt und hat sich hier versteckt, um auf mich zu warten. Er kann nicht allein sein. Vor allem dann nicht, wenn er seine Anfälle hat.“

„Und wo ist das Geld?“, fragte Wendy behutsam.

„Ich weiß es nicht“, erwiderte Mia, ohne den Kopf zu heben. „Mein Bruder hat es versteckt, aber er hat vergessen, wohin er es getan hat. Ich musste ihm etwas Geld geben, damit er sich etwas zu essen kaufen kann.“

Das war es also gewesen! Bernd war in der Nacht vom Sonntag zum Montag nach Lindenhöhe gekommen und hatte Mia misshandelt, als sie sich weigerte, ihm Geld zu geben.

„Ich verstehe", sagte Wendy. „So allmählich werden mir die Zusammenhänge klar."

„Warum haben diese Männer dich gefesselt?", wollte Bianca wissen.

„Sie haben mich zuerst gezwungen, ihnen zu sagen, wo mein Bruder ist", antwortete Mia. „Dann wollten sie wohl verhindern, dass ich zu ihm gehe und ihm helfe. Deshalb haben sie es getan."

„Du hättest die Polizei holen können", sagte Vanessa vorwurfsvoll. „Das hättest du tun müssen!"

„Nein, das hätte ich nicht", wehrte Mia sich. „Als ich erfuhr, dass Caramell nicht länger auf dem Hamburger Reiterhof bleiben konnte, bin ich aus der Jugendstrafanstalt abgehauen. Das war ganz einfach. Da ist ja alles offen."

„Und warum warst du dort?", erkundigte sich Vanessa mit einer gewissen Schärfe in der Stimme.

„Die Polizei glaubt, dass *ich* das Geld genommen habe", antwortete Mia bereitwillig und ohne zu zögern. Sie hob den Kopf und blickte Wendy verzweifelt an. „Ich habe alles falsch gemacht", schluchzte sie. „Ich wollte meinen Bruder schützen. Ich wollte nicht, dass er ins Gefängnis kommt. Er war schon einmal dort, und da wurde alles viel schlimmer mit seiner Krankheit. Die anderen Gefangenen haben ihn schlecht behandelt, ihn gequält und sich lustig über ihn gemacht. Und da habe ich mich nicht gewehrt, als die Polizei sagte, ich hätte das Geld."

„Das war sicher nicht richtig", stellte Wendy fest. „Es wäre besser gewesen, dafür zu sorgen, dass dein Bruder in ärztliche Behandlung kommt."

„Ich weiß", erwiderte das Mädchen. „Aber er will ja nicht. Ich habe alles versucht. Er müsste ins Krankenhaus, aber er sagt, er tut sich was an, wenn ich ihn dorthin bringe. Ich weiß nicht mehr, was ich tun soll ..."

„Und deine Eltern?", fragte Oliver.

„Wir haben keine Eltern mehr", sagte Mia leise. Wir haben einen Vormund. Bernd und ich haben immer zusammengehalten, aber mein bester Freund ist Caramell. Ich hatte ihn jahrelang als Pflegepferd betreut, bis ich ihn dann von seinem Eigentümer geschenkt bekam ..."

Wendy und ihre Freunde blickten das Mädchen betroffen an. Sie hätten ihr gern irgendetwas Tröstendes gesagt, aber sie fanden nicht die richtigen Worte. Die Lage, in der sich Mia befand, war schwierig. Einen Ausweg schien es nicht zu geben.

Während sie noch nach Worten suchten, vernahmen sie polternde Schritte auf der Veranda, und jemand öffnete die Tür. Sie sahen kaum mehr als einen schattenhaften Umriss. Laut bellend stürzte Wuschel zur Tür, er war jedoch ein wenig zu langsam. Der Mann schlug die Tür schnell wieder zu.

Oliver versuchte, sie wieder aufzureißen, aber es war schon zu spät. Der Mann stemmte sich von draußen dagegen, und dann hörten sie ihn hämisch lachen.

„He, Mia, dein Bruder Bernyboy hat sich daran erinnert, wo das Geld ist“, rief der Mann mit unangenehm klingender Stimme. Es schien, als sei ihm etwas in den Hals geraten und als werde er sich schon im nächsten Moment kräftig räuspern. „Es ist auf dem Reiterhof, und wir holen es uns!“

Schritte entfernten sich, dann wurde es still. Wuschel bellte wütend, bis Wendy ihn an sich zog und beruhigte.

Oliver versuchte vergeblich, die Tür zu öffnen. Auf der Innenseite hatte sich ein Hebel befunden, mit dem der Riegel bewegt werden konnte. Doch er war nicht mehr da. Irgendjemand hatte ihn abgebrochen. Oliver ließ sich auf die Knie sinken und rutschte eine ganze Weile hin und her, wobei er den Kopf mal zur einen, mal zur anderen Seite drehte und durch schmale Spalten in der Tür hinausspähte. Mit seinem Taschenmesser versuchte er, den Riegel zur Seite zu schieben. Es gelang ihm nicht. „Wir sitzen in der Falle“, sagte er schließlich mutlos.

„Ist ja toll“, Vanessa ärgerte sich. Sie trat mit dem Fuß gegen die Tür. „Die Gangster holen sich die Beute, und wir können nichts tun.“

„Und wenn sie erst einmal mit dem Geld verschwunden sind, hat Mia nur noch schlechte Aussichten, ihre Unschuld zu beweisen“, stellte Wendy fest.

Ein Welsh-Cob mit besonderen Fähigkeiten

„Wie kommen wir hier raus?“, überlegte Oliver. Er rüttelte an der Tür, erreichte damit jedoch nicht, dass sie sich öffnete. Mittlerweile war es so dunkel geworden, dass sie die Campingwagen auf der anderen Seite des Sees kaum noch erkennen konnten.

„Wir könnten die Scheiben einschlagen und um Hilfe rufen“, schlug Vanessa vor.

„Nein, lieber nicht“, Wendy lehnte diesen Vorschlag ab. „Wir sind hier zu weit vom Campingplatz entfernt. Uns hört doch niemand.“

Sie suchten die Hütte ab, um irgendwo eine Lücke zu finden, durch die sie hinauskommen konnten, aber es gab keine.

„Was machen wir jetzt?“, fragte Bianca. „Wir können doch nicht die ganze Nacht hier bleiben! Wäre ich nur bei den Pferden geblieben!“

Vanessa setzte sich auf einen Hocker in der Ecke; sie stützte den Kopf auf die Hände und weigerte sich, an den Befreiungsversuchen teilzunehmen. Da man ihren Vorschlag abgelehnt hatte, den sie als den besten von allen ansah, hielt sie alle weiteren Maßnahmen für überflüssig. Hin und wieder blickte sie

Mia böse an. Ihr gab sie die ganze Schuld an ihrer unglücklichen Lage.

„Ich habe eine Idee", sagte Mia endlich leise zu Wendy. Zu ihr fühlte sie sich hingezogen, und zu ihr hatte sie ein wenig Vertrauen.

„Was denn?", fragte Wendy.

„Caramell soll uns befreien!" Mia legte den Finger an die Lippen, und Wendy bat die anderen, sich für eine Weile ruhig zu verhalten.

Mia ging an die Tür und horchte. Vom See her war nur das Quaken der Frösche und das Kreischen einer vereinzelten Möwe zu hören, die über das Schilf strich.

„Caramell?", rief das Mädchen. „Komm hierher zu mir! Komm, mein Guter!"

Der Welsh-Cob antwortete mit einem lauten Prusten, und Mia wiederholte ihren Lockruf noch einige Male.

„So ein Quatsch", murmelte Vanessa. „Wir wissen doch alle, dass Caramell angebunden ist. Oder glaubst du, dass er die Wand eintritt?"

Die anderen hörten nicht auf sie. Sie horchten angespannt, und sie vernahmen, wie unruhig der Welsh-Cob geworden war. Er trat auf der Stelle, schnaubte immer wieder und schien am Holz zu knabbern und zu nagen.

„Was macht er da?", wisperte Bianca.

„Ich habe ihn mit den Zügeln angebunden, und er

versucht, den Knoten zu lösen", antwortete Mia ebenso leise.

„Das kann er wirklich?" Bianca staunte.

„Ja, das kann er. Am Sonntag hat er es doch einige Male gemacht. Schon vergessen?"

Bianca erinnerte sich nur zu gut daran, dass Caramell und Miss Dixie frei auf dem Reiterhof herumgelaufen waren, obwohl sie vorher angebunden gewesen waren. Wendy und sie hatten geglaubt, dass sich einige Besucher einen Spaß daraus gemacht hatten, die Pferde loszubinden.

Vanessa stand auf und kam zu ihnen. „Das schafft er nie!", behauptete sie.

Wie sehr sie sich irrte, zeigte sich schon wenig später. Sie hörten, wie der Welsh-Cob sich bewegte, und dann polterten seine Hufe über die Veranda der Anglerhütte. Wendy, Mia, Bianca und Oliver riefen ihm begeistert zu, dass er nun auch den Riegel der Tür öffnen solle, und auch Vanessa vergaß, wie sie kurz zuvor noch gezweifelt hatte. Sie stimmte in das Geschrei ein, bis Mia sie bat, ruhiger zu sein.

„Du musst den Riegel bewegen, Caramell", rief sie dem Wallach zu, als die anderen sich ein wenig beruhigt hatten. „Du kannst es, Liebling. Du hast es ja schon öfter getan, wenn du aus deiner Box herauswolltest!" Sie sprach nun ununterbrochen auf den Welsh-Cob ein und ermunterte ihn. Sie hörten, wie er mit den Zähnen am Riegel arbeitete.

„Für mich ist das wie ein Wunder“, flüsterte Wendy. „Er schafft es tatsächlich. Ich hätte nicht gedacht, dass er so klug ist. Das gibt’s doch gar nicht!“

Wenig später schnaubte Caramell laut, und sie vernahmen, wie der Riegel sich bewegte. Vorsichtig drückte Mia sich gegen die Tür, und sie gab nach. Ein Spalt bildete sich, der sich rasch verbreiterte, und dann waren Wendy und ihre Freunde nicht mehr zu halten. Sie drängten hinaus und umringten das Pferd, durch dessen überraschende Fähigkeiten sie freigekommen waren. Wuschel sprang bellend an ihm hoch, um ihn zu begrüßen.

„Das ist sagenhaft, einfach sagenhaft!“, rief Vanessa ein ums andere Mal. „Ich habe euch ja gleich gesagt, dass Caramell es schafft!“

Sie hatte vollkommen vergessen, wie sehr sie nur wenige Minuten vorher gezweifelt hatte.

Mia umarmte den Welsh-Cob und drückte ihr Gesicht fest an seinen Hals. Sie war froh, dass die Dunkelheit ihre Tränen verbarg. „Er hat das schon als Fohlen gekonnt!“, sagte sie leise. „Es hat ihm niemals jemand verboten!“

Wendy legte ihr behutsam die Hand ganz sanft auf die Schulter.

„Komm, Mia“, bat sie. „Wir müssen nach Lindenhöhe.“

Das aschblonde Mädchen löste sich langsam von Caramell. Sie nickte, fuhr sich verstohlen mit dem

Handrücken über die Augen und führte den Wallach dann von der Veranda.

„Jetzt kommt! Wir müssen zu unseren Pferden! Es ist höchste Zeit!", rief Oliver drängend.

Ohne ein weiteres Wort zu verlieren, rannten sie die Schneise hoch, um zu ihren Pferden zu kommen. Ihnen war bewusst, dass sie auf jeden Fall zu spät zum Reiterhof kommen würden, wenn sie zu Fuß gehen mussten. Direkt am See entlang führte ein schmaler Pfad zu einem Waldstück hinüber und von dort nach Lindenhöhe. Dieser Weg war näher als der, den sie mit den Pferden nehmen mussten, aber der Vorsprung der beiden Männer war beträchtlich. Zu Fuß konnten sie ihn nicht mehr wettmachen.

Als sie etwa die Hälfte der Strecke zurückgelegt hatten, hörten sie Miss Dixie wiehern, und dann dauerte es nicht mehr lange, bis sie sahen, dass alle Pferde noch da waren.

„Die Kerle sind zu Fuß unterwegs", stellte Wendy fest. „Wenn wir uns beeilen, können wir noch vor ihnen auf Lindenhöhe sein!"

Sie banden die Pferde los.

Wendy wollte ihr Pferd antreiben, doch Vanessa hielt sie zurück. „Wartet noch", rief sie. „Ich werde zum Campingplatz reiten und vom Verwalter aus Hauptwachtmeister Struwe anrufen. Ich werde ihm sagen, dass er sofort nach Lindenhöhe kommen muss. Oder hat jemand einen besseren Vorschlag?“

„Eine gute Idee, Cousinchen“, stellte Wendy fest. „Ohne die Polizei schaffen wir es nicht!“

Wendy trieb jetzt Miss Dixie an und folgte zusammen mit den anderen der Schneise. Sie konnten nicht ganz so schnell reiten, wie sie es gern getan hätten, weil es zu dunkel war und sie nur wenig sehen konnten. Die Pferde aber kannten das ebene Gelände, sie fanden sich ohne große Mühe zurecht.

Schon bald verließen Wendy und ihre Freunde den Wald und erreichten offenes Gelände, wo es ihnen heller zu sein schien.

„Was tun wir, wenn wir auf Lindenhöhe ankommen?“, fragte Bianca.

„Wir sagen meinem Vater Bescheid“, entschied Wendy. „Allein werden wir mit diesen Männern nicht fertig.“

Mit diesem Vorschlag waren alle einverstanden. Es wäre nicht nur leichtsinnig gewesen, sich den Kriminellen ohne die Hilfe der Erwachsenen entgegenzustellen, sondern auch aussichtslos.

Mia ritt schweigend an Wendys Seite. Es schien, als würde sie sich am liebsten verstecken. Sie wusste, dass ihr Geheimnis nun nicht länger gewahrt bleiben würde, und sie hatte Angst vor den Folgen. Erst als der Hof vor ihnen auftauchte, gab sie ihre ängstliche Zurückhaltung auf.

„Was wirst du deinem Vater sagen?“, fragte sie und sprach dabei so leise, dass sie kaum zu verstehen war.

„Die Wahrheit“, erwiderte Wendy. „Alles andere wäre falsch. Du wirst sehen, Papa hat ganz bestimmt mehr Verständnis für dich und deinen Bruder, als du glaubst!“

„Wirklich?“ Mia war nicht überzeugt. In der kurzen Zeit, die sie auf Lindenhöhe war, hatte sie Gunnar Thorsteeg als autoritären Mann kennen gelernt, der Wert auf Disziplin legte. Sie konnte sich nicht vorstellen, dass ausgerechnet er Verständnis für sie aufbringen würde.

„Du wirst sehen“, machte Wendy ihr Mut. „Er ist gar nicht so.“

Mia ließ sich Zeit mit ihrer Antwort. Erst als sie den Reiterhof erreichten und sich dem Haupthaus von der Rückseite her näherten, sagte sie: „Vielleicht ist es besser, wenn ich vorher mit Bernd verschwinde!“

Wendy stieg aus dem Sattel und drückte ihr Miss Dixies Zügel in die Hand. „Wenn du das tust, bin ich sehr böse“, erklärte sie. „Du musst jetzt klar Schiff machen. Alles andere wäre falsch. Sei jetzt endlich einmal ehrlich!“

Sie bat Mia und die anderen, bei den Pferden zu bleiben und auf sie zu warten. Danach lief sie ins Haus, um ihren Vater zu informieren.

Bianca ging zu Mia und legte den Arm um sie.

„Du brauchst keine Angst zu haben", sagte sie leise. „Herr Thorsteeg wird dir helfen!"

Oliver nickte. „Und ich kenne noch jemanden, der dir helfen wird", flüsterte er. „Du wirst dich wundern!"

Bernds Versteck

Wendy kehrte schon bald zu Oliver, Bianca und Mia zurück, die Miss Dixie und ihre eigenen Pferde mittlerweile an einigen Pfosten angebunden hatten.

„Im Haus ist niemand", berichtete Wendy. „Nicht mal meine Oma. Vielleicht ist sie mit meinen Eltern in die Stadt gefahren."

„Oder sie sind im Reiterstübchen", vermutete Bianca.

„Nein. Dort brennt kein Licht mehr." Wendy hielt sich nicht lange mit der Frage auf, wo ihre Eltern sein könnten. „Bleibt hier. Ich hole Herrn Ruthfuss und Mark."

„Vergiss Flavio nicht", rief Oliver ihr mit gedämpfter Stimme nach, als sie davoneilte. Sie wollte nachsehen, ob der Pferdewirt und der Reitlehrer in ihren Bungalows waren.

„Was machen wir, wenn sie auch nicht da sind?", überlegte Bianca. Beklommen sah sie Oliver an.

„Darüber denke ich jetzt noch nicht nach", erwiderte er. „Du glaubst doch nicht, dass ich meine Gehirnwindungen für Komplikationen strapaziere, die dann doch nicht eintreten?"

„Es wäre immerhin ein gewisses Training!", bemerkte Bianca.

„He!", sagte er. „Du läufst ja zu ganz großer Form auf! Wirst richtig selbstständig!"

Bianca verzichtete auf eine Antwort, weil Wendy jetzt zu ihnen zurückkehrte. Sie hatte weder Carl Ruthfuss noch Mark Benson oder Flavio Scalini gefunden.

„Jetzt bleibt uns nur noch, die Gäste rauszutrommeln und um Hilfe zu bitten", sagte Oliver.

„Du spinnst wohl?", fauchte Wendy ihn an. „Du glaubst doch nicht, dass ich das mache? Dann heißt es noch, bei uns hier müssten die Feriengäste Kriminelle jagen! Kommt nicht in Frage."

Oliver sah ein, dass sein Vorschlag nicht gut gewesen war. Unschlüssig sah er die anderen an.

„Aber irgendetwas müssen wir tun", betonte Bianca.

„Ich wusste es ja gleich", flüsterte Mia. „Alles geht schief. Ich habe einfach kein Glück. Diese Typen werden das Geld nehmen und damit verschwinden, und ich werde nie beweisen können, dass ich es nicht gestohlen habe."

„Wir geben nicht auf, Mia!" Wendy legte den Arm um die Schultern des Mädchens. „Du kannst dich auf uns verlassen. Notfalls werden wir auch allein mit diesen Kerlen fertig."

„Wie denn?" Mias Stimme war anzumerken, wie

verzweifelt sie war. „Das sind Verbrecher. Die schrecken vor nichts zurück. Ich weiß nicht, was passiert, wenn wir ihnen in die Quere kommen."

Wendy stand neben ihrem Pferd. Sie streichelte den Hals der Stute und blickte dabei am Haupthaus vorbei zu den Stallungen hinüber. Dort brannten in Abständen von jeweils fünf Metern mehrere Lampen über den Türen. In ihrem Licht sah Wendy die Gestalten von drei Männern. Einer von ihnen war Bernd Kaptschyk. Wendy erkannte ihn an seinem Bart und den schulterlangen Haaren. Einer der beiden anderen machte sich an einer der Stalltüren zu schaffen.

„Sie sind da", flüsterte Wendy. „Seht doch! Sie wollen in die Ställe! Aber da kann dein Bruder die Beute doch gar nicht versteckt haben!"

Mia kam zu ihr und bestätigte, dass Bernd dort drüben mit den beiden Kriminellen war. „Ich habe keine Ahnung, wo die Beute ist", sagte sie, „aber wenn sie in den Stall wollen, dann muss sie dort sein!"

„Los. Wir gehen von der Garage her rein", drängte Wendy. Sie ließ den anderen keine Zeit zu widersprechen, sondern lief schon los. „Wenn wir sehen, wie sie die Beute holen, dann sind wir Zeugen und können später vor Gericht aussagen. Schon damit helfen wir dann Mia!"

Lautlos öffnete sie die Tür zur Garage, in der

das Cabrio von Flavio Scalini stand. Dann eilte sie zu der schmalen Tür, die zu den Ställen führte, und drückte sie vorsichtig auf, bis sie zu den Pferdeboxen und der Futterkammer hinübersehen konnten. Die Tür quietschte zwar leise, aber das Geräusch ging unter, da die Pferde in den Boxen unruhig waren und auf das Eindringen der drei fremden Männer reagierten, die mittlerweile die Futterkammer betreten hatten. Zwei der Männer hatten Taschenlampen eingeschaltet, sie beleuchteten die große Haferkiste. Sie hatten den Deckel geöffnet, und Mias Bruder wühlte mit beiden Händen im Hafer herum.

„Es ist hier", beteuerte er immer wieder. Seine Stimme klang eigenartig unsicher und kindlich. Er schien Mühe zu haben, die einzelnen Laute zu formen. „Ganz bestimmt. Ich habe es hineingelegt. Es ist im Hafer."

„Das ist doch hirnrissig! Dieser Esel hat die Beute im Hafer versteckt", flüsterte Oliver. „Ich schätze, Flavio hat es längst gefunden!"

„Nein, hat er nicht", wisperte Mia, als ihr Bruder plötzlich aufschrie und dann mit beiden Händen eine Ledertasche aus dem Hafer hervorholte.

„Hier ist es", rief Bernd. „Ich habe es euch ja gesagt!"

„Na also", sagte der Mann mit der gepressten Stimme. „Dann hat sich das Ding auf der Rennbahn ja doch gelohnt. Mann, ich dachte schon, das ganze schöne Geld ist weg!"

Plötzlich flammte Licht auf, und Gunnar Thorsteeg, Mark Benson, Flavio Scalini, Carl Ruthfuss, Hauptwachtmeister Struwe und ein Polizist in Uniform traten aus den Boxen hervor. Sie stellten sich vor die Tür der Futterkammer und versperrten den Eindringlingen den Weg.

„Das ist es auch", sagte Wendys Vater, während Hauptwachtmeister Struwe und sein Kollege entschlossen in die Futterkammer gingen und den beiden Männern Handschellen anlegten. Bernd Kaptschyk nahmen sie beim Arm. „Lederjacke" und „Cowboy-Stiefel" waren fassungslos. Die Verhaftung traf sie wie ein Blitz aus heiterem Himmel, sie leisteten keine Gegenwehr. „Das Geld haben wir. In der Tasche ist nur Zeitungspapier. Sehen Sie ruhig nach, meine Herren!", erklärte der Hauptwachtmeister ernst.

„Papa", rief Wendy. Sie war so überrascht über die Anwesenheit der Männer vom Reiterhof und der Polizei, dass sie kaum einen klaren Gedanken fassen konnte. Während Mia, Bianca und Oliver unschlüssig an der Tür stehen blieben, eilte sie zu ihrem Vater. „Wieso seid ihr hier? Und wie habt ihr es erfahren?"

Thorsteeg blickte sie an. Es schien ihn gar nicht zu erstaunen, dass seine Tochter plötzlich im Stall auftauchte. „Weil wir zwei und zwei zusammenzählen können", erwiderte er zufrieden. „Nachdem ich in der Kartei nachgesehen und etwas über Caramell gelesen hatte, wurde ich neugierig und habe ein paar Nachforschungen angestellt, vor allem über seine Besitzerin Mia. Dabei kam so einiges heraus. Und dann entdeckte Flavio die Tasche mit dem Geld im Hafer. Nun ja, da konnten wir uns den Rest zusammenreimen."

„Aber Bernd gehört nicht dazu", beteuerte Wendy. Sie war so aufgeregt, dass sie zu stottern begann. „Er ist krank, sagt Mia ..."

„Das ist er wohl auch!" Gunnar Thorsteeg blickte ernst zu dem Mädchen hinüber, das sich ihm nun zögernd näherte. „Wäre er das nicht, hätte er sich wohl kaum dieses Versteck ausgesucht."

Mias Lippen zitterten. Es war ihr anzusehen, dass sie sich vor Thorsteeg und dem, was ihrer Ansicht nach nun kommen musste, fürchtete. Doch Wendys Vater erwies sich als nicht so streng, wie sie erwartet hatte.

„Du brauchst jetzt Hilfe, Mia", sagte er mitfühlend. „Wir werden sehen, was wir tun können, damit du herauskommst aus dieser ganzen Geschichte."

Sie blickte ihn unsicher an, und es war klar, dass sie ihm nicht glaubte. Plötzlich füllten sich ihre Augen mit Tränen. Sie wandte sich abrupt um und flüchtete aus dem Stall.

Kaum war sie zur Tür hinausgestürzt, als Vanessa hereinplatzte.

„Wachtmeister Struwe ist nicht zu Haus“, rief sie. „Wir müssen die Sache irgendwie allein regeln!“

Verblüfft blieb sie stehen, sah sich um, und dann begriff sie. „Und ihr habt mich zum Campingplatz geschickt!“, beschuldigte sie Wendy, Oliver und Bianca. Dass sie alles verdrehte, schien sie nicht zu stören.

Wendy tat, als habe sie nichts gehört. „Wir sollten uns jetzt um die Pferde kümmern“, sagte sie. „Und dann müssen wir überlegen, wie wir Mia helfen können.“

Sie sahen das Mädchen erst am nächsten Morgen wieder, als sie aus der Schule zum Reiterhof zurückkehrten. Mia saß im Sattel von Caramell, der in gemächlichem Schritt den Hof überquerte. Neben ihr gingen Gunnar Thorsteeg und Rechtsanwalt Bonniot. Mia bemerkte Wendy und ihre Freunde. Sie lächelte schüchtern und trieb den Welsh-Cob in einem leichten Trab zum Tor hin. Das Pferd machte einen frischen, ausgeruhten Eindruck. Mias Nähe hatte Caramell verändert und gut getan, sodass er die Hilfe von Dr. Packmoor vorerst wohl nicht mehr benötigte.

„Herr Bonniot wird mir helfen“, erzählte Mia, und Wendy bemerkte, wie aufrecht sie im Sattel saß, dass ihre Augen leuchteten und dass ihre Wangen sich gerötet hatten. Mia war wie verwandelt. Alles, was sie belastet hatte und grau und gedrückt hatte aussehen lassen, war verschwunden. Jetzt sah sie aus wie ein unbefangenes Mädchen, das voller Zuversicht in die Zukunft blickte. „Er hat gesagt, er wird alles in Ordnung bringen. Er wird auch dafür sorgen, dass Bernd in ein gutes Therapiezentrum kommt, wo er behandelt werden kann. Vielleicht wird mein Bruder wieder gesund werden!"

Nachdem Wendy, Bianca und Oliver ihr voller Freude zu den guten Nachrichten gratuliert hatten, stieß sie einen lauten, begeisterten Schrei aus und galoppierte davon.

„Seht euch das an", staunte Bianca. „Caramell sieht überhaupt nicht mehr krank aus. Es ist, als ob er sich mit Mia freut! Er will einfach nur bei ihr sein!"

Wendy ging zu ihrem Vater und dem Anwalt und begrüßte sie. „Es ist sehr nett von Ihnen, Herr Bonniot, dass sie sich um Mia kümmern wollen", sagte sie leise.

Der Anwalt blickte mit einem versteckten Lächeln zu Oliver und Bianca hinüber. Seine Brille blitzte im Licht der Sonne wie ein Spiegel. „Ja", erwiderte er. „Ich hatte heute Morgen schon sehr früh ein Gespräch mit deinem Freund Oliver. Er hat mich davon überzeugt, dass man Menschen helfen muss, wenn sie mal einen Fehler gemacht haben. Und jetzt glaube ich, dass gerade Mia eine solche Hilfe benötigt."

„Herr Bonniot ist sicher, dass Mia sofort aus der Jugendstrafanstalt entlassen wird, wenn er dem Richter erklärt hat, dass sie die Schuld für ihren Bruder auf sich genommen hat", bemerkte Gunnar Thorsteeg. „Und weißt du, was dann mit ihr geschieht?"

„Ich habe keine Ahnung", gestand Wendy.

„Sie wird auf einem großen Gestüt bei Lüneburg eine Lehrstelle als Pferdewirtin erhalten. Ein Mädchen wie sie, die darüber hinaus so gut mit Pferden umgehen kann, hat eine solche Chance verdient. Findest du nicht auch? Vielleicht wird sie später sogar einmal mit Caramell nach Lindenhöhe zurückkommen!"

Wendy blickte an der Reithalle und dem Teich vorbei aufs Land hinaus. Sie konnte Mia noch sehen, obwohl sie schon weit vom Reiterhof entfernt war. Zuerst war sie ein wenig enttäuscht gewesen, weil Mia so schnell weggeritten war. Doch nun konnte sie sie verstehen. Sie wollte allein sein mit sich und der Hoffnung, die sie bei den Thorsteegs gefunden hatte.

Das PC-Abenteuer
auf CD-ROM
Wendy
Merkwürdige Dinge passieren auf dem Gestüt Rosenborg: als Wendy morgens in den Stall kommt, um die Pferde zu füttern, ist die Arbeit bereits erledigt. Auch Bianca staunt – wer hat nur die Box von Prinz ausgemistet? Wer ist der Eindringling der sich im Stall zu schaffen macht? Heimlich legen sich Wendy und Bianca auf die Lauer... Doch der vermeintliche Einbrecher entpuppt sich als ein junges Mädchen, Sarah. Sarah liebt Pferde über alles, aber ihre Mutter hat ihr den Umgang mit Pferden verboten. Werden Wendy und ihre Freunde dafür sorgen, daß Sarahs großer Traum vom Reiten in Erfüllung geht?
Features:
zahlreiche knifflige Rätsel
14 verschiedene Charaktere
über 10 verschiedene Locations
zeichentrick-animierte Figuren und Hintergründe
digitaler Stereosound
Sarahs großer Traum
Endkundenbestellhotline: 01 80 / 5 21 66 99
(0,24 DM pro Minute) von Montag bis Freitag, 09.00 - 17.30 Uhr)
Fax: 040 / 66 99 10 99
Mail: bestellung@dtp-ag.com
www.shoebox-interactive.de
PC CD-ROM
© Wendy Promotions Ltd. London

Klaus Müller

FACHWÖRTERBUCH LUFT- UND RAUMFAHRT

Klaus Müller

FACH-WÖRTERBUCH LUFT- UND RAUMFAHRT

ISBN 3-925505-30-X

1. Auflage

Buchgestaltung: Design Rottiers, Pliezhausen
Satz: Wolfram's Doku-Werkstatt, Attenkirchen
Druck und Herstellung: freiburger graphische betriebe, Freiburg im Breisgau

Inhalt

Dank

für Vorschläge, Anregungen, Ergänzungen, Daten, Korrekturen und konstruktive Kritik schulde ich Adalbert Bärwolf, Reinhard Berger, Eberhard Deparade, Elisabeth Heidan, Hartmut Laboch, Ralf Prasche, Horst Rademacher, Wolf-Dieter Schaller, Kirsten Schubert, William A. Schoneberger, Karl Schwarz, Marton Szigeti und Götz Wange.

Der Autor

Vorwort

Die moderne Welt wurde durch die Luft- und Raumfahrt geprägt. Der Luftverkehr verbindet Länder und Kontinente. Flugzeughersteller, Airlines, Flughäfen und die ganze Reise- und Touristikbranche sind weltweit zu einem der größten Wirtschaftsfaktoren geworden. Ohne Luftverkehr wäre die arbeitsteilige Verflechtung der globalen Wirtschaft nicht denkbar.
Auch die Raumfahrt spielt in unserem Alltag eine immer größere Rolle. Telefon und Fernsehen, Datenübermittlung und Faxdienste, Wetterbeobachtungen und Navigation: Satelliten sind unverzichtbarer Teil einer weltumspannenden Infrastruktur und Kommunikation.
Fachbegriffe aus der Luft- und Raumfahrt begegnen uns deshalb täglich. Dieses neue und bisher einzige Fachwörterbuch vermittelt knappe, aber präzise Informationen und Erklärungen zu dieser High-Tech-Welt.
Sachkundige Informationen sind in unserer komplexen Welt unentbehrlich. Dieses Nachschlagewerk ist ein nützlicher Begleiter für alle, die sich für die Luft- und Raumfahrt interessieren.

Dr. Wilhelm Bender
Vorsitzender des Vorstandes
Flughafen Frankfurt/Main AG

A

A-4 (dt. Aggregat 4) Interne Bezeichnung der als V-2 (s.d.) bekanntgewordenen deutschen Rakete.

A-4b Geflügelte Version der deutschen Rakete V-2 (s.d.).

A-9/10 Deutsches, nicht realisiertes Projekt einer Rakete mit interkontinentaler Reichweite (Amerika-Rakete) auf der Basis der V-2 (s.d.).

Abarischer Punkt Punkt, an dem sich die Gravitationskräfte zweier Himmelskörper die Waage halten.

Abdrift Abweichen vom geplanten Kurs durch atmosphärische Einflüsse.

Abfangen Ein Flugzeug aus dem Sink- oder Sturz- in den Horizontalflug überleiten.

Abfangjäger (engl. Interceptor) Schnelles, hochfliegendes Jagdflugzeug (s.d.), das angreifende Bomberverbände vom eigenen Gebiet abdrängen soll.

Abflugsektor Auf Flugplätzen Sicherheitszone in Startrichtung, die von Hindernissen und anderen Risiken freigehalten werden muß.

Abgas-Turbolader Bei Kolbenmotoren von einer Abgasturbine angetriebener Verdichter zur Leistungssteigerung.

Abheben Der Übergang eines Flugzeugs vom Rollen zum aerodynamischen Fliegen.

Ablaßventil Vorrichtung zum schnellen Ablassen von Treibstoff, z.B. vor einer Notlandung.

Ablativ-Kühlung Schmelzkühlung für Wiedereintrittskörper, bei dem Reibung das Oberflächen-Material schmelzen läßt und durch Verdampfen Wärme entzogen wird, es dadurch kühlt.

ABM (engl. Anti Ballistic Missile) Lenkwaffe zur Abwehr ballistischer Raketen.

ABM-Vertrag Vertrag zwischen den USA und der damaligen Sowjetunion, der die In-Dienst-Stellung von ABM (s.d.) auf je 100 beschränkte.

Abraham, Reinhard (1929 -) Von 1972-1989 für Technik verantwortliches Vorstandsmitglied der Lufthansa.

Abrahamson, James A. (1933 -) US-General, seit 1984 Leiter des SDI-Programms (s.d.).

Abstandswaffen (engl. Stand-off weapons) (Lenk-)Waffen, die schon aus größerer Entfernung abgefeuert werden.

ACC (engl. Air Combat Command) Kommandobehörde als Nachfolger des SAC (s.d.), der die Kampfverbände der US Air Force unterstellt sind.

Achgelis, Gerd (1908-1991) Deutscher Pilot und Flugzeugbauer. Arbeitete mit Henrich Focke (s.d.) zusammen.

ACM (engl. Additional Crew Member) Zusätzliches, über die Betriebserfordernisse hinaus mitfliegendes Besatzungsmitglied, z.B. ein Check-Captain oder ein Reservepilot auf Langstreckenflügen.

ADAC-Luftrettung Vom Allgemeinen Deutschen Automobil-Club (ADAC) unterhaltene Organisation zur Luftrettung (s.d.) mit Hubschraubern.

Adapter Verbindungsteil für die Anpassung unterschiedlicher Systeme.

Ader, Clément (1841-1925) Französischer Luftfahrtpionier, der schon vor den Wrights mit seiner Eôle einen kurzen Flug absolviert haben soll.

ADIZ (engl. Air Defence Identification Zone) Sperrzone für Luftfahrzeuge, z.B. entlang der ehemaligen Grenze zwischen Bundesrepublik Deutschland und Deutscher Demokratischer Republik.

ADP (engl. Advanced Ducted Prop) Hybrid-Antriebssystem. Ein von einer Turbine angetriebener Propeller läuft zur Erhöhung der Leistung in einer Ummantelung.

ADV (Arbeitsgemeinschaft Deutscher Verkehrsflughäfen) Dachorganisation der in Deutschland betriebenen Verkehrsflughäfen und -plätze.

AE Astronomische Einheit (s.d.).

AEA (engl. Association of European Airlines) Organisation der europäischen Fluggesellschaften.

AECMA (frz. Association Européenne des Constructeurs de Matériel Aérospatial) Dachverband von neun europäischen Luft- und Raumfahrt-Industrieverbänden.

AEG (dt. Allgemeine Elektrizitäts-Gesellschaft) Deutsches Elektro-Unternehmen, 1989 in der DASA aufgegangen.

Aerobatik Kunstflug.

Aero Club, Deutscher (DAeC) Dachverband der Flugsportvereine in Deutschland.

Aerodrom Früher Bezeichnung für einen Flugplatz.

Aerodynamik Die Lehre von der Luftströmung um bewegte feste Körper.

Aerodyne Flugkörper, der Vor- und Auftrieb durch den per Jalousien umlenkbaren Schub eines Fans erhält.

Aeroflot Staatseigene Fluggesellschaft der ehemaligen Sowjetunion.

Aero Lloyd Deutsche Ferien-Fluggesellschaft.

Aeroplan Frühe Bezeichnung für ein Flugzeug.

Aerophobie Psychisch bedingte Angst vor dem Fliegen.

Aeros 1972 bzw. 1974 gestartete deutsche Erdsatelliten.

Aerostat Frühe Bezeichnung für einen Ballon.

AFB (engl. Air Force Base) Kurzbezeichnung für Flugplätze der US Air Force (s.d.).

Afterburner (engl.) Nachbrenner (s.d.).

AFTI (engl. Advanced Fighter Technology Integration) Amerikanisches Technologie-Programm für die künftige Generation von Kapmfflugzeugen.

AGARD (engl. Advisory Group for Aeronautical Research and Development) NATO-Gremium zur Koordinierung der Luftfahrt-Forschung und -Entwicklung in den Mitgliedstaaten.

Agello, Francesco (1902-1942) Italienischer Pilot, mehrere Geschwindigkeits-Weltrekorde.

Agena Raketenoberstufe, deren im All wieder zündbares Triebwerk den USA 1966 erste Rendezvous-Manöver zwischen zwei Raumfahrzeugen gestattete.

Agrarflugzeug Für den Sprüh-Einsatz in der Landwirtschaft optimiertes Flugzeug.

Agusta, Giovanni Italienischer Industrieller. Das von ihm gegründete Unternehmen entwickelt und Baut vor allem Hubschrauber (A 106, A 109).

AIAA (engl. Aerospace Industries Association of America) Dachverband der US-Luft- und Raumfahrt-Firmen.

Air and Space Museum (engl.) Luft- und Raumfahrtmuseum der Smithsonian Institution in Washington, D.C., mit Arsenal und Restaurierungswerkstätten in Silver Hill. Weltweit die umfangreichste Sammlung.

Airborne (engl.) (Beim Start) Vom Boden gelöst, abgehoben.

Airbus Ursprünglich deutsch-französisches Gemeinschaftsprojekt für ein Strahl-Verkehrsflugzeug. Später beteiligten sich auch Großbritannien und Spanien.

Airbus Industrie 1970 gegründetes europäisches Industrie-Konsortium (Aérospatiale, DASA, British Aerospace, CASA). Entwickelt, produziert und vermarktet Strahl-Verkehrsflugzeuge (A300-600, A310, A319, A320, A321, A330, A340).

Air Conditioning (engl.) Klimaanlage in einer Druckkabine (s.d.).

Air Force No. One Code für die Sondermaschine des US-Präsidenten (zunächst eine Boeing 707, ab 1991 eine 747).

Air France Staatliche französische Fluggesellschaft, während der deutschen Teilung am Luftverkehr von und nach West-Berlin beteiligt.

Air Inter (frz.) Französische (Inlands-)Fluggesellschaft, 1990 mit Air France (s.d.) verschmolzen, 1994 wieder ausgegliedert.

Air Lift (engl.) Luftbrücke (s.d.).

Air National Guard (engl.) Reserve-Einheiten der US Air Force.

Airport (engl.) Flughafen.

Air Tattoo (engl.) Kameradschaftliche militärische Flug-Veranstaltung.

Aisle (engl.) In Verkehrsflugzeugen der Gang zwischen den Sitzreihen.

Akaflieg Studentische Arbeitsgemeinschaft an einer technischen Hochschule, die sich mit Entwicklung und Erprobung von (Sport-) Flugzeugen beschäftigt.

Alaska Kleinere, vor allem an der USWestküste operierende Fluggesellschaft.

Albatros-Flugzeugwerke GmbH Deutsche Flugzeugfirma (während des Ersten Weltkrieges). 1931 in Focke-Wulf (s.d.) aufgegangen.

Albedo Rückstrahlung (z. B. von Sonnenstrahlung durch den Mond).

Alcazar 1993 angestrebter, aber nicht realisierter Verbund zwischen SAS, Sabena, AUA und Swissair.

Alcock, Sir John (1892-1919) Britischer Pilot. Überflog zusammen mit Brown (s.d.) in einem umgebauten Vimy-Bomber am 14. und 15. Juni 1919 als erster Mensch den Atlantik von West nach Ost.

Aldrin, Edwin E. (1930-) US-Astronaut (Apollo 11). Setzte am 21. Juli 1969 als zweiter Mensch nach Neil Armstrong seinen Fuß auf den Mond.

Alenia Staatlicher italienischer Luft- und Raumfahrtkonzern (früher Aeritalia).

Alitalia Nationale italienische Fluggesellschaft.

Alkohol In der Anfangszeit der Flüssig-Rakete (s.d.) als Treibstoff verwendet.

Allgemeine Luftfahrt (engl. General Aviation) Alle Bereiche der Luftfahrt außer dem kommerziellen (Linien- und Bedarfs-)Luftverkehr und der militärischen Luftfahrt.

Allwetter-Landung Landung mit Hilfe elektronischer Hilfen auch bei schlechtester Sicht.

ALPA (engl. Air Line Pilot Association) Verband der im Linienflugverkehr eingesetzten Piloten.

Alpha Winkel, um den ein Luftfahrzeug um die Querachse zur Flugrichtung geneigt ist. Auch pitch angle.

Alpha Jet Leichtes, von Deutschland (Dornier) und Frankreich (Dassault, Bréguet) gemeinsam entwickeltes Kampf- und Trainingsflugzeug.

Alround (Aktionsgemeinschaft luft- und raumfahrtorientierter Unternehmen in Nordrhein-Westfalen) Verbund meist mittelständischer Betriebe mit dem Ziel des Technologie-Transfers.

Alternate (engl.) Ausweichlandeplatz für den Fall, daß die Landung auf dem Zielflugplatz aus Wetter- oder anderen Gründen nicht möglich ist.

Altimeter (engl.) Höhenmesser, von engl. Altitude = Höhe.

Altocumulus Hohe Haufenwolken mit hellem Rand und dunklem Zentrum.

Altostratus Hohe, formlose milchige Schichtwolke.

Aluminium-Lithium Legierung aus den Leichtmetallen Aluminium und Lithium, die geringes Gewicht mit großer Steifigkeit verbindet.

AMADEUS Computergestütztes Reservierungssystem, dem u.a. die Lufthansa angeschlossen ist.

AMC (engl. Air Mobility Command) Kommando der US Air Force, dem die Transport-Verbände unterstellt sind (früher MAC, s.d.).

Amendment (engl.) Anhang, zum Beispiel zu Zulassungsvorschriften.

American Airlines US-Fluggesellschaft.

Amerika-Rakete Deutsches Projekt einer Interkontinentalrakete auf der Basis der A-4 (s.d.) mit der Typenbezeichnung A-9/A-10.

Ames Research Center (engl.) Forschungszentrum der NASA bei San Francisco in Kalifornien.

Amphibium Flugzeug, das sowohl auf dem Wasser als auch auf festen Pisten starten und landen kann.

AMRAAM (engl. Advanced Medium Range Anti Aircraft Missile) Luft-Luft-Rakete (s.d.) für mittlere Entfernungen.

Amundsen, Roald (1872-1928) Norwegischer Polarforscher. Verschollen beim Versuch, den mit dem Luftschiff Italia havarierten Nobile (s.d.) zu bergen.

Analog-Instrumente Mechanische, zumeist runde Fluginstrumente. Durch elektronische Darstellung abgelöst (s.EFIS).

Anders, William (1933-) Amerikanischer Astronaut. Umrundete mit Borman und Lovell in Apollo 8 Weihnachten 1968 als erste Menschen den Mond.

Andrée, Salomon August (1854-1897) Schwedischer Forscher. Startete 1897 mit einem Ballon eine Expedition zum Nordpol, die jedoch auf Spitzbergen tragisch endete. Die Überreste wurden erst 1930 entdeckt.

Andrews AFB (engl.) Basis der US Air Force bei Washington, D.C. Regierungsflughafen der USA.

Anflug-Befeuerung Lande-Hilfe, die dem Piloten das Aufsetzen auf der Landebahn erleichtert.

Anflugsektor Bereich in der Anflugrichtung von Flughäfen, der von Hindernissen und anderen Risiken freizuhalten ist.

Ankermast Bauwerk, an dem Luftschiffe nach der Landung festgemacht werden, so daß sie in die Windrichtung schwenken können.

ANS (frz. Anti Navale Supersonique) Deutsch-französisches Projekt eines Überschall-Lenkflugkörpers gegen Schiffsziele.

Anstellwinkel Winkel, in dem die Längsachse eines Flugzeugs gegen die Horizontale angehoben ist (s. auch Alpha).

Anströmrichtung Richtung, die der Bewegungsrichtung eines Flugkörpers entgegengesetzt ist.

Antonow, Oleg (1906-1984) Russischer Flugzeugkonstrukteur, Begründer des nach ihm benannten Konstruktionsbüros (u.a. An-12, An-22, An-124, An-224).

AOPA (engl. Aircraft Owner and Pilots Association) Organisation, in der die Piloten der Allgemeinen Luftfahrt (s.d.) zusammengeschlossen sind.

APEX (engl. Advanced Purchase Excursion Fare) Niedriger Sondertarif bei langfristiger Vorauszahlung für das Flugticket.

Aphel Sonnenfernster Punkt einer elliptischen Umlaufbahn um das Zentralgestirn.

Apoapsis (lat.) Fernster Punkt einer ellipischen Umlaufbahn um einen Himmelskörper.

Apogäum Erdfernster Punkt einer elliptischen Umlaufbahn um die Erde. S. auch Perigäum.

Apogäums-Motor Triebwerk, das am erdfernsten Punkt eines elliptischen Orbits gezündet wird, um einen Satelliten auf eine Kreisbahn anzuheben.

Apollo US-Raumfahrt-Programm für die bemannte Mondlandung, von Präsident John F. Kennedy im Mai 1961 initiiert. Insgesamt zwölf Flüge, dabei wurden sechsmal Astronauten mit dem LEM (s.d.) auf dem Mond abgesetzt und mit dem Mutterschiff wieder zur Erde zurückgebracht.

Apollo 11 Erste US-Mondlandung. Setzte das Landegerät „Eagle" mit den Astronauten Armstrong (s.d.) und

Aldrin (s.d.) am 21. Juli 1969 auf dem Erdtrabanten ab. Astronaut Michael Collins (s.d.) umkreiste währenddessen den Mond im Mutterschiff.

Apollo 13 Infolge einer Explosion im Versorgungsteil gescheiterter dritter Versuch einer Mondlandung. Mutterschiff und Besatzung kehrten nach einer Mond-Umrundung wohlbehalten zur Erde zurück.

Apollo-Sojus Im Juli 1975 durchgeführtes Rendezvous und Koppelmanöver zwischen einem amerikanischen Apollo- und einem sowjetischen Sojus-Raumschiff. Kommandanten John Stafford (s.d.) und Alexeij Leonow (s.d.).

Approach (engl.) Landeanflug.

Apron (engl.) Hallenvorfeld auf Flugplätzen.

APU (engl. Auxiliary Power Unit) Zusatztriebwerk, mit dem die Flugzeugsysteme wie Hydraulik, Elektrik und Klimaanlage vor allem am Boden mit Energie versorgt werden.

Arado Deutsches Flugzeugwerk, entwickelte und baute u.a. das Schulflugzeug Ar 96 und den ersten einsatzfähigen Strahlbomber der Welt, die Ar 234.

Archangelski, Alexander (1892-1978) Russischer Flugzeug-Konstrukteur (u.a. „Maxim Gorki", Tu-104, Tu 124, Tu 134, Tu 144 und Tu 154).

Argus-Rohr Von Walter (s.d.) entwickelter Antrieb für den Marschflugkörper (s.d.) Fi-103 (V-1).

Ariane In Europa entwickelte Trägerraketen-Familie für Satelliten-Starts.

Arianespace Europäisches Firmenkonsortium, das die Trägerrakete Ariane (s.d.) baut und vermarktet.

Armée de l'Air (frz.) Die französischen Luftstreitkräfte.

Armstrong, Neil (1930-) US-Astronaut (Apollo 11). Setzte am 21. Juli 1969 als erster Mensch seinen Fuß auf den Mond.

Arnold, Henry H. „HAP' (1886-1950) General der US Army Air Force. Gab im Zweiten Weltkrieg den Anstoß zur Beschaffung von Strahltriebwerken in den USA. Leitete ab 1944 die Luftkriegsoperationen gegen Japan.

ARPA (engl. Advanced Research Project Agency) US-Behörde für die Entwicklung neuer Luft- und Raumfahrt-Technologien.

Arrival (engl.) Ankunft (eines Verkehrsflugzeuges) am Zielort.

ASRAAM (engl. Advanced Short Range Anti Aircraft Missile) Luft-Luft-Lenkwaffe für kurze Entfernungen.

AST (engl. Airbus Super Transporter) Auf der Basis des Airbus A300-600 entwickelter Transporter mit großvolumigem Rumpf für die Beförderung von Großbauteilen zwischen den verschiedenen Fertigungstätten.

Asteroid Kleiner Himmelskörper, der sich weder zu einem Planeten entwickelt hat noch als Mond eingefangen wurde.

Asteroiden-Gürtel Streifen kosmischer Materie und kleiner Himmelskörper zwischen den Bahnen von Mars und Jupiter.

Astra Europäischer Fernmelde-Satellit.

Astronaut Raumfahrer (in der westlichen Terminologie; s. auch Kosmonaut), speziell ausgebildetes Besatzungsmitglied eines Raumfahrzeugs.

Astronomische Einheit (AE) Auf der mittleren Entfernung zwischen Sonne und Erde (149,6 Mio. km) basierende Maßeinheit für die Bestimmung der Entfernung eines Planeten vom Zentralgestirn.

ASW (engl. Anti Submarine Warfare) Für die U-Boot-Ortung und -Bekämpfung speziell ausgerüstete Flugzeuge oder Hubschrauber.

Asymmetrischer Flügel Tragfläche mit unterschiedlicher Geometrie auf beiden Seiten der Flugzeug-Längsachse.

ATAF (engl. Allied Tactical Air Force) Früher Bezeichnung für eine Luftflotte der NATO (s.d.) in Europa.

ATAR (frz. Atelier Aéronautique de Rickenbach) Nach 1945 von den Franzosen mit deutschen Ingenieuren (Oestrich, s.d.) eingerichtetes Entwurfsbüro. Entwickelte die Strahltriebwerks-Serie gleichen Namens.

ATC (engl. Air Traffic Control) Flugsicherung.

ATF (engl. Advanced Tactical Fighter) US-Projekt für einen Luft-Überlegenheitsjäger mit Stealth-Eigenschaften, zugunsten der Lockheed F-22 entschieden.

Atlas Erste amerikanische Interkontinental-Rakete, auch für bemannte und unbemannte Raumflüge der USA als Träger eingesetzt.

ATLAS Wartungsverbund der Fluggesellschaften Air France, Sabena, Iberia, Lufthansa und Alitalia.

Atomwaffe Waffe, die durch Kernspaltung (von Uran- oder Plutonium-) oder Kernfusion von (Wasserstoff-)Atomen gewaltige Sprengkräfte freisetzt.

ATR (frz. Avion Transport Regionale) In Frankreich entwickelte Familie von Regional-Verkehrsflugzeugen (ATR 42, ATR 72).

AUA (engl. Austrian Airlines) Staatliche Österreichische Linien-Fluggesellschaft.

Aufklärer Spezialflugzeug zur optischen und elektronischen Erkundung.

Aufklärungssatellit Erdtrabant, der optisch und/oder mit elektronischen Sensoren militärische Ziele beobachtet und die Daten zur Erde übermittelt.

Aufladung Leistungssteigerung von Kolbentriebwerken durch Vorverdichtung der Verbrennungsluft.

Aufsetzpunkt (Meist markierter) Punkt auf Landebahnen. Beim Aufsetzen auf diesem Punkt steht dem landenden Flugzeug die volle Länge der Piste zur Verfügung.

Auftrieb Physikalische Kraft, die durch Unterdruck an der Oberseite eines aerodynamischen Körpers entsteht und das Fliegen schwerer als Luft ermöglicht.

Auftriebshilfen Systeme, die z.B. durch Veränderung des Tragflächenprofils bei Start und Landung zusätzlichen Auftrieb erzeugen.

Auftriebskörper (engl. lifting body) Flugkörper ohne ausgeprägte Tragflächen, der durch seine Formgebung aerodynamischen Auftrieb entwickelt.

Aufwind Aufwärts gerichtete Luftströmung, die es einem antriebslosen Flugzeug erlaubt, Höhe zu halten oder zu gewinnen.

Auriol, Jacqueline (1919-) Französische Rekordfliegerin.

Aurora Name für das (vermutete) US-Geheimprojekt eines Überschall-Höhenaufklärers.

Außenbordmanöver S. EVA.

Außenlast Nutzlasten, die ein Militärflugzeug an Außenstationen (s.d.), außerhalb der Flugzeug-Zelle, mitführt.

Außenstation Vorrichtungen unter Rumpf und/oder Tragflächen, an denen ein Militärflugzeug Abwurfmunition oder Zusatztanks mitführen kann.

Autogyro Tragschrauber. Der Rotor wird durch die Vorwärtsgeschwindigkeit in Umdrehung versetzt und erzeugt Auftrieb (s.d.).

Autoklav Ofen, in dem Material hocherhitzt werden kann. Im Flugzeugbau z.B. zum Aushärten von Verbundwerkstoffen benutzt.

Autopilot Computersystem, das auf Grund vom Piloten eingegebener Daten Flug-Geschwindigkeit, -Höhe und -Kurs hält.

Autorotation Flugverhalten eines Hubschraubers bei Ausfall des Antriebs. Durch die Sinkgeschwindigkeit wird der Rotor in Umdrehung versetzt und erzeugt einen wenn auch begrenzten Auftrieb.

Autothrottle (engl.) Hebel für die Regelung der Triebwerke, der mit dem Autopiloten gekoppelt ist.

AVA (Akademische Versuchsanstalt) Forschungsinstitut in Göttingen, das in den 30er und 40er Jahren die deutsche Luftfahrtforschung entscheidend vorantrieb.

AvGas (engl. Aviation Gasoline) Treibstoff, der für Flugzeuge mit Kolbenmotor (s.d.) geeignet ist.

Aviatik Frühe Bezeichnung für die Fliegerei.

Aviatiker Veraltet für Pilot, Luftfahrer.

Avionik Gesamtheit der elektronischen Fluginstrumente und Regelsysteme.

AVRO Britische, von A. V. Roe (s.d.) gegründete Flugzeugfirma.

AWACS (engl. Airborne Warning and Control System) Auf der Basis einer Boeing 707-320 entwickeltes vierstrahliges Frühwarn-Flugzeug. Militärische Bezeichnung E-3A.

Axialturbine Strahltriebwerk, bei dem der Luftstrom paralell zur Welle fließt. Der heute allgemein übliche Triebwerkstyp.

Axialverdichter Die eintretende Luft wird durch hintereinander liegende Reihen von Schaufeln verdichtet und in axialer Richtung in die Brennkammer befördert.

Azur 1969 gestarteter erster deutscher Erdsatellit.

B

B-1 Von Rockwell (s.d.) gebauter strategischer Schwenkflügel-Bomber der USA.

B-2 Von Northrop entwickelter strategischer Nurflügel-Bomber der USA mit Stealth-Eigenschaften.

Baade, Brunolf (1904-1969) Deutscher Flugzeug-Konstrukteur. Entwickelte in der damaligen DDR das erste deutsche Strahl-Verkehrsflugzeug, die vierstrahlige B-152. Ging wegen der Arbeitsteilung im osteuropäischen Wirtschaftsblock nicht in Serie.

Baade, Walter (1893-1960) Deutschamerikanischer Astronom.

BAC (engl. Britisch Aircraft Corp.) Britischer Luft- und Raumfahrtkonzern (z.B. BAC 1-11). 1977 in British Aerospace (s.d.) aufgegangen.

Bach, Liesel (1905-1992) Deutsche Flug-Pionierin.

Bachem, Erich (1905-1960) Deutscher Konstrukteur. Entwarf u.a. 1944 den senkrechtstartenden Raketenjäger Ba 349 „Natter". Erster Senkrechtstart am 22. Dezember 1944.

Back-up (engl.) Ersatz-, Reserve-Gerät oder -Mannschaft.

BAe (engl. British Aerospace) Britischer Luft- und Raumfahrt-Konzern, 1977 durch Zusammenschluß von BAC (s.d.), Hawker Siddeley Aviation, Hawker Siddeley Dynamics und Scottish Aviation gebildet.

Baggage Claim (engl.) In der Verkehrsluftfahrt die Gepäckausgabe.

Bahnneigungsflug Bewegung eines Luftfahrzeugs abweichend von der Horizontalen (Sinkflug, Steigflug, s. diese).

Baikonur Sammelbezeichnung der Raumfahrtzentren der ehemaligen Sowjetunion in der kasachischen Steppe (s. Tyuratam, Kapustin Jar).

Ballast Zuladung in Form von Sand oder Wasser 1. für Ballone und Luftschiffe, um durch Abwurf Höhe zu gewinnen; 2. für Segelflugzeuge im Wettbewerb, um Leistungsunterschiede auszugleichen.

Ballistik Lehre von der Bewegung eines für kurze Zeit mit hoher Anfangsbeschleunigung angetriebenen Körpers in einem Schwerefeld.

Ballon Fluggerät leichter als Luft. Eine mit Gas oder Heißluft gefüllte Hülle trägt die Nutzlast.

Ballonsperre Aus Fesselballonen (s.d.) erreichtete Sperre zum Objektschutz vor Tiefangriffen.

Balsa Extrem leichtes Holz, im Flugmodellbau verwendet.

Baltenswiler, Armin (1920-) Schweizer Luftverkehrsmanager. Von 1972-1988 Präsident der Swissair.

BARIG (engl. Board of Airline Representatives in Germany) Zusammenschluß der in Deutschland operierenden Fluggesellschaften.

Barograph (gr.) Höhenschreiber.

Bart In der Fachsprache der Segelflieger eine thermische Aufwindzone.

Barter (engl.) Gegengeschäft.

Bauchlandung Flugzeuglandung auf dem Rumpf, wenn das Einziehfahrwerk (s.d.), z.B. wegen eines technischen Defekts, nicht ausgefahren werden kann.

Baudry, Patrick (1946-) Französischer Kosmonaut, flog 1985 zur sowjetischen Raumstation Mir

Baumann, Alexander (1875-1928) Deutscher Flugzeug-Konstrukteur (Erster Weltkrieg, Großflugzeuge bei Gotha Flugzeugbau).

BDLI Bundesverband der Deutschen Luft- und Raumfahrtindustrie mit Sitz in Bonn.

BEA (engl. British European Airways) Auf Europa beschränkte britische Fluggesellschaft. 1973 mit BOAC (s.d.) zur British Airways (s.d.) fusioniert.

Beacon (engl.) Funkfeuer als Navigationshilfe im Luftverkehr.

Bedarfsluftverkehr Luftverkehr für Pauschalreisen. Der Kauf von Flugscheinen ist in der Regel nur zusammen mit Hotelbuchung möglich.

Beech, Olive Ann (1903-1993) Frau von Walter H. Beech, Mitbegründerin der Beechcraft Corp.

Beech, Walter Herschel (1891-1950) Amerikanischer Flugzeugkonstrukteur und -Industrieller. Gründete die nach ihm benannte Beechcraft Corp. Arbeitete vor allem im Bereich kleinerer Motorflugzeuge.

Beese, Hedwig Amelie „Melli" (1886-1925) Bildhauerin und Pilotin. Erwarb 1911 als erste deutsche Frau den Pilotenschein.

Beinhorn, Elly (1907-) Deutsche Flug-Pionierin. Wurde bekannt durch ihre Langstrecken-Erkundungsflüge in Afrika, Asien und Amerika.

Beja Als Ausbildungs- und Nachschub-Basis der deutschen Luftwaffe in Portugal vorgesehener Militärflugplatz. 1992 aufgegeben.

Bell, Lawrence D. (1884-1956) Amerikanischer Flugzeugkonstrukteur und -Industrieller. In dem von ihm gegründeten Unternehmen entstanden unter anderem die P-39, P-59, Bell X-1 und X-2 sowie Hubschrauber.

Bellanca, Guiseppe M. (1886-1960) Italo-amerikanischer Flugzeugkonstrukteur und -Industrieller.

Beluga Für den Transport von Flugzeug-Großbauteilen modifizierter Airbus A300-600ST

Bendix, Vincent Hugo (1881-1945) Amerikanischer Ingenieur und Industrieller. Begründer der nach ihm benannten, in Allied Signal aufgegangenen Avionik-Firma.

Bennett, Floyd (1890-1928) Pilot des Expeditionsflugzeugs von Byrd (s.d.), das am 9. Mai 1926 erstmals den Nordpol überflog.

Beobachter Früher in Aufklärungsflugzeugen der zweite Mann, der Informationen sammelte und weitergab und/oder Luftaufnahmen machte.

Berblinger, Albrecht Ludwig (1770-1829) Versuchte 1811, mit einem dem Degen'(s.d.) schen Flugapparat nachempfundenen Gleiter die Donau bei Ulm zu überqueren („Schneider von Ulm").

Berijew, Georgii M. (1903-1979) Russischer Flugzeugkonstrukteur, Begründer des nach ihm benannten Konstruktionsbüros, das vor allem Flugboote und Amphibien entwickelte (Be-10, Be-12).

Berliner Blockade Abriegelung des damaligen West-Berlins durch die Sowjetunion von Juni 1948 bis Mai 1949. Versorgung der Einwohner über eine Luftbrücke (s.d.).

Bermuda-Abkommen 1946 abgeschlossenes, 1977 erneuertes Luftverkehrsabkommen zwischen den USA und Großbritannien.

Beschleunigung Änderung der Geschwindigkeit in Betrag oder Richtung.

Beteille, Roger (1922-) Französischer Flugzeug-Konstrukteur und Industrieller. Vizepräsident und Geschäftsführer von Airbus Industrie 1970 bis 1985.

Betz, Albert (1885-1968) Deutscher Aerodynamiker, arbeitete an der Windkanaltechnik.

BFW (Bayerische Flugzeugwerke AG) 1938 in Messerschmitt AG umgewandeltes, in Augsburg ansässiges Flugzeugwerk (M 18, M 20, M 23, Bf 108, Bf 109, Bf 110).

Bider, Oskar (1891-1919) Schweizer Luftfahrt-Pionier.

Big Bang (engl.) s. Urknall.

Biplane (engl.) Doppeldecker.

Biosphere II (engl.) Zweijähriges (1991-1993) bemanntes Experiment eines Wasser- und Nahrungskreislaufes in den USA zur Erprobung der Techniken für Langzeit-Raumflüge und Stationen auf anderen Himmelskörpern.

Black Arrow (engl.) Dreistufige britische Trägerrakete, bei deren einzigem Start 1971 der Satellit „Prosperos" ins All geschossen wurde.

Blackbird (engl.) Bezeichnung für den Mach 3 schnellen US-Höhenaufklärer Lockheed SR-71.

Black Box (engl.) (Meist schwarzes) Bauteil, in dem elektronische Elemente zu einem System zusammengefaßt sind.

Blackburn, Robert Britischer Flugzeugkonstrukteur und -Industrieller (u.a. B.103 Buccaneer).

Black Hole (engl.) s. Schwarzes Loch.

Black-out (engl.) Ausfall, z.B. einer Funkverbindung oder Bewußtlosigkeit des Piloten, beispielsweise bei zu hoher g-Belastung (s.d.) ohne Druckanzug (s.d.).

Bläserstufe Teil eines Strahltriebwerks, der Verbrennungsluft in die Turbine drückt (s.auch Verdichter).

Blattspitzen-Antrieb Antrieb von Hubschrauber-Rotoren durch Rückstoß mit Hilfe von an den Blattspitzen ausgeblasenen Gasen.

Blattverstellung System, mit dem die Anstellung der Propellerblätter je nach geforderter Leistung verändert wird.

Blauer Riese In der Entstehung begriffener (Wasserstoff-)Stern.

BLC (engl. Boundary Layer Control) Grenzschicht-Beeinflussung (s.d.).

Blenheim (engl.) Zweimotoriger britischer Bomber im Zweiten Weltkrieg.

Blériot, Louis (1872-1936) Französischer Pilot und Flugzeugkonstrukteur. Überflog am 25. Juli 1909 in seiner Blériot XI als erster Mensch den Ärmelkanal.

Blimp (engl.) Bezeichnung für ein kleines, halbstarres Luftschiff.

Blindflug Fliegen ohne Erdsicht, nur nach Instrumenten, mit Hilfe bordeigener Navigationssysteme.

Blindlandung Landung (fast) ohne Erdsicht.

Bloch, Marcel S. Dassault.

Blockzeit Im Luftverkehr die Zeit zwischen dem Lösen der Bremsen vor dem Start bis zum Stillstand am Zielflughafen.

Blohm & Voß Deutsches Industrie-Unternehmen, das auch im Flugzeugbau aktiv war (u.a. BV 141, BV 222, Ha 139, HFB 320 Hansa Jet). Nach 1945 Hamburger Flugzeugbau (HFB), 1969 in MBB aufgegangen.

Blue Angels (engl.) Kunstflug-Formation der US Navy.

Blue Streak (engl.) Britische Mittelstreckenrakete, auch Erststufe des nicht zur Einsatzreife gelangten Satellitenträgers Europa IIb (s.d.).

BMD (engl. Ballistic Missile Defense) Ab 1993 neue Bezeichnung für das SDIProgramm (s.d.) der USA.

BOAC (engl. British Overseas Airways Corporation) Britische, interkontinental operierende Fluggesellschaft. 1973 mit BEA (s.d.) zur British Airways fusioniert.

Boarding (engl.) Das Besteigen eines Verkehrsflugzeuges durch die Passagiere.

Boarding Pass (engl.) S. Bordkarte.

Boden-Effekt Aerodynamisches Phänomen. Beim Flug wenige Meter über Grund entsteht ein tragendes Luftkissen, das eine Verringerung der für die Erhaltung des Auftriebs notwendigen Antriebsleistung erlaubt.

Bodenpersonal Die gesamte nichtfliegende Belegschaft beim Betrieb von Luft- oder Raumfahrzeugen.

Boeing, William (1881-1956) US-Konstrukteur und Industrieller. Gründete 1916 die nach ihm benannten Werke (B-17, B-29, 707, 720, 727, 737, 747, 757, 767, 777).

Boelcke, Oswald (1891-1916) Deutscher Jagdflieger im Ersten Weltkrieg.

Bogey (engl.) In der Sprache der Militärpiloten ein anzugreifendes Ziel.

Bogus-parts (engl.) Flugzeug-Ersatzteile, die nicht den Normvorschriften der Hersteller und Zulassungsbehörden entsprechen.

Bölkow, Ludwig (1912-) Deutscher Flugzeug-Konstrukteur und -Industrieller (Bo 105, Bo 107, Bo 108, BK 117), Mit-Konstrukteur der Me 109. Das von ihm gegründete Unternehmen ging in MBB (s.d.) und 1989 in der DASA (s.d.) auf.

Bombardier Kanadischer Technologie-Konzern mit Luftfahrt-Aktivitäten (s. Canadair).

Bomb Burst (engl.) Figur des Formations-Kunstflugs, bei der der zunächst eng zusammengeschlossene Verband in alle Richtungen auseinanderstrebt.

Bombenschacht Nach unten zu öffnender Raum, in dem Abwurfwaffen mitgeführt werden können.

Bombenschloß Vorrichtung, mit der eine Bombe am Trägerflugzeug fixiert ist. Wird für den Abwurf gelöst.

Bombenteppich Bomben-Reihenwurf eines Flugzeugs oder eines Verbandes, der sich am Boden in einem Streifen der Zerstörung auswirkt.

Bomber Auf die Bekämpfung von Bodenzielen im Hinterland des Gegners spezialisiertes Flugzeug.

Bongers, Hans M. (1898-1981) Deutscher Luftverkehrs-Pionier. Baute nach dem Zweiten Weltkrieg die Lufthansa wieder auf, war von 1954 bis 1972 Vorstandsmitglied.

Boom (engl.) Mit einem Fangtrichter ausgerüstetes ausfahrbahres Rohrsystem, mit dem ein Tankflugzeug andere Flugzeuge in der Luft mit Treibstoff versorgen kann.

Booster (engl.) Zusatztriebwerk für den Start eines Luft- oder Raumfahrzeugs mit hoher Nutzlast.

Bordflugzeug Meist Wasserflugzeug oder Flugboot, das auf Schiffen mitgeführt und mit Katapult gestartet wird.

Bordfunker Besatzungsmitglied, dem in den frühen Jahren der (Militär- und Zivil-)Luftfahrt die Aufrechterhaltung der Funkverbindung mit anderen Flugzeugen und dem Boden oblag.

Bordingenieur Dritter Mann im Cockpit von Verkehrsflugzeugen, überwachte und regelte die technischen Systeme. In Flugzeugen mit Glas-Cockpit (s.d.) weggefallen.

Bordkanone In Jagdflugzeugen zur Jagd auf Luftziele und bei Jagdbombern zum Angriff auf Bodenziele fest eingebaute Kanone.

Bordkarte Bei der Abfertigung ausgegebenes Dokument, das zum Einsteigen in ein Verkehrsflugzeug berechtigt.

Bordküche (engl. Galley) Einrichtung in Verkehrsflugzeugen zur Versorgung der Passagiere mit warmen Mahlzeiten und Getränken.

Bordmechaniker Früher ein mitfliegender Mechaniker, der die Technik, vor allem die Motoren überwachte.

Bordrechner Computer in Flugzeugen, der alle wichtigen Daten sammelt und verarbeitet.

Bordschütze Besatzungsmitglied, das die Bordwaffen eines Kampfflugzeugs bedient.

Bormann, Frank (1928-) US-Astronaut. Umrundete Weihnachten 1968 mit James Lovell (s.d.) und William Anders (s.d.) im Raumschiff Apollo 8 als erste Menschen den Mond. Von 1975 bis 1984 Präsident der Eastern Airlines.

Boroskop Instrument zur Inspektion des Inneren von Maschinen, z.B. Triebwerken.

Boundary Layer (engl.) Grenzschicht (s.d.).

Brabazone of Tara, J.T.C. Lord (1884-1964) Englischer Luftfahrtpionier, erwarb den ersten britischen Pilotenschein.

Bramo (dt. Brandenburgische Motorenwerke) Motorenwerk in Berlin-Spamdau (z.B. Bramo Sh 14A).

Brandner, Ferdinand (1903-1986) Österreichischer Triebwerksingenieur (bei Junkers), von 1945 bis 1954 zwangsweise in der Sowjetunion tätig.

Brandschott Feuersichere Wand, die das Übergreifen eines (z.B. Triebwerks-) Brandes auf andere Teile des Flugzeugs verhindert.

Brandt, Leo (1908-1971) Entwicklungschef von Telefunken. Unter seiner Leitung wurde die Funkmeßtechnik (s.d.) in Deutschland entwickelt.

Braun, Wernher von (1912-1977) Deutsch-amerikanischer Raumfahrtkonstrukteur und -Manager. Entwikkelte u.a. die erste serienreife Großrakete der Welt (Aggregat 4 oder V-2, s.d.), nach dem Zweiten Weltkrieg die Redstone, Jupiter, Saturn I und das Trägerfahrzeug für die bemannte Mondlandung der USA, die Saturn V (s.d.).

Break-even (engl.) Punkt, von dem an ein Prozeß wirtschaftlich wird (Auslastung eines Verkehrsflugzeuges, Produktion eines Flugzeug-Typs).

Bréguet, Louis (1880-1955) Französischer Flugzeug-Konstrukteur und -Industrieller (u.a. Br 1050 Alizé, Br 1150 Atlantic).

Bremsklappe Klappe, die zur Verminderung der Fluggeschwindigkeit, zum Beispiel beim Landeanflug, aus den Tragflächen oder aus dem Rumpf ausgefahren wird.

Bremsschirm Schirm, der bei Landungen mit hoher Geschwindigkeit ausgeworfen wird und die Rollstrecke verkürzt.

Brennkammer Rohr- oder Tonnenförmiger, meist gekühlter Raum, in dem bei Strahlturbinen oder Raketentriebwerken die Treibstoffe gezündet werden und expandieren.

Brennschluß Zeitpunkt, zu dem ein (Raketen-)Triebwerk seine Arbeit einstellt, z.B. wegen Verbrauch des verfügbaren Treibstoffs oder durch Abschaltung.

Brennschlußgeschwindigkeit Geschwindigkeit eines Raumfahrzeugs bei Brennschluß des Raketentriebwerks.

Brennstoff-Zelle Aggregat zur Stromversorgung von Raumschiffen. Basiert auf der umgekehrten Elektrolyse.

Briefing (engl.) Einsatzbesprechung der Besatzung vor dem Start.

Brilliant Pebbles (engl.) Von den USA im Rahmen des SDI-Programms (s.d.) entwickeltes Waffensystem zur Abwehr ballistischer Fernwaffen mittels kinetischer Energie.

Bristol Aircraft Ltd. Britisches Flugzeug- und Triebwerks-Unternehmen (u.a. Britannia, Brabazon, Blenheim).

British Airways (engl.) Britische Fluggesellschaft, 1979 aus dem Zusammenschluß von BEA und BOAC entstanden.

Brown, Arthur Whitten (1886-1948) Britischer Luftfahrt-Pionier. Überflog im Juni 1919 mit Alcock (s.d.) in einem umgebauten Vimy-Bomber den Atlantik von West nach Ost.

Bruchlandung Mißglückte Landung, bei der die Zelle (s.d.) ganz oder teilweise zerstört wird.

Bruchversuch Überprüfung eines neuen Flugzeugmusters auf Bruchfestigkeit.

Bruchzelle Exemplar eines neuen Flugzeugmusters, das zur Überprüfung der statischen Festigkeit bis zum Bruch belastet wird.

Bücker, Carl Clemens (1895-1976) Deutscher Flugzeug-Konstrukteur und -Industrieller. Baute vorwiegend Sportflugzeuge (Jungmann, Jungmeister, Bestmann, Student).

Buddy-buddy (engl.) Für den Tornado (s.d.) entwicklte Ausrüstung, um ein Flugzeug von einer Maschine des gleichen Typs in der Luft auftanken zu können.

Bugfahrwerk Das in den Rumpfbug einfahrbare Flugzeugfahrwerk.

Bulkhead (engl.) Bei Flugzeugen mit Druckkabine das Druckschott am Rumpfheck.

Bummelstreik Bewußt verlangsamte Dienstleistung, z.B. in der Flugsicherung, die zu Störungen im Verkehrsablauf führt.

Bundesanstalt für Flugsicherung (BFS) Behörde zur Wahrnehmung der Luftverkehrskontrolle, 1993 ersetzt durch Deutsche Flugsicherung GmbH (s.d.).

Bündelungsprinzip Vor allem von sowjetischen Konstrukteuren eingesetzte Technik der Zusammenfassung mehrerer Raketentriebwerke mit einheitlicher Schubsteuerung.

Buran (russ.) Von der damaligen Sowjetunion entwickelter, wiederverwendbarer Raumtransporter. Bisher nur unbemannt im Orbit erprobt, mit automatischer Landung auf der Erde.

Business-Jet (engl.) Kleineres Strahlflugzeug, das als Geschäftsreise-Flugzeug (s.d.) benutzt wird.

Business-Klasse Gegenüber dem Normal-Reisenden (Economy oder Tourist, s.d.) in Service, Komfort, aber auch Preis angehobene Klasse für Flugreisende.

BWB (Bundesamt für Wehrtechnik und Beschaffung) Bundesbehörde mit Sitz in Koblenz, die für die Beschaffung militärischen Geräts zuständig ist.

By-pass (engl.) Das Herumführen kalter Luft um den Heißteil eines Strahltriebwerks. Erhöht die Leistung und verringert den Lärm.

By-pass-ratio (engl.) Bei Strahltriebwerken das Verhältnis zwischen kalter, um den Heißteil herumgeführter Luft und dem durch die Turbine geführten heißen Gasstrahl.

Byrd, Richard E. (1888-1957) US-Admiral und Forscher. Erreichte am 9. Mai 1926 als erster Mensch mit dem

Flugzeug den Nordpol und am 29. November 1929 den Südpol.

C

CAA (engl. Civil Aviation Authority) Britische Luftfahrtbehörde.

CAB (engl. Civil Aeronautics Board) Ehemalige US-Luftfahrtbehörde, mit Einführung der Deregulation (s.d.) 1978 aufgelöst.

Cabin (engl.) Passagierraum eines Verkehrsflugzeuges.

Cabin attendant (engl.) Flugbegleiter (s.d.).

CAD/CAM (engl. Computer Aided Design/Computer Aided Manufacturing) Entwurf und Produktion mit Computer-Hilfe.

Camm, Sir Sidney (1894-1966) Britischer Flugzeug-Konstrukteur (u.a. Hawker Hurricane, Hunter).

Camouflage (engl.) Tarnung, Tarnanstrich von (Militär-)Flugzeugen.

Canadair Kanadischer Flugzeug-Hersteller (u.a. CL-215, L-601 Challenger, RegionalJet). Von Bombardier (s.d.) übernommen.

Canard (frz.) Entenflügel. Vor den Tragflächen am Rumpf montiertes, meist schwenkbares Flügelpaar (z.B. bei B-70, B-1, X-29, X-31, Rafale, SAAB JS 39 Gripen, Eurofighter). Erhöht die Stabilität und verbessert die Manövrierfähigkeit.

Canberra Zweistrahliger Englischer Düsenbomber und -aufklärer. Auch als Vermessungsflugzeug und zur Zieldarstellung eingesetzt.

Cancellation (engl.) Streichung (z.B. eines Fluges oder eines Programms).

Cape Canaveral (auch Kap Canaveral) Ortschaft an der Ostküste Floridas, Standort des Kennedy Space Centers (s.d.) der NASA und militärischer Anlagen.

Caproni, Gianni (1886-1957) Italienischer Flugzeug-Konstrukteur. Gründete die nach ihm benannten Werke.

Caravelle Erstes in Frankreich gebautes Düsen-Verkehrsflugzeug.

Cargo (engl.) Fracht.

Carpenter, Scott (1930-) US-Astronaut, gehörte zur Gruppe der ersten Sieben. Zweiter Amerikaner in einem Erd-Orbit.

CAS (engl. Collision avoidance system) Radargestütztes Warnsystem zur Vermeidung von Zusammenstößen in der Luft.

CASA (span. Construcciones Aeronaticas S.A.) Spanisches Unternehmen der Luft- und Raumfahrt.

Castell, Wulf-Dieter Graf zu (1905-) Deutscher Luftverkehrspionier. Von 1948-1972 Geschäftsführer der Münchener Flughafengesellschaft.

Castoldi, Mario (1888-1968) Flugzeugkonstrukteur, Mitinhaber der italienischen Flugzeug-Firma Macchi (s.d.).

CAT (engl.) s. Clear Air Turbulence.

Catering (engl.) Versorgung von Fluggästen mit Verpflegung, Getränken, Decken und Lektüre.

Cathay Pacific Airways (engl.) Internationale, in Hongkong beheimatete Fluggesellschaft.

Cathode Ray Tube (engl.) s. CRT.

CATIC (engl. China National AeroTechnology Import & Export Corporation) Chinesische Oragisation für den Im- und Export von Luftfahrtgerät.

Caudron, Gaston Französischer Flugzeugkonstrukteur und -Industrieller.

Caudron, René Französischer Luftfahrtpionier, Bruder von Gaston Caudron.

Cayley, Sir George (1773-1857) Englischer Luftfahrtpionier. Erkannte als erster den Zusammenhang von Auftrieb und Vortrieb einer Flugmaschine.

C-Band Frequenzband im Funkverkehr von 4 bis 6 Gigahertz.

Ceiling (engl.) Wolkenuntergrenze.

Centaur Amerikanische Raketenstufe, vom Lewis Research Center entwickelt und von Ehricke (s.d.) bei General Dynamics realisiert. Verwendete erstmals hochenergetischen Wasserstoff als Treibstoff in einer Oberstufe.

Cernan, Eugene A. (1934-) US-Astronaut. Erprobte 1969 mit Apollo 10 Ab- und Wiederankoppeln des Landefahrzeugs LEM (s.d.) nach Tiefflug über dem Mond.

Cessna, Clyde V. (1880-1954) Amerikanischer Flugzeug-Konstrukteur und -Industrieller. Begründete die nach ihm benannten Werke, die vorwiegend leichte Motorflugzeuge bauen.

CFM Internationales Triebwerks-Konsortium aus SNECMA (s.d.) und General Electric (s.d.).

Chaffee, Roger B. (1936-1967) USAstronaut. Kam bei einem Bodentest mit Apollo 1 ums Leben.

Challenger (engl.) Amerikanischer Raumtransporter, der nach neun erfolgreichen Einsätzen am 28. Januar 1986 wegen einer fehlerhaften Dichtung in den Feststoff-Raketen kurz nach dem Start explodierte. Die sieben Besatzungsmitglieder (Francis Scobee, Michael Smith, Judith Resnik, Ronald McNair, Ellison Onizuka, Gregory Jarvis und als Gast die Lehrerin Christa McAuliffe) kamen ums Leben.

Chanute, Octave (1832-1910) Amerikanischer Luftfahrtpionier. Entwickelte Flugzeugkonzepte, die die

Arbeiten der Gebrüder Wright (s.d.) beeinflußten.

Chapter 2, 3 (engl.) Von der ICAO (s.d.) herausgegebene Bestimmungen zur stufenweisen Reduzierung des Flugzeuglärms bei Start und Landung.

Chapter 11 (engl.) Bestimmung des amerikanischen Konkursrechts, die Gläubigern in Schwierigkeiten geratener Kapital-Gesellschaften den Zugriff auf die Aktiva zeitweise verwehrt.

Charles, Jacques A.C. (1746-1823) Französischer Physiker. Entwickelte den nach ihm („Charlière") benannten, mit Wasserstoff gefüllten Ballon, der am 27. August 1783 erstmals unbemannt, am 1. Dezember 1783 bemannt aufstieg.

Charlière (frz.) s. Charles.

Charterluftverkehr Luftverkehr, bei dem ein Kunde, z.b. ein Reiseunternehmen, die Passagier- oder Fracht-Kapazität eines Fluges zu bestimmten Zielorten ganz oder teilweise abnimmt.

Chase Aircraft (engl.) Begleitflugzeug, das, z.B. bei Testflügen, zu dem zu erprobenden Gerät Sichtkontakt hält.

Chavez, George (1887-1910) Französischer Flugpionier. Überquerte 1910 als erster Mensch die Alpen im Flugzeug, starb nach der Landung.

Check (engl.) Überprüfung, etwa des Cockpit-Personals oder der Technik.

Check-Captain (engl.) Besonders qualifizierter Pilot, der auf einem Streckenflug die Besatzungen von Verkehrsflugzeugen auf ihren Ausbildungsstand überprüft.

Check-in (engl.) Abfertigung von Passagieren vor dem Besteigen des Flugzeugs.

Check-list (engl.) Kontroll-Liste für die Einhaltung bestimmter Arbeitsschritte, z.B. vor einem Flugzeug- oder Raketen-Start, aber auch bei der Wartung.

Choke (engl.) Treibstoffregelung für erhöhte Startleistung.

Chrétien, Jean-Loup (1938-) Französischer Kosmonaut, flog im Juni 1982 mit Sojus T-6 und im November 1988 mit Sojus TM-7 ins All.

Cierva, Juan de la (1895-1936) Spanischer Konstrukteur. Erfinder des Autogiro (s.d.).

Cirrocumulus Kleine geballte weiße Wolken (Schäfchenwolken) .

Cirrostratus Ausgedehnter leichter Wolkenschleier.

Cirrus Sehr hohe, einzeln strukturierte zarte (Feder-)Wolken.

Clean Room (engl.) Raum, in dem besonders empfindliche Raumfahrt-

Ausrüstungen nahezu staub- und keimfrei montiert werden.

Clear air turbulence (engl.) Heftige, vertikale Luftbewegung, die optisch (durch Wolken o.ä.) nicht zu erkennen ist.

Clearing House (engl.) Institution der IATA (s.d.), die im internationalen Luftverkehr die beim Interline (s.d.) angefallenen Erträge auf die einzelnen Fluggesellschaften verteilt.

Cluster bomb (engl.) Bomben, die gemeinsam abgeworfen werden und dicht beieinander auftreffen.

CNES (frz. Centre National d'Etudes Spatiales) Staatliche französische Raumfahrtorganisation.

COAC (engl. Combined Air Operation Centre) Kommando-Behörde der NATO-Luftstreitkräfte, ersetzte die ATAF (s.d.).

Coach Class (engl.) In Verkehrsflugzeugen Passagier-Klasse mit dem niedrigsten Komfort, s. auch Economy und Tourist.

Coanda, Henri (1885-1972) Rumänischer Ingenieur, der 1910 ein Mantelgebläse, Vorläufer der späteren Strahltriebwerke entwickelte (Coanda-Effekt).

Cochran, Jaqueline (1912-1980) US-Pilotin. Flog in einem F-104 Starfighter als erste Frau schneller als der Schall und stellte mehrere Geschwindigkeits-Weltrekorde auf.

Cockpit (engl.) Besatzungsraum, von dem aus ein Luft- oder Raumfahrzeug gesteuert wird.

Code-sharing (engl.) Die Erlaubnis einer anderen Fluggesellschaft, deren Flüge im eigenen Flugplan mit einer eigenen Flugnummer aufzuführen.

Coffins corner (engl.) Grenzbereich bei hoher Unterschallgeschwindigkeit in großer Flughöhe, in dem ein Flugzeug unkontrollierbar werden könnte.

Coleopter (frz.) Als Ringflügler ausgelegtes Versuchsflugzeug für den Senkrechtstart, von Zborowski (s.d.) entwickelt.

Collins, Michael (1930-) Amerikanischer Astronaut. Steuerte im Juli 1969 während der ersten bemannten Mondlandung das Apollo-Mutterschiff um den Erdtrabanten.

Columbia Amerikanischer Space Shuttle (s.d.).

Columbus In Europa entwickeltes, bemannbares Raumlabor zum Einsatz von der internationalen Raumstation aus.

Combi (engl.) Verkehrsflugzeug, das auf dem Hauptdeck gleichzeitig Fracht und Passagiere befördern kann.

Comet In England von de Havilland entwickeltes erstes Düsen-Verkehrsflugzeug der Welt. Nach einer Absturzserie, die auf Materialermüdung (s.d.)

zurückzuführen war, wurde die Produktion vorübergehend eingestellt.

Commuter (engl.) Luftverkehr auf Kurzstrecken mit geringem Verkehrsaufkommen.

Comsat (engl.) Privates Unternehmen für die Satelliten-Kommunikation.

Composite (engl.) Verbundwerkstoff (s.d.).

Concorde Von Frankreich und Großbritannien gemeinsam entwickeltes und in 14 Exemplaren gebautes Überschall-Verkehrsflugzeug für etwa 100 Passagiere. Vorwiegend auf dem Nordatlantik und im Charter-Dienst eingesetzt.

Condor Flugdienst Deutsche Bedarfsfluggesellschaft (s.d.), Lufthansa-Tochter.

Confederate Air Force (engl.) Amateur-Vereinigung in den USA, die sich die Erhaltung flugfähiger militärischer Oldtimer zum Ziel gesetzt hat.

Confirmation (engl.) Bestätigung, z.B. einer Flugbuchung.

Congreve, William (1772-1828) Britischer Erfinder. Entwickelte Artillerie-Raketen für die britische Armee.

Conrad, Charles „Pete" (1930-) Amerikanischer Astronaut, setzte am 19. November 1969 mit Apollo 12 als dritter Mensch seinen Fuß auf den Mond.

Container (engl.) Genormter Behälter, in dem Frachtgüter schnell in ein Flugzeug verladen werden können.

Continental Airlines (engl.) US-Fluggesellschaft.

Controller (engl.) Flugsicherungslotse.

Convair US-Flugzeugwerk, gehört zu General Dynamics (s.d.). U.a. Convair 800 und 900.

Cooper, Gordon (1930-) US-Astronaut, gehörte zur Gruppe der ersten Sieben. Vierter Amerikaner im Erd-Orbit, blieb mit Conrad als erste Amerikaner in Gemini 5 eine Woche im All.

COS-B 1975 gestarteter europäischer Satellit zur Erforschung der kosmischen Strahlung.

COSPAR (engl. Committee on Space Research) Europäisches Gremium für die Koordinierung von Forschungsvorhaben im Weltraum.

COSPAS-SARSAT (russ.-engl. Kosmitscheskaja Sistema Poiska Aviariinych Sudow und Search and Rescue Satellite aided Tracking) Internationales System zur Suche nach verunglückten Luftfahrzeugen und Schiffen mit Satellitenhilfe.

Count-down (engl.) Die zeitlich genau vorgegebene Sequenz vor dem Start einer Rakete, eigentlich das Herunterzählen bis zur Zündung der Triebwerke.

Counter (engl.) Schalter zur Abfertigung von Fluggästen.

Coventry Englische Industriestadt. Während des Zweiten Weltkrieges Ziel der ersten flächendeckenden deutschen Luftangriffe. Wurde zum Synonym für Angriffe auf nichtmilitärische Ziele.

CPL (engl. Commercial Pilot License) Flugzeugführerschein, der zum Fliegen eines gewerblich betriebenen Flugzeugs berechtigt.

Crew (engl.) Besatzung eines Luft- oder Raumfahrzeugs.

Crippen, Robert (1937-) US-Astronaut. Mit Young (s.d.) erster Pilot des Space Shuttle (s.d.).

Crossair Schweizerische Regionalfluggesellschaft, von der Swissair übernommen.

Cross-check (engl.) Gegenseitige Überprüfung, z.B. bei sicherheits-relevanten Fragen im Cockpit.

Crossfield, Scott (1921-) Amerikanischer Testpilot. Flog als erster Pilot mit der X-2 Skyrocket Mach 2, und als erster das Experimentalflugzeug X-15 (s.d.).

Croydon Ehemaliger Londoner Flughafen.

CRT (engl. Cathode Ray Tube) Kathodenstrahlröhre, als digitale Instrumenten-Anzeige im Flugzeug-Cockpit verwendet.

Cruise missile (engl.) Unbemannter Marschflugkörper (s.d.), mit einem Strahlantrieb, der im Tiefflug, vor dem Start programmiert, über längere Strecken einen Kampfkopf ins Ziel trägt.

Cruising altitude (engl.) Reiseflughöhe (s.d.).

Culmann, Herbert (1921-) Deutscher Luftverkehrs-Pionier. War nach dem Zweiten Weltkrieg entscheidend am Aufbau der Lufthansa beteiligt, deren Vorstandsvorsitzender er von 1972 bis 1982 war. 1983 bis 1991 Präsident des Deutschen Aero-Clubs (s.d.).

Cumulonimbus Sehr aktive Quellwolke, häufig mit Gewitterbildung.

Cumulus Quellwolke.

Curtiss, Glenn H. (1878-1930) Amerikanischer Pilot, Flugzeug-Konstrukteur und -Industrieller.

CVFR (engl. Controlled Visual Flight Rules) Vorschriften über das Fliegen nach Sicht im kontrollierten Luftraum.

D

D-1 1985 durchgeführtes erstes bemanntes deutsches Raumfahrt-Unternehmen mit Space Shuttle Challenger und Spacelab (s.d.). An Bord die deutschen Wissenschafts-Astronauten Messerschmid (s.d.) und Furrer (s.d.).

D-2 1993 durchgeführtes zweites bemanntes deutsches Raumfahrtunternehmen mit Space Shuttle Columbia und Spacelab (s.d.). An Bord die deutschen Wissenschaftsastronauten Schlegel (s.d.) und Walter (s.d.).

Dakota Name des in 11000 Exemplaren gebauten zweimotorigen amerikanisachen Transportflugzeuges DC-3 (zivil) bzw. C-47 (militärisch).

DARA (Deutsche Agentur für Raumfahrt-Angelegenheiten) Öffentlichrechtliche Organisation zur Abwicklung von Raumfahrt-Projekten.

DARPA (engl. Defense Advanced Research Projects Agency) Ehemalige US-Agentur für die Entwicklung neuer Rüstungs-Technologien. Ging in der ARPA (s.d.) auf.

DASA (Deutsche Aerospace AG) Mit der Luft- und Raumfahrt befaßtes Tochter-Unternehmen der Daimler-Benz AG. 1989 aus dem Zusammenschluß der Dornier GmbH, der Messerschmitt-Bölkow-Blohm GmbH (MBB), der Motoren- und Turbinen-Union GmbH (MTU) und der AEG hervorgegangen.

Dassault, Marcel (1891-1986) Französischer Flugzeug-Konstrukteur und -Industrieller. Entwickelte vor dem Zweiten Weltkrieg (noch unter dem Namen Marcel Bloch, s.d.) u.a. die Muster Bloch 131, 210 und 174. Nach dem Zweiten Weltkrieg entstanden in seinen Werken u.a. Etendard, Mystère, die Mirage-Serie, Rafale, das GeschäftsreiseFlugzeug Falcon und der Verkehrs-Jet Mercure.

Dassault, Serge (1925-) Französischer Industrieller, Sohn von Marcel D.

DC (engl. Douglas Commercial) Kürzel für Verkehrsflugzeuge der Douglas Aircraft Comp. (z.B. DC-3, DC-4, DC-8, DC-9, DC-10).

D-Check (engl.) Wartungprogramm nach jeweils 12.000 Zyklen, bei dem das Flugzeug weitgehend in seine Einzelteile zerlegt und grundlegend überholt wird.

Debriefing (engl.) Besprechung nach Beendigung eines Einsatzes.

Debus, Kurt (1908-) Deutsch-amerikanischer Raumfahrt-Ingenieur und -Manager. Von 1965 bis 1973 Direktor des Kennedy Space Center in Florida. Startete 1958 den ersten US-Satelliten Explorer und 1961 den ersten US-Astronauten, Alan Shepard (s.d.).

DECCA Von der gleichnamigen britischen Firma entwickeltes Navigationsverfahren für Mittelstrecken.

Decimomannu (ital.) Militärflugplatz auf Sardinien, auch von der deutschen Luftwaffe für das Waffentraining genutzt.

Decision Altitude (engl.) Entscheidungshöhe (s.d.).

Decoder (engl.) Gerät, das verschlüsselte elektronische Signale für den Empfänger nutzbar macht.

Deep Space Network (engl.) Verbundnetz von Mikrowellen-Sendern und -Empfängern (s.d.) in Kalifornien, Spanien und Australien für die Kommunikation mit weit entfernten Weltraumsonden.

Degen, Jacob (1761-1848) Wiener Experimentator, der einen Gleitflugapparat mit Ballonhilfe entwickelte und damit 1806 kurze Luftsprünge absolvierte.

Deimos (gr.) Mond des Planeten Mars.

Dekompression s. Druckabfall.

Delay (engl.) Verspätung, Abweichung von der planmäßigen Ankunftszeit.

Delivery (engl.) Auslieferung eines Flugzeugs an den Kunden.

Delta 1. Amerikanische Trägerrakete für Satelliten auf der Basis der Thor (s.d.). 2. Flügelform schneller Flugzeuge.

Delta Air Lines US-Fluggesellschaft.

Deltaflügler Flugzeug mit dreieckigem, Delta-förmigem Tragwerk (z.B. Mirage, Concorde, Tu-144).

Departure (engl.) Abflug eines Verkehrsflugzeuges.

Departure-time (engl.) Abflugzeit eines Verkehrsflugzeuges.

Deployment (engl.) Stationierung von Waffensystemen bei den dafür vorgesehenen Einheiten.

DERD-MC (dt. Darstellung extrahierter Radardaten per Mini-Computer) Flugsicherungssystem, das den Fluglotsen mehr Informationen liefert.

Deregulation (engl.) 1978 von US-Präsident Jimmy Carter durchgesetzte Aufhebung der Marktbeschränkungen im amerikanischen Luftverkehr.

Derschmidt, Hans Deutscher Konstrukteur. Entwickelte u.a. ein nach ihm benanntes Rotorsystem für Schnell-Hubschrauber.

Deruluft Zunächst von der Aero Lloyd, dann von der Luft Hansa mitgetragene deutsch-russische Fluggesellschaft, die ab 1922 den Luftverkehr in der jungen Sowjetunion aufbaute.

Desert Storm Deckname für die vor allem von den USA getragene militärische Operation gegen den Irak zur Befreiung Kuwaits im Jahr 1991.

Desintegration (engl.) Ungewolltes Zerlegen etwa eines Flugzeugs infolge eines Strukturversagens.

Destination (engl.) Bestimmungsort eines Fluges.

Deutsch de la Meurthe, Henry Französischer Industrieller, stiftete den nach ihm bernannten Preis.

Deutsche Aero Lloyd AG 1923 gegründete Vorläufer-Gesellschaft der Lufthansa.

Deutsche Airbus GmbH Flugzeug-Firma, Tochter-Unternehmen der DASA (s.d.). Deutscher Partner an Airbus Industrie (s.d.).

Deutsche BA Unter Beteiligung der British Airways (s.d.) gegründete deutsche Fluggesellschaft.

Deutsche Flugsicherung GmbH (DFS) Privatwirtschaftlich organisiertes Unternehmen, dem ab 1. Januar 1993 als Nachfolger der Bundesanstalt für Flugsicherung (s.d.) die Luftraumkontrolle über Deutschland übertragen wurde.

Deutsche Luft-Reederei GmbH Vorläufergesellschaft der Lufthansa, nahm 1919 den Flugbetrieb auf.

Deutsche Rettungsflugwacht Private Gesellschaft zum Transport medizinischer Notfälle mit Luftfahrzeugen.

Deutsches Museum Museum in München und Oberschleißheim mit der größten Sammlung an Luftfahrtgerät auf deutschem Boden.

Deviation (engl.) Abweichung der (Magnet-)Kompaßanzeige infolge flugzeuginduzierter Magnetfelder.

Dewoitine, Emile Französischer Luftfahrt-Pionier und -Industrieller.

Dezibel Maßeinheit für die Lautstärke. Benutzt für die Angabe des Innen-Geräuschs im Flugzeug und die Lärmbelastung von Flugplatz-Anwohnern.

DFVLR (Deutsche Forschungs- und Versuchsanstalt für Luft- und Raumfahrt) Vorläufer der DLR (s.d.).

DGLR (Deutsche Gesellschaft für Luft- und Raumfahrt-Lilienthal-Oberth e.V.) Private deutsche Vereinigung, die sich die Förderung von Luft- und Raumfahrt zum Ziel gesetzt hat.

DGON (Deutsche Gesellschaft für Ortung und Navigation) Private deutsche Vereinigung, die sich die Förderung von Ortungs- und Navigationsverfahren zum Ziel gesetzt hat.

Diamant Französische Trägerrakete.

Diameter (engl.) Durchmesser.

Dienstgipfelhöhe Flughöhe, bis zu der ein Flugzeug noch voll beherrschbar geflogen werden kann.

Diesel, Rudolf (1858-1913) Erfinder des nach ihm benannten selbstzündenden Motors, der allerdings in der Luftfahrt nur selten eingesetzt wurde.

Dieterle, Hans (1916-) Deutscher Testpilot. Holte 1939 mit der Heinkel He 100 erstmals den absoluten Geschwindigkeits-Weltrekord nach Deutschland.

Digital-Instrument Fluginstrument, dessen Anzeige digital dargestellt wird (s. Glass-Cockpit).

Dipol In der Funk- und Radartechnik Bezeichnung für eine stabförmige Antenne.

Direkte Betriebskosten Kosten, die bei jedem Flug anfallen, z.B. Treibstoff, Besatzungskosten, Flugsicherungs- und Landegebühren, aber ohne Abschreibung, Wartung und Gemein-Kosten.

Discoverer (engl.) Amerikanisches Satelliten-Programm, diente vorwiegend der Grundlagenforschung.

Discovery (engl.) Amerikanischer Raumtransporter.

Disembarkation (engl.) Aussteigen der Passagiere eines Verkehrs-Flugzeugs am Zielflughafen.

Dislozierung Verlegung einer Kampfeinheit von der Heimatbasis auf (mehr oder weniger getarnte) Einsatzplätze.

Dispatcher (engl.) Personal, das Dienst- und/oder Wartungspläne aufstellt.

Dittmar, Heini (1911-1960) Deutscher Segelflieger und Testpilot (u.a. Me 163).

DLR (Deutsche Forschungsanstalt für Luft- und Raumfahrt) Öffentlich-rechtliche, größtenteils staatlich finanzierte Organisation, in der deutsche Forschungsinstitute der Luft- und Raumfahrt zusammengefaßt sind.

DME (engl. Distance Measuring Equipment) Bordeigenes System zur Messung der Entfernung zu einer fixierten Bodenstation.

Docking (engl.) Ankoppeln eines Raumfahrzeugs an einem anderen.

Dog-fight (engl.) Kurvenkampf zweier Jagdflugzeuge, um in günstige Schußposition zu kommen.

Dome (engl.) Kuppel, unter der ein Funk-, Radar- oder optisches Gerät geschützt ist (s. auch Radom).

Doolittle, James H. (1896-1993) Amerikanischer Luftfahrt-Pionier und General. Forcierte den Instrumenten-Flug, leitete 1942 den ersten amerikanischen Luftangriff auf Tokio.

Doppeldecker Flugzeug, das über zwei meist etwas gegeneinander versetzte Flügelpaare verfügt. Heute nur noch bei Schul- und Sportflugzeugen.

Doppel-Leitwerk Auf dem Höhenleitwerk aufgesetzten doppeltes Seitenleitwerk, um interferenzfreie Funktion zu sichern (z.B. He 162).

Doppelrumpf-Flugzeug Flugzeug mit zwei Leitwerkträgern, z.B. Fw 189, Noratlas oder Lockheed P-38 Lightning.

Doppelsteuer In zwei- oder mehrsitzigen Schul- und Trainings- sowie Verkehrsflugzeugen parallele Steuerelemente, die beiden Flugzeugführern Zugriff auf die Flugsteuerung erlauben.

Doppler, Christian (1803-1853) Österreichischer Wissenschaftler. Entdeckte den nach ihm benannten D.-Effekt (s.d.).

Doppler-Effekt Physikalisches Phänomen. Die (akustische oder elektrische) Frequenz verändert sich beim Näherkommen oder Entfernen eines Objektes. Erlaubt bei akustischen und elektronischen Meßverfahren Bestimmung der Bewegungsrichtung.

Doppler-Radar Radar-Gerät, das sich den Doppler-Effekt (s.d.) zur genauen Ortung des Zieles zunutze macht.

Dornberger, Walter (1895-1980) Deutscher General. Leitete die Entwicklungsarbeiten in Peenemünde (V-1, V-2, Wasserfall).

Dornier, Claude (1884-1969) Deutscher Flugzeug-Konstrukteur und -Industrieller. In dem von ihm begründeten, 1989 in der DASA aufgegangenen Unternehmen entstanden u.a. die Flugboote RS I bis RS IV, Delphin, Do 18 und 24 Wal sowie das zwölfmotorige Riesenflugboot DoX, die Do 17, Do 335, und, nach dem Zweiten Weltkrieg, die Do 27, Do 28, Do 228 und Do 328, der senkrechtstartende Transporter Do 31, sowie, in Zusammenarbeit mit Dassault, der Alpha Jet.

Dornier, Claudius (1914-1986) Deutscher Flugzeug-Konstrukteur und -Industrieller, Sohn von Claude D. Entwickelte u.a. das Amphibium „Seastar".

Douglas, Donald Wills (1892-1981) Amerikanischer Konstrukteur und Flugzeug-Industrieller, bekanntgeworden durch seine Verkehrsflugzeuge (DC-3, DC-4, DC-6, DC-8, DC-9, DC-10). Begründer der 1967 mit McDonnell verschmolzenen Douglas Corp. (MD-80, MD-90, MD-11).

Douhet, Guilio (1869-1930) Italienischer General. Postulierte die These vom allgemeinen Luftkrieg als kriegsentscheidender Strategie.

Drachen-Flieger Leichtes (Gleit-) Fluggerät, das durch Gewichtsverlagerung gesteuert wird.

Drag (engl.) Widerstand.

Draken (schwed.) Schwedisches Düsen-Kampfflugzeug, Typenbezeichnung JAS 35.

Drall-Stabilisierung Stabilisierung eines Satelliten durch die Kreiselkräfte eines Drallrades.

Drehflügler Fluggerät, das anstelle einer festen Tragfläche einen rotierenden Auftriebsträger, meist einen Rotor (s.d.) hat (s.auch Hubschrauber, Autogyro, Tilt Rotor).

Drehkranz Vorrichtung, um in einem offenen Abwehrstand eine Waffe schwenkbar zu befestigen.

Drehmoment An rotierenden Bauteilen, z.B. Propellern oder Rotoren, in Drehrichtung auftretende Kraft.

Dreidecker Flugzeug-Konzept aus dem Ersten Weltkrieg mit drei Paar Tragflächen, das sich durch hohe Wendigkeit auszeichnete.

Dreiecks-Flug Wettbewerb beim Leistungssegelflug. Der Pilot muß ein vorher festgelegtes Dreieck abfliegen.

Dreipunkt-Landung Gleichzeitiges Aufsetzen eines Flugzeugs mit dem Haupt- und dem Bug- bzw. Heckfahrwerk oder Spornrad.

Drei-Wellen-Triebwerk Strahltriebwerk, bei dem je ein Kompressor- und ein Turbinenrad auf drei unterschiedlichen Wellen laufen.

Drohne Unbemannter, automatisch oder ferngesteuerter Flugkörper, z.b. zur Aufklärung oder Zieldarstellung (s.auch RPV).

Druckabfall (Meist explosiver) Abfall des atmosphärischen Drucks in einer Druckkabine (s.d.) auf die Außenwerte, z.B. durch ein Leck in der Außenhaut.

Druck-Anzug Schutzanzug für Besatzungen von Luft- oder Raumfahrzeugen ohne Druck-Kabine (s.d.), der den Träger mit Atemluft versorgt und ihn, besonders bei Kampfflugzeugen, vor den Folgen des niedrigen Außendrucks und hoher g-Belastungen schützt.

Druck-Ausgleich Anpassung des Innen- an den Außendruck eines Raumfahrzeugs, z.B. beim Ausstieg eines Astronauten in den freien Weltraum.

Druck-Betankung Schnelles Tankverfahren, bei dem der Treibstoff unter Druck eingefüllt wird.

Drücken Bewegung des Steuerelements nach vorn zur Einleitung einer abwärts gerichteten Flugbahn.

Druckgas Gas, das den (flüssigen) Treibstoff einer Rakete aus den Tanks zum Triebwerk drückt.

Druck-Kabine Hermetisch abgeschlossener Raum eines Luft- oder Raum-Fahrzeuges, der auch in großen Höhen die Erhaltung einer atembaren Atmosphäre erlaubt.

Druckkammer Raum, in dem für Übungs- oder Testzwecke der (niedrigere) atmosphärische Druck großer Höhen simuliert werden kann.

Druck-Propeller (engl. Pusher) Flugzeugantrieb, bei dem die am Heck angebrachte Luftschraube das Flugzeug durch die Luft „drückt".

Druckrumpf Flugzeugkonstruktion, die den Einbau einer Druckkabine (s.d.) erlaubt.

Druckschott Meist halbkugelförmiger hinterer Abschluß einer Druckkabine (s.d.).

Druckschraube s. Druck-Propeller.

Dryden (engl.) Nach dem amerikanischen Forscher Hugh Dryden benanntes Forschungs- und Flugversuchs-Zentrum der NASA (s.d.) auf dem Luftstützpunkt Edwards in Kalifornien, früher Muroc oder Rogers Dry Lake genannt.

Dry Leasing (engl.) Leasing (s.d.) eines Flugzeugs ohne jeden Service (Besatzung, Wartung).

Düppel (Deutsche) Bezeichnung für Staniol-Streifen, die im Zweiten Weltkrieg zur Störung der deutschen Funkmeßgeräte (s.d.) von den alliierten Flugzeugen abgeworfen wurden.

Duraluminium Leichter Werkstoff auf der Basis von Aluminium, der den Metall-Flugzeugbau ermöglichte.

Durchsacken Einbuße an Flughöhe durch atmosphärische oder aerodynamische Störungen.

Durchsatz Der Bedarf eines Triebwerks an Verbrennungsluft.

Durchstarten Ein Flugzeug im Landeanflug wieder beschleunigen und auf Höhe bringen.

Dürr, Ludwig (1878-1956) Deutscher Luftschiff-Konstrukteur, Mitarbeiter von Zeppelin (s.d.).

Düse Strömungskanal mit sich veränderndem Querschnitt, in dem die Verbrennungs- in Geschwindigkeitsenergie umgewandelt wird.

Dutch Roll (engl.) Um zwei Achsen instabiler Flugzustand.

Duty Free Shop (engl.) Geschäft an Flughäfen, in dem Auslandspassagiere zollfreie Waren einkaufen können.

Duty Free Verkauf Zollfreier Verkauf an Bord von Passagierflugzeugen im grenzüberschreitenden Verkehr.

DVL (dt. Deutsche Versuchsanstalt für Luftfahrt) 1912 in Adlershof bei Berlin gegründete Forschungsanstalt für Luftfahrt. Bis zum Ende des Zweiten Weltkrieges bahnbrechend in der deutschen Luftfahrtforschung.

Dyna Soar (engl.), X-20 Amerikanisches Projekt eines bemannten Wiedereintrittskörpers, nicht realisiert.

E

EAA (engl. Experimental Aircraft Association) Vereinigung der Amateur-Flugzeugbauer in den USA.

Eagle (engl.) Name des Apollo-Mondbootes (s.d.), mit dem die US-Astronauten Armstrong (s.d.) und Aldrin (s.d.) am 21. Juli 1969 als erste Menschen auf dem Erdtrabanten landeten.

Earhart, Amelia (1899-1937) Amerikanische Pilotin. Erregte Aufsehen durch ihre Rekordflüge. Im Pazifik verschollen.

Early Bird (engl.) 1965 gestarteter erster kommerzieller Nachrichtensatellit der USA.

Eastern Air Lines (engl.) US-Fluggesellschaft, von Lorenzo (s.d.) übernommen und eingestellt.

EATCHIP (engl. European Air Traffic Control Harmonization and Integration Program) Von der Europäischen Union 1994 verabschiedetes Programm zur Harmonisierung und Integration der nationalen Flugsicherungssysteme.

EATMS (engl. European Air Traffic Management System) Europäisches System zur Verkehrsfluß-Steuerung im Luftraum.

ECAC (engl. European Civil Aviation Conference) 1954 gegründete (Regierungs-)Organisation zur Koordinierung des Luftverkehrs in Europa.

Echo 1 Amerikanischer (Ballon-) Satellit. Erlaubte erste Versuche zur Telekommunikation mit Hilfe eines Raumfahrzeugs.

Echterdingen Flug- und Landeplatz bei Stuttgart. Bekanntgeworden durch die Katastrophe des Zeppelins LZ 4 am 5. August 1908. Als Folge die deutsche Zeppelin-Spende, die den weiteren Bau von Luftschiffen ermöglichte.

Echtzeit (engl. real time) Die Übertragung von (Test- oder Flug-) Daten ohne Zeitverzögerung zur Computer-Auswertung.

Eckener, Hugo (1868-1954) Deutscher Luftschiff-Pionier, Kapitän der LZ-127 Graf Zeppelin.

ECM (engl. Electronic Counter Measure) Elektronische Gegenmaßnahmen zur Störung elektronischer Ortungssysteme. Im deutschen Sprachgebrauch Eloka.

Economy (engl.) Billigste Passagier-Klasse in Verkehrsflugzeugen (s. auch Tourist).

Edwards Air Force Base Auf einem Trockensee in der kalifornischen Mojave-Wüste nordöstlich von Los Angeles gelegener amerikanischer Versuchsflugplatz, auch Landeplatz für den Space Shuttle. Benannt nach dem Testpiloten Glen Edwards, der 1948 bei der Erprobung des Nurflügelbombers Northrop YB-49 tödlich verunglückte.

EFA (engl. European Fighter Aircraft) Von Großbritannien, Deutschland, Italien und Spanien gemeinsam entwickeltes Projekt eines Jagdflugzeuges.

Effelsberg Standort des deutschen Radioteleskops in der Eifel.

EFIS (engl. Electronic Flight Instrument System) Elektronische Darstellung der Flugdaten im Cockpit auf LCD- oder LED-Schirmen. Ersetzt die Analog-Instrumente.

Egrett Von Grob (s.d.) und der US-Firma E-Systems entwickelter einmotoriger Höhenaufklärer (s. auch LAPAS).

Ehricke, Krafft A. (1917-1984) Deutsch-amerikanischer Raketenkonstrukteur und Zukunftsforscher. Entwickelte die hochenergetische, mit Wasserstoff und Sauerstoff betriebene Centaur-Oberstufe. Entwarf in seinem nachgelassenen, bisher unveröffentlichten Werk „Der siebente Kontinent" ein Konzept für die Besiedlung und wirtschaftliche Erschließung des Mondes.

Eimler, Eberhard (1930-) Deutscher General. Von 1983-1987 siebenter Inspekteur der Luftwaffe.

Eindecker Flugzeug mit nur einer Tragfläche, heute die bei weitem gebräuchliste Auslegung.

Eindringtiefe Entfernung, bis zu der ein Militärflugzeug in gegenerisches Gebiet einfliegen, um seine Aufgabe zu erfüllen, und wieder eigenes Gebiet erreichen kann.

Einflugschneise Gedachter Korridor, in dem zur Landung ansetzende Flugzeuge sich auf den elektronisch gekennzeichneten Gleitpfad (s.d.) einfädeln.

Einspritzpumpe Pumpe, die Treibstoff direkt in ein (Raketen- oder Düsen-)Triebwerk einspritzt.

Einweiser Personal, das gelandete Flugzeuge zum Abstellplatz dirigiert.

Einzieh-Fahrwerk Fahrwerk, das während des Fluges eingezogen werden kann, so daß sich der Widerstand verringert.

Ejection Seat (engl.) Schleudersitz (s.d.).

Eklipse Sonnenfinsternis, hervorgerufen durch den sich zwischen Sonne und Erde schiebenden Mond.

Ekliptik Ebene der Erdbahn um die Sonne.

El Al 1948 gegründete israelische Fluggesellschaft.

ELDO (engl. European Launcher Development Organisation) 1964 gegründete, 1975 in der ESA aufgegangene europäische Organisation für die Entwicklung von Träger-Raketen.

Elevation Neigung (zur Erdoberfläche oder, bei Satellitenbahnen, zum Äquator).

Elevator (engl.) Höhenruder (s.d.) eines Luftfahrzeugs.

Elevon (engl.) Kombination von Höhenruder (Elevator) und Querruder (Aileron).

Ellehammer, Jacob H.C. (1871-1946) Dänischer Konstrukteur. Führte am 12. September 1906 mit seinem Anderthalbdecker einen ersten, gefesselten Flug durch. Baute 1912 einen Helikopter.

Eloka s. ECM.

ELT (engl. Emergency Locator Transmitter) Sender, der bei einer Bodenhavarie die Ortung der Absturzstelle ermöglicht.

Embarkation (engl.) Das Einsteigen eines Passagiers für einen Verkehrsflug.

Emergency exit (engl.) Notausgang eines Luft- oder Raumfahrzeuges.

Embraer (port. Empresa Brasilera de Aeronáutica SA) Brasilianischer Flugzeug-Konzern.

Endanflug Phase einer Flugzeuglandung unmittelbar vor dem Aufsetzen.

Endeavour (engl.) Als Ersatz für den verunglückten Raumtransporter Challenger (s.d.) gefertigter Space Shuttle (s.d.).

Endmontage Zusammenfügen mehrerer Baugruppen zu einer funktionsfähigen Einheit, zum Beispiel einem Flugzeug.

Endorsement (engl.) Genehmigung (der ausstellenden Fluggesellschaft), eine andere Route als die im Ticket eingetragene zu befliegen.

Energija (russ.) Schwerlastrakete der ehemaligen Sowjetunion. Erste Großrakete, die Wasserstoff/Sauerstoff in der Grundstufe verwendet.

English Electric (engl.) Britische Flugzeug-Firma (u.a. Lightning).

Enigma Deutsche Chiffriermaschine im Zweiten Weltkrieg.

Eniwetok Pazifik-Atoll, über dem die USA 1952 ihre erste Wasserstoffbombe (s.d.) zündeten.

Enola Gay Name des amerikanischen B-29-Bombers, aus dem am 6. August 1945 die Atombombe auf Hiroshima (s.d.) abgeworfen wurde.

Enteisung Vorrichtung, um im Flug oder am Boden auftretende Vereisung (s.d.) pneumatisch oder durch Wärme zu verhindern.

Entenflügel s. Canard.

Enterprise (engl.) Prototyp des Space Shuttle (s.d.).

Entscheidungshöhe Kritische Höhe bei Schlechtwetter-Landungen, in der sich der Pilot entscheiden muß, ob er landen oder die Landung abbrechen will.

Entwicklungsring Süd Für die Entwicklung neuer, vor allem senkrechtstartender Militärflugzeuge (z.B. VJ-101) gegründete Arbeitsgemeinschaft deutscher Firmen.

Enzian E-4 Im Zweiten Weltkrieg entwickelte deutsche Flugabwehr-Rakete.

EPNdB (engl. Effective perceived Noise Decibel) Einheit der Lärmmessung.

ER (engl. Extended Range) Verkehrsflugzeug mit erhöhter Reichweite, z.B. durch den Einbau von Zusatztanks.

ERA (engl. European Regional Airlines Association) Dachverband der europäischen Regional-Fluggesellschaften.

Erdanziehung S. Schwerkraft.

Erderkundung Erforschung von Wachstum, Umweltschäden und Bodenschätzen mit Hilfe von Satelliten.

Erdfluchtgeschwindigkeit (Auch Zweite kosmische) Geschwindigkeit von etwa 40 000 km/h, die ausreicht, um einen Raumflugkörper aus dem Anziehungsbereich der Erde hinauszukatapultieren.

Erdschatten Schattenkegel auf der sonnenabgewandten Seite der Erde.

Ermüdungstest Dauerbelastungs-Versuch mit einer Flugzeugzelle, um die durch mechanische Beanspruchung begrenzte Lebensdauer des Materials zu definieren.

ERNO (Entwicklungsring Nord) Deutscher Industrieverbund, zunächst vorwiegend auf Flugzeug-, später ganz auf Raumfahrt-Projekte konzentriert.

Erstflug Erster Start eines neu entwickelten Fluggerätes.

ESA (engl. European Space Agency) 1975 durch Zusammenschluß von ELDO (s.d.) und ESRO (s.d.) gegründete europäische Raumfahrt-Organisation mit elf Mitgliedsstaaten.

Eser, Günter O. (1927-) 1978 in den Vorstand der Lufthansa berufen, seit 1985 Generaldirektor der IATA (s.d.).

Esnault-Pelterie, Robert (1881-1957) Französischer Luft- und Raumfahrt-Konstrukteur und -Industrieller.

ESOC (engl. European Space Operations Center) Europäisches Kontrollzentrum für Forschungssatelliten mit Sitz in Darmstadt.

Espenlaub, Gottlob (1900-1972) Deutscher Luftfahrt-Pionier.

ESRANGE (engl. European Space Range) Von der ESA (s.d.) betriebener Startplatz für Höhenforschungsraketen (s.d.) in Kiruna (Nord-Schweden).

ESRIN (engl. European Space Research Institute) Auswertungszentrum der ESA für Satellitendaten in Frascati bei Rom.

ESRO (engl. European Space Research Organisation) 1964 gegründete, 1975 in der ESA aufgegangene europäische Organisation für Weltraumforschung.

ESRP (engl. European Supersonic Research Program) Europäische Studie für ein Überschall-Verkehrsflugzeug der zweiten Generation.

ESTEC (engl. European Space Research and Technology Center) Europäisches Zentrum für die technische Vorbereitung von Satelliten. Sitz Noordwijk in den Niederlanden.

E.T. (engl. Extra Terrestrian) Fiktives außerirdisches Lebewesen im gleichnamigen Film.

ETA (engl. estimated time of arrival) Geschätzte Ankunftszeit (eines Verkehrsflugzeuges).

ETD (engl. estimated time of departure) Geschätzte Startzeit (eines Verkehrsflugzeuges).

Etendard (frz.) Französisches Düsen-Kampfflugzeug.

ETOPS (engl. Extended Range Twin Operations) Betrieb zweistrahliger Flugzeuge über Wüsten oder Weltmeeren. Eingeschränkt auf die Möglichkeit, bei Ausfall eines Triebwerks innerhalb eines bestimmten Zeitraums einen Landeplatz zu erreichen.

Etrich, Igo (1879-1967) Österreichischer Flugzeug-Konstrukteur. Entwickelte 1910 die Etrich-Taube.

Etzdorf, Marga von (1907-1933) Deutsche Pilotin (u.a. Lufthansa).

Euler, August (1868 -1957) Deutscher Pilot und Flugzeug-Konstrukteur. Erwarb 1909 den deutschen Flugzeugführerschein Nr. 1.

EUMETSAT (engl. European Organisation for the Exploitation of Meteorological Satellites) Europäische Organisation für den Betrieb von Wettersatelliten und die Verwertung der von ihnen gewonnenen Daten. Sitz Darmstadt.

Eurasia 1930 mit Beteiligung der Lufthansa gegründete chinesische Fluggesellschaft.

Eureca (engl. European Retrievable Carrier) In Europa entwickelte, unbemannte, rückholbare Nutzlastplattform für den Einsatz im Weltraum.

Euroberlin Vor der deutschen Wiedervereinigung gegründete deutsch-französische Fluggesellschaft für den Berlin-Verkehr. 1995 aufgelöst.

EUROCONTROL Europäische Organisation für Flugsicherung (s.d.). 1960 gegründet, dann jahrelang ein Schattendasein führend. 1991 wiederbelebt, weil der expandierende Luftverkehr eine einheitliche Kontrolle in Europa notwendig machte.

Eurocopter Deutsch-französischer Zusammenschluß von DASA (s.d.) und Aerospatiale (s.d.) mit je 50 Prozent Anteilen für die Produktion und Vermarktung von Hubschraubern.

Eurofighter (engl.) Konsortium zur Entwicklung und Produktion des European Fighter Aircraft (EFA, s.d.).

Eurofighter 2000 Von Italien, Spanien, Großbritannien und Deutschland auf der Basis des EFA (s.d.) gemeinsam zu entwickelndes leichtes Jagdflugzeug.

Euroflag (engl.) Europäisches Konsortium zur Entwicklung und zum Bau eines Transportflugzeuges (s. FLA).

Eurohermes Europäisches IndustrieKonsortium für die Entwicklung und den Bau des Raumgleiters Hermes.

Eurojet (engl.) Industrie-Konsortium zum Bau des Triebwerks EJ 200 für den Eurofighter (s.d.). Mitgliedsfirmen sind Rolls Royce (s.d.), Fiat (Italien), SENER (Spanien) und MTU (s.d.).

Europa-Rakete Bezeichnung für in Europa entwickelte Trägerraketen, z.B. Europa IIb, Europa III, Ariane (s. diese).

Europa IIb Europäisches Programm einer Trägerrakete, von der ELDO (s.d.) bearbeitet. Nach mehreren Fehlversuchen zugunsten von Ariane (s.d.) eingestellt.

Europa III Folgeprojekt der ELDO (s.d.) für die Trägerrakete Europa IIb. Infolge Auflösung der ELDO nicht verwirklicht.

EUROSPACE (engl.) Organisation europäischer Firmen, die in der Raumfahrt arbeiten.

Eurowings Deutsche Regional-Fluggesellschaft, aus NFD und RFG (s. diese) fusioniert.

EUTELSAT Organisation der europäischen Post-Unternehmen für den Betrieb Satelliten-gestützter Kommunikations-Systeme. 42 Mitglieder.

EVA (engl. Extra Vehicular Activity) Fachausdruck für den – meist durch eine Verbindungsleine gesicherten – Ausstieg von Raumfahrern aus ihrem Raumfahrzeug ins All.

Evaluation (engl.) Auswahl, z.B. eines in Serie zu bauenden Waffensystems, aus mehreren konkurrierenden Mustern.

Excess Baggage (engl.) Übergepäck (s.d.).

Excursion Fare (engl.) Sondertarif für Pauschal-Flugreisen.

Exosat Europäischer Astronomie-Satellit, 1983 gestartet.

Exosphäre Äußere Schicht der Erdatmosphäre, ab etwa 800 bis 3000 km Höhe.

Experimental (engl.) Amerikanische Bezeichnung für ein Eigenbau-Flugzeug.

Explorer (engl.) Amerikanische Erdsatelliten. E. 1 startete am 1. Februar 1958 als erster US-Trabant, entdeckte den van Allen'schen Strahlungsgürtel.

Extended Range (engl.) Vergrößerte Reichweite. Entsprechend modifizierte Versionen erhalten den Zusatz ER (z.B. Boeing 767ER).

Extra, Walter Deutscher Kunstflugpilot und Flugzeugbauer.

Extraterrestrisch Außerirdisch.

Exupéry, Antoine de Saint- (1900-1944) Französischer Pilot und Dichter (u.a. „Wind, Sand und Sterne", „Der kleine Prinz").

F

F-1 Von Rocketdyne gebautes Triebwerk der Saturn 5 (s.d.), entwickelte 800 t Schub.

FAA (engl. Federal Aviation Administration) US-Behörde, die für alle Fragen der Flugsicherheit zuständig ist.

Fabre, Henri (1883-1970) Französischer Flugpionier, baute die „Hydravion", das erste Schwimmerflugzeug.

FADEC (engl. Full Authority Digital Engine Control) Digitalisierte Regelung eines Strahltriebwerkes.

Fadenkreuz In optischen Zielgeräten ein meist kreuzförmiges Symbol, das mit dem Ziel in Deckung gebracht werden muß.

FAG (Flughafen Frankfurt/Main AG) Eigentümer- und Betreiber-Gesellschaft des Frankfurter Flughafens, des verkehrsreichsten deutschen Flughafens.

Fahrwerk Aus aerodynamischen Gründen meist im Flug einziehbares Radsystem, das Flugzeugen das Rollen auf der Erde erlaubt.

Fahrwerksklappen Klappen, mit denen der Fahrwerksschacht (s.d.) nach dem Einziehen des Fahrwerks geschlossen wird.

Fahrwerksschacht Raum, in dem das Einziehfahrwerk während des Fluges untergebracht ist.

FAI (frz. Federation Aéronautique Internationale) Internationale Luftfahrt-Organisation mit Sitz in Paris. Führt unter anderem die Rekordlisten.

Fail safe (engl.) 1. Vielfach gesicherter Ablauf von Code-Anweisungen und Kommunikationsschritten, um die unbeabsichtigte Auslösung eines Atomkrieges zu verhindern. 2. System oder Gerät, das nicht aus technischen Gründen versagen darf.

Failure (engl.) Versagen eines Systems.

Fairchild, Sherman Miles (1897-1971) Amerikanischer Luftfahrtindustrieller, Gründer der gleichnamigen Firma.

Fairy, Sir Richard (1887-1957) Britischer Flugzeugkonstrukteur und -Industrieller (u.a. Swordfish, Firefly).

Falcon (engl.) Falke. Häufig benutzter Name für ein schnelles Flugzeug.

Fallschirm Aus Textil-Werkstoffen gefertigter Schirm, der sich entfaltet und das Absetzen von Menschen und Material aus der Luft erlaubt.

Fallschirmjäger Soldat, der vom Flugzeug aus am Fallschirm im Hinterland des Gegners abgesetzt wird.

Fallturm Hohes Gebäude, in dessen Innern für Test- und Forschungszwecke durch Abwurf im freien Fall kurzseitig Schwerelosigkeit (s.d.) simuliert werden kann.

Fallwind Nach unten gerichtete Luftbewegung, z.B. an Hängen. Gefährlich für Segelflieger und bei Lande-Anflügen.

Falschfarben-Aufnahme (Luft- oder Satelliten-)Aufnahme, bei der mit Computerhilfe Bildinformationen aus dem für das menschliche Auge unsichtbaren (z.B. UV, Infrarot) in den sichtbaren Bereich verschoben und damit, z.B. für Wettervoraussagen oder Umweltschutz, auswertbar werden.

Fan (engl.) Gebläse in Strahltriebwerken.

Fanghaken Ausfahrbarer Haken am Flugzeugheck, mit dem das Flugzeug bei einer (Träger-)Landung in eine Fangleine einhakt und abgebremst wird.

Faraday'scher Käfig Von Michael Faraday (1791-1867) entdecktes Gesetz, wonach elektrische Entladungen in geschlossene Metallkörper wie Flugzeuge nicht eindringen können.

Farman, Henry (1874-1958) Französischer Flugzeug-Konstrukteur und -Industrieller.

Farman, Maurice (1877-1964) Französischer Flugzeug-Konstrukteur und -Industrieller, Bruder von Henry F.

Farnborough Stadt und Flugplatz in Südwest-England. Standort des RAE (s.d.) und der im Zwei-Jahres-Turnus stattfindenden Air Show.

Fast-Zusammenstoß (engl. near miss) Gefährliche Begegnung zweier Luftfahrzeuge.

Fatigue Test (engl.) s. Ermüdungstest.

Fat Man (engl.) Code-Name der zweiten, im August 1945 auf die japanische Hafenstadt Nagasaki abgeworfenen amerikanischen Atombombe (s.d.), einer Plutoniumbombe.

Federal Express (engl.) Mit eigenen Flugzeugen weltweit operierender amerikanischer Schnelldienst für Paketbeförderung.

Feldflugplatz Behelfsmäßiger Flugplatz einer Luftwaffeneinheit, abseits der Heimatbasis.

Ferber, Ferdinand (1862-1909) Französischer Luftfahrtpionier.

Fernaufklärer Aufklärungsflugzeug, das weitab vom eigenen Machtbereich Informationen über den Gegner sammelt (z.B. FW 200, U-2, SR-71).

Fernerkundung (engl. Remote Sensing) Beobachtung von Vorgängen auf der Erde aus großer Höhe, z.B. vom Flugzeug oder Satelliten aus, mit Hilfe besonders leistungsfähiger Sensoren.

Fernmelde-Satellit Erdtrabant, der, meist in geostationärer Bahn (s.d.), als

Relaisstation für Telefon-, Daten- und/oder Fernsehübermittlung dient.

Ferry Flight (engl.) Überführungsflug eines nicht besetzten Verkehrsflugzeuges zum Einsatzort.

Fesselballon Ballon, der durch ein Seil am Boden festgehalten, „gefesselt" wird. Früher als Beobachtungs-Plattform und zur Tiefflieger-Abwehr verwendet.

Fesselsatellit (engl. Tethered Satellite) Satellit, der mit einem anderen Raumflugkörper, z.B. dem Space Shuttle, durch eine bis zu 100 km lange Leine verbunden ist.

Feststoff-Rakete Rakete, die von lagerfähigem festem anstelle von flüssigem Treibstoff angetrieben wird. Auch der für die Verbrennung notwendige Sauerstoff ist chemisch in einer festen Substanz gebunden.

Festzeichen-Unterdrückung Löschung aller Echos auf dem Radarschirm, die nicht von bewegten Objekten stammen.

Fieseler, Gerhard (1896-1987) Deutscher Kunstflug-Pilot und Konstrukteur (Fi 156 Storch, Fi-103 V-1).

Fighter (engl.) Jagdflugzeug (s.d.).

Fighter-Bomber (engl.) Jagdbomber (s.d.).

Final Approach (engl.) Endanflug (s.d.).

Final Assembly (engl.) Endmontage (s.d.).

Fingersteig Flugsteig, der vom Terminal (s.d.) ins Vorfeld hinausreicht und die Abfertigung mehrerer Flugzeuge gleichzeitig erlaubt.

Fitzmaurice, James C. (1898-1965) Irischer Flugpionier, der 1928 zusammen mit Köhl (s.d.) und Hünefeld (s.d.) den Atlantik von Ost nach West überflog.

Fiumicino Interkontinentaler Flughafen Roms.

Fixstern Zentralgestirn eines Planetensystems.

FLA (engl. Future Large Aircraft) Projektbezeichnung eines vierstrahligen europäischen Transportflugzeuges, das nach dem Jahr 2000 als Nachfolger von C-130 Hercules und C-160 Transall (s. diese) in Dienst gehen könnte.

Flächenbelastung Verhältnis zwischen (Flugzeug-)Masse und Trag-Fläche.

Flächennavigation Navigationsverfahren, das an jedem Punkt zu jeder Zeit eine genaue Feststellung des eigenen Standorts erlaubt.

Flächenwaffen Kampfköpfe, die von Flugzeug oder Rakete über ein größeres Areal verstreut werden, z.B. zur Bekämpfung von Panzerverbänden oder Flugplätzen (MW-1).

Flade, Klaus-Dietrich (1953-) Deutscher Militärpilot und Kosmonaut. Flog 1992 als erster Deutscher eine Mission zur russischen Raumstation Mir (s.d.).

Flag Carrier (engl.) Die führende, häufig staatliche, Fluggesellschaft eines Landes.

Flak (Flieger-Abwehr-Kanone) Am Boden positioniertes Geschütz zur Bekämpfung von Flugzeugen.

Flak-Bunker Im Zweiten Weltkrieg Schutzbauten, auf deren Dach schwere und leichte Luftabwehrgeschütze stationiert waren.

Flame out (engl.) Aussetzen der Verbrennung in einem Strahltriebwerk, zum Beispiel durch Abriß der Luftzuführung.

Flammenabweiser Schräge, meist mit Wasser gekühlte Schürze auf Raketen-Startrampen, um bei Zündung der Triebwerke eine Beschädigung des Flugkörpers durch den reflektierten Flammenstrahl zu vermeiden.

Flaps (engl.) Für Start und Landung aus der Tragfläche ausfahrbare Klappen zur Erhöhung des Auftriebs (s.d.).

Fla-Rakete Flugabwehr-Lenkwaffe.

Flare (engl.) Von Luftfahrzeugen ausgestoßener Täuschkörper zur Abwehr von Lenkwaffen mit Infrarot-Suchkopf.

Flat Panel (engl.) Cockpit-Instrumente mit geringer Einbautiefe.

Flattern Eigenvibration von Flugzeugteilen, angeregt durch aerodynamische Störungen oder Fremdfrequenzen.

Flatterbruch Durch Flattern (s.d.) ausgelöste Material-Überlastung, die zur Zerstörung von Bauteilen führt.

Fla-Waffen Die Gesamtheit aller zur Luftabwehr verwendeten bodengestützten Waffensysteme.

Flettner, Anton (1885-1961) Deutscher Hubschrauber-Konstrukteur und Industrieller.

Fliegeberg Von Lilienthal (s.d.) für seine Flugversuche in Berlin aufgeschütteter Hügel, heute Denkmal.

Fliegende Festung (engl. Flying Fortress) Bezeichnung für den US-Bomber B-17, der über extrem starke Abwehrbewaffnung verfügte.

Fliegerarzt Facharzt, der die medizinische Tauglichkeit des fliegenden Personals überprüft.

Fliegerfaust Leichte Luftabwehr-Lenkwaffe, die von einem Einzelschützen gegen Tiefflieger abgefeuert wird.

Fliehkraft Die (der Schwerkraft entgegenwirkende) Kraft, mit der ein um einen Mittelpunkt kreisender Körper nach außen gezogen wird.

Flight Attendant (engl.) Flugbegleiter, Kabinenpersonal auf einem Verkehrsflugzeug.

Flight Data Recorder (engl.) Flugdatenschreiber (s.d.).

Flight Level (engl.) Von der Flugsicherung festgelegter Höhenbereich, durch einen Sicherheitsabstand von anderen F. getrennt.

Flight Management System (engl.) Elektronisches System, mit dessen Hilfe die Flugroute optimiert und der Treibstoffverbrauch minimiert werden können.

FLIR (engl. Forward Looking Infrared) Such- und Ortungssystem auf der Basis der Infrarot-Strahlung.

Float (engl.) Schwimmer von Wasserflugzeugen.

Flosdorf, Heribert (1932-) Deutscher Industriemanager. Geschäftsführer Airbus Industrie 1980 bis 1993.

Flottenchef Für die fliegerischen Belange aller Flugzeuge einer Fluggesellschaft verantwortlicher Flugkapitän.

Fluchtgeschwindigkeit (auch Zweite Kosmische Geschwindigkeit) Brennschluß-Geschwindigkeit (s.d.), die ausreicht, um einen Raumflugkörper aus dem Schwerefeld eines Himmelskörpers herauszutragen. Für die Erde beträgt die F. etwa 40000 km/h (11,18 km/sec), für den Mond 8568 km/h (2,38 m/sec).

Flügelkasten Besonders stabiles Bauteil, mit dem die Tragflächen und der Rumpf eines Flugzeugs verbunden sind.

Flugangst Psychologisch bedingte Abneigung gegen das Fliegen, in vielen Fällen durch Schulung überwindbar.

Flugbegleiter(in) Personal in Verkehrsflugzeugen, das für Sicherheitsmaßnahmen und Passagier-Service sorgt.

Flugbereitschaft Sondereinheit der Bundeswehr für den Transport von VIPs (s.d.) oder über Langstrecken.

Flugboot Flugzeug mit bootsförmigem Rumpf, der Start und Landung auf dem Wasser ermöglicht.

Flugdatenschreiber Elektronisches, feuer- und stoßfest gelagertes Gerät, das eine bestimmte Zahl von Flugdaten kontinuierlich aufzeichnet. Wichtiges Hilfsmittel bei der Aufklärung von Flugunfällen.

Flugdeck Deck eines Trägerschiffes, auf dem Flugzeuge oder Hubschrauber starten und landen können.

Flügelwurzel Der Übergang von der Tragfläche zum Rumpf.

Flugerprobung Erprobung eines neu entwickelten Flugzeugtyps zur Erlangung der Musterzulassung (s.d.).

Flugfläche (engl. flight level) In der Flugsicherung ein bestimmtes

Höhenband, in dem der Luftverkehr nach den dort geltenden Regeln abgewickelt wird.

Fluggastbrücke Meist teleskopartig ausfahrbare Brücke zwischen Terminal und Flugzeug.

Flughafen Für die Abwicklung eines regelmäßigen (internationalen) Luftverkehrs eingerichteter Flugplatz (s.auch Verkehrs-Landeplatz).

Flugkapitän Verantwortlicher Pilot eines Verkehrsflugzeuges.

Flugleiter, Fluglotse Mitarbeiter der Flugsicherung (s.d.), der mit Radar- und Computer-Hilfe den Luftverkehr kontrolliert.

Flugmedizin Spezialgebiet der Medizin, das sich den in der Fliegerei auftretenden besonderen Phänomenen widmet.

Flugmodell Flug- und häufig lenkfähiges Modell eines Flugzeugs.

Flugsicherung Radargestütztes System zur Luftraumkontrolle, das mit Computerhilfe den Luftverkehr überwacht und Kollisionen verhindern soll.

Flugsicherungsgebühr Von den Institutionen der Flugsicherung bei den Nutzern erhobenes Entgelt.

Flugsimulator Trainingsgerät, in dem Piloten an ein neues Flugzeugmuster und an spezielle, kritische Flugsituationen herangeführt werden können.

Flugsteig Bauwerk, über das der Passagier direkt ins Flugzeug einsteigen kann.

Flugunfall-Untersuchung Von Spezialisten der zuständigen Behörden (z.B. FAA, LBA) vorgenommene Analyse von Flugunfällen zur Aufklärung der Ursachen.

Flugwetterdienst Auf die Bedürfnisse des Luftverkehrs spezialisierter Zweig der Meteorologie.

Flugzeug Von Lilienthal (s.d.) erstmals verwandte deutsche Bezeichnung für ein Luftfahrzeug schwerer als Luft.

Flugzeug-Entführung Von einem Passagier mit Waffengewalt erzwungene Kursänderung eines Verkehrsflugzeuges.

Flugzeug-Erkennungsdienst Personal, das in der optischen Identifizierung von Flugzeugen ausgebildet ist.

Flugzeugschlepp Verfahren, um Segelflugzeuge im Schlepp eines Motorflugzeuges zu starten oder, z.B. bei Lastenseglern, in den Zielraum zu ziehen.

Flugzeugträger Größeres Kriegsschiff, von dessen Flugdeck (s.d.) aus Landflugzeuge operieren können.

Flüssig-Rakete Flugkörper, dessen Raketen-Motor mit flüssigem Treibstoff, z.B. mit Alkohol, Hydrazin (s.d.) oder Wasserstoff (s.d.) angetrieben wird.

Fly-away-Preis (engl./dt.) Fertigungs-Preis eines fliegenden (Waffen-)Systems ohne Gesamtkosten des Programms (s. auch System-Preis).

Fly-By (engl.) Vorbeiflug eines Raumflugkörpers an einem Himmelskörper.

Fly-by-light (engl., „fliegen mit Licht") Flugregelung, bei der die Steuerbefehle mit Lichtsignalen über Glasfaser-Kabel an die Stellmotoren weitergeleitet werden.

Fly-by-wire (engl., „fliegen per Draht") Elektronische Flugsteuerung, bei der die Steuerbefehle des Piloten nicht mechanisch oder hydraulisch, sondern nach Verarbeitung durch einen Computer über Draht elektrisch an Stellmotoren (s.d.) weitergeleitet werden.

Flying Fortress (engl.) Im Zweiten Weltkrieg Bezeichnung für den extrem stark bewaffneten US-Bomber B-17.

FOBS (engl. Fractional Orbital Bombardement System) Aus einer Erdumlaufbahn eingesetztes Waffensystem, das seine Atom-Sprengköpfe vor Vollendung eines Orbits ausstößt.

Focke, Henrich (1890-1979) Deutscher Konstrukteur, entwickelte u.a. den Hubschrauber Fw 61. Begründete mit Georg Wulf die Focke-Wulf-Flugzeugwerke (u.a. FW-189, FW-190, FW-200 Condor).

Fokker, Anthony H.G. (1890-1939) Deutsch-Niederländischer Konstrukteur und Industrieller, Begründer nach ihm benannter Flugzeugwerke (u.a. Fokker Dr.1 Dreidekker, die Verkehrsflugzeuge F.III, F.VII und, nach dem Zweiten Weltkrieg, F-27, F-28, F-50, F-100).

Folland, H. P. Britischer Flugzeugkonstrukteur und -Industrieller (u.a. S.E.5, Gnat).

Follow me (engl.) Auffällig beleuchtetes Fahrzeug, das gelandete Flugzeuge an ihren Stellplatz einweist.

Foot (engl., Mehrzahl feet) In der Luftfahrt häufig verwendetes Längenmaß, entspricht 0,305 m.

Force de Frappe (frz.) Bezeichnung für die mit Atomwaffen ausgerüsteten französischen Streitkräfte.

Formationsflug Flug mehrerer Luftfahrzeuge in einer bestimmten Formation, etwa bei einer Aerobatik-Vorführung.

Formationsspringen Gruppenabsprung von Fallschirmspringern, die gemeinsam im freien Fall (s.d.) eine Formation bilden.

Frachter Für Frachtbeförderung speziell ausgelegtes Verkehrsflugzeug.

Frachttor Größer als gewöhnlich ausgelegte Ladeklappe an Frachtflugzeugen.

Franz, Anselm (1900-) Triebwerkskonstrukteur, entwarf bei Junkers den Jumo 004, das erste in Serie gebaute Strahltriebwerk der Welt.

Franz In der deutschen Fliegersprache Bezeichnung für den Beobachter und Navigator.

Frecce Tricolori (ital.) Italienische Kunstflugformation. Durch die Katastrophe von Ramstein (s.d.) 1988 zu trauriger Berühmtheit gelangt.

Freedom (engl.) Ständig bemannte amerikanische Raumstation (s.d.), die 1999 gestartet werden sollte. Ersetzt durch das amerikanisch-russische Projekt einer internationalen Erdaußenstation ALPHA/MIR.

Freiballon Gas- oder Heißluftballon (s. diese), der ohne Verbindung mit dem Boden fährt.

Freier Fall Beim Fallschirmspringen die Sequenz vor dem Auslösen des Schirms.

Frequenz Die Schwingungszahl elektromagnetischer Wellen.

Freya Deutsches Funkmeßgerät (s.d.) im Zweiten Weltkrieg.

Frühwarnflugzeug Flugzeug, das mit weitreichenden elektronischen Sensoren ausgestattet ist (z.B. AWACS, s.d.).

Frydag, Karl (1893-1980) Deutscher Luftfahrtindustrieller.

Fuel (engl.) Flugzeug- oder Raketen-Treibstoff.

Fünfte Freiheit Regelung im internationalen Luftverkehr, die einer Fluggesellschaft eines Landes in einem anderen Staat die Aufnahme von Passagieren mit Zielort in einem Drittland erlaubt.

FuMG s. Funkmeßgerät.

Funk-Alphabet Im internationalen Funksprechverkehr benutztes Alphabet. S. Anhang.

Funkfeuer, Funkbake Sender mit genau vermessenem Standort, dessen Signale beim Instrumentenflug als Navigationshilfe benutzt werden.

Funkmeßgerät (FuMG) Im Zweiten Weltkrieg deutsche Bezeichnung für Radar (s.d.).

Funksprechgerät System, das die Sprach-Kommunikation zwischen mehreren Flugzeugen oder einem Flugzeug und dem Boden ermöglicht.

Funksprech-Zeugnis Dokument, das vor der Absolvierung der Pilotenprüfung erworben werden muß.

Furrer, Reinhard (1940-) Deutscher Astronaut. Flog 1985 an Bord des Space Shuttle Challenger (D-1-Mission) als Wissenschaftsastronaut mit dem in Europa gebauten Raumlabor Spacelab ins All.

G

Gablenz, Carl-August Freiherr von (1889-1942) Deutscher Luftverkehrspionier, 1926 Mitbegründer der ersten Deutschen Luft Hansa.

Gagarin, Juri (1934-1968) Russischer Kosmonaut. Kreiste am 12. April 1961 als erster Mensch in dem Raumschiff Wostok 1 einmal um die Erde.

Galaxie Milchstraße (s.d.).

Galaxy (engl.) Amerikanisches Transportflugzeug. Typenbezeichnung Lockheed C-5.

Galilei, Galileo (1564-1642) Italienischer Astronom und Wissenschaftler. Erfand das Fernrohr und entdeckte damit die ersten vier Monde des Planeten Jupiter.

Galileo 1. Deutsch-amerikanische Sonde zum Planeten Jupiter. Soll dort einen Lander absetzen. 2. Reservierungssystem (s.d.) für den Luftverkehr.

Galland, Adolf (1912-) Deutscher Jagdflieger im Zweiten Weltkrieg.

Galley (engl.) Bordküche in einem Verkehrsflugzeug.

Gallon (engl.) In der Luftfahrt häufig verwendetes Flüssigkeitsmaß. Eine G. entspricht 3,56 Liter.

Gammastrahlung Energiereiche Röntgenstrahlung.

Gander Flugplatz in Neufundland. In der Frühzeit des Transatlantik-Luftverkehrs als Zwischenlandeplatz genutzt.

Gangway (engl.) Auf Verkehrsflugplätzen der Zugang zum Flugzeug.

Ganswindt, Hermann (1856-1934) Deutscher Erfinder. Postulierte 1891 das Rückstoß-Prinzip als Basis der Raumfahrt.

Ganymed Mond des Planeten Jupiter.

GARP (engl. Global Atmospheric Research Program) 1978 durchgeführtes weltweites Satelliten-Programm zur Erforschung der Wetter-Prozesse.

Garrett, J. Clifford (1908-1963) Amerikanischer Ingenieur und Industrieller. Begründer der nach ihm benannten, im United-Technologies-Konzern aufgegangenen Triebwerksfirma.

Garros, Roland (1888-1918) Französischer Flugpionier. Ihm gelang 1913 erstmals die Überquerung des Mittelmeers in einem Flugzeug.

Gasballon Von Charles (s.d.) erfundener, mit leichtem Gas (meist Wasserstoff) gefüllter Ballon.

Gate (engl.) 1. Abrufraum, in dem die Passagiere auf das Einsteigen warten. 2. Der Ausgang zum Flugzeug.

Gateway (engl.) Flughafen mit Umsteige-Funktion (s. auch hub).

Gatwick Londoner Flughafen.

GCA (engl. Ground Controlled Approach) Landeanflug, der von Boden-Leitstellen geführt wird.

Geiger, Hermann (1914-1966) Schweizer Pilot, der für Rettungsflüge die Landung von Starrflüglern im Hochgebirge entwickelte.

Geister-Echo Störung auf dem Schirm von Radaranlagen, die ein nicht vorhandenes Ziel vortäuscht.

Gemini Amerikanisches Raumfahrt-Programm. Die zehn 1965 und 1966 gestarteten Zwei-Mann-Raumschiffe erlaubten den USA erstmals Rendezvous und Ankoppeln von Satelliten sowie den Ausstieg von Astronauten in den freien Weltraum.

General Dynamics Amerikanischer Luft- und Raumfahrt-Konzern. Der Flugzeugbereich (F-16) in Fort Worth/Texas wurde 1993 von Lockheed übernommen.

General Electric Von Thomas Edison gegründeter US-Großkonzern. In der Luft- und Raumfahrt vor allem mit Triebwerken, Satelliten und Ausrüstung tätig.

GEO (engl. Gestationary Earth Orbit) Geostationärer Orbit (s.d.).

Georgi, Walter (1888-1968) Deutscher Pionier des Segelfluges.

GEOS (engl. Geosynchronous Earth Observation Satellite) 1977 und 1978 gestartete europäische Satelliten zur Erforschung des Erdmagnetfeldes.

Geostationärer Orbit Erdumlaufbahn von Nachrichten- oder Wetter-Satelliten in 35 800 km Höhe über dem Äquator, auf der die Umlaufzeit des Satelliten der Umdrehungszeit der Erde entspricht. Damit scheint der Trabant über einem Punkt der Erdoberfläche stillzustehen.

Geosynchroner Orbit s. Geostationärer Orbit.

Geozentrisches Weltbild Die Vorstellung der Erde als Mittelpunkt des Universums.

German Cargo Auf Frachtflüge spezialisierte deutsche Fluggesellschaft, Lufthansa-Tochter. 1993 in Lufthansa Cargo umbenannt.

German Wings (engl.) Wieder eingestellte deutsche Regionalfluggesellschaft.

Geschäftsreise-Flugzeug Kleineres, mehrsitziges Flugzeug, das von Unternehmen für die Beförderung von Managern, Wartungspersonal und Ersatzteilen eingesetzt wird.

Geschwader Größte fliegende Einheit der bundesdeutschen Luftwaffe mit je nach Muster bis zu 40 Flugzeugen.

Getriebe Mechanisches System, mit dessen Hilfe die Umdrehungszahl eines Antriebs reduziert oder erhöht wird.

GFK (Glasfaser-Kunststoff) Durch Glasfaser-Beimischung verstärkter chemischer Werkstoff.

Gierachse Gedachte Achse durch den Schwerpunkt eines Flugkörpers, senkrecht zur Bewegungsrichtung.

Gieren Bewegung eines Flugkörpers um die Hoch- (oder Gier-) achse.

Gigant Name des sechsmotorigen deutschen Großtransporters Me-323 im Zweiten Weltkrieg.

Giotto 1985 gestartete europäische Raumsonde zur Erforschung des Halley'schen Kometen (s.d.). Benannt nach dem italienischen Maler G., der den Kometen auf einem seiner Gemälde darstellte.

Gipfelhöhe Größtmögliche Einsatzhöhe eines Verkehrs- oder Militärflugzeuges.

Gipfelpunkt Größte erreichte Höhe auf einer ballistischen Flugbahn.

GIRD (russ. Gruppa Isutschenija Reaktiwnogo Dwischenija) Sowjetisches Raketen-Forschungszentrum in den 30er Jahren.

g-Kräfte Beschleunigungskräfte, die zum Beispiel bei engem, schnellem Kurvenflug auftreten. Ein g bezeichnet die Normalmasse, das g-Vielfache die zusätzliche Belastung.

Glass-Cockpit (engl.) Bezeichnung für ein mit digitalen Anzeigen ausgestattetes Instrumentenbrett auf der Basis von LCDs oder LEDs (s. diese).

Gleitbombe Abwurfwaffe, die infolge aerodynamischen Auftriebs vom Ziel entfernt ausgelöst werden kann.

Gleitflug Antriebslose Flugphase, in der nur der aerodynamische Auftrieb das Fluggerät in der Luft hält.

Gleitpfad s. Gleitweg.

Gleitschirm Fallschirm, dessen aerodynamische Auslegung, z.B. als Matratzenschirm (s.d.), das Herabsinken in einer gesteuerten Gleitbahn erlaubt.

Gleitweg Durch elektronische (ILS, s.d. oder MLS, s.d.) oder optische Landehilfen vorgezeichneter Anflugwinkel, der zum Aufsetzpunkt führt.

Gleitwinkel Winkel, in dem ein antriebsloses Fluggerät ohne zusätzlichen Auftrieb sinkt.

Glenn, John (1921-) US-Astronaut, später -Senator im Bundesstaat Ohio. Umkreiste am 20. Februar 1962 als erster Amerikaner im Raumschiff Friendship 7, einer Mercury-Kapsel (s.d.), dreimal die Erde.

Globemaster (engl.) Amerikanisches Transportflugzeug. Typenbezeichnung Douglas C-124.

Gloster Englischer Flugzeugkonstrukteur und -Industrieller (u.a. Meteor).

Goddard, Robert H. (1881-1945) Amerikanischer Wissenschaftler. Entwickelte ab 1926 eine funktionsfähige Flüssigkeitsrakete (s.d.).

Goddard Space Flight Center Einrichtung der NASA (s.d.), in der die weltweit gesammelten Daten amerikanischer Raumflüge verarbeitet und an die Nutzer verteilt werden.

Göring, Hermann (1893-1946) Deutscher Jagdflieger im Ersten Weltkrieg. Unter Hitler als „Reichsmarschall" für den Aufbau der deutschen Luftwaffe und im Zweiten Weltkrieg für die deutsche Luftkriegsführung verantwortlich.

GOES (engl. Geostationary Operational Enviromental Satellite) US-Programm für Wettersatelliten.

Goose Bay Übungsgelände in Kanada, auf dem unter anderen Bundeswehr-Piloten extremen Tiefflug üben.

Gordon-Bennett-Preis Von dem Verleger J. Gordon-Bennett gestifteter Preis, u.a. für Freiballon-, Luftschiffs- und Flugzeug-Wettbewerbe.

Go-slow (engl.) Bummelstreik. Lähmte z. B. in der deutschen Flugsicherung 1973 sechs Monate lang den Luftverkehr.

Gossamer (engl.) Bezeichnung für Ultraleicht-Bau. Unter dieser Bezeichnung entwickelte McReady (s.d.) in den USA Solar- und Menschenkraft-Flugzeuge (Condor, Albatross).

Gotha Deutsches Flugzeugwerk im Ersten Weltkrieg, auf Großbomber spezialisiert.

GPA (engl. Guiness Peet Aviation) Internationale (Flugzeug-) Leasing-Gesellschaft mit Sitz in Shannon/ Irland.

GPS (engl. Global Positioning System) Navigationssystem mit Hilfe von Satelliten, deren Signale statt erdgestützter Funkfeuer als Referenzpunkte benutzt werden.

Grade, Hans (1879-1946) Deutscher Luftfahrt-Pionier. Baute seine „Libelle" ab 1908 in Serie.

Grand Tour (engl.) Durch nahen Vorbeiflug an masse-reichen Planeten wie Jupiter beschleunigte Flugbahn für Raumsonden zu den äußeren Planeten.

Gravitation Schwerkraft. Ist abhängig von der Masse des jeweiligen Himmelskörpers.

Gravitationswellen Vermutete Schwerkraft-Wellen. Der direkte Nachweis ist bisher nicht geglückt.

Greenhouse Effect (engl.) Durch den Ausstoß von Abgasen, vor allem Kohlendioxid, verursachte Veränderung der Erdatmosphäre, die zur Aufheizung des Klimas führen kann.

Grenzschicht Luftschicht, die auf der Oberfläche der Tragfläche anliegt.

Grenzschicht-Absaugung Verfahren, durch winzige Öffnungen in der

Oberfläche eine Verwirbelung und damit ein Ablösen der Grenzschicht (s.d.) zu verhindern.

Grenzschicht-Zaun Auf den Tragflächen senkrecht montiertes Bauteil, das eine Verwirbelung der Grenzschicht verhindern und damit den Widerstand verringern soll.

Gripen (schwed.) Schwedisches Düsen-Kampfflugzeug (Typenbezeichnung SAAB JAS 39).

Grissom, Virgil „Gus" (1926-1967) Amerikanischer Astronaut. Stieß mit der Mercury-Kapsel (s.d.) Liberty Bell 7 als zweiter Amerikaner in einem ballistischen Flug ins All vor. Flog als Kommandant im ersten Zwei-Mann-Raumschiff Gemini. Bei einem Sauerstoffeuer in Apollo 1 am Boden verbrannt.

Grob, Burkhart (1929-) Deutscher Flugzeug-Industrieller. Spezialisiert auf Motorsegler, leichte Motor-Flugzeuge und Höhenflugzeuge.

Groenhoff, Günther (1908-1932) Deutscher Segelflug-Pionier.

Gronau, Wolfgang von (1893-1977) Deutscher Flugpionier. Flog 1932 mit einem Dornier Wal um die Erde.

Grosse, Hans-Werner (1922-) Deutscher Segelflieger, Weltrekordhalter.

Großkreis Kürzeste Verbindung zwischen zwei Punkten auf der Oberfläche der Erdkugel.

Großraumflugzeug (engl. Wide Body) Verkehrsflugzeug, dessen Rumpfdurchmesser hohe Passagierzahlen erlaubt, aber auch zwei Gänge (engl. aisle) nötig macht (z.B. Boeing 747, 767 und 777, McDonnell Douglas DC-10 und MD-11, Airbus A 300, A 310, A 330, A 340).

Gröttrup, Helmut (1916-1981) Deutscher Raketen-Konstrukteur. Wurde nach dem Zweiten Weltkrieg zur Arbeit an den sowjetischen Raketen-Projekten in die Sowjetunion verpflichtet. Entwickelte die Kegel-Rakete.

Ground Crew (engl.) Bodenpersonal.

Grounding (engl.) Startverbot für ein Luft- oder Raumfahrzeugmuster wegen technischer Probleme.

Grumman, Leroy Randle (1895-1982) Amerikanischer Luftfahrt-Industrieller (Bearcat, Tigercat, F-14, X-29). Das von ihm 1929 gegründete Unternehmen wurde 1994 von Martin Marietta übernommen.

Grundüberholung Wartungsereignis bei Flugzeugen, bei dem alle verschleiß- oder ermüdungsgefährdeten Bauteile überprüft und gegebenenfalls ausgewechselt werden.

GSOC (engl. German Spacecraft Operation Centre) Deutsches Raumfahrt-Kontrollzentrum in Oberpfaffenhofen bei München.

Guericke, Otto von (1602-1686) Deutscher Physiker. Entwickelte die Theorie von der Luftleere und wies sie nach (Magdeburger Halbkugeln).

Gummi-Schlepp Startverfahren für Gleit- oder Segelflugzeuge am Hang. Ein Gummiseil wird vom Bodenpersonal gespannt und beschleunigt das Flugzeug, sobald es von einem anderen Teil der Bodenmannschaft freigegeben wird.

Günter, Siegfried (1899-1969) Deutscher Flugzeug-Konstrukteur (bei Heinkel).

Günter,Walter (1899-1937) Deutscher Flugzeug-Konstrukteur (bei Heinkel), Zwillingsbruder von Siegfried Günter.

Gurewitsch, Michail J. (1892-1976) Russischer Flugzeug-Konstrukteur, gründete mit Mikojan das als MiG bekanntgewordene Konstruktionsbüro (MiG-15, MiG-17, MiG-19, MiG-21, MiG-23, MiG-29, MiG-31).

Gurtzeug Die Anschnallgurte in Zivil- und Militärflugzeugen.

Gyro (griech.) Kreisel, im Verkehrswesen als Hilfe der Inertial-Navigation (s.d.) benutzt.

H

Haarrisse Haarfeine Materialschäden an der Oberfläche von Metallstrukturen, zumeist durch Materialermüdung (s.d.).

Haenlein, Paul (1835-1905) Deutscher Erfinder. Baute in Österreich ein angetriebenes steuerbares Luftschiff, das 1872 erstmals frei flog.

Haigneré, Jean-Pierre (1948-) Französischer Kosmonaut. Arbeitete vom 1. bis 22. Juli 1993 auf der russischen Raumstation Mir.

Halberstadt Bezeichnung für Flugzeuge, die (während des Ersten Weltkrieges) von den Halberstädter Flugzeugwerken GmbH gebaut wurden.

Halifax (engl.) Viermotoriger britischer Bomber im Zweiten Weltkrieg.

Halley'scher Komet Komet, der alle 76 Jahre der Erde nahekommt. Zuletzt 1986, von der Sonde Giotto (s.d.) angeflogen.

Halo Lichterscheinung, durch Spiegelung oder (z.B. bei Kometen) ionisierte Gase hervorgerufen.

Ham Name des Schimpansen, den die USA 1961 nach extremer Beschleunigung wieder von einem Raumflug lebend zur Erde zurückbrachten.

Hamburger Flugzeugbau GmbH Teil des Blohm & Voss-Konzerns. S. HFB.

Hammaguir Bis zur Unabhängigkeit Algeriens genutzte französische Raketen-Testbasis.

Handley Page, Sir Frederick (1885-1962) Britischer Flugzeug-Konstrukteur und -Industrieller. In dem von ihm begründeten, später in British Aerospace aufgegangenen Werk entstanden u.a. Verkehrsflugzeuge wie die H.P.42, Herald und Heracles sowie Militärflugzeuge (Hampden, Halifax, Victor).

Hangar (engl.) Halle, in der Flugzeuge untergestellt und/oder gewartet werden.

Hängegleiter Einfaches (Sport-) Fluggerät, in dem der Pilot in einem Tragegerüst hängt und durch Gewichtsverlagerung steuert.

Hangwind Nach oben gerichtete Luftbewegung an Berghängen.

Hansajet Bezeichnung des von HFB (s.d.) unter der Bezeichnung HFB 320 entwickelten und gebauten Geschäftsreise-Jets.

Hapag Lloyd Deutsche Fluggesellschaft, zunächst nur im Bedarfsluftverkehr (s.d.) tätig.

HARM (engl. High-Speed Anti-Radar Missile) In den USA entwikkelte Luft-Boden-Lenkwaffe.

Harris, Sir Arthur (1892-1984) Britischer Luftmarschall. Als Chef der Bomberflotte im Zweiten Weltkrieg war er unter anderem für die Zerstörung Dresdens im Frühjahr 1945 verantwortlich.

Hartmann, Erich (1922-1993) Deutscher Jagdflieger im Zweiten Weltkrieg. Mit 352 Luftsiegen an der Spitze der Abschußliste.

HARV (engl. High Alpha Research Vehicle) Amerikanisches Experimentalflugzeug auf der Basis der F-16, mit dem die Beherrschung hoher Anstellwinkel (s.d.) erprobt werden soll.

Hauptfahrwerk Etwa im Schwerpunkt angebrachtes, heute meist einziehbares Flugzeug-Fahrwerk, das beim Rollen die Hauptlast trägt.

Have Blue (engl.) Deckname für das später als Lockheed F-117 bekanntgewordene Stealth-Programm der USA.

Havilland, Sir Geoffrey de (1882-1965) Englischer Flugzeug-Konstrukteur und -Industrieller. Begründete die nach ihm benannten Flugzeugwerke, in denen unter anderem der Höhenaufklärer und -bomber Mosquito und das erste Düsenverkehrsflugzeug der Welt, die Comet, entstanden.

Hawk (engl.) US-Luftabwehrraketensystem, das auch in der Bundeswehr eingesetzt wird.

Hawker, Harry G. (1886-1921) Australischer Flugpionier, Mitbegründer der britischen Hawker Siddeley-Flugzeugwerke.

Hawker-Siddeley Britisches Flugzeugwerk (u.a. Hurricane, Tempest), in British Aerospace aufgegangen.

H-Bombe Nuklearwaffe auf der Basis von Wasserstoff (chemisches Zeichen H). S. Wasserstoff-Bombe.

Head-up Display (engl.) S. HUD.

HEAO (engl. High Energy Astronomical Observatory) Amerikanische Forschungssatelliten zur Erforschung der kosmischen Röntgen- und Gammastrahlung.

Heathrow Größter Flughafen im Londoner Raum.

Heckrampe Am Flugzeugheck angebrachte Laderampe, über die auch während des Fluges Lasten (am Fallschirm) abgeworfen werden können.

Heckrotor Kleiner Rotor am Heck von Hubschraubern, der das Drehmoment (s.d.) des Hauptrotors ausgleichen soll.

Heckstand Bemannter Stand mit Abwehrbewaffnung im Heck eines Bombenflugzeuges (z.B. B-17, B-29).

Heeresflieger Bei der Bundeswehr mit Hubschraubern und Verbindungsflugzeugen ausgerüstete, direkt dem Heer zugeordnete Verbände.

Heinkel, Ernst (1888-1958) Deutscher Flugzeug-Konstrukteur und -Industrieller (He 100, He 112, He 111, He 177, He 219). Förderte die Entwicklung des Strahl- (He 178) und des

Raketenantriebes (He 176) für Flugzeuge.

Heißluftballon Von den Gebrüdern Montgolfier (s.d.) erfundener und 1783 erstmals geflogener Ballon, bei dem die Luft in der Hülle aufgeheizt wird. Die erwärmte Luft ist leichter als die umgebende Atmosphäre und trägt das Gefährt.

Helikopter s. Hubschrauber.

Heliopause Rand des Sonnensystems. Jenseits davon wirken die Kräfte des Zentralgestirns nicht mehr.

Helios 1. Europäisches Raumfahrt-Programm zur Erforschung der Sonne. Zwei H.-Sonden wurden 1974 bzw. 1976 gestartet und lieferten gut ein Jahrzehnt lang Daten. 2. Französischer militärischer Beobachtungssatellit.

Heliozentrisches Weltbild Vorstellung der Sonne als Zentrum des Planetensystems.

Heliport Start- und Landeplatz für Hubschrauber.

Helium Edelgas, das wegen seiner Nicht-Brennbarkeit als Traggas für Ballons und Luftschiffe bevorzugt wird. Auch als Druckgas (s.d.) für die Versorgung von Raketentriebwerken mit Treibstoff und als Kühlmedium eingesetzt.

Helm-Display Vorrichtung, um (Militär-)Piloten bestimmte Daten auf ein Helmvisier zu spiegeln.

Helmvisier Im Fliegerhelm untergebrachtes Gerät, das dem (Militär-)Piloten wichtige Informationen über seinen Einsatz ins Sichtfeld spiegelt.

Henkes, Klaus (1929-) Bis 1990 Leiter der DDR-Fluggesellschaft Interflug.

Henschel-Flugzeugwerke AG 1933 gegründete deutsche Flugzeugfirma.

HEOS (engl. Highly Eccentric Orbit Satellite) Europäische Satelliten zur Erforschung der Magnetosphäre.

Hercules Amerikanisches Transportflugzeug. Typenbezeichnung Lockheed C-130.

Hermes Europäisches Projekt für einen kleinen bemannten Raumtransporter, 1993 eingestellt.

Herschel, Sir Friedrich Wilhelm (1738-1822) Deutsch-englischer Astronom. Entdeckte 1781 den Planeten Uranus.

Hertel, Heinrich (1901-1982) Deutscher Flugzeugkonstrukteur (Heinkel, Junkers).

HFB (dt. Hamburger Flugzeugbau) Mit dem Flugzeugbau befaßter Bereich der Blohm & Voß-Konzerns (s.d.), 1969 in MBB (s.d.) aufgegangen.

High Alpha (engl.) Hoher Anstellwinkel (s.d.).

Hijacker (eng.) Flugzeug-Entführer.

Hijacking (engl.) Gewaltsame Entführung eines Luftfahrzeugs durch einen Passagier.

Hiller, Stanley (1924-) Amerikanischer Hubschrauber-Konstrukteur und -Industrieller. Die nach ihm benannten Werke gingen im Fairchild-Hiller-Konzern auf.

Himmelsschreiber Technik, mit Hilfe einer am Flugzeug montierten Rauchpatrone (Werbe-)Texte an den Himmel zu schreiben.

Hindernisfreiheit Für die Schlechtwetter-Landung wichtige Bestimmung, die Hindernisse über 15 m Höhe in bestimmtem Abstand von der Landebahn verbietet.

Hintergrundstrahlung Aus der Tiefe des Universums (s.d.) kommende kosmische Strahlung, die nicht einer bestimmten Quelle zuzuordnen ist.

Hiroshima Japanische Hafen- und Industriestadt, über der der amerikanische B-29-Bomber Enola Gay (s.d.) am 6. August 1945 die erste Atombombe, einen Uran-Sprengsatz, abwarf. Die Zahl der Opfer wird auf 200000 Menschen geschätzt.

Hirth, Hellmuth (1886-1938) Deutscher Luftfahrt-Pionier und -Industrieller, vor allem im Motorenbau aktiv.

Hirth, Wolf (1900-1959) Deutscher Pilot und Flugzeug-Konstrukteur (u.a. Grunau-Baby), Bruder von Hellmuth H.

Hitzeschild Schutzschild, der beim Wiedereintritt eines Raumflugkörpers in die Erdatmosphäre das Verglühen infolge der Reibungshitze verhindert.

HLV (engl. Heavy Lift Vehicle) US-Projekt eines Schwerlastträgers für die Raumfahrt.

Hochauftriebshilfen Bauteile, die den Auftrieb eines Fluggeräts erhöhen, zum Beispiel im Langsamflug.

Hochdecker Flugzeug, bei dem die Tragflächen oben auf dem Rumpf aufgesetzt sind.

Hochdruck-Turbine Turbinenstufe, die direkt hinter der Brennkammer arbeitet.

Hochenergetisches Triebwerk Raketenantrieb, der einen Treibstoff mit hohem spezifischem Impuls, z.B. Wasserstoff, verwendet.

Höhenforschungsrakete Flugkörper, mit dem Instrumenten-Plattformen in die obere Atmosphäre bis etwa 100 km Höhe gestartet werden.

Höhenkrankheit Bei Weltraumflügen (oder im Flugzeug durch Sauerstoffmangel) auftretende, der Seekrankheit ähnliche Beschwerden. Auch Bewegungskrankheit ohne Sauerstoffmangel.

Höhenlader Aggregat, das die Motoren sehr hoch fliegender Flugzeuge mit zusätzlicher Verbrennungsluft versorgt.

Höhenleitwerk Meist am Heck eines Flugkörpers angeordnete Stabilisierungsfläche, die den Horizontalflug stabilisiert.

Höhenmesser Gerät, das die Flughöhe angibt.

Höhenruder Bewegliche, am Höhenleitwerk angebrachte Steuerfläche, mit der Steig- oder Sinkflug eingeleitet werden.

Höhenstrahlung Kosmische Strahlung in größeren Flughöhen, die nicht durch die Atmosphäre abgeschirmt wird.

Hohmann, Walter (1880-1945) Deutscher Ingenieur. Berechnete als erster das im Apollo-Programm mit dem LEM (s.d.) angewandte Prinzip, beim Vorstoß zu anderen Himmelskörpern vom Mutterschiff ein Landefahrzeug abzusetzen und später wieder anzukoppeln.

Hohmann-Bahn Flugbahn, auf der Raumsonden zu anderen Himmelskörpern fliegen.

Holding (engl.) Warteschleife, wenn ein Flugzeug noch keine Landeerlaubnis auf dem Zielflughafen hat.

Holighaus, Klaus (1940-1994) Deutscher Pilot und Flugzeugkonstrukteur.

Holloman AFB (engl.) Erprobungs- und Schulungszentrum der US Air Force (s.d.) im Bundesstaat New Mexico.

Holm Tragendes Element einer Tragfläche.

Holographie Durch Laser (s.d.) ermöglichtes Verfahren, Bilder dreisimensional darzustellen, z.B. im Head-up-display (s.d.).

Höltje, Gerhard (1907-1994) Von 1954 bis 1972 technisches Vorstandsmitglied der Lufthansa, leitete die Umstellung auf Strahlflugzeuge ein.

Homing (engl.) Zielanflug einer Lenkwaffe mit Hilfe von Radar-, Fernseh-, Infrarot- oder Laser-Sensoren.

Homing Device (engl.) Gerät, das ein Signal zur Ortung aussendet, um z.B. ein Flugzeug-Wrack nach einer Notlandung zu finden.

Honeycomb (engl.) Wabenförmige Kunststoff-Strukturen, zur Verstärkung von Flugzeug-Bauteilen.

Horchgerät In der Luftabwehr zum akustischen Erfassen angreifender Flugzeuge eingesetztes Gerät. Ungenau, durch Radar (s.d.) ersetzt.

Horten, Reimar (1915-1993) Deutscher Flugzeugkonstrukteur. Bahnbrechend seine Arbeiten an Nurflügel-Projekten (u.a. Ho II, IV, VI, IX und der Strahljäger Ho/Go 229).

Horten, Walter (1913-) Deutscher Flugzeugkonstrukteur, Bruder von Reimar.

Hose (engl.) Mit einem Trichter ausgerüstetes, ausfahrbares Schlauchsystem an Tankflugzeugen (s.d.), über das andere Flugzeuge in der Luft mit Treibstoff versorgt werden können.

HOTOL (engl. Horizontal Takeoff and Landing) Englisches Projekt eines einstufigen, wiederverwendbaren Raumfahrtträgers.

Hovercraft (engl.) s. Luftkissen-Fahrzeug.

HSCT (engl.High Speed Civil Transport) Studie für ein Überschall-Verkehrsflugzeug als Nachfolger der Concorde (s.d.).

Hub (engl.) Knoten- und Umsteigepunkt innerhalb des von einer Fluggesellschaft betriebenen Streckennetzes.

Hub and Spoke (engl.) Netz einer Fluggesellschaft mit Knoten und Zubringer-Diensten.

Hubble, Edwin Powell (1889-1953) Amerikanischer Astronom. Nach ihm wurde das 1990 gestartete H.-Teleskop benannt, das, außerhalb der Erdatmosphäre in einer Umlaufbahn postiert, neue Aufschlüsse über das Weltall geben soll.

Hubschrauber Fluggerät, das mit einer horizontal rotierenden Luftschraube (Rotor, s.d.) seinen Auftrieb erzeugt und damit senkrecht starten und landen kann.

Hubtriebwerk Spezial-Strahltriebwerk für Senkrechtstarter (s.d.), das seinen Schub nur nach unten abgibt.

HUD (engl. Head-up display) Über dem Instrumentenbrett angebrachtes Anzeigegerät, auf dem wichtige Flugdaten mit Hilfe der Holographie direkt ins Blickfeld des Piloten eingespielt werden.

Hünefeld, Günther Freiherr von (1892-1929) Deutscher Pilot, der 1928 mit Köhl (s.d.) und Fitzmaurice (s.d.) in einer W-33 den Atlantik von Ost nach West überflog.

Hughes, Howard (1905-1976) Amerikanischer Pilot, Konstrukteur und Industrieller. Begründete die nach ihm benannte Hughes Aircraft Corp. Entwickelte, baute und flog (1947) u.a. das seinerzeit größte Flugzeug der Welt, das vorwiegend aus Holz bestehende Flugboot KH-1, „Spruce Goose" (s.d.).

Hungerharke, Hungerkralle Spitzname des Denkmals in Berlin, das an die Luftbrücke (s.d.) während der sowjetischen Blockade West-Berlins 1948/49 erinnert.

Hurricane (engl.) Britischer Standardjäger im Zweiten Weltkrieg. Typenbezeichnung Hawker Hurricane.

Hush kit (engl.) Bausatz zur Modernisierung von Flugzeugen, zum Beispiel mit sparsameren und leiseren Triebwerken.

Huth, Heinz (1908-) Deutscher Segelflug-Weltmeister.

Hydraulik System, das mit Flüssigkeitsdruck andere Flugzeugsysteme, z.B. das Fahrwerk, mechanisch bewegt.

Hydrazin Treibstoff für den Antrieb von Flüssigkeitsraketen.

Hypergoler Treibstoff (Raketen-) Treibstoff, der sich beim Zusammentreffen mit einem Oxydator (s.d.) selbst entzündet.

Hyperschallflug Fortbewegung mit Geschwindigkeiten zwischen etwa Mach 5 und Mach 25. Bisher technisch nicht gelöst.

Hypersonic flight (engl.) S. Hyperschallflug.

I

IAA (engl. International Aerospace Association) Dachverband der nationalen Gesellschaften für Luft- und Raumfahrt.

IABG (Industrie-Anlagen- und Betriebsgesellschaft) Deutsche Institution des (staatlichen) Auftraggebers zur Erprobung neuen Geräts.

IACA (engl. International Air Carriers Association) Dachverband der Charterfluggesellschaften.

IAE (engl. International Aero Engine) Konsortium, das Srahltriebwerke für den Luftverkehr entwickelt und baut (V2500).

IAF (engl. International Astronautical Federation) Internationaler Zusammenschluß nationaler, Raumfahrt-Wissenschaft betreibender Organisationen mit Sitz in Paris.

IAI (engl. Israel Aircraft Industry) Israelischer Flugzeugbau-Konzern.

IAS (engl. Indicated Air Speed) Von den Instrumenten angezeigte Fluggeschwindigkeit.

IATA (engl. International Air Transport Association) Internationaler Dachverband der Linienflug betreibenden Luftverkehrsgesellschaften mit Sitz in Montreal und Genf. 223 Mitglieder.

ICAA (engl. International Civil Airport Association) Internationale Vereinigung der Verkehrsflughäfen.

ICAO (engl. International Civil Aviation Organisation) 1944 gegründete internationale Organisation der zivilen Luftverkehr betreibenden Länder mit Sitz in Montreal und Genf.

ICBM (engl. Intercontinental Ballistic Missile) Rakete mit interkontinentaler Reichweite.

Idle (engl.) Leerlauf eines Triebwerks oder Propellers.

IFALPA (engl. International Federation of Airlines Pilot Associations) Internationaler Dachverband der Organisationen von Linien-Piloten.

IFATCA (engl. International Federation of Air Traffic Controllers Associations) Internationaler Dachverband der Fluglotsen-Organisationen mit Sitz in Montreal.

IFF (engl. Identification Friend or Foe) Elektronische Kennung zur Unterscheidung von eigenen und gegnerischen Flugzeugen.

IFR (engl. Instrument Flight Rules) Regeln für den Flug nach Instrumenten.

Iglu Verpackungsverfahren für den Lufttransport von Gütern auf Paletten.

Ignition (engl.) Zündung (z.B. eines Raketentriebwerks).

Ikarus Sohn des Architekten Dädalus in der griechischen Mythologie. Beim Versuch, der kretischen Gefangenschaft mit Flügeln aus Federn und Wachs zu entfliehen, kam er der Sage nach der Sonne zu nahe und stürzte ab.

ILA (Internationale Luftfahrt-Ausstellung) Deutsche Luft- und RaumfahrtMesse, alle zwei Jahre veranstaltet. Bis 1990 in Hannover, 1992 erstmals in Berlin.

ILFC (engl. International Lease Finance Corporation) Internationale (Flugzeug-)Leasing-Gesellschaft mit Sitz in Los Angeles.

Iljuschin, Sergeij W. (1894-1977) Russischer Flugzeug-Konstrukteur, Begründer des nach ihm benannten Konstruktionsbüros (Il-2, Il-76, Il-86).

ILS (Instrumenten-Lande-System) System, das auch bei schlechter Sicht mit Hilfe elektronisch markierter Gleitpfade (s.d.) eine Landung erlaubt.

Immelmann, Max (1890-1916) Deutscher Jagdflieger (Erster Weltkrieg).

Immelmann-Turn Flugmanöver, von Immelmann initiiert. Das Flugzeug wird in die Vertikale hochgezogen, im Scheitelpunkt um 180 Grad herumgerissen und dann auf Gegenkurs wieder beschleunigt.

Immigration (engl.) (Paß-)Abfertigung von Passagieren, die aus dem Ausland kommen.

Impuls Produkt aus Masse und Geschwindigkeit.

Impuls-Doppler-Radar Radar, das aus der Doppler-Frequenz des Signals die Geschwindigkeit des Ziels ermittelt.

Inch (engl.) In der Luftfahrt häufig gebrauchtes Längenmaß, entspricht 2,54 cm.

Inclusive package (engl.) Pauschal-Arrangement für Flugreisen (einschließlich Hotelbuchung).

Inclusive Tour (engl.) Pauschalreise (s. Inclusive package).

Incompatibility (engl.) Unvereinbarkeit zweier (Luft- oder Raumfahrzeug-)Systeme.

Inertial Guidance (engl.) Trägheitsnavigation ohne außerhalb des Flugkörpers liegende Komponenten (s. INS).

Inflight Entertainment (engl.) Unterhaltungsangebot (Musik, Film) auf Langstreckenflügen.

Inflight refueling (engl.) s. Luftbetankung.

Infrarot-(IR-)Strahlung Wärmestrahlung. Kann von bestimmten Sensoren geortet werden.

Infrastruktur Gesamtheit aller für die Abwicklung von Luftverkehr notwendigen Einrichtungen, z.B. Flughäfen und Flugsicherung.

Inklination Bahnneigung. Bei Satelliten bezogen auf den Äquator, bei Himmelskörpern und Sonden auf die Ekliptik (s.d.).

Inmarsat Internationale Organisation für den Betrieb maritimer Erkundungs- und Navigationssatelliten.

INS (engl. Inertial Navigation System) Trägheitsnavigationsystem mit Hilfe von Kreiseln und Beschleunigungsmessern oder Satelliten-Ortung. Basiert auf dem Newton'schen Gesetz, wonach jede Geschwindigkeits- oder Richtungsänderung eines bewegten Körpers meßbare Kräfte auslöst.

Instrumentenflug Flugnavigation nach Bordinstrumenten mit Hilfe boden- oder satellitengestützter Navigationssysteme, meist unter Kontrolle der Flugsicherung.

Integralbauweise Herstellung von Bauteilen aus einem Stück, z.B. durch chemisches oder mechanisches Abtragen.

Integraltank In die Flugzeugstruktur, beispielsweise in den Flächen, integrierter Treibstofftank.

Integration Zusammenfügen mehrerer unterschiedlicher Systeme zu einer funktionsfähigen Einheit.

Intelsat 1964 gegründete internationale Organisation für den Betrieb und die Vermarktung von Nachrichten-Satelliten. 105 Mitgliedsstaaten.

Interceptor (engl.) Abfangjäger (s.d.).

Intercom Kommunikationsverbindung zwischen verschiedenen Stationen eines Systems.

Interface (engl.) Schnittstelle zwischen verschiedenen Systemen.

Interferenz Störung eines (elektronischen) Systems durch ein anderes.

Interflug Fluggesellschaft der ehemaligen DDR. Nach der deutschen Wiedervereinigung aufgelöst.

Interkontinental-Rakete s. ICBM.

Interkosmos Gemeinsames Weltraum-Forschungsprogramm der Staaten des ehemaligen Warschauer Paktes.

Interline (engl.) Im Linienluftverkehr zwischen den Fluggesellschaften abgestimmte Möglichkeit, mit dem Flugschein der einen das Flugzeug einer anderen Gesellschaft zu benutzen.

Interplanetarer Raum Der Raum zwischen den Planeten unseres Sonnensystems.

Interstellarer Raum Der Raum zwischen den Fixsternen unserer Galaxie.

Io Mond des Planeten Jupiter. Hat wahrscheinlich aktiven Vulkanismus und eine Atmosphäre.

Ionen Atomare Teilchen mit positiver oder negativer elektrischer Ladung.

Ionen-Antrieb Antrieb für Raumfahrzeuge. Ionisierte Gase verlassen eine Düse mit geringem Impuls, aber über einen langen Zeitraum.

Ionosphäre Schicht der Erd-Atmosphäre ab 50 bis 400 km Höhe, in der sich die Gase in Ionen-Form lagern.

IR-Suchkopf Lenkwaffen-Suchkopf, der auf Infrarot-Strahlung (s.d.) reagiert.

ISA (engl. International Standard Atmosphere) Internationale Norm-Atmosphäre.

ISEE (engl. International Sun-Earth Explorer) Europäisch-amerikanisches Satelliten-Programm zur Erforschung der Wechselbeziehungen zwischen Sonnenwind und dem Magnetfeld der Erde.

Istres Franzöisches Erprobungszentrum für Luftfahrzeuge am Mittelmeer.

IUE (engl. International Ultraviolet Explorer) Europäischer Satellit, 1978 gestartet, für astronomische Forschungen im Ultraviolett-Bereich.

Italia Luftschiff, mit dem Nobile (s.d.) 1928 den Nordpol zu erreichen versuchte.

J

JAA (engl. Joint Airworthiness Authorities) Zusammenschluß von 19 europäischen Zulassungsbehörden für Luftfahrzeuge. Ermöglicht einheitliche Zulassungskriterien in Europa. Angeschlossen sind Belgien, Dänemark, Deutschland, Finnland, Frankreich, Griechenland, Großbritannien, Irland, Island, Italien, Luxemburg, Monaco, Niederlande, Norwegen, Österreich, Schweden, die Schweiz und Spanien.

Jabo Abkürzung für Jagdbomber (s.d.).

Jagdbomber Leichtes schnelles Kampfflugzeug, das mit Bomben, Lenk- und Bordwaffen Ziele am Boden bekämpft.

Jagdflugzeug Meist leichtes, wendiges, schnelles Militärflugzeug zur Abwehr gegnerischer Luftangriffe oder zum Angriff auf gegnerische Luftfahrzeuge.

Jäger-Leitstelle Führungskommando für die deutsche Jagdabwehr im Zweiten Weltkrieg.

Jaguar Von der britisch-französischen SEPECAT (s.d.) entwickeltes und gebautes leichtes Kampfflugzeug.

Jähn, Siegmund (1937-) Kosmonaut, erster Deutscher im All. Flog im August 1978 mit dem sowjetischen Raumschiff Sojus 31 zur Raumstation Saljut.

JAR (engl. Joint Airworthiness Regulations) Gemeinsame Zulassungsbestimmungen der JAA (s.d.) für Verkehrsflugzeuge.

Jatho, Karl (1873-1933) Deutscher Flugpionier.

Jeppesen, Elrey Borge (1907-) Amerikanischer Pilot. Gründete das nach ihm benannte Unternehmen, das Navigationskarten für den Luftverkehr anbietet.

Jet (engl. Strahl) Düsenantrieb. Auch das mit Strahlturbinen angetriebene Flugzeug.

Jet lag (engl.) Übermüdung nach schnellen Langstreckenflügen infolge der Zeitverschiebung (s.d.), bis sich die biologische Uhr des Körpers angepaßt hat.

Jet Passenger Allowance (engl.) Nach medizinischer Untersuchung und Einweisung in Notmaßnahmen erteilte Erlaubnis, in einem militärischen Strahlflugzeug mitzufliegen.

Jetstream (engl.) Höhenwind hoher Geschwindigkeit, der bei Langstreckenflügen die Reisezeiten erheblich beeinflussen kann.

JFK (engl. John F. Kennedy) Airport Name des wichtigsten New Yorker Flughafens.

Jodel Französische Flugzeug-Firma (gegründet von E. Joly und J. Delemontez), vorwiegend im Bereich leichter Motorflugzeuge.

Jodrell Bank Britisches Radio-Observatorium.

Johnson, Amy (1903-1941) Britische Flugpionierin. Erregte 1930 durch ihren Alleinflug in einer Gipsy Moth von England nach Australien Aufsehen.

Johnson, Clarence „Kelly" (1910-1990) Amerikanischer Flugzeug-Konstrukteur. Entwickelte im Entwurfsbüro der Firma Lockheed, den sogenannten „Skunk Works", u.a. die Muster P-80 Shooting Star, F-94 Starfire, F-104 Starfighter, U-2, SR-71 Black Bird.

Johnson Space Center (engl.) Nach US-Präsident Lyndon B. Johnson benanntes Forschungszentrum der NASA (s.d.) in Houston/Texas. Entwickelt und betreut bemannte amerikanische Raumfahrzeuge und ihre Ausrüstung.

Joint Venture (engl.) Gemeinschaftsprojekt mehrerer Unternehmen oder Staaten.

JP-4 Treibstoff für Düsenflugzeuge.

JPL (engl. Jet Propulsion Laboratory) Forschungsinstitut der Technischen Hochschule von Kalifornien (CALTEC) in Pasadena, das für die NASA unbemannte amerikanische Raumfahrtsysteme entwickelt und betreibt.

Jumbo-Jet (engl.) Spitzname für Großraumflugzeuge, zunächst für die Boeing 747, später auch für andere Muster benutzt.

Jump Seat (engl.) Zusätzlicher Sitz im Cockpit zur Ausbildung oder Überprüfung der Piloten.

Jungfernflug Erster Flug eines neuen Fluggeräts.

Jungkurth, Horst (1933-) Von 1987 bis 1991 achter Inspekteur der Luftwaffe.

Junkers, Hugo (1859-1935) Deutscher Flugzeug-Industrieller. Begründete die nach ihm benannten Flugzeugwerke, in denen unter anderem das erste Ganzmetallflugzeug, die J 1, das erste echte Verkehrsflugzeug der Welt (F 13), das größte Landverkehrsflugzeug seiner Zeit (G 38), die in mehr als 4000 Exemplaren gebaute dreimotorige Ju 52, das viermotorige Langstrekken-Flugzeug Ju 90 und die Militär-Flugzeuge Ju 87 und Ju 88 entstanden. In den 20er Jahren auch im Luftverkehr engagiert.

Junkers Luftverkehrs AG Von Hugo Junkers (s.d.) gegründete Vorläufer-Gesellschaft der Lufthansa.

Juno Frühe amerikanische Trägerrakete, von Wernher von Braun (s.d.) entwickelt.

Jupiter 1. Fünfter, größter Planet unseres Sonnensystems. Sonnenentfernung 5,2 Astronomische Einheiten, Masse 318fache Erdmasse, Durchmesser 133 200 bis 142 880 km, 16 Monde. 2. (Als Redstone zunächst militärische) Trägerrakete der USA. Trug am 1. Februar 1958 als Jupiter-C Explorer 1, den ersten Erdsatelliten der USA, in eine Umlaufbahn.

K

Ka-Band Im Funkverkehr Frequenzbereich zwischen 20 und 30 Gigahertz.

Kabine Teil der Flugzeugzelle, in dem die Passagiere befördert werden.

Kabinenpersonal Flugbegleiter an Bord von Verkehrsflugzeugen. Hauptaufgabe sind die Sicherheitsmaßnahmen, erst in zweiter Linie die Betreuung der Fluggäste.

Kabotage Das (vertraglich festgeschriebene) Recht einer Fluggesellschaft, Passagiere und Fracht zwischen ausländischen Flughäfen zu befördern, ohne das eigene Staatsgebiet zu berühren.

Kahn, Alfred H. (1917-) Bis 1978 Leiter des CAB (s.d.). Setzte in den USA die Deregulation (s.d.) durch.

Kaiser, Rudolf (1922-) Deutscher (Segel-)Flugzeug-Konstrukteur (Ka-1 bis Ka-14).

Kalinin Standort des russischen Kontrollzentrums für bemannte Raumflüge.

Kaman, Charles H. (1919-) Amerikanischer Hubschrauber-Konstrukteur und -Industrieller.

Kamikaze (jap. Götterwind) Kampfeinsatz im Zweiten Weltkrieg, bei dem sich der japanische Pilot mit seinem Flugzeug ins Ziel stürzte.

Kammhuber, Josef (1896-1986) Befehlshaber der deutschen Nachtjagd im Zweiten Weltkrieg. Von 1956-1962 erster Inspekteur der deutschen Luftwaffe.

Kamow, Nikolai I. (1902-1973) Russischer Hubschrauber-Konstrukteur, gründete das nach ihm benannte Entwicklungsbüro.

Kampfbeobachter (KBO) Zweiter Mann im Cockpit eines (deutschen) Kampfflugzeuges. Verantwortlich für Navigation und Waffeneinsatz.

Kampfhubschrauber Hubschrauber, der für die Bekämpfung von Luft- und Bodenzielen speziell ausgelegt und mit entsprechender Ausrüstung und Bewaffnung versehen ist.

Kampfwertsteigerung Modernisierung eines bereits eingeführten Waffensystems.

Kampfzonentransporter (Militärisches) Transportflugzeug, das für Einsätze nahe der Frontlinie ausgelegt ist.

Kanzel Vollverglaster Rumpfbug für Beobachtung oder Waffeneinsatz bei Militärflugzeugen (z.B. He 111, Arado Ar 242, B-17).

Kap Canaveral Amerikanischer Raumfahrt-Startplatz an der Ostküste Floridas (s. Kennedy Space Center).

Kapustin Jar Russischer Raketen-Startplatz in der Wolgasteppe.

Karman, Theodore von (1881-1963) Amerikanisch-ungarischer Wissenschaftler, Aerodynamiker.

Katapult Hydraulisch, mit Dampf oder pyrotechnisch angetriebene Schleuder, mit der ein Flugzeug auf die nötige Fluggeschwindigkeit beschleunigt wird.

Katapultstart Start eines Flugzeugs mit Hilfe eines Katapults (s.d.) vom Deck eines Schiffes, z.B. eines Flugzeugträgers (s.d.).

Kathodenstrahlröhre s. CRT.

KBO (dt.) s. Kampfbeobachter.

Kegeldüse Von Oberth, Nebel und anderen entwickelte Form einer Raketendüse, die höchste Leistung versprach.

Keldysch, Mstislaw (1911-1978) Russischer Mathematiker, der wesentliche Beiträge zum Hochgeschwindigkeitsflug und zur Raumfahrt lieferte.

Kennedy Airport (engl.) New Yorks Flughafen J.F. Kennedy.

Kennedy Space Center Basis der amerikanischen Raumfahrt-Behörde NASA auf Cape Canaveral in Florida. Startplatz für Space Shuttle und Trägerraketen, von 1969 bis 1972 für die Apollo-Flüge zum Mond.

Kennung (Funk-)Rufzeichen, mit dem der Absender identifiziert werden kann (s. auch IFF).

Kepler, Johannes (1571-1630) Deutscher Astronom. Entwickelte die K.'schen Gesetze, wonach die Planeten sich nicht in einer Kreis-, sondern in einer leicht elliptischen Bahn um die Sonne bewegen.

Keramik Hochhitzefester Werkstoff, z.B. für Turbinenschaufeln oder Hitzeschutz-Kacheln (s.d.) verwendet.

Kernfusion Verschmelzung von Wasserstoff-Atomkernen zu Helium unter Freisetzung gewaltiger Energien. S. auch Wasserstoff-Bombe.

Kerosin Treibstoff für Strahltriebwerke.

Kfir (isr. junger Löwe) Name eines in Israel modifizierten Jagdflugzeuges.

KFK (dt. Kohlefaser-verstärkter Kunststoff) Chemischer, durch Einlagerung von Kohlefasern verstärkter Werkstoff.

KIAS (engl. Knots Indicated Air Speed) Angezeigte Eigengeschwindigkeit in Knoten (Nautische Meilen/Stunde).

Killer-Satelliten Raumflugkörper, mit denen andere Satelliten im All funktionsunfähig gemacht werden können.

Kilopond Einheit der Kraft. 1 kp = 9,806 Newton.

Kinetik Bewegungslehre.

Kinotheodolit Spezialkamera zur Vermessung von Flugbahnen.

Kingsford Smith, Sir Charles (1899-1935) Australischer Flugpionier. Wurde 1928 durch seine Pazifik-Überquerung von den USA nach Australien bekannt.

Kippflügler Flugzeug, das Tragflächen und integrierte Antriebseinheiten für (Senkrecht-)Start und Landung in die Senkrechte schwenken kann.

Kipprotor Schwenkbares Antriebsmodul, das für den Start nach oben gekippt wie ein Hubschrauber-Rotor arbeitet, für den Reiseflug nach vorn gekippt werden kann und wie ein normaler Propeller wirkt.

Kirschkern Im Zweiten Weltkrieg Deckname für den Marschflugkörper Fi-103 (V-1).

Kiruna Startplatz der ESA (s.d.) in Nord-Schweden für Höhenforschungs-Raketen (s.d.).

Kittel, Wolfgang A. (1899-1967) Baute nach dem Zweiten Weltkrieg den Luftverkehr in Deutschland mit auf. Von 1959 bis 1964 Vorstandsmitglied der Lufthansa.

Klemm, Hanns (1885-1961) Deutscher Pilot und Konstrukteur. Entwickelte und baute vor allem Leichtflugzeuge.

Klemperer, Wolfgang (1893-1965) Deutsch-amerikanischer Luft- und Raumfahrt-Konstrukteur.

Klima-Anlage Druckbelüftung in Verkehrsflugzeugen zur Versorgung der Passagiere mit temperierter Frischluft, entsprechend einer Höhe von etwa 2000 m.

Klimow, Wladimir J. (1892-1962) Russischer Wissenschaftler und Konstrukteur.

KLM (holl. Koninklyke Luchtvaart Maatschappy) Niederländische Fluggesellschaft.

Knieper, Werner (1909-1977) Deutscher Luftfahrtindustrieller (u.a. VFW).

Knoten Aus der Seefahrt stammende, auch in der Luftfahrt für Geschwindigkeitsangaben verwendete Maßeinheit. Ein Knoten entspricht 1,853 km/Stunde.

Knüppel Steuereinheit zur Bedienung von Höhen- und Querruder.

Köhl, Hermann (1888-1938) Deutscher Pilot. Überflog im April 1928 mit Hünefeld (s.d.) und dem Iren Fitzmaurice (s.d.) in der Junkers W-33 „Bremen" den Atlantik von Ost nach West.

Kohoutek Nach einem tschechischen Astronomen benannter Komet. Zuletzt 1973 in Erdnähe.

Kolbenmotor Flugzeugantrieb nach dem Prinzip Otto oder Diesel, bei dem die in den Zylindern freigesetzte Kraft über Kolben und Kurbelwelle auf einen Propeller übertragen wird.

Koma Staub- und Gaswolke um den Kern eines Kometen (s.d.) herum.

Komarow, Wladimir M. (1927-1967) Sowjetischer Kosmonaut. Stürzte bei seinem zweiten Raumflug am 24. April 1967 bei der Erprobung des neuen Raumschiff-Typs Sojus (s.d.) wegen des Versagens des Hauptfallschirms tödlich ab.

Kombi(nation) Arbeitsanzug für fliegendes Personal der Streitkräfte.

Komet 1. Schweifstern, meist auf stark exzentrischer Bahn um die Sonne. 2. Name des deutschen Raketenjägers Me 163 (Zweiter Weltkrieg).

Kommando-Gerät Elektromechanisches, mit Funkmeß- oder optischen Daten arbeitendes Zielgerät der schweren deutschen Fla-Batterien im Zweiten Weltkrieg.

Kommunikationssatellit s. Nachrichtensatellit.

Kondensstreifen Der im Abgas enthaltene Wasserdampf und Kondensationskerne werden bei hochfliegenden Flugzeugen kondensiert und als weiße Streifen sichtbar.

Konjunktion Stellung eines Planeten zur Erde oder zur Sonne.

Kontrollstreifen Papierstreifen, mit dem einem Fluglotsen die Daten eines in seinen Sektor einfliegenden Flugzeugs mitgeteilt werden.

Kontrollturm (engl. tower) Gebäude auf Flughäfen, in dem die lokale An- und Abflug- sowie die Vorfeld-Kontrolle untergebracht sind.

Kontrollzentrum In der Luftfahrt regionale Einrichtung der Flugsicherung (s.d.), in der mit Radarhilfe der Luftverkehr eines bestimmten Gebietes kontrolliert und geführt wird. In der Raumfahrt Einrichtung, in der alle Informationen über ein Unternehmen zusammenlaufen und überwacht werden.

Konturenflug Den Strukturen der Erdoberfläche folgender Tiefstflug, um die Erfassung durch Radar zu vermeiden.

Kopernikus, Nikolaus (1473-1543) Deutscher Wissenschaftler. Entwickelte das heliozentrische Weltbild.

Kopernikus Deutscher Fernmelde-Satellit (DFS-1 bis -3).

Ko-Pilot (engl. First Officer) Der zweite Mann im Cockpit, mit kompletter Pilotenausbildung.

Kopplungsmanöver Das Zusammenführen und Andocken zweier Raumflug-Körper in einer Umlaufbahn.

Kormoran Deutsche Flugzeug-Lenkwaffe gegen Schiffsziele.

Koroljow, Sergeij (1906-1966) Sowjetischer Raumfahrtmanager und -Konstrukteur. Leitete die Raumfahrt-

Programme der damaligen UdSSR (Wostok, Sojus, Trägerraketen).

Korona s. Sonnen-Korona.

Korrosion Durch chemische Prozesse hervorgerufene Materialschäden, u.a. durch Kondenswasser in der Flugzeugzelle.

Kosmische Geschwindigkeit
1. Erste K.G. entspricht 28 000 km/h. Sie trägt einen Raumflugkörper auf eine Erdumlaufbahn. 2. Zweite K.G. von etwa 40 000 km/h trägt einen Raumflugkörper aus dem Anziehungsbereich der Erde hinaus (Fluchtgeschwindigkeit, s.d.).

Kosmische Strahlung Von der Sonne und entfernten Himmelskörpern ausgehende energiereiche Teilchenstrahlung, die zum Teil vom Magnetfeld der Erde eingefangen wird.

Kosmonaut Vorwiegend in der ehemaligen Sowjetunion gebräuchliche Bezeichnung für einen Raumfahrer.

Kosmos Andere Bezeichnung für den Weltraum.

Kosmos-Satelliten Bezeichnung der sowjetischen Forschungs- und getarnter Militär-Satelliten.

Kourou Europäische Raumfahrtbasis fünf Grad nördlich des Äquators in Französisch-Guayana. Startplatz der Ariane-Trägerraketen.

Kracht, Felix (1912-) Deutscher Flugzeug-Industrieller. Für die Produktion zuständiger Vizepräsident Airbus Industrie bis 1980.

Kraft, Christopher (1924-) Bis 1984 Flugleiter der bemannten amerikanischen Raumflüge.

Kraftei Spitzname des deutschen Raketenjägers Me-163 Komet im Zweiten Weltkrieg.

Kreisbahn Umlaufbahn eines Satelliten um die Erde oder einen anderen Himmelskörper mit immer gleichem Abstand zur Oberfläche.

Kreisbahngeschwindigkeit
Geschwindigkeit von 28 000 km/h, bei der ein Raumflugkörper durch das Gleichgewicht zwischen Geschwindigkeits-bedingter Fliehkraft und Erdanziehung einen stabilen Orbit (s.d.) einhält.

Kreiselkompaß Navigationsgerät auf der Basis von Kreiseln. Sie sorgen dafür, daß die Richtungsanzeige konstant bleibt.

Kress, Wilhelm (1836-1913) Österreichischer Erfinder. Baute 1877 erste flugfähige Modelle, arbeitete – erfolglos – an einem Wasserflugzeug mit Motorantrieb.

Kreta Griechische Insel im Östlichen Mittelmeer. Im Zweiten Weltkrieg Schauplatz der bis dahin größten deutschen Luftlande-Operation. NATO-Übungsplatz für Luftabwehr-Einheiten.

Kreuzpeilung Navigationsverfahren, bei dem aus dem Einfallwinkel zweier Peilstrahlen der Schnittpunkt und damit der Standort ermittelt wird.

Krüger-Klappen An den Tragflächen angebrachte Klappen, mit denen der Auftrieb verbessert wird.

Krikaljow, Sergej (1960-) Flog im Februar 1994 als erster russischer Kosmonaut in einem amerikanischen Space Shuttle (Discovery) mit.

Kryogener Treibstoff (Gasförmiger) Raketen-Treibstoff, der aus Gewichtsgründen flüssig, das heißt gekühlt getankt wird (z.B. Wasserstoff).

KSSU 1969 gegründeter Wartungsverbund der Fluggesellschaften KLM, Swissair, SAS und UTA.

Ku-Band Im Funkverkehr Frequenzbereich zwischen zwölf und 14 Gigahertz.

Kuebarth, Jörg (1934-) Deutscher General, 1991 bis 1994 neunter Inspekteur der Luftwaffe.

Kulminationspunkt Höchster Punkt einer ballistischen Flugbahn.

Kummersdorf Raketenversuchsgelände des deutschen Heeres bei Berlin. Später nach Peenemünde (s.d.) verlegt.

Kumulo-Nimbus Gewitterwolken.

Kumulus-Wolke In der Meteorologie eine Haufenwolke.

Kunstflug Demonstration von Flugfiguren, die im normalen Flugbetrieb nicht üblich sind.

Künstlicher Horizont Instrument, das dem Piloten auch ohne Außensicht die Lage seines Flugzeugs relativ zur Erdoberfläche anzeigt.

Künstliche Schwerkraft Für bemannte Langzeit-Raumflüge erwogener Aufbau eines Schwerefeldes, z.B. durch Rotation, um die Auswirkungen der Schwerelosigkeit auf den menschlichen Körper zu verringern.

Kurvenkampf Durch Abstandswaffen (s.d.) selten gewordene Art des Luftkampfes, bei der beide Gegner versuchen, in den Rücken des anderen und damit in günstige Schußposition zu kommen.

Kurzstart Fähigkeit eines Flugzeugs, nach extrem kurzer Rollstrecke abzuheben, z.B. durch Zusatzaggregate, Auftriebshilfen oder Schwenken des Antriebs.

Kusnetzow, Nikolai D. (1911-) Russischer Triebwerkskonstrukteur.

Kwajalain Pazifik-Insel, auf der die USA ihre Raketen-Abwehr-Waffen erprobten.

L

Lachmann, Gustav V. (1896-1966) Deutscher Flugzeugkonstrukteur, arbeitete bei Handley Page (s.d.) in England (u.a. Hampden und Harrow).

Ladefaktor Prozentsatz, zu dem die Gesamtkapazität eines (Transport- oder Verkehrs-)Flugzeuges ausgelastet ist.

Lader Verdichter, der bei einem Kolbenmotor die angesaugte Luft verdichtet (zur Leistungssteigerung oder in größeren Höhen).

Laderampe Als Teil des Rumpfes absenkbare Rampe, meist am Heck, zum Be- und Entladen von Transportflugzeugen, auch zum Absetzen von Lasten aus der Luft.

Lagekontrollsystem System zur Bahnstabilisierung und Drei-Achsensteuerung von Erdsatelliten mit Hilfe kleiner, in kurzen Impulsen gezündeter, meist mit Kaltgas betriebener Triebwerke.

Lageregelung Stabilisierung von Raumflugkörpern in der Umlaufbahn.

La Guardia Airport (engl.) Nach einem New Yorker Bürgermeister benannter Flughafen.

Laika Mischlingshündin. Wurde 1957 als erstes irdisches Lebewesen mit dem russischen Sputnik 2 (s.d.) ins All geschossen.

Laker, Sir Freddy (1922-) Britischer Unternehmer. Bekannt durch die Gründung einer 1982 nach wenigen Jahren wieder eingestellten Billig-Preis-Fluggesellschaft.

Laminar-Kontrolle Technik, um das Abreißen der Laminarschicht (s.d.) auf den Tragflächen zu verhindern, damit den Auftrieb (s.d.) zu erhöhen und den Widerstand zu verringern.

Laminar-Profil Tragflächenprofil, mit dem eine möglichst wirbelfreie Laminar-Strömung (s.d.) erreicht werden soll.

Laminarschicht Die auf einer umströmten Oberfläche aufliegende Luftschicht.

Laminar-Strömung Auf einem umströmten Körper, z.B. einem Tragflügel, aufliegende, wirbelfreie Luftströmung.

Lancaster (engl.) Viermotoriger britischer Langstreckenbomber im Zweiten Weltkrieg.

Landeanflug Teil des Fluges, bei dem ein Flugzeug den Aufsetzpunkt der Landebahn ansteuert.

Landebahn (Meist befestigte) Piste, auf der Flugzeuge starten und landen können.

Landebahnbefeuerung Im Boden verlegte Lampen, die dem Piloten nachts das Aufsetzen auf der Landebahn erlauben.

Landebahnschwelle (Gekennzeichneter) Beginn des für die Landung nutzbaren Teils der Landebahn.

Landedeck Auf einem Flugzeugträger (s.d.) das obere, weitgehend von Aufbauten freigehaltene Deck, auf dem Flugzeuge starten und landen können.

Landeerlaubnis Freigabe der Landung durch den Tower (s.d.).

Landegebühren Von Flugplätzen erhobene Gebühr für die Benutzung ihrer Einrichtungen.

Landegeschwindigkeit Geschwindigkeit, bei der ein landendes Flugzeug sicher aufsetzen kann.

Landehilfen Ausfahrbare Klappen, die bei reduzierter Geschindigkeit den Auftrieb verbessern.

Landekreuz Sichtzeichen für das Aufsetzen von Flächenflugzeugen oder Hubschraubern.

Landekurssender Richtfunkfeuer, das einem landenden Flugzeug die genaue Ausrichtung auf die Landebahn erlaubt.

Landerollstrecke Strecke vom Aufsetzen eines Flugzeugs bis zum Stillstand.

Landsat Amerikanischer Satellit für die Erderkundung.

Lang, Fritz (1890-1976) Deutscher Regisseur. Finanzierte 1930 aus dem Werbe-Etat für den UFA-Film „Frau im Mond" die ersten Arbeiten von Oberth (s.d.), Nebel (s.d.) und von Braun (s.d.) an Flüssigkeitsraketen.

Langley, Samuel Pierpoint (1834-1906) Amerikanischer Luftfahrtwissenschaftler.

Langley-Forschungszentrum Ältestes, heute vorwiegend der Grundlagenforschung dienendes Zentrum der NASA im Bundesstaat Virginia.

Längsachse Gedachte Achse eines Flugkörpers parallel zur Bewegungsrichtung (auch Rollachse).

Langstreckenflugzeug Verkehrsflugzeug mit einer Reichweite von mindestens 3000 km.

Langstreckenluftverkehr Luftverkehr ab etwa 3000 km Streckenlänge.

Lanz, Karl (1873-1921) Deutscher Industrieller, Förderer der Luftfahrt (Lanz-Preis, Schütte-Lanz-Luftschiff, s.d.).

LAPAS (Luftgestütztes Abstandsfähiges Primär-Aufklärungs-System) Von Grob (s.d.) und der US-Firma E-Systems gemeinsam entwickeltes AufklärungsSystem.

Lärmschleppe Gebiet, das von einem startenden oder landenden Flugzeug mit (Triebwerks-)Lärm bestrichen wird.

Laser (eng. Light Amplification by Stimulated Emission of Radiation) Lichtverstärkung durch Strahlungsanregung, unter anderem zur Materialprüfung, Zielerfassung und -Zerstörung eingesetzt.

Lastenfallschirm Spezialschirm für das Absetzen schwerer Lasten aus dem Flugzeug.

Lastensegler (Militärisches) Segelflugzeug, das, meist im Flugzeugschlepp, Truppen und/oder Material an den Einsatzort bringt.

Lastvielfaches Ein Mehrfaches der normalen Belastung einer Flugzeugzelle. Im Bruchversuch (s.d.) getestet.

Latécoère, Pierre (1882-1943) Französischer Konstrukteur, gründete eine Luftpostlinie nach Südamerika.

Latham, Hubert (1883-1912) Französischer Luftfahrtpionier.

Lathiére, Bernard (1929-) Französischer Industriemanager, von 1975 bis 1985 Präsident von Airbus Industrie.

Lauda Air Private österreichische Fluggesellschaft, vom ehemaligen Rennfahrer Nikolaus Lauda gegründet, zunächst im Bedarfs-, später auch im Lininenluftverkehr tätig.

Launch (engl.) Start (einer Rakete).

Launching Pad (engl.) Startplattform für Weltraum-Raketen.

Lawotschkin, Semjon A. (1900-1960) Sowjetischer Flugzeugkonstrukteur, Leiter des nach ihm benannten Konstruktionsbüros (u.a. La-5, La-7, La-9).

Layover (engl.) Zwischenstop bei einem Langstreckenflug.

LBA S. Luftfahrt-Bundesamt.

LCD (engl. Liquid Crystal Display) Anzeigetechnik auf der Basis von Flüssig-Kristallen, die durch Computersignale aktiviert werden.

Lear, William P. (1902-1990) Amerikanischer Flugzeug-Konstrukteur und Industrieller. Begründer der nach ihm benannten Werke.

Leasing (engl.) Verpachtung von Flugzeugen an ein anderes Unternehmen.

Lebenserhaltungssystem Die Summe aller Geräte in einem Luft- oder Raumfahrzeug, die zum Leben der Besatzung nötig sind.

Le Bourget Flugplatz in Paris. Standort des im Zwei-Jahres-Turnus veranstalteten Salon Internationeaux Aéronautique und des Musée de l'Air.

Le Bris, Jean-Marie (1808-1872) Französischer Luftfahrtforscher. Experimentierte mit dem Albatros-Flügel nachgebauten Gleitern.

LED (engl. Light Emitting Diode) Anzeigetechnik auf der Basis von Leuchtdioden, die von Computersignalen aktiviert werden.

Leduc, René (1898-1968) Französischer Konstrukteur. Arbeitete vor allem an Staustrahl-getriebenen Flugzeugen.

Leichentuch Deutsches Luftverteidigungsverfahren im Zweiten Weltkrieg bei Bewölkung. Die Wolken wurden vom Boden aus mit Scheinwerfern angestrahlt. Vor diesem hellen Hintergrund konnten die Nachtjäger die Bomber-Verbände erkennen und angreifen.

Leitschaufel Bauteil eines Turbo-Triebwerks, das die Strömung möglichst verlustfrei umlenkt.

Leitstrahl Gebündeltes elektronisches Signal, auf dem mit entsprechendem Empfänger ausgestattete Flugkörper oder Flugzeuge zu einem bestimmten Punkt geführt werden.

Leitwerk Meist am Flugzeugheck angeordnete Steuereinheit eines Flugkörpers, besteht aus Höhen- und Seitenleitwerk (s.d.).

LEM (engl. Lunar Excursion Module) Abstiegsmodul des bemannten US-Mondlande-Programms Apollo (s.d.).

Lenkwaffe Flugkörper, dessen Kurs aufs Ziel noch nach dem Abschuß korrigiert werden kann. Häufig auch mit Homing (s.d.)-Sensoren ausgestattet.

LEO (engl. Low Earth Orbit) Erdumlaufbahn in niedriger Höhe.

Leonow, Alexeij (1934-) Kosmonaut der damaligen Sowjetunion. Wagte am 18. März 1965 als erster Mensch den Ausstieg aus einem Raumschiff (Wosschod 2) in den freien Weltraum. Kommandant von Sojus beim Gemeinschaftsunternehmen Apollo-Sojus (s.d.).

LET Tschechisches Flugzeugwerk (u.a. L-29, L-410, L-610).

LETOV (tsch. Letadle Tovarna Vojenska) 1918 gegründetes, 1945 verstaatlichtes tschechisches Flugzeugwerk.

Leucht-Bombe Zur Zielmarkierung am Fallschirm abgeworfener Behälter mit starker, meist farbiger Lichtentwicklung.

Leucht-Diode Elektronisches Bauteil, das bei Aktivierung Licht abgibt.

Leuchtspur-Munition Vor allem in Luftkampf und Luftabwehr verwendete Munition, deren Geschoß-Bahn sich anhand von integrierten Leuchtsätzen verfolgen läßt.

Levavasseur, Léon (1863-1922) Französischer Flugzeug-Konstrukteur und -Industrieller (u.a. Antoinette).

LeVier, Tony (1913-) Amerikanischer Testpilot bei Lockheed (u.a. F-104, U-2).

LH (engl. Liquid Hydrogen) Flüssigwasserstoff, als Treibstoff für Raumfahrzeuge schon benutzt, für Flugzeuge erwogen.

Liberator (engl.) Bezeichnung des viermotorigen amerikanischen Langstreckenbombers B-24 im Zweiten Weltkrieg.

Librationspunkt Punkt im Schwerefeld zweier oder mehrerer Himmelskörper, in dem die Gravitation weitgehend aufgehoben ist.

Lichtgeschwindigkeit Geschwindigkeit, mit der sich Lichtwellen fortpflanzen, mit 299 796 km/sec errechnet.

Lichtjahr Maßeinheit für die Bestimmung von Entfernungen im Weltraum. Basierend auf der Ausbreitungsgeschwindigkeit des Lichts (knapp 300 000 km/sec), entspricht ein Lichtjahr 9,46 Billionen km.

LIDAR (engl. Light Detection and Ranging) Lasergestütztes System zur Ortung und Entfernungsmessung.

Liechtenstein Deutsches, flugzeuggestütztes Funkmeßgerät (s.d.) für die Nachtjagd im Zweiten Weltkrieg.

Lifting Body (engl.) s. Auftriebskörper.

Lift-off (engl.) Das Abheben einer Rakete von der Startrampe.

Lightning (engl.) 1. Zweimotoriger, doppelrümpfiger amerikanischer Jäger im Zweiten Weltkrieg. Typenbezeichnung Lockheed P-38. 2. Britischer Strahl-Jäger.

Lilienthal, Gustav (1849-1933) Bruder von Otto L. Arbeitete an dessen Entwicklungen mit.

Lilienthal, Otto (1848-1896) Deutscher Industrieller und Konstrukteur. Aufbauend auf seinen Forschungsarbeiten am Vogelflug, entwickelte und baute er Flugapparate, mit denen ihm seit 1891 Gleitflüge gelangen. Befruchtete unter anderem die Arbeiten von Weißkopf und Wright.

Limberg, Gerhard (1920-) Deutscher General. Von 1974 bis 1978 fünfter Inspekteur der Luftwaffe.

Limit (engl.) (Leistungs-)Grenze eines Systems.

Lindbergh, Charles A. (1902-1974) Amerikanischer Flug-Pionier. Überquerte im Mai 1927 im Alleinflug mit der speziell dafür ausgerüsteten Ryan NYP „Spirit of St. Louis" in 33 Stunden den Atlantik von New York nach Paris.

Linienluftverkehr Regelmäßige Verbindung zwischen zwei Orten, für die Einzelflugscheine ausgegeben werden.

Link-Trainer Gerät zur (Basis-)Schulung künftiger Piloten, von dem Österreicher Edward Albert Link entwickelt.

Lippisch, Alexander (1894-1976) Deutscher Aerodynamiker. Entwickelte unter anderem den Pfeilflügel und Nurflügel-Flugzeuge (Me 163).

Little Boy (engl.) Deckname der am 6. August 1945 auf Hiroshima (s.d.) abgeworfenen ersten amerikanischen Atombombe (s.d.), einer Uranbombe.

Lizenzbau Authorisierte Serienproduktion eines Flugzeugmusters in einem Unternehmen, das nicht die Entwicklungsarbeit geleistet hat.

Lizenz-Fertigung S. Lizenzbau.

Load Factor (engl.) Ladefaktor (s.d.).

Load Sheet (engl.) Dokument, in dem alle Passagiere und Frachtstücke eines (Verkehrs-)Flugzeuges aufgeführt sind.

Locker (engl.) (Gepäck-)Schließfach auf Flughäfen.

Lockerby Schottischer Ort, über dem 1986 eine Boeing 747 der PanAm durch Bombenanschlag zum Absturz gebracht wurde. 289 Menschen starben.

Lockheed S. Loughead.

Lock-on (engl.) Einrasten eines automatischen Zielführungssystems auf das Ziel.

Loftleidir H/F, Icelandic Airlines Isländische Fluggesellschaft.

Loitering (engl.) Suchflug eines Aufklärers mit verringerter Geschwindigkeit über dem Zielgebiet.

Looking Glass (engl.) Fliegende Kommando-Zentrale der USA. Sollte bei Zerstörung des unterirdischen Leitstandes in Omaha durch einen Atomangriff den Gegenschlag führen. 1991 eingestellt.

Looping (engl.) Kunstflugfigur, ein senkrechter Vollkreis.

LORAN (engl. Long Range Air Navigation) Langstrecken-Navigationssystem.

Lorenzo, Francisco A. (1940-) Amerikanischer Finanzmann, der mehrere Fluggesellschaften (Texas Air, Eastern, Continental, People Express) übernahm, aber scheiterte.

Lorin, René (1877-1933) Französischer Wissenschaftler. Entwickelte ein nach ihm benanntes Antriebssystem, das L.-Rohr.

Lost and Found (engl.) Büro, daß verlorene Gegenstände, z.B. Fluggepäck, aufspürt und den Besitzern zustellt.

LOT Polnische Fluggesellschaft.

Lotfe (dt.) Bombenzielgerät der deutschen Luftwaffe im Zweiten Weltkrieg.

Loughead, Allan (1899-1969) **und Malcolm** (1887-1958) Amerikanische Flugzeug-Industrielle. Begründer der nach ihnen benannten Lockheed Corp. (Electra, Orion, L-1011 TriStar, F-104 Starfighter, SR-71, F-117, F-22,

C-130 Hercules, C-141 Starlifter, C-5A Galaxy).

Lounge (engl.) Warteraum auf einem Flugplatz für bevorzugte Fluggäste, z.B. Erster-Klasse-Passagiere.

Lovell, James A. (1928-) Amerikanischer Astronaut. Umrundete mit Borman und Anders in Apollo 8 im Dezember 1968 als erste Menschen den Mond. Kommandant von Apollo 13, dem gescheiterten dritten Versuch einer Mondlandung.

Low Level Flight (engl.) (Militärischer) Flug in Bodennähe.

LOX (engl. Liquid Oxygen) Flüssigsauerstoff, als Oxydator (s.d.) bei Raumfahrzeugen benutzt.

LSG (Lufthansa Service Gesellschaft) Lufthansa-Tochter, zuständig für Bordverpflegung und Versorgung.

LTU (Luft-Transport-Unternehmen) Deutsche Fluggesellschaft mit Sitz in Düsseldorf, zunächst auf Bedarfsluftverkehr spezialisiert.

LTV (Ling Temco Vought) Amerikanisches Unternehmen der Luftfahrt-Industrie.

Luftabwehr Die Gesamtheit der am Boden stationierten Systeme zur Verteidigung gegen Luftangriffe.

Luftag (dt. Aktiengesellschaft für Luftverkehrsbedarf) Vorläufer der Lufthansa, 1954 in Deutsche Lufthansa AG umgewandelt.

Luftangriff Bekämpfung von Bodenzielen durch Luftfahrzeuge.

Luftbetankung Versorgung eines Flugzeugs mit Treibstoff durch ein Tankflugzeug (s.d.) in der Luft.

Luftbild Vom Flugzeug aus aufgenommenes Bild der Erdoberfläche.

Luft-Boden-Waffe (Lenk-)Waffe, die von einem Luftfahrzeug gegen Bodenziele eingesetzt wird.

Luftbremse Aus Rumpf oder Tragflächen ausfahrbare Klappen, die den Widerstand erhöhen und damit die Geschwindigkeit verringern.

Luftbrücke Operation der westlichen Alliierten (USA, Frankreich, Großbritannien), um West-Berlin während der sowjetischen Blockade von 1948 bis 1949 aus der Luft zu versorgen.

Luftfahrt-Bundesamt (LBA) Für alle Sicherheitsfragen der Luftfahrt zuständige deutsche Behörde mit Sitz in Braunschweig.

Luftfahrt-Presse-Club (LPC) 1955 gegründete Vereinigung von Journalisten, Redakteuren und Pressestellenleitern zur Förderung der Berichterstattung aus allen Bereichen der Luft- und Raumfahrt.

Luftfahrtregister Verzeichnis der zugelassenen Zivilflugzeuge, Piloten und Flugplätze eines Staates.

Luftfracht In Spezialflugzeugen oder Linienmaschinen beförderte eilige Fracht.

Lufthansa, Deutsche Deutsche Fluggesellschaft. 1926 zunächst als Luft Hansa aus dem Zusammenschluß von Junkers Luftverkehr AG und Aero Lloyd entstanden. Nach dem Zweiten Weltkrieg 1954 neu gegründet.

Lufthoheit Kontroll- und Steuer-Befugnis eines Staates im Luftraum über dem eigenen Hoheitsgebiet.

Luftkampf Auseinandersetzung zwischen bewaffneten Luftfahrzeugen.

Luftkissen-Fahrzeug (engl. Hovercraft) Amphibium (s.d.), das in einer flexiblen Rundum-Schürze ein Luftkissen erzeugt und damit berührungsfrei über See oder Land gleitet.

Luft-Korridor Streifen eines für den Luftverkehr freigegebenen Luftraums, z.B. während der Teilung Deutschlands von 1945 bis 1989 nach West-Berlin.

Luftlande-Truppen Mobile Einheiten, die durch Fallschirm-Absprung, Lastensegler (s.d.) oder Transportflugzeuge an ihren Einsatzort (oft hinter den gegnerischen Linien) gebracht werden.

Luftloch Von Laien fälschlich benutzte Bezeichnung für nach unten gerichtete Windboe, die eine Abwärtsbewegung des Flugzeugs verursacht.

Luft-Luft-Waffe (Lenk-)Waffe, die von einem Luftfahrzeug gegen ein anderes eingesetzt wird.

Luftmine Sprengbombe, deren Zerstörungskraft in ihrer Druckwelle, nicht in der Splitterwirkung beruht.

Luftpost (engl. Air Mail) Mit dem Flugzeug beförderte (Schnell-)Post. Der L.-Dienst leistete auf vielen Strekken Pionier-Dienste für den Passagier-Verkehr.

Luftraum-Überwachung (Militärische) Beobachtung des Luftraums, um den Einflug gegnerischer Flugzeuge zu verhindern.

Luftrettung Medizinische Katastrophenhilfe mittels Luftfahrzeugen, meist Hubschraubern.

Luftschiff Von Zeppelin (s.d.), SantosDumont (s.d.) und Parseval (s.d.) nach dem Prinzip leichter als Luft entwickeltes Luftfahrzeug. Ein Traggas (Wasserstoff oder Helium) liefert den Auftrieb, den Vortrieb besorgen Motoren.

Luftschraube S. Propeller.

Luftschutz Gesamtheit aller zum Schutz der Zivilbevölkerung vor Luftangriffen eingeleiteten Maßnahmen.

Luftstraße Kontrollierter Luftraum mit hohem Aufkommen an (zivilem oder militärischem) Luftverkehr.

Lufttransport-Kommando Kommando-Behörde der deutschen Luftwaffe, der die gesamten Lufttransport-Einheiten unterstehen.

Luftüberlegenheit In einem Krieg die Fähigkeit der einen Seite, Luftkriegsoperationen des Gegners zu verhindern und eigene weitgehend ungehindert durchzuführen.

Luftverkehr Die Gesamtheit der Beförderung von Passagieren und/oder Fracht mit Luftfahrzeugen.

Luftwaffen-Helfer Im Zweiten Weltkrieg aus Schulklassen und Lehrbetrieben rekrutierte jugendliche Besatzungen für die Flak-Batterien der deutschen Luftwaffe.

Luftwaffen-Logistik-Kommando Kommando-Behörde der deutschen Luftwaffe, die für die Versorgung der Verbände mit Nachschub veratwortlich ist.

Luna 1 bis 20 Forschungssonden der damaligen Sowjetunion zum Mond. Luna 2 traf erstmals den Mond.

Lunar Excursion Module (engl.) Der Teil der Apollo(s.d.)-Raumschiffe, der bemannt zur Mondoberfläche abstieg.

Lunar Orbiter (engl.) US-Programm mit fünf Satelliten, die 1966 und 1967 in Umlaufbahnen um den Mond geschossen wurden.

Lunar Rover (engl.) Elektrisch angetriebenes Fahrzeug, das den amerikanischen Apollo-Astronauten auf dem Mond zur Verfügung stand.

Lunetta Von Ehricke (s.d.) konzipierter, in einem Mondumlauf stationierter Spiegel, der die Schattenseite des Erdtrabanten mit Licht und Energie versorgen soll.

Lunik Sowjetische Mondsonden, die für eine Landung vorgesehen waren.

Lunik 2 Sowjetische Mondsonde. Landete am 13. September 1959 als erstes Raumschiff auf dem Erdtrabanten.

Lunochod Ferngesteuertes, unbemanntes Mondgefährt der damaligen Sowjetunion, das auf dem Erdtrabanten mehrere Erkundungsfahrten durchführte.

Luz, Walter (1898-1969) Luftverkehrs-Pionier. Von 1956 bis 1966 im Vorstand der FAG (s.d.).

LVG (Luftverkehrs-Gesetz) (Deutsches) Rahmen-Gesetz, in dem die Abwicklung des Luftverkehrs geregelt ist.

Lycoming Amerikanischer Triebwerkhersteller.

M

MAC (engl. Military Airlift Command) Für Transport-Aufgaben vorgesehener Teil der US Air Force (s.d.).

Mace (engl.) Amerikanische ArtillerieRakete.

Macchi, Giulio Italienischer Flugzeugindustrieller. Die von ihm 1916 gegründete Firma wurde in Aermacchi umbenannt.

Mach, Ernst (1838-1916) Deutscher Physiker. Die nach ihm benannte Mach-Zahl, ihre Bruchteile oder Vielfachen bezeichnen die Geschwindigkeit eines Flugkörpers gegenüber der umgebenden Luft. Mach 1 gleich Schallgeschwindigkeit.

Mach-Kegel Kegelförmige, von Flugzeugen mit Überschall-Geschwindigkeit durch Luftverdichtung erzeugte Stoßwelle, die auf der Erde als Doppelknall gehört wird.

MacReady, Paul (1925-) Amerikanischer Luftfahrt-Pionier. Arbeitet an Solar- und Menschenkraft-Flugzeugen (Gossamer Condor, Albatross).

MAD (engl. Magnetic Anomaly Detection) Verfahren, um vom Flugzeug aus an Hand von Anomalien des Erdmagnetfeldes getauchte U-Boote zu orten.

Madelung, Georg (1889-1972) Deutscher Flugzeugkonstrukteur.

Magellan, Ferdinand (1480-1521) Portugiesischer Seefahrer.

Magellan Amerikanische Sonde zur Venus. Vermaß die Oberfläche des Planeten erstmals mit Radar.

Magnetfeld Durch Rotation erzeugtes magnetisches Feld um einen Himmelskörper.

Maintenance (engl.) (Flugzeug-) Wartung (s.d.).

MALEV (ungar. Magyar Légiközlekedési Vallalat) Staatliche ungarische Fluggesellschaft. 1993 teilprivatisiert.

Malfunction (engl.) Versagen eines Geräts.

Manhattan (engl.) Im Zweiten Weltkrieg Deckname des amerikanischen Projektes zur Entwicklung der Atom-Bombe.

Manipulator-Arm Kran-ähnliches, aus der Kabine ferngesteuertes Hilfsgerät des Space Shuttle (s.d.).

Mantelluftschraube Zur Leistungssteigerung von einem Gehäuse umschlossener Propeller.

Mantelstrom-Triebwerk Strahltriebwerk, bei dem ein Teil der vom Fan (s.d.) angesaugten Luft langsamer um die Turbine herumgeführt wird (s. Bypasss, Nebenstrom).

Manual (engl.) (Wartungs-)Handbuch.

Mare (lat.) Eigentlich Meer. Bezeichnung für relativ ebene Gebiete auf der Oberfläche von Mond und Mars.

Marecs (engl.) Europäische Seefunksatelliten.

Mare tranquillitatis (lat.) Meer der Ruhe. Mondgebiet, auf dem am 20. Juli 1969 erstmals Menschen auf dem Erdtrabanten landeten (s. Apollo 11, Eagle).

Marine-Flieger Fliegende Komponente der Bundesmarine. Verfügt über Hubschrauber für SAR-Aufgaben, früher F-104G Starfighter, dann Tornados.

Marine-Helfer Im Zweiten Weltkrieg ab 1943 aus Schulklassen rekrutierte Besatzungen für die deutschen Marine-Flak-Batterien.

Mariner (engl.) Zwischen 1962 und 1974 gestartete amerikanische Forschungssonden zu den Planeten Mars und Venus.

Marines (engl.) s. US Marines.

Marisat (engl.) Kommunikationssatellit für die Seeschiffahrt.

Marker (engl.) Merkzeichen, z.B. Leuchtmarkierung des Zielgebiets bei einem Bombenangriff.

Mars 1. Vierter, der „rote" Planet unseres Sonnensystems. Mittlere Sonnentfernung 1,52 Astronomische Einheiten (s.d.), Durchmesser im Mittel 6760 km, Masse 0,107fache Erdmasse. Zwei Monde. 2. Sowjetisches Sonden-Programm zur Erforschung des Planeten M. zwischen 1962 und 1994.

Marschflugkörper (engl. Cruise missile) Flugkörper, der, von einem inertialen Navigationssystem (s.d.) gesteuert und von einem Strahltriebwerk angetrieben, in niedriger Höhe sein Ziel anfliegt.

Marschtriebwerk Bei Flugkörpern ein Triebwerk mit Dauerleistung, im Gegensatz zum Booster (s.d.)

Marseille, Hans-Joachim (1919-1942) Deutscher Jagdflieger im Zweiten Weltkrieg.

Marshall Space Flight Center Forschungszentrum der NASA in Huntsville/Alabama. Betreut die Raketen-Entwicklungen der USA.

Mars-Observer (engl.) Amerikanische Forschungssonde zum Mars, versagte 1993.

Martens, Arthur (1897-1937) Deutscher Segelflieger. Gründer der Segelflugschule auf der Wasserkuppe.

Martin, Glenn Luther (1886-1955) Amerikanischer Flugzeug-Konstrukteur und -Industrieller.

Martin-Baker Britisches Unternehmen, spezialisiert auf Entwicklung und Fertigung von Schleudersitzen (s.d.).

Martin Marietta Amerikanischer Luft- und Raumfahrtkonzern, gegründet von Glenn Martin (s.d.).

Mascon (engl. Mass Concentration) Dichte-Konzentrationen auf dem Mond, die infolge der von ihnen hervorgerufenen Schwerkraft-Anomalien entdeckt wurden.

Maser (engl. Microwave Amplification by Stimulated Emission of Radiation) Ortungssystem auf der Basis durch Strahlungsanregung verstärkter Mikrowellen (s. auch Laser).

Masse Physikalischer Begriff für Gewicht.

Mast-Visier Zieleinrichtung bei Hubschraubern, auf einem Mast über dem Rotorkopf montiert.

Matador Amerikanische Artillerie-Rakete.

Material-Ermüdung Phänomen, das bei besonders beanspruchten Bauteilen nach einiger Zeit zu Haarrissen und später zum Bruch führen kann. Wurde erstmals erkannt nach der Unfall-Serie der britischen Comet-Strahlflugzeuge Anfang der 50er Jahre.

Material-Forschung Forschungsgebiet der Luft- und Raumfahrt, bei dem das Verhalten bestimmter Werkstoffe unter Umwelteinflüssen wie Hitze, Dehnung oder Biegung untersucht wird..

Matra Französischer Industrie-Konzern. Auch in der Luft- und Raumfahrttechnik tätig.

Matratzenschirm Meist rechteckiger, mit Luftkammern bestückter Fallschirm, der nicht nur den Fall bremst, sondern einen zielgenauen Gleitflug ermöglicht.

Maverick Amerikanische Luft-Boden-Lenkwaffe mit Infrarot- oder TV-Suchkopf.

Max-Planck-Gesellschaft Dachgesellschaft deutscher Forschungsinstitute, die unter anderem auch in der Luft- und Raumfahrt-Forschung arbeiten.

Maybach, Karl (1879-1960) Deutscher Motoren-Konstrukteur und Industrieller.

Maybach, Wilhelm (1846-1929) Deutscher Industrieller, Gründer der Maybach-Motorenwerke, die vor allem Antriebe für Luftschiffe bauten.

Mayday (engl.) Notruf in der Luftfahrt.

MBB Messerschmitt-Bölkow-Blohm. Deutsche Luft- und Raumfahrtfirma, aus dem Zusammenschluß der Messerschmitt AG, der Bölkow Entwicklungen GmbH, der Vereinigten Flugtechnischen Werke und der Hamburger Flugzeugbau entstanden. 1989 in der DASA (s.d.) aufgegangen.

McDonnell, James Smith (1899-1980) Amerikanischer Flugzeug-Industrieller. Begründete die nach ihm benannten Flugzeugwerke, die 1967 mit der Douglas Corp. fusionierten. Hauptlieferant der US Navy (F-4 Phantom II, F-15 Eagle, F-18, AV-8B Harrier II).

McDonnell-Douglas Corp. 1967 aus der Fusion der McDonnell Corp. mit der Douglas Corp. hervorgegangener amerikanischer Luft- und Raumfahrt-Konzern (MD-80, MD-90, MD-11).

Meer der Ruhe s. Mare tranquillitatis.

Meerwein, Carl Friedrich (1757-1810) Beschrieb 1787 einen Flugapparat, halb Gleitflugzeug, halb Schwingen-Gerät.

Mehrfach-Sprengköpfe (engl. MIRV, s.d.) (Meist nukleare) Sprengköpfe, die gemeinsam mit einer Trägerrakete abgeschossen werden, dann aber unterschiedliche Ziele ansteuern.

Mehrstufen-Rakete Trägerfahrzeug, bei dem mehrere separate Antriebseinheiten mit den dazugehörigen Treibstoffen in einem abgeschlossenen Bauteil untergebracht sind, der nach Ausbrennen abgetrennt wird.

Mehrzweckkampfflugzeug s. MRCA.

Meiller-Wagen Vom Ingenieur Meiller im Zweiten Weltkrieg entwickelter Transport- und Abschußwagen für die Rakete V-2.

Memphis Belle (engl.) Im Zweiten Weltkrieg Name des ersten B-17-Bombers, der 25 Einsätze über Europa geflogen hatte.

Merbold, Ulf (1941-) Flog als erster westdeutscher Astronaut 1983 mit dem Space shuttle Columbia und dem europäischen Raumlabor Spacelab ins All. Zweiter Flug 1992 mit dem Shuttle Discovery. Sollte 1994 zur Mir-Station (s.d.) fliegen.

Mercure (frz.) Von Dassault (s.d.) entwickeltes und gebautes Düsen-Verkehrsflugzeug.

Mercury (engl.) US-Raumfahrtprogramm. Mit der einsitzigen M.-Kapsel Freedom 7 beförderten die USA 1961 Alan Shephard (s.d.) als ersten Amerikaner auf einem ballistischen Flug ins All. John Glenn (s.d.) umrundete wenig später als erster Amerikaner in der M.-Kapsel Friendship 7 dreimal die Erde.

Merkur Innerster Planet unseres Sonnensystems. Sonnenentfernung 0,387 Astronomische Einheiten, Durchmesser 4878 km, 0,055fache Erdmasse. Keine Monde.

Mermoz, Jean (1901-1936) Französischer Luftfahrt-Pionier.

Merz, Horst (1891-1979) Pilot der Dornier Do-X.

Mesopause Grenze wischen Mesosphäre (s.d.) und Thermosphäre (s.d.).

Mesosphäre Schicht der Erdatmosphäre von etwa 50 bis 80 km Höhe mit starkem Temperaturrückgang.

Messerflug Kunstflugfigur, bei der sich das Flugzeug für kurze Zeit um 90 Grad zur Längsachse geneigt fortbewegt.

Messerschmid, Ernst (1941 -) Deutscher Wissenschafts-Astronaut. Flog 1985 mit der Mission D-1 im US-Space-Shuttle Challenger ins All.

Messerschmitt, Willy (1898-1978) Deutscher Flugzeug-Konstrukteur und -Industrieller. In den von ihm begründeten Werken, die nach dem Zweiten Weltkrieg in der Messerschmitt-Bölkow-Blohm GmbH und 1992 in der DASA (s.d.) aufgingen, entstanden unter anderem der deutsche Standardjäger im Zweiten Weltkrieg, die Bf-109 (Me-109), das Rekordflugzeug Me-209 (1939), der erste serienmäßige Raketen- (Me 163), der erste einsatzfähige Strahljäger der Welt (Me 262) sowie die Großflugzeuge Me 264 und Me 323 Gigant.

Meteor 1. Kosmische Trümmer. Die kleineren verglühen beim Eintritt in die Erdatmosphäre. 2. Sowjetisches Wettersatelliten-Programm.

Meteorit Kosmische Kleintrümmer. Können Erdsatelliten bis zur Funktionsunfähigkeit beschädigen.

Meteosat Europäisches Wettersatelliten-Programm.

Metropolitan (engl.) Von Convair gebautes zweimotoriges Verkehrsflugzeug, auch von der Lufthansa eingesetzt.

MFG (dt.) Marineflieger-Geschwader. Einheit der fliegenden Verbände der Bundesmarine.

Microburst (engl.) Heftige, unberechenbare Turbulenzen in Bodennähe. Gefährlich für startende und landende Flugzeuge.

Midair collision (engl.) Zusammenstoß zweier Flugzeuge in der Luft.

Midas (engl. Missile Defense Alarm System) Amerikanische Satelliten zur Frühwarnung vor Raketenangriffen.

MiG (russ. Mikojan i Gurewitsch) Russisches Konstruktionsbüro, Bezeichnung für die dort entwickelten Muster (MiG-15, -17, -19, -21, -23, -29, -31).

Mikojan, Artjom Iwanowitsch (1905-1970) Russischer Flugzeug-Konstrukteur, begründete zusammen mit Gurewitsch das MiG-Konstruktionsbüro (MiG-15, MiG-17, MiG-19, MiG-21, MiG-23, MiG-29, MiG-31).

Mil, Michail L. (1909-1970) Russischer Hubschrauber-Konstrukteur (u.a. Mi-8, -10, -26).

Milch, Erhard (1892-1972) Deutscher General. Für die Beschaffung der deutschen Luftwaffe im Zweiten Weltkrieg verantwortlich.

Milchstraße Ansammlung von Sternensystemen.

Mile (engl.) Meile. Längenmaß, entspricht 1,609 km (Statute Mile) bzw. 1,853 km (Nautical Mile, Seemeile, s. auch Knoten).

Mileage (engl.) Die in Bonus-Verfahren der Linienfluggesellschaften dem Passagier gutgeschriebenen Reisestrecken.

Miles & More (engl.) Bonus-Programm der Lufthansa als Anreiz für Vielflieger.

Minuteman Erste amerikanische Feststoff-Interkontinental-Rakete.

Mir (russ. für Frieden) Russische bemannte Raumstation.

Mirage (frz.) Von Dassault (s.d.) entwickelte und gebaute Kampfflugzeugfamilie.

Mirak (dt. Minimum-Rakete) Erste Flüssigkeits-Rakete, die, ursprünglich als Werbe-Gag für den UFA-Film „Frau im Mond", ab 1929 von Oberth (s.d.), Nebel (s.d.) und anderen auf dem Raketen-Versuchsplatz Tegel bei Berlin entwickelt wurde.

MIRV (engl. Multiple Independent Reentry Vehicle) s. Mehrfach-Sprengköpfe.

Missile (engl.) Lenkwaffe mit Strahlantrieb.

Mission (engl.) Raumfahrtunternehmen, auch Auftrag.

Mission Specialist (engl.) Im US-Sprachgebrauch ein Astronaut, der für umfassende Aufgaben bei einem Raumflug ausgebildet ist.

Mistelschlepp Ein unbemanntes, mit Sprengstoff beladenes Flugzeug wird von einem angedockten Einsitzer ins Ziel gesteuert und kurz vor dem Aufschlag ausgeklinkt.

Mitchell, Reginald J. (1895-1937) Englischer Flugzeugkonstrukteur. Entwickelte u.a. die Supermarine Spitfire (s.d.).

Mitchell, William E. (1879-1936) Amerikanischer General, der die Entwicklung von Flugzeugträgern initiierte.

Mitsubishi Größter japanischer Industriekonzern, seit 1920 auch im Flugzeugbau tätig.

Mittelholzer, Walter (1894-1937) Schweizer Pilot und Pionier des Schweizer Luftverkehrs.

Mittelstrecken-Raketen Raketenwaffen mit einer Reichweite zwischen 200 und 2000 km.

Mittelwerk Unterirdische Industrieanlage bei Nordhausen/Harz während des Zweiten Weltkrieges, in der unter massivem, für Tausende tödlichem Einsatz von Zwangsarbeitern Schlüssel-Elemente der deutschen Rüstung gefertigt wurden, u.a. die V-2 (s.d.).

MLS (Microwave Landing System) Mikrowellen-Landesystem, das im Gegensatz zu ILS (s.d.) bei der Landung flexiblere Anflugverfahren ermöglicht.

Mobil-Lounge (engl.) Hydraulisch höhenverstellbares Fahrzeug zum Transport der Passagiere zwischen Terminal und Flugzeug.

Mockup (engl.) (Originalgetreue) Attrappe, z.B. zur Einbau-Erprobung von Ausrüstung oder Instrumenten.

Modellflugzeug Nicht flugfähiges maßstabgetreues Modell eines Flugzeugs.

Modifizierung Abänderung eines existierenden Systems oder Geräts zur Verbesserung oder Veränderung seiner Leistungen.

Modul (lat.) (Meist elektronisches) Bauteil.

Mojave-Wüste Kalifornische Wüste im Nordosten von Los Angeles. Auf ihren Trockenseen (s.d.) landen amerikanische Luft- und Raumfahrzeuge (s.auch Edwards AFB).

MOL 1. (engl. Manned Orbital Laboratory) Bemanntes Laboratorium in einer Erdumlaufbahn, Raumstation. 2. (engl. Military Orbiting Laboratory) Nicht realisiertes militärisches Raumstations-Projekt der USAF.

Mölders, Werner (1913-1941) Deutscher Jagdflieger im Zweiten Weltkrieg.

Molnija Nachrichtensatellit der ehemaligen Sowjetunion. Umrundete die Erde auf einer stark elliptischen Bahn.

Mond Himmelskörper, der einen Planeten (s.d.) umkreist.

Mondboot Raumfahrzeug des Apollo-Programms, mit dem die Astronauten auf dem Erdtrabanten landeten und zum Mutterschiff zurückkehrten (s. auch LEM).

Mondfinsternis Verdunkelung (von der Erde aus gesehen) der Mondscheibe durch den Erdschatten.

Monoplan Frühe Bezeichnung für Eindecker.

Mons (lat.) Berg. Bezeichnung für die Erhebungen auf der Mondoberfläche.

Montgolfier, Joseph M. (1740-1810) **und Jacques-Etienne** (1745-1799) Französische Erfinder. Entwickelten den Heißluftballon (Montgolfière), der am 4. Juni 1783 zum erstenmal unbemannt, am 15. Oktober 1783 bemannt aufstieg.

Mooney, Al W. (1906-1986) Amerikanischer Flugzeugkonstrukteur. Begründete das nach ihm benannte Werk für leichte Motorflugzeuge.

Morane, Leon (1885-1918) Französischer Luftfahrt-Pionier, -Konstrukteur und -Industrieller (Morane-Saulnier).

Morane, Robert (1875-1968) Bruder von Leon.

Mosquito (engl.) Leichter, wegen seiner Holzbauweise von Radar kaum zu ortender britischer Aufklärer und Schnellbomber im Zweiten Weltkrieg.

Mothballed (engl.) Vor Korrosion schützende Lagerung von zeitweise stillgelegten Flugzeugen, z.B. wegen des trockenen Klimas auf Wüsten-Flugplätzen im Süden der USA.

Motorlet (tsch.) Tschechisches Unternehmen für Bau und Überholung von Luftfahrtantrieben.

Motorsegler Leichtes (Motor-)Flugzeug, das bei Abschalten des Antriebs auch im Segelflug betrieben werden kann.

MoU (engl. Memorandum of Understanding) Protokoll einer abgeschlossenen Verhandlung, zum Beispiel Absichtserklärung über den Kauf von Flugzeugen.

Mouillard, Louis Pierre (1834-1897) Französischer Luftfahrt-Theoretiker.

MRCA (engl. Multi Role Combat Aircraft) Mehrzweckkampfflugzeug. Bezeichnung für den später Tornado (s.d.) genannten, von Großbritannien, Italien und Deutschland gemeinsam entwickelten und gebauten Jagdbomber.

Mrija (russ.) Name des sechsstrahligen russischen Großtransporters An-225.

MTBF (engl. Mean Time Between Failure) Zeitraum, in dem mit dem Ausfall eines (meist elektronischen) Geräts nicht gerechnet werden muß.

MTU (Motoren- und Turbinen-Union) Deutscher Triebwerkshersteller. 1990 von der DASA (s.d.) übernommen.

München 2 Im Nordosten Münchens errichteter Großflughafen.

München-Riem Münchener Stadtflughafen. Nach Fertigstellung von München 2 (s.d.) geschlossen.

Muffler (engl.) Schallschutz-Einrichtung für die Standläufe von Strahltriebwerken.

Musculair Von Rochelt (s.d.) entwickeltes Muskelkraft-Flugzeug.

Muskelkraft-Flugzeug Leichtes Fluggerät, dessen Antriebsenergie für den Propeller ausschließlich vom menschlichen Passagier aufgebracht wird (Musculair, Gossamer Albatross, s. diese).

Mustang Einmotoriger amerikanischer Jäger im Zweiten Weltkrieg. Typenbezeichnung North American P-51.

Musterzulassung Von den zuständigen Behörden (FAA, CAA, LBA oder JAA, s. diese) erteilte Erlaubnis, einen neu entwickelten Flugzeugtyp einzusetzen.

Mutterschiff Im US-Apollo-Programm das Raumfahrzeug, in dem die Astronauten nach erfolgreicher Mondlandung zur Erde zurückkehrten.

MX Amerikanisches Projekt verbunkerter Interkontinental-Raketen mit je zehn Atomsprengköpfen, um einem atomaren Erstschlag begegnen zu können.

N

N-1 In den frühen 60er Jahren von der Sowjetunion für eine Mondlandung entwickelte schwere Trägerrakete, nach mehreren Fehlstarts aufgegeben.

NACA (engl. National Advisory Committee for Aeronautics) 1919 gegründetes beratendes Gremium für die amerikanische Luft- und Raumfahrtforschung, Vorläufer der NASA (s.d.).

NACA-Profil Von der NACA erarbeitete Standard-Profile für Flugzeuge.

Nachbrenner Zusatzaggregat von Strahltriebwerken, bei dem in den heißen Abgasstrahl eingespritzter Treibstoff gezündet wird und ihn zusätzlich beschleunigt.

Nachrichtensatellit Erdtrabant, meist in geostationärem Orbit (s.d.), der als Relaisstation für elektronische Kommunikation dient.

Nachrüstung Politisch umstrittene Modernisierung der deutschen, kernwaffentragenden Mittelstrecken-Raketen durch Pershing 2, nachdem die Sowjetunion ihre SS-20 (s.d.) in Dienst gestellt hatte.

Nachtjagd Teilgebiet der deutschen Luftverteidigung im Zweiten Weltkrieg. Durch taktische (u.a. Wilde Sau, Leichentuch) und technische Maßnahmen (Funkmeßgeräte, Schräge Musik) wurde versucht, den massiven alliierten Luftangriffen auf Industrie- und Verkehrszentren zu begegnen.

Nachtjäger Auf Nachteinsätze spezialisiertes Jagdflugzeug.

NADGE (engl. NATO Air Defense Ground Environment) Elektronisches Leit- und Koordinierungssystem für die Luftabwehr der NATO.

Nadir (gr.). Fußpunkt einer aus dem Zenit (s.d.) gedachten Senkrechten.

Nahaufklärer Für Aufklärung in Frontnähe speziell ausgerüstetes Flugzeug.

Napalm Kampfstoffgemisch, das bei Entzündung eine große Fläche verbrennt.

Narrow Body (engl.) Verkehrsflugzeug mit geringerem Rumpf-Querschnitt.

NASA (engl. National Aeronautics and Space Administration) 1958 aus der NACA (s.d.) hervorgegangene US-Behörde für Luft- und Raumfahrtforschung.

NASP (engl. National Aerospace Plane) Infragegestelltes amerikanisches Projekt (X-30) für ein Hyperschallflugzeug, das auch Nutzlasten in den Weltraum tragen kann. Möglicherweise durch NORA (s.d.) ersetzt.

NATO (engl. North Atlantic Treaty Organisation) Zur Verteidigung Europas 1955 gegründete Organisation, der außer den (west-)europäischen Staaten die USA und Kanada angehören.

NATO-Code Bezeichnung der Militärflugzeuge des ehemaligen Warschauer Paktes durch die NATO (s.d.). Der Anfangsbuchstabe B stand für Bomber (z.B. Bear, Black Jack), C (Cargo) für Transporter, F (Fighter) für Jagdflugzeuge (z.B. Fencer, Fulcrum), H für Helikopter (z.B. Havoc).

Natter Im zweiten Weltkrieg entwikkelter, senkrechtstartender deutscher Raketenjäger (Ba 349).

Navigation Das Erabeiten der günstigsten Verbindung zwischen zwei Punkten.

Navigator Verantwortlich für die Navigation eines Flugzeugs. Verschwand mit Verfügbarkeit von Autopiloten aus dem Cockpit.

Nazelle Anderes Wort für Triebwerksgondel.

NC (engl. Numerical Controlled) Metallverarbeitungsverfahren, bei dem die Werkzeugmaschinen rechnergesteuert werden, so daß die Werkstücke präzise identisch sind.

Near miss (engl.) Beinahzusammenstoß (s.d.), Gefährliche Begegnung von Luftfahrzeugen auf Kollisionskurs.

Nebel, Rudolf (1894-1978) Deutscher Raketen-Ingenieur. Gründete mit Oberth (s.d.) 1930 den Raketenflugplatz Tegel, auf dem erste praktische Versuche mit Flüssigkeitsraketen unternommen wurden (Mirak, s.d.).

Nebenstromverhältnis Relation zwischen der durch Kompressor und Turbine eines Strahltriebwerks geleiteten heißen und der um das Triebwerk herumgeführten kalten Luft.

NEFMA (engl. NATO European Fighter Management Agency) NATO-Dienststelle zur Führung und Kontrolle des Eurofighter- (s.d.)Programms.

Neptun Achter Planet unseres Sonnensystems. Sonnenentfernung 30,1 Astronomische Einheiten (s.d.), Durchmesser 49 400 km, Masse 17,6fache Erdmasse. acht Monde.

NERVA (engl. Nuclear Engine for Rocket Vehicle Application) US-Projekt einer thermischen Atomrakete im Rahmen des Projekts ROVER.

Neumann, Gerhard (1917-) Deutschamerikanischer Luftfahrt-Industrieller. Chefingenieur bei General Electric für Entwicklung und Produktion von Strahltriebwerken.

Neutronenbombe Kernwaffe, die bei Zündung vor allem (tödliche) Neutronenstrahlung emittiert, jedoch kaum Druckwirkung hat.

Neutronenstern Stern, der durch seine Neutronenstrahlung auffällt.

Newton, Sir Isaac (1643-1727) Englischer Physiker.

Newton Physikalische Einheit. Ein N ist die Kraft, die eine Masse von einem kg um 1 m/sec beschleunigt.

NFD (Nürnberger Flugdienst) Deutsche Regional-Fluggesellschaft, 1993 in Eurowings aufgegangen.

Nickachse Gedachte Achse durch den Schwerpunkt eines Flugkörpers, quer zur Bewegungsrichtung.

Nicollier, Claude (1944-) Schweizerischer Astronaut. Flog als einziger Missionsspezialist (s.d.) der ESA (s.d.) 1992 auf dem Shuttle Atlantis und 1993 bei der Reparatur des Hubble-Teleskops (s.d.).

Niederdruckreifen Flugzeugreifen, die auf Grund ihres niedrigen Fülldrukkes auch auf unbefestigten Landebahnen eingesetzt werden können.

Niederdruck-Turbine Turbinenteil mit niedrigerem Gasdruck.

Niederdruck-Verdichter Teil eines Strahltriebwerks, das Verbrennungsluft mit niedrigerem Druck zuführt.

Niet Im Metall-Flugzeugbau verwendeter doppelköpfiger Bolzen.

Nieuport, Edouard (1875-1911) Französischer Flugzeug-Pionier und Industrieller.

Nike In den Versionen N.-Ajax, -Hercules und -Zeus entwickelte amerikanische Luft- und (Zeus) Raketen-Abwehrrakete, von der Patriot (s.d.) abgelöst.

Nimbostratus Meist dunkle, formlose Wolkenschicht, typisch für Regen oder Schneefall.

Nimbus Amerikanisches Programm für Wetter- und Erderkundungssatelliten.

Nimrod (engl.) Vierstrahliges britisches See-Überwachungsflugzeug. Daraus abgeleitet Projekt eines Frühwarn-Flugzeuges, das wegen technischer Probleme nicht in Serie ging.

Ninety Niner (engl.) Amerikanische Vereingung von Privat-Pilotinnen.

Nitschke, Gerhard (1905-1984) Deutscher Testpilot. Flog 1937 mit der Heinkel He 119 einen Weltrekord.

NKF (dt. Neues Kampfflugzeug) Später eingestelltes deutsches Jagdflugzeug-Projekt der 70er Jahre.

NOAA (engl. National Oceanic and Atmospheric Administration) US-Behörde, die Meere und Erdatmosphäre mit dem Ziel der Wettervorhersage überwacht.

Nobile, Umberto (1885-1978) Italienischer General und Luftfahrtpionier. Überflog am 11./12. Mai 1926 mit dem Luftschiff „Norge" den Nordpol.

Non-Proliferation Treaty (engl.) Vertrag über die Nicht-Weiterverbreitung von Atomwaffen, Atomwaffen-Sperrvertrag.

Nonstop-Flug Flug zwischen zwei Orten ohne Zwischenlandung.

NORA (engl. National Orbital Research Aircraft) US-Projekt eines einstufigen Raumfahrzeugs.

NORAD (engl. North American Air Defense) Teil der amerikanischen (Luft-)Streitkräfte, der für die Verteidigung der USA zuständig war.

Nördlinger Ries Meteoritenkrater, vor acht Mio. Jahren bei der heutigen Stadt Nördlingen in Bayern entstanden.

Noratlas Transportflugzeug, u.a. von Frankreich und Deutschland eingesetzt. Typenbezeichnung Nord 2501. Nachfolgemuster ist die C-160 Transall (s.d.).

Norden (engl.) Bombenzielgerät der Alliierten im Zweiten Weltkrieg.

Northrop, John K. (1895-1981) Amerikanischer Flugzeug-Industrieller, Pionier von Nurflügel-Konstruktionen (YB-35, YB-49). Begründer der nach ihm benannten Flugzeug-Werke (P-61, F-5, T-38, B-2).

Northwest (engl.) US-Fluggesellschaft.

No-Show (engl.) Passagier mit Fest-Buchung, der nicht zum Abflug erscheint.

NOTAM (engl. Notices to Airmen) Von Herstellern oder Behörden herausgegebene Nachrichten für Luftfahrer, z.B. Warnung vor technischen Problemen oder Besonderheiten der Verkehrsführung.

NOTAR (engl. No Tail Rotor) Von McDonnell Douglas Helicopter entwickeltes Prinzip, das Drehmoment (s.d.) eines Hubschraubers nicht durch einen Heckrotor (s.d.), sondern durch Schubvektor auszugleichen.

Notausrüstung Für Verkehrsflugzeuge auf Langstrecken vorgeschriebene Ausrüstung, z.B. Notrutschen zur Evakuierung, Schwimmwesten, Rettungsflöße.

Notfrequenz Für Notrufe freigehaltene Frequenz im Funkverkehr des internationalen Luftverkehrs.

Notlandung, -wasserung Durch technische Defekte erzwungenes Niedergehen eines Flugzeuges.

Notrutsche Aufblasbare Rutsche, die von Großflugzeugen bei einer Notlandung ausgefahren werden kann. Dient den Passagieren zum Verlassen der Kabine, kann auch als Rettungsfloß verwendet werden.

Nova Neuer Stern. Bei der Entstehung freigesetzte Energie macht ihn auch über große kosmische Entfernungen sichtbar.

NOX (engl. Nitrogen Oxygen) Stickoxid, in Triebwerksabgasen enthaltener Schadstoff.

Nozzle (engl.) (Bewegliche) Austrittsöffnung eines Strahltriebwerks.

NTP (engl. Nuclear Thermic Propulsion) s. Thermische Atomrakete.

NTSB (engl. National Transportation Safety Board) Amerikanische Behörde für die Verkehrssicherheit.

Nuklearthermisches Triebwerk Raumfahrt-Antrieb auf der Basis von mit Atomenergie erzeugter Wärme, ohne Verbrennung.

Nuklearwaffen Waffen großer Zerstörungskraft auf der Basis der Atomkern-Spaltung oder -Fusion (s. Wasserstoff-, H-Bombe).

Nukleus (lat.) Der weitgehend stabile Kern eines Kometen (s.d.).

Number One (engl.) Bezeichnung für die speziell ausgerüstete Boeing 747, früher eine Boeing 707, mit der der US-Präsident reist.

Nungesser, Charles (1892-1927) Französischer Pilot. Kam beim Versuch einer Atlantik-Überquerung ums Leben.

Nurflügler Flugzeug, bei dem alle Elemente einschließlich Besatzungsraum in den Tragflächen untergebracht sind (z.B. Horten Ho IX, Northrop B-2).

Nutzlade-Faktor (engl. load factor) Prozentsatz, zu dem die Kapazität eines Verkehrs- oder Frachtflugzeuges ausgelastet ist.

Nutzlast Zu befördernde Zuladung eines Luft- oder Raumfahrzeuges.

Nutzlastspezialist (engl. payload specialist) Im US-Sprachgebrauch ein Astronaut, der nur für die Bedienung bestimmter Experimente ausgebildet ist.

NVG (engl. Night Vision Goggle) Brillenartiges Nachtsicht-System für Flugzeugbesatzungen, besonders Piloten, meist auf der Basis von Infrarot-Sensoren.

NVS (engl. Night Vision System) Infrarot-gestütztes Nachtsicht-System.

O

OAO (engl. Orbiting Astronomical Observatory) Zwischen 1966 und 1972 gestartete amerikanische Astronomie-Satelliten.

Oberer Luftraum Der von der Flugsicherung (s.d.) kontrollierte Luftraum über 24 500 ft (etwa 7500 m) Höhe, in dem vorwiegend Verkehrsflugzeuge operieren.

Oberth, Hermann (1894-1991) Rumänisch-deutscher Raumfahrtwissenschaftler. Legte mit seinem 1923 erschienenen Buch „Die Rakete zu den Planetenräumen" die Grundlagen moderner Raumfahrt. Begann 1930 auf dem Raketenflugplatz Tegel mit Nebel (s.d.) und von Braun (s.d.) mit der Entwicklung von Flüssigkeits-Raketen.

Obleser, Friedrich (1923-) Deutscher General, von 1978 bis 1983 sechster Inspekteur der Luftwaffe.

Oboe Im Zweiten Weltkrieg von den Engländern entwickeltes Navigationsverfahren auf der Basis der Kreuzpeilung, das nächtliche Bombenangriffe mit hoher Genauigkeit erlaubte.

Ockels, Wubbo (1946-) Niederländischer Astronaut. Flog 1985 bei D-1 (s.d.) mit.

Oestrich, Hermann (1903-1973) Deutscher Triebwerkskonstrukteur (u.a. BMW 003, ATAR <s.d.>).

Off-block (engl.) Das Anrollen eines Flugzeugs zum Start. Früher wurden die Blöcke vor dem Fahrwerk weggezogen.

Offene Klasse 1956 im Wettbewerbs-Segelflug eingeführte Klasse, bei der es keine Beschränkungen in Spannweite, Gewicht o.ä. gibt.

Ohain, Hans-Joachim Pabst von (1911-); Deutscher Physiker. Entwickelte mit Heinkels Hilfe 1936 den ersten brauchbaren Strahlantrieb, der 1939 in der He 178 flog.

OKB (russ. Opitno-Konstruktorski Bjuro) Bezeichnung für die Konstruktionsbüros der ehemaligen Sowjetunion.

Omega (gr.) In der Verkehrsluftfahrt genutztes weltweites Langstreckennavigationsverfahren.

On-block (engl.) Stillstand nach der Landung. Früher wurde das Fahrwerk durch Blöcke gesichert.

ONERA (frz. Office Nationale d'Etudes et de Recherches Aéronautiques) Staatliches französisches Luftfahrt-Forschungszentrum.

Opa Locka Flugplatz im US-Bundesstaat Florida, der dank der Allgemeinen Luftfahrt weltweit die höchste Zahl von Flugzeugbewegungen aufweist.

Opel, Fritz von (1899-1971) Deutscher Industrieller. Flog am 30. September 1930 als erster Mensch mit dem

Opel-Sander Rak 1 ein (Feststoff-) Raketenflugzeug.

Option Im Flugzeuggeschäft die Festlegung von Lieferpositionen, ohne daß ein fester Auftrag erteilt ist.

Optronik Elektronik, deren Daten über optische Verbindungen, z.B. Glasfaser-Kabel, transportiert werden.

Orbit Synonym für Umlaufbahn (von lat. orbis = der Erdkreis).

Orbital-Geschwindigkeit Geschwindigkeit, bei der die der Schwerkraft entgegenwirkende Fliehkraft einen Raumflugkörper auf einer Erdumlaufbahn hält.

Orbital-Komplex Gesamtheit einer aus mehreren Bauteilen zusammengesetzten Einheit in einer Erdumlaufbahn, z.B. eine Raumstation.

Orbitalstufe Die Stufe einer Mehrstufen-Rakete, die einen Raumflugkörper in seine endgültige Umlaufbahn um die Erde befördert.

Orbiter Teil eines Raumtransporters, der in die Umlaufbahn (Orbit) gelangt.

Orchidee Slang für ein Hochleistungs-Segelflugzeug.

Orfeus (engl. Orbiting Retrievable Far and Extreme Ultraviolet Spectrometer) Rückgeführte US-Sonde zur Erforschung von Ultraviolett-Phänomenen im Weltraum.

Orion (engl.) Name des US-Seeaufklärers Lockheed P-3.

Orly Großflughafen südlich von Paris.

Ornithopter (gr.) Schlagflügel-Flugzeug.

Ortrag (dt. Orbital Transport- und Raketen-AG) Deutsche Firma, die durch ein (nicht realisiertes) Projekt einer Billigrakete von sich reden machte.

Ortung Ermittlung der genauen Position.

Oshkosh Ort im US-Bundesstaat Wisconsin, Schauplatz des jährlichen Treffens der Amateur-Flugzeugbauer (s. auch EAA).

OSTIV (frz. Organisation Scientifique et Technique Internationale du Vol à Voile) Internationale Organisation zur Förderung des Segelfluges.

Oszillation (lat.) Schwingung hoher Frequenz.

Oszillograph Meßgerät für Oszillationen (s.d.)

OTHR (engl. Over the Horizon Radar) Radarsystem, dessen Impulse an der Ionosphäre (s.d.) gebrochen werden und dadurch über den Horizont hinweg große Reichweiten erzielen.

Otto-Motor Nach einem der Erfinder Bezeichnung für einen Kolbenmotor.

OTS (engl. Orbiting Test Satellite) Versuchssatellit der ESA (s.d.) zur Erprobung von Kommunikations-Technologien.

OUV (Oskar-Ursinus-Vereinigung) Deutsche Vereinigung von Amateur-Flugzeugbauern.

Overcast (engl.) Geschlossene Wolkendecke über dem Fluggebiet.

Over-head panel (engl.) Anordnung von Bedien-Elementen im Cockpit über den Köpfen der Besatzung.

Overkill (engl.) Die Fähigkeit der Nuklearmächte, mit Atomwaffen das Gebiet eines Gegners mehrfach zu zerstören.

Overshoot (engl.) Überrollen der Piste durch ein landendes Flugzeug oder, im Luftkampf, Vorbeiflug des (schnelleren) Angreifers an seinem Gegner.

Oxydator Bestandteil eines (Fest-) Raketentreibstoffs, der den Verbrennungssauerstoff liefert.

Ozon Dreiwertiger Sauerstoff. In großen Höhen konzentriert (s. Ozonschicht), in geringer Konzentration gelegentlich auch in Bodennähe.

Ozonloch Gefährliche Reduzierung der Ozonschicht (s.d.).

Ozonosphäre Schicht der Atmosphäre (zwischen 20 und 50 km Höhe) mit der höchsten Anreicherung an Ozon (s.d.).

Ozonschicht Schicht der oberen Erdatmosphäre mit hoher Ozon-Konzentration (s. auch Ozonosphäre). Absorbiert die lebensfeindliche solare UV-Strahlung (s.d.).

P

Pageos (engl. Passive Geodetic Earth Orbiting Satellite) Amerikanischer Ballon-Satellit für geodätische Messungen.

PAH (dt. Panzerabwehr-Hubschrauber) Für die Bekämpfung gepanzerter Fahrzeuge speziell ausgerüsteter Hubschrauber.

Palette Transportplattform für Ladegut, das durch ein Netz vor dem Verrutschen gesichert wird.

Pan American Airways (Pan Am) US-Fluggesellschaft, 1927 von Juan Trippe (s.d.) gegründet. Während der Teilung Deutschlands maßgebend am Luftverkehr von und nach West-Berlin beteiligt. 1991 in Konkurs.

Panavia Aircraft GmbH Industriekonsortium aus britischen, deutschen und italienischen Firmen zur Entwicklung und Produktion des Tornado (s.d.).

Panel (engl.) Instrumentenbrett im Cockpit.

PanInternational Deutsche Bedarfsfluggesellschaft, die 1973 nach einem Unfall in Hamburg in Liquidation ging.

Panitzki, Werner (1911-) Von 1962 bis 1966 zweiter Inspekteur der deutschen Luftwaffe.

Parabelflug Flugmanöver auf einer parabelförmigen Bahn, auf der als Resultante aus Flieh- und Schwerkraft für kurze Zeit Gewichtslosigkeit erzielt werden kann.

Parabol-Antenne Schüsselförmige Sende- und/oder Empfangsantenne.

Parachute (engl.) Fallschirm.

Parachutist (engl.) Fallschirmspringer.

Parameter Hilfsgröße.

Parkbahn Satellitenbahn, die als Basis zu weiteren Manövern dient, z.B. für Planeten-Flüge.

Parseval, August von (1861-1942) Deutscher Luftfahrtpionier. Entwickelte und baute halbstarre Luftschiffe (s.d.).

Partenavia Italienisches Flugzeugwerk.

Pasche, Hans (1904-1985) Deutscher Luftfahrtindustrieller (VFW).

Passagier (engl. passenger) Nicht zur Besatzung gehörender Mitflieger auf einem Luft- oder Raumfahrzeug.

Passagierliste Verzeichnis aller Fluggäste an Bord eines Luftfahrzeuges.

Patriot In den USA von der Firma Raytheon entwickelte Luftabwehrrakete. Im Golfkrieg (1991) erstmals auch erfolgreich zur Abwehr von Mittelstreckenraketen eingesetzt. Im

Inventar der Bundeswehr, allerdings ohne Software zur Raketenabwehr.

Patrouille de France (frz.) Kunstflug-Formation der französischen Luftstreitkräfte.

Paulhan, Louis (1883-1963) Französischer Flugpionier. Gewann 1910 den für einen Flug London-Manchester innerhalb von 24 Stunden ausgesetzten Daily Mail-Preis.

Paulus, Käthe (1868-1935) Deutsche Flug-Pionierin.

Pauschalreise (engl. Inclusive Tour) Reisebuchung, die neben der Flugpassage mindestens auch die Übernachrung, eventuell auch die Verpflegung einschließt.

Pax (engl.) Abkürzung für Passagier (s.d.).

Payload (engl.) (Zahlende) Nutzlast auf einem Luft- oder Raumfahrzeug.

Payload Specialist (engl.) S. Nutzlastspezialist.

Pearl Harbor (engl.) US-Stützpunkt auf der Hawaii-Insel Oahu. Der japanische Luftangriff auf P. am 7. Dezember 1941 bedeutete den Eintritt der USA in den Zweiten Weltkrieg.

Peenemünde Ort auf der Insel Usedom in der Oder-Mündung. Während des Zweiten Weltkrieges Versuchsanstalt unter Leitung von Dornberger (s.d.), in der die deutschen Fern- und Luftabwehrwaffen entwickelt wurden (u.a. Aggregat 4 <V-2>, Fi-103 <V-1>, Wasserfall, Natter).

Pegasus 1. Amerikanische Satelliten zur Erforschung von Mikrometeoriten. 2. Amerikanische Trägerrakete, die von einem hochfliegenden Flugzeug, z.B. einer B-52, aus gestartet wird.

Pegaud, Adolphe (1889-1915) Französischer Flugpionier, wagte als erster den Rückenflug.

Penaud, Alphonse (1850-1880) Französischer Luftfahrtpionier.

Pentagon (lat.) Fünfeck. Heute Name des US-Verteidigungsministeriums, das in dieser Form gebaut wurde.

People Express (engl.) Amerikanische Billig-Fluggesellschaft, von Lorenzo (s.d.) übernommen und eingestellt.

Performance (engl.) Leistung eines Luft- oder Raumfahrzeuges.

Periapsis (lat.) Nächster Punkt einer elliptischen Umlaufbahn um einen Himmelskörper.

Perigäum Erdnächster Punkt einer elliptischen Umlaufbahn um die Erde.

Perihel Sonnennächster Punkt einer elliptischen Bahn um das Zentralgestirn.

Pershing (engl.) US-Mittelstrekken-Rakete, lange auch im Inventar der Bundeswehr.

Pezetel Außenhandelsorganisation der polnischen Luftfahrtindustrie.

Pfadfinder Im Zweiten Weltkrieg für leichte (englische) Bomber, die bei Großangriffen vorausflogen und das Zielgebiet mit Rauch- oder Leuchtbomben (s.d.) markierten.

Pfeilflügel Zumeist rückwärts, aber auch vorwärts (Junkers 287, HFB 320, X-29) gepfeilte Tragflächen, die höhere Fluggeschwindigkeiten erlauben.

Pfeilung Winkel, in dem Tragflächen nach hinten oder vorn gepfeilt sind.

Phobos (griech.) Mond des Planeten Mars.

Photonen-Antrieb Von Sänger (s.d.) erarbeitete Theorie eines Antriebs mit Hilfe von Photonen, der eine Geschwindigkeit bis nahe an Lichtgeschwindigkeit (s.d.) erreichen könnte.

Piaggio, Rinaldo (1937-) Italienischer Luftfahrt-Konstrukteur und -Industrieller (u.a. P.180 Avanti).

Piasecki, Frank (1919-) Polnisch-amerikanischer Hubschrauber- und Luftschiff-Konstrukteur.

Piccard, Auguste (1884-1962) Schweizer Physiker. Erreichte 1932 mit einem Spezialballon 16 201 m Höhe.

Piccard, Jean (1884-1963) Schweizer Forscher, Zwillingsbruder von Auguste. Erreichte 1934 mit einem Spezialballon 17 500 m Höhe.

Pierson, Jean (1940-) Französischer Industrie-Manager. Seit 1985 Präsident der Airbus Industrie (s.d.).

Pilatus Schweizerisches Flugzeugwerk, spezialisiert auf Trainingsflugzeuge.

Pilcher, Percy (1866-1899) Schottischer Luftfahrtpionier. Experimentierte wie Lilienthal (s.d.) mit Gleitflugzeugen.

Pilot Flugzeugführer.

Pilot's Error (engl.) Piloten-Fehler. Häufige Ursache von Flugzeug-Unfällen.

Pilotenschein Dokument, das zum Führen eines Luftfahrzeugs berechtigt.

Pilot-Fallschirm Kleiner Fallschirm, der bei größeren Abbremssystemen ausgelöst wird und den Hauptfallschirm aus der Verpackung zieht.

Pioneer Serie amerikanischer Sonden zur Erforschung des Weltraums und des Planetensystems.

Piper, William (1881-1970) Amerikanischer Flugzeug-Konstrukteur und -Industrieller, Begründer der nach ihm benannten Flugzeugwerke (u.a. „Cub").

Pitch (engl.) Der Abstand zwischen zwei Sitzreihen in Verkehrsflugzeugen, meist in Inch (s.d.) gemessen.

Pitot-Rohr Staurohr, das die Geschwindigkeitsmessung erlaubt.

Pixel (engl.) Punktförmiges Signal auf einem Bildschirm, kleinste optisch sichtbare Informationseinheit.

Planet Himmelskörper in einer meist schwach elliptischen Bahn um das Zentralgestirn.

Planetoid Klein-Planet.

Planeten-Sonde Unbemanntes Raumfahrzeug zur Erkundung eines Planeten mit optischen und elektronischen Sensoren.

Plasma-Triebwerk Antrieb, bei dem hocherhitztes Gas geringer Masse mit hoher Geschwindigkeit den Rückstoß erzeugt. Geeignet vor allem für Langzeit-Raumflüge.

Plattform Flugzeug- oder Satelliten-Struktur, die mit verschiedenen Nutzlasten bestückt werden kann.

Plesetsk (Zunächst rein militärischer) Raketenstartplatz in Nord-Rußland.

Pleumeur-Bodou Standort einer Satelliten-Bodenstation in Frankreich.

Plüschow, Gunther (1886-1931) Deutscher Pilot. Im Ersten Weltkrieg bekanntgeworden als „Flieger von Tsingtau". Flog 1929 über die Kordilleren nach Feuerland.

Pluto 1930 von Tombaugh entdeckter äußerster Planet unseres Sonnensystems, auf stark elliptischer Umlaufbahn. Mittlere Sonnenentfernung 39,5 Astronomische Einheiten (s.d.), Durchmesser 2 400 km, Masse 0,0026fache Erdmasse. Ein Mond (Charon).

Pluton Französische Mittelstreckenrakete.

Plutonium Transuran, das in Kernreaktoren entsteht und für den Bau von Atombomben verwendet wird.

Pneumatik Mechanischer Antrieb von Flugzeugsystemen durch Luftdruck.

Pod (engl.) (Außen-)Behälter zur Aufnahme von zusätzlicher Ausrüstung.

Pogo-Effekt Unkontrollierte Schwingungen in Längsrichtung einer Trägerrakete, die im schlimmsten Fall zum Auseinanderbrechen führen können.

Pohlmann, Hermann Deutscher Flugzeugkonstrukteur (Junkers, Blohm & Voß).

Pol Endpunkt einer gedachten Achse, um die ein Himmelskörper rotiert.

Polare Leistungsdiagramm für Segelflugzeuge, gebildet aus Auftrieb und Sinkgeschwindigkeit.

Polare Plattform Europäisches Projekt für einen Erderkundungs-Satelliten (s.d.), dessen Flugbahn über die Erdpole führt.

Polaris Amerikanische Mittelstreckenrakete, die von getauchten Unterseebooten aus abgefeuert werden kann.

Polarlicht Im Erdmagnetfeld eingefangene und zum Leuchten gebrachte kosmische Teilchenströme.

Polarroute Kürzeste Flugstrecke zwischen Nordwest-Europa und der US-Westküste (s. auch Großkreis).

Pol-Bahn Satelliten-Umlaufbahn (fast) senkrecht zum Äquator. Erlaubt Überwachung der gesamten Erdoberfläche.

Polikarpow, Nikolai N. (1892-1944) Russischer Flugzeug-Konstrukteur (kleinere Flugzeuge, u.a. der Doppeldecker Po-2).

Polte, Willy (1896-1966) Deutscher Luftfahrt-Pionier.

Pool (engl.) Gemeinsame Dienste mehrerer Fluggesellschaften auf einer Strecke.

Poseidon US-Mittelstreckenrakete, die von getauchten Unterseebooten abgefeuert werden kann.

Post, Wiley (1899-1935) Amerikanischer Pilot. Schaffte 1933 in der Lockheed Vega „Winnie Mae" den ersten Alleinflug rund um die Erde.

Post-stall Technologie, die mit Hilfe von Vektorsteuerung (s.d.) und Canards (s.d.) einen kontrollierten Flug auch nach Verlust des aerodynamischen Auftriebs erlaubt.

Potez, Henri (1891-1981) Französischer Flugzeug-Konstrukteur und -Industrieller. Das von ihm gegründete Unternehmen ging 1967 in Sud Aviation auf.

Power (engl.) Bei Luft- oder Raumfahrzeugen die Triebwerksleistung.

Powers, Francis Gary (1929-1977) Amerikanischer Pilot, der 1960 mit seiner Lockheed U-2 bei einem Spionageflug über Swerdlowsk (Sowjetunion) abgeschossen und in Haft genommen, später ausgetauscht wurde.

PPL (engl. Private Pilot Licence) Erlaubnis zum Führen von einmotorigen Privatflugzeugen mit einem Abfluggewicht von weniger als 5,7 Tonnen.

Prall-Luftschiff Luftfahrzeug leichter als Luft, das seine Stabilität durch die Gasfüllung erhielt.

Prandtl, Ludwig (1875-1953) Deutscher Luftfahrtforscher. Baute den ersten Windkanal.

Pratt & Whitney US-Firma, auf Antriebe spezialisiert. Gehört zum United Technologies-Konzern (s.d.).

Pre-Boarding (engl.) Einzelne Passagiere vor den anderen an Bord bringen (z.B. Kinder, Behinderte).

Pre-flight check (engl.) Technische Überprüfung eines Fluggerätes vor dem Start.

Prepaid ticket (engl.) Flugschein, der vorausbezahlt wurde und am Abflugschalter hinterlegt ist.

Prévost, Maurice Französischer Flugpionier. Gewann 1913 als erster den Schneider-Pokal (s.d.).

Primärluft Vom Verdichter eines Strahltriebwerks angesaugte Luft für die Verbrennung des Treibstoffs.

Primärstruktur Im Flugzeugbau die Kräfte aufnehmenden Bauteile.

Priroda (russ.) Bauteil der russischen Raumstation Mir.

Procedure (engl.) Verfahren, genau festgelegter technischer Ablauf.

Procurement (engl.) Beschaffung (von militärischer Ausrüstung).

Product liability (engl.) Haftung eines Herstellers für Schadensfälle, die mit seinem Produkt eintreten. Die entsprechende Rechtsprechung in den USA trieb die Preise für Neu-Flugzeuge so hoch, daß der Markt fast zum Erliegen kam.

Profil Flügelquerschnitt, durch dessen Form bei Vorwärtsbewegung Auftrieb (s.d.) entsteht. Kann zum Beispiel durch Klappensysteme während des Fluges geändert werden.

Prognoz (russ.) Sowjetisches Satelliten-Programm zur Erforschung der Sonnenstrahlung und des Sonnenwindes.

Programm-Preis Preis eines (Waffen-)Systems einschließlich aller Nebenkosten wie Ersatzteile, Wartung und Personal bis zur Außerdienststellung.

Progress Unbemanntes sowjetisches Transport-Raumschiff. Dient der Versorgung der Raumstationen Saljut (s.d.) und Mir (s.d.).

Proliferation (engl.) Weitergabe (z.B. von Atomwaffen).

Propeller Rotierendes Antriebsmodul für Kolben- und Turbinen-Antrieb. Zieht oder drückt, je nach Anordnung, das Luftfahrzeug vorwärts.

Propfan (engl. Unducted Fan <UDF>) Hybridantrieb. Ein Strahltriebwerk überträgt seine Kraft auf eine auch ummantelte Luftschraube (s. auch ADP, Turboprop).

Proton 1. Positiv geladenes schweres Elementarteilchen, Hauptbestandteil der kosmischen Primärstrahlung. 2. Zwei- bis vierstufige russische Trägerrakete für Satellitenstarts.

Prototyp Erstes Exemplar eines neuen (Flugzeug-, Raketen- oder Raumschiff-)Musters.

Protuberanz Gas- und Materie-Ausbruch der Sonne.

Ptolomäus (Alt-)Griechischer Wissenschaftler. Erdachte das geo-zentrische Weltbild.

Pulsantrieb Von P. Schmidt entwickelter Antrieb, bei dem in kurzen Intervallen Treibstoff in eine Brennkammer eingespritzt und gezündet wird. Bei der V-1 (s.d.) eingesetzt.

Pulsar Stern hoher Dichte, der durch in regelmäßigen Intervallen abgestrahlte elektromagnetische Signale auffällt.

Purser, Purserette (engl.) Flugbegleiter(in) (s.d.), der/die für die gesamten Sicherheitsmaßnahmen und den Service in der Passagierkabine eines Verkehrsflugzeugs verantwortlich ist.

Push-Button (engl.) Druckschalter im Cockpit.

Pusher (engl.) Druckantrieb (s.d.).

Pützer, Alfons (1918-1993) Deutscher Flugzeug-Konstrukteur und -Industrieller (Leichtflugzeuge).

Pylon (engl.) Aufhängungs- und Versorgungsteil von Flugzeug-Antrieben, bei Strahltriebwerken meist an der Tragfläche.

Pyro-Trennung Abtrennen von Strukturteilen, z.B. Raketenstufen oder Cockpit-Hauben, mittels Sprengsatz.

PZL (poln. Polskie Zaklady Lotnicze) Dachverband der polnischen Flugzeugindustrie.

Q

Qantas Australische Fluggesellschaft.

QC (engl. Quick Change) Verkehrsflugzeug, das schnell von Passagier- auf Fracht-Beförderung umgerüstet werden kann.

Quarantäne Zeitweise Isolierung, z.B. von Flugzeugpassagieren oder Mond-Fahrern, um Verbreitung von Krankheitserregern zu verhindern.

Quasar Stern, der mit Teleskopen nicht sichtbar ist, bei elektronischer Beobachtung jedoch durch extrem starke Radiofrequenzstrahlung auffällt.

Querachse Gedachte Achse quer zur Bewegungsrichtung durch den Schwerpunkt eines Flugkörpers, auch Nickachse.

Querruder Steuerklappen an der Tragfläche, mit deren gegenläufigem Ausschlag, etwa bei Einleiten einer Kurve, eine Schräglage des Flugzeugs erzielt wird.

Querwindbahn Landebahn, die zur vorherrschenden Landerichtung eines Flugplatzes stark geneigt ist, um auch bei abweichender Windrichtung sichere Landungen zu gewährleisten.

Querwindlandung Landung bei zur Flugrichtung geneigten Winden. Bei zu hoher Windgeschwindigkeit und/oder um knapp 90 Grad abweichender Windrichtung unzulässig.

Querwindstart Start bei zur Rollrichtung geneigten Winden. Einschränkungen wie bei der Querwindlandung (s.d.).

Quimby, Harriet Erwarb als erste US-Amerikanerin 1911 den Pilotenschein.

R

RAAF (engl. Royal Australian Air Force) Die australischen Luftstreitkräfte.

Rack (engl.) Auswechselbare Vorrichtung, in der z.B. in Raumfahrzeugen Versuchsanordnungen untergebracht sind.

Radar (engl. Radio Detecting and Ranging) Auf der Basis von Radiowellen arbeitendes Navigations-, Ortungs- und Meßverfahren zur Luftraum-Kontrolle, militärisch zur Zielerfassung und -bekämpfung.

Radialturbine Strahltriebwerk, bei dem der Luftstrom von außen nach innen durchs Laufrad fließt.

Radialverdichter Die axial eintretende Luft wird von einem Schaufelrad großen Durchmessers radial umgelenkt und der Brennkammer zugeführt.

Radioastronomie Erforschung des Universums im Bereich der nicht sichtbaren elektromagnetischen Wellen mit Hilfe von Radio-Teleskopen (s.d.).

Radiokompaß Gerät, das den Winkel zwischen der eigenen Flugrichtung und einem angepeilten Sender anzeigt.

Radiosonde An einem Höhenballon aufgelassene meteorologische Sonde, die ihre Daten noch während des Fluges zur Erde funkt.

Radioteleskop Gerät, das den Weltraum nach nicht sichtbarer elektromagnetischer Strahlung absucht.

Radom (Für Radarsignale durchlässige) Schutzverkleidung von flugzeuggestützten Radargeräten.

RAE (engl. Royal Aircraft Establishment) Forschungszentrum der Royal Air Force (s.d.) in Farnborough.

RAF (engl. Royal Air Force) Die britischen Luftstreitkräfte.

Rafale (frz.) Von Dassault (s.d.) als Mirage-Nachfolger entwickeltes und gebautes französisches Kampfflugzeug.

Raisting Standort einer deutschen Satelliten-Bodenstelle.

Rakete Flugkörper, dessen Triebwerk (Brennkammer, s.d.) ohne bewegliche Teile nach dem Rückstoß-Prinzip (s.d.) arbeitet.

Raketen-Grundgleichung Formel zur Berechnung der Endgeschwindigkeit aus Leermasse, Startmasse und Ausströmgeschwindigkeit.

Raketen-Ofen Frühe Bezeichnung für (Raketen-)Brennkammer (s.d.).

Raketen-Schlitten Auf Schienen geführtes, durch Raketen angetriebenes Fahrzeug für aerodynamische, Festigkeits- und physiologische Versuche.

Rall, Günter (1918-) Deutscher Jagdflieger im Zweiten Weltkrieg. Von

1970 bis 1974 vierter Inspekteur der Luftwaffe.

Ramjet (engl.) Staustrahl-Triebwerk mit Unterschall-Verbrennung.

Ramp-agent (engl.) Für die Bodenabfertigung eines Flugzeugs verantwortlicher Mitarbeiter einer Luftverkehrsgesellschaft.

Ramp (engl.) Die Schnittstelle zwischen Bodenabfertigung und Flugzeug.

Ramstein AFB Flugplatz der US Air Force in der Pfalz. Erlangte traurige Berühmtheit, als 1988 durch den Zusammenstoß zweier Jets bei einer Flugschau 79 Menschen ums Leben kamen.

Randbogen Gebogene Struktur an den Tragflächenspitzen.

Range (engl.) 1. Reichweite eines Flugzeugs oder Flugkörpers; 2. (militärischer) Übungs- und Schießplatz.

Ranger (engl.) Unbemannte amerikanische Forschungssonden, die ab 1964 den Mond erkundeten.

Rasche, Thea (1899-1971) Deutsche Kunstflug-Pilotin.

Rata (russ.) Im Zweiten Weltkrieg Jagdflugzeug der sowjetischen Streitkräfte (Typenbezeichnung Polikarpow I-16).

Raumstation In einer Erd-Umlaufbahn positionierte, auf Dauerbetrieb ausgelegte bemannte Station, z.B. Saljut (s.d.), Mir (s.d.), Skylab (s.d.), Freedom (s.d.).

Raumtransporter Wiederverwendbares, ein- oder mehrstufiges Trägerfahrzeug für den Transport von Nutzlasten zwischen Erdoberfläche und Umlaufbahn (s. Space Shuttle, Hotol, Sänger II, Buran).

Raven (engl.) Bezeichnung für die Anti-Radar-Version des amerikanischen Schwenkflügel-Kampfflugzeuges F-111.

Ray (engl.) Strahl.

Raytheon Amerikanische Elektronik-Firma.

R & D (engl. Research and Development) Entwicklungsphase eines Luft- oder Raumfahrzeuges vor Aufnahme der Serienproduktion.

Real Time (engl.) Echtzeit (s.d.).

Rebstock erster Flughafen in Frankfurt.

Recirculation (engl.) Ansaugen heißer Abgase in den Triebwerkseinlauf (z.B. bei Senkrechtstartern). Mindert die Triebwerksleistung.

Reconfirmation (engl.) Die bei den meisten Auslandsflügen von den Fluggesellschaften geforderte Rückbestätigung durch den Passagier innerhalb von 72 Stunden vor dem Abflug.

Reconnaissance (engl.) Aufklärung.

Recovery (engl.) Die Rückführung eines Raumfahrzeuges aus der Umlaufbahn zur Erde.

Red Arrows (engl.) Kunstflug-Formation der Royal Air Force.

Red Baron (engl.) Englisch-sprachiger Spitzname des deutschen Jagdfliegers Manfred von Richthofen (s.d.) im Ersten Weltkrieg.

Redstone Amerikanische Militär-Rakete. Mit ihr wurde am 5. Mai 1961 Alan Shepard (s.d.) in der Mercury-Kapsel (s.d.) Freedom 7 als erster amerikanischer Astronaut auf einer ballistischen Bahn ins All geschossen.

Reduktionsgetriebe Getriebe, das die hohen Drehzahlen eines Kolben- oder Turbinen-Motors für die Luftschraube reduziert.

Redundanz Ausrüstung eines Luft- oder Raumfahrzeugs mit mehreren Systemen gleicher Bauart, um bei Ausfall eines Systems die Funktion zu gewährleisten.

Re-entry (engl.) Wiedereintritt in die Erdatmosphäre aus einer Umlaufbahn.

Referenz-Peilung Standortbestimmung mit einem zusätzlichen Ortungssystem.

Regenerativ-Kühlung Kühlverfahren bei Raketen, bei dem Treibstoff zur Kühlung von Brennkammer und Düse verwendet wird, ehe er ins Triebwerk eingespeist und verbrannt wird.

Regen-Erosion Material-Schädigung durch auftreffende Tropfen, etwa beim Durchfliegen eines Regengebietes.

Regional-Luftverkehr Verkehr mit kleinerem Fluggerät, meist abseits der großen Verkehrsströme oder zur Einbindung von Großflughäfen ins Hinterland.

Regler Einheit, die bestimmte Abläufe in Bezug auf geforderte Flugmanöver kontrolliert, zum Beispiel Triebwerksleistung oder Rotorblatt-Stellung.

Reichenberg Im Zweiten Weltkrieg 1. flugzeug-gestütztes deutsches Funkmeßgerät für die Nachtjagd, 2. eine bemannte V-1 (s.d.).

Reichweite Strecke, die ein Flugzeug ohne Zwischenlandung zurücklegen kann.

Reihenmotor Kolbenmotor, bei dem die Zylinder hintereinander angeordnet sind.

Reihenwurf Abwurf mehrerer Bomben hintereinander, z.B. zur Zerstörung von Straßen oder Flugplätzen.

Reisch, Siegfried (1905-1984) Österreichischer Ingenieur. Pionier der Trägheitsnavigation (s.d.).

Reiseflug Opimierung des Flugregimes auf höchstmögliche Dauergeschwindigkeit bei günstigstem Treibstoff-Verbrauch.

Reiseflughöhe (engl. Cruising altitude) Flughöhe, in der ein Flugzeug mit dem günstigsten Treibstoffverbrauch am schnellsten ans Ziel kommt.

Reisegeschwindigkeit (engl. Cruising speed) Fluggeschwindigkeit mit optimaler Relation zwischen Treibstoff-Verbrauch und zurückgelegter Flugstrecke.

Reißbahn An Ballonhüllen vorgestanzte Bahn, um bei Einleitung des Sinkflugs Gas ablassen zu können.

Reißleine 1. Bestandteil des Fallschirms. Durch Ziehen der R. öffnet der Springer den Schirm. 2. Beim Freiballon (s.d.) Leine zum Öffnen der Reißbahn (s.d.).

Reitsch, Hanna (1912-1979) Deutsche Pilotin. Flog u.a. im Februar 1938 als erster Mensch einen Hubschrauber (Fw 61) in der Halle und eine bemannte V-1.

Reliability (engl.) Zuverlässigkeit.

rem (engl. radiation equivalent man) Einheit der biologisch wirksamen Strahlendosis.

Remote Sensing (engl.) Daten-Erfassung aus der Entfernung.

Rendezvous (frz.) Zusammentreffen und Zusammenführen zweier Raumfahrzeuge im All, z.B. um sie zu einer größeren Einheit zusammenzufügen.

Reno Stadt im US-Bundesstaat Nevada. Austragungsort von Flugzeug-Rennen.

Replika Originalgetreuer Nachbau eines nicht mehr in Serie gefertigten Flugzeugmusters.

Republic (engl.) Amerikanische Luft- und Raumfahrtfirma (z.B. F-84, F-100). 1965 von Fairchild Industries übernommen.

Reservation (engl.) Platzbuchung für einen bestimmten Flug.

Reserve (Bei Verkehrsflugzeugen vorgeschriebener) Treibstoff-Rest, der bei Sperrung des Zielflughafens das Erreichen eines Ausweichflughafens möglich macht.

Reservierungssystem Computergestütztes System, das die weltweite Buchung von Flügen, auch mit verschiedenen Fluggesellschaften, erlaubt (z.B. AMADEUS, Galileo, s.d.).

Retro-Rocket (engl.) Entgegen der Flugrichtung gezündetes Raketen-Triebwerk, das einen Raumflugkörper in einem Orbit abbremst und damit seinen Abstieg zur Oberfläche des umkreisten Himmelskörpers einleitet.

Rettungshubschrauber Für Hilfseinsätze bei Unfällen und Katastrophen speziell ausgerüsteter Hubschrauber.

Rettungskapsel Absprengbares Cockpit von überschall-schnellen Kampfflugzeugen, bei denen ein Ausstieg im Schleudersitz zu riskant ist.

Return Flight (engl.) Rückflug.

Reverse Thrust (engl.) Schubumkehr (s.d.).

Reynold-Zahl Kenngröße der Strömungslehre. Die kritische R. kennzeichnet den Übergang von laminarer zu turbulenter Strömung.

RFG (Regional-Flug-Gesellschaft) Deutsche Regional-Fluggesellschaft, 1993 in Eurowings aufgegangen.

Rheinbote Vierstufige deutsche Feststoff-Rakete im Zweiten Weltkrieg mit 220 km Reichweite.

Rhein-Main alte Bezeichnung des Frankfurter Flughafens.

Rheintochter Deutsche Feststoff-Luftabwehrrakete im Zweiten Weltkrieg.

Rhön Deutsches Mittelgebirge, in dem zwischen den beiden Weltkriegen erstmals in großem Umfang Segelflug betrieben wurde.

Richthofen, Manfred Freiherr von (1892-1918) Erfolgreichster deutscher Jagdflieger im Ersten Weltkrieg. Durch den Anstrich seines Dreideckers bekanntgeworden als „der rote Baron".

Rickenbacker, Edward Vernon (1890-1973) Erfolgreichster amerikanischer Jagdflieger im Ersten Weltkrieg und Luftfahrt-Manager (Eastern Airways).

Riedel, Klaus Erhard (1907-1944) Deutscher Raketen-Ingenieur.

Riedel, Walther Deutscher Raketen-Ingenieur.

Riedl, Erich (1933-) Parlamentarischer Staatssekretär (bis 1993), Koordinator für die deutsche Luft- und Raumfahrt.

Riem 1990 mit der Fertigstellung von München II stillgelegter Münchener Stadt-Flughafen.

Rig (engl.) Montagevorrichtung für Luft- oder Raumfahrzeuge.

Ringbrennkammer Brennkammer eines Strahlantriebes, in die der Treibstoff durch ringförmig angeordnete Düsen eingespritzt wird.

Ringflügler Flugzeug mit ringförmiger Tragfläche, z.B. der französische Coleopter (s.d.).

Rippe Formgebendes Strukturteil einer Tragflächenkonstruktion.

Robinson, Frank (1928-) Amerikanischer Hubschrauber-Konstrukteur und -Industrieller (R 22, R 44).

Roche, Raymonde de la (1886-1919) Französische Luftfahrtpionierin. Erwarb als weltweit erste Frau 1909 den Pilotenschein.

Rochelt, Günter Deutscher Konstrukteur, arbeitete an Muskelkraft- und Solarflugzeugen (Musculair, Solair).

Rocket (engl.) (Ungelenkte) Rakete.

Rocketdyne Amerikanischer Luft- und Raumfahrt-Konzern.

Rockwell, Willard F. (1914-1992) Amerikanischer Luft- und Raumfahrt-Industrieller, Begründer des nach ihm benannten Konzerns (Apollo-Kommando-Kapsel, Space Shuttle, B-1B, X-31).

Roe, Alliot Verdon (1877-1958) Britischer Flugzeug-Konstrukteur und -Industrieller. Gründete die nach seinen Initialen genannte Firma Avro (u.a. 504, Lancaster).

Rogallo, Francis M. Amerikanischer Aerodynamiker.

Rogallo-Gleiter Von Ragallo entwickeltes Prinzip, bei dem dreieckige Stoff- oder Kunststoff-Flügel Auftrieb verleihen. Als Rettungs- oder Bergungsgerät untersucht.

Rohrbach, Adolf (1889-1939) Deutscher Konstrukteur und Industrieller, spezialisiert auf Großflugzeuge (z.B. Roland, Romar).

Roissy Standort des Interkontinentalflughafens Charles de Gaulle nordöstlich von Paris.

Roland Bodengestütztes Lenkwaffensystem zur Flugzeug-Abwehr.

Rolle Drehung um die Längsachse (s.d.) eines Flugkörpers.

Rollfeld Meist befestigtes Gebiet, auf dem Flugzeuge zwischen Landebahn und Abstellplatz rollen (s. auch Taxyway).

Roll-out Erste öffentliche Vorstellung eines neuen (Flugzeug- oder Raumfahrzeug-)Musters.

Rolls, Charles S. (1877-1910) Mitbegründer der Rolls Royce-Werke (s.d.).

Rolls Royce Britischer (Auto- und) Triebwerkshersteller (z.B. Olympus, RB 199, RB-211, Trent).

Roll-Versuche Tests vor dem Erstflug eines neuen Flugzeug-Typs, um das Roll-Verhalten mit hohen Geschwindigkeiten bei Start und Landung zu überprüfen.

Röntgenstern Stern, der nur durch seine starke Röntgenstrahlung nachweisbar ist.

ROSAT In Deutschland entwickelter Satellit zur Erforschung kosmischer Röntgenstrahlung und ihrer Quellen.

Rositten Ort im ehemals deutschen Ostpreußen. Vor dem Zweiten Weltkrieg wegen der an den Dünen herrschenden Aufwinde bekannter Segelflugplatz.

Rotation (engl.) Beim Flugzeugstart das Abheben des Bugfahrwerks vom Boden nach Erreichen der R.-Geschwindigkeit (s.d.). Der Anstellwinkel ändert sich, es entsteht mehr Auftrieb, das Flugzeug hebt ab.

Rotationsgeschwindigkeit (VR) Mindest-Geschwindigkeit für das Abheben eines Flugzeuges.

Roter Baron (engl. Red Baron) Im Ersten Weltkrieg Spitzname des deutschen Jagdfliegers Manfred von Richthofen wegen seines rot angestrichenen Flugzeuges.

Roter Riese In der Astronomie eine Sonne, die sich in der letzten Phase ihrer Energieerzeugung stark ausdehnt.

Rotkäppchen-Service Begleit-Dienst der Lufthansa für alleinreisende Kinder und Behinderte.

Rotor Ein- oder mehrflügeliges Bauteil von Hubschraubern, erzeugt Auf- und Vortrieb (Haupt-R.) oder gleicht die Drehkräfte des Haupt-R. aus (Heckrotor, s.d.).

Rotorblatt Auf- und Vortrieb erzeugender Bestandteil eines Rotors (s.d.).

Rotorkopf Gelenk eines Hubschrauber-Rotors, das die Blätter entsprechend ihrer Stellung und der geforderten Betriebsart verstellt.

Rotte Aus zwei Flugzeugen bestehende kleinste Einheit deutscher Jagdverbände.

Round Trip (engl.) Buchung für Hin- und Rückflug auf der gleichen Strecke.

Routing (engl.) Festlegung der günstigsten Flugstrecke vor dem Start.

Royal Air Force (engl.) Die britischen Luftstreitkräfte.

Royce, Sir Henry (1863-1933) Mitbegründer der Rolls Royce-Werke (s.d.).

Rozier, Francois Pilâtre de (1754-1785) Stieg als erster Mensch am 15. Oktober 1783 in einer Montgolfiere (s.d.) auf, verunglückte beim Versuch, den Ärmelkanal in einem Hybriden – halb Gas-, halb Heißluft-Ballon – zu überqueren.

RPM (engl. Rotation per Minute) Umdrehung pro Minute, z.B. für Turbinenwellen.

RPV (engl. Remote Piloted Vehicle) Ferngesteuerter Flugkörper (s. auch Drohne).

Rückenflug Flug mit einem um 180 Grad gegen die Normallage gedrehten Flugzeug.

Rückstoß-Prinzip Physikalisches Gesetz, nach dem eine gerichtete Kraft eine entgegengesetzte Kraft erzeugt. Basis von Raketen- (s.d.) und Strahl-Antrieb.

Ruder Bewegliches Teil, das durch Ausschlag die Bewegungsrichtung eines Luftfahrzeugs ändert.

Ruhezeit Durch Gesetz und Tarifvertrag festgelegte Mindestzeit zwischen zwei Flügen für Cockpit-Besatzungen von Verkehrsflugzeugen.

Ruhnau, Heinz (1929-) Gewerkschaftler und Politiker. Von 1982 bis 1992 Vorstandsvorsitzender der Lufthansa.

Rumpf (Meist) nicht tragender, zur Aufnahme von Besatzung und Nutzlast dienender Teil der Flugzeugzelle.

Rumpler, Edmund (1872-1940) Deutscher Konstrukteur. Baute in Lizenz und modifizierte die „Taube" des österreichischen Konstrukteurs Etrich (s.d.).

Runway (engl.) Start- und Landebahn auf Flughäfen.

Ruppe, Harry Deutscher Raumfahrtwissenschaftler.

Rüstsatz Gerätesatz, etwa für die Aufklärung, der entsprechend der jeweiligen Aufgabe am Rumpf oder an den Außenstationen eines (Militär-) Flugzeugs mitgeführt werden kann.

Ruschmeyer, Horst Deutscher Flugzeug-Konstrukteur und -Industrieller, spezialisiert auf leichte Motorflugzeuge.

Ruslan (russ.) Name des vierstrahligen russischen Großtransporters An-124.

Rust, Mathias (1968-) Deutscher Privatpilot. Flog 1987 mit einer Cessna in den sowjetischen Luftraum ein und landete auf dem Roten Platz in Moskau.

Rutan, Burt (1943-) Amerikanischer Konstrukteur. Spezialisiert vor allem auf (Kunststoff-)Flugzeuge in Enten-Konfiguration (z.B. Varieze, Voyager, s.d.).

Rutan, Dick (1938-) Amerikanischer Pilot. Umrundete 1986 mit Jeanna Yeager (s.d.) in der von seinem Bruder Burt (s.d.) entwickelten Voyager die Erde in zehn Tagen nonstop ohne aufzutanken.

Ryan, Tubal Claude (1900-1984) Amerikanischer Flugzeug-Konstrukteur und -Industrieller (u.a. „Spirit of St. Louis", XV-5A).

S

SAAB Schwedischer, auch in Luft- und Raumfahrt tätiger Industrie-Konzern.

SABCA (frz. Société Anonyme Belge de Construction Aéronautiques) Belgischer Flugzeug-Konzern.

Sabena Nationale belgische Fluggesellschaft.

Sablatnig, Josef (1886-1945) Österreichischer Flugzeug-Konstrukteur und -Industrieller.

SAC (engl. Strategic Air Command) Die für strategische Einsätze vorgesehenen Teile der US Air Force (s.d.). 1991 in ACC (Air Combat Command) umbenannt.

Safeguard (engl.) Raketenabwehr-System der USA.

Salis, Jean-Baptiste (1896-1967) Französischer Luftfahrtpionier.

Saljut Bemannte russische Raumstationen, 1971 (Saljut 1), 1973 (Saljut 2 und 3), 1977 (Saljut 4 und 5), 1982 (Saljut 6) bzw. 1985 (Saljut 7) auf die Erde abgestürzt. Nachfolger Mir (s.d.).

Samos (engl. Satellite and Missile Observation System) Amerikanische Aufklärungssatelliten.

Sander, Friedrich Wilhelm Deutscher Raketen-Konstrukteur.

Sandwich-Bauweise Konstruktion, bei der (Verbund-)Werkstoffe in mehreren, gegeneinander verschränkten Schichten eingesetzt werden.

Sänger, Eugen (1905-1964) Deutscher Luftfahrtwissenschaftler. Entwikkelte u.a. den Staustrahlantrieb (Sänger-Rohr) und, 1944, zusammen mit seiner späteren Frau Irene Bredt das Konzept eines zweistufigen, wiederverwendbaren Raketenflugzeugs, das jeden Punkt auf der Erde erreichen konnte (s. Sänger II).

Sänger II Deutsches Projekt eines in beiden Stufen wiederverwendbaren Raumtransporters.

Santos-Dumont, Alberto (1873-1932) Brasilianischer Luftfahrt-Pionier. Baute u.a. Flugzeuge sowie gesteuerte und angetriebene Prall-Luftschiffe.

SAR (engl. Search and Rescue) Such- und Rettungsdienst. Meist im militärischen Bereich.

SAR (engl. Synthetic Aperture Radar) Radargerät, das Messungen in mehreren Frequenzen und mit unterschiedlichen Polarisationen erlaubt.

SAS (engl. Scandinavian Airlines System) Von Norwegen, Schweden und Dänemark gemeinsam betriebene Fluggesellschaft.

SATCOM (engl. Satellite Communication) Kommunikation mit Hilfe von Nachrichten-Satelliten.

Satellit 1. Körper, dessen Eigengeschwindigkeit und Flughöhe in einer Fliehkraft resultieren, die exakt der Anziehungskraft des umflogenen Himmelskörpers entspricht. 2. Vom Hauptgebäude eines Flughafens separierter Abfertigungskomplex.

Satelliten-Navigation Einsatz von Erdsatelliten als Navigationshilfe (s. GPS).

Saturn 1. Sechster Planet unseres Sonnensystems. Bei ihm wurden erstmals Ringe gesehen. Sonnenentfernung 9,5 Astronomische Einheiten, Durchmesser 115 000 km, Masse 95fache Erdmasse. Mehr als 20 Monde. 2. Amerikanische Schwerlast-Rakete. Saturn 1 diente der Erprobung der Apollo-Raumschiffe, Saturn 5 brachte in den 60er und 70er Jahren die bemannten Apollo- (s.d.) Raumfahrzeuge auf den Weg zum Mond.

Saulnier, Raymond (1881-1964) Französischer Flugzeugkonstrukteur und Industrieller. Gründete mit den Brüdern Morane (s.d.) die Morane-Saulnier-Werke.

Saunders Britischer Flugzeug-Konstrukteur und Industrieller.

Savoia-Marchetti Italienischer Flugzeug-Konzern.

SBAC (engl. Society of British Aircraft Constructors) Dachverband der britischen Luft- und Raumfahrtindustrie.

S-Band Frequenzband im Funkverkehr von 1550 bis 5200 Megahertz, vorwiegend von Planetensonden und Nachrichtensatelliten benutzt.

Scanner (engl.) (Elektronisches) System, das Daten sammelt und zur Verarbeitung weiterleitet.

Schalenbauweise Prinzip des Flugzeugbaus, bei dem ein Teil der auftretenden Kräfte durch die in Schalen gefertigte Außenhaut aufgenommen wird.

Schallgeschwindigkeit Fluggeschwindigkeit, die der Fortpflanzungsgeschwindigkeit des Schalles in der umgebenden Luft entspricht (etwa 333 m/sec).

Schallmauer Einst vermutete aerodynamische Barriere bei Erreichen der Schallgeschwindigkeit. 1947 von Charles Yeager (s.d.) mit der Bell X-1 erstmals durchbrochen.

Schaumteppich Zur Vermeidung von Funkenbildung bei Notlandungen wird Schaum auf die Landebahn aufgetragen.

Schedule (engl.) (Flug-)Plan. On schedule = planmäßig.

Scheibe, Egon Deutscher Flugzeugkonstrukteur und -Industrieller (Leichtflugzeuge).

Schein-Erhalter Auf einen anderen Posten versetzter Militärpilot, der zur Erhaltung seiner Lizenz noch Übungsflüge auf einem Einsatzflugzeug absolviert.

Scheinwerfer Für die Abwehr von Nachtangriffen eingesetzte, besonders leuchtstarke Richtstrahler.

Schempp, Martin Deutscher Konstrukteur. Baute mit Hirth (s.d.) Leichtflugzeuge.

Scherwind In Fallböen auftretende unregelmäßige Luftströmungen, die besonders beim Landeanflug zu instabilen Fluglagen führen können.

Schiphol Amsterdams internationaler Verkehrsflughafen.

Schirra, Walter (1930-) US-Astronaut. Gehörte zu den ersten sieben amerikanischen Raumfahrern. Flog in Mercury MA-9, Gemini 6 und Apollo 7.

Schlachtflugzeug Im Zweiten Weltkrieg meist gepanzertes Kampfflugzeug, das unmittelbar in die Erdkämpfe eingriff (Il-2, Hs 123, Hs 129).

Schlechtwetterlandung Landung bei schlechter Bodensicht mit Hilfe elektronischer Hilfsmittel.

Schlegel, Hans Wilhelm (1951-) Deutscher Wissenschaftsastronaut. Flog 1993 bei der D-2-Mission (s.d.) im Space Shuttle Columbia und dem Spacelab (s.d.) mit.

Schleicher, Alexander (1901-1968) Deutscher Flugzeug-Konstrukteur und -Industrieller (Segelflugzeuge und Motorsegler).

Schleppantenne Bis zu 100 m langer Draht, der aus dem Flugzeug ausgefahren wurde und Mittel- bzw. Langwellenfunkverkehr ermöglichte.

Schleppziel Zielkörper, der von einem Flugzeug zur Zieldarstellung geschleppt wird. Erlaubt Training mit scharfer Munition.

Schleudersitz Rettungsgerät für Militär- und Versuchsflugzeuge, erstmals 1941 in der He 280 eingesetzt. Nach dem Auslösen wird der Pilot mit Sitz und Fallschirm von einer Rakete aus dem Cockpit geschossen.

Schmelzkühlung S. Ablativ-Kühlung.

Schmetterling Hs 117 Deutsche Rakete mit Flüssig-Treibstoff zur Luftabwehr im Zweiten Weltkrieg.

Schneider-Pokal Von Jaques Schneider (1879-1928) ausgesetzter Preis für das schnellste Wasser-Flugzeug seiner Zeit.

Schneider-Trophy (engl.) S. Schneider-Pokal.

Schnellablaß Ventil, das bei Gefahr das schnelle Leeren der Treibstofftanks ermöglicht.

Schräge Musik Bezeichnung für in deutschen Jagdflugzeugen des Zweiten Weltkriegs schräg nach oben eingebaute Maschinenwaffen, mit denen alliierte Bomber von unten, aus dem toten Winkel ihrer Abwehrstände, angegriffen werden konnten.

Schub Von Rückstoßantrieben (Raketen, Strahltriebwerke) erzeugte Kraft.

Schub/Gewichtsverhältnis Die Relation zwischen Triebwerksleistung und Gewicht eines Flugkörpers. Ist der Schub größer als das Gewicht, ist ein senkrechter Start möglich.

Schubmodulation Änderung des Schubs (s.d.), z.B. bei Senkrechtstartern zur Stabilisierung der Fluglage.

Schubumkehr Umlenkung des Triebwerksstrahls durch spezielle Klappen zur Reduzierung des Landerollweges.

Schubvektor-Steuerung Umlenkung des Triebwerksstrahls zur Richtungsänderung.

Schulflugzeug Meist zweisitziges Flugzeug, das vorwiegend zur Ausbildung künftiger Piloten dient.

Schulterwurf Bombenabwurf im Steigflug. Verlängert die Fallzeit des (atomaren) Sprengkörpers und ermöglicht dem abwerfenden Flugzeug, die Gefahrenzone zu verlassen.

Schulz, Ferdinand (1893-1929) Deutscher Segelflugpionier. Entdeckte die Dünenlandschaft der Nehrung bei Rossitten (Ostpreußen) für den Segelflug.

Schütte, Johann (1873-1946) Deutscher Luftschiff-Konstrukteur, gründete 1911 mit Lanz (s.d.) die Schütte-Lanz-Luftschiffbau, deren Starrluftschiffe Holz statt Metall als Struktur verwendeten.

Schwarm Kleine fliegende Jagdeinheit mit vier Flugzeugen.

Schwarz, David (1845-1897) Kroatischer Erfinder. Entwickelte ein starres Lenk-Luftschiff.

Schwarzes Loch (engl. Black Hole) Bisher unerklärtes astro-physikalisches Phänomen, bei dem Materie von den Gravitationskräften eines optisch nicht erkennbaren Massezentrums angezogen wird.

Schwärzler, Karl (1901-1974) Deutscher Flugzeugkonstrukteur, 1922-1945 Chefkonstrukteur der Heinkel-Werke.

Schwebeflug (engl. Hovern) Flug mit Rotor oder Strahltriebwerkshilfe auf der Stelle, ohne Höhenverlust.

Schwebegestell Versuchsanordnung, auf der die Stabilität deutscher Senkrechtstart-Projekte im Schwebeflug untersucht wurde.

Schweifstern s. Komet.

Schwenkdüse Austrittsöffnung eines Strahltriebwerks, die zur Richtungsänderung geschwenkt werden kann.

Schwenkflügel Technik zur aerodynamischen Anpassung eines Tragwerks an Schnell- bzw. Langsamflug. Die Tragflächengeometrie wird während des Fluges geändert. Realisiert u.a. bei F-14, F-111, B-1, Tornado.

Schwerelosigkeit Aufhebung der irdischen Schwerkraft, z.B. in einer Umlaufbahn um die Erde oder beim Parabel-Flug (s.d.).

Schwerpunkt Punkt, an dem die Resultierende aller am Flugkörper und seinen Teilen wirkenden Kräfte angreift.

Schwerpunkt-Kontrolle s. Trimmung.

Schwimmer Boot-artiges Landegestell, das einem Flugzeug Start und Landung auf dem Wasser ermöglicht.

Schwimmweste Bei Verkehrsflugzeugen vorgeschriebener Teil der Notausrüstung (s.d.).

Scout (engl.) US-Trägerrakete für leichte Erdsatelliten.

Scramjet (engl.) Staustrahl-Antrieb (s.d.) mit Überschall-Verbrennung.

Screening (engl.) Durchleuchtung. In der Luftfahrt Überprüfung von Piloten-Anwärtern.

Scud Mittelstreckenrakete sowjetischer Bauart.

SDI (engl. Strategic Defense Initiative) US-Programm zur Abwehr weltraum-gestützter Angriffswaffen. 1993 in BMD (engl. Ballistic Missile Defense) umbenannt.

SDIO (engl. SDI Organization) Behörde der US-Regierung zur Abwicklung des SDI-Programms.

Seat Belt (engl.) Sicherheitsgurt (s.d.).

Security Check (engl.) Sicherheitsüberprüfung der Passagiere vor dem Flug, um das Mitführen von Waffen oder Sprengstoff zu verhindern.

See-Aufklärer Langstreckenflugzeug, das für die Beobachtung von Seegebieten spezialisiert ist (z.B. Lockheed Orion, Breguet Atlantic).

Segelflug Antriebsloser Flug, bei dem Steigen nur in Aufwindzonen möglich ist.

Segelstellung Stellung der Propellerblätter für geringsten Widerstand.

Seguin, Laurent und Gustav Französische Konstrukteure. Entwarfen 1908 den ersten Stern-Motor (s.d.), „Gnome".

Seitenleitwerk Meist am Heck eines Flugkörpers angeordnete Stabilisierungsfläche zur Einhaltung der Flugrichtung.

Seitenruder Am Seitenleitwerk angebrachte bewegliche Klappe, deren Ausschlag Richtungsänderungen um die Hochachse bewirkt.

Seitensichtradar Aufklärungsradar, dessen Suchkeule das überflogene Gelände schräg nach unten abtastet.

Sekundär-Luft Bei Strahltriebwerken jener Teil der Luft, der den Verbrennungsgasen zur Abkühlung zugeführt wird.

Sekundär-Radar Radargerät, das mit Hilfe von Transpondern Daten wie Kennung, Höhe und Geschwindigkeit der angepeilten Flugzeuge abruft und auf dem Kontrollschirm des Fluglotsen einspielt.

Sekundär-Struktur Nichttragende Bauteile eines Flugzeugs, z.B. Beplankung.

Selenozentrisch (von gr. Selene, die Mondgöttin) Bezogen auf den Mond als Mittelpunkt.

Senkrechtstarter Flugzeug, das mit Hilfe seiner Triebwerke senkrecht starten und landen kann (BAe Harrier, EWR VJ-101, VAK-191, Do-31, MiG-31).

Sensor (Meist elektronischer) Fühler, der ermittelte Daten zur Auswertung an einen Computer liefert.

Sentinel (engl.) Codename für ein geplantes Raketenabwehr-System der USA.

SEP (frz. Société Europèenne de Propulsion) Europäisches Industrie-Konsortium für Entwicklung und Bau von Raketentriebwerken.

SEPECAT (frz. Société Européenne de Production de l'Avion d'Ecole de Combat et d'Appui Tactique) Britisch-französisches Firmenkonsortium zur Entwicklung und Bau des „Jaguar".

Service (engl.) Die Versorgung der Passagiere am Boden und an Bord.

Servo-Motor Motor, der die elektronisch (Fly-by-wire, s.d.) gegebenen Steuerbefehle an den Rudern umsetzt.

SES (frz. Societé Europeénne des Satellites) Europäisches Konsortium zur Entwicklung und zum Bau von Erdsatelliten.

SETI (engl. Search for Extraterrestrial Intelligence) Programm zur (vorwiegend elektronischen) Suche nach außerirdischen Zivilisationen.

Shannon Irischer Flughafen. In der Frühzeit des Trans-Atlantik-Luftverkehrs häufig benutzter Zwischenlandeplatz.

Sharman, Helen (1963 -) Britische Kosmonautin. Flog 1989 mit Sojus TM 12 zur sowjetischen Raumstation Mir.

Shepard, Alan B. (1923-) US-Astronaut, Admiral. Wurde am 5. Mai 1961 als erster Amerikaner in der Mercury-Kapsel Freedom 7 mit einer Redstone-Rakete (s.d.) auf einer ballistischen Bahn ins All geschossen.

Short, Eustace (1875-1932), Horace (1872-1917) und **Hugh Oswald** (1883-1969) Englische Konstrukteure und Industrielle. Gründeten die nach ihnen benannte Firma Short Brothers.

SHP (engl. Shaft Horse Power) s. Wellen-PS.

Shukowsky, Nikolai (1847-1921) Russischer Luftfahrt-Wissenschaftler.

SIA (engl. Singapore Airlines) Fluggesellschaft Singapurs.

Sicherheitsgurt Gurte, die bei einem Aufprall oder heftigen Turbulenzen den Flugzeug-Insassen auf seinem Sitz festhalten.

Sicherheitsüberprüfung (S. Security Check).

Sichtflug Flug ohne Einsatz von Navigationsinstrumenten. Erfordert vom Piloten höchste Aufmerksamkeit zur Vermeidung einer Mid-air-collision (s.d.).

Sichtschutz Tarnanstrich von (Militär-)Flugzeugen, um sie optisch schwerer erkennbar zu machen.

Side-slip (engl.) Manöver, bei dem das Flugzeug seitlich nach unten geführt wird, ohne seine Flugrichtung zu verändern.

Side-stick (engl.) Kleiner, an der Seite des Piloten angebrachter Steuerknüppel, der die Steuerbefehle elektronisch an die Stellmotoren übermittelt (fly-by wire, s.d.)

Sidewinder (engl.) Amerikanische Luft-Luft-Lenkwaffe, von einem Infrarot-Suchkopf gesteuert.

Siebel, Friedrich Wilhelm (1891-1954) Deutscher Flugzeugkonstrukteur und -Industrieller, Gründer der nach ihm benannten Werke.

Sikorsky, Igor A. (1889-1972) Russisch-amerikanischer Flugzeug-, vor allem Hubschrauber-Konstrukteur, in den USA Begründer der nach ihm benannten Werke.

Simulator Mit allen Instrumenten und Bedienelementen ausgestattetes stationäres, häufig um mehrere Achsen bewegliches Cockpit für Ausbildung und Schulung von Piloten.

Sinkgeschwindigkeit Geschwindigkeit, mit der ein Flugzeug seine Höhe verringert, gemessen in m/sec.

Sitzladefaktor Anteil der durch Passagiere benutzten Sitzplätze an der Gesamtkapazität des Flugzeugs.

Ski-Jump (engl.) s. Sprungstart.

Skunk Works (engl.) Streng geheimes Entwicklungsbüro von Lockheed (s.d.), in denen unter anderen U-2, SR-71 und F-117 entwickelt wurden.

Skylab (engl.) Amerikanische Raumstation, aus der zweiten Stufe einer Saturn-I-Rakete umgerüstet. Am 14. Mai 1973 gestartet, dreimal mit je drei Astronauten bemannt. 1979 beim Wiedereintritt in die Erdatmosphäre verglüht.

Sky Line (engl.) Automatisches Personen-Transportsystem zwischen den Terminals 1 und 2 auf dem Frankfurter Flughafen.

Skymaster (engl.) Viermotoriges amerikanisches Transport- und Verkehrsflugzeug (Typenbezeichnung C-67 <mil.> bzw. DC-4 <zivil>).

SLAR (engl.Side Looking Airborne Radar) Radar, dessen Suchkeule zur Seite abgestrahlt wird.

Slats (engl.) Ausfahrbare Vorflügel zur Erhöhung des Auftriebs.

Slayton, Donald K. „Deke" (1924-1993) US-Astronaut aus der Mannschaft der ersten Sieben. Flog 1975 bei Apollo/Sojus (s.d.) mit.

Slip (engl.) Gleitflug in Richtung der Querachse.

Slot (engl.) (Begrenzende) Kapazitätseinheit im Luftverkehr auf Flughäfen und in der Flugsicherung. Zeit- bzw. Luftraum, der zur Abwicklung eines Flugzeugs notwendig ist.

Smith, Joseph (1898-1956) Britischer Flugzeugkostrukteur (u.a. Spitfire, s.d.).

Smith, Sir Keith (1890-1955) **und Sir Ross** (1892-1922) Australische Flugpioniere. Flogen 1919 mit einer Vickers Vimy von England nach Australien.

SNAP (engl. System for Nuclear Auxiliar Power) Amerikanische Nuklear-Energieerzeuger für Raumfahrzeuge.

Snapshot (engl.) 1965 gestarteter erster US-Satellit mit atomarer Energie-Versorgung.

SNECMA (frz. Société Nationale d'Etude et de Construction de Moteurs d'Aviation) Französischer Triebwerks-Hersteller.

SNIAS (frz. Société Nationale Industrielle Aérospatiale) Staatlicher französischer Luft- und Raumfahrt-Konzern.

SOCATA (frz. Sociéte de Construction d'Avion de Tourisme et d'Affaires) Französische Flugzeugfirma, auf den Bau von Sportflugzeugen spezialisiert.

Software (engl.) Die Arbeitsprogramme von Computern.

Sojus Drei-Mann-Raumfahrzeug der ehemaligen Sowjetunion.

Sojus 11 Nach fast 24 Tagen in der Raumstation Saljut 1 starben die Kosmonauten Georgij Dobrowolsky, Wladislaw Wolkow und Viktor Patsajew in der Raumkapsel Sojus 11 am 30. Juni 1971 bei der Rückkehr zur Erde infolge eines nicht geschlossenen Ventils an Embolie.

Sojus-T Seit 1979 eingesetztes, gegenüber der Basis-Version verbessertes, mit Solarpaddeln ausgestattetes Drei-Mann-Raumschiff der damaligen Sowjetunion.

Solar-Flugzeug (Leicht-)Flugzeug, das seine (elektrische) Antriebsenergie aus Solarzellen bezieht (Solair, Gossamer Condor, s. diese).

Solarpaddel Mit Solarzellen (s.d.) bestückte Flächen, die ein Raumfahrzeug mit elektrischer Energie versorgen.

Solarzellen Vorwiegend aus Silizium-Einkristallen geschnittene, lichtempfindliche Module, die Licht in elektrische Energie umwandeln, für die Stromversorgung von Raumfahrzeugen.

Soletta Von Ehricke (s.d.) konzipierter Weltraum-Spiegel zur nächtlichen Ausleuchtung bestimmter Erdgebiete.

Solowjow, Pawel A. Russischer Triebwerkskonstrukteur.

Sonar (engl. Sound Navigation and Ranging) Ortungsverfahren mit Hilfe von Schallwellen, vor allem zur U-Boot-Bekämpfung eingesetzt.

Sonde Raumfahrzeug, das den Schwerkraftbereich der Erde verläßt.

Sonic Boom (engl.) Als Knall hörbarer Verdichtungsstoß beim Flug mit Überschallgeschwindigkeit.

Sonnen-Eruption Ausbruch heißer Gase aus der Oberfläche der Sonne.

Sonnenfinsternis (Von der Erde aus gesehen) Völlige oder teilweise Abdeckung der Sonnenscheibe durch den Mond.

Sonnenflecken s. Protuberanzen.

Sonnen-Korona Die äußere. turbulente Gas-Schicht der Sonne.

Sonnenwind Von der Sonne ausgehender Teilchenstrom.

Sonnenzellen S. Solarzellen.

Sopwith, Thomas Englischer Flugpionier und Konstrukteur (z. B. Camel, Pub).

Southwest (engl.) Amerikanische Regional-Fluggesellschaft.

Spaatz, Carl Andrew (1891-1974) US-General. Pionier der Langstreckennavigation. Leitete im Zweiten Weltkrieg die amerikanischen Luftkriegsoperationen in Europa.

Spacehab (engl.) Raumlabor für privatwirtschaftliche Nutzung.

Spacelab (engl.) In Europa entwickeltes und gebautes Raumlabor, das, in der Ladebucht des Space Shuttle (s.d.) ins All getragen, der Besatzung wissenschaftliche Arbeit im Weltraum unter Hemdsärmel-Bedingungen erlaubt.

Space Shuttle (engl.) Wiederverwendbarer amerikanischer Raumtransporter, der, ab 1981 im Einsatz, vor allem die Kosten für bemannte Raumflüge senken sollte. Der Start erfolgt mit Hilfe zweier Feststoff-Raketen-Booster (s.d.), der Treibstoff für das Haupttriebwerk wird in einem großen, abwerfbaren Tank mitgeführt. Die Flotte umfaßt Atlantis, Challenger (s.d., 1986 zerstört), Columbia, Discovery, Endeavour und den Prototypen Enterprise.

Space Tug (engl.) Bisher nicht realisiertes US-Projekt eines unbemannten Raumschleppers, der Nutzlasten zwischen verschiedenen Raumfahrzeugen transportiert.

Spaltklappe Auftriebshilfe an den Tragflächen.

Spannlack Lack, der bei stoffbespannten Flugzeugen die Außenhaut straffte.

Spannturm Bei frühen Flugzeugen ein Mast, an dem die verschiedenen Bauelemente befestigt, „verspannt" waren.

Spannweite Längenausdehnung einer Flugzeug-Tragfläche.

Spant Formgebendes Bauelement des Flugzeugrumpfes.

Spartan (engl.) US-Projekt einer Raketenabwehr-Rakete.

SPAS (engl. Shuttle Pallet Satellite) In Deutschland entwickelter und gebauter, nach dem Aussetzen durch den Space Shuttle wieder rückführbarer Technologie-Satellit.

Spektr (russ.) Forschungslabor, Bauteil der russischen Raumstation Mir.

Spektralanalyse Verfahren, auf Grund der Lichtbrechung chemische Elemente festzustellen.

SPELDA (frz. Structure porteuse Externe pour Lancement Double Ariane) Ausrüstung, die das Absetzen von zwei oder mehreren Satelliten mit einer Ariane-Rakete ermöglicht.

Sperry, Lawrence B. (1892-1923) Amerikanischer Konstrukteur und Industrieller. Entwickelte 1912 die erste automatische Flugzeug-Steuerung.

Spiegelflug Kunstflug-Figur mit zwei Flugzeugen. Das eine fliegt normal, das andere in geringem Abstand darüber im Rückenflug.

Spin-Stabilisierung Lage-Stabilisierung eines Raumfahrzeugs durch die bei Eigen-Rotation des Flugkörpers auftretenden Kreiselkräfte.

Spirit of St. Louis (engl.) Name des von Ryan (s.d.) konstruierten Flugzeugs, in dem Lindbergh (s.d.) 1927 im Alleinflug von New York nach Paris flog.

Spitfire (engl.) Britisches Standard-Jagdflugzeug im Zweiten Weltkrieg. Typenbezeichnung Supermarine Spitfire.

Spoiler (engl.) Bremsklappen, meist an den Tragflächen angeordnet, durch deren Ausfahren die Fluggeschwindigkeit abgebremst werden kann.

Sporn Bauteil, das bei frühen Flugzeugmustern eine Beschädigung der Steuerflächen am Rumpfheck verhindern sollte.

Spornrad Bei älteren, nicht mit einem Bugfahrwerk (s.d.) ausgestatteten Flugzeugen ein Stützrad am Rumpfheck.

SPOT (frz. Satellite Probatoire d'Observation de la Terre) Französischer Erderkundungssatellit (s.d.).

Sprechfunk Kommunikationssystem zur (Sprach-)Verbindung zwischen Bodenstationen und Flugzeugbesatzungen.

Sprinkler-Anlage System, das auftretende Brände in einem Luft- oder Raumfahrzeug automatisch mit Löschflüssigkeit berieselt.

SPRINT Projekt einer amerikanischen Raketen-Abwehrrakete mit extrem kurzer Reaktionszeit, nicht realisiert.

Spruce Goose (engl.) „Sperrholz-Gans". Spitzname des achtmotorigen, von Howard Hughes (s.d.) vorwiegend aus Holz gebauten Großflugbootes HK-1.

Sprungstart Technik zum Schnellstart eines Kurz- oder Senkrechtstarters mit Hilfe einer Schanze, zum Beispiel von Schiffen aus.

Sputnik (russ. Begleiter) Erster, von der damaligen Sowjetunion am 4. Oktober 1957 auf eine Umlaufbahn gebrachter, 83,6 kg schwerer Erdsatellit.

Sputnik 2 Zweiter, von der damaligen Sowjetunion am 3. November 1957 auf eine Umlaufbahn gebrachter, 503,8 kg schwerer Satellit. An Bord war die Hündin Laika (s.d.).

Squadron (engl.) (Meist fliegende) Einheit der Streitkräfte in englischsprachigen Ländern.

SS (engl. Surface to Surface) Nato-Code für ballistische Boden-Boden-Raketen der Sowjetunion.

SS-20 Mittelstreckenrakete sowjetischer Bauart. Ihre Stationierung führte zur Nachrüstung (s.d.) der NATO.

SST (engl. Supersonic Transport) Verkehrsflugzeug, das Überschallgeschwindigkeit erreichen kann (Concorde, Tu-144).

Staffel (Meist fliegende) Einheit der deutschen Luftwaffe.

Staffelung Mindestabstand vertikal und horizontal im kontrollierten Luftraum, zur Vermeidung von Kollisionen in der Luft.

Stafford, Thomas Patten (1930-) US-Astronaut. Erprobte 1969 mit Apollo 10 das Ab- und Wiederankoppeln des Landefahrzeugs nach Tiefflug im Mond-Orbit. War viermal im All. Leitete als Generalleutnant die geheime Entwicklung des Stealth-Bombers F-117.

Stage (engl.) Raketenstufe.

Stall Flugzustand, bei dem der aerodynamische Auftrieb (s.d.) abreißt. Das Flugzeug wird unkontrollierbar. Bei Strahltriebwerken kann es infolge verringerter Luftzufuhr zum Flame-out (s.d.) kommen.

Stamer, Fritz (1897-1969) Deutscher Segelflugpionier.

Standard-Klasse Im Wettbewerbssegelflug Klasse mit Spannweiten bis zu 15 m.

Stand-by (engl.) Passagier ohne feste Buchung, der nur bei freibleibendem Platz Aussicht auf Beförderung hat (s. auch Warteliste).

Standlauf Probelauf eines Triebwerks am Boden.

Standoff Weapon (engl.) Flugzeug-Lenkwaffe, die in größerer Entfernung vor dem Ziel abgefeuert wird, so daß das Trägerflugzeug außer Reichweite der Abwehr bleiben kann.

Standschub Startleistung eines Triebwerks am Boden, ohne Bewegung des Fluggeräts.

Stapp, John Paul (1910-) US-Pilot und Arzt. Setzte sich in Versuchen mit Raketenschlitten als erster Mensch hohen g-Kräften (s.d.) aus.

Starfighter (engl.) US-Jagdflugzeug und Jagdbomber Lockheed F-104, in der G-Version 25 Jahre lang bei der deutschen Luftwaffe geflogen.

Starfighter-Krise Kritische Situation der (west-)deutschen Luftwaffe, weil sich Anfang der 60er Jahre wegen fehlender Erfahrung mit der Technologie von Hochleistungs-Kampfflugzeugen die Zahl der Unfälle mit diesem Muster häufte.

Starrflügler Flugzeug, dessen tragende Flächen im Gegensatz zu Schwenk- oder Drehflügler (s. diese) nicht beweglich sind.

START 1 (engl. Strategic Arms Reduction Talks) Abkommen zur Reduzierung strategischer Kernwaffen. 1991 unterzeichnet, aber nicht in Kraft getreten.

START 2 (engl. Strategic Arms Reduction Talks) Abkommen zur Reduzierung strategischer Kernwaffen auf ein Drittel. 1993 von den USA und Rußland unterzeichnet.

Startbahn (Meist betonierte) Piste, auf der ein Flugzeug die für den aerodynamischen Auftrieb nötige Mindestgeschwindigkeit erreicht.

Starterlaubnis Mitteilung des Tower (s.d.) an den Piloten, daß er ohne Sicherheitsrisiko starten kann.

Startfenster Der Zeitraum, in dem ein Raumfahrzeug gestartet werden muß, wenn es bestimmte interplanetarische Ziele unter den günstigsten Bedingungen erreichen soll.

Startfreigabe s. Starterlaubnis.

Startgeschwindigkeit Geschwindigkeit, bei der ein Flugzeug dank des aerodynamischen Auftriebs vom Boden abhebt.

Starthilfe Verfahren zur Verkürzung der Startstrecke, z.B. Raketen zur zusätzlichen Beschleunigung.

Startrampe Anlage zur Vorbereitung eines Raketenstarts.

Startrollstrecke Die Strecke vom Lösen der Bremsen bis zum Abheben eines Flugzeugs.

Startturm (engl. Umbilical Tower) Gerüst, das Raketen vor dem Start über abwerfbare Leitungen mit Informationen und Energie versorgt und sie in der frühen Startphase fixiert.

Startüberhöhung Bei einem Segelflugzeug Steigen über die Starthöhe hinaus, z.B. durch Nutzen der Thermik (s.d.).

Statsionar (russ.) Geostationärer Nachrichtensatellit der ehemaligen Sowjetunion.

Staudruckmesser S. Staurohr.

Stauflügel-Flugzeug Fluggerät für niedrigste (zwei bis fünf m) Flughöhen, bei dem die zwischen Oberfläche und Tragfläche gestaute Luft für zusätzlichen Auftrieb sorgt.

Staurohr Meßrohr am Rumpfbug von Flugzeugen, mit dem die Geschwindigkeit gegenüber der umgebenden Luft gemessen wird.

Staustrahl-Antrieb (engl. Ram-Jet) Von Eugen Sänger (s.d.) entwikkeltes Antriebssystem für hohe Geschwindigkeiten. Die Verbrennungsluft wird ohne Kompressorhilfe, nur durch die Formgebung des Einlaufs, in die Brennkammer gedrückt.

Stealth (engl. für versteckt, heimlich) Fluggerät, das durch Konstruktion und besondere Abwehrmaßnahmen für optische Erkennung und elektronische Sensoren eines Gegners weitgehend verborgen bleibt (z.B. Lockheed F-117, Northrop B-2).

Steigleistung Fähigkeit eines Flugzeugs, in bestimmter Zeit eine bestimmte Flughöhe zu erreichen, gemessen in m/min.

Steiggeschwindigkeit Vertikale Komponente im Steigflug, gemessen in m/sec.

Steinhoff, Ernst A. (1908-) Deutschamerikanischer Raumfahrt-Wissenschaftler.

Steinhoff, Johannes (1913-1994) Deutscher Jagdflieger (Zweiter Weltkrieg). Als zweiter Inspekteur der (bundes-)deutschen Luftwaffe (1966-1970) meisterte er die sogenannte Starfighter-Krise (s.d.). Von 1971 bis 1974 Vorsitzender des NATO-Militär-Ausschusses.

Steinmann, Heinrich (1899-1969) Als Direktor des Köln/Bonner Flughafens (1951-1964) Initiator für den Ausbau.

Stellmotor Auf die Steuerflächen wirkender Elektro-Motor, der vom Piloten über elektrische Signale aktiviert wird (s. Fly-by-wire).

Sternenstädtchen (russ. Swednoj Gorodok) Ausbildungsgelände für russische Kosmonauten bei Moskau.

Sternmotor Luftgekühlter Flugzeugmotor, bei dem die kreisförmig angeordneten Zylinder mit der Luftschraube um die fest eingebaute Kurbelwelle rotieren. Erstmals von den Franzosen Seguin (s.d.) verwirklicht.

Sternschnuppe Meteorit (s.d.).

Steuer-Horn, -Knüppel Gerät, über das der Pilot seine Steuerbefehle an das Flugzeug übermittelt (s. auch Side-stick).

Steuerkräfte An den Bedienelementen auftretende Kräfte. Bei Fly-by-wire zum Teil künstlich erzeugt.

Steward, Stewardess (engl.) Flugbegleiter(in).

Stick-shaker (engl.) Elektronische Warnung an den Piloten vor einem Überziehen seines Flugzeugs.

Stickstofftetroxid (Giftiger) Oxydator, wegen seiner hohen Dichte für einige Raketentriebwerke statt Flüssigsauerstoff eingesetzt.

STOL (engl. Short take-off and landing) Fähigkeit zu Start und Landung auf extrem kurzen Bahnen, erreicht durch Auftriebshilfen und/oder in begrenztem Maße umlenkbare Antriebskräfte.

Stop-over (engl.) Zwischenlandung im Linienluftverkehr.

STOVL (engl. Short take-off and vertical landing) Fähigkeit zu Kurzstart und Senkrechtlandung durch Auftriebshilfen und umlenkbare Triebwerksstrahlen. Höheres Startgewicht als beim Senkrechtstart möglich (s. VTOL).

Strahlruder In den Gasstrahl (einer Turbine oder Rakete) hineinragendes Steuerelement.

Strahltrainer Schul- und/oder Übungsflugzeug mit Strahltriebwerk.

Strahltriebwerk Flugzeugantrieb nach dem Rückstoß-Prinzip (s.d.). Die in der Verdichter-Stufe (s.d.) komprimierte Luft wird in der Brennkammer (s.d.) mit dem Treibstoff vermischt. Das Gemisch wird gezündet und treibt die Turbine. Der beschleunigte Gasstrahl wird über eine Düse ausgestoßen.

Strahlumlenkung s. Vektorsteuerung, Schubumkehr.

Stratosphäre Obere Schicht des irdischen Gasmantels, ab etwa zwölf bis 50 km Höhe.

Stratus Gleichförmige, nicht strukturierte Wolkenschicht.

Strecken-Gebühren Gebühren, die Zivilflugzeuge für die Inanspruchnahme von Flugsicherungsdiensten bezahlen müssen.

Stretched Version (engl.) Gestreckte, verlängerte Version eines bereits existierenden Verkehrsflugzeug-Musters.

Streubomben Abwurfwaffen, z.B. Minen, die aus einem Behälter über einem zu bekämpfenden Flächenziel abgesetzt werden.

Strike (engl.) 1. Luftangriff mit konventionellen oder nuklearen Waffen. 2. Ausstand bei einem Arbeitskampf.

Stringer (engl.) Im Flugzeugbau von innen aufgeklebte oder genietete Verstärkungen der Außenhaut.

Strobe Light (engl.) Blinkende Lichter am Flugzeug, die, zumindest am Boden, ein besseres Erkennen möglich machen sollen.

Strößenreuther, Manfred (1948-1986) Deutscher Kunstflugpilot, 1978 und 1985 Weltmeister.

Strughold, Hubertus Deutscher Luft- und Raumfahrtmediziner. Nach 1945 in den USA.

Stufentrennung Absprengen einer ausgebrannten Antriebsstufe bei mehrstufigen Raketen.

Stuhlinger, Ernst (1914-) Deutsch-amerikanischer Raumfahrt-Wissenschaftler.

Sturzflug Nahezu senkrechter Sinkflug.

Stuka Sturzkampfbomber.· Im Zweiten Weltkrieg eingesetztes Muster (z.B. Ju 87) zur Bekämpfung von Punktzielen

Subsonic Flight (engl.) Flug unterhalb der Schallgeschwindigkeit (s.d.).

Suchoi, Pawel Ossipowitsch (1895-1975) Russischer Flugzeugkonstrukteur. Gründete das nach ihm benannte Entwicklungsbüro (u.a. Su-20, Su-27, Su-29).

Sud-Aviation (frz. Société Nationale de Constructions Aéronautiques) Staatliche französische Flugzeugfirma (Caravelle, Concorde), 1970 in Aerospatiale (s.d.) aufgegangen.

Sunderland (engl.) Von Shorts (s.d.) gebautes Flugboot, das u.a. Trans-Atlantik-Strecken beflog und während der Berliner Blockade als Luftbrücken-Flugzeug eingesetzt wurde.

Super-Constellation (engl.) Name des Propeller-Flugzeuges Lockheed L-1056, das vor Indienststellung der Düsenflugzeuge interkontinentale Strecken bediente.

Supercritical Wing (engl.) S. Transonischer Flügel.

Super Fortress (engl.) Bezeichnung für den schweren US-Bomber B-29 im Zweiten Weltkrieg.

Super-Guppy Bezeichnung für ein Flugzeug mit unförmigem Rumpf zum Transport von Großbauteilen zwischen weit auseinanderliegenden Flugzeugwerken, z.B. im Airbus-Programm.

Superkritischer Flügel S. Transsonischer Flügel.

Supermarine (engl.) Britischer Flugzeughersteller, z.B. Spitfire (s.d.).

Supernova Explodierender Stern, der auch aus großer Entfernung für kurze Zeit sichtbar wird.

Supersonic Flight (engl.) Flug mit mehr als Schallgeschwindigkeit (s.d.).

Surveyor (engl.) US-Forschungssonden, die ab 1965 weich auf dem Mond gelandet wurden.

Süßenguth, Hans (1913-) Baute nach dem Zweiten Weltkrieg den deutschen Luftverkehr mit auf. Von 1963 bis 1978 Vorstandsmitglied der Lufthansa.

Swearigen, John Eldred (1918-) Amerikanischer Konstrukteur und

Industrieller. Gründete die Fairchild Corp. und die Swearigen Corp.

Swednoj Gorodok (russ. f. Sternenstädtchen) Raumfahrtzentrum in der Nähe von Moskau, in dem auch die Kosmonauten ausgebildet werden.

Swift Tuttle (engl.) Komet, dessen Bahn die Erdbahn kreuzt. Staub aus seinem Schweif führt jeweils im August zu einem Meteoriten-Schauer.

Swing-by (engl.) Raumflugmanöver, bei dem eine Sonde an einen Planeten herangeführt, durch seine Gravitation beschleunigt und umgelenkt wird.

Swissair Schweizerische Linienfluggesellschaft.

SYLDA (frz. System Lancement Double Ariane) Struktur, die den Start von zwei Satelliten mit einer Ariane-Rakete erlaubt.

Symphonie Deutsch-französisches Versuchs-Programm zur Vorbereitung kommerzieller Nachrichten-Satelliten. Zwei Trabanten gestartet.

Synchronbahn Bahn, auf der ein Satellit (s.d.) für einen Orbit die gleiche Zeit braucht wie die Erde für eine Umdrehung (s.auch geostationäre Bahn).

Syncom (engl.) Frühe geostationäre Kommunikationssatelliten der USA.

Syndicato Condor Ltda. (span.) 1927 mit deutscher Beteiligung gegründete Fluggesellschaft in Brasilien. Mußte 1941 den Betrieb einstellen.

Synergie-Effekt Möglichkeit, in der Luft- und Raumfahrt erarbeitete Technologien für andere Produktionsbereiche zu nutzen.

System-Preis Preis eines (Waffen-) Systems einschließlich Ersatzteilen und Personalschulung.

T

TACAN (engl. Tactical Air Navigation) Taktisches Navigationssystem.

Take-off (engl.) Start eines Flugzeugs.

Tandem Sitzanordnung hintereinander in einem zweisitzigen Flugzeug.

Tank, Kurt (1898-1983) Deutscher Flugzeug-Konstrukteur. Technischer Leiter bei Focke-Wulf. War u.a. an der Entwicklung der FW 200 und des Jägers FW 190 beteiligt, entwickelte daraus den Nachfolger Ta-152. Nach 1945 in Argentinien (Pulqui) und Ägypten (HA-200).

Tankflugzeug Besonders (mit Boom, s.d., oder Hose, s.d.,) ausgerüstetes Flugzeug, z.B. KC-135, KC-10, das andere Flugzeuge in der Luft betanken kann.

Tankstutzen Vorrichtung an (Militär-)Flugzeugen, um in der Luft Treibstoff von einem Tankflugzeug (s.d.) aufnehmen zu können.

Tante Ju Wegen ihrer Robustheit und gutmütigen Flugeigenschaften Spitzname der Junkers Ju 52.

TAP (port. Transportes Aéreos Portugueses) Staatliche portugiesische Fluggesellschaft.

Tarmac (engl.) Befestigtes Vorfeld (s.d.) eines Flugplatzes.

TAROM (rum. Transporturile Aeriene Române) (Staatliche) Rumänische Fluggesellschaft.

Taxiway (engl.) Rollbahn auf Flughäfen, verbindet Abfertigungsgebäude und Startbahn.

TBO (engl. Time between Overhaul) Zeit zwischen zwei vorgegebenen Wartungs-Ereignissen. Je länger sie ist, desto geringer werden die Betriebskosten.

TCAS (engl. Terrain Collision Avoidance System) Elektronisches System zur Verhinderung einer Bodenberührung.

TCAS (engl. Traffic Alert and Collision Avoidance System) Elektronisches System zur Vermeidung von Zusammenstößen in der Luft.

TDRS (engl. Tracking and Data Relay Satellite) Amerikanischer Satellit zur Telekommunikation mit Forschungssatelliten im Erdumlauf.

Teflon Hitzebeständiger Kunststoff, ursprünglich als Hitzeschutz für Raumfahrzeuge entwickelt.

Tegel Während der Luftbrücke (s.d.) 1948/49 gebauter zweiter Verkehrsflughafen West-Berlins.

Telefunken Deutsches Elektro-Unternehmen, führend an der Entwicklung der Radartechnik beteiligt. In der AEG, mit dieser zusammen in der DASA (s.d.) aufgegangen.

Telemetrie Fernübertragung von Daten, beispielsweise während der Flugerprobung oder aus Satelliten, zum auswertenden Computer.

Teleskopbrücke Ausfahrbarer Gang, über den Passagiere direkt vom Abfertigungsgebäude das Flugzeug besteigen können.

Telstar (engl.) Frühe, noch nicht geostationäre amerikanische Nachrichtensatelliten.

Tempelhof Berliner Flughafen. Trug während der Blockade West-Berlins 1948/49 die Hauptlast der Luftbrücke (s.d.).

Tereschkowa, Valentina (1937-) Russische Kosmonautin, flog 1963 als erste Frau im Raumschiff Wostok 6 um die Erde.

Terminal (engl.) Abfertigungsgebäude auf Flughäfen.

Terminator Auf Himmelskörpern die Grenze zwischen Licht und Schatten.

Terrainfolge-Flug Flug in niedrigster Höhe, um den Abwehrsensoren eines Gegners zu entgehen. Bei schnellen Flugzeugen nur möglich durch Einsatz des Terrainfolge-Radars (s.d.) und Fly-by-wire (s.d.).

Terrainfolge-Radar Präzisionsradar, das beim Flug in niedrigsten Höhen (bis 30 m) vorausliegende Hindernisse aufspürt und die Daten an den Bordcomputer übermittelt, der Ausweichmanöver einleitet und die Maschine immer in (fast) gleicher Höhe über den Hindernissen hält.

Testpilot Besonders ausgebildeter Pilot, der die Flugerprobung neuer Flugzeugmuster durchführt.

Texus Deutsches Forschungsprogramm mit Hilfe von Höhenforschungsraketen (s.d.).

Thalau, Walter Deutscher Flugzeugindustrieller (VFW).

Thermik Nach oben gerichtete Warmluftschläuche über aufgeheizten Bodenstrukturen. Von Segelfliegern wegen des in ihr herrschenden Aufwindes gesucht.

Thermosphäre Schicht der Atmosphäre (s.d.) zwischen 80 und 800 km Höhe.

Thor Ursprünglich amerikanische Mittelstrecken-Rakete, auch als Raumfahrt-Träger verwendet.

Throttle (engl.) Bezeichnung für den Hebel, mit dem in Strahlflugzeugen die Triebwerksleistung geregelt wird.

Thrust (engl.) Schub eines Strahl- oder Raketentriebwerks.

Thrust Reverse (engl.) Umkehrschub, Umlenken des Triebwerksstrahls zum Abbremsen eines Flugzeugs nach der Landung.

Thunderbirds (engl.) Kunstflugstaffel der US Air Force.

THY (türk. Turk Hava Yollari) Türkische Fluggesellschaft.

Tibbets, Paul (1915-) Kommandant des US-Bombers B-29 „Enola Gay" (s.d.), der am 6. August 1945 die Atombombe auf Hiroshima (s.d.) abwarf.

Ticket (engl.) Flugschein.

Tiefdecker Flugzeug, bei dem die Tragflächen am unteren Drittel des Rumpfes mit dem Flügelkasten (s.d.) verbunden sind.

Tigermoth (engl.) Britisches Doppeldecker-Flugzeug, über viele Jahre als Schulmaschine bewährt.

Tiling, Reinhold (1893-1933) Deutscher Raketen-Pionier. Experimentierte mit Feststoff-Antrieben.

Tilt Rotor (engl.) Rotor, der zum (Senkrecht-)Start nach ober gerichtet ist, zum Vorwärtsflug aber in die Horizontale geschwenkt wird und als Propeller wirkt (z.B. bei V-22 Osprey).

Tip-Tank (engl.) An den Tragflächenspitzen angebrachter zusätzlicher Treibstofftank.

Tiros (engl. Television and Infrared Observation Satellite) Frühe amerikanische Wettersatelliten, noch nicht in geostationärer Umlaufbahn (s.d.).

Tissandier, H. Paul (1881-1945) Französischer Luftfahrtpionier.

Titan 1. Amerikanische Interkontinental-Rakete, auch als Raumfahrt-Träger eingesetzt. 2. Leichtes, hochfestes Metall, für besonders beanspruchte Teile im Flugzeugbau benutzt. 3. Mond des Planeten Saturn.

Titow, German (1935-) Sowjetischer Kosmonaut. Blieb im August 1961 mit Wostok 2 als erster Mensch länger als 24 Stunden im Weltraum.

TKF (dt. Taktisches Kampfflugzeug) Nicht realisiertes deutsches Projekt für einen taktischen Jagdbomber.

TKM (dt. Tonnen-Kilometer) Maß für die Beförderungsleistung.

Tognini, Michael (1949 -) Französischer Kosmonaut

Toleranz Spielraum in der Paßgenauigkeit zweier Bauteile.

Tomahawk Name eines amerikanischen, von Schiffen aus eingesetzten Marschflugkörpers (s.d.).

Tomcat (engl.) Lenkflugkörper der US Navy, auch Bezeichnung für die F-14.

Tonnenkilometer Einheit zur Darstellung von Transportleistungen.

Tonopah Für fast zehn Jahre geheimer Stützpunkt der US Air Force in der Wüste des Bundesstaates Nevada, auf dem der Stealth-Bomber F-117 erprobt wurde und stationiert war.

Topas Russischer Kernreaktor hoher Leistung für den Einsatz in Raumfahrzeugen, von den USA gekauft.

Tornado Mehrzweckkampfflugzeug, von Großbritannien, Italien und Deutschland gemeinsam entwickelt und gebaut. Der Schwenkflügler ist das Standardflugzeug der deutschen Luftwaffe.

Torque (engl.) Drehmoment.

Torsion Ungewollte Verdrehung eines Bauteils.

Touch and go (engl.) Übung für Piloten. Nach erfolgreichem Landeanflug und Aufsetzen wird das Flugzeug wieder durchgestartet.

Touch Down (engl.) Zeitpunkt des Aufsetzens auf der Landebahn.

Touristen-Klasse Billigste, mit dem geringsten Komfort (Sitzabstand, Mahlzeiten) ausgestattete Passagier-Klasse im Linien-Luftverkehr.

Tower (engl.) (Meist hochgelegener) Kontrollraum für die Abwicklung von Starts und Landungen auf einem Flugplatz.

TRA (engl. Temporary Restricted Airspace) Zeitweise (wegen militärischer Übungen) für die zivile Luftfahrt gesperrter Luftraum.

Trabant In der Raumfahrt (künstlicher oder natürlicher) Begleiter eines Himmelskörpers.

Tracking (engl.) Verfolgen der Flugbahn eines einmal erfaßten Objektes.

Trägerflugzeug Für den Einsatz von Flugzeugträgern besonders ausgerüstetes Flugzeug.

Tragfläche Bauteil, das bei möglichst geringem Widerstand Auftrieb erzeugt.

Trägheitsnavigation Verfahren, um aus Ausgangspunkt, Beschleunigung und Geschwindigkeit den genauen Standort zu errechnen.

Trainer (engl.) Flugzeug zur Fortgeschrittenen-Ausbildung von Piloten.

Transall Deutsch-französisches Transportflugzeug, Typenbezeichnung C-160.

Transferbahn Übergangsbahn, auf der zum Beispiel eine Raumsonde aus einem niedrigen Erd-Orbit in eine geostationäre Umlaufbahn oder zu einem anderen Himmelskörper befördert wird.

Transfer (engl.) Übergang auf eine andere Fluggesellschaft.

Transit 1. Im Luftverkehr der Übergang von einen Streckenflug zu einem anderen, ohne daß in der Regel Paß- und Zoll-Formalitäten wirksam werden. 2. Früher amerikanischer Navigationssatellit.

Transition (engl.) Übergang vom Schwebe- in den Horizontalflug, z.B.

bei Senkrechtstartern oder Hubschraubern.

Transit Lounge (engl.) Warteraum für Passagiere, die von einem auf einen anderen Flug umsteigen.

Transponder (engl.) Gerät zur (automatischen) Datenübertragung, z.B. für IFF (s.d.) oder CAS (s.d.).

Transport-Flugzeug Militär-Flugzeug zur Beförderung von Fracht und/oder Soldaten (z.B. C-5A Galaxy, C-141 Starlifter, C-160 Transall, C-130 Hercules, C-17).

Transsonischer Flügel Auch als superkritisch bezeichnete Tragflächenkonstruktion, bei der durch die Formgebung Verdichtungsstöße und Strömungsablösungen weitgehend vermieden werden und damit der Widerstand verringert wird.

Treibel, Werner (1913-) Luftverkehrsfachmann. Langjähriger Geschäftsführer der ADV (s.d.).

Treibstoff Substanz, die bei Verbrennung Energie freisetzt (s. Alkohol, AvGas, Kerosin, UDMH, Wasserstoff).

Trident (engl.) Dreistrahliges britisches Verkehrsflugzeug.

Triebwerk Aggregat auf der Basis von Kolbenmotoren (s.d.), Strahlturbinen (s.d.) oder Raketenöfen (s.d.), das Flugkörper antreibt.

Triebwerkseinlauf Öffnung, durch die Strahltriebwerke ihre Verbrennungsluft einsaugen.

Triebwerksgondel Gehäuse, in dem die Strahltriebwerke moderner Flugzeuge untergebracht sind.

Trijet (engl.) Flugzeug, das von drei Strahltriebwerken angetrieben wird (z.B. Boeing 727, De Havilland Trident, Lockheed L-1011, McDonnell Douglas DC-10 und MD-11, Tupolew Tu-154).

Trimmruder Am Höhenruder angebrachte Fläche zum Ausgleich der Steuerkräfte.

Trimmtank Im Rumpfheck untergebrachter Treibstofftank, der zur Trimmung (s.d.) eingesetzt werden kann.

Trimmung Festgelegte Ruderausschläge oder Gewichtsverlagerung zur Erreichung der Eigenstabilität eines Flugzeuges.

Trippe, Juan Terry (1899-1981) Amerikanischer Luftfahrt-Pionier. Gründete 1927 die Pan American World Airways.

Tristar (engl.) Name des Verkehrsflugzeuges Lockheed L-1011.

Trockensee Bodenfläche eines ausgetrockneten Sees, der in vielen Fällen ein ideales Flugfeld bietet (z.B. in der Mojave-Wüste, s.d.).

Tropopause Grenze der Troposphäre (s.d.).

Troposphäre Unterste Schicht der irdischen Atmosphäre, vom Boden bis etwa zwischen neun (an den Polen) und 17 (am Äquator) km Höhe reichend.

Trudeln Unkontrollierter oder gewollter Flugzustand nach dem Abriß der Auftrieb (s.d.) erzeugenden Strömung.

True Air Speed (engl.) Geschwindigkeit eines Luftfahrzeuges im Verhältnis zur umgebenden Luft.

TRW Amerikanischer Technologie-Konzern.

Tupolew, Andreij Nikolajewitsch (1888-1972) Russischer Flugzeug-Konstrukteur. Begründete das nach ihm benannte Konstruktionsbüro, das u.a. die Verkehrsflugzeuge Tu-104, Tu-144, Tu-154 und die Bomber Tu-95 und Tu-22 entwickelte.

Turbine Heißteil eines Strahltriebwerks. Durch die Verbrennung des Kraftstoffs werden die hoch hitzefesten Turbinenschaufeln in Umdrehung versetzt und beschleunigen den Gasstrahl.

Turbo-Jäger Deutsche Bezeichnung für die in der ersten Hälfte der 40er Jahre entwickelten Jagdflugzeuge mit Strahlantrieb.

Turbolader System, daß Kolbenmotoren mit zusätzlicher Verbrennungsluft versorgt und damit größere Flughöhen erlaubt.

Turbomeca (frz.) Französische Triebwerksfirma.

Turboprop Flugzeugantrieb, bei dem eine Strahlturbine ihre Leistung auf eine Luftschraube überträgt.

Turbo-Union Ltd. Firmenkonsortium (Rolls Royce, MTU, Fiat) zur Entwicklung und zum Bau des Triebwerks RB-199 für den Tornado (s.d.).

Turbulenz Unregelmäßige, oft heftige Luftbewegung, die zu Erschütterungen eines Fluggerätes führen kann.

Turk Hava Yollari (türk.) Türkische Linienfluggesellschaft.

TV-Guided (engl.) Über ein Fernsehbild ins Ziel gesteuerte Lenkwaffe.

TWA (engl. Trans World Airlines) Fluggesellschaft der USA.

Type rating (engl.) Einweisung eines Piloten auf einem bestimmten Flugzeug-Muster.

Tyuratam Raketenstartplatz in der ehemaligen Sowjetunion.

U

UAV (engl. Unmanned Aerial Vehicle) Unbemanntes Luftfahrzeug, s. auch RPV und Drohne.

Überbuchung Wenn für einen Flug mehr Passagiere gebucht wurden als das Flugzeug Plätze hat.

Überführungsflug (engl. Ferry Flight) Leer-Flug zur Einsatzbasis eines Zivil- oder Militärflugzeuges.

Übergepäck Reisegepäck, dessen Gewicht die zulässige Höchstgrenze überschreitet und für das extra bezahlt werden muß.

Überschallflug Flug mit Geschwindigkeiten höher als Mach 1.

Überschall-Knall Physikalisches Phänomen, das beim Überschallflug auftritt. Die hochverdichtete Luft erzeugt eine kegelförmige Schockwelle, die auf der Erde als Doppel-Knall empfunden wird und sich über den gesamten Flugweg fortsetzt, solange Mach 1 überschritten wird.

Überziehen Flugzustand, bei dem wegen zu hohem Anstellwinkel (s.d.) und zu geringer Geschwindigkeit der Auftrieb (s.d.) abreißt.

Udet, Ernst (1896-1941) Deutscher Jagd- (Erster Weltkrieg) und Kunstflieger.

UDF (engl. Unducted Fan) Nicht ummantelter Propfan-(s.d.)Antrieb.

UDMH (Unsymmetrisches Dimethyl-Hydrazin) Raketen-Treibstoff.

UFO (engl. Unidentified Flying Object) Flugobjekt, dessen Identität nicht ermittelt werden kann.

UL S. Ultraleicht-Flugzeug.

Ulm, Schneider von siehe Berblinger.

Ultraleicht-Flugzeug (Motor-) Flugzeugklasse, bei der ein Einsitzer nicht mehr als 150 kg wiegen darf.

Ultraviolett-(UV-)Strahlung Für das menschliche Auge unsichtbare kurzwellige Strahlung.

Ulysses Europäische Planeten-Sonde zur Erforschung der Sonnen-Pole, im Oktober 1990 mit dem Space Shuttle Discovery gestartet.

UM (engl. Unaccompanied Minor) Alleinreisende Jugendliche unter zwölf Jahren. Sie bedürfen seitens der Fluggesellschaft besonderer Obhut.

Umbilical Tower (engl.) s. Versorgungsturm.

Umkehrluftschraube Propeller, dessen Blätter so gestellt werden können, daß er die (Roll-)Geschwindigkeit abbremst.

Umkehrschub Umlenken des Abgasstrahls von Strahltriebwerken nach vorne, um die (Roll-)Geschwindigkeit nach der Landung zu verringern.

Umlauf 1. Der Einsatzplan für ein bestimmtes Flugzeug für einen oder mehrere Tage. 2. Abstimmung der Flotten-Einsatzpläne einer Fluggesellschaft. 3. Weg eines (künstlichen oder natürlichen) Trabanten um einen Himmelskörper.

Umlaufbahn s. Orbit.

Umlaufmotor siehe Sternmotor.

Umwertung Bei schweren deutschen Fla-Batterien im Zweiten Weltkrieg Einrichtung, die bei Ausfall der eigenen Funkmeß- oder optischen Meßgeräte die Daten anderer Standorte in Richtwerte für die eigenen Geschütze umrechnete.

Unisys US-Elektronik-Konzern, aus der Firma Sperry Univac hervorgegangen. Entwickelt und fertigt u.a. Flugzeug-Instrumente, Reservierungs- und Flugsicherungssysteme.

United Airlines (engl.) US-Fluggesellschaft.

United Technologies Corp. (engl.) USKonzern mit Schwergewicht Luft- und Raumfahrt (u.a. Pratt & Whitney, Collins).

Universum (lat.) Gesamtheit aus Raum, Zeit und Materie.

Unterdruckkammer Hermetisch abgedichteter Raum, in dem Besatzungsmitglieder mit dem Phänomen des Druckabfalls vertraut gemacht werden.

Unterflur Fracht- und Gepäckräume unterhalb des Passagierdecks eines Verkehrsflugzeuges.

Unterflur-Tankanlage Betankung auf dem Vorfeld aus unterirdisch gelagerten Treibstofftanks.

Unwucht Unregelmäßigkeit schnell rotierender Körper, die zum Bruch führen kann.

Upgrading (engl.) Aufbessern des bezahlten Flugscheins ohne Mehrkosten. Der Passagier fliegt z.B. mit einem Economy-Ticket in der Business-Klasse.

UPS (engl. United Parcel Service) Weltweit mit eigenen Flugzeugen operierender amerikanischer Paket-Schnelldienst.

Uran Radioaktives Element, das angereichert zur Energieerzeugung und für den Bau von Atomwaffen (s.d.) eingesetzt wird.

Uranus Siebenter Planet unseres Sonnensystems. Sonnenentfernung 19,2 Astronomische Einheiten, Durchmesser 52 120 km, Masse 14,5fache Erdmasse. 15 Monde.

Urknall (engl. Big Bang) Von den Astrophysikern vermutetes Ereignis, das zum Entstehen des Universums führte.

Ursinus, Oskar (1877-1952) Deutscher Segelflug-Pionier, „Rhönvater".

USAAF (engl. United States Army Air Force) Bezeichnung für die bis 1948 der US Army unterstehenden Luftstreitkräfte der USA.

USAF (engl. United States Air Force) Kurzbezeichnung der amerikanischen Luftstreitkräfte.

USAF Space Command (engl.) Kommandobehörde der USAF bei Denver/Colorado, der die militärischen Raumfahrt-Aktivitäten der USA unterstehen.

USAir Amerikanische Fluggesellschaft.

USIAS (frz. Union Syndicale des Industries Aéronautiques et Spatiales) Dachverband der französischen Luft- und Raumfahrtindustrie.

US Marines (engl.) Auf Landungsoperationen spezialisierte Teilstreitkraft der USA, verfügt neben Bodentruppen über schwimmende und fliegende Einheiten (u.a. AV-8B Harrier, Hubschrauber).

UTA (frz. Union de Transports Aériens) Französische Fluggesellschaft.

UV-Strahlung s. Ultraviolett-Strahlung.

V

V-1 (Vergeltungswaffe 1, Fi 103) Im Zweiten Weltkrieg von Gerhard Fieseler entwickelte, von einem Walther-Pulsrohr angetriebene Fernwaffe. Erster Marschflugkörper der Militärgeschichte.

V-2 (Vergeltungswaffe 2) Im Zweiten Weltkrieg in Peenemünde (s.d.) von einem Team unter Dornberger (s.d.) und Wernher von Braun (s.d.) zunächst unter der Bezeichnung Aggregat 4 (A 4) entwickelte ballistische Fernrakete, die bei ihrem ersten erfolgreichen Erprobungsflug am 3. Oktober 1942 erstmals in 90 km Höhe und damit in den erdnahen Weltraum vorstieß.

V-22 Osprey Von Boeing und Bell gemeinsam entwickeltes Fluggerät mit Tilt Rotor (s.d.).

VAB (engl. Vehicle Assembly Building) Vertikales Montagegebäude in Kennedy Space Flight Center, in dem Saturn-Raketen (s.d.) und Space Shuttle (s.d.) vor dem Start zusammengebaut werden.

VAK-191 Deutsches Projekt eines senkrechtstartenden Jagdbombers. Nach Erprobung der Prototypen eingestellt.

Valiant Von Vickers (s.d.) gebauter vierstrahliger britischer Bomber.

Valier, Max (1895-1930) Astronom und Raketen-Pionier. Experimentierte mit Festoff- und Flüssigkeitsraketen.

Valkyrie (engl.) In zwei Prototypen gebautes militärisches Versuchsflugzeug der USA für den Mach-3-Bomber B-70. Ging nicht in Serie.

Van-Allen-Gürtel Strahungsgürtel um die Erde, von dem US-Physiker van Allen bei Auswertung der vom Satelliten Explorer 1 (s.d.) gesammelten Daten entdeckt.

Vandenberg AFB (Militärischer) Startplatz für auf polare Bahnen geplante Raumfahrzeuge im US-Bundesstaat Kalifornien.

Vanguard (engl.) Amerikanisches Satelliten-Programm.

Variable Flügel-Geometrie Tragflächen, bei denen Pfeilung (s.d.) und/oder das Profil (s.d.) zur Veränderung der aerodynamischen Eigenschaften während des Fluges geändert werden können (s. auch Schwenkflügler).

VARIG (port. Empresa de Viacão Aerea Rio Grandese) Staatliche brasilianische Fluggesellschaft.

Variometer Cockpit-Instrument, das Steig- bzw. Sinkgeschwindigkeit eines Flugzeugs anzeigt.

VASP (port. Viacao Aérea Sao Paulo) Brasilianische Fluggesellschaft.

Vega (russ.) Sowjetische Sonden zum Halley'schen Kometen (s.d.).

Vektorrolle Bei hohem Anstellwinkel (s.d.) Rolle um die Bewegungsachse des Flugzeugs.

Vektorsteuerung Verfahren, um mit Hilfe des umlenkbaren Triebwerksstrahls die Manövrierfähigkeit eines Flugzeugs zu verbessern.

Vela Amerikanische Satelliten zum Aufspüren von geheimgehaltenen Atomexplosionen.

Velocity (engl.) Geschwindigkeit.

Venera Name sowjetischer Forschungssonden zum Planeten Venus.

Venus Zweiter Planet unseres Sonnensystems. Sonnenentfernung 0,723 Astronomische Einheiten (s.d.), Durchmesser 12 112 km, 0,815fache Erdmasse, keine Monde.

Verband Deutscher Flugleiter (VDF) Berufsständische Vereinigung des in der Flugsicherung tätigen Kontrollpersonals.

Verbandsflug Flug mehrerer Luftfahrzeuge in geringem Abstand, in gleicher Höhe und mit gleichem Kurs.

Verbundwerkstoff (engl. Composite) Nicht-metallisches, durch eingelagerte Kohlenstoff- oder Glasfasern verstärktes Kunststoff-Material. Gewinnt wegen seines geringen Gewichts bei hoher Festigkeit und Steife im Flugzeugbau zunehmend an Bedeutung.

Verdichter Aggregat zur Komprimierung der von einem Strahltriebwerk oder Kolbenmotor angesaugten Verbrennungsluft, auch als Höhenlader bezeichnet.

Vereinigung Cockpit (VC) Berufsständischer Verband deutscher Verkehrspiloten.

Vereisung Bei bestimmten Wetterbedingungen auftretender Eisansatz am Flugzeug. Kann die Aerodynamik soweit stören, daß das Gerät unkontrollierbar wird.

Verfranzen In der (dt.) Fliegersprache Fehler in der Navigation (von „Franz", s.d.).

Verkehrsfliegerschule Ausbildungseinrichtung der Lufthansa (s.d.) für Verkehrspiloten, in Bremen.

Verkehrsflughafen Für die Abfertigung von Verkehrsflugzeugen mit umfangreichen Abfertigungs- und Flugsicherungsanlagen ausgestatteter Flugplatz großer Kapazität.

Verkehrsflugzeug Für den kommerziellen Transport von Passagieren, Fracht und/oder Post optimiertes Flugzeg.

Verkehrslandeplatz Flugplatz mit begrenzter Flugsicherungs- und Abfertigungskapazität, für Regionalverkehr (s.d.) und Allgemeine Luftfahrt (s.d.).

Verkehrszulassung Erlaubnis, mit einem neuen Muster Luftverkehr aufzunehmen. Erteilt von den zuständigen Behörden (FAA, CAA, LBA oder JAA, s. diese).

Veronique (frz.) Französische Trägerrakete, bei Europa IB als Zweitstufe eingesetzt.

Versorgungsturm (engl. Umbilical Tower) Gerüst, über das eine aufgerichtete Rakete bis zum Start mit Energie und Daten versorgt wird.

Verspannung Im frühen Flugzeugbau übliche Befestigung der Flächen am Rumpf durch Spanndrähte.

Verstellpropeller Luftschraube, bei der die Blätter entsprechend der geforderten Leistung im Flug verstellt werden können.

Verwindung Gegenläufige Steuerausschläge an den Tragflächen.

Verwindungsklappen Gegenläufig ausschlagende Klappen an den Tragflächen, mit deren Einsatz die Schräglage eines Flugzeugs, z.B. zur Einleitung des Kurvenfluges, erreicht wird.

VFR (Visual Flight Rules) Fliegen nach Sicht. Nur in bestimmten Höhenbändern erlaubt.

VFW (Vereinigte Flugtechnische Werke) Deutsches Luft- und Raumfahrtunternehmen. In MBB, später in der DASA aufgegangen.

VHF (engl. Very High Frequency) Ultrakurzwelle in der Radio-Kommunikation.

Viasa (engl. Venezuelan International Airways S.A.) Venezolanische Fluggesellschaft.

Vickers Englischer Flugzeug-Konstrukteur und -Industrieller (u.a. Wellington, Valiant).

Victor (engl.) 1. Von Handley Page (s.d.) gebauter vierstrahliger britischer Bomber. 2. Funksprechbezeichnung deutscher Jagdflieger während des spanischen Bürgerkrieges für „richtig verstanden".

Viehböck, Franz (1962-) Österreichischer Forschungskosmonaut. Arbeitete im Oktober 1991 sechs Tage lang an Bord der sowjetischen Raumstation Mir.

Viggen (schwed.) Schwedisches Kampfflugzeug (Typenbezeichnung JAS 37).

Viking Amerikanische Forschungssonde, unter anderem zum Planeten Mars. Viking 1 landete am 20. Juli 1976 auf dem Roten Planeten.

Vinci, Leonardo da (1452-1519) Italienischer Künstler und Universal-Gelehrter. Beschäftigte sich u.a. auch mit Fluggeräten.

VIP (engl. Very Important Person) Wichtiger Fluggast, der bevorzugt behandelt wird.

Viscount (engl.) Viermotoriges britisches Turboprop-Verkehrsflugzeug. Auch von der Lufthansa eingesetzt.

VISTA (engl. Variable Inflight Simulation Test Aircraft) Für Versuche mit einer Schub-Vektor-Steuerung umgerüstete F-16 der USA.

VIVA Deutsch-spanische Charter-Fluggesellschaft.

VJ-101 (Vertikal-Jäger) Deutsches Projekt eines senkrechtstartenden Strahljägers. Zwei Prototypen gebaut, ging nicht in Serie.

V-Leitwerk Kombiniertes Höhen/Seiten-Leitwerk in V-Form.

Vogelschlag Beschädigung eines Flugzeugs, vor allem bei Start und Landung oder im Tiefflug, durch Kollision mit einem oder mehreren Vögeln. Häufige Unfallursache.

Voice Recorder (engl.) Bruch- und feuersicher gelagertes Bandgerät, das die Gespräche der Flugzeugbesatzung aufzeichnet. Wichtiges Hilfsmittel bei der Aufklärung von Flugunfällen.

Voisin, Charles (1882-1912) Französischer Flugzeugpionier.

Voisin, Gabriel (1886-1973) Französischer Flugzeugpionier, Bruder von Charles V.

Vollast Triebwerkslauf mit höchstmöglicher Leistung.

Vollzahler Fluggast, der für sein Tikket den Normalpreis bezahlt hat, ohne Benutzung eines ermäßigten Sondertarifs.

VOR (engl. VHF omnidirectional radio range) UKW-Drehfunkfeuer.

VOR-DME (engl. VOR Distance Measuring Equipment) Kombinierte Navigationshilfe aus VOR (Richtung) und DME (Entfernung).

Vorfeld (Meist befestigtes) Flugplatz-Gelände zwischen Terminal (s.d.) und Taxiway (s.d.), auf dem Flugzeuge geparkt und beladen werden können.

Vorfeld-Kontrolle Überwachung der Bodenbewegungen auf einem Flugplatz.

Vorfeld-Radar Spezial-Radar, das auf einem Flugplatz die Bewegungen am Boden kontrolliert.

Vorflügel (engl. slats) Ausfahrbare Klappen an der Tragflächen-Vorderkante, mit denen, vor allem bei Start und Landung, der Auftrieb erhöht wird.

Vorspiel Im Zweiten Weltkrieg Bezeichnung für den Alarm der deutschen Luftverteidigung.

VORTAC (engl. VOR-Tacan) Kombiniertes Navigationssystem aus VOR (s.d.) und Tacan (s.d.).

Vortex (engl.) S. Wirbelschleppe.

Voucher (engl.) Anrechtschein, z.B. für eine Mahlzeit oder eine Übernachtung, von Fluggesellschaften bei längerdauernden Abflug-Verspätungen ausgegeben.

Vought, Chance Milton (1890-1930) Amerikanischer Flugzeug-Konstrukteur und -Industrieller. Begründer der nach ihm benannten Flugzeug-Werke, die im LTV-Konzern aufgingen.

Voyager 1. Amerikanische Weltraumsonden zur Erforschung des Planetensystems. Voyager 1 und 2 verließen das Sonnensystem nach spektakulären Vorbeiflügen an den äußeren Planeten. 2. Von Burt Rutan (s.d.) gebautes Rekordflugzeug, in dem sein Bruder Dick (s.d.) und Yeanna Yeager (s.d.) 1986 die Erde in zehn Tagen umflogen, ohne aufzutanken.

VSTOL (engl. Vertical/short take-off and landing) Fluggerät, das die Eigenschaften eines VTOL- (s.d.) und STOL-(s.d.) Flugzeugs in sich vereinigt.

VTOL (engl. Vertical take-off and landing) Fähigkeit zu Senkrechtstart und -landung mit Hilfe eines senkrecht wirkenden oder in die Vertikale schwenkbaren (Propeller- oder Strahl-) Antriebes oder eines umlenkbaren Triebwerksstrahls.

Vuja, Trajan (1872-1950) Rumänischer Flugzeugpionier. Entwickelte 1906 das erste Flugzeug mit Zugpropeller.

Vulcan (engl.) Von Avro (s.d.) gebauter vierstrahliger britischer Bomber.

W

Wabenbauweise (engl. Honeycomb) Bauweise, bei der der Raum zwischen der Beplankung mit wabenähnlichen Strukturen ausgefüllt ist.

WAC (engl. Women Auxiliary Corps) Im Zweiten Weltkrieg aus Frauen gebildete amerikanische Hilfstruppe, die u.a. Militärflugzeuge aus den USA nach Europa überführte.

Waffenstand Bei militärischen Großflugzeugen Besatzungsplatz ausschließlich zur Bedienung der Abwehrbewaffnung.

Wake Turbulence (engl.) S. Wirbelschleppe.

Wal Bezeichnung für eine Reihe von Claude Dornier gebauter Flugboote.

Wallops Island Amerikanischer Startplatz für Höhenforschungsraketen.

Walter, Hellmuth (1900-1980) Deutscher Ingenieur. Entwickelte unter anderem den Raketenantrieb für He 176 und Ba 349 und den Puls-Antrieb für die Fi 103 (V-1).

Walter, Ulrich (1954-) Deutscher Wissenschaftsastronaut. Flog 1993 bei der D-2-Mission (s.d.) mit dem Shuttle Columbia und dem Spacelab (s.d.) ins All.

Wandelstern Anderes Wort für Planet (s.d.).

Warbird (engl.) Restauriertes, flugfähiges Militärflugzeug aus dem Ersten oder Zweiten Weltkrieg.

Warschauer Abkommen 1929 geschlossene Vereinbarung über die Haftung für Schäden bei Flug-Unfällen.

Warschauer Pakt Verteidigungsabkommen der Staaten Osteuropas unter Führung der damaligen Sowjetunion, Gegenspieler der NATO (s.d.). 1990 aufgelöst.

Warsitz, Erich (1906-1983) Deutscher Testpilot. Flog am 20. Juni 1939 als erster Mensch mit einem Strahlflugzeug (He 176).

Wart Für ein oder mehrere Flugzeuge zuständiger Mechaniker.

Warteliste Verzeichnis der Passagiere, die ohne feste Buchung auf einen Platz in einem Verkehrsflugzeug warten.

Warteraum Luftraum abseits der Luftstraßen, in den Flugzeuge auf die Lande-Freigabe warten (s. Holding).

Warteschleife s. Holding.

Wartung Regelmäßige technische Überprüfung von Flugzeugen. Unabdingbar im Interesse der Sicherheit.

Wasserballast Bei Segelflug-Wettbewerben vor der Landung ablaßbares Wasser, um die Gewichtsunterschiede der einzelnen Piloten auszugleichen.

Wasserbomber Flugzeug, meist ein Flugboot, das zur Bekämpfung von Flächenbränden aus der Luft eingesetzt wird.

Wassereinspritzung Verfahren, die Leistung eines Strahltriebwerks kurzfristig durch Einspritzen von Wasser zur erhöhen.

Wasserfall Unter der Bezeichnung Peenemünde C-2 entwickelte deutsche Luftabwehr-Rakete, Vorläufer der amerikanischen Nike (s.d.).

Wasserflugzeug Für den Einsatz vom Wasser ausgelegtes, meist mit Schwimmern (s.d.) ausgerüstetes Flugzeug.

Wasserkuppe Gipfel in der Rhön (s.d.). Nach dem Ersten Weltkrieg Zentrum des Segelflugsports in Deutschland.

Wasserstoff Leichtestes chemisches Element. Als Traggas für Ballons und (deutsche) Luftschiffe, flüssig als Raketen-Treibstoff sowie als Ausgangs-Stoff für die Kernfusion eingesetzt.

Wasserstoff-Antrieb Verwendung von (flüssigem) Wasserstoff als Agens für Raketen- (Centaur) oder Turbinenantriebe. Umweltfreundlich, da fast ohne Rückstände verbrennend, aber technisch schwierig.

Wasserstoff-Bombe Nuklearwaffe, bei der durch die Verschmelzung von Wasserstoff-Atomkernen große Energiemengen freigesetzt werden.

Weber, Jürgen (1941-) Von 1990-1992 technisches Vorstandsmitglied, seit 1992 Vorstandsvorsitzender der Lufthansa.

Wegwerf-Rakete Verlustgerät, das nur einmal verwendet werden kann, d.h. die Komponenten sind nicht rückführbar.

Weigelt, Kurt (1883-1968) Deutscher Luftfahrtpionier, Ehrenpräsident der Lufthansa.

Weihnachtsbaum Deutsche Bezeichnung für die bei Nachtangriffen im Zweiten Weltkrieg von den Alliierten abgeworfenen farbigen Zielmarkierungen.

Weißer Zwerg Sonne in der Endphase ihres Sternenlebens, nach Ende der Energieerzeugung durch Fusion von Wasserstoff-Atomen.

Weißkopf, Gustav (1874-1927) Deutsch-amerikanischer Konstrukteur, der in den USA unter dem Namen Whitehead 1901 mit seiner „Nr. 21" Flüge bis zu zwei Kilometer Länge ausgeführt haben soll.

Wellblech Von Junkers (s.d.) erstmals verwandtes, längs zur Flugrichtung in Wellen geformtes Blech, das erhöhte Festigkeit verlieh und aerodynamische Vorteile bot.

Wellen-PS Maßangabe für die Kraft, die von einer Turbine auf eine Propeller-Welle übertragen wird.

Wellen-Vergleichsleistung Umrechnung der Leistung von Propellerturbinen auf Kolbenmotoren.

Wellington (engl.) Zweimotoriger britischer Bomber im Zweiten Weltkrieg.

Weltraum-Nahrung Meist dehydrierte, im All erst wieder durch Zusatz von Wasser genießbar gemachte Nahrungsmittel.

Wendel, Fritz (1915-1975) Deutscher Testpilot. Schraubte am 26. April 1939 mit einer Me-209 den Geschwindigkeits-Weltrekord für Flugzeuge mit Kolbenmotor auf 755,138 km/h.

Wendezeiger Instrument, daß Bewegungen um die Hochachse anzeigt.

Wenham, Francis H. (1824-1908) Britischer Luftfahrtforscher.

Werkstoffermüdung (engl. Fatigue) Durch wechselnde Belastung über längere Zeiträume bei Werkstoffen auftretender Festigkeitsverlust. Erstmals nach der Unfallserie bei der britischen De Havilland Comet erkannt.

Westland Britische Flugzeugfirma, auf Hubschrauber spezialisiert.

Wet Leasing (engl.) Leasing (s.d.) inklusive Besatzung und Wartung.

Wetterballon Mit Instrumenten bestückter Ballon, der in größeren Höhen meteorologische Daten sammelt und zur Erde übermittelt.

Wetterminima Standards für sichere Schlechtwetter-Starts und -Landungen.

Wetterradar Spezialradar, das Wolkenfelder und Gewitter sichtbar macht.

Wettersatellit Erdtrabant, meist im geostationären Orbit (s.d.), der optisch und elektronisch Wetterdaten sammelt und zur Erde übermittelt.

White, Edward (1930-1967) US-Astronaut. Stieg als erster Amerikaner beim Flug von Gemini 4 im freien Weltraum aus. Kam beim Feuer von Apollo 1 am Boden ums Leben.

Whitehead, Gustave siehe Weißkopf.

White-out Gefürchtete Situation beim Sichtflug, wenn das Flugzeug in eine Wolkenbank einfliegt und der Pilot das Gefühl für Lage und Kurs verliert.

White Sands Amerikanisches Testgelände im Bundesstaat New Mexico, auf dem erbeutete deutsche V-2- und amerikanische Höhenforschungs-Raketen gestartet wurden. Erprobungsgelände für Raketenschlitten und Ausweichlandeplatz für den Space Shuttle.

Whittle, Sir Frank (1907-) Britischer Konstrukteur. Entwarf einen Strahlantrieb, mit dem 1941 ein erstes Versuchsflugzeug, die Gloster E.28/39 startete. Sein Triebwerk rüstete auch den ersten einsatzfähigen Strahljäger der Briten aus, die Gloster Meteor, und befruchtete die amerikanische Strahltriebwerksentwicklung.

Wibault, Michel (1897-1963) Französischer Flugzeugkonstrukteur.

Wide Body (engl.) Verkehrsflugzeug mit großem Rumpfquerschnitt. S. Großraumflugzeug.

Widerstand Kraft, die der Vorwärtsbewegung eines Flugkörpers entgegenwirkt. Kann durch aerodynamische Gestaltung reduziert werden.

Wiedereintritt Letzte, kritische Phase eines Raumfluges. Der Flugkörper tritt in die Erdatmosphäre ein und wird durch die Reibung aufgeheizt.

Wiedereintrittskörper Raumflugkörper, der durch Formgebung und Außenhaut gegen die Reibungshitze beim Wiedereintritt (s.d.) in die Erdatmosphäre geschützt ist.

Wieland (der Schmied) In der germanischen Sage ein Schmied, der sich mit selbstgefertigten Flügeln in die Luft erheben konnte.

Wilde Sau Deutsches Nachtjagdverfahren im Zweiten Weltkrieg. Bedeutete freie Jagd auch in Sperrfeuerzonen der Flak.

Wild Weasel (engl.) Spezielle US-Kampfflugzeuge zur Erfassung und Bekämpfung gegnerischer Radaranlagen.

Windenschlepp Startverfahren beim Segelflug, bei dem das Flugzeug mit Hilfe einer stationären Motorwinde an einem Schleppkabel beschleunigt und auf Höhe gezogen wird. Anschließend klinkt der Pilot das Kabel aus.

Windenstart S. Windenschlepp.

Windkanal Versuchsanordnung mit künstlich beschleunigter Luftströmung, in der Modelle eines in der Entwicklung stehenden Flugzeugs auf ihre aerodynamischen Eigenschaften getestet werden.

Windsack In der Frühzeit der Fliegerei benutzter, an einem Mast aufgehängter Stoffbeutel, um die Windrichtung am Boden feststellen zu können.

Wind Tunnel (engl.) Windkanal (s.d.).

Wind shear (engl.) Scherwind (s.d.).

Wing (engl.) Tragfläche.

Winglets (engl. Flügelchen) An den Tragflächenenden aufgesetzte, um 45 bis 90 Grad geneigte kleine Flächen, die den Widerstand und damit den Treibstoffverbrauch verringern.

Wing Span (engl.) Spannweite (s.d.) eines Flugzeugs.

Winkler, Johannes (1897-1947) Deutscher Raketen-Konstrukteur.

Wirbelschleppe (engl. Vortex, Wake Turbulence) Turbulenzen, die besonders von Großraumflugzeugen erzeugt werden und danach auf derselben Runway startenden kleineren Flugzeugen gefährlich werden können.

Wissenschafts-Astronaut Raumfahrer, der speziell für die Abwicklung von Experimenten im All ausgebildet ist.

WMO (engl. World Meteorological Organization) Unterorganisation der UNO für Meteorologie.

Wocke, Hans Deutscher Flugzeugkonstrukteur, u.a. Ba 152 und HFB 320.

Wolfmüller, Alois (1864-1948) Österreichischer Luftfahrtpionier.

Wolken-Untergrenze Bereich unterhalb einer geschlossenen Wolkendecke, bis zu dem Sichtflug gerade noch möglich ist.

Woomera Startplatz in Süd-Australien, auf dem die ersten Startversuche mit der von der ELDO (s.d.) entwickelten Rakete Europa IB unternommen wurden.

Wosschod (russ.) Erstes Drei-Mann-Raumfahrzeug der früheren Sowjetunion.

Wosschod 1 Erster Drei-Mann-Weltraumflug am 12. Oktober 1964 mit der Besatzung Wladimir Komarow, Konstantin Feoktistow und Boris Jegorow.

Wosschod 2 Zweiter Flug mit einem Wosschod-Raumfahrzeug. Kosmonaut Alexeij Leonow (s.d.) wagt am 18. März 1965 als erster Mensch den Ausstieg in den freien Weltraum.

Wostok (russ.) Ein-Mann-Raumfahrzeug der ehemaligen Sowjetunion, mit dem u.a. Juri Gagarin (s.d.) 1961 als erster Mensch in den Weltraum vorstieß.

Wright, Orville (1871-1948) Amerikanischer Konstrukteur. Baute mit seinem Bruder Wilbur (s.d.) das erste voll steuerbare Motorflugzeug der Welt.

Wright, Wilbur (1867-1912) Amerikanischer Konstrukteur. Baute mit seinem Bruder Orville das erste voll steuerbare Motorflugzeug der Welt (Wright Flyer) und flog es am 17. Dezember 1903 zum erstenmal.

Wright-Patterson AFB Basis der US Air Force bei Dayton (Ohio), auf der unter anderem die Forschungs- und Versuchsanstalt der USAF stationiert ist.

Wulf, Georg (1895-1927) Deutscher Luftfahrtindustrieller. Mit Henrich Focke (s.d.) Gründer der Focke-Wulf-Werke (Fw 190, Fw 200).

Wurster, Hermann (1907-1985) Cheftestpilot bei Messerschmitt (s.d.).

Würzburg-Riese Im Zweiten Weltkrieg deutsches Funkmeß-Gerät zur großräumigen Luftraum-Überwachung.

X

X-Flugzeuge Bezeichnung amerikanischer Versuchsmuster (vom Kürzel x = Experimental).

X-1 Amerikanisches Experimentalflugzeug, mit dem Charles Yeager (s.d.) am 14. Oktober 1947 erstmals schneller als der Schall flog.

X-15 Amerikanisches Experimentalflugzeug. Es erreichte 1963, von einem B-52-Bomber abgesetzt, mit Bob White als Pilot mit Raketenantrieb erstmals mehr als sechsfache Schallgeschwindigkeit (7274 km/h) und stieß (Pilot Joe Walker) bis in 108 km Höhe vor.

X-20 Dyna Soar Amerikanisches Projekt, s. Dyna Soar.

X-24 Antriebsloser, bemannter Wiedereintrittskörper, an dem die NASA die später beim Space Shuttle (s.d.) eingesetzte Technologie studierte.

X-29 Von der Firma Grumman gebautes amerikanisches Experimentalflugzeug mit stark vorwärts gepfeilten Flügeln.

X-30 NASP Amerikanisches Projekt, s. NASP.

X-31 Deutsch-amerikanisches, von den Firmen MBB und Rockwell gebautes Experimentalflugzeug, das im November 1992 erstmals eine Vektorrolle mit 70 Grad Anstellwinkel flog.

XB-70 Valkyrie Prototyp eines amerikanischen Mach-3-Bombers. Ging nicht in Serie.

X-Band Im Funkverkehr Mikrowellen-Bereich.

X-ray (engl.) Röntgenstrahl.

Y

Yakowlew, Alexander S. (1906-1989) Russischer Flugzeugkonstrukteur. Gründete das nach ihm benannte Konstruktionsbüro (Yak 40, Yak 41).

Yeager, Charles „Chuck" (1923-) Amerikanischer Testpilot. Flog mit der Bell X-1 am 14. Oktober 1947 als erster Mensch schneller als der Schall.

Yeager, Jeanna (1952-) Amerikanische Pilotin. Flog mit Dick Rutan (s.d.) 1986 in der von Burt Rutan (s.d.) gebauten „Voyager" in zehn Tagen nonstop um die Erde, ohne aufzutanken.

Young, John Watts (1934-) Amerikanischer Astronaut. Erprobte im Mai 1969 bei Apollo 10 als Pilot des Mutterschiffes mit Stafford und Cernan im LEM, das bis auf 15 Kilometer über die Mondoberfläche vorstieß, das Trennen und Ankoppeln zwischen Mutterschiff und Mondboot im Warte-Orbit. Mit Crippen (s.d.) erster Pilot des Space Shuttle (s.d.).

Z

Zander, Friedrich Arturowitsch (1887-1933) Russischer Raketenkonstrukteur.

Zanonia-Samen Kiefern-Samen, der durch seine aerodynamischen Eigenschaften zum Konstruktions-Vorbild früher Flug-Pioniere wurde.

Zaponlack Im frühen Flugzeugbau zur Imprägnierung der meist aus Textilien bestehenden Außenhaut verwendeter Schutzlack.

Zborowsky, Helmut von (1905-1969) Deutsch-französischer Konstrukteur. Entwickelte u.a. den Ringflügler Coléopter (s.d.).

Zeitverschiebung Belastung der menschlichen Physis durch schnelle (Flug-)Reisen zwischen weit auseinanderliegenden Zeitzonen (s.d.).

Zeitzone Gebiet der Erde, in dem die gleiche Ortszeit gilt.

Zelle Die tragenden Teile eines Fluggeräts, d.h. Rumpf, Leitwerk und Tragflächen, ohne Antrieb und Ausrüstung.

Zenit (gr.) 1. Höchster Punkt einer (gedachten) Bahn. 2. Russische Trägerrakete.

Zentrifuge Gerät, dessen Umdrehung Fliehkraft erzeugt. Eingesetzt zur Simulation von Beschleunigungskräften.

Zeppelin, Ferdinand Graf (1838-1917) Deutscher General und Konstrukteur. Entwickelte Starrluftschiffe, die im ersten Weltkrieg Angriffe gegen England flogen. Die LZ 127 „Graf Zeppelin" eröffnete 1927 einen ersten regelmäßigen transatlantischen Luftverkehr. Die Katastrophe der mit hochbrennbarem Wasserstoffgas gefüllten LZ 129 „Hindenburg" in Lakehurst beendete 1937 das Zeitalter der Zeppeline.

Zero-Fighter (engl.) Im Zweiten Weltkrieg Code-Name der Alliierten für den japanischen Standardjäger Mitsubishi A6M Reisen.

Zerstörer Im Zweiten Weltkrieg deutsche Bezeichnung für ein schweres Jagdflugzeug, z.B. Me 110, Me 210.

Ziegler, Henri (1906-) Französischer Industrieller, von 1970 bis 1975 Präsident von Airbus Industrie.

Zieldarstellung Simulation, z.B. durch Drohnen (s.d.) oder von Flugzeugen geschleppte Luftsäcke, um die Bekämpfung von Flugzielen zu trainieren.

Zindel, Ernst (1897-1978) Deutscher Flugzeugkonstrukteur. Leitete ab 1932 das Junkers-Konstruktionsbüro (u.a. Ju 52, Ju 88 und Ju 90).

Ziolkowski, Konstantin E. (1857-1935) Russischer Raumfahrtpionier, entwickelte 1903 eine Theorie der Rückstoß-Antriebe.

Zond (russ.) Unbemannte Raumsonden der damaligen Sowjetunion, von 1964 bis 1970 eingesetzt. Mit Rückkehrkapseln konnte z.B. Filmmaterial geborgen werden.

Zugpropeller Von Vuja (s.d.) 1906 erstmals eingesetzter Flugzeugantrieb, bei dem die Luftschraube vorn wirkt und das Flugzeug durch die Luft „zieht".

Zulassung Genehmigung des Flugbetriebes durch die zuständigen Behörden (FAA, CAA, LBA oder JAA, s. diese).

Zulu In der Flieger- und Raumfahrtsprache Bezeichnung für die Normalzeit der Erde, die Greenwich-Zeit.

Zusatztank Meist unter den Tragflächen aufgehängter zusätzlicher Treibstofftank, der die Reichweite des Flugzeugs verlängert und nach Leerung abgeworfen werden kann.

Zweikreis-Triebwerk Strahltriebwerk, bei dem nur ein Teil des Luftstroms in die (heiße) Turbine, der andere darum herumgeführt wird.

Zwei-Wellen-Triebwerk Strahltriebwerk, bei dem je ein Kompressor und ein Turbinenrad auf zwei unterschiedlichen Wellen laufen.

Zwischenlandung Unterbrechung eines Langstrecken-Fluges zum Auftanken oder Besatzungswechsel.

Das Fliegeralphabet

A = Alpha

B = Bravo

C = Charly

D = Delta

E = Echo

F = Foxtrott

G = Golf

H = Hotel

I = India

J = Juliett

K = Kilo

L = Lima

M = Mike

N = November

O = Oscar

P = Papa

Q = Quebec

R = Romeo

S = Sierra

T = Tango

U = Uniform

V = Victor

W = Whisky

X = X-Ray

Y = Yankee

Z = Zulu

Deutsche Verkehrsflughäfen und ihre Kurzzeichen

Berlin-Tegel	TXL
Berlin-Tempelhof	THF
Berlin-Schönefeld	SXF
Bremen	BRE
Dortmund	DTM
Dresden-Klotzsche	DRS
Düsseldorf-Lohhausen	DUS
Erfurt	ERF
Frankfurt	FRA
Friedrichshafen	FDH
Hamburg-Fuhlsbüttel	HAM
Hannover-Langenhagen	HAJ
Kiel	KEL
Köln/Bonn	CGN
Leipzig-Halle	LEJ
München	MUC
Münster-Osnabrück	FMO
Nürnberg	NUE
Paderborn-Lippstadt	PAD
Saarbrücken	SCN
Stuttgart-Echterdingen	STR

Nationalitäts-Kennzeichen ziviler Luftfahrzeuge, alphabetisch

AP	Pakistan
A2	Botswana
A3	Tonga
A4O	Oman
A5	Bhutan
A6	Vereinigte Arabische Emirate
A7	Katar
A9C	Bahrein
B	Volksrepublik China
C, CF	Kanada
CC	Chile
CCCR	ehem. Sowjetunion
CN	Marokko
CP	Bolivien
CS	Portugal
CU	Kuba
CX	Uruguay
C2	Nauru
C3	Andorra
C5	Gambia
C6	Bahamas
C9	Mozambique
D	Deutschland
DQ	Fidschi
D2	Angola
D4	Kapverdische Inseln
D6	Komoren
EC	Spanien
EI	Irland
EK	Armenien
EL	Liberia
EP	Iran
ER	Moldavien
ES	Estland
ET	Äthiopien
EW	Weißrußland
EX	Kirgisien
EY	Yakutien
EZ	Turkmenistan
E3	Eriträa
F	Frankreich
F-O	Franz. Überseegebiete
G	Großbritannien
HA	Ungarn
HB	Schweiz, Liechtenstein
HC	Ekuador
HH	Haiti
HI	Dominikanische Republik
HK	Kolumbien
HL	Südkorea
HP	Panama
HR	Honduras
HS	Thailand
HV	Vatikanstaat
HZ	Saudi-Arabien

H4	Salomon-Inseln
I	Italien
JA	Japan
JY	Jordanien
J2	Djibuti
J3	Grenada
J5	Guinea-Bissau
J6	St. Lucia
J7	Dominica
J8	St. Vincent und Grenadinen
LN	Norwegen
LV	Argentinien
LX	Luxemburg
LY	Litauen
LZ	Bulgarien
MT	Mongolei
N	USA
OB	Peru
OD	Libanon
OE	Österreich
OH	Finnland
OK	Tschechien
OM	Slowakei
OO	Belgien
OY	Dänemark
P	Nordkorea
PH	Niederlande
PJ	Niederländ. Antillen
PK	Indonesien
PP, PT	Brasilien
PZ	Surinam
P2	Papua-Neuguinea
P4	Aruba
RA	Rußland
RDPL	Laos
RP	Philippinen
SE	Schweden
SP	Polen
ST	Sudan
SU	Ägypten
SX	Griechenland
S2	Bangla-Desh
S5	Slowenien
S7	Seychellen
S9	Sao Thomé und Principe
TC	Türkei
TF	Island
TG	Guatemala
TI	Costa Rica
TJ	Kamerun
TL	Zentralafrikanische Republik
TN	Kongo
TR	Gabun
TS	Tunesien
TT	Tschad
TU	Elfenbeinküste

TY	Benin
TZ	Mali
T2	Yavalu
T3	Kiribati
T7	San Marino
T9	Bosnien-Herzegowina
UK	Usbekistan
UN	Kasachistan
UR	Ukraine
VH	Australien
VN	Vietnam
VP-F	Falkland-Inseln
VP-LA	Anguila
VP-LM	Montserrat
VP-LV	Virgin-Inseln
VQ-T	Turcs und Caicos-Inseln
VR-B	Bermudas
VR-C	Caiman-Inseln
VR-G	Gibraltar
VR-H	Hongkong
VT	Indien
V2	Antigua
V3	Belize
V4	St.Kitts Nevis
V5	Namibia
V7	Marshall-Inseln
V8	Brunei
XA, XB, XC	Mexiko
XT	Burkina Faso
XU	Kambodscha
YA	Afghanistan
YI	Irak
YJ	Vanuatu
YK	Syrien
YL	Lettland
YN	Nikaragua
YR	Rumänien
YS	El Salvador
YU	ehem. Jugoslawien
YV	Venezuela
Z	Simbabwe
ZA	Albanien
ZK	Neuseeland
ZP	Paraguay
ZS	Südafrika
Z3	Mazedonien
3A	Monaco
3B	Mauritius
3C	Äquatorial-Guinea
3D	Swasiland
3X	Guinea
4K	Aserbeidschan
4R	Sri Lanka
4U	Vereinte Nationen
4X	Israel
5A	Libyen
5B	Zypern
5H	Tansania
5N	Nigeria
5R	Madagaskar

5T	Mauretanien
5U	Niger
5V	Togo
5W	Samoa
5X	Uganda
5Y	Kenya
6O	Somalia
6V	Senegal
6Y	Jamaika
7O	Jemen
7P	Lesotho
7Q	Malawi
7T	Algerien
8P	Barbados
8Q	Malediven
8R	Guyana
9A	Kroatien
9G	Ghana
9H	Malta
9J	Sambia
9K	Kuweit
9L	Sierra Leone
9M	Malaysia
9N	Nepal
9Q	Zaire
9U	Burundi
9V	Singapur
9XR	Ruanda
9Y	Trinidad und Tobago

Die wichtigsten Maße und Gewichte

Längenmaße

1 inch = 2,54 cm

1 foot = 0,305 m

1 yard = 0,9144 m

1 statute mile = 1,609 km

1 nautical mile = 1,853 km

Flächenmaße

1 square inch = 6,45 cm^2

1 square foot = 0,0929 m^2

1 square mile = 2,589 km^2

1 acre = 4046,8 m^2

Hohlmaße

1 cubic inch = 16,39 cm^3

1 cubic foot = 0,0283 m^3

1 US gallon = 3,785 l

1 Imp, gallon = 4,546 l

1 barrel = 156 l

Gewichte

1 ounce = 28,35 g

1 pound = 0,453 kg

1 short ton = 907,2 kg

Geschwindigkeit

1 knot = 1,853 km/h

1 mph = 1,609 km/h

Mach 1 = ca. 333 m/sec

Temperaturen

1° F(ahrenheit) = 0.6° C(elsius)

32° F = 0° C = 273° K(elvin) = Gefrierpunkt

212° F = 100° C = 283° K = Siedepunkt

0° K = -273° C = -459,4° F = Absoluter Nullpunkt

Kraft

1 Newton = 1 kg x m/sek^2

1 kN = 1000 N

1 hp = 745,67 W

1 kp = 9,81 N

1 W = 1 N x m/sek

Korrektur- und Ergänzungsvorschläge unserer Leser werden Autor und Verlag bei einer Neuauflage gerne berücksichtigen. Schreiben Sie bitte an:
Klaus Müller, Cecilienstr. 46, 53773 Hennef/Sieg.